KB199187

거대한 단절

The Great Divide
거대한 단절

History and
Human Nature
in the Old World
and the New

1만6500년 동안
신세계와 구세계는
어떻게 달라졌는가

피터 왓슨 지음
조재희 옮김

글항아리

나치스만큼 사악한 아즈텍인

2009년 대영박물관에서는 그곳이 아니면 전시할 수 없었을 '목테수마: 아즈텍 통치자Moctezuma: Aztec Ruler'라는 제목의 전시회가 열렸다. 그러나 비평가들은 지난 500년간 '몬테주마Montezuma'로 통용되어온 통치자의 이름이 '목테수마'로 바뀐 것에 불만을 품었다. 게다가 아즈텍 공예품의 볼품없는 솜씨를 확인한 비평가들은 런던 포토벨로 거리에 있는 골동품 가게 어디에서나 볼 수 있는 장식품에 불과하다며 수준을 폄하하기도 했다. 런던 『이브닝스탠더드』의 한 예술평론가는 도나텔로(14세기 이탈리아의 조각가)나 기베르티(14세기 이탈리아 피렌체의 조각가이자 금속공예가) 등의 유럽 예술가들과 견주었을 때 아즈텍 작품에 사용된 소재는 '예쁘지만 조악'하며 '아즈텍 세계의 미개함 속에 예술성은 없었다'고 평하는가 하면, 많은 가면이 '극단의 흉물스러움'을 안겨주는 잔인한 문화로서 섬뜩하고 괴기스러운 미신적 숭배물이라고 비판했다. 주간 『더메일온선데이』도 비판에 가세했다.

영국에서 가장 영향력 있는 100인에 포함되는 작가 필립 헨셔는 "인간의 피부로 만든 나치의 전등갓만큼 사악한 대영박물관 공예품"(제2차 세계대전 당시 부헨발트 강제수용소의 유대인들을 학대했던 일제 코흐는 숨진 수용자들의 피부로 전등의 갓을 만드는 엽기적인 행위로 세상을 놀라게 했다—옮긴이)이라는 타이틀 아래 "역사상 아즈텍만큼 잔인하고 비열한 사회는 찾아볼 수 없다"며 강경한 입장을 밝혔다. 그는 아즈텍 문화가 도덕적으로나 미학적으로 추하기 그지없고 "인간의 사악함에 대한 이보다 더 지독한 수준의 박물관 전시회는 없을 것"이라고 했다.

하지만 우리는 다른 방식으로 신세계New World의 문명을 살펴볼 수 있게 되었다. 예컨대 최근에 출간된 두 권의 책은 구세계Old World 사람들을 능가하는 고대 아메리카인들의 여러 방식을 역설하고 있다. 고든 브러더스턴은 『제4세계의 책: 그들의 문학을 통해 아메리카 인디언 읽기The Book of the Fourth World: Reading the Native Americas Through Their Literature』(1992)에서 메소아메리카Mesoamerica(아메리카 고고학에서 정한 문화 영역의 하나. 북부를 제외한 멕시코 전역, 과테말라, 영국령 온두라스, 엘살바도르와 온두라스, 니카라과의 서부와 코스타리카의 서북부를 포함한다—옮긴이)의 달력이 서양인들이 처음 만든 달력보다 훨씬 더 정교하다고 밝히고 있다. 찰스 만은 『1491: 콜럼버스 이전 남북 아메리카의 새로운 관계1491: New Relations of the Americas Before Columbus』(2005)에서 메소아메리카의 365일력이 동시대 유럽인들의 달력보다 더 정확했으며, 기원전 1000년 고대 볼리비아 땅인 티와나쿠의 인구는 이미 11만5000명에 달했다는 사실을 밝혀냈다. 참고로, 프랑스 파리의 인구가 이 정도 규모에 이른 것은 5세기 말경이었다. 또한 그의 주장에 따르면 왐파노아그 인디언의 가족관계는 침입자인 영국인보다 훨씬 더 강한 유대로 이루어져 있었으며, 그들은 영국인이나 프랑스인보다 더 청결했다. 또 인디언의 모카신은 영국 부츠보다 훨씬 더 편안하고 방수 효과가 뛰어났으며, 아스테카 황제의 존재감은 유럽의 황제들보다 훨씬 더 강력했다. 더욱이 아스테카 왕국의 수도였던 테노치티틀란에는 유럽에 존재하지 않는 식물 정원이 있었다.

이렇듯 신세계와 구세계 간의 개별적인 비교는 꽤 흥미로운 일이지만 장기적 관점에서 그 이상의 특별한 의미는 없다. 결국 지구 서쪽을 향해하여 아메리카를 '발견'한 건 다름 아닌 유럽인이었다. 더욱이 고대 신세계와 구세계가 다르다는 사실이 확실히 지난 30년간 축적된 지식을 기반으로 확인되었음을 부정할 수 없다.

이러한 차이들의 대부분은 대체로 '조직적 폭력'이라는 범주에 집중되어 있었다. 이 책을 쓰기 위한 조사과정에서 나는 지난 30년 동안 인간 제물, 식인주의 또는 폭력적 제의를 다룬 (1년에 한 권꼴로 출간된) 29종의 저술을 확인할 수 있었다. 2000년대에 출간된 다음의 책을 예로 들 수 있다. 『식인 풍습에 관한 화석학The Taphonomy of Cannibalism』(2000), 『고대 페루의 제의적 희생Ritual Sacrifice in Ancient Peru』(2001), 『고대 마야 복합 무덤의 인간 제물Victims of Human Sacrifice in Multiple Tombs of the Ancient Maya』(2003), 『유카탄의 신성한 공간인 우물과 인간 제물Cenotes, espacios sagrados y lapráctica del sacrificio humano en Yucatán』(2004), 『인간 제물, 군국주의와 통치자의 지위Human Sacrifice, Militarism and Rulership』(2005), 『우주 질서와 부활을 위한 인간 제물 Human Sacrifice for Cosmic Order and Regeneration』(2005), 『고대 마야 사회의 인간 동반 제물의 의미Meanings of Human Companion Sacrifice in Classic Maya Society』(2006), 『고대 마야 사회의 희생 제물과 시체 처리 의식Sacrificio, tratamiento ritual del cuerpo humano en la Antiguasociedad maya』(2006), 『인간 심장 적출 절차와 제의적 의미Procedures in Human Heart Extraction and Ritual Meaning』(2006), 『고

대 마야 사회의 인간 제물과 신체 처리에 관한 고찰New Perspectives on Human Sacrifice and Ritual Body Treatment in Ancient Maya Society』(2007), 『인간의 신체 부위를 전리품으로 전시한 아메리카 인디언들The Taking and Displaying of Human Body Parts as Trophies by Amerindians』(2007), 『혈연 동맹: 아즈텍 문화의 성별, 생활주기와 희생Bonds of Blood: Gender, Lifecycle and Sacrifice in Aztec Culture』(2008), 『메소아메리카 형성에 나타난 인간 제물의 기원Los Origines de Sacrificio Humano en Mesoamerica Formativo』(2008), 『벽에 둘러싸인 정착촌, 완충지대와 페루 아카리 계곡에서의 참수Walled Settlements, Buffer Zones and Human Decapitationin the Acari Valley, Peru』(2009), 『피와 아름다움: 메소아메리카와 센트럴아메리카의 예술과 고고학에 나타난 조직화된 폭력Blood and beauty: Organised Violence in the Art and Archaeology of Mesoamerica and Central America』 (2009).

마야인의 매장 기술을 연구한 제인 뷔크스트라의 설명에 따르면, 마야인의 제의적 폭력에 관한 학술논문 발표는 1960년 이전까지 연간 두 편꼴이었고, 1990년대까지 연간 14편 정도로 늘어난 속도로 2010년까지 유지되었다. 게다가 콜럼버스가 북아메리카를 발견하기 직전의 제의적 폭력에 관한 연구까지 추가되었다. 그러나 뉴올리언스 툴레인대 인류학과 교수인 존 버라노의 설명에 따르면, 매년 새롭게 발표되는 연구에서 흥미를 끌 만한 내용은 그들의 폭력 수위에 관한 것이 아니라 그 잔혹성이 어떻게 조직화되고 표현되었는가 하는 점이며, 고통을 대하는 신세계 문명의 태도 또는 관행들에 관한 것이었다.

두 세계 사이의 흥미로우면서도 뚜렷한 차이를 인지한 나는 그 차이를 바탕으로 이 책을 쓰게 되었다. 런던 위덴펠드&니컬슨 출판사의 편집자인 리베카 윌슨과 의논한 결과, 이러한 내 견해들을 책으로 정리하기로 했다.

출판사 편집장인 앨런 샘슨에게 많은 열정적 도움을 받았으며, 여러 고고학자·인류학자·지리학자와 같은 전문가들에게도 감사를 전한다. 그들은 내 원고를 읽고 오류를 수정하거나 개선해야 할 곳을 제안하기도 했다. 애슈 아민, 앤 베어링, 이언 반스, 피터 벨우드, 브라이언 페이건, 수전 키치 매킨토시, 크리스 스카레, 캐시 터브, 토니 윌킨슨과 쓰자 왕에게 감사를 전한다. 이 책의 모든 실수와 누락에 대한 책임은 오롯이 저자의 몫임을 밝힌다.

또한 도움을 준 케임브리지대 해든고고인류학도서관, 런던대 고고학도서관, 런던도서관, 런던 성 제임스스퀘어, 런던대 동양·아프리카학과 도서관의 직원들께도 감사드린다.

이 책에서 나는 '구세계, 신세계'라는 표현 대신 '동반구, 서반구' 또는 '유라시아, 아메리카'라는 단어를 종종 사용했다. 그 이유는 특정 이데올로기보다는 다양성(또한 엄밀성과 정확성)을 지향하려 했기 때문이다.

이 책에서는 장소와 사건을 언급할 때 기원전BC 또는 현대 이전Before the Present, BP을 쓰고 있다. 이는 조사자들과의 논의 결과를 존중한 것이다.

이 책은 구세계와 신세계 사람들이 어떻게 '다른가'에 집중한다. 그렇다고 해서 유럽인에 의해 아메리카가 '발견'되기 전의 두 세계에 존재하는 문명의 수많은 '유사성'을 부정하지는 않는다. 사실 이런 유사성에 관한 연구는 인류학자들의 주된 관심사였다. 특별히 이 유사성의 탐험에 관심을 갖고 있다면 책 말미에 실은 '부록 2'를 참조하기 바란다.

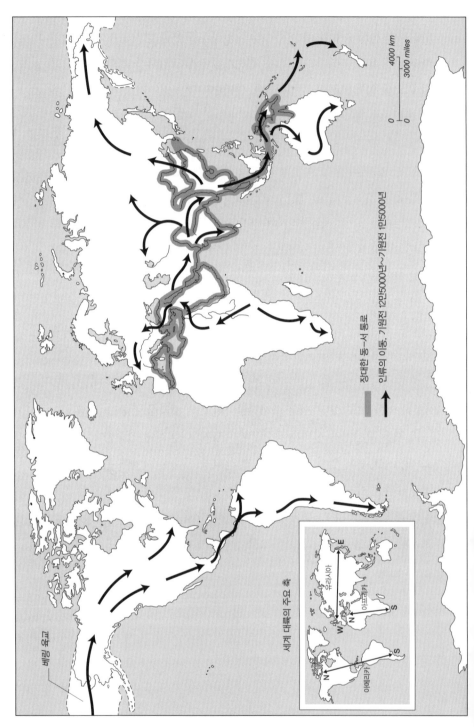

베링 육교

장대한 동-서 통로
인류의 이동, 기원전 12만5000년~기원전 1만5000년

4000 km
3000 miles

세계 대륙의 주요 축

유라시아
아프리카
아메리카

지도 1 ● 인류의 이동, 기원전 12만5000년~기원전 1만5000년.

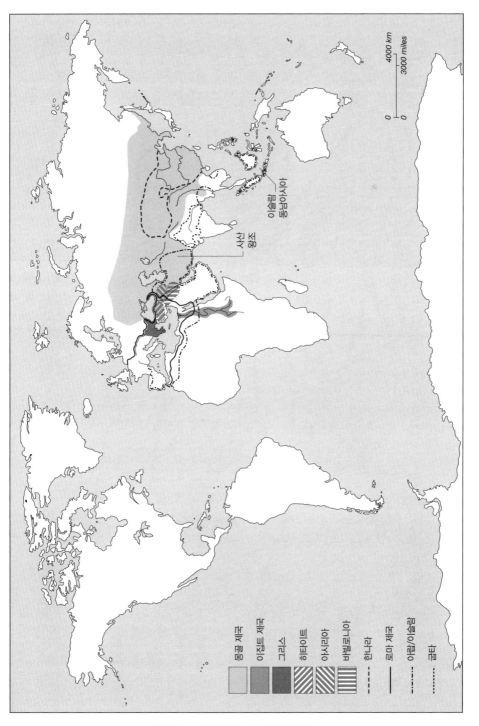

이슬람
동아시아

신종
왕조

몽골 제국
이집트 제국
그리스
히타이트
아시리아
바빌로니아
한나라
로마 제국
아랍/이슬람
굽타

4000 km
3000 miles
0
0

지도 2 ● 구세계 주요 고대 문명들의 규모.

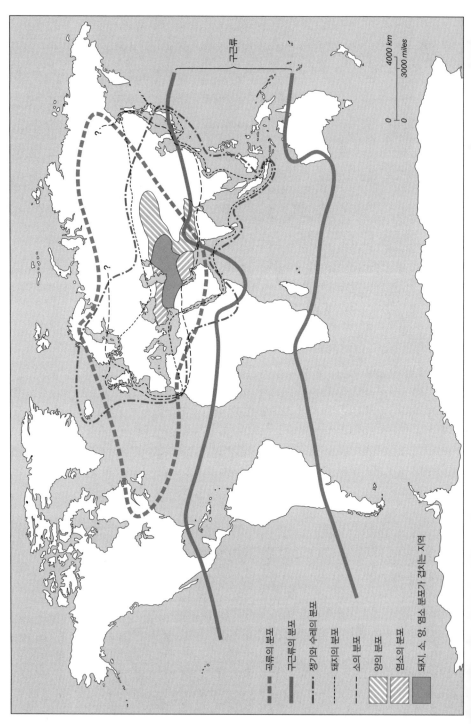

지도 3 ● 기원후 1500년 이전, 쟁기와 수레를 이용한 수송 및 주요 식료품의 일반적인 분포.(한편에는 구근류가 있고 다른 한편에는 곡류가 있는데, 이것들이 확산되는 데 최소의 중복이 있음을 눈여겨봐야 한다.)

구근류

4000 km
3000 miles

곡류의 분포
구근류의 분포
쟁기와 수레의 분포
돼지의 분포
소의 분포
양의 분포
염소의 분포
돼지, 소, 양, 염소 분포가 겹치는 지역

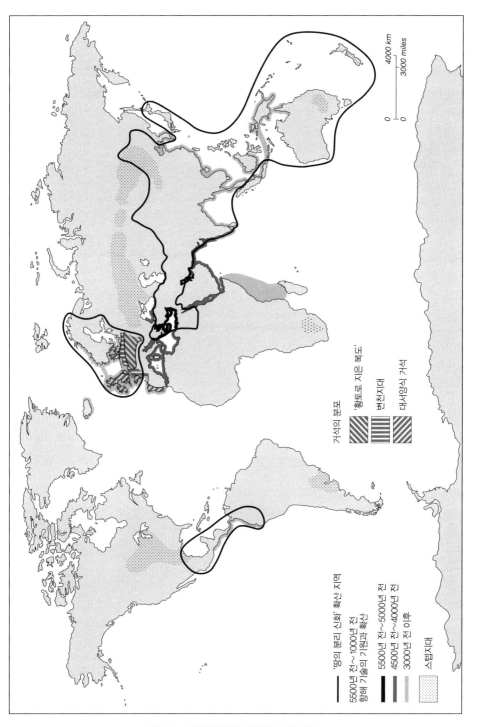

거석의 분포

▨ '활로로 지은 복도'

▤ 변천지대

▧ 대서양식 거석

── '땅의 분리 신화' 확산 지역

5500년 전~1000년 전
항해 기술의 기원과 확산
5500년 전~5000년 전
4500년 전~4000년 전
3000년 전 이후

⠿ 스텝지대

지도 4 ● 특정한 자연적·문화적 특성의 분포.

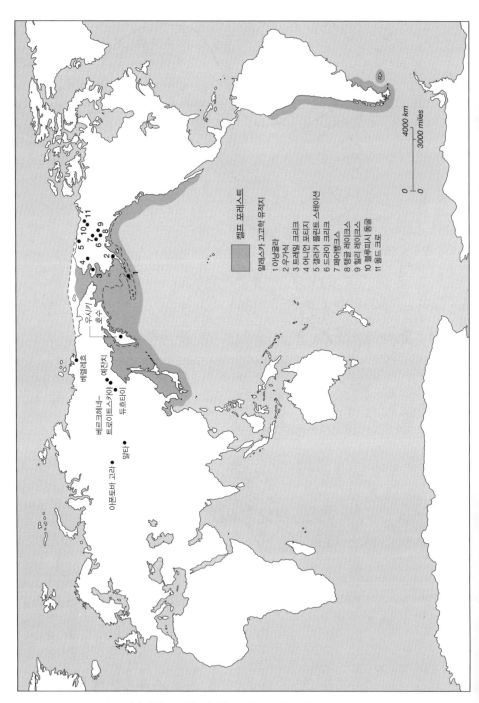

지도 5 ● 시베리아와 알래스카 정착, 베링 육교의 윤곽 및 환태평양 주변의 켈프 포레스트의 분포.

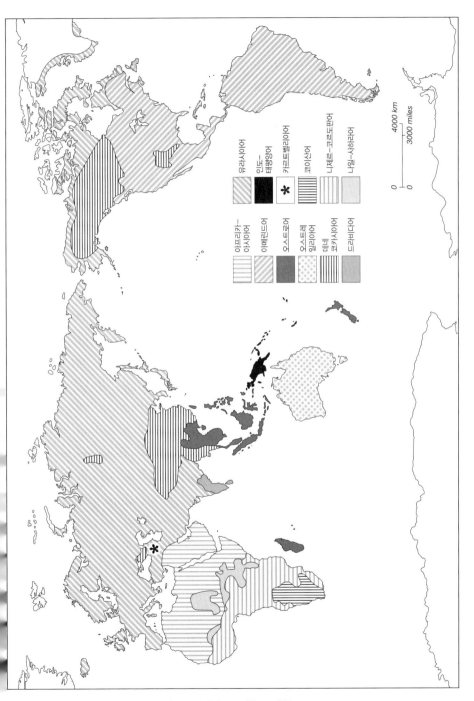

지도 6 ● 세계 주요 어족語族의 분포.

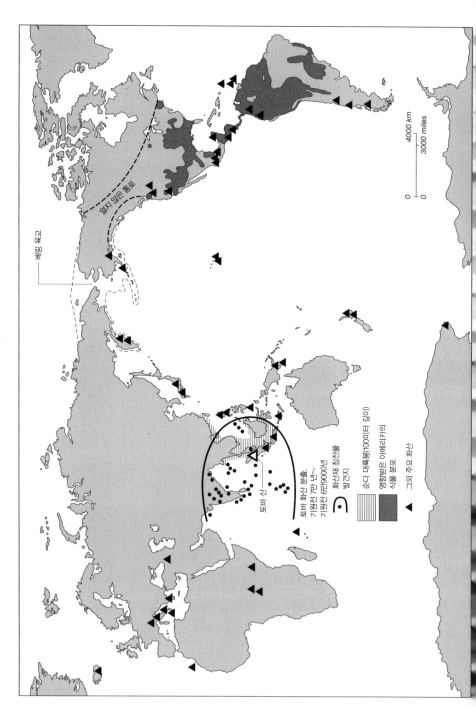

열지 않은 통로

베링 육교

4000 km

3000 miles

0

0

토바 화산

토바 화산 분출.
기원전 7만 년~
기원전 6만 9000년

화산재 침전물
발견지

순다 대륙붕(1000미터 깊이)

영향받은 아메리카의
식물 분포

그 외 주요 화산

▲

지도 7 ● 환태평양 주변과 남아시아의 자연적 특성.

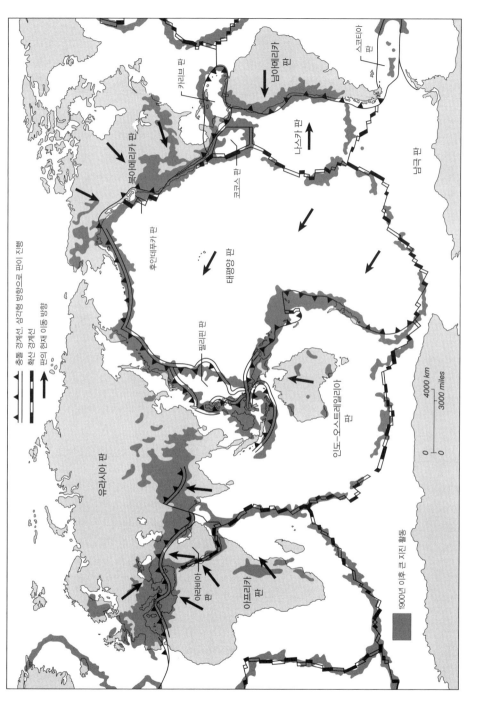

지도 8 ● 지구의 각 판과 전 세계 지진 활동 분포.

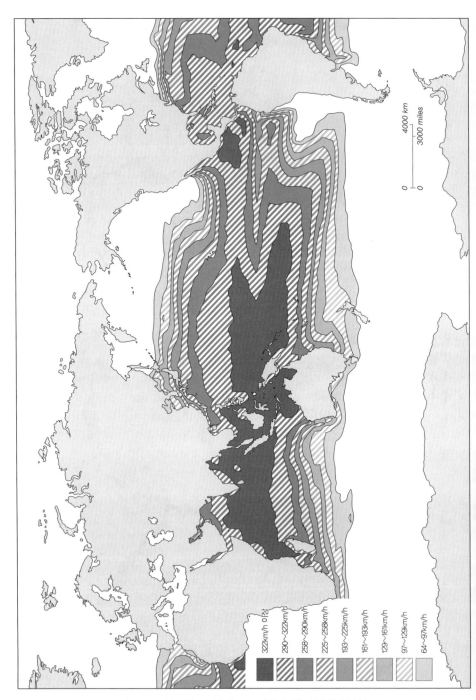

323km/h 이상
290~322km/h
258~290km/h
225~258km/h
193~225km/h
161~193km/h
129~161km/h
97~129km/h
64~97km/h

4000 km
3000 miles

지도 9 ● 평년 기준, 허리케인으로 도달할 수 있는 최대 풍속(시속).

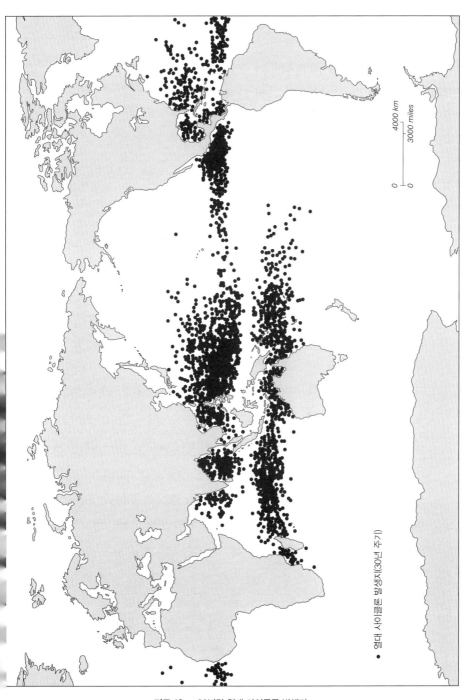

지도 10 ● 30년간 열대 사이클론 발생지.

열대 사이클론 발생지(30년 주기)

4000 km
3000 miles

0
0

기원전 1만5000년에서 기원후 1500년까지, 인류 역사의 특별한 시기

1492년 10월 11일 목요일 해질녘 산타마리아호, 크리스토퍼 콜럼버스는 항해일지를 기록하고 있었다. 그는 카나리 제도에서 서쪽으로 896리그(약 4800킬로미터) 정도만 나아가면 치팡구Cipangu('일본日本'의 중국식 발음을 알파 벳으로 표기한 것. 13세기 마르코 폴로가 쓴 『동방견문록』에서 처음 표기된 이후 일 본이 서양에 '재팬Japan'으로 알려지는 계기가 되었다—옮긴이) 또는 일본에 배가 닿을 것이라고 추정하고 있었다. 함께 떠나온 두 척의 배 중에서 니나호(다 른 한 척은 핀타호)의 방향타에 문제가 생겨 두 번이나 표류하는 바람에 항 해가 지연되었던 것, 그리고 미지의 세계를 향한 도전에 불안을 느낀 일부 선원이 사보타주를 일으켰던 일을 빼고는 순조로운 항해였다. 콜럼버스는 매일 여행한 거리를 계산하고 있었지만 정작 선원들에게 말할 때는 자신 들이 스페인에서 멀리 떠나왔다는 불안을 달래주기 위해 항해 거리를 조 금 줄여서 알려주었다. 중세의 거리 측정 단위인 리그league는 대개 배가

한 시간 안에 닿을 수 있는 거리(11~19킬로미터)를 말하는데, 사실 이탈리아 리그(콜럼버스는 제노바 출신이다)는 스페인의 측정 방식보다 거리가 짧은 편이어서 의도적으로 속였다고 보기는 어렵다.

콜럼버스는 불안을 느꼈다. 바람이 불지 않는 날이 여러 날 이어지자 선원들 역시 혹시 고향에 돌아가지 못하는 건 아닐까 걱정하기 시작했다. 한 달 전, 9월 16일 일요일의 오전 일지를 보면 그들이 육지 근처에 접근했다는 징후들을 정확히 포착했음을 알 수 있다. 그날 그들은 최근에 육지에서 흘러온 것으로 보이는(콜럼버스에게는 그렇게 보였다) 해초를 목격했다.[1] 그 후 시간이 지날수록 더 많은 해초를 보았다. 어떤 때는 바닷물의 염도가 낮아져서 담수가 흘러나오는 강어귀에 접근했다고 여기기도 했다. 그들은 새들이 (내륙 방향인 듯한) 서쪽으로 날아가는 장면도 목격했으며, '육지에서 잠을 자며 아침이면 먹이를 찾아 내륙에서 20리그 이상 벗어나지 않는' 부비새 종류나 제비갈매기도 보았다. 때로는 강에 서식하는 오리를 비롯하여 다른 종류의 새도 볼 수 있었다. 또한 '확실히 육지가 있음을 짐작할 수 있는 바람 없이 내리는 보슬비'를 맞기도 했다.[2] 좀더 작은 배들은 콜럼버스의 배보다 더 빨랐으며, 낮 동안은 서로 떨어져 있었다.(그 이유는 스페인 군주인 페르난도와 이사벨라(에스파냐의 여제. 카스티야의 왕녀로 태어나 아리곤의 왕 페르디난도와 결혼을 통한 합병으로 에스파냐 왕국을 이룬 후 기독교 국가로 만들고 콜럼버스의 신대륙 발견을 후원했다―옮긴이)가 육지를 처음 발견하는 자에게 평생 연금을 약속했기 때문이다.) 그러나 세 척의 배는 해가 뜰 때와 질 때 함께 움직일 것을 지시받았다. 왜냐하면 그 당시는 환경적으로 배가 나란히 있어야 멀리까지 보는 것이 가능했기 때문이다.[3] 실제로 그들은 두 번이나 육지를 목격했지만 매번 착시로 간주되었다.

10월 11일, 핀타호의 한 선원이 바다에서 나뭇가지와 줄기를 발견했다.

건져보니 그것은 '표면이 금속으로 조각된 막대기와 지팡이, 육지에서 자라는 식물과 널빤지'였다.[4]

그날 그들은 저녁 내내 항해했고, 밤 10시쯤 콜럼버스는 등대 불빛을 보았다고 했다. 인정 많은 신부이자 역사학자인 바르톨로메 데 라스 카사스(스페인의 선교사로, 학대받는 아메리카 원주민을 보호하는 데 앞장섰으며 카리브제도의 연대기를 썼다—옮긴이)의 말에 따르면, 왕과 여왕의 명령으로 콜럼버스의 두 번째 여행에 동승했던 회계감사관 로드리고 산체스는 여느 선원들과 달리 콜럼버스의 주장을 믿지 않았다. 후대 학자들이 면밀히 계산한 결과, 콜럼버스가 진짜 불빛을 보았다면 분명 화재였을 것이며, 그것도 아주 거대한 규모였을 것이다. 당시 산타마리아호는 육지로부터 80킬로미터나 떨어져 있었기 때문이다.

어둠 속에서 명확히 육지를 목격한 이는 다음 날인 10월 12일 금요일 새벽 2시 어느 선원이었다고 라스 카사스는 진술했다. 콜럼버스의 항해일지에는 처음 목격한 선원이 로드리고 데 트리아나라고 되어 있지만, 그 이름은 당시의 선원 명단에 없었다. 일선 학자들은 그가 몰리노스 출신의 후안 로드리게스 베르메호였을 거라고 결론을 내렸다.[5] 그 육지는 약 2리그(19~24킬로미터) 떨어진 곳에 있었다.

콜럼버스는 선원들에게 그날 밤 돛을 내리고 '정박'하여 아침까지 기다릴 것을 명령했다. 다음 날 아침 세 명의 선장(콜럼버스, 마르틴 알론소 핀손, 빈센테 야네스)은 회계감사관과 함께 무기가 실린 배를 타고 해안으로 향했다. 해변에 도착한 뒤 콜럼버스는 모두가 지켜보는 가운데 스페인 왕과 여왕의 이름으로 섬의 명칭을 '산 살바도르San Salvador'라 지었다.

곧이어 섬 주민들이 모여들기 시작했다. '그들의 호의를 얻어내고자' 했던 콜럼버스는 다음과 같이 일지에 기록하고 있다. "우리의 신성한 믿음을

거대한 단절

쉽게 전파하려면 이들에게 무력을 사용하는 것보다 친절을 베푸는 쪽이 더 나을 것 같다. 그래서 나는 그들에게 빨간색 모자와 목에 걸 수 있는 유리구슬과 약간의 값나가는 물건들을 주었다. 그들이 기뻐하며 우리에게 친절을 베푸는 모습은 경이롭기까지 했다. 그들은 곧 우리가 있는 작은 배까지 헤엄쳐와서는 종달새, 목화 실뭉치, 창과 몇 가지 물건을 주었다. 그러고는 독수리 눈알 같은 것들과 유리구슬을 교환해가기도 했다. 그들은 자신이 가져온 모든 물건을 흔쾌히 내주었지만, 모든 면에서 그들은 상당히 가난해 보였다. 그들은 남녀 할 것 없이 태어날 때의 모습으로 발가벗은 채 돌아다녔다.”

콜럼버스는 (지금은 타이노Tainos 족으로 알려진) 그들의 모습과 그들이 자신의 몸에 채색한 모습을 묘사하고 있다. “그들은 무기라는 걸 갖고 있기는커녕 알지도 못했다. 내가 칼을 보여줬더니 손으로 덥석 잡는 바람에 날카로운 날에 베이기도 했다. 그들은 쇠를 갖고 있지 않았다. 그들의 창은 금속 촉이 없는 단순한 화살로, 끝에는 물고기 이빨이 달려 있었다.”

1492년 10월 12일, 스페인 왕정의 후원 아래 활동하던 이탈리아인과 베네수엘라 오리노코 강에서 남아메리카 북쪽까지 흩어져 살았던 것으로 알려진 부족의 조우는 구세계와 신세계의 역사적인 첫 만남으로, 그야말로 획기적인 사건이었다. 그러나 콜럼버스의 일지는 확실히 평범한 기록물이었다. 사실 그가 자신의 모국어가 아닌 제2외국어인 스페인어를 사용했다는 정황을 감안할 때 그 이유를 이해하기란 어렵지 않다. 콜럼버스는 자신이 무엇을 발견했으며, 그것이 어떤 의미인지 전혀 깨닫지 못했다. 사실상 오늘날 이 섬의 위치가 정확히 어디인지, 지금도 존재하는지는 확실치 않다. 단지 우리는 그곳이 바하마Bahamas(얕은 바다)라고 불리는 곳이며, 바하마의 토착 지명은 원래 루카야Lucayas라는 사실을 알고 있을 뿐이다. 또한 그 특별한 섬이 바로 과나하니Guanahani였다는 사실 외에는 알려진 바가 없다. 바하마의 섬들과 터크스 케이커스Turks and Caicos 제도(바하마 제도 남쪽 끝에 위치한 30여 개의 섬—옮긴이)에 대한 콜럼버스의 설명은 어느 정도 사실적이다. 무엇보다 아홉 개 섬의 위치에 대한 설명이 실제에 가깝다. 그중에서도 워틀링Watlings 섬과 사마나Samana 섬에 대한 설명이 가장 적절하다고 학자들은 판단한다.

콜럼버스와 선원들은 육지에 도착하면 최소한 신선한 물을 마실 수 있을 거라는 사실에 안도했다. 그러나 다음 날인 10월 14일 일요일 오후에야 비로소 배에서 내렸다. 그 당시 (1575년만 하더라도) 스페인에서 선장의 항해일지는 법적 요구 사항이 아니었으므로, 어찌되었건 콜럼버스 수중에 그 일지가 보관될 수 있었다는 사실만으로도 우리에겐 행운일 것이다. 그러나 일지에 담긴 내용은 반복적이었으며, 그의 관찰은 구체적이지 않고 일반적이었다. 배리 아이프가 언급했듯이 콜럼버스는 모든 것에 대하여 새롭고 이국적인 것으로 서술하지 않았다. 나중에야 그러한 시선을 갖게 되었지만, 사실 그는 일관적으로 자신에게 익숙한 세비야와 안달루시아의 강이나 풍경과 유사한 것으로 묘사했다.

"그 섬의 자연미에 대한 콜럼버스의 반응은 진실한 면이 없지 않았으나 어쨌든 전략적이었다. 모든 섬은 그가 이제껏 보았던 아름다움 중에서 최고였으며, 나무들은 푸르고 곧게 자랐으며, 좋은 향기와 새들의 울음소리로 가득했다. 강은 깊었고, 항구는 전 세계 기독교인들의 배를 모두 정박시킬 수 있을 만큼 넓었다." 콜럼버스는 자신이 발견한 것들에 대한 묘사보다는 자신이 본 경이로움에 대해 더 많이 할애한다.[6]

그러다보니 콜럼버스의 설명에는 대서양 먼 곳에서 자신이 발견했던 것에 대한 실망의 감정도 비친다. 콜럼버스의 수혜자 또는 희생자인 우리로서는 이상하게 생각되는 말이지만, 콜럼버스의 실망은 우리에게 잘 알려져 있는 사실, 즉 말년의 콜럼버스는 자신이 '인도 제국'에 도착한 것이라고 믿었다는 사실과 당연히 관계가 있다. 그로서는 치팡구(일본)에 접근했고, 캐세이Cathay(중국) 대륙 인근 섬에 도착한 것이었다.[7]

이러한 주장은, 그가 알았든 몰랐든 모든 방식의 역사적 힘이 콜럼버스에 의해 대변된다는 사실을 의미한다. 우선 그의 항해는 수 세기 전부터 시작되어온 원대한 원정 항해들의 정점을 찍은 사건이었다. 그중에는 콜럼버스보다 훨씬 더 길고 위험한 항해도 있었다. 어찌 보면 항해란 인류의 가장 놀라운 특성인 지적 호기심을 집합적으로 상징하는지 모른다. 그렇지만 미지의 세계를 향한 중세 사람들의 모험은 우주여행까지 경험한 현재의 우리에겐 별다른 감흥을 주지 못하며, 그 결과 우리는 근본적으로 콜럼버스의 시대와 분리될 수밖에 없다.

콜럼버스의 첫 발견은 처음에는 주목받지 못했지만 결과적으로 대서양을 가로지르는 항해 경쟁이 불붙기 시작했으며, 그에 따라 이 세계는 점점 확장되고 변화되었다. 그러나 변화는 찬란하고도 괴멸적인 두 면모를 나타냈다. 언제나 인정되는 바는 아니지만, 최근 여러 학술 분야의 진전에 힘입어 콜럼버스의 발견은 역사의 특정한 국면에서 단일 환경의 마지막(혹은 마지막의 시작)을 기념한 것으로 높이 평가되었고, 충분히 이해되었다. 대략적으로, 특별한 역사의 시기는 1만6000년 전에 이미 시작되었다.

역사상 가장 위대한 자연 실험

기원전 1만5000년경 처음으로 고대인들이 아메리카 대륙으로 들어왔고, 그 시기로부터 기원후 1500년대까지, 즉 콜럼버스가 산 살바도르에 상륙할 때까지 지구상에는 '완전히 분리된 두 집단'이 존재하고 있었다. 서로에 대해 전혀 모른 채 한쪽은 신세계에서, 다른 한쪽은 구세계에서 살아온 것이다. 이전까지는 그 시기 자체가 역사의 한 과정으로 간주되지 않았으나, 생각해보면 그 시대가 얼마나 특별하며 연구될 가치가 있는지 알 수 있다.

이 분리된 집단은 서로 다른 환경과 기후, 서로 다른 식생과 동물 환경에서 살아왔다. 알다시피 두 반구의 '자연'은 전혀 다르다. 처음에는 유사했겠지만, 1만6000년 이상(600~800세대가 대를 물려온 기간)의 세월을 거치는 동안 인간은 각자의 환경에 적응하기 위해 부단히 노력함으로써 서로 다른 생존 전략과 관습·언어·종교 등의 문화를 일궈냈다. 이렇듯 이 시기의 세계는 전례 없는 독특한 방식으로 분리되어 있었으나, 콜럼버스가 과나하니에 발을 들여놓는 순간 (비록 그 자신은 알지 못했지만) 두 세계의 독특한 평행 발달은 곧 끝나게 되었다.

이 책의 목적은 신세계와 구세계 집단을 비교하고 대조하여 서로의 차이와 유사성을 발견하는 것이며, 실험과 연구를 통해 두 세계의 평행 발달을 오늘에 되살려 확인하는 것이다. 물론 각자 독립적으로 성장한 두 세계를 비교하는 작업은 대단히 매혹적이긴 하지만 연구적 감각으로 진행할 만한 실험은 아니다. 다만 자연과 인간의 상호작용 방법을 확인할 절호의 기회이자 우리 자신을 설명할 수 있는 기회로, 이제까지 한 번도 수행된 적 없는 프로젝트가 될 것이다.

관찰하게 될 영토는 지구 위의 거대한 개체인 모든 반구다. 회의적인 견해를 지닌 순수주의자들은 이러한 비교에 무수한 변수가 작용하므로 무의미하다고 여길 수도 있겠으나, 이 비교 작업은 두 반구 사이에 서로 다른 문명의 궤적을 (묘사할 뿐만 아니라) '설명'할 수 있는 증거가 될 수 있다고 본다. 또한 구세계와 신세계 간의 장기적이고도 중요한 차이에 대하여 유익한 결론을 이끌어내는 충분한 근거가 될 것이다.

고고학자와 인류학자 들은 두 세계가 오랜 기간에 걸쳐 형성해온 문화적 유사성에서 인간의 본성과 사회, 그리고 빙하시대 이후 1만 년 동안의 발전과정에 관한 근본적인 사실들을 확인할 수 있었다. 이처럼 두 세계 사이에는 분명히 유사한 면이 있으며 그 중요성 또한 부인할 수는 없을 것이나, 이 책에서는 상대적으로 간과되었던 두 세계 간의 '차이'에 집중할 것이다. 그리고 그 차이들로부터 인간의 존재 의미에 관한 중요한 정보들을 확인할 수 있을 것이다.

이 책은 크게 세 영역으로 나뉜다. 제1부에서는 최초의 아메리카인들이 신세계에 도착하기까지의 과정을 설명하며, 특히 그들의 여정에 주목할 것이다. 또한 그러한 경험이 그들에게 어떠한 영향을 끼쳤으며 유라시아 구대륙에 남겨진 이들과 어떻게 차별화되는지를 살펴볼 것이다. 제2부에서는 중요하고도 체계적인 방식으로 두 반구 사이의 지리·기후·동식물군에 관한 차이를 설명하고, 개별적 요소 간의 '상호작용'을 설명하려 한다. '자연'은 두 반구에서 매우 근본적인 요소이기 때문에 제2부의 내용이 이 책에서 가장 주의 깊게 읽어야 할 부분일지도 모르겠다. 제3부는 거대한 두 문명을 발전시켜온 사람들에 대하여 각자 다른 방식으로 관찰할 것이다.

전체적으로 이 책은 초기 인류가 살았던 물리적 세계(경관, 초목, 동물세계, 기후와 위도緯度의 주요 특성, 바다와 육지의 관계)가 인간과 그들의 믿음,

종교적 관행, 사회 구조, 상업활동 및 산업활동에 영향을 끼치는 과정을 밝히고, 그것들이 어떠한 사상으로 작동하여 궁극적으로 인간과 환경의 상호작용에 어떤 영향을 끼치는지를 알아볼 것이다. 인간의 본성은 단 하나라고 주장하는 사회생물학자나 유전학자의 말은 어쩌면 진실일지도 모른다. 그러나 초기 인류는 지구상의 서로 다른 환경에서 매우 다른 사상을 만들어냈으며 다른 본성을 지니게 되었다. 그런 의미에서 이 책이 제시하고자 하는 바는 여러 분야에서 더욱 중요할 것이다.

이 글을 통해 각기 다른 두 세계가 서로 다른 세 가지 현상에 의존했을 뿐만 아니라 지배를 받았음을 확인하게 될 것이다. 그 첫 번째로 광활한 구세계 대륙은 동지중해에서 중국에 이르기까지 계절풍 기후인 아시아 몬순의 영향을 받고 있다는 것으로, 전 세계 농부의 3분의 2가 이 몬순 기후에 의존하여 생활해왔다. 그러나 과거 8000년 동안 몬순의 위력은 서서히 약해졌다. 이는 구세계의 종교가 '풍요'에 큰 관심을 두게 되었음을 의미한다. 두 번째로 포유동물의 사육이 구세계의 고대 역사에 중요한 영향을 끼쳤으며, 특히 사회 내부의 경쟁이나 전쟁 방식 또는 그 범위에 영향을 끼쳤다. 이와 반대로, 신세계는 극단적인 (난폭한) 기후의 영향에 지배당했다. 세 번째 현상으로 다양하고도 풍부한 환각성 식물을 광범위하게 활용하는 것을 꼽을 수 있다. 이러한 모든 요인은 아메리카에서 종교라는 이데올로기를 훨씬 더 활발하고 강렬하게 작동시켰으며 종말론적인 색조를 갖추게 했다.

이 책은 우주론·기후학·지질학·고생물학·신화·식물학·고고학·화산학 등 다양한 분야에 종합적으로 접근한다. 또한 제2차 세계대전 이래 지속적으로 학계에서 시도해왔던 획기적인 업적을 활용하고 있다. 말하자면 메소아메리카의 4대 주요 문명인 아즈텍Aztec·미스텍Mixtec·사포텍Zapotec·마야Maya에 대한 판독본이다. 스페인 정복 기간에 화재를 모면한 네 권의 마야 책과 스페인 성직자나 토착 아메리카인이 제작한 몇 권의 책과 고문서, 기념비, 제단, 비행기 탑승계단 같은 돌층계, 유적과 조각장식 덕분에 지난 30년 동안 밝혀온 콜럼버스 이전 시대에 대한 지식과 이해를 확장시킬 수 있었다.

더불어 이 책을 통해 최근까지의 학문적 도움에 힘입어 두 세계의 고대역사를 체계적으로 비교할 수 있었으며, 역사적으로 유라시아와 아메리카가 확연히 다른 궤적을 지니고 있음을 확인할 수 있었다. 물론 이토록 다른 발전과정 속에도 두 세계의 유사성은 존재하지만, 여기서는 두 세계의 '차이'에 초점을 맞추었다. 그 차이는 두 세계의 유사성이 말해주는 것만큼이나 인간 본질에 대한 많은 이야기를 들려줄 것이다. 이러한 궤적들을 함께 살펴봄으로써 그 문명들이 언제 어떻게 분화했는지에 관한 과정과 원인까지 진단하려 한다.

The Great Divide

차례

제1부

초기 아메리카인은 구세계 인류와 어떻게 다를까

아프리카에서 알래스카까지:
유전자, 언어, 석기에 나타난 위대한 여정

신세계와 구세계의 발전을 비교하는 이 책의 '실험'이 의미를 갖기 위해서는 우선 양쪽 반구에 살았던 사람들이 처음에는 얼마나 비슷했는지 알아둘 필요가 있다. 비슷한 면을 파악하는 게 어렵다면 최소한 그들이 어떻게 얼마나 달랐는지는 알아야 한다. 이것은 분명 쉬운 일이 아니다. 적어도 1만5000년 전의 세상이며, 이 장과 다음 장에선 그보다 더 오래전의 시기까지도 알아봐야 하기 때문이다. 그러나 그토록 오래전의 일이며 꽤 세심한 주의가 필요한 난제(어쩌면 사실에 근거한 추론조차 어려울 수도 있다)라 할지라도 단념할 수는 없다.

몇 년 전까지만 해도 이런 유형의 문제에 응답하기는 쉽지 않았다. 그러나 생물학(특히 유전학)·지질학·우주학·기후학·언어학·신화학 덕분에, 예전보다는 우리의 깊은 역사에 대해 더 많이 이해할 수 있게 되었다. 따라서 앞으로 소개하게 될 결론들은 가설에 불과한 수준일지라도 노력해볼 만한 충분한 가치가 있다고 생각한다.

아프리카를 떠나다

유전자, DNA, 특히 미토콘드리아 DNA(보통 mtDNA로 표기되며 어머니로부터 물려받는)와 Y염색체(남성을 결정하는)의 발견 덕분에, 그리고 (전 세계 현대인들의 DNA 비교분석을 통한) DNA의 변이율을 알게 됨으로써 현대뿐만 아니라 과거에 이르기까지 사람들의 관계성을 판단하는 작업이 가능해졌다.● 전문가에 따르면, 미토콘드리아는 우리 내부에 누적된 모계의 역사를 제시해주며 Y염색체는 부계의 역사에 대해 알려준다. 지금부터 살펴볼 우리의 연구 목적에 부합하는 이론적 배경의 주요 내용은 다음과 같다.(그중 많은 부분이 고고학적으로 확인되었다.)

• 현대 인류는 대략 15만 년 전 아프리카에서 진화했다.

• 12만5000년 전, 어느 집단이 아프리카를 떠나 (지금보다 70미터 정도 수

● mtDNA와 Y염색체에 관한 연구는 꽤 유명한 자료가 많이 제공되어 있으므로 여기서는 세부적인 연구 내용을 다루지 않겠다. 예컨대 오펜하이머(1998), 웨이드(2007), 웰스(2007) 같은 학자들의 저서가 있다. 변이율은 종과 성별에 따라서 다양하며, 어떤 연구에서는 남성이 여성의 네 배로 나타나고 있다. 33회의 20년 주기마다 한 번씩 변이가 일어난다는 것은 진화론적으로 의미가 있다. 200회의 변이 중 평균적으로 190회 정도는 특별한 게 없고, 5회 정도는 나쁜 내용의 것이며, 1회 정도는 유익한 것이다. 인간의 유전자 변이 비율은 100만 년마다 염기쌍(이중나선 구조를 형성하고 있는 수소결합으로 연결된 뉴클레오티드)에서 0.12~0.57 범위로 일어난다. 그러나 2만~1만5000년 전 이후부터는 그 비율이 줄어들었다는 증거가 있다. 즉 인류가 소규모로 이동하면서 무리 지어 수렵-채집생활이 멈추었을 때 바로 인구통계학적으로 생활 패턴의 변화가 있었다. 즉 인구가 늘어남에 따라 불가피하게 유전적 다양성이 제한된 것이다.[1]

위가 낮은) 홍해의 남단에 위치한 바브엘만데브 해협을 건넜고, 호수와 강이 있는 지금보다 훨씬 습했던 아라비아 반도를 가로질러 여행했다. 인류의 흔적을 찾을 수는 없었으나 호르무즈 해협 근처의 바위 은신처로 알려진 제벨 파야Jebel Faya에서 아프리카의 호모사피엔스가 만들었던 도구와 비슷한 원시 도구들이 발견되었다. 결국 오늘날 인류의 유전적 증거를 볼 때 '모든' 비아프리카인들은 그 무렵 아라비아 반도를 통과했을 작은 집단의 후손인 것이 확실하다. 건기 동안 제벨 파야의 사람들은 수백 년 또는 수천 년 동안 격리된 채 사막 내륙지역에서 동쪽의 페르시아 만으로 흐르는 강을 따라 이동했을 것이다. 그 후 바다를 건너 이란과 파키스탄을 경유하여 인도에 도착했을 것이다. 세계 인류의 형성에 관하여 제기된 '해안채집beach-combing생활 이론'은 유전적 증거를 비롯하여 해안가 현장에서 발견된 수많은 조개 무덤(패총)으로써 그 타당성이 입증되었다. 게다가 6000년 전의 해수면은 지금보다 낮았기 때문에 육지는 16만 평방킬로미터 정도였을 것이다. 이 규모는 거주 면적의 10퍼센트 정도로, 중요한 자원이 많았다. 또한 일반적으로 바닷가 환경은 영양이 풍부한 먹을거리를 제공하기 때문에, 내륙보다 더 많은 인구가 정착할 수 있었다. 선사시대의 인류 중에서 고대 해안과 지협地峽 지역에 주변적으로 거주하던 수렵–채집인들은 이후 급격한 변화를 겪게 되었다.

• 아프리카 대륙을 떠난 집단의 규모는 크지 않았을 것이다. 이것은 Y염색체의 연구 결과에 따른 것으로, 그 집단은 번식능력을 지닌 1000명의 남성과 같은 수의 여성이었을 것이다. 여기에 아이들과 노인이 동반했다 하더라도 대략 5000명 정도로 추정된다. 그러나 그들은 함께 떠나지 않았을 것이다. 사냥 수렵인에 관한 연구에 따르면 그들은 150명 정도로

구성된 집단을 선호했으며, 해안채집생활을 중단한 후에도 마찬가지였다. 예컨대 오스트레일리아의 부족들은 500~1000명 정도의 규모를 유지했다.(이 사실은 유럽 식민주의자들이 18세기 말엽에 오스트레일리아에 도착했을 때 알려진 것이다.)

• 7만 년 전, 사람들은 오스트레일리아로 건너오기 시작했다.

• 5만~4만6000년 전, 해안을 떠나 지금의 이란과 아프가니스탄을 거쳐 북쪽과 서쪽으로 이주한 집단은 유럽에 정착했다.

• 4만 년 전 무렵, 두 번째 분화가 시작되었다. 이번에는 여러 집단이 중앙아시아 내륙으로 들어가 파키스탄과 북인도로 향했다.

• 이때 해안채집생활을 하던 사람들은 동남아시아의 모퉁이를 돌아 중국 영역에 도착했으며, 그 후 실크로드를 따라 계속 서쪽 내륙으로 이동했다.

• 3만~2만 년 전, 파키스탄과 인도에서 내륙으로 향했던 집단은 두 갈래로 분화되었다. 한 무리는 서쪽으로 향하여 유럽에 정착했고, 다른 무리는 시베리아 깊숙이 들어가 중국 내륙으로 이동한 무리들과 만났을 것이다.

• 2만5000~2만2000년 전, 인류는 시베리아와 알래스카를 연결하는 베링 육교에 도착한 것으로 보인다. 고고학적 증거에 따르면 축치Chukchi 또는 알래스카에 사람들이 살기 시작한 것은 1만5000년 전으로 추정된다. 그 당시는 11만~1만4000년 전까지 지속된 빙하기의 마지막 시기로, 지구를 덮고 있는 엄청난 규모(두께가 수 킬로미터나 되는)의 빙하에 상당한 양의 물이 가두어진 상태였다. 그 결과 세계의 바다 수위는 지금보다 약 120미터 더 낮았고, 나아가 당시 지구의 지형이 지금과는 많이 달랐음을 유추할 수 있다. 그 대표적인 사례로, 오늘날의 베링 해협이 당시

에는 형성되어 있지 않았다. 이 지역은 육지였거나 연못 또는 호수가 있는 목초지였으므로 초기의 인류 집단은 쉽게 통과할 수 있었다. 이로써 대략 2만~1만4000년 전 사이의 어느 시기에 초기 인류는 신세계 또는 아메리카나 서반구 등으로 불리는 땅에 정착하게 되었다. 1만4000년 전부터 빙하기가 끝나 기후가 따뜻해지면서 베링 해협은 차차 물로 채워지고, 알래스카와 시베리아가 분리됨으로써 서반구(아메리카, 신세계)는 마침내 구세계와 분리되었다.

• 앞에 제시된 지도들은 이 책 전체에 걸친 주장들을 시각적으로 요약해주는 역할을 할 것이다.

홍해 남단에서 시베리아 동쪽 끝에 위치한 우옐렌Uelen까지 까마귀(또는 보잉 747 점보제트기)가 비행할 때 약 1만2000킬로미터나 되는 거리를 날아간다. 그러나 인도와 동남아시아 주변의 해안선의 거리는 그보다 두 배 심지어 세 배 가까이 되고, 중앙아시아 대륙을 가로지른다 해도 그 거리가 단축되지는 않았을 것이다. 더욱이 그 당시는 기술이라고 할 만한 것이 없었으므로 높은 산맥이나 호수 또는 강을 넘기란 무척 힘겨웠을 것이다. 결과적으로 3만2000킬로미터의 거리를 이동하기까지 족히 5만 년 정도의 세월이 걸렸다.(그러나 혹한 지역에 도착하기 전까지는 꽤 빨리 이동했을 것이다.)

머지않아 초기 인류 집단이 도착한 곳은 훗날 베링 해협이 될 지역을 내려다보고 있는 곳으로, 지금의 축치 반도 또는 축치 폴루오스트로프Chukchi Poluostrov로 알려진 곳이다. 초기 인류 집단이 이 루트를 통해(나중에 해협이 되었지만 처음에는 육지로 연결된 지역으로, 폭이 가장 좁은 구간도 100킬로미터 가까이 되었다) 신세계로 진입했다는 주장은 단지 시베리아와 알래스카가 가깝다는 근거에 의존한 것만은 아니다. 초기 인류가 이러한 경로로 아

거대한 단절

메리카에 들어왔다는 사실을 입증할 만한 일관되고도 설득력 있는 세 가지 유전적 증거가 있다.

동시베리아에 거주했던 축치 족의 경우, 그들은 지구 변방에 있다고 생각했을지 모르지만 오늘날의 관점으로 볼 때 가장 중요한 위치를 점하고 있었다. 오늘날까지도 이곳에선 순록 떼를 키우고 얼어붙은 강 위에 구멍을 뚫어 낚시를 한다.[2] 그토록 척박한 땅을 왜 초기 인류 집단이 선택했는지는 확실히 알 수 없다. 어쩌면 매머드나 다른 사냥감을 따라왔을 수도 있고, 서쪽과 남쪽에서 몰려드는 사람들을 피해 어쩔 수 없이 밀려온 것인지도 모른다. 다만 1만9000~1만8000년 전 시베리아 지역에 대지가 부족했다는 사실을 확인한 고고학적 연구를 통해 이 지역에서의 생활이 꽤 고단했음을 짐작할 수 있다. 이 광활한 지역은 얼음에 뒤덮여 있었기 때문에 나중에 수렵−채집인들이 중요한 동물 자원을 찾아오기 전까지는 거의 버려진 불모지였다.(이 지역에서 덩치 큰 종류인 순록, 붉은 사슴 또는 들소의 잔해들이 발견되었다.) 어찌되었든 축치에서 멀리 떨어진 동시베리아의 듀흐타이Dyukhtai와 말타Mal'ta 지역에서 2만 년 전부터 인간이 거주한 흔적이 발견되었다(〈지도 5〉 참조). 이 시기는 그 위치만큼이나 중요한 의미를 지니고 있다.

시베리아에서는 2만 년 이전의 고고학적 유물이 발견된 바 없다는 점에서, 이러한 흔적에서 알 수 있는 시대적 의미는 남다르다. 물론 신세계로의 이동을 입증할 만한 유전적·언어적 증거도 있지만, 아직 보편적 증거로 채택되지 못한 채 논쟁 중에 있다. 이 지역이 중요한 의미를 지니는 이유는 농사짓는 방법을 몰랐던 초기 인류가 농사가 이뤄진 적 없는 먼 북쪽의 끝으로 올라왔기 때문이다. 잘 알려져 있듯 지구상에서 농경이 시작된 시기는 1만 년 전으로, 구세계와 신세계가 분리된 시점에는 그 어느 곳에서도 농경이 이루어지지 않았다.

DNA 자료를 보면 축치 족은 분명한 유전적 특성을 지니고 있음을 알 수 있다. '제노그래픽 프로젝트Genographic Project'(전 세계적으로 여러 지역에서 집단별 DNA를 채취하여 돌연변이를 조사함으로써, 인류 집단이 어디에서 어디로 이동했는지를 밝히는 연구 작업—옮긴이)에 따르면, 그들은 M242로 알려진 유전적 특성의 표지標識를 지닌다. 이는 그들이 2만 년 전 남시베리아 혹은 중앙아시아에 거주했던 인종으로부터 기원했음을 뜻한다. 이러한 유전적 특성은 남아메리카 최남단 티에라 델 푸에고만큼이나 먼 곳의 토착 아메리카인들도 보유하고 있기 때문에 유전학자들은 2만 년 전에 초기 인류가 시베리아로부터 신세계로 이주했다고 믿고 있다.[3]

이러한 내용은 IBM 사의 뛰어난 컴퓨터 기술 지원과 『내셔널지오그래픽』의 후원으로 2005년 실시된 제노그래픽 프로젝트를 통해 밝혀졌다. 다섯 대륙에 거주하는 15만 명의 DNA를 조사하여 충실한 유전자 지도를 그려냄으로써 얻어낸 결과다. 제노그래픽 프로젝트는 기본적으로 이른바 하플로 그룹haplo group(공통 조상을 가진 그룹—옮긴이)을 조사하고 미토콘드리아 DNA와 Y염색체의 표지를 만드는 유전자 변이의 특정 패턴을 조사하는 방식으로, 현대인들 간의 관계뿐만 아니라 과거 인류와의 연관성까지 밝혀낼 수 있다.

이 조사는 두 가지 흥미로운 사실을 보여주고 있다. 우선 오늘날의 토착 아메리카인들은 유전적으로 서로 비슷하며 그들만의 특이성을 보여주는 표지는 2만~1만 년 전, 특히 1만6000~1만5000년 전 무렵으로 집중된다. 이 시기는 만빙기LGM, Last Glacial Maximum로 불리는 시기(2만~1만4000년 전 사이)와 일치한다. 당시 해수면은 지금보다 120미터 더 낮았으며 베링 해협이 형성되기 전이었으므로, 시베리아와 알래스카는 육지로 연결되어 있었다.

알래스카에서 아르헨티나에 이르기까지 토착 아메리카인들의 Y염색체에서 특정한 하플로 그룹이 파악되었는데, 이로부터 물려받은 또 다른 (동일한 Y염색체 계통임에 틀림없는) 하플로 그룹이 남아메리카 내에서 발견되었다.[4] 한편 서북아메리카에서는 다른 계통의 그룹이 보이는데, 이들은 아마 늦은 시기에 신세계로 들어와 먼 남아메리카까지 이주하지는 않은 집단인 듯하다. 유전자 표지를 보면 토착 아메리카인 Y염색체의 99퍼센트가 앞의 그룹에 속하는 것으로 나타났다. 유라시아와 아프리카에서는 수십 종류의 미토콘드리아 DNA와 Y염색체 계통이 발견되는 반면, 토착 아메리카인에게는 오직 다섯 개의 미토콘드리아 DNA 그룹만이 있다.[5] 서북아메리카에서 발견된 M130 하플로 그룹은 동남아시아나 오스트레일리아에서도 발견되는데, 이 사실은 약 8000년 전 그들이 태평양 연안, 특히 아시아의 동쪽 해안을 따라 신세계로 이동했음을 추정케 한다. 그리고 당시 베링 해협은 물속에 잠긴 상태였으므로 배를 이용했을 것으로 짐작된다. 북아메리카에서 두 번째로 주요한 언어 계열에 속하는 '나-데네Na-Dene'(북아메리카 인디언 언어의 주요 어군. 크게 세 개의 어족과 스물두 개의 언어로 분류된다—옮긴이) 언어를 사용한 인디언이 바로 이 혈통을 지니고 있다(아래 항목 참조).

세 번째 증거는 하버드대 쓰자 왕 교수와 아홉 개 국가의 유전학자 27명이 협조한 팀이 2007년에 발표한 연구에서 확인된 것이다.[6] 이 연구팀은 북·중앙·남아메리카의 토착 아메리카인을 대표하는 24개 종족에서 422명의 유전자 표지를 검사한 후, 다시 54개 전 세계 토착민의 유전자와 비교했다. 이 연구에서 다음과 같은 결과가 나타났다.

- 토착 아메리카인은, 다른 대륙의 집단과 비교할 때 유전적 다양성은 적지만 큰 차이를 보인다.(앞서 언급한 제노그래픽 프로젝트의 결과와 같다.)

- 인류의 이동 경로인 베링 해협으로부터 멀리 떨어져 있어 유전적으로 다양하지 않고 시베리아와의 유전적 유사성도 적다. 시베리아인과 가장 유사한 그룹은 캐나다 북부의 치페위안Chipewyan(나-데네/애서배스카)인들이며 동남아메리카의 그룹과 유사성이 가장 적다.
- 메소아메리카인과 안데스인의 유전적 차이는 거의 없다.
- 내륙을 횡단하는 경로보다 훨씬 용이한 해안 경로를 거쳐 이동했을 것으로 보인다.
- 유전적 특징이 유사하면 사용 언어도 동일한 경우가 많다.
- 아메리카인들(예를 들어 토착 아메리카인의 DNA를 지닌 이들)에게만 존재하는 특별한 대립유전자(유전적 변이)가 발견되었는데, 이 사실은 신세계로 이동한 대부분의 그룹이 단일 이주 집단에서 유래되었음을 뒷받침한다.

이러한 주장들은 대체로 제노그래픽 프로젝트에서 얻은 증거 그리고 축치족의 DNA 분석 결과와도 일치한다. 또한 대략 1만6500~1만1000년 전(550세대가 교체되는 기간)까지 시베리아를 통해 아메리카로 이동했으며, 빙하로 가득 찬 내륙 경로보다는 해안 경로를 이용했을 것이라는 사실을 다시 한번 확인할 수 있다. 쓰자 왕 교수와 그의 팀이 함께 한 이 연구를 비롯하여 이후에 시행되었던 소규모의 다른 연구들을 보면, 인류가 아메리카로 이주한 시기에 관해서는 일치된 견해를 보이고 있다. 그러나 그 흐름은 한 번이 아니라 두 번에 걸쳐 이루어진 것으로 나타나는데, 첫 번째 시기는 대략 1만8700년 전이고 두 번째 시기는 1만6200년 전으로 보인다. 이것은 다음에 설명할 언어적 증거와도 맞아떨어지는 것으로 나타난다.[7]
　　일부 DNA 연구에서는 신세계에 유입된 시기를 훨씬 앞선 2만9500년 전, 심지어 4만3000년 전으로 판단한다. 소수의 견해지만 이러한 주장이 제기되었다는 사실을 밝혀둘 필요는 있을 것이다.[8] 그러나 최근 대대적으로 진행된 제노그래픽 프로젝트와 쓰자 왕 팀의 연구는 서로 일치하는 부분이 많을 뿐만 아니라, 알래스카에서 뉴멕시코에 이르기까지 북아메리카 전역에서 발견된 고고학적 증거들도 그 결론을 뒷받침하고 있다. 이 부분에 대해서는 3장에서 더 상세히 다룰 예정이다.

두 번째 생물학적 증거는 애리조나주립대 크리스티 터너의 연구에서 비롯되었다. 그는 치아의 진화적 발달에 관한 전문가로, 선사시대의 아메리카인을 비롯하여 시베리아·아프리카·유럽 사람의 치관齒冠과 치근齒根 20만 개를 조사했다.[9] 치아의 형태는 인간의 진화적 특성을 가장 잘 보여주는 기관이고 성별이나 나이에 따른 영향관계가 없기 때문에, 서로 다른 환경에서 인간 집단이 적응해온 방식을 좀더 명확히 살펴볼 수 있다. 이 연구에서 흥미로운 것은 터너가 '사이노돈티sinodonty'와 '순다돈티sundadonty'라고 명명한 치아의 차이다. 주로 북부 중국인과 북아시아인(시베리아인) 거주민들에게 나타나는 사이노돈티형 치아들은 삽 모양 앞니incisor shovelling(앞니의 안쪽 면을 오목하게 파낸 듯한 형태), 이중 삽 모양 앞니double-shovelling(양면을 파낸 듯한 형태), 윗니의 첫째 작은어금니의 뿌리가 하나이고 아랫니의 첫째 큰어금니의 뿌리가 셋인 점이 특징이다. 터너는 2만 년 전의 북부 중국인 유해에서 사이노돈티를 확인할 수 있었다.

사이노돈티는 북부 중국인, 북부 아시아인, 고대 알래스카인, 다른 북부 아메리카인에 국한된 유형으로, 좀더 먼 서쪽, 예컨대 바이칼 호수 지역에서 발견된 구석기 인류의 유해에서는 사이노돈티를 찾아볼 수 없었고, 유럽에 가까운 러시아의 고대 묘지에서도 마찬가지였다.

동남아시아인의 유해에서도 사이노돈티는 발견되지 않았다.(구석기시대에 동남아시아의 순다 대륙붕Sunda Shelf은 베링 육교처럼 지금보다 해수면이 낮았다. 이러한 현상에 대해서는 앞으로도 자주 언급하겠지만, 터너는 이 지역의 집단을 '순다돈트sundadont'라고 불렀다.) 크리스티 터너는 사이노돈티가 북아시아로부터 북아메리카로 확산된 사실에 기초하여 최초 아메리카인들의 기원이 동부 몽골, 레나 분지 상류, 동시베리아를 통과하여 베링 해협을 건너 알래스카까지 진입한 집단 무리일 것이라 판단했다.

이 시나리오에 대한 생물학적 증거를 덧붙이자면, 몇몇 아메리카 토착 부족의 유아들에게서 나타나는 일명 '몽고반점'이다. 척추의 끝부분인 엉덩이 사이에 푸르스름한 반점이 생겼다가 일정 기간이 지나면 사라지는 이러한 증상은 티베트와 몽골의 아이들에게서만 발견된다.[10]

이 모든 유전적 증거를 모았을 때 오늘날까지 혈통을 잇고 있는 토착 아메리카인들의 조상은 대략 1만6500~1만5000년 전의 시베리아와 몽골 지역으로 추정되는 동북아시아의 어느 곳에서 아메리카로 이주한 초기 인류인 것으로 짐작된다. 이보다 좀더 일찍 또 다른 무리가 아메리카로 난 길을 발견했을지도 모르지만, 그들은 주류라고 할 수 없으며 후대에 거의 영향을 끼치지 못했다. 인류 이동은 이후에도 계속되었으며, 이에 관한 증거들에 대해서도 간략히 살펴볼 것이다.

티머시 플래너리에 따르면, 알래스카에 거주했던 알류트 족과 이누이트 족은 동북아시아인들과 유사한 문화적 특성들(예컨대 러시아 캄차카 반도에서 사용되는 에스키모 언어의 형식 또는 중국과 유사한 방식으로 사용되는 알류샨Aleutian 열도의 여러 침술 등)을 공유하고 있으나, 아메리카로부터 아시아 방향으로 역이동한 증거는 거의 찾아볼 수 없다는 점을 강조했다. 다만 니컬러스 레이와 그의 동료들은 유전자 연구를 통해 소수의 토착 아메리카인들이 390세대(9750년) 전에 아시아로 향한 적이 있음을 조심스럽게 주장한

거대한 단절

바 있다. 중앙시베리아-베링 해협에서 수천 킬로미터 떨어진 지역의 유일한 예니세이Enisei 어족인 케트Ket 족에 대한 최근 연구에 따르면, 유전적으로 이 부족은 시베리아 집단과 유사하며 북아메리카의 나-데네 어족과는 관계가 없음이 확인되었다. 그러나 이 부분에 대한 설명이 아직 만족스러운 정도는 아니다. 지금까지의 내용을 종합해보면, 위의 두 사례에도 불구하고 빙하기가 끝나갈 무렵 시베리아에서 베링 해협을 통해 알래스카로 역사적인 이동이 있었다는 결론에는 틀림이 없다.[11]

다른 주제로 넘어가기 전에 살펴봐야 할 또 다른 유전적 증거가 있다. 이것은 인간의 뇌 구조와 크기에 관여하는 두 종류의 유전자를 발견한 시카고대 브루스 란의 연구에서 비롯되었다. 각 유전자는 몇 개의 다양한 대체 형태 또는 대립형질을 가지고 있는데, 어떤 경우든 특정한 집단에는 특정한 하나의 형태가 두드러진다는 것이다. 이는 대립형질이 진화론적으로 유리한 선택을 하도록 이끈다는 사실을 의미한다. 마이크로세팔린microcephalin이라는 유전자는 바로 그러한 대립형질 중 하나로 3만7000년 전에 형성되었는데, 현재 유럽과 아시아 인구의 70퍼센트가 이 유전자를 지니고 있다. 다만 사하라 사막 남쪽 지역에서는 인구의 25퍼센트만이 이러한 유전형질을 지니고 있다. 또 다른 대립형질인 ASPM(Abnormal Spindle-like icrocephaly-associated)은 6000년 전쯤 중동과 유럽에서 형성되어 급속히 확산된 것으로, 사하라 사막 이남의 아프리카에서는 거의 나타나지 않으며 동아시아에서는 약한 비율을 나타낼 뿐이다.[12]

위의 두 가지 대립형질이 급속히 확산되었다는 사실이 우리에게 제시하는 바가 있다. 브루스 란은 그 이유가 명백히 물질적이기 때문에 최대한 조심스럽게 설명되어야 한다고 충고한다. 우선 대립형질의 급속한 확산은 인류의 지적 능력이 향상된 점과 관련이 있으리라 짐작되지만 그 직접적인 증거는 없다. 그러나 이러한 발견들은 두 가지 점에서 영향관계를 살펴볼 수 있을 것이다. 첫째, 3만7000년 전쯤 발생한 유전자 돌연변이는 3만 3000년 전 구석기시대에 일어난 문화적 부흥이나 일부 유럽에서 동굴 예술이 번성한 것과 연관이 있을 것으로 짐작된다. 둘째, 6000~5000년 전에 일어났던 유전자 돌연변이는 5500년 전에 발생한 문명의 발전과 어떤 식으로든 관계될 것이라는 점이다. 확실히 유전자와 문명의 발전은 관련 있어 보이지 않는가?

3만7000년 전 즈음하여 발생한 최초의 돌연변이는 유라시아에서 급속히 퍼졌을 것이고, 당연히 신세계로 이주한 초기 인류에게도 확산되었을 것이다. 따라서 토착 아메리카인들은 이 대립형질을 보유하고 있을 것이다. 조사 결과 마이크로세팔린 유전자가 확인되었으며, 신세계 거주자들에게 보편적으로 나타나는 유전자 특성이었다.

한편 6000~5000년에 발생한 두 번째 돌연변이는 시기적으로 초기 인류가 베링 해협을 건넌 이후에 진화된 것으로 보인다. 이에 따라 토착 아메리카인들에게는 이러한 변형이 일어날 가능성이 없으며, 조사 결과 신세계 집단에서는 ASPM 유전자가 보이지 않았다. 성급히 판단할 수는 없지만 마이크로세팔린이나 ASPM이 급격히 확산된 점으로 미루어볼 때, 이 유전자를 보유한 인류는 뇌가 커지지는 않았다 해도 지적 능력이 향상되었을 것이다. 그러나 구세계와 신세계 사람들 사이의 이 중요한 유전적 차이는 잠재적 영역에 속해 있다. 1000여 년 전 아이슬란드에 거주했던 사람들의 증거에서 알 수 있듯이, 비교적 짧은 기간에도 상당히 중요한 유전적 차이가 발생할 수 있다. 그렇다면 몇 가지 유전적 변이를 확인하는 작업만으로도 구세계와 신세계의 유전적 차이에 대해 충분히 설명될 수 있을 것이다.

물론 유전학 연구가 아직 초기 단계에 있기 때문에 현재로선 결론지을 수 없으나 흥미로운 가능성들에 대해서는 주목할 필요가 있다. 제노그래픽 프로젝트와 쓰자 왕의 연구에서 보았듯, 다른 인종에 비해 토착 아메리카인들의 유전적 다양성이 적게 나타난 이유에 대해서는 다음 세 가지 주장이 있다. 첫째는 육지를 연결하는 통로인 베링 육교에서 소규모 집단이 한동안 거주했다는 견해다. 다시 말해 일부 이주자들이 빙하로 둘러싸인 이 일대를 피난처 삼아 머무르며 자식들을 양육하여 유전적 병목 현상이 발생했다는 것이다. 두 번째는 어느 정도 시간이 흐른 뒤 일부다처제가 형성되었을 것이라는 견해다. 이에 따라 우월한 남성은 여러 명의 여성을 거느리고 그렇지 못한 남성은 그러한 생활을 영유하지 못했을 것이다.(예컨대 뉴기니와 파푸아의 다니Dani 집단을 관찰한 결과 29퍼센트의 남성은 2~9명의 여성을 거느린 반면 38퍼센트의 남성은 1명의 여성도 얻지 못했다.) 셋째는 전쟁의 부담을 남성이 감당했으므로 싸움에서 살아남은 소수의 남성들만이 아이의 아버지였을 것이라는 견해다.(실제로 다니 족의 경우 남성의 29퍼센트는 전쟁에서 죽은 것으로 밝혀졌다.)[13]

이러한 유전적 다양성의 한계로 신세계의 진화 속도는 구세계와 비교할 때 훨씬 더 더뎠을 것이다. 뿐만 아니라 외부로부터 유입된 질병에 쉽게 감염되었을 것으로 추정된다.

썰매와 해초

베링 해협의 양쪽 지형이 매우 흡사하다는 점은 시베리아에서 신세계로의 유입을 뒷받침하는 고고학적 증거로 볼 수 있다. 1967년 야쿠츠크 Yakutsk에 있는 과학 연구소의 러시아 고고학자 유리 모차노프는 해협에서 가까운 시베리아의 넓은 지역권을 '듀흐타이Dyukhtai 문명'이라 명명했다. 듀흐타이는 북극을 마주한 랍테프 해로 흘러드는 알단 강 유역의 어느 지역 이름인데, 이곳에서 매머드와 사향소의 뼈 그리고 칼과 쐐기, 원반형의 도구, 양면의 날을 지닌 창과 화살이 출토되었기 때문이다. 이것은 분명 1만 4000~1만2000년 전의 후기 구석기 문화의 유물로, 다른 지역에서도 앞뒷면이 다르거나 날이 있는 도구, 칼, 뼈나 상아 같은 유물이 발굴되었다. 이곳에서 출토된 유물 중에는 1만8000년 이전 시대를 추정할 만한 것이 없었으며, 대부분 그 이후의 것들이었다. 듀흐타이 문명의 북쪽 끝은 시베리아 북쪽 해안으로 흐르는 인디기르카 강의 입구인 베렐레흐Berelekh 지역이다.

초기 인류는 유라시아의 동남쪽 해안을 따라 이동하여 중국에 도착했을 것이고, 다시 시베리아 북극 해안을 따라 베렐레흐 동쪽으로 이동하여 마침내 베링 해협(당시에는 육지)에 도착했을 것이다. 알래스카대 북극생물 연구소의 명예교수인 데일 거스리를 비롯한 몇 명의 고생물학자는 듀흐타이에서 발견된 세석날이 사슴뿔의 끝에 구멍을 낸 무기였을 것으로 판단했다. 이러한 방식이 북아메리카에서도 발견된 것으로 보아 아마도 구세계로부터 신세계 사람들이 배우거나 모방한 것으로 여겨진다. 그러나 이는 단지 순록이 많은 환경에서 자연적으로 발생한 방식으로, 그 자체로 이주의 증거가 될 수는 없을 듯하다.

시베리아의 듀흐타이 집단과 알래스카 유적지 사이의 문명적 유사성을 보여주는 다른 몇 가지가 있다. 두 문명 모두 항해의 흔적을 찾아볼 수 없는 육지 문명으로, 카누 같은 것을 타지 않고 걸어서 베링 육교를 건넜음이 확실하다.(한 가지 흥미로운 점은 1만1000년 전 캄차카 반도에 위치한 우시키Ushki 유적지에서 길들여진 개를 매장한 흔적이 발견되었다는 것이다. 오늘날에도 마찬가지지만, 당시 북극권을 이동할 때 땅이 질척한 여름보다는 단단하게 얼어붙은 겨울철이 훨씬 더 쉬웠을 것으로 짐작된다.)

알래스카에서 발견된 몇몇 선사시대 유적지를 보면 지금까지 언급한 내용과 비슷한 결론에 이르게 된다. 브라이언 페이건은 그의 저서 『위대한 여정: 고대 아메리카족의 형성The Great Journey: The Peopling of Ancient America』에서 "많은 노력을 경주했으나 알래스카와 유콘Yukon에서 약 1만5000년 이전의 유적을 찾은 이는 아무도 없었다"고 밝히고 있다.[14] 알래스카와 캐나다 접경지역의 올드 크로Old Crow 유적지에서 발견된 순록의 뼈를 관찰한 결과, 짐승의 가죽에서 살을 벗겨내는 도구로 사용되었을 그것은 확실히 인간의 손으로 제작된 물건이었다. 처음 이 뼈들은 대략 2만7000년 전의 것으로 여겨졌으나 나중에는 1만3000년 전의 것으로 수정되었다. 올드 크로 유적지에서 발견된 다른 '도구들'은 포식동물을 죽이는 과정에서 자연적으로 부러진 뼈로 보인다.

올드 크로 서남쪽으로 65킬로미터 떨어진 지역에 있는 블루피시Bluefish 동굴 유적지에서는 1만5550년 전, 1만2950년 전(꽃가루 분석에 따른 추정 연대)에 도살된 동물들의 흔적이 석기 도구들과 함께 발견되었다. 페이건의 견해에 따르면 이 석기 도구들은 듀흐타이 유적지에서 발견된 것들과 유사하다.[15] 나중에 비슷한 출토물이 트레일 크리크Trail Creek, 탱글 레이크스Tangle Lakes, 도널리 리지Donnelly Ridge, 어니언 포티지Onion Portage와 데날리Denali에서도 발견되었는데 그 연대는 1만1000~8000년 전으로 추정된다. 동물 뼈를 도구로 사용하는 이러한 전통은 듀흐타이나 데날리 또는 네나나Nenana 집단의 것으로 보았으나, 나중에는 북극 지역에 일반화된 것으로 수정되었으며, 이후 '고대북극식Palaeo-Arctic'으로 명명되었다. 특징적인 것은 작은 크기의 돌칼이었다. 꽃가루 분석에 따르면 1만4000년 전 식물계의 급속한 변화로 관목 툰드라(잡목 숲)에서 초본 툰드라(풀과 이끼)로 바뀌었고, 이에 따라 서식하는 포유동물의 수가 격감하여 사람들도 베링 육교를 떠나게 되었다. 이동해야 하는 그들에게는 작은 석기 도구들이 적합했을 것이다.

베링 육교 동쪽의 모든 유적지에서 소형 돌칼만 발견된 것은 아니다. 다른 유적지에서는 투척용 찌르개와 커다란 돌날 그리고 큰 틀과 박편 석기들도 출토되었다. 알류샨 열도에 위치한 아낭굴라Anangula 유적에서 발견된 칼은 데날리의 세형 석기와 다른 형태였다. 이로써 1만1000년 전 무렵의 베링 육교 부근에는 꽤 다양한 문명이 공존했다고 가정해볼 수 있지만 지역별로 뚜렷한 문명적 차이가 있다고 단정할 수는 없다. 다른 야생 형태에 대처하는 방식이 조금씩 달랐을 수도 있기 때문이다.

그런가 하면 초기 인류가 배를 이용하여 베링 해협을 건넜다는 증거도 확인되지 않았다. 초기 인류는 시베리아 동쪽으로 이동한 다음, 더 동쪽인 유콘이나 알래스카 지역으로 들어갔을 것이다. 그 후 1만4000년 전쯤 해수면이 높아지면서 베링 육교 동쪽에 거주하던 집단은 더 동쪽으로 이동할 수밖에 없었고, 일대의 거대 빙하가 녹아내려 남쪽 통로가 열리게 된 것이다. 이후 해수면은 더욱 상승했고 신세계는 고립되었다.

이미 확인된 유전적 증거를 토대로, 다른 견해도 제기되었다. 초기 인류가 해안을 따라 신세계에 진입했다는 주장으로, 이러한 견해는 유전학적 관점을 포함하면서도 초기 인류가 아프리카를 떠난 후 '해안 채집'의 경로 (아직 이 부분에 대한 직접적인 증거는 없지만)를 따라 이동했다는 주장과 일치한다. 또한 칠레 남부의 몬테 베르데Monte Verde 유적지에서는 고대 화로 안

거대한 단절

에서 해초류가 출토되었는데, 발굴 작업에 참여한 고고학자 토머스 딜헤이가 인간이 씹은 듯한 해초 덩어리 표본을 발견하면서 이러한 주장을 뒷받침하고 있다.[16]

다른 여러 과학자도 지금의 태평양 북쪽 연안에 천연 해초 군락이 존재한다는 점을 지적하고 있다. 즉 당시에는 광범위한 해초 군락이 형성되어서 영양이나 의약용으로 유용했으리라는 추측을 기반으로, 초기 인류가 해안지역에 거주했을 것이라는 주장을 뒷받침한다(〈지도 5〉 참조).

언어, 통합파와 분리파

쓰자 왕과 그의 팀이 주도한 유전학 연구를 통해 유전자와 언어 사이에 밀접한 연관이 있음을 확인했다. 넬슨 파군데스와 그의 팀이 브라질의 투피Tupi 족을 관찰한 경우에서도 유전자와 언어 사이의 강한 연관성을 찾아냈다. 그 결과는 충분한 입증 절차에 따라 합의된 견해, 즉 어떤 언어들이 다른 언어로부터 진화되었다는 사실에 대립하는 것이다.

언어 간의 관계에 대한 연구는 18세기 후반 윌리엄 존스에 의해 공식적으로 이뤄지기 시작했는데, 인도 식민지 시기 영국의 공무원이자 판사였던 그는 산스크리트어와 몇몇 다른 유럽언어 간의 유사성을 연구했다.● 그 결과 스페인어와 프랑스어가 라틴어에서 파생되었으며, 라틴어는 고대 이탈리아어에서 기원했다는 사실을 밝혀냈다.[17] 한편 유럽의 소수 언어는 고대 인

● 요한 라인홀트 포르스터는 제임스 쿡의 두 번째 항해에 동반하여 1774년 오스트로네시아 어족에 관하여 이와 유사한 관찰을 한 바 있다.

도-유럽어에서 발전했는데, 이는 수천 년 전 대서양에서 히말라야에 이르기까지 여러 언어가 동일한 뿌리를 지녔음을 시사한다. 여러 북아메리카 언어에 대한 연구도 수행되었는데, 언어학자들이 만든 몇 가지 가설은 'LGM 컨센서스'(만빙기Last Glacial Maximum 이후 간빙기가 되자 생물 개체수가 급증했음을 가리킨다—옮긴이)와 그 내용이 일치한다. 예를 들어 오스트레일리아의 언어학자인 로버트 딕슨은 서로 다른 언어를 사용하는 몇몇 이주 집단이 2만~1만2000년 전에 아메리카 대륙으로 들어왔다고 추정했다. 한편 영국의 언어학자 대니얼 네틀은 이주자들이 아메리카에 도착한 뒤인 1만2000년 이후부터 신세계의 언어가 다양성을 나타내기 시작했다고 주장했다.

과거, 특히 문자 발명 이전의 사람들이 어떤 언어를 사용했는지를 알 수 있는 방법이 없기 때문에 언어적 탐구는 유전학적·고고학적 증거들보다 덜 정확하다고 볼 수 있다. 이렇듯 기록이 없는 집단에 대해 연구할 때는 오직 오늘날 사용되고 있는 언어를 통해, 이 언어들이 지리적으로 어떻게 확산되었으며 어떠한 속도로 변화하고 발전했는가를 살펴볼 수밖에 없다. 과거 언어에 대한 연구는 필요한 부분이지만, 엄밀히 말해 그 결과는 긍정적으로 보면 '이론'이고 부정적으로 본다면 '추측'에 불과할 수도 있다. 이러한 이유로 '연대언어학chronolinguistics' 또는 '발음연대학glottochronology' 분야는 논쟁이 끊이지 않는다. 다음 논의에서는 이러한 점에 유의할 필요가 있다.

원론적으로 비교언어학의 체계는 단순하다. 예를 들어 산스크리트어로 '2'에 해당하는 단어는 'duvá'인데, 전통 그리스어로는 'duo'이고 고대 아일랜드어로는 'do'이며 라틴어로는 'duo'라고 표기한다. 이와 같은 사례는 수천 개나 제시할 수 있다. 동일한 기원을 가진 것으로 추정되는 언어들을 분류하고 정리하는 문제와 관련하여 논쟁이 있으나, 크게 통합파lumpers와

거대한 단절

분리파splitters로 나눌 수 있다. 통합파는 소수 언어가 전 세계로 퍼져나갔다고 생각하는 입장인데 분리파는 이에 동의하지 않는다. 여기서 주목할 점은 분리파의 주장은 내 연구 방향과 차이가 있다는 사실이다. 물론 분리파의 학자들은 통합파만큼이나 훌륭하지만 그들의 주된 견해는 통합파와 차이가 많기 때문에, 여기서는 통합파의 견해에 맞추어 이야기를 전개하고자 한다.(유전자 연구를 통해 유전자와 언어의 연관성에 대해 살펴본 결과는 통합파의 주장과 일맥상통한다.)

세계 주요 언어군의 분포를 보여주는 〈지도 6〉은 미국의 언어학자이자 주요한 (논쟁적인) 통합파 중 한 명인 조지프 그린버그의 견해를 따른 것이다. 이 연구를 통해 그는 신세계에 3개의 주요한 어군을 에스키모-알류트Eskimo-Aleut, 나-데네Na-Dene, 아메린드Amerind로 나누었다. 이것은 신세계로 향하는 세 개의 이주 경로가 있었음을 의미하는 것이기도 하다. 스탠퍼드대 언어학자이자 인류학자인 메릿 룰렌(샌타페이연구소 소장)은 그린버그의 자료를 재분석하여 에스키모-알류트어를 유라시아 언어군의 분파로 판단했다. 그러나 아메린드어는 유라시아 언어군의 형태를 띠고는 있지만 총체적으로는 유라시아 언어와 에스키모-알류트어만큼 연관성이 깊지는 않다고 했다. 룰렌은 아메린드어가 아메리카에서 상당히 고유한 특성(예컨대 친족의 명칭)을 지니며 아메리카 대륙 전 지역에 걸쳐 몇 가지 공통점을 보인다는 사실에 근거하여 신세계의 거주자들이 다른 언어에 지배되지 않은 시기에 아메린드어가 급속히 퍼져나갔을 것이라고 주장했다.

나-데네 어족 집단은 아메린드 어족보다 더 나중에 이동한 것으로 짐작되며, 동남·중앙아시아(중국과 티베트 포함)에 본거지를 둔 데네-코카시아인과도 연관된 것으로 보인다(〈지도 6〉 참조). 이것은 북중국에서 기원했고 남아메리카에서는 발견되지 않는 M130 유전자 표지와 겹친다.[18]

마지막으로 에스키모-알류트 어족 집단은 유라시아의 분파로, 마지막으로 신대륙에 입성했다. 이러한 학설은 희박하게나마 캐나다 북단까지 퍼져나간 어족의 존재를 뒷받침한다.

지금까지 살펴본 언어학적 분석의 결과는 대체로 유전자 분석의 결과와 일치한다. 즉 2만 년 전과 1만2000년 전 사이에 아메린드 어족이 맨 처음 신세계로 건너왔고, 이후 8000년 전 즈음 동남·중앙아시아에서 기원한 데네-코카시아인으로 추정되는 나-데네 어족 집단이 두 번째로 이주했으며, 마지막으로 에스키모-알류트 어족 집단이 이주하여 캐나다 북부에 정착했다. 에스키모-알류트 어족 집단은 이후의 신세계 역사에서 주목할 만한 활동을 보이지 않았다.[19]

더러 인류가 신세계로 유입된 시기가 2만~1만2000년 전 시기(LGM 컨센서스)보다 앞선다는 주장을 뒷받침하는 유전자 연구 결과도 있으며, 그런 취지의 언어학적 연구도 진행되고 있다. 버클리의 캘리포니아대 조해나 니컬스는 전 세계적으로 약 167개의 언어군이 존재한다고 주장했다. 어순(주어-목적어-동사, 주어-동사-목적어), 인칭대명사의 형식, 동사의 변화가 명사보다 더 많은지의 여부(의미와 문맥에 따라서 동사들이 그 단어의 어미를 바꾸는지), 숫자는 어떻게 처리되는지, 단수와 복수는 동사에서 어떻게 표현되는지 등과 같은 특성을 바탕으로 연구한 결과라 할 수 있다.[20] 그녀는 이러한 접근 방식으로 전 세계 174개 언어를 조사하고, 이러한 상호관계로부터 흥미 있는 세 가지 내용을 도출해냈다.

첫째, 지구의 언어 구역은 크게 구세계, 오스트레일리아, 뉴기니아(멜라네시아 포함), 신세계로 구별된다. 둘째, 외부의 영향으로부터 고립된 대륙 또는 준대륙 지역(남아메리카나 오스트레일리아)에서는 다른 요인의 영향을 받지 않은 채 세월의 흐름 속에서 언어의 종류가 증가했다.[21]

니컬스의 가장 흥미로운 발견은 세 번째 내용이다. 언어의 다양성이 생겨난 역사적인 계기는, 구세계와 태평양 연안의 언어 집단이 분리된 시점에 제2의 중심부가 된 태평양 연안지역의 집단이 환태평양 전역으로 확산되었다는 것이다. 언어학적 분석에 근거할 때 베링 육교를 통해 신세계로 향한 집단은, 중앙 유라시아로부터 밀려난 '내륙'의 시베리아인들이 아니라 주로 환태평양 지역 곳곳의 해안가로 확산되었던 사람들(이탈리아 어족을 포함하여)이라는 것이다. 이것은 결론적으로 신세계에서 집단 서식이 처음 이루어진 시기가 3만5000년 전 즈음이라는 주장을 뒷받침하고 있다.[22]

이러한 주장은 지금까지의 논의와는 거리가 먼 것이어서 혼란스럽기까지 하다. LGM 컨센서스, 유전적 증거, 크리스티 터너의 치아 연구 증거, 베링 해협의 양쪽 지역에서 발굴된 고고학적 증거, 그린버그와 룰렌의 언어학적 분석 결과들은, 초기 인류가 약 1만6000~1만5000년 전에 중앙과 북쪽 유라시아 내륙을 경유하여 베링 육교에 최초로 도착했으며, 동남아시아에서 기원한 두 번째 그룹이 8000년 전 즈음 베링 해협을 건넜다는 사실과 일치한다. 그러나 조해나 니컬스의 언어학 연구는 이미 3만5000년 전에 초기 인류가 동남아시아의 섬과 중국에서 시베리아로 이동했으며, 연이어 사람들이 태평양의 서쪽 해안을 따라 베링 육교에 도착한 것이라고 제기하고 있다. 이러한 상이한 두 개의 주장을 어떻게 받아들여야 할까.

니컬스의 주장에 대해서는 지금까지 살펴본 주요 내용과 별도로 고려할 수도 있을 것이다. 예컨대 신세계를 향한 인류 이동이 발생하기 훨씬 이전에 몇몇 소규모의 이동이 있었을 가능성이 있다. 그러나 니컬스의 언어학적 분석 대상은 고립된 소규모의 무리가 아니라 거대한 집단을 상정하고 있으므로 이러한 가정도 불가능하다.

이와 같은 불일치는 연대언어학이 지니는 방법론적인 불분명함에서 기

인한다. 니컬스의 여러 동료는 그녀가 언어를 4개 군으로 분류한 것은 인정하지만, 시기 분석을 하지 않았으며 발음연대학을 활용하지 않은 부분을 지적하고 있다. 이제 3장에서는 1만4500년 전보다 앞선 시대에 알래스카를 거쳐 아메리카로 이주한 초기 인류의 증거가 없다는 사실을 고고학적으로 확인하게 될 것이다. 그리고 2장에서는 시기적으로 초기 인류보다 나중인 8000년 전쯤 신세계로 진입한 두 번째 집단, 즉 동남아시아 섬을 떠나 태평양 주변을 거쳐 위쪽으로 이동한 집단에 대하여 지질학·우주학·신화적 증거를 통해 확인할 것이다. 요약하자면, 조해나 니컬스가 신세계 언어들 중 몇 가지 언어에 대한 기원을 추측한 것은 옳지만 시기에 대한 분석에서는 정확하지 않다.(비교언어학의 시기에 관한 부분은 매우 논쟁적이며 신뢰를 얻지 못했다는 사실을 기억할 필요가 있다.) 이런 불일치에 대한 단서는 구세계와 신세계의 언어 분리를 주장하는 니컬스의 견해 속에서 찾아야 할 것이다. 과거 어족 집단이 분리된 이유는 무엇일까?

다음 장에서는 언어의 분리 현상에 대해 계속 살펴볼 것이며, 신세계로 넘어오다가 아메리카에 정주하게 된 사람들이 일련의 사건들 때문에 어떠한 시련을 겪었는지도 확인할 것이다. 더불어 유라시아에 남은 사람들과 구별되는 '심리적이고도 경험적인' 특징이 이후 그들의 변화에 어떠한 영향을 끼쳤는지도 살펴볼 것이다. 그러한 사건들은 8000년 전에 발생했으며 앞에서 언급한 하플로 그룹(공통 조상을 가진 그룹) M130을 소유한 당시 신세계로 진입해서 나-데네 언어를 사용했던 그룹과 관련이 깊다.

오래된 역사에 관한 논의들을 재구성하는 일은 불가능하지는 않지만 매우 힘든 작업이었다. 하지만 지금은 유전학과 언어학의 학문적 발전과 더불어 지질학이나 우주학 덕택으로, 그 어느 때보다 먼 과거의 역사를 잘 이해할 수 있다. 이러한 연구 분야는 신화학과도 관련이 깊다.

신화는 더 이상 오래전에 잊힌 이야기를 설명하는 가공의 이야기가 아니다. 이제는 누구든 지금까지 상상해왔던 것을 사실이라고 상정하여 접근할 수 있다. 신화를 정확히 이해하게 되면 오래된 역사에 대해 더 많이 알 수 있게 될 것이다.

아프리카에서 알래스카까지:
신화, 종교, 암석으로 밝혀진 유구한 시대의 재난

앞 장에서는 수만 년 전에 아프리카를 떠난 초기 인류(축치 족)가 중앙아시아 루트나 환태평양 루트 또는 두 경로를 거쳐 마침내 베링 해협에 도착했음을 살펴보았다. 이번 장에서는 오래전의 사례들을 해석하기 위해 유전학적 증거 대신 신화학·우주학·지질학·고생물학 분야의 최근의 연구 결과를 활용하는 새로운 과학적 통합을 시도하고자 한다. 고대 인류가 겪은 자연재해들이 너무도 파국적이고 충격적이며 혼란스러웠기 때문에, 당시의 내용을 이해하기 위해서는 다양한 분야의 지적 능력이 요구된다. 이 장에서는 신화를 통해 과거 인류의 기억을 확인함으로써 당시의 재난들이 오늘날에도 재현될 수 있음을 깨닫게 될 것이다. 더불어 고대 구세계인들과 최초의 아메리카인들 간의 심리적 차이에 대해서도 들여다보게 될 것이다.

한 세기 넘게, 전 세계적으로 가장 보편적이고도 우리에게 잘 알려진 신화는 대홍수에 관한 것이다. 정확한 규모는 알 수 없지만 홍수에 대한 기록은 성서뿐 아니라 인도·중국·동남아시아·북오스트레일리아·아메리카의 고대 전설에도 나타나 있다. 이제 홍수 신화에 대하여 자세히 검토해보겠지만, 그에 앞서 지구에 관한 두 번째 공통 신화라 할 수 있는 '물의 탄생'에 대해 살펴보고자 한다.

이 신화의 주된 주제는 하늘과 땅의 분리라고 할 수 있다. 뉴질랜드에서 그리스에 이르기까지 고르게 퍼져 있는 이 스토리에서 우리는 몇 가지 공통점을 찾아볼 수 있다. 첫 번째 공통점은 빛의 출현이다. "하느님이 가라사대 빛이 있으라 하시매 빛이 있었고"로 시작되는 「창세기」 1장 3절의 내용에 대한 우주진화론의 입장은 '천지 창조에서 최초의 빛의 기원은 태양도 달도 아니다'라는 것이다. 오히려 최초의 빛은 하늘과 땅의 분리와 관계된 것으로, 하늘과 땅이 분리되고 난 후에 비로소 태양이 나타날 수 있기 때문이다. 동쪽 일부 지역에 전해지는 이야기에 따르면, 하늘을 뒤덮고 있던 묵직한 구름 덩어리가 땅으로 가라앉은 후 빛이 들게 되었으며, 구름이 말끔히 제거된 후 비로소 하늘이 나타났다고 한다. 이에 대한 은유로서 달걀 껍질의 균열이 동원되곤 한다. 어떤 신화에서는 어둠을 '두꺼운 밤thick night'으로 묘사하기도 한다.

이 현상에 대해 최근의 지질학자들은 토바 화산 폭발을 언급한다. 그들은 아라비아 심층부 발굴을 통해 7만4000~7만1000년 전 수마트라의 토바 지역에서 화산 폭발이 있었음을 밝혀냈는데, 이 폭발은 지난 200만 년 동안 발생한 수많은 폭발 중 가장 큰 규모였던 것으로 확인되었다. 화산재가 30킬로미터 높이까지 치솟을 만큼 거대한 양(에베레스트 산의 두 배 분량인 670입방마일 정도인데, 1입방마일은 무려 4조682억 리터다)의 화산재가 분출되었을 것이다. 이 엄청난 폭발로 인한 화산재는 북쪽과 서쪽으로 퍼져나가 스리랑카·인도·파키스탄 등지의 넓은 해안지역에 15센티미터 이상의 재가 쌓이게 되었다. 중앙 인도의 어느 지역에는 지금도 6미터나 되는 재가 쌓여 있다.[1] 최근 확인된 바에 따르면 토바의 화산재는 2400킬로미터 떨어진 아라비아 해와 남중국해에서도 발견되었다.[2] 그때의 분출로 인해 현재는 인도네시아에서 가장 큰 호수가 된 광대한 칼데라Caldera(화산의 폭발로 화산 꼭대기가 거대하게 패여 생긴 부분—옮긴이)가 형성되었는데, 그 규모는 길이 85킬로미터에 폭 25킬로미터, 절벽은 1200미터이고 수심은 580미터나 된다.[3] 화산 폭발 후에는 장기적인 기온 감소 현상이 나타났을 것이다.(지질학자 마이클 램피노에 따르면, 바다 온도가 17도 정도 낮아지고 몇 주에서 몇 달 동안 칠흑 같은 어둠이 계속되었을 것으로 추정된다.)[4] 또한 거대 폭발의 결과물인 누런 액체 성분의 에어로졸이 구름처럼 대기를 뒤덮어 숲 전체에 크나큰 피해를 주었으리라 예상된다. 아마 식물의 광합성을 90퍼센트쯤 감소시키거나 아예 광합성 자체를 완전히 차단시켰을지도 모른다.[5]

초기 인류가 12만 5000년 전 이후에 아프리카를 떠났다면 또한 해안 경로를 따라 오늘날의 아덴(예멘) 근처까지 올라갔다면, 때때로 그들은 불리한 기후적 변화를 맞아 고립되거나 지연될 수밖에 없었을 것이다. 또한 토바의 화산이 폭발했을 무렵 그들은 이미 동남아시아 지역에 도착한 상태였다. 이러한 추측이 가능한 이유는 인도와 말레이시아에서 발굴된 구석기시대의 도구들 위아래로 화산재가 쌓여 있었기 때문이다. 몇 가지 추정에 따르면, 넓은 이 지역의 거주자들은 10만 명에서 2000~8000명 정도 감소했다.(침팬지들도 이와 비슷하게 개체가 감소한 것으로 알려져 있다.) 하지만 너무 먼 과거이므로 이 인구 수치는 이론에 불과함을 잊어서는 안 될 것이다.[6]

2010년 2월 옥스퍼드에서 열린 회의에서 토바 화산 폭발이라는 자연의 '대참사'에 대한 의문이 제기되었으며, 당시의 기온이 단지 2.5도밖에 떨어지지 않았다는 새로운 증거가 제출되었다. 그러나 토바 화산 폭발이 광대한 지역에 영향을 끼쳤다는 데 이의를 제기하는 사람은 없었으며, 오히려 화산재 속에서 당대의 인류(호모 사피엔스)가 만든 도구 증거가 발표되었다.[7] 이러한 증거에서 우리는 두 가지 사실을 유추할 수 있다. 우선 화산 폭발 후 장기화된 기온 저하로 인도를 중심으로 넓게 퍼져 살았던 초기 인류는 거의 괴멸되었으며, 살아남은 사람들은 붕대 비슷한 것으로 몸을 감싸고 살았을 것으로 추측된다. 당시 인류는 생존 전략을 고안해내지 않으면 안 되는 상황에 처해 있었음을 미루어볼 수 있으며, 그러한 생존 전략의 일환으로 신화라는 형식이 탄생되었을 것이다. 두 번째로 유추할 수 있는 것은, 그 후 서쪽과 동쪽 양쪽으로부터 이주민들이 유입되면서 새로운 정착 생활이 시작되었다는 점이다.●

'분리' 신화는 토바 화산 분출과 그 후로 넓은 동남아시아 지역에서 오랫동안 기온 저하가 지속되었다는 설명으로 타당하다(토바 화산 폭발 확산에 관한 〈지도 7〉 참조). 이 때의 폭발로 인해서 햇빛은 차단되었고 어둠은 화산재와 더불어 '두터운' 층을 이루었다. 오랜 시간이 지나 재가 땅에 내려앉아서 하늘은 서서히 맑고 밝아졌겠지만, '몇 세대 동안 해와 달의 모습을 볼 수 없었을 것'이다. 어쨌든 태양이 마술처럼 그 모습을 드러낼 때까지는 희뿌옇게 밝은 분위기였을 것이다. 오늘날 우리에게는 당연한 현상이지만 초기 인류에게 태양(혹은 달)이란 늘 빛만 있던 하늘에 출현한 전혀 새로운 실체였을 것이다. 신화학적으로 말하자면 이 사건이 태초의 시간이라

● 신기하게도 토바 화산 폭발은, 2004년 크리스마스 무렵 수마트라 서해안에 위치한 시말루르 섬에서 발생하여 스리랑카와 인도네시아 남부 전역에 영향을 끼친 지진해일과 경로가 중복된다 (〈지도 7〉 참조).

볼 수 있다.

토바 화산 분출의 발견은 지질학 분야뿐만 아니라 신화학에서도 획기적인 사건이다. 이제부터 살펴보겠지만, 고대 신화와 전설은 카를 융이나 레비 스트로스가 말하는 무의식에서 비롯된 것들을 제외한다면 실제적인 사건을 토대로 구성된 이야기다.

　결국 신화는, 인류학자들에게 흥미로운 주제이긴 하지만 대부분 초기 인류의 원시적 생각을 반영하는 꾸며낸 이야기일 뿐이다. 19세기 후반의 인류학자이자 『황금가지The Golden Bough』의 저자인 제임스 프레이저 경은 1918년 런던에서 출판된 『구약에 담긴 민담Folk-Lore in the Old Testament』이라는 책을 통해 신화들을 소개하면서 이러한 의문을 제기했다. "세계 다른 곳에 거주하는 종족들의 믿음과 관습에도 이와 유사한 점이 많이 있다는 사실을 어떻게 이해해야 할까? 그러한 유사성은 종족 간의 관습과 믿음이 직접적인 접촉 또는 중간 매개자들에 의해 전파되었기 때문일까? 아니면 각 종족이 사는 곳은 다르지만 유사한 상황에서 대처 방식이 동일했기에 자연히 생겨난 현상일까?"[8]

　몇 년이 지나자 이러한 관점은 다소 변화되었다. 1927년 영국의 고고학자인 레너드 울리는 유대인들의 아버지인 아브라함이 태어난 곳으로 추정되는 장소, 즉 『성경』에 나오는 칼데아 우르Ur of Chaldea(이라크의 바빌론 유적으로부터 약 224킬로미터 남쪽에 위치한 지역—옮긴이)를 발굴했다. 울리는 우르에서 몇 가지 중요한 것을 발견했는데, 특히 두 가지를 눈여겨볼 필요가 있다. 첫 번째 장소에서 그는 왕과 여왕이 매장되어 있는 왕족의 무덤을 발굴했는데, 무덤 안에는 왕궁 소속의 몇몇 군인과 정교한 두건을 착용한 아홉 명의 궁녀가 함께 매장되어 있었다. 그 어떠한 문헌에도 이러한 집단

희생에 대한 암시가 없었기 때문에 울리는 '기록 문화가 생겨나기 전'부터 이미 집단희생이 있었으며 기록된 것은 훗날이었을 것으로 추론했다. 두 번째 장소에서는 12미터 깊이를 팠을 때까지 아무것도 나타나지 않았고 그 밑으로 두터운 진흙만이 나타났다. 2.5미터나 축적된 이 진흙층은 대규모 홍수로 수메르 땅이 범람했다는 사실을 대변하는 증거였다. 그렇다면 이것이 바로 『성경』에서 언급한 홍수였을까?

이에 많은 사람이 (예나 지금이나) 동의했지만 모두가 인정한 건 아니었다. 왜냐하면 『성경』에는 홍수가 산꼭대기를 덮었다고 되어 있지만 2.5미터보다는 더 높았을 것이며, 더욱이 홍수가 온 세계까지 다 뒤덮었다고 되어 있기 때문이다. 메소포타미아, 티그리스, 유프라테스 지역에서 발생한 2.5미터의 홍수라면 그 지역에 국한된 일에 불과할 것이다. 그렇다면 고대인들은 이 사건을 과장한 것일까? 먼 거리를 여행할 수 없었던 당시 사람들에게 어떤 의미에서 이 홍수의 규모는 '온 세상이 물에 잠긴' 것과 같았을 것이다.

수십 년 동안 이 부분은 풀리지 않는 의문으로 남아 있었다. 하지만 최근에 오랜 과거의 세 가지 사건(또는 세 가지 유형의 사건들)에 대해 새로운 해석이 시도되었다. 홍적세Pleistocene(洪積世, 신생대 제4기의 전반부 지질시대로, 약 200만~1만2000년 전의 대빙하기. 격심한 기후 변동으로 여러 차례 빙기와 간빙기가 있었으며 최후 빙기의 전성기에는 세계 육지의 약 30퍼센트가 빙하로 뒤덮였다—옮긴이)로부터 충적세Holocene(沖積世, 1만 년 전에 시작되어 현재에 이르는 마지막 지질시대. '현세現世' 또는 후빙기라고도 한다—옮긴이)에 이르는 전환기에 관한 연구 중에서 최근에 제시된 새로운 견해는 다음 세 가지로 요약된다. 첫째, 이 기간에는 단 한 번의 홍수가 아니라 약 1만4000년 전, 1만1500년 전, 8000년 전에 세 번의 홍수가 발생했고, 마지막 홍수는 특별히 그 피해 규모가 어마어마하여 당시 지구상에 살았던 인류의 생활을 획기적으로 바꾸어놓았다는 것이다. 이 이론으로, 비교적 얕은 육지 또는 해안에서 떨어진 대륙붕 지역, 즉 오래전에는 건조한 기후를 나타내어 초기 인류가 거주했음 직한 장소에 대해 고고학자들은 관심을 갖게 되었다. 그리하여 약 300군데에서 수천 건의 방사성탄소를 이용하여, 때로는 수중 조사까지 동원하여 연대를 측정하기 시작했는데, 결과적으로 몇몇 지역은 4만5000년 이상까지 거슬러 올라갔지만 1만3000년 전 이전의 것으로 발견되는 물질은 거의 없었다. 홍해, 베링 육교, 지브롤터(스페인의 이베리아 반도 남단에서 지브롤터 해협을 향하여 남북으로 뻗어 있는 반도—옮긴이)에서 이스라엘에 이르기까지, (스웨덴이나 캘리포니아처럼) 최대 50킬로미터까지 광범위한 지역에 걸쳐 145미터 지하에서 벽, 점토 바닥, 화로, 석기 도구들이 발굴되었다.

지질시대에 관해 두 번째로 제시된 견해는, 홍수의 영향을 받은 지역이 메소포타미아가 아니라 동남아시아였으며 대륙 전체가 수몰되었다는 것이다. 침수된 대륙에 거주했던 사람들은 북쪽으로는 중국, 동쪽으로는 신세계인 태평양 섬과 오스트레일리아, 서쪽으로는 인도 그리고 아시아·아프리카·유럽까지 이주할 수밖에 없었을 것이다. 이것으로 미루어볼 때 초기 문명의 많은 기술, 예컨대 중동에서 비롯된 것으로 인정되었던 농업 기술 등이 실제로는 동남아시아와 인도에서 발생했다고 볼 수 있다.

이 해석에는 논쟁의 여지가 다분하다. 비평가들의 견해에 따르면, 해수면이 상승했다는 것은 모든 지역의 해수면이 상승했기 때문에 대륙 이동보다 해안 이동이 더 어려웠을 것이다. 또한 북부 아시아의 석기 도구는 동남쪽 도구들과 확연히 다르다는 사실에 기초할 때 동아시아 해안에서 이동했다는 유전적 증거에 기초한 주장은 (다른 시각으로는 확실해 보이지만)

의심스럽다는 것이다. 이와 같은 견해는 부분적으로만 사실이긴 하나 구세계와 신세계의 인구 형성에 큰 역할을 했던 태평양 사람들 사이에 엄청난 언어적 차이가 있다는 조해나 니컬스의 결론을 설명하는 데 도움이 되는 것은 분명하다.

증거들에 따르면 마지막 빙하기 이후 해수면의 수위는 천천히 상승했으나 모든 곳에서 똑같은 형태로 일어나지 않은 게 확실하다. 8000년 전(기원전 6000)에 세 번의 갑작스런 해빙으로 특정 지역의 열대 해안선에 파괴적인 영향을 끼침으로써 광대한 평면 대륙붕이 형성되었다.[9] 이러한 변화는 거대한 빙하가 육지에서 바다로 이동하면서 생긴 극심한 지진과 함께 발생한 것으로, 거대한 지진은 초강력 파도인 쓰나미를 수반했을 것이다. 당시의 지구는 지질학적으로 지금보다 훨씬 더 불안정했다.

2만~5000년 전 해양학적 자료를 보면 바다의 수위는 적어도 120미터까지 올라갔으며 이것은 세 가지 측면에서 인류의 활동에 영향을 끼쳤다. 우선, 가장 큰 대륙붕이 분포한 동남아와 중국의 해안과 저지대 거주지는 꽤 오랫동안, 적어도 수천 년 동안 수몰 상태였을 것이다. 둘째, 8000년 전 마지막으로 바다의 수위가 상승한 뒤로 바닷물은 약 2500년 동안 그대로였기 때문에 현재는 물 밖으로 드러난 많은 지역에 두꺼운 침적토층이 형성되었다. 셋째, 이미 언급했듯 동남아시아를 덮친 홍수로 인해 거주민들은 터전을 떠날 수밖에 없었다.[10]

동쪽 유라시아의 신석기시대 혁명기를 살펴보면 이러한 추정은 더욱 분명해진다. (많지는 않지만) 발굴 유적에 근거하면 환태평양 문명은 서쪽 지역보다 먼저 발생했다가 갑자기 멈춘 것으로 보인다. 그 예로, 도자기는 약 1만2500년 전 남쪽 일본에서 가장 처음 나타났고, 1500년이 지난 후 중국과 인도차이나 양쪽으로 전파되었다. 이는 메소포타미아, 인도 혹은 지중해 지역의 유적지의 것보다 적어도 3500~2500년 정도는 더 앞선 것으로 보인다.[11] 말하자면 초기 원형−문명은 동남쪽 아시아에서 훨씬 일찍 발생했다는 사실을 짐작할 수 있다.

(이 지역들이 지중해, 중앙아시아, 메소포타미아 지역보다는 아프리카로부터 더 멀리 떨어져 있으면서도 그 문명이 시기적으로 앞선다는 사실은 초기 인류가 해안에 거주했음을 시사한다. 초기 이주민은 강, 즉 신선한 물의 원천이 해안을 따라 바다로 흘러 들어간다는 사실을 알고 있었으며, 강의 기원을 따라 내륙으로 들어갈수록 신선한 물은 줄어들며 다른 강을 발견할 수 있을지 불확실하다는 것도 잘 알고 있었을 것이다. 따라서 어떤 압력에 의해 터전을 옮겨야 할 경우 내륙으로 들어가는 것보다는 해안을 따라 이동하는 편이 안전했을 것이다.)

동아시아에서는 1만2000~1만1000년 전 일본과 인도차이나 지역에서 도자기가 제작된 것 외에도 내륙의 동굴에서는 도끼·돌주걱·송곳·맷돌 등의 다양한 신석기 도구들뿐 아니라, 화로, 부엌 쓰레기도 발견되었다. 반면 저지대에서는 기원전 1만 년~기원전 5000년 즈음의 신석기 유적지가 거의 발견되지 않았다.

한편 예외적인 시각을 보여주는 두 가지 해석이 있다. 하나는 4000년 전 이주민들이 타이완과 필리핀 쪽으로 내려와 새로운 기술과 공예품을 전파하면서 동남쪽 아시아 섬에서 신석기시대가 시작되었다는 견해다. 그래서 동남아시아 대부분의 동굴은 비워진 채 인간의 흔적을 찾아볼 수 없었다고 학자들은 말한다. 피터 벨우드는 최근의 발굴 자료를 토대로 기원전 3500년 이전의 서남아시아에서는 그 어떤 식량 생산의 형태도 나타나지 않았다고 주장했다. 그리고 신석기시대 초기 무렵 동굴을 매장지로 이용한 흔적이 나타난 것으로 보아 이때부터 마을생활이 수반되었다고 추정했다. 또 다른 견해는, 빙하시대 말기 동남아시아에 살았던 이들은 다른 지역(예를 들면 극동)에 거주하던 이들보다 먼저 농업 기술이나 항해술을 터득했으나 해빙에 의해 홍수가 발생하자 동, 북, 서쪽으로 멀리 이주하게 되었다는 것이다.[12] 그리고 그들이 떠나간 뒤 홍수가 발생했던 지역 곳곳에서 침적토가 형성되었을 것으로 본다.[13]

동요, 경사, 퍼펙트스톰

이러한 새로운 이론의 가치를 평가하기 위해서는 홍수에 대해 충분히 살펴보아야 한다. 결과적으로는 주제를 우회하는 이야기가 될 수도 있으나, 신세계에 처음 도착한 사람들이 일련의 특정한 경험을 하고 난 뒤에 구세계 사람들과 분리되었다는 관점을 제시한다는 데 주의할 필요가 있겠다.

앞서 언급된 세 번의 큰 홍수는 세 번의 각기 다른 천문학적 주기와 맞물려 발생한 것으로, 각기 주기가 달랐기 때문에 지구에 투사되는 태양의 온도에 차이를 가져왔다. 스티븐 오펜하이머는 이것들을 10만 년 된 '당김 stretch', 4만1000년 된 '경사tilt', 2만3000년 된 '동요wobble'라 불렀다.[14] 첫 번째 현상은 지구가 태양 주변을 타원형으로 선회하는 현상에서 발생한 것으로, 지구와 태양의 거리는 항상 다르지만 약 3000만 킬로미터 정도로 클 때 지역별로 뚜렷한 중력의 차이를 만들어낸다. 두 번째 현상은 지구 자전축 기울기와 관계가 있다. 4만1000년 동안 21.5와 24.5도 사이에서 늘 다른 기울기를 나타냄으로써 태양에서 전달되는 열은 계절별로 차이가 있었다. 세 번째 현상은 지구가 지축을 중심으로 2만2000~2만3000년마다

한 바퀴씩 선회하는 '팽이축 회전axial precession'을 하는 것이다. 이러한 세 가지의 주기적 현상은 수많은 요소의 무한한 결합에 따라 정교한 움직임을 만들어내는데, 어느 순간 '퍼펙트스톰perfect storm'(개별적으로는 위력이 크지 않은 태풍 등이 다른 자연현상과 맞물려 엄청난 파괴력을 지닌 자연재해로 발전하는 현상—옮긴이)을 일으켜 지구상에 극적인 기후 변화를 발생케 한다. 세 번에 걸친 고대의 대홍수는 이러한 복잡한 과정과 맞물려 있을 것이다.

직접적인 홍수의 원인은 녹아내린 빙하로, 가장 규모가 큰 것은 두께가 수 킬로미터나 되고 캐나다 영토에 맞먹는 넓은 지역을 뒤덮고 있었다. 어느 자료에 따르면 8만4000제곱킬로미터로 추정된다. 빙하가 완전히 녹는 데는 수백 년의 세월이 흘렀으며, 그 결과 바다의 수위가 13미터 이상 상승했다.

약 1만1000년 전 두 번째로 발생한 자연재해 이후의 변화 가운데 흥미로운 점은 해수면의 수위 상승으로 강의 경사가 낮아졌다는 것이다. 그리하여 약 9500년 전에는 세계 곳곳의 강에서 삼각주가 생겨나기 시작했는데, 이 삼각주 지형은 비옥한 충적 평야를 형성한다는 점에서 매우 중요하다. 예컨대 메소포타미아 지역, 갠지스 강, 타이의 짜오프라야 강, 보르네오의 마하캄 강, 중국의 양쯔 강을 비롯한 40개 이상의 삼각주가 동시적으로 형성되어, 농업의 성장과 문명의 탄생에 기초가 되었다.[15] 삼각주는 특정 식물의 성장에 적합한 지형인데, 이 부분에 대해서도 앞으로 살펴볼 것이다.

8000년 전에 발생한 가장 최근의 대홍수는 지구에 가장 큰 영향을 끼쳤다.[16] 엄청난 규모와 파괴성을 지닌 이 재해의 근본적 원인은 아마도 캐나다 허드슨 만 주변의 지질구조와 연관된 것으로 보인다. 거대한 접시 모양으로 형성된 이 지역의 곳곳은 해수면보다 수십 미터 더 높고, 배핀 섬

거대한 단절

과 래브라도 해 사이에 북쪽으로 뻗어 있는 허드슨 해협은 바다로 향하는 홈통 역할을 한다.

캐나다를 가로질러 수천 킬로미터 펼쳐진 로렌타이드 빙상氷上(빙하시대인 제4기 홍적세 기간 중 북아메리카 지역에 덮여 있던 거대한 빙상—옮긴이)은 가장자리부터 녹기 시작했는데 그 물이 바다 쪽으로 빠져나가지 못한 것으로 보인다. 대신 거대한 접시 안에 물을 가둠으로써 해수면보다 수위가 더 높아졌고, 허드슨 해협을 막는 거대한 마개 역할을 했다. 그러다가 서서히 빙하 덩어리에 균열이 생기고 녹아들기 시작하면서 막혔던 물길이 열렸고, 깨진 얼음은 물줄기와 더불어 허드슨 해협을 통과하여 바다로 빠져나갔다. 이 빙하의 크기는 캐나다 영토 면적의 3분의 1에 해당하며 두께는 1.5킬로미터였다.[17] 빙하가 녹으면서 해수면은 곧 20~40센티미터 정도 상승했으며, 잔류 빙하까지 바다로 휩쓸려 나옴으로써 다시 5~10센티미터 정도 추가 상승했다.

북아메리카와 유럽 대륙에서 갑자기 해빙되면서 많은 얼음 덩어리와 물이 바다로 유입되기 시작하자, 여러 지역의 무게 균형이 무너지면서 대지진, 화산 폭발 및 거대한 해일이 일어났다. 그리고 이러한 자연재해는 고대인들의 정신세계에 많은 영향을 끼치게 되었다. 사실 지구의 표면은 (부서질 정도는 아니나) 부드럽고 탄성이 있어서 지진과 해일의 영향이 전 지구상에서 일률적으로 나타나지는 않았다.(지구는 일종의 거대한 테니스공이라 할 수 있는데, 단단한 구球이지만 어느 지점에 큰 압력이 가해지면 움푹 들어가거나 납작해진다.)

이 홍수 현상의 중요성은 비록 최근에 확립된 것이긴 하지만 몇몇 중요한 결과를 내포하고 있다. 하나는 대규모의 홍수나 해일로 인해 넓은 지역에 걸쳐 꽤 두꺼운 침적층이 형성되었으며, 8000년 전 이후의 수천 년 또는 적어도 수백 년에 걸친 초기 인류 문명의 결과물들을 덮어버렸다는 사실이다. 결국 스티븐 오펜하이머가 말하는 '침적층'은 세계 연대기에 관한 우리의 이해에 많은 영향을 끼칠 수밖에 없다.[18] 두 번째 결론은 자연적으로 형성된 지형에 관한 것으로, 홍수가 범람하면서 동남아시아 전역에 광대한 토지가 생겨났다. 예컨대 남중국 해안에는 160킬로미터 정도에 걸쳐 넓고 얕은 대륙붕이 만들어졌다(〈지도 7〉 참조). 결정적으로, 이 두 결과는 초기 인류의 역사를 알고 문명의 발상을 완전히 파악하는 데 반드시 함께 고려해야 할 내용이다.

무엇보다 이 지역들에 홍수 신화가 가장 많이 집중되어 있다는 사실을 주목할 필요가 있다.[19] 그렇다면 홍수와 관련된 신화가 많다는 사실은 그 지역에 홍수의 타격이 있었음을 말해주는 것일까? 그렇지는 않다. 하지만 홍콩 지역의 선사시대를 연구해온 윌리엄 미첨은 1985년 지금의 신석기 기록과 중요한 차이를 보이는 데 주목했다. 그것은 기원전 1만 년~기원전 5000년 기간의 것으로 보이는 저지대(동남쪽 아시아)의 개방된 유적지가 전혀 보이지 않는다는 사실이었다. 더욱이 해수면이 낮아지기 시작한 6000년 전부터 토기 제조 문명을 가진 사람들이 타이완에서 중앙 베트남에 이르는 해안가에 거주하기 시작한 것으로 확인되었다. 타이를 중심으로 조사한 뉴질랜드의 고고학자 찰스 히검은, 그들이 원래 해안생활을 하던 이들로, 초기의 홍수 때문에 이주했다가 나중에 다시 돌아와 정착한 것이라고 보았다.[20] 그의 주장은 두 가지 사실에 기초한다. 하나는 그들이 다른 곳으로부터 흘러들었다는 증거를 찾을 수 없다는 것이며, 두 번째는 이 해안가의 거주민들과 '호아빈Hòa Bình' 문명으로 알려진 베트남 내륙의 신석기 이전 문명 사이에 유사성이 발견되었다는 것이다. 히검의 추론 이후에 좀더 직접적인 증거가 발견되었다. 몇몇 유적지(한 예로 홍콩 근처)에서 두 문명의 단계를 보여주는 최대 2미터 두께의 침적층이 발굴된 것이다. 또한 내륙의 유적지에서는 빙하시대 후반부터 지속적으로 인류가 거주해 왔다는 증거가 나왔다.

특이하고 흥미로운 것은 남중국 해안에서 발굴된 많은 유물은 레너드 울리가 발굴한 신석기시대 중반의 우르Ur에서 나타난 것들과 매우 유사하다는 사실이다. 바로 구멍이 뚫린 점토판(판이 가라앉도록 망으로 묶인), 채색된 사발, 조개 구슬, 윤이 나는 돌도끼와 돌괭이 같은 것이었다.[21] 뿐만 아니라 양쪽 유적지에서 문신을 한 여성 조각상들이 발견되었는데, 그 형상은 대체로 생식기가 과장되어 있는 날씬한 나체의 여성이며 때로는 아이를 안고 있는 모습이었다.[22] 이들 조각상은 뚜렷한 두상을 나타내고 있는데, 암갈색의 검은 머리카락 또는 가발을 드리우고 있으며 눈 밑에 주름이 있고 눈꼬리가 위쪽으로 경사져 있다는 점이다. 조각상의 어깨에 그려진 표시와 찰흙 알갱이는 당시에 문신 또는 신체변공身體變工(신체 일부의 외견을 외과적으로 변형·가공하는 풍습—옮긴이)의 관행이 있었음을 짐작케 한다. 메소포타미아의 에리두Eridu에서도 이와 비슷한 특징을 지닌 남성의 조각상들이 발굴된 바 있다. 이러한 유사성을 어떻게 설명해야 할까? 우연의 일치일까, 아니면 일찍이 그들 사이에 교류가 있었던 것일까?

지금까지 이런 연관성에 대해서는 깊이 의문을 가진 적이 없다. 분명히 메소포타미아와 남중국 해안이라는 양극단 사이에는 오만이나 페르시아만과 같은 여러 중간 지역이 있으며, 오늘날 많이 알려진 조개 무덤 등의 매장 풍습도 공유되지 않았다. 그러나 그들 간의 유사성은 단지 머리카락 또는 가발, 문신 문화뿐만이 아니었다. 예컨대 울리가 발견한 우르의 무덤은 모두 직사각형이고 주변 바닥에는 잘게 깨트린 도자기 파편들이 널려 있었으며, 곧게 누인 유해에는 철광석인 적철광 가루가 묻어 있었다. 이렇듯 몸에 적철광을 칠하는 관습은 기원전 3800년 보르네오의 니아 동굴에서 발견된 목관에서도 확인된 바 있다.[23]

이제 신체 변공의 관행에 대해 살펴보자. 문신은 오스트로네시아Austronesia (태평양 중남부에 위치한 여러 섬—옮긴이)에 널리 퍼져 있었지만 신체 변공은 오세아니아, 특히 뉴기니 북쪽 해안에만 한정된 풍습이었다. 주로 어깨와 몸통의 일부에 수행되었던 입문 의식 같은 것으로, 그 문양은 악어의 이빨 자국으로 보인다.(악어라는 대상에 주목할 필요가 있다.) 이와 관련하여 스티븐 오펜하이머는 기원전 5300년~기원전 4000년 시기에 존재했던 것으로 추정되는, 이라크 남쪽의 우르 근처에 위치한 우바이드Ubaid 유적지에서 발견된 조각상의 문양과 비슷하다는 사실을 발견했다.

제프리 베일리는 구세계의 중심 문명이 대륙붕 가까운 곳에서 발현되었음을 지적했다. 즉 초기 문명은 좁은 범위의 지역에서 발생했으나 중국 본토와 반도, 동남아시아의 반도와 군도 주위, 아라비아 반도, 인도 해안과 북쪽 오스트레일리아 주변 지역은 예외적으로 대륙붕이 넓게 자리 잡고 있었음을 강조했다. 어쩌면 일찌감치 이 지역들 간에 접촉이 있었던 건 아닐까? 보트·낚싯바늘·작살 등 항해의 초기 기술의 흔적은 빙하시대 이후의 것으로 확인되었고(그 기술들이 전파된 시기는 〈지도 4〉 참조) 적어도 4000년 전에 메소포타미아와 동남아시아를 연결하는 동서 루트를 따라 어업이 발달한 것으로 보인다. 물론 서기 1000년대에 동남아시아 사람들이 인도양을 가로질러 수천 킬로미터 떨어진 마다가스카르Madagascar를 식민지화했다는 사실은 익히 알려진 사실이다.[24]

위에 언급한 풍습들이 우연의 일치가 아니라면 인도양(그리고 환태평양)의 문명들끼리 오래전부터 교역해왔다는, 즉 동남아시아와 메소포타미아가 매우 앞선 시기부터 서로 접촉해왔다는 추측을 할 수 있다. 그 시기는 비정상적으로 빠른 듯하지만 신화에 반영된 내용을 통해 곧 이 부분을 확인할 수 있다.

말레이 반도에서는 기원전 9250년의 것으로 추정되는 도자기와 더불어 그 안에 있었을 곡식 알갱이가 발견되었다. 한편 그 무렵의 인도에서는 다른 형태의 농업 방식이 전개되었음을 알 수 있다. 예컨대 기원전 7000년경 인도 서부에서는 소, 양, 염소 등의 가축을 키우면서 여섯줄보리의 경작법이 도입되었다. 기원전 6500년경 동북쪽(중앙과 동쪽)에 거주하는 문다이크 Mundaic 부족의 분포와 상당히 겹치는 빈드하vindha 언덕에서는 쌀농사를 지었다.[25] 문다이크 부족은 주로 동남아시아에서 사용된 오스트리아–아시아Austro-Asiatic 언어를 사용했다.

관심 있는 분야에 한하여 확인된 내용이지만, 시기와 관련하여 다음과 같은 새로운 주장이 있다. 우선 동남아시아에서 쌀농사가 시작된 것은 도자기 및 해산물 개발과 더불어 1만~7000년 전이며, 대대적인 해빙으로 상승했던 바닷물이 가라앉는 과정에서 형성된 침적층에 의해 초기 문명이 발생한 지역이 매립되었다. 그리고 자연의 변화에 적응하는 과정에서 만들어진 생활 양식들, 예컨대 항해와 선박 기술이 발달하면서 순다 대륙붕에 거주했던 사람들은 먼 중동이나 다른 지역으로 이주할 수 있었다.(중동 홍수의 결과는 15장에서 상세히 살펴보겠지만 1만5000~8500년 전, 지금의 호르무즈 해협과 바스라 지역까지 900킬로미터에 달하는 광대한 페르시아 만 지역은 육지였다.) 동남아시아의 동남쪽 구석에 있는 순다 대륙붕은 동서로 5400킬로미터 남북으로 2700킬로미터 면적을 과시하는 저지대로, 당시 해수면 상승으로 광범위한 타격을 받았을 것이며 홍수 재해 또한 막대했을 것이 분명하다. 이것은 다른 어떤 지역보다 홍수 신화가 더 널리 퍼진 이유를 설명해준다. 더불어 이 홍수로 인해 동, 서, 북쪽으로 대규모 이주가 나타났다.

이것이 바로 조해나 니컬스가 구세계와 환태평양 사람들 간의 언어 분석에서 밝혔던 '위대한 분리'일까? 그에 대한 증거는 변변찮고 보편적으로 수용되기 어려울지는 몰라도 그 주장이 보여주는 큰 그림은 연대를 제외한 모든 면에서 타당하다. 언어학자에게 연대 추정은 가장 큰 약점인 듯하다.

집단적 경고

구세계와 신세계의 신화를 비교하기 전에 우선 고대 아시아 역사와 관련하여 비교적 최근의 발견을 간단히 소개하고자 한다. 그것은 『베다Vedas』로 알려진 이야기 모음집에 관한 것이다. 인도의 성전인 『베다』는 역사와 우주 발전에 대한 '요가Yuga' 이론, 즉 거대한 자연 재앙으로 인한 붕괴, 그리고 인간과 자연의 위대한 순환을 설명한 것이다. 이러한 순환 중 하나는 2만4000년간 지속되었는데, 스티븐 오펜하이머가 언급한 2만3000년 된 '동요wobble'와 다르지 않다. 그러나 최근에 밝혀진 1만4000년, 1만1500년, 8000년 전의 지리학적 역사, 즉 세 번의 대홍수와 연관되었다는 사실은 새로운 발견인 듯하다. 역사의 순환은 대재앙의 파괴에서 아무런 영향을 받지 않은 것일까? 힌두교는 이러한 역사적 주기를 어떻게 축적한 것일까?

이 책의 목적상 베단타Vedantic(베다-안타Veda-anta, 즉 '베다의 끝' 또는 '베다 찬가에 더해진 부록'이라는 뜻으로 '베다의 정수'를 의미함. 『우파니샤드』를 중심으로 하여 자연과 신에 대한 오랜 사유와 가르침을 담은 베다 해설서—옮긴이) 문헌을 살펴보아야 한다. 이 문헌에는 일곱 개의 강—인더스 강, 라비 강, 수틀레지 강, 사라스바티 강, 야무나 강, 강가 강, 사류 강—을 거느린 지역에 대해 언급되어 있는데, 그중에서도 사라스바티 강은 수많은 베다어 민족의 생명을 유지시키는 근원지이자 중심지로서 정신적·문화적으로 무척 중요한 강이었다.[26] 『베다』 해설서의 어느 대목에서는 사라스바티 강을 수틀레지 강과 야무나 강 사이에 있는 "최고의 어머니, 최고의 강, 최고의 여신"으로 묘사한다.[27]

문제는 현재 야무나 강과 수틀레지 강 사이에 그 어떤 주요한 강도 존재하지 않는다는 사실이다. 펀자브 지방으로 널리 알려진 이곳은 '다섯 개의 강'이나 '물의 땅'으로 알려져 있다. 학자들은 문헌의 내용과 실제가 너무 달랐기에, 한동안 사라스바티를 하늘의 강 혹은 상상의 산물이거나 아프가니스탄에 있는 작은 강인 '하라큐티' 또는 '하라바이티'일 것이라고 간주해왔다. 그러나 확인된 결과 그 강들의 이름은 '사라스바티'와 같은 어원을 지닌 것이었다.

제2차 세계대전 후 고고학계에서는 모헨조다로Mohenjo-daro와 하라파Harappa 인더스 문명과 관련이 있는 것으로 보이는 수많은 지역을 탐사했는데, 역설적으로 그러한 문명의 흔적은 인더스 강으로부터 최대 140킬로미터나 떨어져 있으며, 그곳에서는 물의 흔적을 전혀 찾아볼 수 없었다. 1978년 들어서야 비로소 미국의 항공우주국과 인도의 우주연구소가 쏘아올린 많은 우주선이 보내온 인공위성 사진 덕분에 경전에서 말하는 사라스바티 강으로 보이는 고대 강의 흔적을 밝혀낼 수 있었다. 촬영된 사진으로 강의 경로를 확인할 수 있는데, 강의 폭은 대체로 6~8킬로미터였고 어느 지점에서는 14킬로미터나 되었다. 강의 지류도 나타나 있었으며, 그로 인해 앞서 다섯 개의 강을 지닌 지역은 경전에 언급된 것과 같이 일곱 개의 강을 거느린 지역(삽타-사인다바Sapta-saindhava)으로 바뀌게 됐다. 더욱이 『리그베다Rig Veda』(인도에서 가장 오래된 종교적 문헌으로, 브라만교의 근본 경전인 네 가지 베다 중 첫 번째 문헌—옮긴이)에서는 사라스바티 강을 '산에서 바다로' 흐르는 강이라 설명하고 있는데, 지질학적으로 1만~7000년 전 히말라야의 빙하가 녹아내리는 현상을 표현한 것으로 짐작된다. 시간이 흘러 사라스바티 강으로 흘러들었던 지류들은 지진으로 네 번이나 그 경로가 바뀌었고, 그 결과 갠지스 강으로 합류하게 되었고 사라스바티 강은 말라버렸다.[28]

베다 신화의 내용은 틀림없었다. 사라스바티 강이 분명 존재했으며 경전에 소개된 것만큼이나 전능한 것이었다.● 뿐만 아니라 이 신성한 문헌을 통해 문맥상 당시의 베다 문화가 해양 문화였음을 제시하고 있다.(경전에는 바다, 바다로 흘러드는 강, 또는 바다로 여행한다는 표현이 150군데나 나온다.)

사라스바티 강의 재발견은 두 가지 사실을 강조한다. 하나는 문명의 기본적 기술(가축 사육, 도자기, 장거리 무역, 항해)이 기원전 5000년까지 남쪽 아시아(인도)와 동남쪽 아시아의 섬에서 이루어졌다는 사실이고, 두 번째는 세계적으로 널리 전파된 위대한 신화는 사실 초기 인류를 파괴시켰던 실제의 재난을 근거로 한 것이며, 언젠가 우리에게 그러한 사건이 다시 또 일어날 가능성이 있음을 경고하는 집단적 기억일 수도 있다는 점이다.

기억으로서의 신화

이제 신화에 대한 강력한 혐의와 기본 원리를 살펴봤다. 그것은 중요한 원형적 신화가 실제 사실이나 역사적 사건을 토대로 형성된 이야기라는 사

● 5000년 전 강의 규모가 줄어들기 시작했을 때 강을 '전능한' 대상으로 묘사한 사실은 『베다』 경전의 연대를 추정하는 데 도움이 된다. 『베다』 경전이 생각보다 더 오래된 것임을 말해주고 있다.

실을 의미한다. 따라서 신화가 지역별로 어떻게 다른지 살펴보는 작업은 충분히 새롭고 흥미진진하며 의미심장하다. 서로 다른 지역에 존재했던 인류의 초기 문화가 말해주는 것은 무엇일까? 특히 신세계의 신화는 구세계의 신화와 어떻게 다르며, 무엇을 의미할까? 그들의 신화가 초기 인류의 경험을 재구성하는 데 과연 도움이 될까?

유전적 증거를 통해서 우리는 시베리아의 축치 족과 아메리카로 향한 최초의 무리들이 중앙 유라시아를 거쳐서 베링 육교에 도착한 시기가 늦어도 2만~1만6500년 전이라는 사실을 알게 되었다. 특히 언어학적 증거를 통해 이후의 두 번째 무리가 태평양 서쪽 해안을 따라 말레이시아·중국·러시아까지 이동했음을 확인했다. 가장 초기의 인류가 4만3000년이나 2만9500년 전 어느 시점에 신세계에 도착했다면, 유전적 증거에서 밝혀졌듯이 그들은 토바 지진에 대해 당연히 알고 있어야 했으나 그렇지 않고 어떤 홍수도 아직 일어나지 않았다. 반면 M130 유전적 지표를 지녔으며 나-데네 언어를 사용하는, 환태평양 연안을 통해 8000~6000년 전쯤에 아메리카로 이주한 두 번째 무리는 홍수에 대해 생생한 기억을 지니고 있었음이 분명하다. 그렇다면 이로써 무엇을 알아낼 수 있을까?

우선 구세계와 신세계 양쪽 모두 방대한 내용의 신화가 존재한다는 점과 우연히 일치하는 내용이 무척 많다는 점이다. 이와 연관하여, 중요한 어떤 신화가 신세계에는 없고 구세계와 오세아니아에만 존재한다. 동시에 구세계에는 없으나 신세계에서만 그 창조의 기원을 엿볼 수 있는 신화도 있다. 이는 초기 인류가 구세계에서 신세계로 이주했다는 가정 아래 생각할 수 있는 경우의 수다.

두 번째로 짐작할 수 있는 사실은 많은 신화가 빠른 속도로 전 세계에 전파되었다는 것이다. 예를 들어 캘리포니아 서남쪽에 정착한 디에게노

Diegueno 인디언의 창조 신화는 벵골의 문다이크 원주민 부족의 창조 신화와 흡사하다. 캘리포니아의 신화에서는 바다 속의 두 형제가 태초에 육지를 찾아 등장하는 장면이 있다. 숱한 고생 끝에 형이 붉은 개미 떼를 뭉쳐서 육지를 만들었는데, 아직 세상이 어두워서 나중에 창조된 새들이 육지를 찾아올 수 없었다. 그리하여 그는 태양과 달을 창조했다. 한편, 벵골 신화에서는 세상에 물이 생겨난 후 두 마리의 새가 인간을 위해 창조되었다. 새들은 12년 동안 날아다니며 육지를 찾아 헤맸으나 아무것도 찾지 못했다. 이에 조물주는 육지를 찾도록 헤엄을 칠 수 있는 다양한 동물들을 보냈고, 몇 번의 시행착오를 거친 뒤 거북이가 흙을 가져와서 지구상의 모든 생명의 근원으로서의 섬을 만들기 시작했다. 두 신화에서 우리가 알 수 있는 것은, 이 세상에 가장 먼저 물이 생겨났고, 형제 또는 두 마리의 새가 육지를 찾아 나섰으나 실패했다는 사실이다.

사실 동남아시아 순다 대륙붕에 대홍수가 발생했고 몇 세대 지난 뒤 물이 빠져나간 후 드넓은 땅이 드러났다는 주장을 받아들인다면, 전 세계적으로 같은 기원을 지닌 신화가 광범위하게 분포한다는 사실은 전혀 이상하지 않다. 즉, 서쪽으로 북쪽으로 이주한 사람들의 입을 통해 그 사실이 퍼져나갔을 테니 말이다. 이미 우리가 살펴보았듯 문다이크 부족은 쌀농사를 지었으며 오스트로-아시아어를 사용했는데, 이 두 가지는 모두 동남아시아에서 기원된 것이다. 또한 캘리포니아의 디에게노 인디언들은 앞장에서 보았듯이 나-데네어를 사용하는데, 이 언어는 동남아시아의 데네-코사시 언어와 유사하다. 더욱이 디에게노 인디언은 M130 하플로 그룹을 지녔다는 점으로 볼 때 8000년 전쯤 동남아시아의 섬을 떠난 것이 분명하다. 이러한 누적 결과들은 벵골과 캘리포니아(혹은 그 중간지역) 신화들의 공통적 기원을 암시하는 것이다. 다시 말해 문다이크 부족과 디에게

노 부족은 동남아시아 섬에서 기원하여, 대홍수 이후 한 부족은 서쪽으로 이주했고 다른 부족은 북쪽으로 이주했다고 볼 수 있다.[29]

이제 베링 해협 양쪽의 신화를 세부적이고도 체계적으로 살펴봄으로써 그 차이에 대해 알아볼 예정이다. 많은 신화에서는 '물의 혼돈'이라 할 홍수에 대해 묘사하고, 홍수 이후에 점차적으로 육지가 나타난 사실을 기록하고 있다. 그러나 북극 아래의 북아메리카 지역에서 가장 보편적인 신화는 '육지의 다이버land diver'에 관한 것이다. 이 신화에서는 대홍수 이후 육지가 점차적으로 모습을 드러낸 것이 아니라 해저 바닥이 솟구친 것으로 그려내고 있다. 그리고 새를 비롯한 여러 동물이 바다로 뛰어들어 해저의 흙을 가져오도록 (창조주 또는 지구의 최초 거주민에 의해서) 파견되었다. 몇 차례의 실패를 거친 후 동물들은 자신의 발톱이나 주둥이에 약간의 흙이나 진흙을 담아서 돌아왔으며, 결국 그 흙들이 쌓여 육지가 되었던 것이다. 이런 유의 신화는 루마니아에서 중앙아시아와 시베리아에 이르기까지 광범위하게 퍼져 있다.

육지의 다이버 신화는 북극 아래의 아메리카 및 동쪽 삼림지대의 앨곤퀸Algonquin 부족에게서 전형적으로 나타난다. 예컨대 온타리오 휴런Huron 지역의 신화에서는 한 거북이가 흙을 찾아오라면서 여러 동물을 물속으로 보냈는데, 다른 동물들은 모두 익사했으나 두꺼비만이 입에 약간의 흙을 물고 돌아왔다. 생명이 자라는 땅을 만들기 위해 하늘에서 내려온 창조주는 거북이 등에 흙을 실어주었고, 이 과정을 반복하여 결국 육지가 완성되었다. 현재 미국의 서북쪽 태평양 해안에 거주했던 이로쿼이Iroquois 족과 애서배스카Athabaskan 족들도 이런 신화를 가지고 있는데, 그중에서도 특히 아메린드어와 나-데네어를 사용하는 부족들에게만 한정된다. 에스키모의 홍수신화나 메소아메리카 또는 남아메리카에서는 이러한 내용의 신화가

발견되지 않았다.[30]

　이러한 신화는 두 가지 측면에서 관심을 불러일으킨다. 우선 육지 다이버의 이야기가 퍼져 있는 지역은 북극 아래쪽 아메리카의 특징적인 유전적 표지와 겹친다. (에스키모인, 알류트인, 애서배스카인이 아닌) 특정 인구 그룹에서는 그들의 DNA에서 아홉 개 단백질 쌍이 상실된 '아시아 아홉 개 염기쌍 상실9-base-pair deletion'로 알려진 특징이 나타나는데, 이것은 뉴기니의 혈족이나 베트남, 타이완의 부족들과 공유되는 특성이다. 이 사실은 적어도 일부 아메리카인들이 확실히 동남아시아에서 기원한다는 것(에스키모인과 나−데네어 사용자들이 서로 많이 다르다는 사실을 입증하기도 한다)과, 두 지역의 아홉 개 염기쌍 상실의 특징이 넓게 나타난 것으로 볼 때 짧은 시간에 형성된 것이 아니라 아주 오랫동안 진행되어왔음을 반증한다. 또한 이는 1만1000년 전(두 번째 홍수가 있었을 당시) 신新드라이아스Dryas 시기에 극지 근처의 아시아 인구가 세계로 확산되었음을 보여주는 단서라고 할 수 있다. 신드라이아스 시기는 1만1000년 전 무렵 홍수가 발생되기 전에 극심한 추위가 일시적으로 형성되었던 시기로, 캐나다나 미국 동부에 사는 북아메리카 원주민 앨곤킨 신화에도 기술되어 있다.[31]

　육지 다이버 신화가 안겨주는 두 번째 흥미로운 사실은, 지리학자나 해양학자들이 다음 세 가지 복합적인 현상을 설명하도록 이끈다는 것이다. 그 하나는 '해안선의 출현'이다. 특히 북아메리카에 발생한 거대한 규모의 해안선이 대표적인 예라 할 수 있는데, 빙하기 이후 햇볕을 받은 빙하가 녹으면서 점점 가벼워지자 지표면이 상승하면서 해안선이 형성되었다. 이처럼 빙하 무게의 변화로 바다 밑에 짓눌려 있던 지표면이 '수면 위로 융기'되는 현상이 나타난 것이다. 캐나다의 베어 호수를 촬영한 사진을 보면 해수면에서 수십 미터 상승한 해안선을 확인할 수 있다.[32] 당시 그곳에 거주하던 사람들은 수 세대에 걸쳐 해안선의 변화를 포착했을 것이고, 이런 낯선 현상을 자신들의 신화에 반영했을 것이다. 두 번째 현상은 세계에서 가장 활발한 화산들이 위치하고 있어 '환태평양 화산대'로 불리는 환태평양 지역과 관련된다. 화산에 대한 내용은 5장에서 더 구체적으로 다루기로 하고, 지금은 환태평양 화산대의 많은 화산이 해안선에서 떨어진 수중 화산으로 해저의 일부분을 형성하고 있다는 사실만 밝혀두고자 한다. 이 수중 화산이 분출할 때(2001~2002년에 50회 이상 발생) 고체 물질(흙)이 해안으로 강하게 분출되었을 것이다. 세 번째 현상은 일찍이(신드라이아스 시기 이후) 홍수를 겪었던 고대인들의 경험 그리고 해수면이 상승했다가 낮아지고 물이 감소함에 따라 육지가 노출되는 현상을 목격한 경험이 희미하게나마 이 신화에 반영되어 있다는 사실이다.

지금까지의 설명을 종합할 때, 다이버 신화는 역사적 사건을 토대로 하고 있으며 적어도 북아메리카의 일부 인디언 신화에는 초기 홍수의 전설이 '기억'되어 있음을 확인할 수 있다. 또한 녹아내린 빙하의 무게로 대륙이 상승했으며, 해안선 밖에서 화산이 분출했고, 고대인들은 해수면이 상승했다가 하강한 장면을 목도했음을 확인할 수 있다. 나머지 아메리카 신화들에서는 흙을 찾아 날아가는 새를 비롯한 다양한 홍수 신화들을 볼수 있지만, 육지 다이버 또는 육지 상승에 관한 신화는 거의 보이지 않았다.

과거에 대한 흥미를 일으키는 다른 고대 전설도 있다. 예컨대 스티븐 오펜하이머는 많은 홍수 신화의 분석을 통해 같은 신세계에서도 지역마다 다른 차이들을 조사했는데, 우선 북아메리카 인디언의 주요 홍수 신화에 보이는 육지 상승이나 육지 다이버 신화가 시베리아 지역에서도 유사하게 나타나고 있다. 그러나 메소아메리카에는 매우 강력한 파도와 산을 덮을 정도의 홍수, 그리고 홍수가 퇴각하기 전 생존자들이 산에 정착하는 것과 관련된 이야기만이 존재한다. 티베트-미얀마, 동남아시아 섬과 폴리네시아 신화들도 마찬가지다. 5장에서 더 세부적인 내용을 살펴보겠지만, 이러한 지역적 차이는 태평양을 가로지르는 허리케인의 활동 패턴과 정확히 일치한다.

남아메리카에서 홍수와 관련된 신화는 주로 인구 과잉의 압박(지상에 인구가 너무 많아져서 신들이 홍수를 일으키기로 결정했다)과 홍수 이전의 가뭄 및 기근, 방주 또는 다른 배의 사용에 관한 내용이다. 이 또한 5장에서 자세히 짚어보겠지만, 이 지역은 지구상에서 화산활동이 가장 왕성하게 일어났기 때문에 돌풍은 물론 해일과 결합된 지진으로 수많은 인명 피해를 입는 엘니뇨 사태에 취약하다. 많은 사람을 죽게 만든 재앙은, 신이 인구가 너무 많다고 여겨 일으켰다는 초기 인류의 견해도 무리는 아니었다.

트릭스터와 토템

홍수와 관계없는 기원을 지닌 신화는 주로 '트릭스터Tricksters(세계 여러 민족의 신화나 옛이야기에 등장하여 도덕과 관습을 무시하고 사회질서를 어지럽히는 인물이나 동물 따위를 이르는 말―옮긴이) 창조주'로 불리는 대상과 관계가 있다. 이 캐릭터는 노르웨이 신화를 비롯하여 아프리카, 뉴기니 그리고 특히 북아메리카 신화에서 확인되는데, 주로 여우나 까마귀 혹은 코요테 같은 동물로 나타나거나 반인반수半人半獸 또는 속임수로 위장한 인간으로 등장한다. 이는 원시종교 지도자들이 일시적으로 동물로 변신하여 자신의 힘이나 영향력을 행사하는 주술적 행위였다.

이러한 신화가 세계적으로 퍼져 있다는 사실을 통해 초기 인류가 아메리카에 도착했을 무렵(4장 참고) 이미 샤머니즘이 형성되었음을 알 수 있다. 또한 인류 역사상 서로 다른 지역에서 종교 수행자가 핵심적 인물로 활약했을 가능성을 시사하기도 한다. 아마도 종족 번식에 관한 남성의 역할을 초기 인류가 깨닫기 전까지, 인간의 탄생은 주술사의 영역이었을 것이다. 몇몇 증거에 따르면, 구세계의 인류는 개를 키우기 시작하면서부터 비로소 번식에 관한 수컷의 역할을 발견한 것으로 보인다. 개가 인간의 손에 처음으로 사육된 동물이며 덩치 큰 포유동물 중에서 임신 기간이 가장 짧기 때문이다. 개·여우·코요테 등은 모두 갯과에 속하는 종류로, 임신 기간은 거의 52일(여우)에서 63일(코요테·개·들개) 정도다. 이와 관련한 내용은 6장에서 좀더 세부적으로 거론할 것이다.

폴 라댕은 북아메리카 인디언들(위너베이고Winnebago 족, 틀링깃Tlingit 족, 아시니보인Assiniboine 족)의 트릭스터 신화 연구를 통해 세 가지 근본적인 특징을 제시했는데, 바로 트릭스터의 왕성한 식욕, 방랑적 기질, 주체할 수 없는 성욕이다. 트릭스터는 때로는 신과의 혼합체이거나 신에 버금가거나 한때 신이었던 존재이자 익살꾼이기도 했다. 라댕은 트릭스터가 음식과 성적으로 갈등을 유발하는 위험한 '무질서'를 가리키는 대상으로 무질서의 영혼 또는 위협을 상징한다고 결론짓고, 이러한 신화를 통해 아주 오래전 인류의 경험을 엿볼 수 있다고 했다. 말하자면 식량 공급이 제한적이었거나 거의 이루어지지 않았던 시기 또는 부족이 살아남기 위해 번식 행위가 규제되었던 시기가 있었음을 암시한다는 것이다. 이것은 또한 신에 대한 인류의 양가적 태도, 즉 전지전능한 신으로서의 행위를 보여주지 않음으로써 인류를 실망케 했던 상황을 드러내는 것이기도 하다. 이것은 서쪽의 바다와 동쪽의 빙하 사이에서 베링 육교가 단절되었던 시기에 신세계 이주자들이 지녔던 불안정하고도 위축된 집단의 기억이 아닐까?[33] 그리고 개의 성교를 통해 번식과정에 관한 남성의 역할을 무의식적으로 깨닫게 된 것은 아닐까?

종합적으로, 신세계와 구세계에 존재하는 서로 다른 신화들은 아메리카 초기 거주민들이 내륙의 중앙아시아와 동남아시아의 섬으로부터 유입되었다는 주장을 뒷받침한다.

스티븐 오펜하이머의 견해에 따르면, 신세계의 신화들은 주제가 결여된 경우가 거의 없고, 체계적인 변화가 나타나며 일관적이고 논리적인 형식을 갖추고 있다. 가장 중요한 차이는 아프리카, 아메리카, 중앙과 동북아시아에서는 일반화되지 않은 열 가지 주제로 분류되며, (앞에서 언급했던) 폴리네시아, 중국, 남아시아, 중동, (핀란드만큼 먼) 북유럽의 것들과 확연한 차이를 나타낸다.

한 예로, 아메리카의 서북쪽 태평양 해안가 이외의 지역에서는 '물의 혼돈 신화'가 상대적으로 적게 나타난다. 그런가 하면 아즈텍을 제외한 신세계의 신화에서는 바다 괴물이나 용에 대한 언급이 거의 없다. 앞서 언급한 세 번의 홍수의 경우, 더 많은 지역에서 더 많은 사람이 악어를 접할 수 있었음에도 불구하고 악어는 인도와 중국에만 등장한다. 신화에서 용이나 뱀이 공격하는 대상이 어부가 아닌 해안가 주민들이라는 사실도 확인되었다. 이러한 사실에 비추어볼 때, 용과 바다 괴물의 이야기는 아마도 머나먼 과거 어느 얕은 해안지역이 침수되었을 때 악어에 대해 느꼈던 두려움에 대한 집단기억에서 비롯된 게 아닐까 싶다.[34] (악어의 이빨 자국을 상징하는 것으로, 앞에서 언급했던 오스트로네시아인들이 가졌던 신체변공의 관습을 떠올려보자.)

'물의 혼돈' 이외의 신화에서 다루는 내용은 신의 '말씀'에 의한 빛의 창조, 근친상간, 존속 살인, 신성한 신의 신체 일부와 피로써 우주 형성에 필요한 재료가 생성되었다는 것 등이다. 유라시아 전역에서는 이러한 요소가 공통적으로 발견되는 반면 신세계 신화에서는 전혀 볼 수 없다. 그 대신 대체로 신성한 커플이 함께 묶여 있거나, 하늘과 땅을 갈라 창조한 자는 자손에 의해 팔다리가 잘리거나 찢기며, 그 신체의 부분으로 자연의 일부가 창조된다는 내용이다.(예를 들면 핏물로 강을 만들고 두개골로 하늘의 천장을 만든다.)

앞에서 말한 열 가지 주제에는 홍수 이후 남매간의 근친상간 내용이 포함되어 있다. 때로는 금기를 인식한 관계자가 등장할 때도 있지만 아예 아무런 언급조차 하지 않는 경우도 있다. 이러한 주제를 다룬 이유는 홍수나 토바 화산 분출 이후 종족이 거의 죽었거나 다른 섬에 고립되면서 인구가 급격히 감소되었고, 이에 따라 남매끼리 짝을 맺을 수밖에 없는 상황에까지 이르렀던 경험을 각인시키기 위한 것은 아니었을까?

이러한 신화는 신세계에서 보이지 않는다. 소위 '땅을 분리시키는 영웅'에 대한 신화도 보이지 않는다. '땅의 분리 신화'에서는 지역의 지형이 형성될 때 또는 대륙이나 커다란 섬의 일부가 떨어져나갈 때 바다 생명체나 괴물이 홍수를 일으킨다고 묘사된다.(이 주제는 인도네시아에 퍼져 있다.) 이것은 지진(또는 홍수)의 여파로 해안선 밖으로 섬이 만들어지거나 재배열된 경우로 보이기도 하고, 홍수로 인한 악어의 피해와 연관된 것으로 보이기도 한다.

신의 말씀에 따라 세상이 창조되었다는 신화는 구세계에만 존재하며 신세계에는 없다. 서양의 성서로 잘 알려진 이 신의 말씀, 즉 "하나님이 가라사대 빛이 있으라 하시매 빛이 있었고(「창세기」 1장 3절)"와 비슷한 내용들은 바빌론, 이집트, 인도, 폴리네시아, 인도−태평양에서도 발견된다. '말씀'을 강조한 것은 초기의 정체성 수립에 관한 언어의 중요성을 알려준다.

두 번째 형식의 신화는 신세계에서는 찾아볼 수 없으나 구세계 전반에 확산된 주목할 만한 양식이다. 여기에는 죽고 부활하는 나무 신, 대결하는 형제, 이른바 '달/호수의 밀회'가 포함되어 있다. 죽고 부활하는 나무 신이나 정령은 오딘Odin의 노르웨이 신화, 오시리스Osiris의 이집트 신화, 예수의 기독교 이야기, 마아피츠Maapitz의 말루쿠Moluccan 신화, 토 카비나나To Kabinana의 뉴 브리튼 신화에 이르기까지 지구 전역에 넓게 퍼져 있다.• 더욱이 특정 지역에서는 형제의 싸움이나 경쟁의 주제가 중복되어 나타난다. 예를 들면 이집트의 세트Set/이시스Isis 신화, 파푸아뉴기니의 뱅고르Bangor/시시Sisi 신화, 술라웨시Sulawesi(인도네시아 중앙부에 있는 섬—옮긴이)의 왕키Wangki/스키Sky 신화, 『성경』의 카인과 아벨이 있다. 이때의 갈등은 농업과 다른 생활 방식, 즉 채집생활이나 유목생활(후기농업)을 반영한다고 볼 수 있다. 달/호수의 밀회 주제에서는 호수에 비친 달의 그림자를 사랑하는 영웅이 그려지고 있다.[35]

이러한 신화들은 그 내용적 의미보다는 어느 지역에 형성되어 있느냐가 중요하다. 앞에서 언급한 열 가지 주제를 보이는 지역과 거의 겹친다. 대략적으로 인도네시아와 보르네오에서 말레이 반도, 인도, 아라비아 만, 메소포타미아, 지중해 문화를 거쳐서 서북쪽 유럽까지 퍼져 있다(〈지도 4〉 참조). 이 지역은 위대한 '동—서 통로'와 겹치는데(〈지도 1〉에서 확인할 수 있으며 4장에서 좀더 세부적으로 다루고 있다) 싱가포르와 가까운 말레이시아 말단부터 서쪽으로는 프랑스의 브르타뉴에 있는 브레스트 근처 생 마티외 곶까지 망라한다.•• 이것은 오래전부터 이 지역들 간에 접촉이 있었음을 말해주는 증거가 아닐까? 다음 장에서는 인류가 이동할 때 동—서 이동이 남—북 이동보다 훨씬 수월할 수밖에 없는 이유에 대해 살펴볼 것이다.

우주학, 지질학, 유전학과 신학을 통합한 새로운 연구는 매우 흥미로운 작업으로, 지금까지 우리는 이러한 연구 방법을 최대한 활용해왔다. 그 결과 아메리카의 인구를 형성한 초기 인류 그룹이 대개는 1만6500년~1만5000년 전, 늦어도 1만4000년 전에 신세계에 도착했다는 결론을 얻었다.(연속된 단서들은 모두 사색적이다.) 그들은 바다의 변화로 인한 홍수의 경험과 최초의 인간이 진흙으로 만들어졌다는 신화를 공유했다. 그들은 시베리아 한계지역까지 도달하여 베링 육교를 건너기 전까지 농업 기술이나 항해술을 터득하지 못했으며 또 필요로 하지도 않았다. 이와 유사한 방식으로 그들은 홍수 등의 엄청난 지구적 재앙에 대해 초보적 인식을 얻게 되었고, 수 세대에 걸쳐 어두웠던 하늘이 서서히 맑아지는 것을 보았으며, 또 빛이 내리쬐고 태양과 달의 형체가 나타나는 것을 오랜 시간에 걸쳐 확인하게 되었을 것이다.

그들의 신화는 유전적·언어적 증거와도 일치한다. 약 1만1000년 전, 정확하게는 8000년~6000년 전쯤에 추가적으로 이주해온 그룹이 있었다. 그들에게서는 동남아시아에 기원을 둔 대결하는 형제 신화 또는 죽음으로부터 부활하는 나무 신과 관련된 신화를 찾아볼 수 없었던 것으로 보아 그러한 신화가 배태될 만한 갈등이 없었던 것으로 짐작된다. 이를 통해서도 순다 대륙붕 이전까지는 농경사회가 형성되지 않았음을 유추할 수 있다. 신화에 나오는 농업이나 항해술은 구세계의 고대 사상에 매우 중요한 요소로서 훗날 유럽에서 동남아시아에 이르기까지 종교와 역사의 형성에 중

● 전 세계의 낙엽수림 분포는 열대 남북에 한정되어 있어서 실제로 이러한 신화를 잘 설명하지 못한다.
●● 지구의 일반적 지리가 선사시대와 역사에 미치는 영향에 대해서는 5, 6장에서 다룬다.

요한 계기가 되었다.

여전히 추측에 불과하겠지만, 1만1000~8000년 전 무렵의 순다 대륙붕 시대는 큰 의문을 남기고 있다. 몇 번의 크나큰 재해는 많은 사람을 몰아내는 결과를 낳았고 남겨진 사람들 사이에서는 강력한 신화가 탄생했을 것이다. 조해나 니컬스의 해석에 따르면 이 무렵 북쪽으로 이동한 사람들은 결국 신세계에 정착하게 되었고, 남아 있거나 다시 서쪽으로 향한 사람들은 유라시아 문명의 일부분을 형성함으로써 중요한 분열이 이뤄졌다는 것이다.

신화의 분포를 통해 우리가 파악할 수 있는 내용은, 조해나 니컬스가 확인한 바와 같이 전 세계에 주요한 네 개의 언어군이 있으며, 비록 분포의 차이는 있지만 네 개의 신화 어족이 존재한다는 사실이다. 네 신화 어족 구역 중 첫 번째로 꼽을 수 있는 지역은 아프리카로, 물론 어느 지역에나 흥미진진한 에피소드가 간직되어 있지만, 아프리카가 인류 이동의 시작점이라는 대륙적 특성에 대해서는 옆으로 젖혀두기로 한다. 스티븐 벨처가 표현한 바 있듯이, 신화의 기원에 관한 한 아프리카는 "어떠한 일반화도 가능하지 않다". 이 대륙 전역에서는 앞서 언급한 '트릭스터' 신화가 발견되며, 거인과 식인귀 또는 뱀에 관한 신화 역시 마찬가지다. 신화의 배경은 대부분 시골의 자연환경이며 사냥하기 혹은 소떼몰이(후자는 좀더 최근에 기원한다)와 관련된 내용이 많다. 개코원숭이와 침팬지가 초기 인류의 특징을 이루며, 하늘의 신이나 달을 소재로 한 경우도 있지만 아프리카 신화의 주요한 특성으로 받아들일 만큼 체계적이지는 않다. 두 번째 지역은 북유럽으로부터 지중해와 중동, 인도와 동남아시아를 거쳐 동남아시아의 섬(위대한 동-서 통로)까지 관통하는 문명지역이다. 세 번째 지역은 북쪽 아시아(중국·시베리아·일본·한국)이고, 네 번째 지역은 신세계다.[36]

지금까지의 신화에 대한 간단한 조사로부터 두 가지 포괄적인 결론을 이끌어낼 수 있다. 하나는 신세계에 관한 것이고, 다른 하나는 구세계에 관한 것이다. 신세계의 (물에 의한 창조신화와 같은) 고대 신화들은 그들이 아메리카 대륙에서 직접 얻은 경험들에 의해 다른 형태로 대체되는 경향을 나타내는데, 육상 다이버, 흙을 쌓는 자, 트릭스터, 대해일이 바로 그러한 경우다. 앞으로 더 살펴보겠지만 극단적인 기후(폭풍, 허리케인, 화산과 지진)는 신세계 사람들의 이데올로기 형성에 지대한 영향을 끼친다. 구세계에서 우리 관심을 끄는 신화는 물의 창조 신화, 빛을 창조하는 신의 '말씀', 죽어서 부활하는 나무 신에 관한 것들이다. 죽음으로부터 부활하는 내용은 구세계인들의 주요한 이데올로기인 풍요를 상징하는 것으로, 신세계에서는 그 정도로 중요하지 않았다. 우리가 '위대한 동-서 통로'라고 부르는 경로, 즉 동남아시아의 '구석'에서 중국과 인도를 경유해 중동과 서북유럽으로 신화들이 확산된 흐름을 보면 이 경로가 매우 이른 시기부터 이용되고 있었음을 알 수 있다. 이 경로는 모든 면(이데올로기, 상업, 기술 등)에서 유라시아 발전에 지대한 영향을 끼쳤다. 그러나 신세계에는 이러한 경로가 없다.

3장

시베리아와 샤머니즘의 근원

초기 인류가 신세계로 유입되기 이전, 마지막으로 검토해야 할 문제가 있다. 바로 그들이 위대한 여정을 완성하기 전에 통과해야 했던 구세계의 한 지역, 다름 아닌 베링 해협의 서쪽에 있는 시베리아다. 이 외딴곳은 춥고 아무것도 없지만 우리 논의에서 많은 부분을 차지하는 현상인 샤머니즘의 본산지다.

　최근까지도 의문이 제기되어왔지만, 대부분의 인류학자들은 샤머니즘을 사냥꾼의 종교인 동시에 영적 규율과 치유 기능을 지닌 종교활동의 초기 형태로 이해하고 있으며, 선사시대부터 유라시아 대륙 전역에 존재해왔을 것으로 본다. 샤머니즘은 동굴미술에도 표현되었는데, 예를 들면 남부 프랑스 툴루즈에 있는 아리에주Ariège의 레 트루아 프레르Les Trois Frères에는 70센티미터 크기의 커다란 뿔을 지닌 형상이 그려져 있는데, 부엉이의 눈, 사자 또는 곰의 발톱, 여우의 꼬리, 발기된 성기를 감추고 있는 동물의

그림 1 춤을 추고 있는 동물−주술사. 레 트루아 프레트 동굴, 아리에주, 프랑스.

가죽으로 묘사되어 있다.[1]

무엇보다도 샤머니즘은 자신의 생존 그리고 초기 우주의 원리를 반영하기 위해 동물의 생명을 거두는 형식을 취한다. 즉, 생존을 위해 동물을 죽인 뒤 그 영혼을 바침으로써 균형을 도모한다는 관념으로, 이때 주술사는 동물의 소유자를 대상으로 값어치를 협상하는 역할을 한다.[2]

사냥사회에서의 주된 믿음은 모든 존재가 생명을 지닌다는 것이다.[3] 따라서 인간은 온통 '입을 크게 벌린 보이지 않는 영혼'의 적들에게 둘러싸여 있다고 생각했다. 두 번째 믿음은 우주가 여러 단계(여섯 또는 일곱, 경우에 따라서는 아홉 단계)로 존재하며 모든 존재는 세계수world tree(세계 각국의 종교 및 신화에 등장하는 신성한 나무로, 하늘과 지상 그리고 지하세계를 연결한다—옮긴이) 또는 기둥이나 산으로 연결되어 있고, 주술사는 일종의 영혼 비행을 하는 존재로서 신들린 상태(중요한 요소)에서 우주의 여러 단계를 여행하며 소속 집단에 복을 가져다준다는 것이다. 세 번째 믿음은 사람은 여러 영혼을 소유하고 있으며, 꿈을 꾸는 것은 이러한 영혼들 중 한둘 또는 그 이상이 몸을 벗어나 여행하는 증거라는 것이다. 그러나 병이 들면 영혼들이 자신의 몸속으로 다시 돌아올 이유를 찾지 못한다고 믿었다.(아픈 사람이 자신의 꿈을 기억하지 못하는 이유는 잠을 제대로 자지 못하거나 질병에 시달려 기진맥진해하거나 너무 깊은 잠에 빠져 있는 탓이다.) 이때 주술사는 신들린 상태로 영혼 비행을 통해 잃어버리거나 놓친 병자의 영혼을 찾아 다시 몸으로 돌려보내어 건강을 회복시키는 역할을 맡는다.[4] 주술사가 영혼 비행 도중에 위험한 곳을 지날 때면 팔다리가 잘리거나 뼈와 가죽만 남을 수 있으므로 특별한 선행 절차를 거쳐야 한다. 예컨대 그들은 오랫동안 황무지에서 혼자 지내면서 자연이나 야생동물과 친밀한 관계를 형성하는 등 나름의 생존 기술을 개발한다. 이후 주술사의 활동은 중요하고도 괴이한

거대한 단절

문제, 즉 질병, 기후, 침략자, 희생물 같은 분야에 집중된다.[5]

'shaman'이라는 단어는 시베리아에서 순록을 치는 집단과 퉁구스어를 사용하는 작은 사냥꾼 무리인 에벤크Evenk 족의 언어에서 유래되었다. 문자 그대로의 뜻은 '아는 사람'이며, 피어스 비텝스키의 연구에 따르면 해당 지역의 종교 전문가를 일컫는 말이다. 북극 가까이 사는 부족들은 그러한 단어를 찾지 못한 채 전혀 다른 언어를 사용했다.[6] 주술사는 다양한 행동 양식을 보여주지만 구미를 당기게 하는 부분은 샤머니즘의 지리적 확산이다. 비텝스키는 "북극으로부터 멀리 떨어진 아마존이나 보르네오의 주술적 사고와 관습을 비교해볼 때 쉽게 설명할 수 없는 놀라운 유사성이 있다"고 했다.[7] 보르네오에서 확인된 주술성은 유라시아 북쪽 가장자리를 따라 북부 러시아의 라플란드와 시베리아에 가닿을 뿐만 아니라 아메리카 아래로 내려가 아마존에 이르기까지 거대한 '7'자 모양을 이루며 관련성을 나타낸다.

20세기의 역사, 특히 냉전시대만 아니었다면 샤머니즘 현상(그 특성과 세계적 분포)에 대해서는 더 많은 것을 알 수 있었을지 모른다. 한 예로, 선사시대 동굴미술과 고대 조각품을 수백 점 실은 사진집이 서양(예컨대 프랑스)에서 출간되었다. 누군가의 주장에 따르면, 러시아(소비에트) 잡지에 게재되었던 2만여 점에 달하는 사진은 다른 어떤 잡지나 책에서도 볼 수 없는 것들이었다. 이처럼 같은 시기 유라시아 전역에 샤머니즘이 분포했음을 확정할 수 있는 지식의 성장을 냉전시대가 방해했다.

오늘날에도 시베리아는 사람이 살기에 적합하지 않은 지역이다. 유럽과 미국을 합친 크기와 비슷한 규모의 이 지역은 지구상에서 가장 추운 거주 지역인 콜리마 강 유역을 포함하고 있는데, 기온은 섭씨 영하 70도까지 내려가며 여름이 시작되는 5월이면 꽁꽁 언 강이 녹을 때 '대포 소리'를 내지

르곤 한다. 시베리아에는 대략 80만 헥타르에 달하는 세계에서 가장 큰 숲이 있으며 지구상에서 인간이 거주할 수 있는 지역 중 가장 적은 인구 밀도를 보인다. 소비에트 자료에 의하면 시베리아 중앙과 동쪽에 있는 타이가taiga(북쪽 수림대, 포플러나무, 침엽수류)와 툰드라tundra(관목, 사초과의 식물, 이끼류, 드문드문 흩어져 자라는 나무)가 많은 지역에는, 퉁구스어로 알려진 언어를 구사하며 순록 사냥과 목축을 하는 부족이 살고 있으며, 이외에도 소규모 언어 그룹이 120개 있다. 캄차카 반도와 연안의 섬(아시아 극동)에서는 과거부터 지금까지 유피크Yupik와 우낭간Unangan이라는 에스키모 언어가 사용되고 있다.[8]

16세기 후반 러시아인들이 시베리아로 이주했을 때 축치 부족은 여전히 석기시대에 머물러 있었다. 뼈 화살촉과 창을 소유한 그들은 텐트에 거주했으며 가족 이외의 다른 사회조직을 구성하지 않았다.[9] 이 지역에 기독교는 전파되지 않았으며 주로 성스러운 존재를 향해 은밀히 피(대개는 개의 피)를 바치는 행위가 이루어지고 있었다. 소비에트 시대에 이르러 샤머니즘은 법에 의해 공식적으로 폐지되었고, 집단화 조치에 따라 다른 지역에 살던 러시아인들이 시베리아로 강제 이주되었다. 이들의 전통적 관행을 근절시키기 위해 꽤 잔인한 방식이 동원되었는데, 영혼 비행의 능력을 강요하면서 주술사를 공중의 헬리콥터에서 떨어뜨렸다고 한다. 의심스럽기는 하지만 1980년경 소비에트 당국은 샤머니즘을 완전히 진압했다고 주장했다.[10]

샤머니즘은 언제 어떻게 수행되었는지에 따라 세계에서 가장 오래된 종교라고 할 수 있다. 그러나 부분적으로는 당시 극지방의 정신병리학적인 결과이기도 하고, 다른 한편으로는 사슴과 인간의 관계로부터 발생한 것이기도 하다. 그러한 증거로 제시되는 몇몇 사례를 살펴볼 때 초기 인류는 주술사들의 '변화된 의식 상태'에 대하여 비정상적으로 보거나 발작성 또는 신경과민의 행위로 간주했을 것이다. 강한 추위와 어둠이 오래 지속되는 극지방에서는 메리야크meryak 또는 메네리크menerik(북극 히스테리)와 같은 정신병이 나타날 수 있는데, 이는 주술사들의 의식 전이 상태와 비슷하다.[11] 이와 관련하여 시베리아와 아메리카의 몇몇 지역에서 주술사들이 병든 기간에 입문 의식을 치렀다는 사실에 주목해야 한다. 비정상적으로 보이는 행동에 대하여 고대에는 병리적으로 간주되기보다는 오히려 '빙의'의 순간으로 수용된 것이다.

순록은 고결해 보이는 동물이다. 수컷은 크고 특별한 뿔을 지니고 있어 한눈에도 품격을 느낄 수 있다. 겁이 많은 편이지만 곰이나 큰 고양잇과와는 달리 사납지 않으며, 천성적으로 무리를 지어 다닌다. 그러한 외형 때문에 인간에게는 고기뿐 아니라 가죽, 그 뼈와 힘줄까지도 유용하게 쓰인다. 이러한 순록의 외형으로 인해 인류의 수렵사회에서는 사냥물에 대한 전통적인 사고방식, 즉 '숭배와 야만이 뒤섞인 상태'가 형성되었다.[12] 초기 수렵사회(페르낭 브로델은 '순록 문명'이라 표현했다)에서는 당시, 부족이나 씨족의 생활에 없어서는 안 되는 동물들에게는 그들을 수호하는 주인이 있으며 그들의 영혼 또는 본질을 대표한다고 믿었다. 그러한 이해를 토대로, 주인이 동물을 풀어주었을 때 비로소 사냥꾼들은 특정 동물을 사냥하여 음식과 다른 필수품을 얻을 수 있었다. 그 대가로 사냥꾼들은 희생물을 바쳐야 했으며 특별한 규율을 준수해야 했다. 이것이 샤머니즘의 시작이다.

주술사의 특성 중 하나는 '영혼 비행'으로 알려진 현상이다. 이것은 주술사가 '변화된 의식 상태'(이 표현은 주술사 스스로 의식한 것이 아니라 오늘날 서양에서 사용되는 관용적 표현이다)에서 때로는 최면 상태로 주변에 있는 희생제의용 동물을 찾아낼 뿐만 아니라 지상과 지하, 바다 세상을 돌아다니며 그 동물의 주인을 찾아가 대가를 협상하는 것이다.

샤머니즘에는 이러한 설명 이상의 의미가 있다. 사냥할 때 동물의 몸을 관통시키는 과정을 성적 결합의 행위와 유사한 것으로 인식함으로써, 때때로 사냥은 유혹과 관련된다.[13] 아마존 상류지역에 사는 데사나Desana 부족에게 '사냥하다'라는 단어는 '동물과의 성적 관계'라는 의미를 지닌다. 이 뜻을 세밀히 유추해보자면, 사냥감은 사냥꾼에게 매료된 나머지 그가 쏜 화살에 맞기를 바라며 성적 흥분 속에서 구애를 하는 것이다. 반면 사냥꾼은 사냥에 나서기 전 성관계를 자제하고 의식을 통해 정결한 몸가짐을 갖추어야 하며, 얼굴에 색칠을 하거나 몸을 장식하는 등 성적 흥분이 고조되고 긴장된 상태를 유지해야 한다. 시베리아의 주술사들은 한때 자신이 동물이었기 때문에 동물에게 힘을 행사할 수 있다고 믿었다. 그에 따라 의식을 준비할 때 주술사는 성행위를 암시하는 춤을 통해 동물의 발정과 교미 행위를 표현했다.[14]

피어스 비텝스키의 연구에 따르면 시베리아와 몽골은 전통적인 샤머니즘 지역이다. 그리고 2011년 봄 하버드 학회에서 제시된 자료에서는 큰 사슴 종인 엘크는 인간이 이주해온 시기와 비슷하게 베링 육교를 건넜다. 이 사실이 입증된다면 샤머니즘 또한 그 시기에 신세계에 전파되었다는 가정이 수립될 수 있다. 실제로 아메리카뿐만 아니라 북극과 그 아래 지역까지 영혼 비행에 관한 믿음이 존재했다는 점에서 북아메리카의 에스키모인들은 시베리아 사람들과 유사하다.[15] 에스키모 주술사들에게 팔다리 절단, 공중과 해저까지 이르는 영혼 비행은 보편적인 것이다. 그러나 베링 해협으로부터 거리가 멀어질수록 영혼 비행의 빈도는 약해지고 최면 의식 또한 줄어들었으며, 주술사들은 고립과 금식의 형태로 최면 의식을 대신하게 되었다. 특히 초원지역에서는 꿈꾸기와 '영계靈界와의 교류를 구하는 의식vision-quest'으로 대체되었다. 후자의 의식은 젊은 남성(드물게는 젊은 여성)을 며칠 동안 야생 환경에 방치함으로써, 그들의 인내력을 검증하고 자연계의 정령이 전해주는 통찰을 구했다. 이 의식은 젊은이에게 기본적인 생존 기술을 가르치기 위한 입문과정으로서 많은 부족 사이에 전파되었고, 주술사들은 발전된 전망을 얻기 위하여 의식과정을 더욱 세부화했다.[16]

중앙과 남아메리카 사회에서 주술사는 부족의 핵심적인 인물로, 그들의 세계관은 기본적으로 시베리아의 주술사들과 유사하다. 예컨대 하늘과 땅은 나무와 기둥으로 연결되어 있으며 주술사는 세상의 위아래를 비행하는 능력을 지니고 있었다. 주술사 입문 의식에서도 유사한 부분이 많은데, 예컨대 사지가 절단되는 듯한 경험 또는 몹시 쇠약해지는 초기의 신병神病, '영적 배우자'와 혼인하는 것 등이다. 의식에서 노래를 부르는 것은 남아메리카에서 최면에 진입하는 하나의 기제로서, 이 과정에는 다른 지역에서 볼 수 없는 두 가지 독특한 방식이 동원되었다. 바로 환각제를 사용하는 것과 주술사가 재규어 분장을 하는 것이다. 이런 기법에 대한 이야기는 앞으로 더 자세히 소개하기로 하고, 여기서는 최근 루이스윌리엄스와 토머스 다우슨이 제시한 새로운 증거에 주목할 필요가 있다. 그것은 샤머니즘의 관습이 고대까지 거슬러 올라가며 구석기시대 예술의 '중대한 구성 요소'였다는 사실이다.

우선 그들은 제한된 공간에서 환각제가 사용되었다는 증거에 주목했다. 그 무렵의 주술 의식은 최면에 걸리거나 약에 취한 상태와 유사한 '내시성entoptic'을 강하게 연출한다는 것이다. 이것은 시베리아의 코랴크Koryak 부족에서 독성을 지닌 광대버섯을 의식에 사용한 점을 연구한 피터 퍼스트의 주장과도 연관된다. 퍼스트의 주장에 따르면 정신에 영향을 끼치는 곰팡이 종류인 광대버섯이 북유라시아 삼림지대를 비롯하여, 특히 이 버섯을 '불멸의 버섯'이라 부르는 발틱 해에서 캄차카에 이르기까지 샤머니즘 종교의 신성한 마취제로 사용되었으며, 시베리아 순록 사냥꾼과 목동 들 사이에서도 사용되었다.[17] 코랴크 족의 경우 약에 취한(광대버섯에 취한) 사람의 소변을 마셨으며, 심지어 이 버섯을 먹은 순록의 소변을 마시기까지 했다. 광대버섯을 먹은 사람과 순록의 소변은 버섯 자체를 먹은 경우보다 더 강력하여, 코랴크 족들은 이런 식으로 며칠 동안 황홀감을 지속할 수 있었다.[18]

주술사의 역할은 앞에서 언급한 신화에서의 트릭스터와 유사하다. 주술사가 되려면 트릭스터 유형의 행동을 발현해야 했다. 신화에 보이는 최초의 주술사들이 속임수를 이용하여 태양을 낚아다가 사람들에게 그 빛을 나눠주거나 불의 비법을 훔치거나 시기심 많은 신으로부터 농사 비법을 훔쳤듯이, 주술사는 악령과 싸워 이기기 위해 변신해야 했다.

샤머니즘은 베링 해협을 건너면서 이성의 옷을 입으려는 변태적 특성(복장 도착)을 지니게 되었다. 시베리아에서 남성 주술사의 복장은 여성적 상징물로 다양하게 장식되었으며, 축치 족의 주술사들은 여성의 차림새로 여성들의 일을 하고 여성들이 사용하는 특별한 언어를 사용했다.(그들은 '부드러운 남성'으로 불렸다.) 북아메리카 인디언들 사이에는 베르다치berdache라는 복장 도착의 전통이 널리 퍼져 있으며, 사람들은 이러한 차림새의 주술사를 더 강력한 존재로 간주했다. 예를 들어 모하비 부족에서는 여성 주술사를 남성 주술사보다 더 우월한 존재로 믿었으며, 가장 강력한 주술사는 여성 복장의 베르다치였다. 나바호Navajo 족(가장 큰 북아메리카 인디언 부족), 라코타Lakota 족, 샤이엔Cheyenne 인디언들도 모두 베르다치가 정신병을 치료하고 출산에 큰 힘을 실어준다고 믿었다.[19]

로널드 허턴은 주술사의 개념을 한마디로 정의한다는 것은 다른 학자들이 생각하는 것보다 훨씬 더 어렵다고 했다. 그러나 샤머니즘이 사냥과 밀접한 관련이 있으며 사냥의 성공을 보장해주는 것이 주술사의 기본적인 영역이라는 사실에는 기본적으로 동의한다고 했다. 주술사의 역할은 크게 두 가지로 나뉜다. 하나는 집단의 복을 기원하는 행위이고, 다른 하나는 개별적 영혼의 일이나 경험에 관한 전문적 활동으로, 제물로 희생되는 동물의 영혼을 신에게 인도하고 죽은 이에게 좋은 매장지를 알려주며 그들의 영혼을 천상으로 인도하는 일이었다.

베링 해협이 북쪽 끝 지점이라는 데에는 대단히 중요한 의미가 있다. 신세계에 자리 잡은 초기 인류가 아시아 내부로부터 왔든 동남아시아 섬으로부터 왔든, 반드시 시베리아를 통과해야만 했기 때문이다. 그들이 샤머니즘을 원래부터 신봉했는지 여부 또는 유전적·심리적·신화적으로 서로 다른 특성을 가졌는지 여부와 상관없이 명백한 사실은 시베리아의 샤머니즘이 신세계로 유입되어 기본적인 이데올로기로 자리 잡았다는 것이다. 샤머니즘은 그 어떤 것보다도 더 중대한 영향력을 끼쳤다.

사람 없는 땅으로

베링 육교: 거대한 분리가 발생된 곳

아메리카가 아시아의 일부인지 아니면 엄연히 별개의 땅덩어리인지에 대한 답변은, 이반 페도로프와 미하일 그로즈데프가 알래스카를 발견하던 당시, 즉 콜럼버스가 과나하니에 첫발을 내디딘 지 250년이 지난 뒤인 1732년에 얻을 수 있었다. 그리고 제임스 쿡 선장은 1778년 베링 해협을 항해하다가 폭이 100킬로미터 정도인 바다에 의해 대륙이 둘로 나뉘었다는 사실을 확인했다. 이로써 이곳이 최초 아메리카인들의 관문이었다는 주장은 설득력을 얻게 되었다.

러시아와 아메리카 사이에 '육교'가 존재했다는 주장이 처음 제기된 것은 1590년 예수회 선교사인 호세 데 아코스타에 의해서였다.[1] 당시 멕시코와 페루에서 20년 가까이 거주했던 그는 인간이 아메리카로 건너왔다는 것은 아담과 이브가 구세계에서 삶을 시작한 것만큼이나 틀림없는 사실이라고 믿어 의심치 않았다. 그는 대양을 횡단하는 이동은 불가능했을 테니, 북아메리카의 끝부분이 이어져 있었거나 이동에 장애를 받지 않을 만큼 좁은 해협이 러시아 인접 지역에 있었을 것으로 생각했다.

작은 동물들이 신세계 전역에 퍼져 있다는 사실에 주목한 그는, 그 동물들이 폭이 좁은 해협을 헤엄쳐 건너갔을 가능성보다는 육로로 이동했을 가능성에 더 무게를 두었다. 더욱이 그러한 이동은 계획된 이주가 아니라 "그들이 머물던 땅과 거주지의 변화로 의도치 않게 점진적으로 이주했을 것이다. 어떤 이들은 이주하는 과정에서 찾아낸 땅에 정착하고 어떤 이들은 다른 새로운 땅을 찾아 나선 결과 인도 제국(신세계)에 정착하게 되었을 것이다."[2]

1887년 지질학자 앤절로 헤일프린은 구세계와 신세계의 동물 종 연구를 통해 남쪽 고도에서는 양쪽 동물 종의 유사성이 적은 반면 중간 고도에서는 유사성이 높으며, 북쪽에서는 '거의 일치'한다는 사실을 밝혀냈다. 이로써 동물 종의 다양성은 북쪽에서 남쪽으로 향하는 거리에 비례한다는 결론, 즉 북쪽에서 멀어질수록 풍부해진다는 사실을 확인했다.[3] 이후 캐나다의 또 다른 지질학자인 조지 도슨은 시베리아와 알래스카를 가르는 바다가 매우 얕다는 사실에 주목하여, 지형학적으로 대양의 유역에 속한다기보다는 대륙에 속한 대지일 가능성이 높다고 보았다. 또한 그는 일시적인 기간이 아니라 오랜 기간 동안 북아메리카와 아시아를 연결하는 넓은 평야가 존재했을 것으로 추정했다. 그는 빙하시대에 대해서는 몰랐지만 대륙의 부상으로 해저지대가 해수면 위로 상승했다는 견해를 수용했다.[4] 1892년 알래스카에서 서쪽으로 480미터 떨어진 프리빌로프Pribilof 제도에서 매머드의 뼈가 발굴되자 학계는 크게 동요했다. 캐나다 지질학자인 A.

존슨은 자신의 마지막 주석에 "털을 지닌 거대한 코끼리들이 탁월한 수영 선수였거나, 인근 섬들이 한때는 알래스카와 시베리아 대륙이 연결된 평지 위에 높은 봉우리로 자리했을 것"이라고 제시했다.[5] 1934년 그는 바다의 수위 변화와 빙하시대를 연결 지어 고찰했으며, 1837년 그 실재를 확정했다. 그는 "위스콘신 빙하기(약 11만~1만1600년 전) 동안 육지에 쌓인 얼음 때문에 전반적으로 바다의 수위는 분명히 낮았을 것이다. 따라서 마지막 빙하기 동안 적어도 55미터 정도 높이의 육교가 존재했을 것으로 인정된다"고 밝혔다. 이러한 견해는 빙하기에 베링 해협의 지역은 동식물들의 피난처였다고 주장한 스웨덴의 식물학자 에릭 홀텐의 견해와 일치한다. 홀텐은 이 지역이 바로 고대 인류가 신세계로 이주한 육로였다는 주장과 함께 '베링 육교Beringia'라는 이름을 붙였다.[6]

베링 육교를 둘러싼 학문의 발전은 그 자체만으로도 매혹적이다. 그 내용을 세 분야로 나눠본다면, 우선 과거의 여러 시기에 육교가 실제로 존재했다는 사실에 대한 증명, 두 번째는 지리학적으로 육교의 형태에 대한 과학적 설명과 그 일대에 서식한 동식물들의 생태, 세 번째는 어떤 사람들이 언제 그곳으로 왔는가에 관한 조사다.

빙하기로 널리 알려진 홍적세는 대략 1만6500년 전에 시작되었다. 대부분의 과학자들은 빙하기가 수만 년 전에 끝났다고 믿고 있으나 일부 학자들은 아직 빙하기의 휴지기에 놓여 있다고 주장하고 있다.[7] 수십만 년 동안 순환되어온 기온 변화 속에서 홍적세 기간에도 냉한기와 온난기가 이어졌다. 가장 최근의 냉한기는 2만8000년 전에 시작되어 1만4000년 전까지 기온이 급강하했다. 이에 따라 기후는 지금까지의 그 어느 때보다 혹독했으며 특히 지구상의 극지는 더욱 심각했다. 뿐만 아니라 지구 자전의 영

거대한 단절

향으로 해류나 날씨가 더욱 악화되면서 남반구보다는 북반구의 변화가 더욱 극심했는데, 북반구는 육지가 훨씬 많이 차지하고 있기 때문에 이례적인 재해들이 더 많이 발생했다. 겨울이면 엄청나게 많은 눈이 내렸고 여름에 다 녹지 못한 부분은 그대로 층을 이루어 쌓였으며, 이듬해가 되면 대부분 다시 얼어붙어 결국은 거대한 얼음덩어리가 되었다.

이렇듯 해마다 빙하의 폭이 넓어지면서 다른 빙하와 합쳐져 그 규모는 놀라우리만큼 거대해졌다. 예를 들어 북아메리카에서 가장 거대한 규모로 존재했던 로렌타이드 빙상은 거의 3200미터 높이였다. 허드슨 만에 자리한 이 빙상의 규모는 점점 확대되어 6500킬로미터를 넘어 결국은 현재의 캐나다 지역을 뒤덮어버렸다. 나아가 북쪽으로는 그린란드 빙상과 합쳐졌고 남쪽으로는 현재의 켄터키 주까지 뻗어나갔다.[8] 서쪽으로는 코르디예라 Cordilleran 빙상과 합쳐져 퓨젓 사운드(워싱턴 주)로부터 서북 아메리카의 해안 산악지대를 따라 알류샨 열도에 이르기까지 약 5000킬로미터나 전개되었다. 남극은 말할 것도 없고 북유럽과, 영국 남쪽의 옥스퍼드를 비롯한 세계 전역의 주요 산맥지역은 대부분 얼음으로 뒤덮였다. 한 가지 놀라운 예외는 알래스카 내부로, 이곳은 얼음이나 눈이 될 만한 습기가 거의 없는 건조한 환경이었다. 이 현상은 매우 중요한 사실을 입증한다.

아주 오래전부터 계속되어온 현상이겠지만, 1만4000년 동안(2만8000~1만4000년 전) 바다로부터 증발되어 상승한 엄청난 양의 물은 구름의 형태로 바람에 실려 육지로 이동한 뒤 대개는 눈으로 육지에 하강함으로써 빙하를 더 높게 만드는 데 기여했다. 결국 전 세계 20분의 1이나 되는 물을 빙하가 차지하게 되었고, 그중 절반은 로렌타이드 빙상을 이루고 있었다. 해수면은 지금보다 약 125미터 또는 120미터(존슨이 주장한 55미터가 아닌) 이하였다.[9] 물이 빠지면서 아시아와 아메리카는 "시스티나 성당 천장 벽화에서 신과 아담이 팔을 쭉 뻗은 것처럼 서로 연결되었다. 손가락 끝이 닿았을 때 비로소 새 생명의 에너지가 아메리카 안으로 흘러들었다.[10] 풍부한 상상력이 담긴 유추이긴 하지만, 실제 이러한 접촉은 매우 더딘 지리적 변화를 통해 성취된 것이다. 1만8000~1만4000년 전 빙하 활동의 정점, 즉 후기 만빙기 이후 점진적으로 넓어지면서 알래스카와 시베리아 사이의 대륙붕은 남북으로 1500미터 이상 건조한 상태로 노출되었다. 북아메리카와 아시아는 마치 샴쌍둥이처럼 거대한 몸을 뒤로 뻗은 채 머리를 맞댄 형태가 되었다(〈지도 1, 5, 7〉 참조).

물론 이 지역이 늘 육교 형태로 유지된 것은 아니었다. 해수면이 상승하거나 하강할 때마다 알래스카 대륙의 형태는 변화되었다. 추운 시기에 육교가 노출되었을 때 빙하는 캐나다 지역에 형성되어 있었으므로, 알래스카 지역은 신세계와 격리되어 사실상 시베리아의 동쪽 끝을 이루고 있었다. 이후 빙하가 녹고 해수면이 상승하는 시기에 이르러 알래스카는 시베리아와 분리되어 현재와 같이 북아메리카의 서북쪽 끝에 위치한 형태를 이루었다.[11]

육지와 빙하 저변의 시추 작업을 통해 수행된 지질학 연구에 따르면 최근 100만 년 동안 간빙기를 거치면서 16회의 빙하기가 있었다. 베링 육교는 그 기간 동안 대륙을 연결했으며, 아직 인류가 시베리아까지 도착하지 않았을 무렵에 이미 동물들은 구세계와 신세계 사이를 오갔을 것으로 추정된다.[12] 그리고 2만5000~1만4000년 전, 인류가 시베리아에 도달한 시점과 비슷한 시기에 마지막으로 육교가 형성되었을 것이다.

베링 육교는 건조하고 바람이 거세어 얼음이 없을 때에도 혹독한 풍광을 연출하는 곳이다. 황토(바람에 실려온 빙적토)가 거대한 회색 모래언덕을 만들고, 식물의 생장은 빈약했으며, 대지는 극지 사막과 유사하여 건조한 툰드라 상태였다. 그럼에도 불구하고 이 지역에는 다양한 동물들이 많이 서식했다. 매머드는 그 지역을 배회하던 동물들 중 가장 큰 야생동물이었을 것이고 6인치 두께의 치렁치렁한 털 코트는 혹독한 바람을 충분히 막아주었을 것이다. 또한 무게가 2700킬로그램이나 되는 땅나무늘보, 긴 뿔을 가진 스텝steppe지대의 물소의 덩치는 무척 컸다. 다른 경로를 통해 아시아로 들어온 말은 당시 베링 육교를 건너 북아메리카에서 진화했는데, 요즘의 말보다 훨씬 두꺼운 털을 지녔다. 그 밖에 영양, 무스, 카리부(북아메리카산 순록—옮긴이), 양 등 다양한 동물이 빙하시대에 육교 지역에 존재했다. 또한 큰 사자와 얼룩이리를 비롯하여 매머드와 바이슨(아메리카 들소—옮긴이)의 두꺼운 가죽을 뚫을 만큼 강한 6인치 길이의 검은 송곳니를 가진 호랑이, 오늘날의 알래스카 회색 곰보다 더 큰 곰도 있었다(〈그림 2〉 참조).[13]

당시의 야생 동식물들에 대한 확인 작업은 그 자체로 학계의 큰 업적이라 할 수 있다. 앞서 언급한 스웨덴의 식물학자 에릭 훌텐은 1930년 시베리아와 알래스카의 식물을 연구하여 『알류샨 열도의 식물Flora of the Aleutian Islands』을 출간했는데, 그는 식물을 설명하는 데 그치지 않고 통계학을 동원했다. 특히 캐나다 매켄지 강과 시베리아의 레나 강 주변의 식물 분포에 주목했다.[14] 이러한 분포 상태를 지도상으로 확인하는 과정에서 그는 모양이 동서 방향으로 타원형으로 확산되었다는 사실을 발견했으며, 항상 베링 해협을 통과하는 선상을 축으로 대칭을 이룬다는 사실도 알아냈다. 선이 동쪽 방향으로 확산된 만큼 서쪽 방향으로도 똑같이 퍼져 있었다. 이러한 일관된 특성을 통해 훌텐은 과거 한때 '대체로 빙하가 없던 시베리아에서 빙하가 없던 알래스카에 이르기까지' 거대한 대륙이 형성되었을 것이라 확신했다. 이 지역은 주위의 더 추운 지역으로부터 분리되어 중요한 생물학적 피신처를 제공함으로써 북쪽 식물과 동물이 멸종되지 않고 생존할 수 있었고, 빙하가 녹으면서 동식물이 더욱 확산될 수 있었다고 결론지었다.[15] 그리하여 훌텐은 이 지역을 '동식물들의 생물학적 교류의 고속도로'라 불렀다. 그는 덴마크 출신의 비투스 베링Vitus Bering(덴마크에서 태어난 16세기 러시아의 탐험가로, 아메리카와 아시아가 육지로 연결되었는지를 조사하기 위해 캄차카 반도를 탐험했다─옮긴이)의 이름을 빌려 이 지역을 '베링 육교'라 명명했다.

훌텐의 연구는 텍사스 출신의 인류학자인 루이스 기딩스에 의해 보완되었다. 1940년대 그는 호프Hope 곶 동남쪽에 위치한 크루젠스턴Krusenstern 곶에서 해안선과 평행을 이루는 114개의 해변 둑을 발견했는데, 그것들은 내륙으로 약 5000미터 이상 진출해 있었다. 조사 결과 (오늘날 해안선에 가까운) 바깥쪽의 둑이 내륙 쪽보다 더 오래되었다는 사실이 밝혀졌고, 바다 수위가 상승하여 주거지가 잠식됨에 따라 단계적으로 해양 문화가 내륙으로 옮겨진 과정을 확인했다. 이는 인류의 주거와 바다의 수위가 밀접한 연관을 지닌다는 사실을 알려준다. 1967년 기딩스는 이러한 연구 내용을 담아 『북극의 고대인Ancient Men of the Arctic』을 출간했다.[16]

사실 베링 육교에 대한 과학적 이해를 전진시키는 데 가장 많은 기여를 한 사람은 뉴햄프셔대 데이비드 홉킨스이다. 북알래스카 출신의 유명한 이누피아트Inupiat(북알래스카의 에스키모 족─옮긴이) 역사학자인 윌리엄 오퀼루크와 함께 진행한 홉킨스의 최초 프로젝트는 연체동물 껍데기 화석에 대한 연구였다. 화석들의 분포와 퇴적을 통해 베링 해협이 언제 열리고 언제 닫혔는지를 알 수 있을 것으로 생각했다. 이 연구는 거대한 매물고둥Neptunea에 대한 역사 탐구로 시작한다. 이 생물은 6500만 년 전까지 거슬러 올라가는 3기 신생대 이후로 줄곧 북태평양에 존재해왔다. 그러나 약 100만 년 전 초기 홍적세 이후 대서양의 퇴적물에서 그 흔적이 발견되었다. 이로써 알 수 있는 것은 3기 신생대 기간에 육교의 존재로 해류의 흐름이 막혀 있다가 홍적세 기간에 발생한 대홍수 때 고둥이 물에 휩쓸려 동북쪽으로 건너와 대서양으로 흘러들었다는 사실이다.[17]

오퀼루크는 홉킨스에게 많은 조개 무덤 장소를 소개해주었으며 또한 그들은 베링 육교에 관한 세미나 논문에 협력하여 1959년 『사이언스Science』 지에 기고했다. 그들의 결론에 따르면, 육교는 3기 신생대(6500만 년 전 ~200만 년 전) 대부분의 기간에 존재했으며, 물고기 화석에서 나온 증거로 보아 에오세Eocene世(약 5000만 년 전) 중반에 물길이 육교를 차단시켰고, 100만 년 전쯤 육교가 완전히 수몰되었다는 것이다. 그 이후 빙하시대의 출현과 소멸에 따라서 육교도 모습을 보였다가 사라졌는데, 육교는 9500년 전을 마지막으로 사라졌다는 것이다.[18]

이렇듯 광대한 그림은 다른 이들에 의해서 점점 체계를 갖춰나가게 되었다. 세기가 바뀔 무렵, 뉴욕 자연사 박물관의 척추동물 고생물학자인 W. D. 매슈스는 포유동물들이 육교의 양방향으로 이동했으나 구세계에서 신세계로의 이동이 더 많았다고 한다. 이것은 유라시아 대륙의 규모가 아메리카보다 더 광대하고 북쪽의 온대지대가 동쪽에서 서쪽 방향으로 더 많이 확산되었던 사실과 관계가 있는 것으로 보인다. 이것은 또한 구세계의 동물들이 더 많이 진화했음을 의미하기도 한다. 양쪽의 환경 조건이 비교적 유사하여 자연에 적응하는 전략이 더욱 다양해졌으며, 이것은 많은 개별 종種이 육교를 활용했음을 의미한다. 빙하기가 극심한 기간에 북아메리카에서는 알래스카 지역에서만 종의 진화가 가능했다.[19]●

미국 지질학 조사센터의 찰스 리페닝은 매슈스의 추론을 좀더 진전시켰다. 포유동물 화석에 대한 세부적인 연구를 통해 그는 육교를 활용한 동물들의 신세계 이주가 '쇄도'했던 시기가 서너 차례 있었다고 주장했다. 그의 조사 결과, 최초의 유입은 200만 년 전쯤에 일어났는데, 당시 화석의 유형을 통해 그 무렵의 육교가 '따뜻하고 습하며 숲이 있는' 상태였음을 알 수 있다. 또 한 차례의 이주는 약 75만~50만 년 전인 홍적세 중반에 있었는데, 당시의 육교에는 약간의 숲이 형성되어 있었으나 대부분 온화한 초원이었던 것으로 확인되었다. 포유동물의 유해 분석 결과 홍적세 후기 (12만5000~1만2000년 전)가 되어서야 비로소 북극은 툰드라·스텝·관목이 무성한 북쪽의 삼림지대 타이가가 형성되었다.

홉킨스의 동료인 조 크레거와 딘 맥마누스는 또 다른 종류의 증거를 확인했다. 그들은 베링 해협 바닥에서 고대 강의 흔적을 찾아낸 것이다. 포인트 호프 곶 근처 케이프 톰프슨Cape Thompson 남쪽에 해저를 뚫어 '염분 섞인 삼각주' 강을 암시하는 퇴적물 덩어리를 발견했다. 그것은 분명 오늘날 서북 알래스카의 코북 강, 노아탁 강과 연결되어 형성된 고대의 강어귀로, 방사성탄소 연대 측정에 따르면 1만4000~1만2000년 전에 흘렀던 강으로 추정된다. 강의 이름은 '호프 시밸리Hope Seavalley'로 지어졌다.[21]

오늘날 육교에 관한 연구는 서서히 진행되었지만, 대체로 식물에 관한 부분을 제외한 다른 다양한 연구 결과는 일치된 견해를 보여주고 있다. 식물에 대해서는 두 가지 견해로 엇갈리는데, 하나는 꽃가루 분석으로 볼 때 고대 베링 육교는 생물의 밀도가 희박했으며 지대가 높은 곳은 풀이 자

● 최근 연구에서 대부분의 큰 포유동물들은 5500만 년 전후로 짧은 기간 온난했던 중앙아시아의 스텝지대에서 진화했다는 주장을 지지한다. 말(당시는 고양이 크기였던), 사슴, 소와 개를 닮은 포식자들과 같은 포유동물들이 중국의 후난 지역 화석 기록에도 모습을 보였으며 당시 존재했던 육교를 건너 와이오밍Wyoming 안으로까지 확산되었다.[20] 제프 헤치, 「아시아를 벗어나」 『뉴사이언티스트』, 23, 2002, p.12

라는 툰드라 지역이고 지대가 낮은 곳은 목초지였다는 주장이다. 그렇다면 이 환경은 설치류 정도의 동물이 생활하는 데 적절했을 것이므로, 마지막 빙하시대의 간빙기에 물소, 말, 매머드와 같은 큰 포유동물이 서식했다는 사실과는 큰 차이가 있다.[22] 한편 알래스카 페어뱅크스대 명예교수인 R. 데일 거스리는 가장 보편적인 세 종류의 군집성 동물(물소, 말, 매머드)이 무리로 존재했다는 사실을 확인함으로써, 당시 베링 육교에 많이 서식했던 동물은 설치류가 아닌 커다란 포유동물이었다고 주장했다.

1970년대에 들어서자 이 문제들이 해결되기 시작했다. 그 계기는 설레리칸 강 근처의 금광에서 일하는 시베리아의 광부들이 우연히 땅속에서 얼어붙은 고대의 말 유골을 발견한 데서 비롯되었다. 광부들로부터 이 보고를 받은 시베리아 아카데미는 발굴 작업을 통해 곱게 미라가 되어버린 종마의 표본을 채취했다. 이 표본은 오늘날의 종마와는 달리 털의 부피가 2인치나 되었고, 털의 아래쪽은 밝은 갈색이며 위쪽은 커피색에 가까운 갈색이고 갈기는 검은 빛깔을 지니고 있었으며, 척추에서 꼬리까지 검은색 줄무늬가 있는 것을 확인했다. 3만7000년 전 시대로 추정되는 이 유해에서 가장 흥미로운 것은 말의 위장 속 내용물이다. 대체로 90퍼센트는 초본식물로서 3분의 2가 일반적인 풀이고 3분의 1은 사막의 풀이었다. 그후 미라 형태의 다른 포유동물(예를 들면 새끼 매머드)이나 곤충의 화석도 발굴되었는데, 그들의 먹이는 앞선 발굴 결과와 일치했다. 이에 따라 당시는 나무가 없는 건조한 환경으로, 유제류(소나 말처럼 발굽이 있는 동물) 서식에 적합했음을 시사한다.[23] 발굴된 유제류 화석의 발굽을 살펴볼 때 단단하고 건조한 땅에 살았으며 공격자로부터 민첩하게 달아날 수 있었음을 확인했다.[24] 이빨 화석 사이에 낀 식물 잔존물은 그들의 주요 식량이 풀었다는 정보를 제공한다. 결과적으로 만빙기에서의 베링 육교는 기본적으로

'스텝' 환경이었다.

베링 육교의 자연환경에 대한 최종 증거는 홉킨스가 직접 발견했다. 1974년 북쪽 수어드Seward 반도(미국 알래스카 주 서부, 베링 해협에 면한 반도 —옮긴이)의 에스펜버그 곶의 한 호수 근처에서 그는 우연히 한 층의 테프라tephra(화산이 분출할 때 공중으로 솟구쳤다가 퇴적한 화산재—옮긴이)를 발견했는데, 1미터 정도의 두께 사이에 잔가지와 풀무더기가 엉켜 있었다. 근처의 호수는 사실 마르maar, 즉 지반면에서 화산이 분출하여 둥근 형태로 파인 호수였다. 이로써 홉킨스는 데빌Devil 산이 1만8000년 전에 분출된 마르이며, 이전의 연구를 통해 당시 육교가 존재했다는 사실을 알고 있었다. 이에 테프라에 엉겨 있던 나뭇가지, 뿌리, 풀이 '육교의 식물'이었다는 결론이 논리적으로 도출되었다. 이 식물 자료에 대한 연구를 통해 그곳이 마른 목초지였을 뿐만 아니라 약초가 풍부한 툰드라지대로 풀과 약초가 뒤섞여 자라고 있었음을 확인했다. 특히 사초과 식물인 좀바늘사초kobresia 이외에 간혹 버드나무와 이끼류가 자생한 흔적을 찾아냈다. 좀바늘사초가 주류이고 다른 식물이 혼합하여 자랐다는 흔적이 동물들의 위장에서도 발견되어 당시 환경이 스텝에 가까웠음이 증명되었다. 2001년 사망한 홉킨스는 베링 육교가 초식동물 무리와 그들을 추격했던 포식자들의 공간이었다고 확고하게 생각하고 있었다.

최근 들어 컴퓨터의 모델 작업으로 홉킨스의 주장은 더욱 설득력을 얻게 되었다. 해수면의 상승으로 수몰되었던 베링 육교 지역은 수면 위쪽의 높은 지역보다 생물학적으로나 영양학적으로 더 풍부해졌기 때문에 한동안 동식물이 머물 수 있는 피신처를 제공했을 것이다. 또한 이러한 동서 베링 육교에 일어난 기후 변화는 식물의 식생을 변화시켰으며 그 식물에 의존하여 살아가는 동물의 생활까지도 변하게 만들었을 것이다. 이것은

거대한 단절

결국 그곳에 거주하던 인류가 다른 지역으로 이주하게 됐다는 주장을 뒷받침한다. 대체로 당시의 기후 변화는 큰 사슴 혹은 엘크에게는 호의적이었겠지만 매머드나 말이 사라지는 결과를 낳았을 것이다.[25] 중요한 것은, 이러한 육교의 환경이 인류의 존속을 지원했다는 사실이다.

인간과 만나지 못한 동물

초기 인류가 베링 육교로 진입했을 때 그곳은 시베리아 동쪽 지역의 연장으로 간주되었을 것이다. 그러나 기원전 약 1만4500년 시베리아는 분리되었고 베링 육교는 지금의 알래스카의 일부가 되었다. 말하자면 빙하기가 종결되어 지구 전체가 따뜻해졌고 세계 곳곳의 빙하가 녹아내려 해수면이 상승했기 때문이다. 이런 현상은 두 가지 면에서 알래스카의 초기 인류에게 직접적인 영향을 주었다. 그 하나는 〈지도 7〉에서 알 수 있듯이 캐나다 대부분의 지역과 미국과 캐나다 국경의 오대호 아래 미국 영토를 덮고 있던 거대한 두 빙하(로렌타이드와 코르디예라) 사이에 얼음이 없는 통로가 열렸다는 사실이다. 다른 하나는 육지 위의 얼음이 줄어들자 북아메리카 대륙(다른 대륙도 마찬가지로)이 부상했고 해안을 따라 새로운 해변이 그 모습을 드러냈다는 것이다. 이런 식으로 초기 인류는 남쪽으로 열린 루트를 따라 새로운 영토로 이주하게 된 것이다.

실제 경로가 어떻게 만들어졌는지에 대해서는 다른 의견들이 제시되기도 했다. 앞 장에서 언급했듯이 쓰자 왕과 그의 동료들에 의한 mtDNA 연구는, 태평양 해안의 인디언들 사이에서 유전적 다양성이 가장 두드러진 사실을 감안할 때 해안이 그들의 주된 경로였음을 추정했다. 반면 레노의 네바다대 인류학과 교수인 게리 헤인즈는 얼음이 없는 호수와 습지대 경로를 주장했다. 물론 처음에는 얼음에 뒤덮여 있었으므로 꽤 춥고 식물도 드물었을 테지만, 매년 나타나는 철새들이 척후병 역할을 하여 사람들을 뒤따르도록 했을 것이라고 한다. 헤인즈의 주장에 따르면 당시에는 작은 배로 나누어 해안을 건너려는 생각을 못 했을 것이며, 이주자의 수가 적어서 그럴 필요도 없었을 것이다. 투손에 있는 애리조나대 지질연대학과의 밴스 헤인즈는 알래스카의 타나나Tanana 계곡에서 몬태나의 안지크Anzick까지 5700킬로미터에 이르는 여정이 있었을 것으로 추정했다. 당시 그곳의 생물환경은 인류에게 우호적이어서 이동 기간은 6~12년 정도 또는 그 미만이었을 것이다.[26] 그러나 북환태평양 주변 해초밭이 있기에 새로운 유전적 증거가 설득력을 지닌다.

이후 게리 헤인즈는 몇 가지 가설을 세우고 남쪽으로 좀더 멀리 이동한 과정을 관찰했다. 당시 자연환경은 지금과는 매우 달라서, 빙상의 가장자리를 따라 형성된 거대한 호수가 상당한 범위를 차지했다.[27] 이러한 형태는 예나 지금이나 마찬가지로 꽤 넓은 규모를 차지하는데, 코르디예라 빙상의 남쪽 가장자리에 형성된 미줄라Missoula 호수는 오늘날 온타리오 호수와 같은 규모였다. 기원전 1만2000년~기원전 8000년까지 존재했던 서쪽의 아가시Agassiz 호수는 그보다 훨씬 방대하여 아일랜드나 헝가리 영토와 비슷했으며, 오늘날 슈피리어Superior 호수의 네 배였다.

당시 지형은 오늘날 믿기 어려울 만큼 불안정한 상태였다. 녹아서 작아진 빙하나 조각난 빙하들이 계곡을 막아 댐과 같은 기능을 하게 되었다. 이후 빙하의 크기가 더욱 줄어들어 물길을 터주다가 예상치 못한 시점에 대량의 물이 방출되면서 신화에서 장황하게 상기하는 재앙이 발생하게 된 것이다.

북아메리카의 북쪽 지역은 거주에 부적합하고 불안정한 자연환경과 맹수들 때문에 위험한 지역이었다. 북아메리카의 인간 주거지와 희귀 동물의 멸종에 관한 역학관계를 조사한 발레리우스 가이스트에 따르면, 커다란 육식동물, 특히 선사시대의 곰인 악토두스 시무스Arctodus simus는 멸종되기 전까지 수천 년 동안 신세계로부터 인간을 몰아냈다. 악토두스는 회색 곰 Ursus arctos horribilis보다 더 컸다(〈그림 2〉 참조). 인간은 어느 곳에선가 악토두스를 만났을 것이며 북아메리카에 함께 유입된 무스, 카리부(미국산 순록), 얼룩 이리, 족제비도 만났을 것이다. 그리고 오늘날의 곰은 인간을 피하는 경향이 있는 반면, 당시의 악토두스는 더 공격적이어서 자주 덫에 걸렸다는 증거가 있다. 북아메리카 부족들은 전통적으로 곰을 좋아하지 않았다.[28] 그들은 곰이 인간을 가장 많이 닮아서 먼 곳에 있는 인간들의 대화를 들을 수 있을 만큼 똑똑하다고 여겼을 뿐만 아니라, 부족의 주술사들은 곰과 같은 방식으로 생활한 것으로 보인다.[29]

그럼에도 불구하고 많은 사람은 남쪽의 초원지대를 향해 내려갔을 것이다. 그리고 프레리, 스텝이나 평원에 도착한 인류는 또 다른 거대한 포유동물과 대면했을 것이다. 그들이 평소 사냥할 때 볼 수 없었던 이 동물들은 따뜻한 기후를 좋아하는 종으로, 확실히 그중 몇몇 종은 구세계에는 존재하지 않았다.(당시 포유동물의 종은 35종에서 8종으로 줄어든 것으로 추정된다.)[30]

지질학 연구로 볼 때 약 5000만 년 전 에오세 무렵의 유럽과 아메리카는 그린란드를 육교로 삼아 맞닿아 있었다. 결과적으로, 말의 조상과 발굽이 있는 초기의 포유동물인 코리포돈Coryphodon 속屬을 포함한 몇 종류의 덩치 큰 동물들이 양 대륙에 존재했다. 그 이후 대륙은 분리되었으며 동물군은 각자 다른 양식으로 진화하기 시작했다. 에오세 말기에 아시아와

그림 2 선사시대 곰인 악토두스 시무스Arctodus simus(빗금)와 근대의 회색 불곰인 우르수스 악토스 오리빌리스Ursus arctos horribilis의 몸집 비교.

아메리카는 붙어 있었으므로, 우리가 살펴보았듯 동물들은 당시 육지였던 베링 육교를 거쳐 북아메리카로 이동했다. 이때 코끼리·매머드·마스토돈 무리가 아메리카로 건너왔다.[31]

한편 남아메리카는 200만 년 전까지 북아메리카와 분리되어 있었다. 파나마 지협地峽이 나타나면서 두 대륙은 더 가까워졌으며 그 사이를 드나드는 동물들도 있었으나 남아메리카는 독특한 자체의 동물군을 형성하고 있었다. 여기에는 이빨이 없는 빈치류貧齒類(나무늘보, 골갑骨甲을 지닌 글립토돈트glyptodonts, 큰 거북이와 비슷한 아머armour, 아르마딜로armadillos)와 립토턴스liptoterns(말과 비슷한 동물)도 포함된다. 200만 년 전 남북의 아메리카 대륙이 완전히 붙어버리자 북쪽에서 남쪽으로 또는 그 반대로 동물이 전파되어, 이른바 '거대한 교류Great American Interchange'가 일어난다. 라 브레아La Brea의 타르 연못 유적(수만 년 전 형성된 아스팔트 타르 구덩이가 결집된 곳으로, 더욱이 현재 로스앤젤레스 도심에 40만 제곱미터 이상의 면적을 차지하고 있다) 덕분에, 인류가 신세계로 들어왔을 무렵 어떤 동물들이 있었는지 알 수 있게 되었다. 타르 연못에는 물이 가득 차 있었는데 최대 60여 종의 고대 동물들이 물을 마시기 위해 접근한 것으로 짐작된다. 어떤 동물은 그 물에 빠진 채 타르와 함께 보전되어 있었다. 그 동물들이 서식했던 시기는 4만~2만5000년 전 사이로 보이며, 그 동물들이 라 브레아 발굴 내용의 90퍼센트를 차지하는 것으로 미루어 불균형적인 과잉 상태를 짐작할 수 있다. 그 동물 종은 대체로 늑대가 다수를 차지하며 칼 모양의 송곳니가 있는 고양이, 사자, 나무늘보, 맥tapir(중남아메리카와 서남아시아에 사는, 코가 뾰족한 돼지 비슷하게 생긴 동물―옮긴이), 바이슨(아메리카들소) 및 보브캣(북아메리카산 야생 고양잇과 동물―옮긴이) 등이다.[32] 또한 이 구덩이 속의 동물 사체에 유인되어 날아든 새들의 사체도 꽤 발견되었는데, 그중에서 가장 주목을 받은 종은 날개 폭이 4미터나 되는 테라토르니스 메리아미Teratornis meeriami였다.

이러한 포유류 및 육식동물의 특징인 크기와 진기함 또는 순수한 다양성은, 초기 인류가 신세계로 들어오면서 자연환경에서 겪은 독특한 것이었다. 이 동물들 또한 인간을 본 적이 없었으며 사냥되었던 적도 없었다. 또 다른 특이한 현상은 이 즈음에 비교적 빠른 속도로 희귀동물이 사라졌다는 점이다.

이러한 소멸의 이유는 고생물학, 고고학 및 인류학 사이의 논쟁거리가 되었다. 지극히 오래전에 발생한 일이라는 점을 고려할 수밖에 없을뿐더러, 늘 충분치 않은 증거를 토대로 하기 때문이다. 이와 관련하여 테네시 내슈빌의 밴더빌트대 인류학과 교수인 토머스 딜헤이는 2001년 "후기 홍적세의 유골로 믿을 만한 것 하나가 남아메리카에서 겨우 발굴되었으며 두 개만이 북아메리카에서 발견되었다"고 언급함으로써 그간의 모든 결론과 일반화된 내용을 가설로 돌려버리고 말았다.[33]●

구세계와 오스트레일리아에서와는 대조적으로 신세계에서 초기 인류의 유골이 거의 발견되지 않은 사실은 의아한 일이다. 물론 초기 상고시대 Archaic period(기원전 1만~기원전 9000)에 이미 의미 있는 매장이 시행되었다는 사실은 확인되었다. 그러나 발견된 뼈들이 충분치 않았고 부서져 있어

● 남아메리카의 몬테베르데 유적지에서 나온 유물은 잡다하다. 기원전 1만4500년 전의 것으로 추정되며, 난로, 장작더미, 절구와 분쇄용 돌, 화덕을 다시 만들기 위해 가져온 부드럽고 축축한 진흙 위로 걸어 다닌 흔적으로 보이는 세 사람의 발자국, 약용 허브, 소금, 역청 및 마스토돈과 고대 라마의 잔해 등이었다.[34] 토머스 딜헤이에 따르면 도구들은 북아메리카보다는 오스트레일리아와 아시아 지역의 후기 홍적세 시기의 기술을 연상케 하는 것이었다. 이것은 그 지역들과 남아메리카와의 문화적 유사성을 의미하는 것일까? 아니면 증거가 미약한 상황에서 단지 샘플 수집이 편향된 것일까?[35]

서 탄소 측정 연대를 통한 분석도 어려웠고, 어떠한 결론도 얻어낼 수 없었다. 그러나 그중 몇몇은 더 이른 시기의 것이라는 놀라운 결과(예를 들면 7만 년 전)가 있었고, 추후 확증되지 않았으나 나중의 연구에 따르면 단 하나만 기원전 1만600년보다 앞선 것이며 나머지 것들은 기원전 1만200년~기원전 7000년의 것들로 밝혀졌다.[36]

구세계에서는 이와 큰 차이를 보이는데, 대체로 구세계에서는 기원전 5만 년 이후에 매장 관행과 장례의식이 발생했기 때문이다. 심지어 유라시아의 네안데르탈인들 사이에서도 매장 의식은 일반적이었으며, 당시 죽은 자의 신분을 확인할 수는 없지만, 고고학자들은 무덤에 꽃이나 이국적인 부싯돌, 적갈색 안료 및 다른 재료가 헌납되었다는 사실을 확인했다. 이와 비슷한 매장 풍습이 오스트레일리아의 초기 인류들 사이에서도 발견되었다. 고고학적 유물들을 보면 약 기원전 7만 년~기원전 4만 년에 이 대륙에 사람들이 거주한 것으로 추정되며, 의식과 무덤의 공물로 보아 개인 매장과 단체 매장은 기원전 3만 년~기원전 1만 년에 시작되었을 것으로 여겨졌다. 여기서 티머시 플래너리는 인류가 신세계보다 더 일찍 오스트레일리아에 정착했음에도 불구하고 아메리카보다 더 많은 인류 정착에 관한 증거를 보여준다고 주장했다. 그는 이 사실로부터 아메리카에 인류가 거주하기 시작한 시기는 충적세Holocene보다 앞선다는 견해는 부정될 수밖에 없다고 피력했다.[37]

유럽, 아시아 및 오스트레일리아에서는 매장 의식이 일찍이(기원전 4만 년부터) 보편화되었는데 구세계로부터 신세계로 이주한 인류의 빙하시대 유적에서 매장의 흔적을 찾을 수 없다는 건 무척 이상하다 하겠다. 고생물학자들이 엉뚱한 장소를 파헤치고 있었던 것일까? 유적지에 장해물이 있는 것일까? 탄소 측정 연대는 아직 신뢰할 수 없는 것일까? 아메리카의 초기 인류가 너무 자주 이동하다보니 고향의 특성에 적응하지 못했거나, 사회적 에너지를 너무 소진한 나머지 매장의 풍습이 형성되지 않은 것일까? 딜헤이는 이러한 이유들 중 어떤 것도 확실하지는 않다고 했다. 혹시 초기 아메리카인들이 사람을 잡아먹었거나 시체를 화장했다면 분명히 그 흔적은 남게 마련이다.[38] 또한 신세계의 초기 인류가 유동적으로 이동했더라도 어느 정도 이주의 궤적은 발견되어야 했다. 그러나 아무것도 없었다. 네안데르탈인 역시 초기 아메리카인들만큼이나 이동이 많았지만 그 흔적이 남아 있다. 결국 딜헤이는 고생물학자와 고고학자 들이 초기 신세계 매장 유형에 익숙하지 않아서 남겨진 흔적들을 제대로 파악하지 못했을 것이라고 결론지었다. 이유가 무엇이든 오래된 수수께끼다.

빙하기 이후의 삶

게리 헤인즈는 신세계에 거주한 초기 인류에게 가장 신중한 기술이 주어졌다고 했다.[39] 당시 인류가 변화무쌍한 자연환경에 적응하여 생존하기에 적합한 사냥이라는 기술을 보유했다는 점이 그의 핵심 주장이다. 확실히 해빙 지역에서 종이 다른 식물에 적응하기보다는 한 가지 사냥 기술로 여러 동물을 잡는 편이 훨씬 더 유리했을 것이다. 농경생활은 파종, 재배 등 시간이 오래 걸리고 정주하는 생활 방식이 요구되기 때문이다.

기원전 1만3000년 신세계의 초기 인류에 대한 증거가 희박하거나 모호한 상황에서 뉴멕시코 클로비스 근처의 블랙워터Blackwater 지역에 '클로비스Clovis'로 알려진 문명의 출현이 알려지자 상황이 달라졌다. 클로비스 문명의 특성을 보여주는 것은 '세로로 홈을 낸fluted' 손도끼였다. 날의 중심을 따라 오목하게 홈이 파인 이 도구는 구세계의 석기 도구들에서 볼 수 없는 형태를 나타내고 있다.

그러나 최근 몇 년 동안 수집된 증거들은 클로비스 문명이 빙하 남쪽의 아메리카에 거주한 고대 인류를 대표하지 않는다는 사실을 말해준다. 마이클 워터스와 동료들은 텍사스에서 플로리다나 캘리포니아, 펜실베이니아에 이르기까지 클로비스보다 더 오래된 주거 유적지에 대한 증거를 확인했고, 클로비스의 증거는 지층학적으로 1만5500만 년 전으로 거슬러 올라감을 알아냈다. 같은 시기에 워터스와 그의 팀은 클로비스 시기의 범주를 약 1만3250~1만2800년 전인 450년 이하의 기간으로 추정했다. 남아메리카의 몇몇 유적지, 예를 들어 아르헨티나와 칠레에서는 탄소 연대 측정 결과 클로비스와 동시대로 확인된 유적지가 발견된다. 이로써 워터스는 당시 사람들이 얼음이 없는 통로에서 이 먼 곳까지 이주하는 데 600~1000년 정도의 시일이 소요된 것으로 추정했다.

오리건대의 존 얼랜슨과 그의 팀은 캘리포니아 해안에서 7킬로미터 떨어진 채널Channel 섬에서 50여 개의 조개무덤을 발굴했고, 그 속에서 정교하게 다듬어진 창끝을 찾아냈다. 대부분 1만2000년 전의 것이며 일부는 1만1000~1만3000년 전의 것으로 보이는 이 창끝은, 클로비스에서 발견된 것과는 달리 뾰족한 갈고리가 달려 있어 물에서 사용되었을 것으로 짐작된다. 그런 동시에, 길게 홈이 파인 클로비스의 도구와 비슷한 것들도 발견되었는데, 이 사실은 이 섬에 다른 집단이 있었으며 물물교환이 이루어졌음을 시사한다. 약간의 황토와 흑요석이 발견된 사실을 감안할 때 교역도 몹시 활발히 이루어졌을 것이다. 흑요석은 300킬로미터 이상 떨어진 동부 캘리포니아의 채석장에서 채굴된 것이기 때문이다. 이 사실에 기초하여 얼랜슨은 캘리포니아에 거주했던 고대인들에게 바다를 건너는 기술이 있었다면 클로비스가 신세계 최초의 문명은 아닐지도 모른다고 주장했다. 또한 채널 섬의 발견은 초기 인류가 '해조류의 길kelp highway'을 따라 해안으로 이동한 뚜렷한 증거라고 주장했다.

마이클 워터스는 이 증거와 일치하는 두 가지 모델을 제시했다. 첫 번째 모델은, 클로비스의 기술이 미국 전역에서 발견되었으며 동시기를 나타내는 것으로 보아 그들은 얼음 사이의 통로를 빠져나온 초기 인류였으며, 100년이라는 길지 않은 기간에 걸쳐 북아메리카 대륙에 빠르게 확산되었다는 것이다. 이는 가장 오래된 것으로 알려진 클로비스 유적지의 연대보다 200년 앞선 시기에 얼음 사이의 통로 이동이 가능했고, 알래스카에 있는 '브로큰 매머드 유적지'에서 확인된 네나나Nenana 문화의 석기 기술이 그보다 100년 전에 확립되었다는 사실에 비추어볼 때 충분히 타당한 추정이라 할 수 있다.(워터스는 네나나 집단이 클로비스와 매우 흡사하다고 주장했다.) 또 다른 모델은 문명적으로나 유전적으로 특정할 수 없는 기존의 인류 집단에 의해 북아메리카 전역에 클로비스 기술 문명이 급속히 확산되었다는 이론이다.

앞서 말했듯이 알래스카 지역에서 가장 먼저 나타난 문명은 클로비스와 다르다. 이곳에 최초로 도착한 사람들은 돌날(세석도가 아닌)을 만들었는데 한쪽 면만 뾰족하게 만든(한 면은 갈아내고 반대쪽 표면은 평평한 모양) 도구였다. 이 도구는 그들이 큰 사슴(또는 사슴의 한 종류인 엘크)과 바이슨 등의 덩치 큰 포유동물뿐만 아니라 백조·거위·오리·들꿩·물고기와 같은 작은 포유동물이나 새를 사냥했음을 말해준다. 한편 그들은 두 가지 전통을 만들어낸 것으로 보인다. 하나는 앞에서 언급했듯이 동북아시아에 있는 듀흐타이에서 유래되었으나 지역 환경에 따라 변화된 것으로 보이는 데날리 Denali(세석도) 전통이다. 또 다른 하나는 커다란 날을 만든 네나나의 전통

거대한 단절

으로, 석기 도구의 종류가 다양하다. 세로로 홈이 파인 도구는 볼 수 없지만, 이것들은 나중에 클로비스 사냥꾼들에 의해 정교하게 다듬어졌을 것이다.

헤인즈는 북아메리카의 모든 지역에서 "세로로 홈이 파였고 끝이 뾰족한 수천 개의 도구들"이 발굴되었다는 사실을 밝히면서, 찌르개 중앙에 홈을 낸 이유는 자루에 끼워 넣기 위한 것이며 그러한 기법은 대륙 전역에 확산될 만큼 탁월한 것이었다고 분석했다. 또한 이러한 찌르개 기법을 창안한 인류는 다음과 같은 다른 특성들을 공유하고 있다고 주장했다. 첫째, 일 년 내내 모든 계절을 지낼 수 있는 집을 짓지 않았다. 둘째, 같은 시기의 구세계에서 보이는 두엄 더미를 쌓지 않았다. 셋째, 암벽이나 집에 그림을 남기지 않았다.(일부 그림이 확인되었으나 무시할 만한 수준이다.) 넷째, 매우 높은 이동성을 보였다. 다섯째, 식물이나 물고기 또는 작은 포유동물의 식량을 처리하는 데 필요한 가공품을 만들지 않았다. 여섯째, 다른 커다란 포유동물 중 매머드나 마스토돈을 주로 사냥했다.[40] 한편 티머시 플래너리는 찌르개에 세로로 홈을 낸 목적이 사냥감을 찔렀을 때 짧은 시간에 더 많은 피를 쏟게 하여 빨리 숨이 끊어지게 하기 위한 것이었다고 주장했다.[41] 또한 토머스 딜헤이는 세로 홈이 있는 찌르개의 경우 남아메리카에서 기원전 1만3000년부터 나타났다고 주장했다.[42]

클로비스 사람들은 식물이나 작은 사냥감보다는 좀더 큰 동물을 선호했다. 왜냐하면 위치를 파악하기가 더 수월하고 가뭄 등의 환경 변화에도 오래 살아남았기 때문이다. 예를 들어 포유동물을 찾는 데는 특별한 기술이 필요치 않을뿐더러 낯선 식물의 독성을 확인하는 데도 포유류의 역할이 컸기 때문이다.[43] 더군다나 클로비스 시기는 대륙의 여러 지역에서 발견된 고고학적 기록들과 달리 동일한 내용을 보이는 경우가 거의 없다는 점에서 선사시대 신세계의 독특한 역사를 보여준다.[44] 이 시기에 관한 많은 유적지는 기원전 1만5000년~기원전 1만 년의 범위를 지시하고 있는데, 증거 자료는 충분치 않지만 확실해 보인다. 그러나 워터스와는 달리 헤인즈는 클로비스의 전성기가 기원전 1만3000년 전후로부터 기원전 1만1600년까지였다고 생각했다.[45]

클로비스 시기 이전의 것으로 보이는 베링 해협 양쪽의 유물은 매우 희박했다. 크기가 작은 몇몇 가공물을 제외하면 초기 인류가 동북아시아와 시베리아에서 매머드를 사냥했다는 증거는 '존재하지도 않을뿐더러 극히 빈약한' 수준이다.(큰 포유동물의 사냥을 뒷받침할 만한 증거에 대한 연구는 빈약한 편이지만 여전히 방향 전환의 가능성은 있다.) 그러나 기원전 1만3000년경 북아메리카 전역에서 홈이 있는 날카로운 찌르개가 발견되었다는 것은 인류가 해빙기에 남쪽으로 내려와 새로운 환경에 성공적으로 적응했음을 보여주는 증거라 할 수 있다. 헤인즈의 설명에 따르면 그 무렵 북아메리카에는 1000여 명으로 구성된 25~30개 집단이 존재했을 것으로 판단하여 전체 인구를 2만5000명 정도로 추산했다.[46]

1998년 녹스빌 테네시대의 데이비드 앤더슨과 그 동료들의 조사에 따르면, 대륙 전역에 걸쳐 홈이 파인 찌르개는 1만2000여 개가 발굴된 반면 그 이후 시기의 것으로 보이는 유물은 많지 않은 것으로 확인되었다. 그리고 이러한 종류의 도구는 3만 개 이상 발견될 수 없을 것이라 판단하고, 그 판단 아래 당시 대륙의 전체 인구를 100만 명 정도로 추산했다.[47]

홈이 파인 뾰족한 도구들의 분포에 대한 다른 학자들의 의견도 있다. 예컨대 그들은 2만 제곱킬로미터 규모의 지역에 약 100명이 한 집단을 형성했을 것이며, 세월이 흐르면서 강을 따라 점점 흩어져 살다가 가끔 집회 장소에서 모이곤 했을 것이라는 견해다. 몇몇 지역, 특히 평지가 아닌 동쪽

거대한 단절

의 나무가 많은 지역에서는 홈이 파인 찌르개가 더 많이 출토되었다. 이에 따른 추정 통계를 살펴보면 초기 정착인들은 세대별로 250킬로미터까지 이동했으며 약 250년마다 인구 형태가 변화된 것으로 나타난다. 이 수치가 맞는다면 2만5000명이었던 인구는 100만 명까지 증가했을 것으로 예상되며, 이는 날카로운 찌르개 문명이 성공적으로 적응했음을 가늠하는 잣대로 볼 수 있다.[48]

클로비스와 후기 클로비스 거주민들의 유적지에서 알 수 있는 것은 그들이 이동을 하면서도 주기적으로 채석장과 은신처로 돌아왔다는 사실이다. 이것은 품질이 좋은 도구들이 먼 곳까지 옮겨졌으며 선별적으로 보관되었음을 시사한다. 예컨대 끝이 날카로운 찌르개들이 채굴 지점으로부터 1800킬로미터나 떨어진 곳에서도 발견되었으며, 때때로 도구에는 '손잡이 접착제'로 간주되는 물질이 붙어 있기도 했다.[49]

클로비스인들의 찌르개 발명은 탁월하고 독특한 특징을 지닌다. 그렇다면 왜 이 방식이 채택되었을까? 이 주제에 관해 다른 논의를 살펴볼 필요가 있다. 기원전 1만3000년 북아메리카에 존재했던 큰 포유동물들은 클로비스 시기의 몇백 년 사이에 멸종되었다. 그 전까지 큰 포유동물은 늘 다니던 길로만 다녔고 제한된 지역에서만 물을 마시고 쉬었으며, 그 활동 영역은 먹이와 이동거리에 의해 정해졌다. 물웅덩이는 동물들이 뛰어들어 뒹군 탓에 점점 크고 깊어졌으며, 이 포유동물의 배설물을 먹고 사는 쇠똥구리들의 수도 크게 늘어났다. 그러나 몇백 년 사이에 이러한 자연환경은 사라져버렸다. 이에 대해 마이클 워터스 팀은 매머드와 마스토돈이 멸종된 시기가 클로비스 문화의 번성기와 일치한다는 사실을 확인했다.

이와 관련하여 2000년 플래그스태프 북애리조나대의 S. A. 알러와 P. R. 게이브는 공동연구를 통해 새로운 사실을 확인했다. 홈이 있는 찌르개의 특징이 고스란히 유지된 채 손잡이가 더 편리해지고 일정한 형태를 얻었다는 증거를 통해 클로비스 문명의 뒤를 이은 '폴섬Folsom'(북아메리카 로키산맥 동부의 선사시대 문화—옮긴이) 문명이 형성되었다는 것이다. 폴섬은 뉴멕시코의 유적지 이름을 딴 것이다. 이들의 찌르개는 바이슨과 같은 큰 동물을 사냥하는 데 사용되었으며, 이것은 다양한 형태로 나타난 찌르개의 원료를 얻는 데 별문제가 없었으며 크고 다양한 동물들을 잡는 데 활용되었다는 사실을 의미한다.[50]

일반적으로 클로비스 문명이 형성된 곳은 빙하 사이의 통로이거나 빙하의 남쪽일 것으로 짐작하지만, 헤인즈는 현재의 멕시코 국경 근처에서 탄생했을 것이라고 주장하면서 그곳이 매머드의 주요 서식지이며 혹독한 추위가 없다는 사실을 근거로 제시했다. 또한 그는 클로비스인들의 키가 작았을 것이라 추측했다. 장시간 걸어야 했던 그들로서는 '작은 아기를 안고 가는 편이 훨씬 수월'했으므로 성장이 서서히 진행되는 '적응' 결과를 낳았다는 것이다. 이와 연관하여 아프리카의 !쿵!Kung 족의 경우 키가 작은 남성들이 그렇지 않은 남성들보다 사냥에 더 뛰어났다는 사실에 주목할 필요가 있다.[51]

주거지에 대한 고고학적 자료가 없는 것은 클로비스인들이 어떤 장소에서든 한 달 또는 그 이내에 이동했다는 사실을 증명한다. 한편 그들이 불을 사용했다는 증거는 없었다. 불은 그 이후 동물을 쉽게 찾아내기 위해 잡목을 태우는 용도 또는 죽은 초목들을 제거하여 새로운 식물이 자라게 함으로써 동물들을 끌어들이는 용도로 널리 활용되었다. 또한 불은 동물을 포위하는 데 사용되기도 했고, 이동을 수월하게 해주었으며, 의사소통의 수단이 되기도 했다. 이제까지 관찰된 바는 없으나, 풍부한 석탄과 기후 또는 커다란 동물들에 의한 영향보다는 초목에 활용된 '불의 여파'에 의

거대한 단절

미를 부여할 필요가 있다.

큰 포유동물들은 도살당해서 멸종되었는가?

기원전 1만1600년 이후로 날카로운 도구의 형태는 지역에 따라 변화되었다. 또한 지역도 폴섬을 비롯하여 미들랜드Midland, 어게이트 베이슨Agate Basin, 플레인뷰Plainview 등의 다른 장소로 확산되었다. 1984년 애리조나대의 폴 마틴은 클로비스인들이 특별히 효율적인 도구, 즉 홈이 있고 끝이 뾰족한 무기로 북아메리카의 포유동물들을 사냥했으며 인간이 없었던 환경에서 번성했던 포유동물들은 이례적인 상황에 순순히 제압되고 말았다는 주장을 제기했고, 이 견해에 헤인즈도 동의했다.[52]

이 이론은 페어뱅크스 알래스카대의 R. 데일 거스리에게 적잖은 비판을 받았다. 2006년 『네이처Nature』지를 통해 발표된 거스리의 연구 결과에 따라, 많은 고대 유적에 대한 새로운 방사성탄소 연대 분석을 실시한 결과 거대 포유동물을 제외한 바이슨, 큰 사슴 또는 그보다 적은 숫자의 무스 등의 포유동물 개체수는 인류가 신세계에 정착한 이후에 오히려 증가했다는 결론을 보여주기 때문이다. 이에 따라 거스리는 거대 포유동물들의 서식처에서 인간의 전면적인 공격은 없었다고 해석했다.

한편 폴 마틴의 의견에 동의한 헤인즈의 견해에 따르면, 아메리카의 경우 광대한 아프리카 대륙에서 확인된 코끼리 유골터보다 더 많은 장소가 발견되었다.[53] 더욱이 초기 인류가 신세계에 정착했던 1만3000여 년 전의 아프리카 대륙은 훨씬 드넓었기 때문에 신세계보다 100배 넘는 인구가 살았음에도 그러한 결과가 나타났다는 것이다.• 매머드와 마스토돈의 죽음과 관계된 뾰족한 도구의 수량으로 가늠해볼 때, 마스토돈보다 더 많은 수의 매머드가 사냥되었음을 알 수 있다. 마스토돈은 주로 습한 지역에 서식하기 때문에 사냥에 쓰이는 찌르개를 던졌을 때 질척한 땅에 깊이 파묻혀 잃어버리는 경우가 많았을 것이기 때문이다.[54] 또 다른 중요한 관찰은, 클로비스 사냥꾼에게 공격당한 매머드의 시체 부위가 완전히 해체되지 않은 채 버려졌다는 사실이다. 이는 그들이 처음부터 매머드를 계획적으로 사냥했다기보다는 우발적으로 실행되는 경우가 많았음을 암시한다.

사실 이 문제는 논쟁의 대상이다. 주요한 이론은 세계의 기온이 상승하고 건조해진 변화로 자연스럽게 거대 포유동물이 사라졌다는 쪽이기 때문이다.(그렇다면 아메리카의 거대 동물은 이미 22회의 빙하기에도 오랫동안 생존했음을 지적한 재러드 다이아몬드의 견해를 어떻게 설명해야 할까?)[55] 2007년 25명으로 구성된 한 팀의 지구물리학자들은 또 다른 이론을 제시했다. 1만 2900년 전쯤 혜성이 지구 대기권으로 진입하면서 쪼개진 불덩어리들이 엄청난 들불을 일으켜 거대 포유동물과 크로비스인을 죽음에 몰아넣었고, 이로 인해 신세계의 인구가 70퍼센트까지 감소되었다는 것이다. 지구물리학자들은 클로비스 유적지로 입증된 여덟 곳에서 희귀한 동위원소 헬륨-3이 포함된 나노다이아몬드와 탄소 분자가 포함된 외계의 파편을 그 증거로 제시했다. 나노다이아몬드는 운석에서, 그리고 탄소 분자는 지구보다는 우주에 훨씬 더 풍부하다. 들불의 화학적 신호(다환방향족 탄화수소 polycyclic aromatic hydrocarbons)도 세 곳에서 발견되었다. 게다가 미국과 캐나다에 있는 최소한 70여 곳의 유적지에서 (드넓은 화재가 있었음을 보여주는) 검은 침전층이 발견되었는데, 연대는 1만2900년 전까지의 것으로 보이며 그 아래에서 클로비스 유적도 함께 발견되었다. 이 사실은 당시 외계의 영향이 있었으며 아메리카의 자연환경이나 초기 인류와 거대 포유동물에게

거대한 단절

큰 영향을 끼쳤다는 주장을 뒷받침한다.[56]

  인간과 동물의 숫자 감소에 대한 다른 연구도 있었다. 헤인즈는 매머드의 고기가 충분히 활용되지 않은 흔적으로 볼 때 그들의 목적이 사냥이었든 제거하는 것이었든, 매머드를 죽이는 일은 그리 어렵지 않았으리라 주장했다. 이러한 두 이론을 합쳐보면, 거대 포유동물은 빙하시대 말기의 기후적 재앙으로 허기진 상태였을 것이고, 이에 따라 클로비스인들은 허약한 상태의 동물을 사냥하기가 용이했을 것이다. 또한 이렇게 잡은 거대 포유동물을 충분히 해체하지 않았다는 것은 다른 음식을 얻는 데 무리가 없었음을 암시한다. 나중에 일부 신세계 부족이 보여주는 동물 숭배 토템(특정한 동물에 대한 사냥의 관습을 제한하는 토템)은 실제적으로는 특정 동물의 숫자를 보존하여 미래의 식량을 확보하려는 의도였을 것이며, 그것은 주요 식량자원이 고갈될 수 있는 상황에 대한 경고의 의미로 집단에 전해 내려오는 집단기억의 결과였을 것이다.••

게리 헤인즈는 클로비스 문명을 동시대의 구세계 문명과 비교했다. 당시 유라시아의 북쪽 지역은 빙하에 덮여 있었으므로 현재만큼 넓지 않았지만, 그는 기본적으로 유라시아 및 아메리카의 규모 차이와 더불어 구세계에서는 훨씬 오래전부터 인류가 살고 있었다는 사실을 가장 큰 차이로 강조했다. 뿐만 아니라 후기 홍적세와 초기 충적세 무렵 클로비스와 유라시

• 아프리카의 고고학자가 북아메리카의 고고학자보다 훨씬 더 적기 때문에 유적지를 미처 다 발견하지 못했을 수도 있겠지만, 헤인즈는 아프리카의 동물 유골 터는 비교가 안 될 정도로 적다고 주장했다.
•• 매머드는 약 4000년 전까지 시베리아의 북단에서 가까운 북극해의 브란겔랴Vrangelya 섬에서 생존했다.

아는 몇 가지 중요한 차이를 나타냈다.

이러한 세 가지의 중요한 차이를 보여주는 것 중 첫 번째는 예술행위가 널리 분포되어 있는가의 여부라 할 수 있다. 가장 주목을 받은 분야는 프랑스로부터 우크라이나에 이르기까지의 광범위한 지역에서 발굴된 이른바 '비너스 조각상'이다. 비너스 조각상이라는 이름이 붙은 이유는 몸의 구조적 특성을 과장적으로 나타냈기 때문이다.(이에 대해서는 7장에서 세부적으로 다룰 것이다.) 두 번째 차이는 주거지의 규모다. 체코의 돌니 베스토니체 Dolni Vestonice에서는 기원전 2만9000년~기원전 2만5000년의 것으로 보이는 매머드 뼈가 150개 이상 발굴되었을 뿐만 아니라 나무, 흙, 화로와 불의 사용을 암시하는 잿더미도 있었으며, 2000개 이상의 진흙 조각상 파편과 돌이나 유기물로 만든 여러 공예품도 찾을 수 있었다.[57]

게리 헤인즈와 일리노이즈대의 올가 소퍼는 클로비스와 유럽의 그라베트Gravettian 문명(2만8000~2만2000년 전의 문명으로, 프랑스 도르도뉴의 고장 라 그라베트라는 지명을 딴 이름—옮긴이)에 서로 유사한 점이 있다고 주장했다. 물론 그라베트 문화는 이미 인류가 거주하고 있는 유럽에서 확산된 반면 클로비스는 인류가 전혀 존재치 않았던 땅에서 형성되었다는 점에서 차이가 있으나, 지리적으로는 양쪽 다 광범위하게 확대되었으며 당시의 환경에 성공적으로 적응했다는 것이다. 다만 그라베트의 경우, '확대'가 인구 규모 측면에서인지 사고 보급 측면에서인지에 대해서는 여전히 이론이 있다. 그라베트인과 클로비스인은 모두 매머드처럼 큰 포유동물을 사냥했지만 각각의 식생활은 중요한 차이를 보인다. 서유럽의 그라베트 동물 기록에 따르면, 순록과 털이 있는 육식동물(주로 여우와 늑대)이 주로 차지했고 매머드는 모라비아Moravia, 폴란드 및 중앙 러시아 평지에서 뚜렷했다고 한다. 주지했듯이 클로비스의 사냥 대상은 주로 바이슨과 매머드였으며 다른 동물들은 확인되지 않았다. 한편 그라베트 유적지에는 정교하게 만든 생활용품이나 장식물들이 상대적으로 많이 발견되었다.[58]

클로비스와 솔류트레Solutrean 문화(2만1000~1만7000년 전 프랑스에서 발생한 문화—옮긴이)에서는 무엇보다 석기 기술의 유사성이 드러난다. 유라시아의 도구가 일반적으로 그러하지만 솔류트레 도구는 클로비스 유적지에서는 발견되지 않은 다양한 형태를 보여준다. 그러나 가장 흥미로운 비교는 1만8000~1만 년 전 프랑스 도르도뉴의 베제르Vezere 계곡의 (라 마들렌La Madeleine 이름을 딴) 마들레니안Magdalénien 문명과의 비교라 할 것이다. 이 문명에서 발생한 부싯돌이 먼 곳까지 전파되었으나, 1년 가까이 거주한 것으로 보이는 장소에도 그림의 흔적은 발견되지 않았다. 커다란 돌들을 모아놓은 흔적도 화로를 둔 가옥도 없었으며, 이동에 편리한 일시적인 주거 형태를 나타내는 것으로 보아 사냥하여 식량을 획득했던 전형적인 사냥 부족임을 짐작할 수 있다.[59]

이와 같은 내용들을 종합할 때 신대륙의 몇몇 장소를 제외하면(예를 들어 펜실베이니아의 슈프Shoop와 매사추세츠의 불 브루크Bull Brook) 잔해 더미가 있는 유적지는 클로비스 유적지(80만 제곱미터 또는 그 이상의)보다 넓지 않으며, 텍사스의 골트Gault를 제외하면 그 어떤 그림이나 장식물도 없었다는 결론에 도달한다. 빅토리아에 있는 브리티시컬럼비아대의 제너비브 폰 펫징어와 에이프릴 노웰은 2009년 4월 시카고의 고인류학협회 학회에 큰 파장을 일으켰다. 그들은 빙하시대의 것으로 확인된 거대한 동굴 벽화와 더불어 남겨진 26개의 기호가 주목받지 못한 채 간과되었음을 보여주었으며, 그것들이 프랑스에서부터 남아프리카·중국·오스트레일리아·남북아메리카까지 관통하는 유적지들에서 공통적으로 나타났음을 입증해 보였다. 이 형상들은 (그들에게는 의미 있었던 그것과 비슷한 기호들이 많이 발견되었더라

도) 오늘날 우리에게는 무의미하지만 당시에는 틀림없이 영적인 의미를 부여했을 것이다.[60]

이러한 모든 경향에서 신세계의 정착 인류의 수가 매우 적었으며 이동 생활을 했다는 사실을 확인할 수 있다. 또한 포획하기 쉬운 몇몇 거대 포유동물들을 사냥하여 영위했다는 것, 영토 또는 부족의 정체성을 확립할 필요가 없었으므로 상징적인 미술작품도 개발되지 않았다는 것을 알 수 있다.[61] 더욱이 먹을 것이 풍부했기 때문에 동물들의 습관에 대해 기록할 필요도 없었다.

거대한 단절

제2부

구세계와 신세계의
자연은 어떻게 다른가

화산대와 트럼펫 서멀

최초의 아메리카인들이 도착했을 때 신세계에 사람들이 없었다는 사실은 두 반구 간의 차이를 (명백하고도 충분히) 설명하는 중요한 문제였다. 하지만 이것이 유일한 차이는 아닐뿐더러 가장 중요한 차이도 아니다. 이제 우리는 인류 발전의 광범위한 궤적을 통해 전 지구적으로 혹은 넓은 지역에 걸쳐 깊게 영향을 끼친 초역사적 현상에 대해 살펴봐야 한다. 앞서 우리는 지구의 궤도와 태양과의 관계가 어떻게 빙하기와 간빙기를 결정했으며, 홍수 현상이 어떻게 인류를 지구 전역으로 확산시켰는지에 대해 살펴보았다. 그리고 이러한 확산과 이동이 세계적으로 동물의 진화 형태를 결정하는 데 영향을 끼친 부분에 대해서도 논의했다. 이제 그러한 영향력과 다른 몇 가지를 짚어보고자 한다.

그 한 예로, 온도라는 요소는 예측 가능하고도 중요한 방식으로 생활에 영향을 끼쳐왔다. 열은 인간에게 해로운 생명 형태, 특히 곤충의 확산을 촉진했고 더운 지역에서는 질병을 유발했다. 어떤 경우에는 도시생활이 불가능할 만큼 치명적이었다.[1] 그런가 하면 독특한 기후 분포와 강우 패턴을 형성하여 유럽에서는 연중 내내 농작물 재배가 가능했다.[2] 스페인·포르투갈·그리스 및 남부 이탈리아에서는 곡물보다 올리브 나무와 포도가 더 잘 자랐고, 농사보다는 목축이 더 이득을 주었다. 그리고 이러한 환경은 그 지역의 국가들이 산업국가로 발전하는 데 어떠한 역할을 했을 것이다.[3] 철기 도구의 도입 이후 알프스 산의 울창한 숲을 농지로 개간할 수 있게 되자 수천 년 동안 지중해 국가에 뒤처져 있던 북유럽 국가들은 그들을 따라잡을 수 있게 되었다.[4]

넓게 볼 때 신세계와 구세계의 차이를 만들어낸 요소는 세 가지로 분류될 수 있다. 첫째는 기후적인 요인, 둘째는 지리적인 요인, 셋째는 기후와 지리에서 파생된 생물학적 요인이다. 이 요인들은 서로 관련되어 있으며 두 반구에서의 식량 생산, 제도, 전쟁과 종교적 믿음의 형식에 이르기까지 전반적인 발전에 영향을 끼쳤다. 첫 번째 요인이자 가장 근본적인 요인은 기후다.

기후의 기원

지구상에는 기후의 패턴을 결정하는 주요한 세 지역이 있다. 남태평양, 북대서양과 히말라야 산맥 그리고 그와 인접한 티베트 평야다. 이들의 지정학적 위치는 세계 전역의 기후를 형성할 뿐만 아니라 문명 발생의 장소와 시간에 영향을 끼쳐 역사를 책동했다.

어떤 의미에서 세계의 기후는 태평양에서 비롯된다. 적도상에서 동쪽과 서쪽으로 강한 무역풍이 발생하며, 태평양 서남쪽 구석에 위치한 동남아시아로부터 오스트레일리아의 일련의 섬들이 있는 곳까지 수천 킬로미터를 가로지르는 온난성 해류가 필리핀 앞바다에 모여 증발을 일으킴으로써 거대하고 어두운 비구름이 되어 몬순이라는 폭우로 변신한다. 몬순이란 '계절mausem'을 뜻하는 아라비아어에서 유래된 말로, 전형적으로 여름에는 북쪽으로 이동하고 겨울에는 남쪽으로 이동하는 계절성 비를 뜻한다. 이에 따라 서쪽 인도와 파키스탄에서는 6월부터 9월까지 비가 내리며 가끔 11월 중에도 내리는데, 수백만 명의 농부(전 세계 농부의 3분의 2)가 이 순환에 의존해왔다.

세계지도를 보면 알 수 있듯이 태평양은 사실상 북극 지역(약 100킬로미터 너비의 베링 해협)에서 끊어지지만, 수천 킬로미터 너비의 대서양은 북극 끝까지 전개된다. 이것은 북극 지역에서 떨어져 나온 빙하가 서서히 녹으면서 남쪽으로 떠내려왔다는 증거이기도 하다. 이 과정에서 증발한 물은 바람을 타고 동쪽으로 이동한 뒤 히말라야 산과 티베트 평야에 눈을 뿌렸다. 광대한 산맥을 거느린 이 지역보다 더 높고 광활한 곳은 지구상에 없다. 따라서 중앙아시아의 넓은 대지를 녹이기 위해서는 엄청난 양의 태양 에너지가 소비될 수밖에 없었다. 몬순의 강도는 2만1000년, 4만3000년, 10만 년 주기로 변화된 것으로 밝혀졌으나, 이보다 더 중요한 것은 8000년 전 마지막 홍수 이후 대서양으로 방출되는 빙하가 더 많아졌으며 시간이 흐르면서 아시아에서 몬순이 계속 감소되었다는 사실이다. 아시아 몬순의 강도가 감소되는 현상은 지중해와 동북아프리카의 동쪽 끝까지 영향을 미쳤으며, 뒤이어 건조 기후를 확산시켜 구세계에서 여러 문명의 발생과 소멸을 결정지었다. 매디슨의 위스콘신대 내 기후연구센터에서 활동하는 리드 브라이슨과 A. M. 스웨인은 인도 서부의 호수에서 채취한 꽃가루의 연대를 측정한 결과, 여름 몬순이 충적세 초기(1만 년~8000년 전)에 절정을 이루었으며 현재는 3분의 2 정도까지 감소했다고 밝혔다.[5]

태평양 서남쪽의 난류는 평년에는 필리핀 앞바다에 위치하다가 칠레, 페루 및 캘리포니아 해안 근처에 형성된 비슷한 규모의 한류와 섞인다. 동태평양의 바닷물은 해안 가까운 곳조차 물이 차가워서 수증기가 발생하지 않으며, 따라서 비구름도 거의 만들어지지 않는다. 실제로 페루 해안에는 비가 거의 내리지 않으며, 멕시코의 바하 반도와 캘리포니아는 1년 내내 가뭄 상태를 지속한다.[6] 이렇듯 건조한 환경은 신세계의 초기 인류에 깊은 영향을 끼쳤으나, 때때로 확실치 않은 어떤 원인에 의해 이 '정상적인' 상황은 전복되었다. 말하자면 태평양의 동서 무역풍이 약해지거나 완전히 멈추었고 반대 방향인 서남쪽으로 바람이 부는 현상이 벌어지는 것이다. 이 서남풍은 태평양의 표면 밑에 켈빈파Kelvin waves라는 거대한 파동을 발생시켜 아메리카 동쪽으로 난류를 돌려보낸다. 차가운 수면 위로 흐르는 이 난류는 빠르게 바다 표면을 데우게 된다. 이로써 남아메리카와 캘리포니아 태평양 연안에는 극심한 폭풍이 발생하고 며칠 동안 폭우를 쏟아붓게 된다. 한편 서태평양의 아래쪽 해상의 경우에는 여느 때보다 수온이 저하되고, 구름이 형성되지 못해 동남아시아와 오스트레일리아에는 가뭄 현상이 나타난다.[7]

1892년 이러한 기후 패턴이 발견되었을 때, 페루의 선장인 카미요 카리요는 물의 흐름과 바다의 온도 변화로 연안의 멸치잡이(멸치류는 차가운 물을 좋아한다)에 지장을 준다는 내용의 짧은 논문을 리마지리협회 학술지에 발표했다. 이에 덧붙여 페루의 선원들은 이러한 주기적 변동을 잘 알고 있을 뿐만 아니라 그러한 현상이 주로 크리스마스 이후에 발생하기 때문에 아기 예수의 이름을 딴 '엘니뇨El Niño'라고 불린다는 사실까지 밝혔다. 이 현상은 과학자들에게 엘니뇨 남방 진동El Niño Southern Oscillation, ENSO('진동 Oscillation'이란 남태평양의 흐름이 동에서 서로 또는 서에서 동으로 흐르는 것을 말한다—옮긴이)으로 알려져 있다.

엘니뇨의 영향은 아메리카의 태평양 해안에 국한되지 않는다. ENSO 기간 동안 남아메리카 위로 집결된 따뜻하고 축축한 공기층은 지구 전체의 정상적인 공기 흐름을 방해할 만큼 거대한 규모를 이루어, 북아메리카 서해안 여러 지역에 많은 비를 뿌릴 뿐만 아니라, 어떤 지역에서는 북극 공기를 차단하여 비정상적으로 온화한 겨울을 만든다. 반면 브라질과 아프리카의 일부 지역에는 가뭄을 야기한다.

엘니뇨의 영향이 정도의 차이는 있지만 거의 지구 전역에서 감지되며, 이 문제는 이 책의 주제에서도 적지 않은 비중을 차지한다. 지난 8000년에 걸쳐 아시아 몬순이 약해진 반면, 엘니뇨는 6000년 동안 점점 더 빈번해지고 있다는 증거가 확인되고 있다. 이 두 현상은 서로 연관된 것으로 보이는데, 태평양과 인도양을 분리하는 동남아시아 제도의 경우, 이 섬들을 통과하는 바닷물의 양이 늘어남에 따라 지난 8000년 사이에 해수면이 상승하게 되었다. 말하자면 ENSO 현상으로 인해 서태평양의 바닷물이 차가워지면 더 차가운 물은 인도양으로 흘러드는데, 그로 인해 몬순의 영향이 감소한다는 것이다. 연구 결과, 모든 엘니뇨가 가뭄을 초래하는 건 아니지만 인도에서는 엘니뇨가 발생한 해에만 가뭄이 발생한다고 보고되었다. 아직 엘니뇨의 영향이 완전히 파악된 것은 아니지만 몬순과의 관련성은 분명해 보인다.

자료에 따르면 기원전 5800년까지만 해도 엘니뇨는 매우 드물게 발생했다. 그 후 약 3000년 동안은 한 세기에 한두 번꼴로 발생했을 것이고, 20세기 후반까지는 7~15년 주기로 발생했으며, 현재는 2~7년 주기로 발생하고 있다. 이런 두드러진 현상의 변화가 앞으로 할 이야기의 중심 주제가 될 것이다.

기후와 문명

지금까지 확인된 증거를 보면 몬순이 메소포타미아 문명을 발전시켰으며, 몬순이 서쪽에서 동쪽으로 이동함에 따라 파키스탄, 인도의 인더스 계곡 및 중국의 문명 발전에 영향을 끼쳤음은 명확하다. 뿐만 아니라 남아메리카의 문명 발전에도 어느 정도 영향을 끼쳤다는 사실을 확인하게 되었다.

'비옥한 초승달 지대Fertile Crescent'로 언급되는 티그리스-유프라테스 강의 범람지대에는 지구상에서 가장 오래된 고대 도시의 유적지가 있다. 이들 중 가장 초기의 우바이드Ubaid 문화는 기원전 7000년까지 부흥했다. 하지만 비옥한 초승달 지대는 아시아 몬순 시스템의 서쪽 가까이에 위치해 있으며, 기원전 5000년 전후의 연구를 살펴볼 때 이 지역의 기후는 비교적 습한 환경에서 건조한 환경으로 변화되었다. 그리고 이러한 몬순의 변화로 인해 우바이드 문화의 작은 농가들이 더 큰 집단으로 통합되는 데 영향을 끼쳤다는 사실도 확인할 수 있다.[8] 그들로서는 점점 더 악화되는 기후 조건에 대처하기 위해 (지방과 국가 차원에서) 좀더 규모 있고 통합된 관개사업이 필요했던 것이다. 우르Ur는 당시 형성되었던 초기 도시들 중 하나로, 기원전 4600년 전에 번성했으며 기원전 4340년 전에 아카드Akkadian 제국으로부터 공격을 받아 패망했다. 당시에는 특히 건조해진 기후 때문에 (많은 세금으로 부를 확보했음에도 불구하고) 이미 우르는 쇠약해져 있었다. 어쩌면 악화된 기후 현상이 아카드인들에게도 영향을 끼쳐 우르를 공격하게 만들었는지도 모른다. 그러나 우르는 기원전 4110년에 좀더 작은 도시국가로 재건되었으며, 그 무렵 달의 신인 난나Nanna를 섬기는 신전인 거대한 지구라트ziggurat가 건설되기도 했다. 그 후 우르는 기원전 3950년 재차 공격을 받은 뒤 재건되지 못했다. 우르를 공격한 이들은 현재 이란의 서남쪽에 위치한 수사Susa 주변의 엘람Elam인들로, 건조 기후가 점점 심해지면서 고지대에서 생활하기 어려워지자 동쪽으로 이주하기 시작했다.

기원전 4200년의 메소포타미아 고대 문명들은 (심지어 아카드조차) 눈에 띄게 축소되거나 완전히 붕괴되었으며, 적어도 이 붕괴가 가뭄 때문에 촉발되었다는 사실은 유적을 통해 부분적이나마 확인할 수 있다. 피터 클리프트와 앨런 플럼의 연구에 따르면, 기원전 4200년 오만 만에서는 풍화 작용에 의한 먼지의 수치(바람에 의해 지구 표면에 쌓인 토사 수준의 먼지 입자로 유적지의 연대를 측정하는 일반적인 방법)가 두드러지게 상승했으며, 또한 화학적·광물학적인 분석 결과 이 먼지는 서쪽, 즉 수메르와 아카드에서 비롯된 것으로 확인되었다. 그리고 방사성탄소 연대 측정 방식을 통해 당시 약 300년 동안 흑해의 해수면이 낮았으며 건기의 강한 먼지폭풍이 지속되었다는 결과가 확인되었는데, 이는 그 무렵의 사회적 붕괴를 설명해준다.[9] 종합해보면, 기원전 5000년부터 점증하는 건조 기후에 대처하기 위해 이 지역에 도시국가들이 형성되었으나(도시들은 협동적인 관개 시설을 마련했다), 기후 상태가 감당하기 어려울 정도로 극심해지면서 기원전 4200년을 전후로 도시국가사회는 붕괴되었고 사람들은 생존이 불가능한 상황으로 인해 분산되었다.

그럼에도 불구하고 북쪽 메소포타미아가 빗물에 의존하는 사회였다는 사실은 여전히 기후와 관련해 복잡한 요소를 암시하는데, 조각 천을 이어

붙인 것처럼 배열된 구조로 보아 이 지역이 일찌감치 발전된 행정관리의 사회였으며 평등한 (그래서 더 경쟁적이고 호전적인) 경향을 띠었음을 보여준다. 반면 나중에 발전한 남쪽 메소포타미아는 강에서 수로를 끌어와야 했기 때문에 직선적인 지형 구도로 형성되었으며, 이로써 더 계급적인(안정적인) 관리가 이루어졌음을 암시한다. 그리고 후자의 제도가 건조 상태에 더 잘 대처한 경향을 보였다.[10]

이것(후자의 방식)은 이집트와 인더스 계곡에서도 유사한 패턴으로, 지금의 서쪽 파키스탄과 동쪽 아프가니스탄에서 초기 인류가 인도 대륙에 정착한 흔적이 발견되었다.[11] 작은 규모의 농경 공동체는 메르가르Mehrgarh 문화로 알려져 있으며, 그 이름은 파키스탄의 퀘타Quetta 근처의 유적지 이름에 따른 것이다. 가장 초기의 메르가르 유물은 기원전 9000년의 것으로 추정되며, 비옥한 초승달 지대와 교류했던 것으로 보인다. 그들은 초기 농경 형태로 밀과 보리를 재배하면서 양과 염소 또는 소를 키우는 반 유목半遊牧생활을 했던 것으로 보인다.[12] 도자기의 발전과 그것의 정교함으로 판단할 때 이들의 문화는 기원전 7500년 무렵에 번성했으며, 기원전 5500년부터 거주지에 매장된 유물이 점점 줄어든 것으로 보아 사회적 쇠퇴를 가늠할 수 있다. 더욱이 여름 몬순의 영향이 약해진 결과는 이 지역에 큰 부담으로 작용하여 기원전 4600년~기원전 4000년에는 버려진 땅이 되었다. 이 쇠퇴의 시기는 동쪽 인도 사라스바티 강의 범람지대에 자리한 인도 계곡 문명의 부흥 시기와 일치한다. 이로써 메르가르 문명권 거주민들이 약화된 여름 몬순으로 점점 건조해지자 결국 고향을 버리고 동쪽으로 이주했음을 알 수 있다.

하라파Harappa(그리고 모헨조다로) 문명은 바로 그러한 이주로부터 발아하여 진보했으며 물, 위생 시설 및 쓰레기 처리 시스템 등의 발달을 나타냈다.[13] 식수는 우물에서 공급되었고 가옥은 목욕탕과 분리된 방을 갖추고 있었으며, 중심가로 흐르도록 설계된 하수구는 덮여 있었다.(당시 물과 관련된 불편은 거의 없던 것으로 보인다.) 기원전 4600년까지 하라파-모헨조다로 문명은 복합 문명이었으며 그 안에서 인도 경전이 탄생했다.(메소포타미아와 이집트에서 경전이 나타난 시기와 비슷하다.) 그 찬란함 가운데 잉여가 창출되었고 기술적 발전(쟁기를 포함하여)을 이루었다. 식량 생산활동에 참여하지 않는 예술가·필경사·장인 들이 배출되었고, 위기에 잘 대처할 수 있도록 정비된 조직까지 형성되어 있어서 환경적 스트레스는 눈에 띄지 않았다. 하지만 기원전 4200년 커다란 변화를 겪은 뒤 많은 사람이 남쪽으로 이주했고, 정착 규모가 좀더 작은 후기 도시의 단계로 진입하게 되었다. 예컨대 룬카란사Lunkaransar 호수와 그 주변의 퇴적물 조사에 따르면, 기원전 4230년경 이 호수는 일시적으로 물이 가득 차오르곤 했다는 사실이 확인되었다. 바로 여름 몬순의 '급격한 약세'를 말해주는 증거였다. 한편 인더스 강 어귀의 플랑크톤을 분석한 결과 기원전 4200년 어느 시점부터 강물이 천천히 방류되기 시작했는데, 이 또한 몬순과 관계있는 것으로 확인되었다.[14]

사라스바티 강으로 되돌아가보자. 피터 클리프트와 앨런 플럼은 지금은 존재하지 않는 이 강이 『리그베다Rig Veda』에 최소 72번 정도 언급되고 있으며 인더스 강의 크기와 비교할 만한 규모였다고 주장했다. 『리그베다』에서는 이 강을 주요한 강으로 묘사하고 있으며, 앞서 언급한 대로 5500년 전 시기의 유적지 2600여 곳 가운데 2000곳이 사라스바티 강의 고대 해협을 따라 위치하고 있다. 결국 이러한 강 주변 배열의 변화는 몬순의 약화와 깊은 관계가 있을 것이다.

중국에서도 똑같은 현상이 있었다. 초기 충적세에는 습한 환경이었으나 기원전 8000년부터 오랜 가뭄기가 나타난 것이다. 기원전 1만1000년의 것으로 추정되는 석기 도구들을 비롯하여 신드라이아스 후반의 다양한 양식을 확인할 수 있는데, 초기 인류가 폭넓은 수렵−채집과 씨앗 재배활동을 전개했다는 변화를 보여준다. 이러한 영구 정착과 농업의 개발은 몬순의 약화에 따른 건조 기후와 관련이 깊다. 중국에 가장 먼저 정착한 인류 집단의 흔적은 근대 도시인 시안西安과 란저우蘭州 사이의 황하 계곡에서 발굴되었으며, 그 지역 토양에서는 수생 연체동물들의 껍데기가 함유된 습지와 강 침전물이 발견되었다. 이는 기원전 6000년~기원전 5000년의 건기보다 앞선 기원전 8000년~기원전 6000년의 습한 기후를 증명해준다.

황하黃河 지역에서 알려진 가장 오래된 문명은 다디완大地灣 문명(기원전 7800~기원전 7350)이며, 이후에는 (기원전 6800년~기원전 4900년의 문명을 보여주는 반포半坡 유적지 이후로 더 많이 알려진) 양사오仰韶 문명과 다원커우大汶口(기원전 6100~기원전 4600) 문명이 뒤따랐다. 정착인의 숫자가 기원전 6000년 이후에 기하급수적으로 증가한 것으로 보아, 몬순이 약화되었고 건조한 기후에서 농업 생산을 최대화하고자 더 큰 집단 형태로 노동했음을 짐작할 수 있다.[15]

양사오인들이 기원전 6000년부터 쟁기를 사용하여 밀, 수수 및 쌀을 경작했다는 증거는 많다. 그들은 가축을 키웠고 사냥과 낚시를 했으며 매우 정교한 석기 도구를 보유했다. 아마 그들은 누에도 치고 도자기에 그림을 그려 넣는 수준에 도달했을 것이다. 기원전 5300년 즈음에는 구리와 동 기술을 개발한 황하 상류 지역의 마자야오馬家窯 문명을 계승했고, 이후 차례로 기원전 4400년~기원전 4000년의 치자齊家 문명과 산둥 반도의 룽산龍山 문명을 이어받았다.[16]

클리프트와 플럼은 이 문명이 남긴 뼈와 치아 유물들을 통해, 기원전

5900년 즈음부터 좀더 서늘하고 건조한 기후가 시작되었으며 양사오의 평등사회는 룽산 문명과 같이 계급화된 족장제사회로 대체되었다고 주장했다. 룽산 문명에서는 도시생활로 전환되는 과도기의 모습, 즉 흙벽과 방어해자가 나타났으며 쌀 경작의 흔적이 있었다. 이 역시 약화된 몬순에 대처하는 방법이었다고 연구자들은 말한다.

치자 문명과 룽산 문명은 기원전 4000년 무렵에 쇠퇴했다. 이에 따라 질 좋은 도자기도 사라졌으며, 기원전 4000년 이후의 열악한 환경 조건으로 황하 계곡 주변의 인구는 급격히 줄어들었다.[17]

이러한 정황에서 우리는 꽤 일관된 내용을 확인할 수 있다. 그것은 기원전 8000년 구세계 전역(혹은 잘 알려진 아라비아, 북아메리카, 인도 문명)의 몬순이 약화되기 시작했고, 이때 마지막 대홍수가 발생했다는 사실이다. 더불어 북대서양에서 북극의 빙하가 녹아내리며 증발한 대량의 물이 히말라야 산과 티베트 평야에서 눈으로 뿌려졌으며, 그로 인해 많은 태양 에너지가 소모됨으로써 서남태평양에서는 증발이 약화되었고, 몬순의 힘이 쇠약해졌다. 이 과정 속에서 인류는 도시를 형성하여 긴밀히 어우러져 살기 시작했다.

기원전 4200년 이후, 다시 말해 중국의 문명이 붕괴하기 직전에 건기로 전환되는 현상이 좀더 급속하게 이루어졌을 것으로 보인다. 아마도 중국 문명이 완전히 무너지기 전 (연대 측정이 잘못되었을 수도 있으나) 200~300년 동안은 건기가 지속되었을 것이다. 그 시기는 기원전 4000년으로 추정되며, 중국의 넓은 지역을 통치했던 가장 오래된 왕국(하夏 왕조)의 등장과 맞물릴 수도 있다. 사실 클리프트와 플럼에 따르면 이것이 바로 '왕조' 출현의 특징이다. 중앙집권화된 정부는 악화된 기후에 훨씬 잘 대처하게 되었고, 그 권력이 넓은 지역까지 확산되면서 충분한 식량도 생산할 수 있게 되었

거대한 단절

다. 그러나 작은 규모의 조직은 심각한 가뭄과 홍수에 취약할 수밖에 없었다.[18]

엘니뇨의 일정

태평양 반대편에 위치한 남아메리카에는 몬순이 없었으나, 어떤 의미에서는 세계 기후의 양극 체제로서 엘니뇨가 있었다. 이러한 태평양 연안의 기후는 우리에게 큰 관심을 불러일으킨다. 과거 5800년 이전까지만 해도 엘니뇨의 발생은 오늘날보다 또는 유사 이래 나타났던 것보다 훨씬 더 드물었음을 고고학적 증거로 확인할 수 있다.● 예컨대 페루와 칠레의 고고학적 가치를 지닌 어패류 잔해더미가 알려주는 사실은 어류나 연체동물이 엘니뇨 이전의 낮은 수온을 선호했다는 것이다.

그러나 약 5800년 전 이후 두 가지 현상이 눈에 띈다. 첫 번째는 약 3000년 동안 엘니뇨가 한 세기에 한두 차례꼴로 발생하기 시작했다는 것이고, 두 번째는 해안 문명을 개척한 사람들이 큰 마을 단위로 생활하면서 신전을 짓기 시작했다는 것이다. 이렇듯 빈번하게 들이닥친 엘니뇨는 늘 광범위한 파괴를 낳았을 것이다. 예를 들어 바다에 풍부하던 멸치는 물론이거니와 그 멸치를 먹고 사는 바닷새와 해양 포유동물까지 사라지게 했을 것이고, 바닷물은 해변 안쪽까지 범람했을 것이며, 폭풍에 의해 건물

● 페루에 있는 케브라다 타카우아이Quebrada Tacahuay 유적지(1만2700~1만2500년 전)를 조사한 데이비드 K. 키퍼에 따르면 이곳에서도 신세계의 해양 경제활동에 대한 증거가 확인되었다. 화로 위아래의 침전물, 석기 도구 및 해양동물 등이 엘니뇨로 인해 발생한 것으로 추정된다.[19]

과 나무가 파괴되었을 것이다. 그러한 재난이 한 세대에서 세 세대마다 반복되자 새삼 사람들의 기억에 각인되었으며, 초기 인류의 민담과 신화의 일부가 되어 현대에 전해지게 되었을 것이다. 당시 사람들을 마을에 모여 살게 하고, 신전을 짓고 재앙으로부터 보호해줄 것을 신에게 호소하게 만든 것이 바로 엘니뇨였던 것일까?

이러한 상황은 거의 3000년 동안 지속되었다. 그리고 연체동물이나 다른 증거에 따르면 약 3000년 전에 또 한 번의 변화가 있었다. 엘니뇨가 더 빈번해져 급기야는 오늘날 발생하는 빈도에 가까워진 것이다. 이것은 그 자체로 흥미로운 일이다. 최근 엘니뇨는 3~7년마다 발생하고 있는데 20세기 초반에는 7~15년의 주기를 나타냈다. 이에 대해 자연스럽게 질문이 제기되지 않을 수 없다. 과연 엘니뇨가 3000년 전부터 더 잦아지게 된 이유는 무엇일까? 지난 8000년에 걸쳐 점점 쇠약해진 몬순과 엘니뇨의 발생 빈도 사이에 어떤 연관성은 없을까? 이와 관련하여, 불완전한 수준의 이해이긴 하지만 엘니뇨와 인도의 가뭄 현상이 연관되어 있다는 사실을 우리는 알고 있다.[20] 3000년 전 엘니뇨가 빈번해지기 시작했던 무렵을 살펴볼 때, 최초의 페루 문명이 붕괴되었고 몇 세기 지나서 정치 체제가 완전히 다른 도시형 구조를 선보였다는 사실은 시사하는 바가 매우 크다.

이제부터 우리는 구세계와 신세계 간의 유사점과 차이점을 모두 확인하게 될 것이다. 최근에 발생한 기후의 대변화로 인하여 양쪽 반구에서는 도시 문명(원시 문명)들이 나타났고 또 사라졌을 것이다. 서로의 기후 현상은 다르게 나타났고, 어떤 연결고리가 있었다 해도 발생 기간이 달랐을 것이다. 구세계 사람들은 몬순의 세력이 약화되자 집단을 형성하고 건조 현상에 대처할 수 있는 관개 기술을 개발했다. 그러나 시간이 흘러 건조 현상이 더 심해지자 당시의 도시국가 형태로는 상황을 극복할 수 없게 되었다.

거대한 단절

한편 신세계에서 엘니뇨는 마을과 신전을 건립하는 계기가 되었으며 집단 숭배 형식으로 대처하도록 이끌었으나, 재해가 너무 빈번해지자 마을과 신전만으로는 극복할 수 없게 되었다. 그런 혼란이 잦을수록 사람들은 엘니뇨가 파괴한 것을 재건할 필요가 없다고 결론지었다. 이러한 분란은 후기 발전에서도 반복적으로 나타났다.●

태평양이 아닌 태평양

신세계 문명에 깊은 영향을 끼친 다른 두 가지 지리적 요인이 있다. 잘 알려져 있듯이 지구 표면은 방대한 널빤지와 같은 구조판으로 이루어져 있고, 그 위의 대륙은 매년 몇 센티미터의 속도로 구조판과 맨틀 위를 이동하고 있다. 이 판들이 서로 만나는 곳에서 화산이 일어나며, 판들이 서로 부딪칠 때 여러 차례의 지진이 발생하기도 한다. 지진으로 인한 에너지의 약 75퍼센트는 태평양판의 가장자리를 따라 방출되고, 23퍼센트는 지

● 이런 생각은 시카고대 사회사상학회 회장이며 UC버클리 동남아시아연구센터장이기도 한 폴 휘틀리의 세미나 논문에서 간접적이나마 뒷받침된다. 그는 저서 『사방의 중요성The pivot of the Four Quarters』(1971)에서 고대에 도시화는 오늘날과 다르다고 했다. 그가 연구했던 7개 문명 전체(메소포타미아, 이집트, 인더스 계곡, 북중국 평야, 메소아메리카, 중앙 안데스 및 서남 나이지리아의 요루바 지역)에서 초기 도시들은 예외 없이 이전에 '종교 의식의 중심지'였으며 훨씬 이전에도 특별한 점이 있었다. 도시들은 일련의 풍수학적인 검토가 이루어지고 난 후에 건립되었고, 우주의 형상을 모방한 건축물들이 지어졌으며, 성스러운 경험의 중요성이 강조되어 집단적인 사회 시스템이 구축되었다.[21] 그의 주장에 따르면, 실제로 도시의 시작은 부족의 성지로부터 비롯되었으며, 수메르의 성직자들은 아마도 '직접적인 자급 노동의 재미없는 일상으로부터 벗어난 최초의 인간들'이었을 것이다.[22] 기원전 3500년까지 장인丈人들은 별로 없었으며, 기록과 초기 달력 체계는 엘리트들의 응집력을 유지하기 위해 사용되었으나 정부 체제가 불안정하여 다른 집단이나 기후 변화에 따른 외부의 위협에 쉽게 무너졌다고 한다.

중해로부터 동쪽으로 뻗어 있는 지대에서 솟으며, 2퍼센트는 나머지 다른 지역에서 발생한다.[23] 〈지도 8〉을 보면 활화산의 범위와 최근 중요한 지진의 확산 그리고 활동적인 화산의 범위와 지진판의 배치를 알 수 있다.

대부분의 화산활동은 태평양의 가장자리(이른바 '화산대')를 따라 나타나고 있지만, 환태평양에 밀집된 물 밑 화산의 경우는 여기에 포함되지 않다. 지진과 화산활동은 조류의 흐름과 연관이 있으며 달에 의해 발생되는 중력과도 영향 관계가 있다. 또한 화산은 대략 4년 주기로 (북쪽) 겨울에 주로 발생하는 것으로 알려져 있다.[24] 물 밑 화산의 경우 엘니뇨와 화산활동은 관련이 있다. 즉 화산이 분출할 때 바다 속에서 방출되는 거대한 양의 열이 바로 엘니뇨의 방아쇠인 셈이다. 한편 화산활동의 수위를 가늠할 수 있는 형식으로 2001~2002년 동안 56곳의 물 밑 분출이 확인되었다.

더 구체적으로 논의해보자. 1981년 워싱턴의 스미스소니언협회에서는 톰 심킨의 주도로 지난 1만 년 동안의 화산에 대한 안내서이자 지명사전이며 연대기라 할 수 있는 책이 출판되었다. 이 책에서는 전 세계의 화산 1343곳에서 일어난 5564건의 화산 분출을 밝혀냈다.[25] 화산 목록은 새로운 게 아니었다. 세계 활화산에 대한 최초의 목록CAVW은 1951년에 출판되었으며, 1960년 이후부터 『화산 분출 보고서The Bulletin of Volcano Eruptions』를 통해서 내용이 갱신되었는데, 다만 스미스소니언협회의 출판물은 이전의 다른 출판물보다 400여 분출에 대한 추가 기록을 수록하고 있다. 스미스소니언협회에서 밝힌 바에 따르면 1400~1500년대의 중앙 및 남아메리카에서 발생한 화산 분출은 3건, 과테말라에서는 2건, 페루에서는 1건이다. 그런데 1500~1600년에 발생한 139건의 분출은 정확히 같은 지역에서 확인되었다. 현재의 지각이 천천히 이동하는 지리적 현상을 감안할 때 이와 같은 지역 간의 놀랄 만한 차이로는 갑작스럽게 지진활동이 46배나 증가한 것을 설명할 수 없다. 그러나 유럽인들이 신세계에 도착한 이후 화산 분출이 더 많이 기록된 것만은 틀림없다. 이 사실은 이탈리아의 기록에 의해 더욱 강화되었다. 이탈리아에서 특별히 화산활동이 많은 것은 아니지만(멕시코가 35건, 북칠레와 볼리비아가 57건인 데 비해 이탈리아는 18건에 불과하다), 1492년 전부터 지금까지 보고된 분출 건수 중에서는 최고의 기록이다.

환태평양 이외에도 강도가 세지는 않지만 넓은 활동을 보이는 두 지역은 동북아프리카의 리프트 벨리와 지중해 동북 연안지대이다. 오스트레일리아와 아메리카의 동부 지역 그리고 중앙 및 북유럽, 러시아와 아시아(중국과 인도) 본토는 지진활동으로부터 비교적 자유롭다.

화산지대를 좀더 면밀히 들여다보면 서부 지역의 화산대는 아시아 본토를 따라 형성된 것이 아니라 반도와 그곳의 섬 위쪽, 예를 들면 캄차카, 일본, 필리핀, 인도네시아, 수마트라, 순다 및 뉴기니를 통과한다는 사실을 알 수 있다. 이는 화산활동이 대륙 본토에서 일어나며, 초기 문명이 형성되었던 동북 지중해 주변 그리고 중앙 및 남아메리카 내부와 겹친다는 사실을 의미한다.

느리게 변화되는 지질학적 흐름과 유럽인들이 도착한 이후에 화산활동이 중앙 및 남아메리카에서 더 많아졌다는 (더 정확하고 신뢰할 만한) 기록을 감안하면, 16세기의 139건이라는 수치는 거의 정확할 것으로 보인다. 이는 곧 37주마다 1회의 분출이 발생한 셈이다. 다른 방식으로 표현하자면 아즈텍 수도였던 테노치티틀란에서 동남쪽으로 70킬로미터 떨어진 곳에 위치한 포포카테페틀(나와틀 족의 언어로 '연기 나는 산'이라는 뜻)에서는 1591년, 1521년, 1523년에 육안으로 쉽게 확인할 수 있는 분출이 있었다. 또한 엘살바도르의 산타아나Santa Ana에서는 1520년과 1524년에 분출이 있었고, 니카라과의 화산에서는 1523년과 1524년에 발생했다. 사실상 중앙 및 남아메리카에서는 1554년에야 비로소 화산 분출이 없는 한 해를 보냈다. 한편 이탈리아에서는 화산 에트나Etna가 1500~1541년에 39번이나 분출했고 그 뒤 10년 동안 잠잠했다.

정복 시기에 라틴아메리카라고 불렸던 곳에서는 이전 수 세기 동안 문명이 크게 발달했던 세계의 본 대륙(해안의 섬과는 반대로)의 여느 곳보다 더욱더 많은 활화산이 있었다. 먼 곳으로 이동할 수 없었던 정주민들에게 지진과 분출 피해가 더 심각했다는 사실은 주목할 가치가 있다. 소규모로 고립된 채 살면서 감자나 마니오크, 옥수수에 의존했던 남아메리카 사람들은 특히 지진과 분출에 취약했을 것이다.

심지어 사화산死火山은, 안쪽으로 붕괴되면서 산사태를 일으키고 바다 근처에 해일을 유발하는 등 위험 요소가 다분했다. 최근 빙하기 말기에 화산을 덮고 있던 빙하가 얇아지면서 산 정상 분화구의 거대한 빙하 덩어리를 불안정하게 만들어 대형 산사태를 촉발했다는 증거를 찾았다. 로스앤젤레스에 근거지를 둔 환경 자문 회사인 엔트릭스의 대니얼 토미에 따르면 1만1000년 전쯤 칠레의 빙하 화산인 플란촌-페테로아Planchon-Peteroa 산에 산사태가 발생했다는 사실을 확인했는데, 그 분출로 100억 입방미터의 바위가 95킬로미터 밖으로 던져졌으며 370평방킬로미터의 육지가 흙먼지로 뒤덮였다고 한다.

이로 인해 라틴아메리카는 지금까지 고대 문명이 발생한 지역들 가운데 화산활동이 가장 많았다는 관점이 형성되었다. 고대 인류에게 화산 분출은 매우 신비스러우면서도 위험하고 무서운 것이었다. 태양을 가리고 어둠을 가져오며, 뜨거운 재를 넓은 지역에 흩뿌리고, 지진을 유발하며, 넓은 지역에 뜨거운 용암을 콸콸 쏟아내고, 자연을 파괴하며, 농작물과 가옥을 파괴시키고, 가끔 많은 사람을 죽게 만들었기 때문이다.

화산이 전적으로 나쁜 것만은 아니었다. 분출 내용물에는 식물에 필요한 포타슘과 인이 포함되어 있으며, 화산석이 노출될 때 다른 영양소도 함께 방출되기 때문이다.[26] 여러 초기 문명에서 흑요석은 광택이 나고 꽤 날카로운 단면을 지니는 재질 때문에 쓸모가 있었을 뿐만 아니라, 신비롭고 위협적인 화산활동을 연상케 하는 측면에서도 가치가 있었다. 화산활동이 그 주변에 살던 사람들의 신앙과 생활에 어떤 영향을 끼쳤는가를 살펴보는 것은 그리 어렵지 않다.(1943년 2월 멕시코 농부인 디오니시우스 팔리도가 자신의 옥수수밭에서 목격한 바에 따르면, 첫날 산이 9미터 정도 침하되는 것을 보았으며 일주일 동안 170미터 그리고 1년에 300미터 이상 침하된 수치를 확인할 수 있다. 결국 9년 동안 2000미터나 가라앉은 뒤 용암이 흘러내려 몇 개의 도시를 파괴했다.)[27]

고대인들은 이렇듯 적대적인 환경에 긴장하다 못해 몹시 불안했을 것이다. 그곳의 신은 결코 오랫동안 침묵하지 않았으며 자주 화를 내는 것처럼 느꼈을 것이며, 그에 수반된 벌로서 화산과 지진 같은 현상이 나타난다고 믿었을 것이다. 그들은 알 수 없는 힘에 의해 어떤 물질이 지하로부터 주기적으로 뿜어나오는 것을 보았고, 때로는 예고 없이 땅이 흔들리며 요동치는 것을 느꼈다. 오늘날 안데스에는 200~300개에 달하는 활화산이 있다. 1532년부터 대략 500번의 분출 현상이 있었으며, 2만5000명의 사람들이 희생된 것으로 추정된다. 멕시코와 페루는 지진이 발생하기 쉬운 지역으로, 특히 페루의 아레키파는 세기마다 한 번꼴로 지진이 발생하며, 멕시코의 남해안은 가장 위험한 위치라고 할 수 있다. 1985년 아카풀코에서 발생한 지진으로 300미터 떨어진 멕시코시티에서 4000명 이상의 사람들이 죽었다. 1995년과 1996년에는 포파카테페틀에서 다시 또 지진활동이 나타났다.

　이러한 현상들은 콜롬비아 정복 이전의 라틴아메리카 사람들에게 사상적·심리적 혼란을 유발했다. 그 결과에 대해서는 이 책의 뒷부분에서 탐색하고자 한다.

불을 품은 하늘

　문명이 발달한 신세계 지역에 극심한 영향을 끼쳤던 두 번째 기후 요소는 허리케인이었다. 집중 호우를 퍼부을 만큼 격렬한 이 폭풍은, 직경이 80~1600킬로미터나 되고 사이클론의 형태로 시속 130~200킬로미터의 바람을 일으키며 어느 방향으로나 뻗어나간다. 동태평양, 북대서양, 카리브 해안 및 멕시코 만에서 발생하는 허리케인은, 타인Tain 혹은 카리브의 신인 '우라칸huracan' 또는 마야의 폭풍 신인 '운라켄hunraken'에서 유래한 말이다. 타이노Taino 족(지금은 절멸된 중앙아메리카의 아라와크 인디언 부족—옮긴이)의 전설에 따르면, 창조신의 두 아들 중 하나인 과카르Guacar는 동식물을 창조하는 데 성공한 동생을 시기하여 자신의 이름을 후라칸Juracan으로 바꾸고 사악한 파괴의 신이 되었다고 한다.[28]

　스페인의 초기 정복 이후의 설명을 보면 토착 인디언들이 바람과 결부된 비를 얼마나 무서워했는지에 대해 묘사하고 있다. 번갯불이 빠르게 나타날 때 "하늘이 불로 가득한 것처럼 보인다"거나 몇 분 뒤에는 "짙고 무서운 어둠이 하강한다"라고 표현했다. "강하고 끔찍한" 바람은 땅 위의 큰 나무를 넘어뜨리고 벼랑도 붕괴시켰다.[29]

　〈지도 9〉를 보면 허리케인이 열대와 아열대의 드넓은 바다에서 생겨나고

육지에 닿으면 사라지는 것을 알 수 있다. 가장 빠른 속도를 보이는 곳은 메소아메리카, 북오스트레일리아 및 남인도 지역인데, 특히 해협이 좁은 메소아메리카는 양쪽 바다로부터 타격을 받으며 훨씬 더 큰 고충을 겪을 수밖에 없다.(오스트레일리아와 인도의 허리케인도 맹렬하지만 그들은 훨씬 넓은 대륙을 가지고 있다.) 메소아메리카의 몇몇 열대 우림지역에서는 허리케인이 매우 자주 닥치는 바람에 오히려 나무들은 강한 적응력을 키웠다. 예를 들어 나무들은 9미터 정도 자란 뒤에는 스스로 가지 끝을 끊어내며, 폭풍이 잠잠해진 뒤에 몸통에서 새로운 싹을 틔워낸다.[30]

티머시 플래너리의 설명에 따르면, 바람의 주요 요인은 북아메리카 지형이 '거대한 열이 나는 트럼펫'처럼 생긴 특성에 기인한다. 말하자면 북아메리카의 "가장 주요하고 분명한 특성은 기후로서, 매우 독특한 장소"라는 것이다. 뒤집어진 거대한 쐐기 모양의 북아메리카는 극지 쪽으로 6500킬로미터 너비의 깊은 바닥을 지녔으며 남쪽으로는 60킬로미터 너비의 좁은 폭을 지닌 반도이고, 적도에서 북위 8도까지는 남아메리카에 인접한 좁은 지협이 이어진다. 쐐기 모양의 동쪽 측면으로는 애팔래치아 산맥에 가로막혀 있고 서쪽으로는 로키 산이 놓여 있다. 이런 독특한 지형 때문에 육지는 바다보다 더 빨리 데워지고 더 빨리 식으며, 이로써 바다보다 더 다양한 기온 형태가 나타난다. 북아메리카는 남북으로 뻗은 산맥에 의해 깔때기 모양으로 형성된 광활한 지역으로, 겨울에는 대륙의 북쪽 지대까지 형성된 초강력의 냉기가 쇄도한다. 여름에는 멕시코 만 근처의 대기층을 데운 공기가 맞은편의 먼 북쪽까지 열대성을 운반한다. 즉 단기간에 대륙의 기온이 믿을 수 없을 정도로 극심하게 변화하며, 북쪽에서 형성된 난기류의 냉기가 남쪽의 뜨거운 토네이도로부터 형성된 바람과 충돌하게 되는 것이다. 플래너리는 이런 현상이 북아메리카에 막대한 영향을 끼쳤다고 주장한다. "전 세계 90퍼센트의 토네이도는 로키 산과 미시시피 강 사이에서 기원하여 남아메리카에서 발생한다." 이 현상으로 우리는 두 가지 부분을 주목해야겠다. 하나는 '기후적 트럼펫'의 특성으로 인해 화산이나 허리케인 및 엘니뇨 그리고 멕시코 만 근처에서 형성되는 바람은 더 격렬하고 예측하기 어렵다는 것이다. 이에 따라 기후학적으로 메소아메리카는 세계에서 가장 도발적인 지역이라고 할 수 있다. 두 번째는 북아메리카의 다양한 기후가 선인장의 진화에 기여했다는 점이다. 선인장은 신세계의 독특한 요소로, 그 의미에 대해서는 다음 장에서 살펴볼 것이다.[31]

당시 태평양은 그 자체로 구성되어 있었다. 〈지도 8〉에서 알 수 있듯이, (지질구조적으로) 태평양 판은 거의 태평양 전역을 덮고 있다. 판 자체의 두께는 10킬로미터 이상이며, 판 위로는 평균 4000미터 깊이의 바다가 있다. 해와 달이 동쪽에서 떠오를 때의 중력으로 인해 아메리카 해안으로 많은 양의 물이 유입된다. 해와 달이 서쪽으로 기울 때 역시 많은 양의 물이 남태평양 섬과 아시아 국가들 쪽으로 유입된다. 이렇게 반복적으로 바닷물이 옮겨감에 따라 태평양 판은 진동하며 늘어나게 되었다. 그 외에도 서쪽 태평양 판은 아시아 대륙 밑에서 힘을 받고 있으며, 동쪽 태평양의 나스카 판은 이러한 일상적인 움직임으로 남아메리카 대륙 밑에서 힘을 받고 있다. 나스카 판과 태평양 판은 사실 지구의 해저에서 가장 빨리 늘어나는 판이다. 이로써 이 지대는 지구상에서 가장 불안정한 구조를 띠게 되며, 다른 어떤 대륙보다도 극심한 지진과 화산활동을 일으킨다는 사실을 알 수 있다.

이 장은, 신세계 문명이 발전했던 지역의 신들이 지구상 그 어떤 곳의 신보다도 더 폭력적이고 더 파괴적이었다는 '원시적' 사고를 강조하면서 마무리 짓고자 한다. 남아메리카와 메소아메리카의 초기 거주민들은 자연재앙과 재난을 비유할 만한 상황은 아니었겠지만 자신들의 경험을 종교적 색채에 부여하거나 독특한 특징을 만들기에는 충분한 능력을 지니고 있었다.

몬순과 종교

세계의 기후와 신에 대하여 좀더 언급할 필요가 있을 듯하다. 예컨대 신에게 비를 내려달라고 기원하거나 농작물과 가축을 지켜달라고 기원하는 것은 아시아만의 독특한 현상이 아니었지만, 비 또는 큰 강의 존재를 신으로 숭배한 곳은 아시아(유프라테스의 좁은 지역)가 유일하다.[32] 특히 몬순으로 강물이 채워지는 갠지스 강이 이에 해당되는데, 인도인들이 신성히 여기는 이 강은 자신들의 유해를 뿌리는 순례의 장소다. 갠지스 강은 하반신이 물고기 꼬리인 아름다운 강가Ganga 여신으로 의인화되곤 하는데, 그녀는 악어와 비슷하게 생긴 수중 괴물 마카라Makara를 타고 다닌다.(앞 장에서 전염병을 퍼뜨리는 악어에 관한 민담을 언급한 바 있다.)[33] 강가의 기원에 대해 내려오는 몇 가지 전설 중에는 그녀가 산의 왕인 히마반Himavan의 딸이었다는 설이 있다. 이에 따라 일반적으로 몬순에 의해 물이 채워지는 강(물론 물의 근원은 산이지만)은 죽은 자의 영혼을 정화시키는 강으로 간주되어 왔다. 갠지스 강에서 이루어지는 가장 큰 종교 의식은 3년에 한 번씩 치르는 목욕 의식으로, 쿰 멜라Kumbh Mela 기간에 이루어지며 오늘날까지도 5000~7000만 명에 달하는 사람들이 참여한다.

또 다른 강의 여신은 앞 장에서도 언급되었던 사라스바티다. 그녀는 학습·교육·예술·기술의 여신으로 추앙받는다. 브라마 신의 배우자이며 모든 지식의 근원인 이 여신의 이름은 '물 흐르는 소리'를 의미한다.[34]

인도의 한 해는 추운 달과 더운 달 그리고 우천의 달로 나뉘며, 인도인들은 몬순(카투르마사caturmasa 혹은 '넉 달') 기간을 이용하여 자신들의 다양한 신앙 체계를 설명한다. 예컨대 몬순 시즌은 비슈누 신(힌두교의 최고의 신으로, 그 어원은 동사 'vis'에서 비롯되어 '널리 퍼지다'라는 뜻을 지닌다)이 잠들어 있는 시기와 일치한다. 몬순 기간인 넉 달 동안 비슈누는 잠을 자기 위해 바다 밑으로 내려가기 때문에 결과적으로 카투르마사caturmasa 기간에는 육지의 수호자가 없는 상태로 악마의 수중에 들어가게 된다. 이 전설은, 몬순이 많은 농부에게 생명을 부여하는 기회이자 위협을 주는 대상이라는 상징성을 명확히 반영한다. 이런 이유로 몬순 시즌의 끝은 축하의 시간이 되기도 한다.

이 정도로 기후와 종교 간의 연관성에 대한 모든 것을 제시할 수는 없을 것이다. 기원전 8000년 이후에 나타난 몬순의 엄청난 가변성은 더 많은 숭배의 요구를 의미하는 것으로 보인다. 여러 학자는 몬순 시스템 아래 열대 우림 기후가 형성되었으며, 어느 곳에나 생명체가 풍성한 이 지역에서는 다신교가 유리할 수밖에 없다고 주장한다. '생명 그리고 탄생의 순환이 가득한 열대 우림에서는 삶과 죽음이 무한히 반복된다'는 이들의 믿음은 유대교나 기독교 및 중동의 사막에서 진화된 이슬람교의 유일 신앙과는 대조적이다. 사막이라는 황무지에서는 생명체가 생존하기 어려우며, 그러한 논리로부터 신이 무無에서 생명체를 만들어낸다고 믿었다. 열대 우림 지역에서 인간은 자연에 대한 깊은 존경을 지닌 채 비옥한 세계의 작은 일부로 존재할 수 있었지만, 사막에서는 자연을 정복해야 했다.(『성경』「창세기」를 보면 신은 인간에게 동물에 대한 '지배권'을 부여했다.)[35]

그렇다면 기원전 8000년 이후로 유라시아의 건기가 길어진 현상 또한 종교에 영향을 끼쳤다고 볼 수 있다. 숲이 줄어들면서 장기간에 걸쳐 샤머니즘은 다신교나 일신교로 변화한 것이다. 클리프트와 플럼의 말에 따르면, 숲이 줄어드는 현상이 두드러졌던 지중해 지역에서는 특히 비의 신 또는 폭풍의 신이 우세했다. 하다드Hadad와 바알Ba'al 신은 셈 족에게 중요한 폭풍의 신이며, 아카드의 신인 아다드Adad와도 관련이 있다. 아나톨리아의 폭풍의 신 테슈브Teshub, 이집트의 신 세트Set, 그리스의 신 제우스Zeus, 로마의 신 주피터Jupiter는 모두 주요한 하늘의 신이거나 비와 폭풍의 신들이다. 하늘의 신으로부터 일신교로 변화된 과정은 힌두교라는 다신교로 변화되는 과정보다 더 빠르게 진행된 것 같다. 힌두교에도 바루나Varuna라는 하늘의 신이 있고 바다와 비의 신도 있었는데, 둘 다 강력한 힘을 지녀서 언제든 파괴적일 수 있었다.[36] 이 부분에 대해서는 나중에 분명히 밝힐 것이다.

동–서 지형이 더 유리한 까닭

기후의 중요성 외에도 구세계와 신세계 사이에는 거주민들의 발전에 심오한 영향을 끼친 몇 가지 체계적인 차이가 존재했다. 어떤 것들은 지리적인 면에서, 다른 것들은 생물학적인 면에서 나타났다.

본론으로 들어가기 전에 먼저 지도에 나타난 다른 특성을 살펴보기로 하자. 최근 호세 데 아코스타, 빌헬름 헤겔과 재러드 다이아몬드가 상세히 지적했듯이, 기본적으로 아메리카 대륙은 아프리카 대륙보다 정도는 덜하겠지만 북–남 형태의 땅덩어리이며, 반대로 유라시아는 기본적으로 동–

서의 형태를 이룬다. 이제 본론으로 들어가기에 앞서 1492년 이전부터 근대에 이르기까지 전 세계에 걸쳐 발전했던 주요 문명들의 지리적 확산을 검토해보기로 하자. 지도를 참고하면 그 관찰의 내용은 명확해진다.

주요 문명의 확산은 우연과는 거리가 멀다. 구세계의 인상적인 문명은 대략 북위 7~50도 사이에서 확산되었으며, 열대와 온대 양쪽에 걸쳐 있다. 이와는 반대로 고대 주요 아메리카 문명(차빈Chavin·모체Moche·올메카Olmec·마야Maya·톨텍Toltec·잉카·아즈텍 등)은 모두 남위 18도와 북위 25도 사이에서 형성되었다. 초기 문명의 전반적인 북-남 확산은 두 반구(각각 위도 43도)에서 꽤 비슷한 양상을 보이지만 아메리카 문명은 전적으로 열대 내부에서 펼쳐졌다. 이 사실에 내포된 내용을 간단히 살펴볼 것이다. 사실 전반적으로, 구세계에 확산된 문명은 신세계 문명보다 훨씬 더 높은 수준을 보인다. 동-서 2000킬로미터, 남-북 4800킬로미터, 면적 4250만 제곱킬로미터인 아메리카에 비교했을 때 유라시아는 동-서 1만3700킬로미터, 남-북 4800킬로미터, 면적 5490제곱킬로미터로, 그 고유한 규모 자체가 우세한 이점이었다.

주로 '문명'이라는 단어는 큰 공공건물이나 기념비적인 예술 혹은 관개 시설의 출현에 대해서라기보다는, 어느 지역이 주요 식량 생산지로서 독립적으로 형성된 경우에 언급되곤 한다. 구세계에서 식량 생산은 다른 지역으로 빠르게 확산되었지만 동물의 사육이나 식물 재배는 독립적으로 한정되었다. 식량 생산의 확산 경로는 주로 서남아시아에서 유럽·이집트·북아프리카·중앙아시아 및 인더스 계곡까지, 또한 사헬과 남아프리카에서 동남아프리카까지, 중국에서 열대 동남아시아·인도네시아·한국 및 일본까지, 마지막으로 메소포타미아에서 북아메리카까지의 경로를 나타낸다.[37]

이러한 전 세계적 확산이 일시적으로 이루어진 것은 아니다. 쉽게 설명하자면 우리가 동쪽에서 서쪽으로 여행하는 경우보다 북쪽에서 남쪽으로 여행할 때 날씨와 온도, 낮의 길이 및 토양 환경의 차이를 더 분명히 느끼는 것처럼, 남-북 확산은 동-서 확산보다 더 더디고 어려울 수밖에 없다. 이러한 관점에서 재러드 다이아몬드는 화려한 문명이 어떻게 실패했는지를 설명했다. 그 예로서 미국 서남쪽으로부터 북아메리카 캘리포니아 지역까지 농경과 가축이 전파되지 못했고, 뉴기니와 인도네시아의 농경과 가축 또한 오스트레일리아까지 이르지 못했으며, 남아프리카의 나탈Natal 주에서 케이프까지 농사가 확산되지 못했음을 밝혔다.

이뿐만이 아니다. 기본적으로 남-북의 지형 때문에 신세계의 농사와 문화적 확산이 더 원활하지 못했다는 분명한 증거들이 있다. 예컨대 안데스 산 고지대의 야마, 기니 돼지, 감자는 멕시코의 고지대로 유입되지 못했으며, 메소아메리카와 북아메리카에서는 개를 제외한 가축을 키우지 못했다. 메소아메리카의 사육 칠면조도 남아메리카나 미국 동부로 유입될 수 없었다. 중동에서 기원한 알파벳이 인도네시아에 이르기까지 먼 거리의 구세계 전역으로 확산된 반면, 메소아메리카의 기록 체계는 안데스 산맥까지 전파되지 못했다. 무엇보다도 가장 중요한 것은 "메소아메리카에서 물건의 한 부분으로 발명된 바퀴가 안데스에서 길들여진 야마에게 적용되지 않았다"는 점이다.[38] 로마인들은 중국에서 복숭아와 감귤류 과일을, 인도에서 오이와 깨를, 중앙아시아에서 대마와 양파를 수입하여 재배했으나, 신세계의 경우 북아메리카의 해바라기는 안데스 산맥까지 확산되지 않았다.[39]

흡연 습관도 또 다른 예가 된다. 처음 멕시코에서 만들어졌던 담배는 기원 후 1000년에 미시시피와 애팔래치아 산맥을 가로질러 (물론 그다음에는 유럽으로) 전파되었지만 페루까지는 전해지지 않았으며, 페루의 주민들은

1532년까지도 여전히 코담배를 애용하고 있었다. 뿐만 아니라 상형문자와 (0을 포함한) 숫자의 발명 그리고 마야 성직자들이 고안해낸 놀라우리만큼 복합적이고도 정확한 달력은 1000년 이후까지 페루 제국에 도달하지 못했다.[40]

재러드 다이아몬드와 그의 동료들은 고대 식량 생산 기술이 지구 여러 지역으로 확산된 속도를 조사하기 위해 꽤 많은 곳을 돌아다녔다. 그 결과로, 서남아시아 서쪽에서 유럽까지 그리고 동쪽의 인더스 계곡까지 전파된 농작물 재배는 매년 약 1100미터의 속도로 퍼져나갔음을 알아냈다. 필리핀 동쪽에서 폴리네시아까지의 확산 속도는 훨씬 더 빨라서 매년 5120미터로 진행된 것으로 보인다.(거리의 대부분이 바다이기 때문이다.) 신세계의 메소아메리카나 안데스와 아마존 지역에서 시작된 옥수수 재배가 나타난 시기는 약 5500년 전으로, 매년 800미터 이하의 속도로 미국 서남 지역까지 확산되었다. 페루에서 에콰도르까지 야마가 확산된 것은 그보다 좀더 느린 매년 320미터의 속도였다.[41]

아메리카에 여러 종류의 언어가 존재한다는 사실도 같은 맥락에서 설명할 수 있다. 1492년 당시 신세계인들은 30여 종족으로 구분되며 약 2000개의 언어를 사용한 것으로 추산된다. 이러한 엄청난 다양성(오늘날 전 세계의 언어는 약 6000개로 파악된다)은 동아시아의 어떤 곳에서 출발하여 신세계의 인구를 형성한 한정된 인종 군에 의해서 1만5000년 동안 진화해왔다는 사실을 뒷받침한다. 이는 또한 신세계의 사회가 구세계와는 다르게 발전했음을 반영한다. 아리아어, 셈족 언어, 반투어 및 중국어에서 그러하듯 구세계에서의 '언어 확장'은 시간이 지날수록 사용자가 적거나 세력이 약한 여러 언어를 사멸시키는 식으로 진행되었다. 그러한 현상이 일어난 이유와 신세계에서는 발생하지 않은 이유, 다른 발전 내용과도 일치하

거대한 단절

는지에 대해서는 다음 장에서 살펴볼 것이다.[42]

신세계에 나타난 엄청난 언어적 다양성으로 인해 당시 제한된 지리적 영토 안에 고립된 작은 사회가 많았음을 짐작할 수 있다. 또한 이러한 언어적 모자이크에 변화를 일으킬 만한 전쟁이나 정복 전쟁이 드물었음을 암시한다.(잉카는 예외적이다.) 이렇듯 고립된 사회들은 짧은 기간에 걸쳐 다른 방언, 상호적 이해가 불가능한 언어를 자체적으로 발전시켜왔으며 이로 인해 그들의 고립은 더 강화되었을 것이다.

지도로부터 참고할 수 있는 두 번째 작업은 주요 구세계 문명(아시리아, 로마 제국, 모헨조다로, 굽타 왕조, 한漢 족과 기타 등등)이 모두 위대한 동─서 경로를 따라 발전했으며, 서쪽에서 동쪽으로는 지중해, 수에즈─홍해 지협, 메소포타미아의 티그리스와 유프라테스 강, 아라비아 만, 미얀마와 타이, 동남아시아 제도와 중국까지 이르는 경로를 나타낸다. 이러한 해안과 강 또는 해협을 항해하는 데는 대단한 용기와 담력이 요구되지도 않았다. 사실 지브롤터 해협(북위 36도)과 싱가포르 해협(북위 1도) 사이를 연결하는 1만6000킬로미터 이상의 이 '경로'는 지속적이고도 편리한 여행 통로였다. 순조로운 바람이 바다 여행을 도왔을 것이며 물도 풍부하여 강물이 다른 통로로 빠져나가도 어려움이 없었다. 이 경로는 무역과 상호 교류에 기여한 자연 자원으로, 신세계에는 이와 비슷한 것이 없었다. 동─서 경로는 항해기술의 확산 유형 및 특정 신화의 분포와 연결되며 〈지도 4〉에서 확인할 수 있다.

말이 처음으로 사육되었던 유라시아의 스텝 지역 또한 동─서 지형이다. 이 지역이 세계 역사에 끼친 영향은 일반적으로 평가되는 그 이상의 가치를 지닌다. 세계 스텝의 규모는 〈지도 4〉에서 확인할 수 있는데, 특히 지중해 지역을 주목할 필요가 있다. 지중해는 동─서 지형을 이루는 육지로 둘러싸여 있고 열대고도에 위치하며, 인류의 발전과 관계된 지역 중 지구상에서 가장 호혜적인 특성을 갖추고 있다. 예컨대 지중해에는 많은 반도, 만, 해협이 발달되어 있어 생물학적으로 풍부할뿐더러 거주자들에게도 장소성이 강한 곳으로서 상호 경쟁과 교류를 촉발했다. 또한 지중해 안에는 많은 섬이 있고 그중에는 꽤 커다란 섬도 있는데, 각각의 지리적 특색과 더불어 독립성을 갖춤으로써 독특한 전통 문명(멜로스 섬의 흑요석, 리파리 섬의 백반, 시실리의 황, 레모스 섬의 치유력을 지닌 흙)을 발전시켰다.[43] 페레그린 호든과 니컬러스 퍼셀이 언급했듯이, 지중해의 우위성을 보여주는 이러한 중요한 특질 때문에 이곳의 '접촉성'은 더욱 고무되었다.

해상 여행이 육로 여행보다 훨씬 더 빠르고 저렴했을 당시 사람들은 교역 물건을 배에 싣고 왕래했다. 그 결과 고대의 섬에는 지금보다 훨씬 더 많은 인구가 거주했으며, 그러한 사실은 지중해의 여러 섬에 비교적 많은 인구가 살았음을 의미한다.[44] 또한 대부분의 지중해에서는 많은 산으로 경계를 이루고 있는 육지를 육안으로 확인할 수 있다는 점이 접촉성을 도왔다.

그런가 하면 다른 장점도 있었다. 잘 부패되지 않는 음식(곡류·치즈·오일·와인)을 생산하여 교역을 활발하게 했다는 점이다. 지브롤터 해협이 협소한 탓에 지중해에서 큰 흐름을 만들지는 못했지만, 이 해안가에서 비교적 많은 소금이 생산된 덕분에 육류 제품의 보관도 가능했다. 또한 바다로 빠져나가는 강물의 흐름 덕분에 곡식을 키울 만한 충적토 습지가 충분히 만들어졌다.[45]

삼각주와 질병

거시적으로 볼 때 구세계에서는 적어도 네 개의 강이 위대한 문명을 낳는 데 이바지한 것으로 보인다. 나일 강은 파라오의 이집트 문명에, 티그리스-유프라테스 강은 아시리아·바빌론 문명에, 인더스·사라스바티 강은 모헨조다로·하라파 문명에, 양쯔 강은 한漢의 문명에 기여했다. 그중에서 이집트의 나일 강은 남쪽에서 북쪽으로 흐른 반면, 대체로 바람은 북쪽에서 남쪽으로 불어서 양방향 운항을 수월하게 했다. 이와는 대조적으로 신세계에서는 그 어떠한 강(세인트로렌스 강, 미시시피 강, 마그달레나 강, 오리노코 강, 아마존 강, 파라과이 강, 라플라타 강)도 주요 문명과는 관계가 없다. 물론 강 일대에도 마을은 형성되었다. 뿐만 아니라 미시시피 강 유역의 카호키아Cahokia 족은 기념비적인 건축물을 세우기도 했지만 대체로 신세계의 큰 강은 대문명과는 관계가 없었다. 이런 특별한 차이는 9500~8000년 전에 대륙붕 위까지 해수면이 상승하여 세계 전역에 삼각주가 형성되었다는 사실과 매우 긴밀한 연관이 있을 것이다. 다시 말해 바다 수위의 상승으로 강의 경사가 낮아짐으로써 바다로 향하는 강물의 속도는 느려졌을 것이고, 이에 따라 강은 더 많은 곡류曲流 또는 토사를 형성하는 등 물이 이동하는 데 큰 교란이 발생했을 것이다. 운하의 갑작스런 경로 변화에는 위험한 요소가 수반되었겠지만 삼각주는 기름진 충적 평야를 형성했으며, 이 과정은 메소포타미아, 인도의 갠지스, 이집트의 나일, 타이의 짜오프라야, 보르네오의 마하캄, 중국의 양쯔에서 현저했다.[46] 이렇게 형성된 삼각주 혹은 범람원은 구세계에서 재배되는 주요 식물 종에는 호혜적인 환경을 베풀었으나 신세계에서는 그렇지 못했다. 이러한 지형적 구도는 각각의 농업과 문명의 발전에 지대한 영향을 끼쳤다.

지리적 요소와 기후적 요소는 문명의 토대라 할 수 있다. 앞으로 좀더 상세하게 살펴보겠지만, 구세계의 동-서 경로는 여러 지역 간에 사람, 물품, 질병 및 사고의 이동에 기여한 반면, 신세계에서는 태평양 연안의 낮은 수온이 수많은 어류와 수중 생물을 끌어들여 풍부한 수생 환경을 조성함으로써 특유의 발전 형태를 이끌었다. 그러한 부분을 관찰할 때 복잡한 그림을 지나치게 단순화하지 않도록 주의해야 하겠지만, 두 반구 사이에 물과 관련된 차이는 농업으로부터 종교에 이르기까지 모든 면에 영향을 끼쳤다. 삼각주(충적토, 범람원)의 발달은 바다와 해양 근처의 해안 문명이 발달하는 것을 향상시켜서 교역, 인류 및 사고의 이동을 수월하게 해주었다.

뿌리, 종자, 가축의 이례적인 분포

지리적 차이는 근본적으로 두 가지 요인을 바탕으로 형성된다. 우선 식물의 측면을 볼 때 구세계와 신세계는 본질적으로 다르다. 세계 전역에서는 두 가지 유형의 재배 방식이 다른 지역분포를 지닌 채 각각 발전해왔는데, 그 두 가지 유형이란 바로 종種 배양과 영양 번식 재배다.

    종 배양은 밀·귀리·보리·수수·쌀·옥수수와 같은 풀 또는 곡류 종자에 의해 재생산되는 작물을 기르는 것을 의미하며, 이중 옥수수를 제외하고는 구세계에 서식하는 토착 식물이다. 반면 영양 번식 재배는 마니오크·감자·참마 등의 구근류를 재배하는 것을 말한다. 구근류가 신세계에만 국한된 것은 아니지만 아메리카는 참마·칸나·마니홋·고구마를 비롯한 다양한 뿌리 식물들의 본산지일 뿐 아니라 감자·오카·울루코·아라카차·아누와 같이 서늘한 산악지대에 적합한 농작물의 본산지이기도 하다. 〈지도 3〉을 보면 전 세계에 두드러진 두 종류의 상이한 분포를 확인할 수 있다.

결과적으로 종 배양은 좀더 건조한 열대, 아열대 및 온대에서 주로 재배되었고, 영양 번식 재배는 열대 지방에서만 재배되었다.(중동과 중국에서의 구근류 재배는 무시해도 좋을 정도다.)[1]

이 두 종류의 식물(곡류와 구근류)은 각기 두 가지 방식으로 경작되었는데, 이른바 밀파milpa 경작과 코누코conuco 경작이다. 밀파 경작은 씨앗에 적용되는 것으로 화전 농업과 관계된다. 즉 경작지인 들판을 만들기 위해 초목을 베어내고 불을 지른 다음 씨앗을 심는 방식이다. 뿌리 작물의 경작 방식인 코누코는 종종 밭두둑을 만들어 그곳에 잘라낸 줄기 또는 식물의 특정 부위를 심는 것이다. 코누코 경작에 화전의 기술이 적용되기도 하지만 한 장소에 심은 구근류는 몇 년 동안 계속 경작되었다.

전 세계에 걸친 작물 분포와 경작 방식의 상이성 외에도 구근류와 씨앗 채소들 간에 주요한 세 가지 차이가 존재한다. 우선 구근류는 땅 밑에서 자라기 때문에(또한 열대성이기에), 그 위의 땅에서 자라는 다른 식물들이 덮개 역할을 해준다. 이는 그 식물들이 자라는 토양이 바람에 의해 침식되는 경우가 훨씬 덜하다는 사실을 의미하며, 따라서 토양의 풍부한 영양분이 보존될 수 있다. 게다가 구근류는 연중 내내 수확이 가능하며 곡류처럼 단번에 수확할 필요가 없다. 이처럼 한 번의 수확으로 비옥한 토양이 유실될 일이 없으므로 토양은 늘 질 좋은 상태가 유지된다. 이후에 살펴볼 예정이지만, 이 차이는 의례나 종교 차원에도 영향을 끼친다.

구근류와 곡류의 두 번째 차이는, 열대 식물 구근류가 우기와 건기가 뚜렷한 생태학적 체계에 잘 맞으며, 그러한 환경에서는 건기에도 식물이 계속 자라도록 충분한 영양분이 저장되어야 한다는 점이다. 이에 따라 구근류는 건기 동안 녹말을 만들어내는데, 사람들은 그 식물의 녹말 내용물을 섭취하게 되는 것이다. 반면 곡류에는 풍부한 단백질이 함유되어 있다.

밀과 보리의 여러 종류는 8~14퍼센트 정도의 단백질을 함유하고 있으며 콩 종류는 20~25퍼센트까지 된다. 그러나 쌀과 옥수수, 구근류에 포함된 단백질은 훨씬 낮다.(예를 들어 타로에 함유된 단백질은 1퍼센트 정도다.) 구근류를 주식물로 삼았던 사람들은 단백질을 보충하기 위해 다른 방법, 즉 동물 사냥을 선택했다. 어떤 학자들은 특정한 부족의 경우 단백질을 섭취하기 위한 방법으로 식인주의가 나타났다고 주장한다.(이 과정은 '단백질 포획'으로 알려져 있다.)[2]

이 모든 결과는 중요하다. 우리는 세계의 몇몇 지역(캘리포니아, 오스트레일리아, 아르헨티나 팜파스, 서유럽)에서 채소가 자생적으로 자랄 수 없었다는 사실을 떠올릴 필요가 있다.[3] 이러한 지역에서는 기본적으로 구근류가 곡류보다 더 안정적인 작물이었고, 구근류가 자라는 토양은 곡류 농사를 짓는 곳에 비해 황폐해지는 속도가 더뎠다. 반면 곡류 농사로 인해 경작자는 초기의 휴경지가 다시 비옥해질 때까지 새로운 땅을 찾도록 만들어야 했다. 이러한 사실들을 종합할 때, 새로이 확보한 땅에는 종자 번식이(종자가 큰 밀이나 쌀 또는 종자가 작은 수수도 모두) 더 적합해 이 방식이 확산되면서 대조적으로 영양 번식은 거의 시도되지 않았을 것이다. 세계의 몇몇 지역(동남아시아와 서인도)에서는 확산된 종자 번식이 영양 번식을 압도했다.[4] 반면 영양 번식은 강둑 근처나 해안 혹은 대초원 주변에서 주로 시도되었으며, 초기 인류는 구근류에서 녹말을 섭취하고 사냥(혹은 낚시)을 통해 단백질을 보충했다. 결국 영양 번식에서 토지의 비옥한 정도나 성장 주기는 별 문제가 아니었으며, 이러한 성향이 그들의 종교에도 영향을 주었다.

초기의 식물 재배에 대해 좀더 살펴보자면, 한 종류의 식물만 경작한 것이 아니라 소수의 식물군을 함께 재배하는 경향을 보였다. 그러한 '식물군'의 예를 들자면 중동에서는 보리, 완두콩, 렌즈콩과 밀이 주요 작물이었다. 농사는 이른바 '비옥한 초승달' 지역(팔레스타인·요르단·이스라엘·터키·이라크 지역)에서 발달했다. 이는 그곳의 고도, 지중해성 기후, 산의 영향으로 야생에서 자라는 식물을 수확하기가 어려웠기 때문이다. 말하자면 식물이 다 자라면 사람들이 경사진 산을 오르내리며 수확해야 했다. 재배되는 곡물이 있음에도 다른 식물군을 함께 재배하게 된 이유는 단백질이 풍부하지 않았기 때문으로, 앞서 언급했듯이 단백질 함유량이 25퍼센트까지 육박하는 콩류(주로 완두콩과 렌즈콩)를 통해 단백질이 보충될 수 있었다.(또한 아마flax도 주요 작물로 포함되었으며, 아프리카에서의 라피아 야자 섬유와 인도의 면과 더불어 섬유의 원료로 쓰였다.) 재러드 다이아몬드가 지적했듯이 곡류와 더불어 콩류는 "많은 영양분을 제공하여 균형 잡힌 식단으로 손색이 없었다."[5] 같은 방식으로, 중국에서는 섬유를 위한 마와 함께 쌀, 수수 및 대두(이 콩의 단백질 함유량은 38퍼센트나 된다)가 주요 '식물군'으로 구성되었고, 메소포타미아에서는 면, 유카 그리고 섬유를 위한 용설란·옥수수·콩·호박이 주요 작물을 이루었다.

곡류 재배와 구근류 재배는 세 가지 주요한 차이점이 있다. 하나는 곡류의 빠른 성장으로 비옥한 땅이 빨리 황폐화되었기 때문에 인류는 계속 새로운 경작지를 찾아야 했고, 그러한 움직임은 빠르게 진행되었다. 곡물 경작의 초기 연대는 1만5000년 전쯤이며, 지역은 서남아시아의 비옥한 초승달 지대였다. 비옥한 초승달 지역의 농작물과 동물은 초기 인류의 기본 욕구, 즉 영양과 의류의 공급, 수송 등의 요소를 충족시켜주었다.[6] 이러한 흐름은 기원전 8500년까지 그리스로 확산되었고 기원전 7000년 무렵에는 독일까지 전파되었다. 중국으로 확산된 시기는 기원전 9500년이었고 기원전 9000년에는 인더스 계곡, 기원전 8000년경에는 이집트까지 확산되었다. 북아메리카 동부에서는 기원전 4500년~기원전 3500년 무렵에 네 종류의 식물이 재배되었는데, 이는 비옥한 초승달 지역에서 밀과 보리가 재배된 것보다 6000년이 뒤진 시기였다. 그러나 재배 식물로는 영양이 충분치 않았기 때문에 토착 아메리카인들은 야생 포유동물과 물새 등의 야생동물을 사냥하여 보충해야 했다. 이후 기원전 2500년~기원전 2200년 전까지도 농사만으로는 생활을 영위하기 어려웠으므로, 더 많은 종자번식 작물(마디풀knotweed과 카나리새풀maygrass)이 식단에 추가되었다. 이 작물들의 단백질 함유량은 밀(8~14퍼센트)이나 옥수수(9퍼센트)에 비해 다소 높은 17~32퍼센트였으나 보리와 쌀에 비하면 저조했다.[7] 미국 동부의 환경은 토양이 비옥하고 강수량이 적당해서 농작물을 재배하는 데 문제될 것이 없었지만, 이 지역의 문명은 '비옥한 초승달' 지역에서 촌락 생활이 시작된 지 9000년 후인 기원전 200년~기원전 400년에 전성기를 이루었다. 다시 말해 기원전 400년부터 비로소 멕시코 작물 삼총사(옥수수·콩·호박)는 미시시피의 문명 도시가 형성될 수 있을 만큼 충분한 양이 생산되었다. 그러나 미국 동부의 토착 아메리카인들은 지역에서 자생되는 야생 콩, 섬유 작물이나 과일 혹은 견과류 나무를 재배하지는 않았다.

신세계에서 작물 재배가 늦어진 데에는 여러 이유가 있다. 10장에서 연구하게 될 옥수수의 전파 경로도 그중 한 원인이었다. 반면 구세계에서는 여러 요소의 연동 작용으로 곡류 재배의 효율성 있는 전파가 촉구되었다. 앞서 살펴보았듯이 곡류는 주기적으로 강물이 범람하는 지역(간혹 삼각주 근처나 비교적 새로 생긴 삼각주) 근처의 미경작지에서 잘 자라지만 구근류는 침수지를 좋아하지 않는다. 이 특성은 꽤 중요한 의미를 지닌다. 곡류가 침수지 또는 삼각주에서 잘 자란다는 것은 구세계의 초기 인류가 다른 사람들과 접촉하기 쉬운 강어귀 혹은 바닷가 주변에서 사회를 형성했음을 말해주기 때문이다. 반면 구근류는 침수지에서 재배할 수 없기 때문에 사람들은 침수지보다 위쪽 지역에서 정착사회를 형성했다. 즉 그들은 (바다로부터 떨어진) 고도가 높은 계곡 주변에 제한적으로 거주하게 되었고, 그러한 지형적 제약으로 다른 사람들과의 소통이 원활하지 않았다. 더욱이 지형적으로 고립되면서 앞서 언급한 바와 같이 지역 언어가 발달하여 서로 간에 소통이 불가능한 언어를 사용하는 악순환이 되풀이되었다. 구세계에서 농업의 발전은 이동과 접촉 그리고 경쟁을 유발했지만 신세계에서는 외부와의 접촉을 차단시키는 특징을 나타냈다.

한편 곡물 재배로부터 얻는 보상은 다른 어떤 형태의 농업보다 효과적이었다.[8] 우선 곡물을 거두어 타작하는 작업은 뿌리를 캐는 것보다 덜 고된 편이었으며, 수확한 곡물은 그 양과 관계없이 식량으로서 높은 가치를 지녔다. 에머밀Emmer wheat과 보리는 종자가 크고 수확하기도 어렵지 않았으며, (현재의 곡물인) 한해살이 식물들은 나무 종류와 달리 섬유질의 줄기를 만드는 데 에너지를 많이 소진하지 않으면서(곡식 종자들은 겨울을 지낼 필요가 없기 때문이다) 씨앗을 크게 만들어냈다. 곡류는 1헥타르당 1톤의 씨앗을 생산하며, 1킬로칼로리의 작업량마다 50킬로칼로리를 만들어냈다. 또 다른 흥미로운 점은 1년에 한 번 익은 곡류를 추수할 때는 구근류 재배의 경우보다 훨씬 더 많은 인력 조직이 동원되었다는 사실이다. 이것은 사람들이 공동체생활을 영위하고 종교를 구축하게 된 주요한 원인이었다. 무엇보다 가장 중요한 것은 곡류는 저장이 용이해서 몇 달 동안 거의 완벽하게 유지될 수 있었다는 점이다. 남은 곡식을 축적할 수 있으므로 산출량이 적은 때에도 많은 인구를 유지할 수 있었고, 교환과 무역을 가능하게 만들었다. 잉여분은 문명의 특징인 필경사·성직자·왕·예술가 등 식량 생산에 참여하지 않는 전문가들을 후원하는 데 이용되었다. 반면 필요할 때마다 캐먹을 수 있는 구근류 환경에서는 '잉여'라는 발상 자체가 불가능했다.

거대한 단절

이런 발전은 넓게 트인 들판에 농부들이 한 종류의 작물 씨앗을 뿌리는 '흩뿌리기broadcast' 도입 방식과 맞물려 있다. 그리고 쟁기의 발명이 그 효과를 배가했다. 쟁기가 아니었다면 흩뿌리기는 단지 새들에게 먹이를 주는 행위에 불과했을 것이다. 잇따른 동물의 사육 또한 작물 재배의 발달과 깊은 연관이 있다. 인간은 간단한 쟁기를 다룰 뿐이지만, 가축은 훨씬 더 무거운 짐을 끌 수 있으며 고랑도 깊게 팔 수 있기 때문이다. 이는 들판에 한 가지 농작물을 심어도 생산량과 효율성을 향상시킬 수 있다는 결론으로 귀착된다. 그러나 신세계에서는 사육할 가축이 거의 없었으며 구근류가 주요 작물이었으므로 씨앗을 심을 때는 괭이를 이용하여 일일이 손으로 작업해야 했다. 그 결과 대부분의 신세계 들판은 '혼합 정원'이 되어버렸으며, 당연히 쟁기도 불필요했으므로 악순환은 지속될 수밖에 없었다.

식물 재배와 관련하여 또 다른 요소를 살펴봐야 한다. 신세계의 메소아메리카와 남아메리카에는 지구에서 자라는 향정신성 식물의 85퍼센트가 자생했다는 점이다. 우연일 수도 있겠지만 이 사실은 전 세계 샤머니즘의 분포와도 연관되며, 초기 인류가 베링 육교를 통과하여 아메리카로 진입했던 경로와도 관계가 있다. 이러한 중요한 결과를 가져온 내용에 대해서는 별도의 장(12장)을 할애하여 살펴보고자 한다.

케이크와 맥주

마지막으로 검토하고자 하는 내용은 작물 재배와 사육 가축의 관계 그리고 소위 '식물군' 효과의 완성에 관한 부분이다. 구세계에서 이러한 두

과정은 비교적 긴밀하게 이루어졌다. 예를 들어 중동에서는 기원전 1만 년까지 양, 염소, 돼지가 사육되었으며, 이후 1000년 이내에 밀이 재배되기 시작했다. 경작지가 형성된 후 초기 인류는 포유동물이 풀을 뜯어먹었던 곳(배설물이 있는 곳)에서 식물이 더 빨리 성장한다는 사실을 알아차렸을 것이다. 즉 거름의 개념과 그 특성을 깨닫게 된 것이다. 초기 인류는 이러한 동물들에게서 고기와 젖(그리고 치즈)을 얻을 수 있으며 가죽이나 그 밖의 용도를 제공한다는 사실을 발견했다.

이 점에서 구세계와 신세계는 또 다른 차이를 나타낸다. 북아메리카, 오스트레일리아, 사하라 남쪽 아프리카 지역에서는 사육할 만한 동물이 없었으나 유라시아에는 사육 가능한 다수의 포유동물이 서식하고 있었다. 예를 들자면 양, 염소, 다양한 종류의 소, 돼지, 말, 두 종류의 낙타, 당나귀, 순록, 물소, 야크 등이다. 그중 7종은 밀과 보리가 많이 자라는 서남아시아 혹은 중동에 서식했다. 반면 남아메리카의 경우 세 종류의 동물, 즉 야마, 알파, 기니 돼지 또는 칠면조 등의 사육하기 좋은 동물이 있었으나 북아메리카에는 거의 없었다. 이렇듯 구세계에는 사육할 만한 다양한 동물이 있었고 그 동물들을 이용할 기회 또한 많았다는 점에서 두 반구 간의 주요한 차이점이 드러난다. 이러한 차이는 구세계와 신세계의 상이한 발전에 깊은 영향을 끼쳤다.

유라시아 대륙이 더 크다는 배경도 두 반구 간의 불균형을 낳은 한 원인일 것이다. 이 넓은 땅덩어리에는 사육 가능한 덩치 큰 포유동물이 72종류나 존재했다. 최근 연구에 따르면 이러한 큰 포유동물들은 대부분 유라시아의 넓은 스텝지대에서 진화한 것으로 알려졌다.[9] 사하라 이남의 아프리카에 사는 51종의 큰 포유동물들을 대상으로 조사한 결과, 그곳에서는 어떤 동물도 사육되지 않은 반면, 아메리카에서는 24종, 오스트레일리아에서는 단 한 종만 사육이 가능했다고 한다.

동물 사육은 수월하지 않을뿐더러 애완동물로 키우는 것과 혼동되어서도 안 된다. 대부분 큰 포유동물은 1만~4500년 전의 '사육의 시대'에 길들여진 것으로 보인다. 가장 먼저 사육된 동물은 개(1만2000년 전)였고 양·염소·돼지는 1만 년 전, 소는 8000년 전, 말과 물소는 약 6000년 전, 북아메리카의 당나귀는 약 5000년 전, 야마 또는 알파카는 5500년 전, 여러 종류의 낙타는 4500년 전에 비로소 사육되기 시작했다.(낙타가 쟁기를 끄는 데 사용되지 않은 이유는 밝혀지지 않았다.)

사육 가축들의 공통된 특성은 강한 서열 본능을 가지고 있으며 영역행동territorial behaviour을 나타내지 않는다는 점이다. 이것은 사육과 관련하여 인간이 주도권을 쥘 수 있는 이상적인 구조였다.[10] 뿐만 아니라 염소, 소, 낙타 및 다른 포유동물은 젖을 생산하며, 유제품(버터, 치즈 및 요구르트)도 만들 수 있는 조건을 마련했다. 영역 동물들은 대부분 무리를 짓지 않고 단독으로 활동했지만 사육된 가축들은 도축된 순간뿐만 아니라 전 생애에 걸쳐 인간에게 필요한 단백질을 지속적으로 제공했다.

식물과 마찬가지로 신세계에서는 다른 반구에 비해 동물의 확산 속도가 느렸다. 안데스의 가축(야마, 알파, 기니 돼지) 중 어떤 것도 콜럼버스 시대 이전에는 메소아메리카에서 볼 수 없었으며, 이는 올메카Olmecas(멕시코 지역을 비롯한 중남아메리카에 살았던 고대 인디오—옮긴이), 마야 및 아즈텍의 인디오들이 짐을 나르는 동물 없이 생활했음을 의미한다. 짐수레를 끌 동물이 없으니 당연히 바퀴도 필요치 않았다.(중국에서는 계단식 농경에 적합한 손수레가 발명되어 유용하게 사용되었다.)

정착 문화가 발달하고 농업이 도입되면서부터 인구는 비약적으로 증가하기 시작했고, 그에 따라 인구 밀도가 높아졌다. 이러한 흐름은 자동 촉매 작용에 따른 선순환을 거듭하면서 인구 밀도의 상승을 부추겼고, 식량 요구량이 늘어나면서 식량 생산에 관한 관심도 높아졌다. 정착 문화권은 또한 초기 인류의 출산율을 높였다.(수렵-채집인과 유목민은 재임신의 시기를 늦추기 위해 젖 먹이는 기간을 길게 두었다.) 농경인들(정착 공동체)의 출산 주기는 수렵-채집인들의 절반에 해당하는 2년 반 정도였으며, 영양 번식 재배 체제보다는 종자 번식의 체제에서 인구가 더 크게 증가했다. 그 결과 구세계의 인구는 신세계보다 훨씬 더 많았다.

한편 구근류 농사를 지으며 살아가는 사람들에게는 결코 일어나지 않을 법한 혁신들이 일어났다. 예컨대 연중 내내 '추수'가 가능하여 저장의 필요성을 거의 느낄 수 없었던 그들 사이에서 수확물을 다음 추수 때까지 '저장'하려는 변화가 나타났는데, 그에 따른 혁신 중 하나가 바로 도기pottery였다. 그들은 아마도 불 속에 떨어진 진흙이 단단해진 것을 발견한 데서 아이디어를 얻었을 것이다. 진흙을 불에 구워 만든 항아리는 쥐떼들로부터 식량을 지킬 수 있었고, 다음 수확 때까지 일정 분량이 보관될 수 있다면, 다음 수확에 실패하더라도 필요 이상의 곡류를 생산할 필요가 없다는 생각으로 이어졌다. 나아가 잉여분이 생긴 경우에는 교역에 이용할 수 있게 되었다.

정착사회에서 도기 항아리는 물론 저장용기로 유용했다. 그러나 이동하면서 살아가는 수렵-채집인이나 구근류를 재배하면서 사냥생활을 하는 사람들은 좀더 가볍고 유연할 뿐 아니라 내구적이며 덜 부서지는 바구니 또는 직조된 자루, 바가지 등을 더 선호했다. 그럼에도 불구하고 도기의 발명은 연쇄적으로 몇 가지 결과를 낳았다. 하나는 귀리, 쌀, 및 수수를 물에 넣고 가열하여 죽이나 빵으로 만드는 것이 용이해진 것이다.(그러나

거대한 단절

사헬Sahel(사하라 주변의 사바나 지역—옮긴이)의 수수를 재배하는 집단의 경우 항아리는 필연적인 도구가 아니었다.)

그들이 일구어낸 또 다른 혁신은 제련製鍊이었다. 이 야금술 또한 돌과 진흙이 열에 달궈졌을 때 우연히 발견된 것으로, 한 가지 색을 지닌 돌(아마도 장식용으로 쓰이는 녹색 공작석)에서 밝은 붉은색의 연성 물질(구리)이 산출되는 것을 발견했을 때 초기 인류는 꽤 놀랐을 것이다. 세 번째 발명으로 이어진 것은 바로 맥주다. 이것은 도자기와 곡류(특히 보리)의 조화로부터 나타난 발효 현상으로, 이 우연한 현상 또한 그들에게는 마술처럼 보였을 것이다. 즉 그들은 죽을 오래 방치했더니 '이상하게도 달콤한 맛을 내며 정신과 감정에 뚜렷한 영향을 준다'는 사실을 발견한 것이다.[11] 그 결과 심리적이고 감정에 작용하는 포도주의 발명을 이끌어냈다. 다음 장에서는 도기류의 발전이 알코올 및 다른 향정신성 물질의 출현과 깊이 연관된다는 사실을 확인하게 될 것이다. 보리는 술을 빚을 때 맥아 제조에 활용되며, 빵을 만들 때 반죽이 잘 부풀도록 돕는 이스트로 사용되었다. 교역이 번창하기 시작하자 항아리들은 물품을 수송하는 데 활용되었고, 그 과정에서 도난당하거나 파손되는 것을 방지하기 위해 도자기를 포장하고 그 안의 내용물을 구별하기 위한 일련의 표식이 나타났다. 10장에서 자세히 살펴보겠지만, 이러한 표식이 최초의 기호나 상징으로 발전하여 결국은 문자와 기록물을 탄생시켰다.

인류가 곡식에 길들여지게 된 것은 우연하고도 꽤 중대한 사건으로, 근본적으로 초기 인류의 생활을 유지시켰으며, 그 뒤를 이어 도자기, 야금술(무기뿐만 아니라 특히 쟁기), 인구 밀도, 제빵, 양조 및 문자의 출현을 가능케 했다. 대륙의 한쪽에서는 곡물 경작을 하고 다른 한쪽에서는 구근류를 경작하게 된 차이는, 몬순의 약화 또는 엘니뇨가 빈번해진 현상과 더불어 매우 주요한 역사적 변화로서, 서로 다른 역사적 궤적을 형성하는 데 주요한 역할을 했다. 그러나 신세계에서도 위대한 문명은 종자 농사(옥수수 재배)와 연관되어 발생했다. 사냥을 겸하여 구근류를 경작했던 이들은 결코 발전된 문명을 이루지 못한 채 족장사회에 그치고 말았다.●

초기 인류가 신세계에 도착했을 때 구세계의 사람들로서는 전혀 이해할 수 없는 신화를 창조했다는 사실을 앞서 살펴보았다. 여기에는 기후의 차이, 종자 번식과 영양 번식의 차이, 가축의 유무 측면에서 확연히 다른 차이가 작용했다는 사실을 알려줄 뿐만 아니라 기본적으로 세계는 세 개의 커다란 육지 또는 대륙으로 분리되었다는 사실을 암시한다. 즉 '빠른' 동—서 대륙으로서의 유라시아와 '느린' 남—북 대륙으로서의 아메리카, 그리고 아프리카이다.(〈지도 1〉, 오스트레일리아는 나중에 분리된 것으로 추정된다.)

기원전 1만2000년~기원전 5500년까지 대서양으로부터 태평양에 이르는 유라시아 대륙(지중해 해안선을 따라 북아프리카 해안까지 포함)의 모든 영토에서는 농업과 도자기 그리고 야금술이 발전되었고(불의 문화), 도시 형성과 더불어 최초의 위대한 문명이 정점에 달했다. 위대한 동—서 경로의 확산에는 그 어떤 장애도 없었으며, 기원전 2500년까지는 사하라 사막도 장애가 되지 않았다. 뿐만 아니라 사람이나 생각의 확산에서 동—서 통로를 막는 어떠한 병목 현상도 없었다. 예를 들어 알프스, 히말라야, 중국과 키르기스스탄의 톈산과 치롄, 러시아와 몽골에 위치한 알타이와 같은 주요 산맥들은 기본적으로 동—서 구조로, 사람들의 왕래와 새로운 관습이 교

● 아프리카에 대한 증거는 이러한 '단순한' 묘사에 수정을 더할 수는 있겠지만 그 묘사가 약화되지는 않는다.

류되는 데 전혀 장애가 되지 못했다. 구세계의 자연적 특성상 유라시아 평원에서는 이동이 수월했으며, 이것은 잘 알려진 바와 같이 구세계의 역사적 흐름에 큰 영향을 미쳤다. 그 결과 기원전 5500년~기원전 5000년의 어느 시기에 티그리스-유프라테스 계곡, 나일 계곡, 인더스 계곡과 황하 및 양쯔 계곡에서 주요 문명이 출현했다.

아메리카의 경우, 인류의 확산을 막았던 (매우 실질적인) 장벽에 대해서는 이미 앞에서 살펴보았다. 그에 따라 북아메리카 대륙에도 나름대로 작은 규모의 조직적인 부족들은 존재했으나 유럽인들이 도착할 때까지 문명이라고 부를 만한 그 어떤 것도 출현하지 않았다. 아프리카도 유사한 상황이어서 기원전 800년까지 사하라 남부의 서아프리카에서는 문명이 출현하지 않았다. 주요 재배 작물은 마를 비롯하여 바나나, 수수 그리고 나중에 오세아니아로부터 건너온 토란이었으며, 사육이 가능한 유일한 동물은 뿔닭이었다. 남아프리카도 크게 다를 바 없었다.

기원전 5000년, 서아프리카의 원주민인 반투Bantu 족은 소와 말을 소유했으나 금속 도구를 사용하지 못했으며, 여전히 사냥이나 낚시, 채집을 하며 생활을 이어갔다. 제련 기술이 아프리카에 처음 나타난 시기는 기원전 4000년경으로, 이 문화가 남-북으로 확산되는 데는 장애가 있었다. 예컨대 유럽인들이 이집트의 밀과 보리를 직접 가져가기 전까지는 지중해성 기후인 희망봉까지 전파되지 못했다. 코이산Khoisan 족(칼라하리의 부시맨)은 전혀 농업을 발전시키지 못했고, 여름 우기에 잘 적응하는 사헬 지역의 농작물들도 희망봉 지역에서는 성장하지 못했다. 기원전 2500년 이후 가축, 특히 소와 말은 사하라 사막과 체체파리(수면병 등의 병원체를 옮기는 흡혈 파리—옮긴이) 때문에 확산되지 못했다. 소나 양 또는 염소가 세렝게티를 가로질러 이동하기까지 2000년 이상의 시간이 걸렸다. 수단과 사하라에서

기원전 1만 년 전 무렵부터 생산되었던 도자기는 기원후 1세기까지 희망봉에 전해지지 못했다.[12]

이제까지의 설명을 종합하면 구세계는 많은 면에서 유리한 조건이었으며 그 장점을 확대시킬 수 있었다. 말하자면 넓은 대륙, 동-서 지형, 열대 지대로부터 멀리 떨어진 입지 조건 모두가 중요한 요건들이었다. 그러나 이것이 전부는 아니었다. 지구의 지리 지형과 식물의 분포가 반구 사이의 근본적인 출발의 차이를 낳았다면, 이후의 역사에 지대한 영향력을 끼친 것은 (다른 어떤 요소보다도) 가축 사육이었다.

부권, 번식, 농경: '몰락'

이 책에서 중점적으로 살펴보고자 하는 주제는 두 반구 사이에 존재하는 이데올로기(인간 본성에 대한 이해 그리고 그것이 사회조직에 끼친 영향)가 어떻게 차별적으로 발전했는가에 관한 것이다. 이에 따라 이 장과 다음 장에서는 기원전 1만 년 전 즈음에 나타난 변화와 더불어 그것들의 복합적 관계가 두 반구에서 어떠한 궤적을 형성했는지를 설명할 것이다.

우선 무덤의 유물은 그 내용물이 무엇이든 간에 고대인들이 사후세계를 믿었다는 사실을 말해주며, 나아가 초자연적인 존재에 대한 신앙을 암시한다. 인류학자들은 당시 종교의 세 가지 속성에 주목했다. 그것은 바로 한 개인의 비육체적 요소(영혼)가 사후에도 존재할 수 있다는 것, 한 사회 내에는 초자연적인 존재로부터 직접적인 영감을 받는 특정한 사람이 있다는 것, 제의를 통해 현세에 변화를 가져올 수 있다는 것이다. 모스크바에서 동쪽으로 240킬로미터 떨어진 곳의 순기르Sungir 무덤 유적에서는 기원

그림 3 코에서 물질을 뿜어내며 '춤을 추는 주술사.' 기원전 1만4000년경 레 트루아 프레르 동굴, 아리에주, 프랑스. 〈그림 10〉과 비교.

전 2만8000년~기원전 2만5000년의 것으로 추정되는 구슬들이 발견되었다. 당시 사람들 사이에 '영혼'이라는 개념이 어떻게 형성되었는지는 알 수 없으나, 이것을 통해 당시 인류가 사후세계를 믿었음을 유추할 수 있다. 유럽 중동부의 외딴 지역에 퍼져 있는 그림 장식의 동굴들은 확실히 제의 장소였던 것으로 보인다.(동굴 안에서는 원시적인 형태의 램프, 즉 동물 기름으로 이끼 심지를 태웠던 흔적이 발견되었다.) 또한 스페인 접경 지역인 남프랑스의 아리에주 지역에서 발굴된 레 트루아 프레르 동굴은 많은 사람에게 알려져 있다. 이 동굴에 그려진 한 직립보행자는 초식동물의 가죽을 걸치고 말꼬리와 사슴뿔 한 쌍을 착용한 것으로 보아 주술사임에 틀림없다(〈그림 1〉참조). 또한 2003년 말, 바바리아Bavaria에 있는 쥐라 산의 셸클링엔Shelklin-gen 근처 동굴에서 그와 비슷한 형상이 매머드의 상아로 조각된 것을 발견

거대한 단절

했다. 뿐만 아니라 3만3000~3만1000년 전의 것으로 추정되는 반인반수의 형상, 즉 로웬멘시Lowenmensch(사자-인간)도 발견되었는데, 이는 마술적 또는 종교적 믿음의 가장 초기적인 샤머니즘을 보여준다. 레 트루아 프레르 동굴에 묘사된 뿔이 달린 주술사는 춤을 추는 것처럼 보이는데, 그의 코에서는 무언가가 두 줄기로 분출되고 있다(〈그림 3〉 참조). 다음 장에서도 살펴보겠지만 환각 재료를 흡입하는 주술사는 종종 콧속에서 물질을 분비하곤 하는데, 그조차 신성함으로 간주되었을 것이다.(신세계의 고대인들과 현재 남아프리카의 산San인들의 그림에서도 이러한 장면을 확인할 수 있다.)[1]

남아프리카 비트바테르스란트대 인지고고학과 명예교수인 데이비드 루이스윌리엄스는 동굴 벽화의 형태가 샤머니즘의 초기 종교적 특성을 말해준다고 확신했다. 그는 초기 인류가 언어와 더불어 꿈, 약으로 유발되는 환각, 그리고 취기醉氣라는 세 가지의 변화된 의식을 경험하고 공유했다고 주장했다. 이런 의식 상태를 경험하면서 초기 인류는 '영적인 세계'를 믿었고 (신비로운 지하세계로 이끌어주는) 동굴을 다른 세계로 통하는 유일한 장소 또는 통로로 여겼을 것이라 확신했다. 또한 동굴 예술에 보이는 약간의 선과 구불구불한 선은 환각제의 영향을 받은 뇌 구조(망막과 시각피질)를 묘사한 것이라 주장하면서 '엔토픽entopic'이라는 이름을 붙였다. 동굴 안의 많은 그림과 조각의 묘사 대상은 흔히 볼 수 있는 자연의 모습 또는 생물이었는데, 그는 말의 머리와 물소 형상에 주목했다. 그리고 이 그림들은 바위 안에 '감금된' 생물을 '풀어주기' 위한 목적으로 묘사되었다고 주장했다. 부드러운 돌 표면에 남겨진 손가락 홈 그리고 초기 예술가들이 뼈 파이프를 사용하여 쫙 펼친 손바닥 주변에 염료를 뿌려서 실루엣을 남겨놓은 저 유명한 손바닥 자국은, 암석 안에 '갇힌' 생물을 해방시키기 위한 일종의 원시적 '안수按手'의 형태였다는 것이다.[2]

루이스윌리엄스는 동굴 안의 구성 체계에도 주목했다. 그는 일반 주민들이 지하세계의 관문인 동굴 입구에 모여 여러 방식의 상징적인 제의를 벌였으며, 선택된 몇몇 사람만이 동굴 안으로 들어갈 수 있었을 것이라고 보았다. 그리고 동굴에서는 '공명'이 더 큰 효과를 주었으므로 주요 공간에서는 종유석을 두드리거나 원시적 피리 또는 북을 활용한 '음악적' 요소가 동원되었을 것으로 유추했다.[3]

동굴에서 가장 접근이 어려운 지점은 주술사에게만 허락되었을 것이다. 그러한 장소 중에서 어떤 곳은 농축된 이산화탄소가 배출되어, 그 환경 자체가 의식의 변성을 일으켰을 것으로 짐작된다. 어쨌든 이러한 제한된 공간에서 주술사들은 그들의 비전을 추구했을 것이다. 동굴의 그림 중에는 짧은 선으로 묘사된 형체를 확인할 수 있는데, 이는 찌르거나 찔리는 고통을 유발하는 어떤 환각제 성분에 따른 것으로 보인다. 이것은 주술사에게 끊임없이 새로운 페르소나가 필요했으며(이것은 '석기시대' 부족들로부터 확인된 바 있다) 그러한 필요성이 실제 행위에 보태져 죽음과 부활 혹은 희생에 대한 개념이 형성되었을 것이고, 결국은 종교적 믿음으로 승화된 것으로 짐작된다.[4]

전망과 출산의 위험

초기 구석기시대 작품에 나타난 여성의 형상에는 약간의 설명과 평가가 필요하다. 프랑스에서 시베리아에 이르기까지의 넓은 아치형 구도를 이루며 발견된 이른바 '비너스 조각상'들은 대체로 2만5000년 전 후기 구석기시대인 그라베트Gravettian 시대에 속한다. 조각상의 형태에 대해서는 논쟁

거대한 단절

을 피할 수 없었다. 그들 중 다수는(전부가 아닌) 큰 가슴과 불룩한 복부로 인해 임신 상태를 암시하는 풍만한 형상을 띠고 있고, 더러는 음문陰門이 넓게 벌어진 출산 직전의 형태를 나타내고 있다. 대체로 여성상들은 나체였으며, 얼굴 윤곽은 불분명하지만 머리 모양은 정교한 편이다. 마치 조각상의 성적인 특성을 의도적으로 부각한 것으로 보이며 손발이 없거나 불완전한 형상도 많이 보인다. 또한 붉은 색채로 뒤덮인 조각상들은 (월경 때의) 피를 상징한 것인지도 모른다. 또 어떤 경우에는 허벅지 뒤쪽에 줄이 그어져 있기도 한데, 아마도 출산과정에서 양수가 터지는 모습을 표현한 듯하다.

고고학자 폴 반과 같은 비평가들은 이러한 조각상들이 현대 인류에 관한 것이라기보다는 고생물학자들에게 더 의미 있는 부분이라면서 과도한 성적 해석에 대해 주의해야 한다고 주장했다. 이것은 균형 잡힌 지적이었다. 그럼에도 불구하고 다른 초기 예술작품들에는 성적 주제가 뚜렷하다. 프랑스 카오르 지역의 케르시에 있는 쿠냐크Cougnac 동굴에서 자연적으로 형성된 공동空洞은 마치 여성의 외음부와 비슷한 모양으로, 분명 고대인들의 눈에도 그렇게 비쳤던 것 같다. 왜냐하면 공동에 칠해진 붉은색이 마치 '생리혈이 흘러내리는' 듯한 연상을 불러일으키기 때문이다. 또한 1980년 러시아의 우랄 남부에 있는 이그나테바Ignateva 지역에서 발견된 그림 중에는 여성의 다리 사이에 생리 주기를 짐작케 하는 28개의 빨간 점이 그려진 것이 있다. 한편 소비에트 고고학자들은 시베리아의 말타Mal'ta 지역에서 반으로 나뉜 주택들을 발견했는데, 이 집들의 한쪽에는 남성들이 사용하는 물건이 놓여 있고 반대쪽에는 여성 조각품들이 놓여 있었다. 이것은 성별에 따라 의례적으로 집이 분리되었음을 의미하는 것일까?[5]

초기의 '성적 이미지들'이 어떤 면에서는 과도하게 해석되었을 가능성이 있지만 여하튼 초기 예술에서 성은 주요한 주제였으며, 여성의 성기 묘사가 남성의 성기 묘사보다 훨씬 더 광범위했다. 사실 그라베트 시대에 남성을 묘사한 그림은 볼 수 없다. 이것은 초기 인류가 남성 신보다는 '위대한 여신'을 더 숭배했다고 발표한 리투아니아의 고고학자 마리야 김부티에네의 주장을 뒷받침해주고 있다. 그러한 믿음의 발전은 당시 출산의 신비 또는 수유의 경이 등 복잡한 생리 현상들과 관계가 깊을 것이다. 뉴욕대 인류학과 교수인 랜들 화이트는 초기 인류가 성교와 출산의 직접적인 관계를 인식한 시기(그러한 시기가 틀림없이 있었어야만 한다)가 바로 이 무렵이라고 주장했다. 당시 인류에게 출산이란 매우 불가사의한 현상으로, 초기 남성들은 여성이 아이를 낳을 때는 동물로부터 어떤 영감을 받는다고 믿은 것으로 보인다. 이에 따라 성교와 출산 사이의 연관성을 파악하기 전까지, 여성의 존재는 남성보다 훨씬 신비롭고 기적적인 창조물로 인식되었을 것이다. 그라베트 예술에 남성의 이미지나 남성의 기능에 관한 이미지가 보이지 않았던 이유도 이러한 바탕에서 기인한 듯하다.

『여신의 신비: 이미지의 진화The Myth of the Goddess: Evolution of an Image』를 펴낸 앤 베어링과 줄스 캐시퍼드는 초기의 조각상이 구석기시대의 여신이었을 것이라 설명했는데, 이는 이 책에서 다루는 핵심 주제와 직접적으로 관계된다.[6] 조각상과 그것이 상징하는 원칙 또는 사상에 대해서는 많은 설명이 필요하다. 첫째 그것들은 언제 어디서 왜 생겨났으며, 둘째 그 의미는 무엇이고, 셋째 왜 신세계에서는 발생하지 않았을까 하는 부분이다. 엔리케 플로레스카노는 자신의 저서 『케찰코아틀의 신비The Myth of Quetzalcoatl』를 통해 신세계에서 확인한 두 개의 풍만한 다신상을 고찰하고 있는데, 이 대목은 아메리카의 여신을 다룬 유일한 연구 결과였다.[7]

랜들 화이트는 고대인들이 한동안 성교와 임신 기간인 280일(평균적으로 마지막 생리일로부터 출산까지의 기간)의 연관성을 인지하지 못했다는 사실을 지적했으며, 그것을 관찰하기에는 그 기간이 너무 길었을 것이라고 주장했다. 이것은 상아 또는 돌에 조각된 비너스상이 어디서나 발견된 반면 동굴 벽에는 거의 그려지지 않았던 이유를 짐작할 수 없었던 배경, 그리고 비너스상들의 머리와 발이 없거나 추상적으로 만들어진 이유를 설명해준다. 그 조각상들은 씨족 혹은 부족이 사냥감을 따라 이동할 때 휴대하기 위한 용도로 그들에게는 중요한 의미를 지닌 것으로 보인다. 하임 오펙은 이러한 조각상이 이동하는 사슴의 서식 환경에 따라 발견되었음을 확인했다. 따라서 그 지역은 북유럽의 빙하지대에서 남쪽 지역의 피레네 산맥 주변까지 그리고 알프스에서 타우루스 산맥까지, 캅카스 산맥과 융기된 자그로스 산맥, 파미르와 히말라야의 북쪽 끝에 이르기까지 드넓은 동–서 지역을 관통하고 있다. 한편 얼음이 뒤덮인 남단 일대에서는 온대 지역에 서식하는 다른 사자 등의 포식자가 존재하기 때문에 조각상도 더 이상 발견되지 않은 것으로 추정된다. 이렇듯 비너스상은 동물을 추적하던 수렵–채집인들에 의해 운반되었다.

엘리자베스 웨일랜드 바버와 폴 바버는 그들의 책 『재난으로부터 인류가 고통받을 때: 인류의 정신이 신화를 형성한 방식When They Severed Earth from Sky: How the Human Mind Shapes Myth』에서 고대인들의 신화는 보편적으로 그들이 겪은 현상에 의거한 것이며, 오늘날 우리가 이해하는 바와 같이 후손들에게 교훈을 남기기 위한 의도였을 것이라고 주장했다.[8] 그리고 화산 혹은 매머드 뼈의 잔해를 왜 신화 속의 거인으로 표현했는지, 화산 분출은 왜 거대한 '돌기둥'으로 묘사되었는지, 또 그 분출은 왜 지하세계의 강력한 힘으로부터 나왔다고 여겼는지, 폭풍의 신은 어떤 방식으로 날개 달린 말이 되었으며, 대해일은 어떻게 '바다로부터 나온 황소'가 되었는지를 설명해주고 있다. 이를 토대로 하여 우리는 고대인들이 기적과 같은 생명의 탄생에 대해 잘 알고 있었을 뿐만 아니라 출산이 민감하고 위험한 과정임을 잘 알고 있었기에 출산이 임박한 여성상을 정교하고도 세밀하게 묘사했음을 유추할 수 있다. 그들은 성교와 출산의 관계를 몰랐으며 임신을 좌우하는 생리적 리듬에 대한 개념이 없었으므로 출산이 임박한 신체적 징후만이 생명을 받아야 할 때임을 알려주는 유일한 표지였을 것이다. 이때 그들은 임산부를 동굴 안으로 격리함으로써 포식동물로부터의 위험을 최소화했을 것이다.

2009년 5월 독일의 홀러 펠스Hohler Fels 동굴에서 발굴된 비너스 조각상은 매머드의 상아로 조각되었는데, 약 3만5000년 전의 것으로 추정된다. 튀빙겐대 발굴팀의 니컬러스 코나드는 이 형상의 과장된 성적 표현과 작은 고리에 주목했으며, 원래 머리 부분이 있었을 것으로 추정했다.[9] 또한 그는 이 조각상이 '줄에 매달려 있던 펜던트'였을 것이라고 보았다. 이러한 추측은 이동할 때에 이러한 조각상들이 휴대되었을 것이라는 해석을 뒷받침해준다.

가장 초기의 비너스 조각상은 4만~3만5000년 전의 것으로 보고되어 있고, 약 1만1000년 전(스위스 몬루즈Monruz의 비너스)을 전후하여 자취를 감추었다. 추정이지만 이 시기는 포유동물이 처음 사육된 시기와 비슷하다. 소의 임신 기간은 인간(285일)과 비슷하며 말은 그보다 좀더 길지만(340~342일), 개는 두 달 정도인 63일에 불과하다. 초기 인류가 이런 사육된 개의 행위를 관찰하면서부터 성교와 임신의 관계를 처음으로 인식했을 가능성이 있다. 2010년 3월 로스앤젤레스 캘리포니아대 브리젯 폰 홀트와 로버트 웨인은 DNA 분석 결과를 발표하면서 1만2000년 전 중동의 어느 지역에서 개를 가축화한 증거를 제시했다.[10]

인류가 성교와 출산의 관계를 깨달은 시기는 뒤늦은 감이 있다. 맬컴 포츠와 로저 쇼트는 오스트레일리아 원주민들이 가임 기간(64일)이 짧은 딩고라는 들개를 길들이기 전까지 임신과 성교를 연관시키지 못했음을 확인했다.[11] 그리고 이 생각은 앞 장에서 언급한 바와 같이 (대부분 남성인) 주술사를 제외할 때 기원전 7000년까지 남성 신이 등장하지 않았다는 사실과도 맞물린다. 이는 인류의 초기 이데올로기가 두 가지 원리를 숭배했음을 뜻한다. 곧 위대한 여신과 생명의 신비, 그리고 생존 문제의 정점이라 할 수 있는 사냥의 드라마다. 프랑스의 레 트루아 프레르 동굴 벽화에는 화살과 창을 맞은 곰이 입과 콧구멍으로 피를 흘리고 있는 그림이 그려져 있다. 투우 경기를 본 사람이라면 이 형상을 상상할 수 있을 것이다.

알려진 바와 같이 구세계에서 위대한 여신은 주요한 사상적 주제였다. 이와는 대조적으로 신세계에서는 다른 이미지가 우세했다. 이에 따라 우리는 그러한 이미지와 주제가 왜 언제 어디서 발생했는지를 되짚어봐야 하고, 그 범위가 좁은 이유에 대해서도 알아봐야 한다.

이에 대해 흡족한 답변은 될 수 없겠지만 현상을 이해하기 위해 몇 가지 방법을 모색해보고자 한다. 첫 번째는 빙하시대 말기인 기원전 4만 년~기원전 2만 년 동안 빙하와 영구 동토층이 걷히고 초원이 확대되면서 털을 지닌 매머드·코뿔소·순록이 사라진 대신 바이슨·말·소가 등장했다.[12] 세월이 흐른 후 초원이 울창한 숲으로 변하면서 동물 무리들은 동쪽으로 이동했고 사냥인들도 그 무리를 따라 이동했다. 동굴 벽화의 3분의 1은 말이었고 나머지 3분의 1은 바이슨 또는 야생 황소였다. 순록과 매머드의 경우 뼈가 발견되었을 뿐 벽화에는 거의 등장하지 않았다.[13]

앞 장에서 우리는 샤머니즘이 사냥꾼들의 이데올로기라는 사실을 확인했는데, 그 주된 사냥 대상은 춥고 얼어붙은 환경에 더 잘 적응했던 순록이었다. 동굴 벽화에서 순록이 아닌 다른 동물들(말·소·양·염소)의 모습이 그려지기 시작한 때는 초기 샤머니즘이 중간 단계로 넘어가는 시기였으며, 이는 인간이 대상 동물을 처음 목격하고 새로운 사냥감에 대한 습성을 기록할 필요가 있었기 때문이 아닐까 싶다. 동물들의 모습은 주로 윤곽뿐이지만, 몸통만큼은 발굽까지 전체가 묘사되어 있다. 이는 동물의 모양과 발굽의 형태까지 기억해두기 위해서였거나 아이들에게 가르쳐주기 위해서였을 것으로 짐작된다.

하임 오펙은 조각상을 휴대한 사람들이 '새로운' 풀밭 서식지의 '새로운' 동물들을 따라 이동했다면, 스텝지대가 끝나는 장소인 바이칼 호 주변에서 비너스 조각상의 확산도 멈추었을 것이라고 설명했다. 북쪽의 바이칼 호와 레나 강은 말이나 소가 더 이상 갈 수 없었던 일종의 천연 경계였다. 이것은 〈지도 3〉에서도 확인되듯이 소와 양의 분포와 일치한다.

그러므로 초기 인류가 몽골로부터 베링 해협을 거쳐 신세계로 진입했거나 물고기 낚시를 통해 단백질을 섭취하면서 동남아시아로부터 해안을 따라 북쪽으로 이동해왔다면, 그들은 빙하기 후기 유라시아의 이데올로기, 특히 큰 포유동물 사냥에 관계된 부분을 수렴하지 못했을 것이다. 성교와 출산의 관계는 훗날 자연 발생적으로 깨닫게 되었을 테지만, 한두 가지 이유로(아마 집단 동물의 상대적 부재) 그 관계를 이데올로기 차원으로까지 승화시키지 못한 듯하다. 해안 주변의 사람들 또한 물고기와 바다 포유동물의 번식에 관해 아무런 인식도 얻지 못한 듯하다. 이와 마찬가지로 야생동물과 그들의 서식지를 공유했던 열대 우림지의 거주민들은 늘 위험한 야생에서 살아야 했기 때문에 짝짓기를 관찰할 기회는 물론 새끼를 낳는 장면을 목격할 기회도 드물었을 것이다. 물론 이 모든 추론은 이론일 뿐이지만 개연성이 있으며 논리적 모순이 없다.

일단 성교와 출산의 관계를 이해하게 되고 그 과정이 다른 포유동물에도 똑같이 적용된다는 사실을 인식하게 된 후, 아마도 그들은 사육 가축화의 중요한 부분으로서 출산을 관리할 수 있다고 생각했을 것이다. 이러한 과정은 약 1만2000년 전의 일로 추정된다.

줄어든 육지와 야생 정원

1만4000~6500년 전 구세계 전역에서 발생한 식물 재배와 가축 사육은 선사시대에 관한 가장 중요한 연구 주제 중 하나다. 농업이 시작된 장소와 방식 및 종류에 관해서는 그동안 꽤 분명해졌으나, 이런 중요한 변화가 왜 일어났는지에 대해서는 대체적으로 의견이 일치되지 않은 상태. 이에 관한 이론은 두 가지 유형으로 나뉜다. 하나는 환경적·경제적 이론이고, 다른 하나는 당시에 유일했던 종교적 이론이다.

세계적으로 식물 재배와 가축의 사육 현상은 독립적으로 발생한 두 지역을 포함하여 모두 일곱 군데 지역에서 나타난 것으로 보인다. 첫 번째 지역은 고대에 메소포타미아로 알려진 곳으로, 이스라엘 요르단 계곡으로부터 레바논과 시리아까지 뻗어 있는 '비옥한 초승달' 지대인 서남아시아(중동) 그리고 터키 동남쪽 구석에서 시작하여 오늘날 이란과 이라크 사이에 뻗어 있는 자그로스 산맥 주변 지역이다. 가축 사육이 확실히 존재했던 두 번째 지역은 지금의 파나마 지역과 북쪽 멕시코 사이에 위치한 메소아메리카이다. 이뿐만 아니라 다섯 개 지역에서도 가축 사육은 있었으나, 그 지역에서 독립적으로 발생한 것인지 아니면 중동과 메소아메리카에서의 초기 발전으로부터 유래된 것인지는 알 수 없다. 그러한 지역으로는 뉴기니와 중국의 고지대가 있는데, 쌀 재배는 자체적으로 발생한 것으로 보인다. 아프리카의 아이보리 코스트Ivory Coast에서 사하라 이남의 좁은 지역, 가나와 나이지리아에서 수단과 에티오피아, 안데스 아마존에 이르기까지의 지역들은 특별한 지리적 조건으로 인해 독립적인 가축 사육이 시작된 것으로 보이고, 미국 동부의 가축화는 메소아메리카로부터 유래했을 것이다.

앤드루 셰럿은 이러한 지역적 분포에 대한 근거를 제시했다. 그의 이론에 따르면 세 지역(중동, 메소아메리카, 동남아시아 열도)은 지질 또는 지리적으로 변화가 계속 나타나는 일명 '쟁점지역'으로, 구조판 이동에 따른 엄청난 압력이 지표면에 작용하면서 이 세 지역에 좁은 해협을 만들었으며 다른 곳에서는 볼 수 없는 특별한 특질이 형성됐다. 그 특질이란 첫째 가파른 언덕의 병렬 구조와 사막 그리고 충적토 현상이며, 둘째 좁은 육지에 인구가 밀집되어 전통적인 수렵−채집을 지속할 수 없게 되었다는 것이다. 이러한 지형 조건 덕분에 '쟁점지역'의 초기 인류는 차별화된 생존 방법을 모색했고, 그 결과 '핵심 지역nuclear areas'을 이루었다.[14]

이러한 매력적이고 명쾌한 이론이 사실이든 아니든, 연대기적으로 최초로 농업이 '발견'된 곳이 동물 사육과 식물 경작이 가장 먼저 시작되었던 서남아시아의 '비옥한 초승달' 지대라는 사실에는 의심의 여지가 없다. 신석기시대 농업의 주요한 '원조 작물'인 세 가지 곡물이 바로 이곳에서 탄생했다. 중요한 순서대로 나열하자면 에머밀(dicoccum의 변종인 Triticum turgidum), 보리Hordeum vulgare, 여섯줄보리Hordeum vulgare다. 기원전 1만 년~기원전 9000년 무렵부터 재배된 이 작물들은 빨리 자라는 데다 완두콩Pisum sativum, 편두Lens culaniris, 병아리콩Pisum sativum, 살갈퀴Vicia ervilia, 아마Linum usitatissimum와 같은 '동반종'과 함께 재배할 수 있는 고수확 곡물이었다. 각 곡물의 야생 기원에 대해서는 최근에 밝혀졌으며, 그러한 증거를 통해서 재배 변종이 야생 사촌에 비해 어떤 장점을 지녔는지도 확인할 수 있었다. 예를 들어 여섯줄보리는 야생종과 경작 변종 간의 두드러진 식물학적 차이가 종자의 분산이다. 야생의 여섯줄보리는 알맹이들이 잘 부스러지는 특성을 지니며 각각의 이삭이 다 익은 후에야 씨앗을 퍼뜨리는 속성이 있다. 반면 재배종은 이삭이 익어도 부스러지지 않고 원상태를 유지하다가 탈곡할 때 부스러지는 속성이 있다. 달리 말해 곡물이 존속하려면 수확된 뒤 파종되어야 한다. 다른 작물도 마찬가지다. 야생종보다 덜 부스러지는 재배 변종은 곡물 수확 후에 인간의 손에 의해 씨앗들이 뿌려졌다. 비옥한 초승달 지대에서 자라는 다양한 밀의 DNA를 비교한 결과, 곡물들은 기본적으로 야생 밀의 DNA와 거의 다르지 않고 일치한다는 사실이 확인되었다. 이는 각각의 작물이 단 한 차례 재배되었다는 사실을 암시한다. 작물별로 최초의 재배가 일어난 것으로 보이는 몇몇 장소가 있다. 그러한 장소로는 1만 년 전으로 추정되는 시리아의 텔 아부 후레이라Tell Abu Hureyra와 텔 아스와드Tell Aswad, 터키의 크라카다으Kracadag, 요르단 계곡의 네티브 하그두드Netiv Hagdud, 길갈Gilgal과 예리코Jericho, 기원전 1만 2000년~기원전 1만500년으로 추정되는 시리아의 다마스쿠스 분지의 아스완Aswan이다.[15]

동물 사육은 증거 유형이 다소 다르다. 최초의 지역에 대해서는 일반적인 지구 역사의 기록을 참조할 필요가 있는데, 마지막 빙하기 이후 대부분의 포유동물들의 몸집이 현재보다 작았다는 점이다. 사육의 증거를 판단할 때는 일반적으로 세 가지 기준이 제시된다. 우선 종수의 변화로, 한 지역 안에 존재하는 종의 비율이 갑작스럽게 증가할 때 동물이 사육되었다고 볼 수 있다. 다음은 크기의 변화로, 인간이 관리하기에는 작은 동물이 더 수월하고, 대부분 야생종은 사육종보다 몸집이 더 크다. 마지막 기준은 무리 구조에 나타난 변화로, 최대치의 생산성을 목적으로 사육 가축들은 주인에 의해 나이와 성별 구조가 조정된다. 이에 따라 주로 암컷을 보존하며, 성장기가 거의 끝난 수컷을 선별하는 작업이 이루어진다. 이 기준들을 적용할 때 동물 사육은 기원전 9000년 전후에 시작된 듯하다. 이 시기는 식물 재배 이후 1000년이 지난 무렵이다. 발생 지역은 비옥한 초승달 지대 안의 중동으로, 식물 재배지와 완전히 일치하지는 않지만 많이 겹친다. 대부분 경우 염소, 양, 돼지, 소의 순서로 사육되어 크기가 작은 종에서 더 큰 종으로 진행되었음을 알 수 있다. 이 모든 과정이 급진적으로 일어나지는 않았다. 꽤 오랫동안 그들의 밭은 제대로 관리된 소규모 농지나 농장이라기보다는 '야생 텃밭'에 가까웠다. 그러나 유목생활 방식에 적합하지 않은 돼지를 사육하기 시작했다는 것은 곧 정착생활을 암시하는 것이며,[16] 그들이 재배해온 작물들이 동물의 사료로 필요해졌다.

이제까지는 구세계에서 농업의 장소와 시기 그리고 그 지역의 동식물에 대해 살펴보았다. 더욱이 고생물학자들은 동물 사육이 이루어진 이후 서유럽과 인도로 빠르게 확산되었다는 사실에 동의했다. 다만 동남아시아와 중앙아프리카 먼 곳까지 확산되었는지는 여전히 논쟁거리로 남아 있다.

농사가 어떻게 발전되었는지, 왜 하필 그 시기에 그곳에서 시작되었는지에 대해서는 아직도 의문점이 많다. 실제로 인간이 생활해나가는 데는 수렵-채집 방식이 더 효과적이라는 사실을 고려해볼 때 이런 질문들은 흥미로울 수밖에 없다. 수렵-채집을 영위하는 부족들은 자신과 친족이 먹을 음식을 마련하기 위해 하루에 서너 시간 또는 다섯 시간만 '노동'하면 그만이었다. 그렇다면 그들이 더 열심히 일해야 하는 환경에 접어든 이유는 무엇일까? 더욱이 곡식에 의존하면 수렵-채집생활에 비해 식단이 훨씬 단조로워짐에도 불구하고 어떻게 그러한 변화가 발생한 것일까?[17]

가장 실리적인 논의는 기원전 1만4000년~기원전 1만 년에 세계가 중요한 기후 변화를 겪었다는 사실을 토대로 한다. 빙하기가 끝나갈 무렵 부분적으로 기후가 따뜻해지면서 해수면이 상승했고 숲이 확산되었다. 이러한 현상 때문에 넓었던 땅은 급격히 축소되었고, 그에 따라 이전까지는 개방되어 있던 지역이 작은 단위로 분할되기 시작했다. 지역 범위가 축소되자 사람들 사이에서는 영토 소유의 개념이 형성되었고, 관할 지역권에서 농지와 가축들을 보호하고 번식시켜나갔다. 이러한 일련의 변화를 거치는 동안, 기후는 점점 건조해지고 계절은 뚜렷해지면서 야생 작물이 더욱 확산될 수 있었다. 이에 따라 사람들은 동식물이 더 잘 자랄 수 있는 환경을 찾아 이동하게 되었다. 산, 해안지대, 고산지대 그리고 강이 있는 지역에서 더 다양하게 기후가 변화했고, 그러한 가운데 비옥한 초승달 지대의 중요성이 부각되었다.

마크 네이선 코언은 선사시대에 인구의 위기를 맞아 농사가 발전하게 되었다는 주장을 제기했다. 그 주장을 뒷받침하는 증거로 우선 농사가 수렵-채집보다 결코 수월하지 않았고, 초기 인류에게 단백질을 제공했던 큰 포유동물이 일시에 멸종되는 '지구적 우연'이 벌어졌으며, 그로 인해 홍적세 말기부터는 가축 사육이 시작되었고, 기후가 따뜻해지면서 사람들이 대거 이동함에 따라 본격적인 농경에 앞서 야생종을 재배하기 시작했고, 많은 자녀를 출산할 수 있게 되었다는 사실을 제시했다. 이미 언급한 바 있지만, 유목인과 수렵-채집인은 지속적으로 이동하는 집단의 규모를 조절하기 위해 아기에게 2년 동안 젖을 먹이는 방식으로 자손의 수를 제한했다. 하지만 코언의 지적대로 정착 문명이 형성되자 더 이상 자손을 제한할 필요가 없어졌으므로 인구가 증가하는 결과가 나타났다. 또한 고대 인구 과잉의 위기에 대하여 코언은 여러 근거를 제시했다. 말하자면 당시 인류는 먹을 것을 찾아 새로운 지역을 개척해야 했고, (큰 동물들의 멸종으로) 큰 동물에서 작은 동물로 식단이 변화했고, 수렵-채집인보다 영양이 악화되어 체구는 작아지고 수명도 더 짧아졌으며, 희귀 동식물을 주제로 한 공예의 전문화가 생겼으며, 음식을 조리하기 위한 불의 사용이 증가했고, 수생 자원의 이용이 높아졌으며, 기원전 1만2000년 전까지는 식량으로 가능한 많은 식물이 수확되지 않아 그에 따라 식량의 관점에서 식물(곡류)은 후순위였다는 것이다.[18] 그러므로 코언의 시각으로 볼 때 농업 혁명 그 자체는 초기 인류에게 해방을 안겨주지 않았다. 다만 인구 과잉의 위기에 대처하기 위한 방법이었다. 물론 수렵-채집은 결코 열등한 생활 형태가 아니었으므로 환경이 허락되는 곳에서는 얼마든지 수렵-채집의 방식을 영위할 수 있었다.[19]

코언의 주장은 매력적인 가설이긴 하나 문제점을 안고 있다. 그 부분을 비판적으로 제기한 사람은 경쟁 이론의 주창자인 레 그루브였다. 그는 고대에 인구 위기가 있었다는 설이 사실과 다르거니와 확실히 인구 과잉이 없었으며, 오히려 비교적 늦게 정착이 이루어진 유럽과 아메리카에는 인구가 적었다고 주장했다. 그러나 아프리카를 벗어나 추운 환경으로 이주했기 때문에 질병으로 인한 문제를 크게 겪지 않았을 것이라고 피력했는데, 미생물학적인 관점에서도 추운 지역이 더 안전하고 건강에 유리하다. 결과적으로 아프리카 지역과 비교할 때 수천 년 동안 유럽과 시베리아와 같은 장소에 거주한 초기 인류는 질병으로 인한 고통이 거의 없었을 것이라는 관점이다. 그러나 2만5000~1만5000년 전 즈음에 우연하게도 중대한 일이 발생했다. 기후가 따뜻해졌고 인류가 구세계의 끝자락에 도착한 것이다. 이것은 세상이 사람들로 '가득 찬' 상태가 되었음을 뜻한다. 먹을 것은 충분했지만 문제는 아프리카를 벗어난 인간의 몸에 붙어 있던 기생균이 전 세계로 퍼졌다는 사실이다. 즉 이전에는 열대 질병이었던 것이 온대 질병이 되고 말았다. 그루브가 언급한 질병이란 말라리아·주혈흡충병·십이지장충병으로, 이들은 '잔혹한 트리오'를 이루었다. 이때 두 번째 우연의 일치가 발생했다. 인간과 생물학적으로 매우 유사한 포유동물군인 거대 동물의 멸종을 낳은 '사냥'이었다. 동물들이 갑작스럽게 줄어들면서, 기생균들은 인간 쪽으로 몰려갔다.[20]

바꿔 말하자면, 2만 년 전 어느 시기에 세상에서는 인간의 건강에 위기를 가져온 질병의 폭발적인 증가가 있었다. 그루브 특유의 이론에 따르면, 질병의 맹공격에 직면한 초기 인류는 이주생활을 하는 동안 자식을 3년에 한 명 낳는 식으로는 인구 수준을 유지하기 어렵다는 사실을 자각했다. 이에 따라 정착에 대한 욕구가 발생했으며, 사람들은 더 자주 임신을 하여 인구를 늘렸다.

그루브가 주장한 이론 중 주목되는 한 가지 요소는 정착생활의 배경과 농업을 분리했다는 점이다. 이러한 발견은 제2차 세계대전 이후 획득한 중요한 통찰 중 하나다. 1941년 고고학자 고든 차일드는 '신석기 혁명'이라는 표현을 사용하면서 농업 발명이 최초의 마을을 형성케 했고, 이 새로운 정착생활로 도자기와 야금술의 발명 그리고 수천 년 이후의 문명의 번성을 이끌어냈다고 주장했다. 그러나 그의 관점은 뒤집혔다. 왜냐하면 수렵-채집생활로부터 마을 단위의 정착 문명으로 전환된 후에 농업 혁명이 진행되었기 때문이다. 이 사실을 통해 초기 인류와 그들의 사고에 대해 다르게 이해하게 됐다.

개, 딩고, 가축: 「창세기」, 일부일처제의 몰락과 의미

정착 문명이 농업보다 더 앞선다는 주장은 프랑스 고고학자인 자크 코뱅의 중동 고고학 연구에 폭넓은 관점을 부여했다. 종교에 관한 주요 기원과 거주의 개념에 관한 그의 연구는 이론적이고 철학적인 고고학 연구 발전에 많은 영향력을 발휘했다. 그의 해석을 간단히 요약하자면, 구세계에서는 주술성을 넘어서는 사상적 발전이 있었다는 것이다.

프랑스의 리옹과 마르세유 사이에 위치한 잘 아르데슈Jale Ardeche의 동양 선사연구소 명예교수로 활동했던 코뱅은 농경사회 이전의 근동(아라비아·동북아프리카·동남아시아·발칸 등을 포함하는 지역—옮긴이) 마을에 대하여 세부적인 조사를 실시했다. 그 결과 기원전 1만2500년~기원전 1만 년 무렵 이른바 나투프Natufian 문화('나트푸'는 이스라엘의 와디 안나투프Wadi an-Natuf 유적지 이름으로부터 차용)가 유프라테스에서 시나이 반도에 이르기까지 레반트(동부 지중해 및 그 섬과 연안 제국—옮긴이) 전 지역으로 확산되었다는 사실을 밝혀냈다. 갈릴리 해 북쪽 요르단 계곡에 있는 에이난말라하 Eynan-Mallaha 발굴 조사에서 나타난 저장용 구덩이를 통해 코뱅은 이 마을이 레반트 최초의 정주 마을일 뿐만 아니라 '곡식을 수확한 마을'이라고 규정했다.[21]

나투프의 사람들은 집을 짓고 약 6명의 가족이 함께 생활했으며 마을을 형성했다. 가옥의 형태는 둥글며 야트막하게 땅을 파고 건조시킨 돌로 벽을 쌓은 반지하 구조로, 실제 건축의 증거로 보이는 동심원 기둥의 흔적이 있고 내부에는 한두 개의 화로를 두었다. 그들의 석기 도구는 사냥용이 아니라 무엇을 갈거나 부수는 데 사용되는 것이었으며, 뼈로 만든 도구도 많았다. 매장 방식은 가옥 밑에 한 구 또는 여러 구를 묻기도 했고 공동묘지

방식도 있었다. 개의 무덤을 포함한 몇몇 무덤이 조개껍질이나 빛나는 돌로 장식된 것으로 보아 일종의 의식이 치러진 듯하다.(초기 개의 존재에 주목할 필요가 있다.) 이 마을의 장식품은 주로 뼈를 소재로 동물의 형태를 표현한 것들이었다.(샤머니즘의 한 단면일까?) 기원전 1만1000년~기원전 1만 년의 나투프 사람들은 주로 아부 후레이라Abu Hureyra 지역에서 야생 곡물을 수확했으나 이 기간의 후반기부터는 세계 기후가 건조해지면서 점점 곡물을 얻기 어려워졌고, 그에 따라 식량이 마디풀과 살갈퀴(콩과의 풀)로 바뀌었다. 이것으로 볼 때 당시에는 아직 특화된 작물이 형성되지 않았던 것이다.[22]

코뱅은 다음 단계인 키암Khiamian 시기를 주목했다. 사해 북쪽 끝의 서쪽에 위치한 키암 유적지의 이름을 붙인 이 시기는 세 가지 면에서 그 의미가 확인되었다. 우선 새로운 형식의 무기가 출현했고, 진흙을 재료로 삼아 최초로 땅 위에 건축된 집이 등장했으며, 무엇보다 중요한 것은 '상징의 혁명'이 발생했다는 점이다. 나투프 예술품의 대상은 기본적으로 동물이었으나 키암 시기에는 (비너스상이 아닌) 여성 조각상이 나타났다. 초반에는 윤곽 위주의 형상이었다가 점차 실제적인 형상을 갖추기 시작했다. 그리고 기원전 1만 년경의 가옥 밑에서 야생 소의 두개골과 뿔(야생 황소와 바이슨의 멸종 형태)이 발견되었고 때로는 뿔이 벽에 박혀 있었는데, 종합적으로 분석하면 그것들은 상징적 기능을 담당했던 것으로 보인다. 코뱅의 표현에 따르면 "변화되지 않은 채 여전히 사냥과 채집이 이루어지는 환경 속에서" 기원전 9500년의 레반트 그림에서 우리는 강력한 상징적 형상으로 발전한 여성과 황소의 그림을 만나게 되는데, 코뱅은 황소를 낳는 것처럼 보이는 그 여성을 신적인 존재로 해석했다.[23]

이러한 발전과정 속에서 코뱅은 주술이 아닌 종교의 참된 기원을 확인했다. 즉 여성과 남성의 본질이 재현되고, 동식물의 사육과 재배가 발생하기 이전의 정신적 변화가 나타난 이 시기가 바로 최초로 인간이 신으로서 재현된 시기라는 것이다.

차탈회위크Çatalhöyük(남부 아나톨리아 고원에 있는 신석기 유적지—옮긴이)의 초기 발굴자인 제임스 멜라트는 이 추론에 동의했지만, 우리는 코뱅의 이론 일부를 수정할 필요가 있다.

키암 예술에서는 남성 형상보다는 여성 형상을 더 많이 볼 수 있는데, 출생의 신비 때문에 여성을 신성한 존재로 표현했다는 점에서 번식의 상징성을 유추할 수 있을 것이다. 그렇다고 할 때 황소는 자연에 길들여지지 않는, 폭풍처럼 무한한 힘이 폭발되는 것을 상징한다고 코뱅은 해석했다. 더욱이 그는 중동에서 뚜렷한 진화를 확인했다. "두꺼운 건물 벽 안에 파묻혀 있었기 때문에 거주자들에게 발견되지 않았던 키암의 황소 두개골 장식bucrania"의 배경은 어쩌면, 건물 구조 안에 황소의 힘을 집어넣음으로써 적대적인 자연의 힘으로부터 가옥이 버텨내주길 바랐던 것이 아닐까? 또는 (집을 지을 때) 모든 파괴 방식으로부터의 안전을 기원하는 은유적 소망으로서의 초기적 봉헌물이었는지도 모른다. 이러한 소의 상징은 레반트와 아나톨리아 전역으로 확산되었으며, 요르단 북서 지역의 아인 가잘Ain Ghazal 유적지(기원전 8000년경)에서는 황소와 싸우는 남성의 형상을 볼 수 있다. 코뱅에 따르면, 이 형상을 통해 남성의 힘을 중요시했음을 알 수 있으며 농업 혁명이나 종교 혁명과도 깊은 관계가 있을 것으로 여겨진다. 말하자면 '동물 왕국을 지배하고픈 인간의 욕망'을 충족하려는 두 가지 시도가 바로 농업과 종교 혁명이라는 것이다. 더불어 이것은 경제적 여건에서 나온 전통적인 지혜가 아니라 정신의 변화, 즉 심리학적인 변화라고 주장했다. 즉 무리를 지어 다니며 어느 한곳에 머무르지 않았던 동물에 익숙해

지면서부터 사람들은 동물 지배에 대한 관심과 욕망이 차올랐을 것이라고 해석한 것이다.[24]

일반적으로 초기 인류가 성교와 임신의 관계를 뒤늦게 깨닫기는 했지만 이 변화는 무척 중요하다. 주지하다시피 동물은 식물 재배를 시작한 지 약 1000년 뒤에 사육되기 시작했다. 이렇게 지연된 이유는 무엇일까? 단지 어린아이(그리고 새끼 소와 양)가 '만들어지는' 방법을 늦게 발견했기 때문일까?

많은 선사시대 사학자가 주목했듯이, 달의 주기 중 특정한 시기에 이르면 달은 황소의 뿔을 닮은 모양이 된다. 고대인들도 그렇게 인식했을 것이며, 더불어 달의 주기와 생리 주기를 연관지어 생각했을 것이다. 이로써 황소와의 연관성을 추론할 수 있다.(여기서 28개의 빨간 점이 그려진 비너스 조각상을 떠올릴 필요가 있다.) 다시 말해 초기 인류는 여성이 임신 직전에 생리가 멎는다는 사실을 관찰했을 것이고, '황소 모양'의 달과 인간의 임신 및 출산이 관계가 있다고 믿었을지도 모른다. 초기 신석기의 많은 그림에서 여성이 황소를 출산하는 모습이 나타난 것은, 어쩌면 이 때문이 아닐까? 그러나 황소의 성기보다 두개골 장식이 '번식의 상징'이었다고 이해하기는 힘들다. 게다가 황소를 출산하는 여성을 실제로 볼 수 없었다는 점을 감안할 때 과연 황소의 이미지는 어떤 의미인 것일까? 샤머니즘 종교에서 주술사는 다른 곳까지 자신의 혼을 비행시킬 때 동물의 형식을 취하기도 한다. 그러한 맥락에서 천국의 황소(주술사)가 지상으로 내려와 여성의 몸 안으로 들어간다고 여겼을 수 있다. 그렇다면 초기 인류는 자연의 신비한 힘에 의해서 여성이 임신하게 된다고 믿었던 것일까?

이 이론은 1만1000~9500년 전의 나푸트와 키암 문명에 뒤이어 발생한 차탈휘위크 문명과 예리코의 중동 유적지에서 확인된 두 가지 사실을 고려할 때 개연성을 얻는다. 첫째, 브라이언 페이건과 마이클 발터가 지적한 대로, 터키의 차탈휘위크와 팔레스타인의 예리코 유적지에서는 선조 그리고 동물과 인간의 출생에 대한 집착이 나타난다.[25] 둘째, 사람들을 공동묘지에 묻는 것이 아니라 코뱅이 주목했던 것처럼 자신들이 거주하는 가옥 밑에 매장하는 또 다른 변화가 있었다. 그들은 때로 목을 베인 방식으로 죽었고, 선조의 두개골은 회반죽으로 덮여 있었다. 발굴지는 주로 벽속이나 집의 바닥 아래로, 이전에 황소의 두개골 장식이 발견된 장소와 동일했다.

이 중동 유적지에는 오늘날 우리가 '개'라고 부르는 동물의 흔적이 있었다. 그리고 그 지점은 폰 홀트와 웨인에 의해 개의 사육이 이루어졌다고 주장되었던 바로 그 지역이다. 당시 사람들이 성교와 출산의 관계를 깨닫고 있었다면 이후에 뒤따르는 많은 사실을 연속적으로 추리할 수 있었을 것이다. 예컨대 신석기시대의 남성과 여성의 관계 그리고 부모와 아이들의 새로운 관계를 발견할 수 있었을 뿐만 아니라 조상에 대한 인식도 변화되었을 것이다. 이전까지의 '조상'이란 대체로 집단적이며 부족적인 개념으로, 그저 '앞서간 사람들'에 불과했다. 그러나 새로운 인식을 얻게 된 후의 조상은 더욱 개인적이고 사적인 현상으로 표현되었을 것이다. 이러한 점들이 바로 차탈회위크와 예리코 유적지에서 그들이 살았던 가옥의 바닥 밑에 황소의 두개골 장식을 대신하여 조상들이 매장된 이유다. 목을 자르고 얼굴에 회반죽 칠을 한 것은 이전의 일반적이고 집단적인 관습보다 더 특별한 관계를 지닌 특별한 조상의 힘을 과시하려는 의도로 보인다.

약 1만2000년 전에 유라시아 전역에 걸쳐 비너스 조각상이 사라진 현상 그리고 1만1000년 전에 중동 유적지에서 출산에 임박한 모습이 아닌 출산하는 여성 인물상이 나타난 것은 우연한 현상일 수도 있지만, 우리에게 이해의 변화를 검토하게 하는 증거는 아닐까?[26]

최근에 밝혀진 또 다른 사실이 있다. 초기 인류가 수렵-채집을 벗어나 곡물을 기본으로 하는 정주적인 식단으로 옮겨가면서 여성의 골반관이 변화되었다는 것이다. 최근 과학계에서는 식단의 변화로 인한 영양 변화에 민감하게 반응하여 골반관이 좁아졌으며, 오늘날까지 구석기시대의 크기를 회복하지 못했음을 분석해냈다.[27] 이로써 당시의 정주 문화와 식단에 변화가 있었고, (가족과 종교적 생활의 의미에서) 번식에 대한 새로운 인식이 형성되었으며, 출산 자체가 대단히 고통스럽고 위험한 과정임을 깨달았다는 추정이 가능해진다.

이 지점에서 우리는 이 모든 일이 우연한 현상인지 어떤지를 자문해봐야 할 것이다. 즉 갑작스러운 커다란 변화들(심지어 인류의 이동)에 뒤이은 놀라운 현상들이 신화적 형태로서 간직되어온 것은 아닐까?

과연 우연이었을까? 하나의 신화를 들여다보면 인간의 의식에 엄청난 변화가 있었음을 암시하는 증거의 편린들이 포착된다. 그렇다면 이러한 발전 또는 의식의 중요한 변화들은 『성경』이라는 최초의 책에도 담겨 있을지도 모른다. 즉, 『성경』의 초반부에 포함된 내용이 바로 그 사실을 말해주는 것은 아닐까? 『성경』은 왜 그와 같이 시작하는 것일까? 「창세기」는 세상과 인류의 창조에 관한 설명 부분으로 알려져 있지만, 신이 당부한 지시를 어기고 선악과를 따먹은 죄로 에덴 동산에서 추방된 아담과 이브의 이야기는 다소 낯설게 들린다.

이 이야기의 일부분은 다른 부분에 비해 이해하거나 해독하기가 쉽다. 예컨대 에덴 동산으로부터 쫓겨난다는 것은 원예의 종말 또는 인류의 수렵-채집생활의 종말과 농경으로의 이동을 암시하거나, 수렵-채집생활이 농사보다 더 쉽고 즐거우며 조화롭다는 인식을 암시하는 것처럼 보인다. 이런 관찰이 가능한 것은 『성경』만이 아니다. 다른 문헌들을 보더라도 인간은 지금까지 노동 없이, 즉 '농업의 도움을 받지 않고 괭이나 쟁기의 날이 닿지 않는' 풍요로운 땅(헤시오도스와 플라톤이 이야기한 신성한 섬 엘리시안 필드Elysian Field)에서 살아왔던 것으로 이해된다.[28]

하지만 「창세기」의 중심 드라마는 이브가 뱀의 충고에 호응하여 아담을 유혹한 뒤 함께 선악과나무 열매를 따먹은 결과 벌거벗음을 인식하게 되었다는 내용이다. 이때 '지식knowledge'과 '벌거벗음nakedness'이라는 두 단어가 성性 또는 성적 인식을 암시한다는 견해에 동의하지 않으면 그 의미를 이해할 수 없을 것이다. 실제로 성서학자 일레인 페이절스는 히브리어로 '안다yada'는 단어가 성교를 암시한다고 밝혔다.[29] 그들이 자신의 신체를 인식하게 되었다는 사실보다는 어떻게 '지식'과 '벌거벗음'을 연결하게 되었으며, 그 인식의 전후에는 어떤 차이가 있고 왜 그것을 문제로 받아들였는지, 그들이 소유한 지식이 성적 번식활동에 어떤 작용을 하게 되었을까 하는 부분이 중요하다. 사실 번식이 '자연스러운 것'이라는 점을 알려주었다는 점에서 이 지식은 충격적이고 감동적이다. 바로 인간이 어떤 기적과 같은 신성한 힘이 아니라 성교의 결과로 만들어진다는 사실을 의미하기 때문이다. 이것이 바로 '타락'으로 느끼게 된 원인이었다.

이런 해석에 대한 다른 실마리를 살펴보면, 포츠와 쇼트가 관찰했듯이 수렵-채집인들은 일부다처주의자들이었다.[30] 그러나 일레인 페이절스가 말한 것처럼 결혼은 '부동의' 일부일처제가 되었다.[31] 그리고 사람들은 처음으로 부권父權의 본질을 이해하고 그것의 중요성을 깨달았다. 「창세기」 3장 16절에는 "또 여자에게 이르시되, 내가 네게 임신하는 고통을 크게 더하리니 네가 수고하고 자식을 낳을 것이며"●라고 적혀 있다. 그런 반면 아담과 이브는 동물에 대한 '지배권'을 부여받았다.[32] 그들로 하여금 동물들의 이름을 짓게 한 것은 신이 인간에게 다른 창조물에 대한 권한을 주었다는

거대한 단절

분명한 증거였다.[33]

　이러한 시각은 수렵–채집으로부터 농경으로의 과도기 또는 그와 관계된 의미를 신화적으로만 해석한 것은 아닐까? 예컨대 그러한 과도기가 좋은 결과를 불러오지 않았으며, 자연과의 조화를 상실했고, 출산이 더 고통스럽고 위험해졌다는 등의 시각은 오늘날 학계의 입장과 일치하지 않는다.(골반관의 크기에 나타난 변화 이외에 동시대의 다른 연구에서는 4년 이하의 출산 간격은 간격이 더 긴 경우보다 위험하다는 사실을 보여줬다. 비록 당시 인류가 근대 과학의 장점을 이용할 수는 없었어도 그들은 그러한 발생 변화를 잘 인지할 수 있는 입장이었다.)[34]

　『창세기』에는 인류의 성교와 출산의 연관성에 관하여 직접적인 '시기'가 제시되지는 않았으나 농경생활로 전환되는 시기를 연상할 수 있다. 이에 따라 『창세기』와 그 안에 기록된 인간의 타락은 1만2000~1만 년 전의 획기적인 사실, 즉 성교와 임신의 관계에 대한 정보를 제공한다. 이것은 식물의 재배 이후 약 1000년 이후에 동물 사육이 나타나게 된 배경과 연관이 있을까? 그 시기의 알래스카 이누이트 족에 관한 책『야한 유전자가 살아남는다The Prehistory of Sex』를 저술한 티머시 테일러는 고고학자 루이스 빈퍼드가 '연인들의 캠프'라 명명한 장소, 즉 갓 결혼한 이들이 커플 관계를 강화하기 위해 찾아낸 '모든 곳에서 멀리 떨어진' 곳을 언급하고 있다.[35] 이 언급은 새로운 이해를 반영하고 있을까? 예컨대 테일러는 빙하시대의 예술이 확산되었던 동굴은 약 1만 년 전부터 폐기되었다고 분석했다.[36] 어떤 일이 진행되었다면 그것이 무엇이든 의미를 지닌 것이다. 더 이상 비너

───────────────

● 이것은 수정된 표준판(1950)의 문장이다. 킹제임스 판(1611)에서는 "내가 네게 임신하는 슬픔을 크게 더하리니 네가 슬퍼하고 자식을 낳을 것이며"로 되어 있다.

스 조각상도 동굴 벽화도 필요치 않게 되었다면, 포유동물의 번식이 이해되었으며 동물 사육도 준비되어 있었다고 볼 수 있다.

이러한 논의는 가설일 뿐이지만 일관된 구도를 지니고 있다. 대략 1만 2000~1만 년 전 사람들은 정주 문화, 도시화 및 가축 사육이라는 변화뿐만 아니라 성교와 출산의 관계를 알게 되었으며, 그로 인해 조상, 남성의 역할, 어린아이, 사생활, 재산에 대해서도 중요한 의식 변화를 일으켰다. 또한 그것은 암호화된 형태로 「창세기」에 기록될 만큼 중대한 심리적 변화였다.

이 모든 것은 코뱅의 두 번째 주장(종교라고 불릴 만한 흐름이 기원전 9500년경에 레반트에서 부상했다는 사실과 더불어)을 뒷받침한다. 즉 이러한 변화의 지점은 재배와 정착 문화가 시작된 이후이면서 농업과 가축 사육이 시작되기 전이라는 것이다. 사고방식과 생활 방식의 급격한 변화가 안착하기까지는 꽤 많은 시간이 소요된다.

코뱅의 주요 논점은 대체로 다른 학자들도 공유하고 있지만, 가축 사육 현상이 궁핍이나 혹은 다른 경제적 위협으로 갑작스레 발생한 사건이 아니라는 것이다. 오히려 가축 사육보다 더 오래전부터 정착 문명이 시작되었으며 문명생활에 필요한 벽돌이나 상징적 가공품은 이미 생산되고 있었다. 그는 기원전 1만2000년~기원전 8000년에 초기 인류가 심오한 심리적·사상적 변화라고 할 수 있는 종교적 혁명을 겪었으며, 그로 인해 동식물의 사육 및 재배가 시작되었다고 유추했다. 이때의 종교적 혁명이란 동물 혹은 영적 숭배로부터 오늘날 우리가 이해하고 있는 샤머니즘으로 변화한 것을 말한다. 말하자면 인간으로서의 여신이 최고의 존재로 숭배되었다. 이 시기의 조각품들은 마치 기도나 탄원하는 사람들처럼 팔을 들어 올린 채 '충만한 믿음'을 표현하고 있다고 코뱅은 지적했다. 이것은 최초로 나타난 '신과 인간의 전혀 새로운 종속관계'를 의미한다. 그때부터 구세계에서는 신성한 힘이 존재하며, 그에 따라 신은 '위'에 존재하고 인간은 '아래'에 존재하게 되었다고 코뱅은 설명했다.[37]

이러한 흐름에서 가장 중요한 혁신은 레반트에 자라는 풍부한 야생 곡물종을 경작한 것으로, 이로 인해 정착 문화가 가능해졌다. 정착생활은 출산의 간격을 더 좁힘으로써 인구를 증가시켰고, 마을 규모의 확장과 복잡한 사회조직을 낳았다. 그리고 마을에 지도자와 추종자가 존재하는 상황이 반영된 새로운 개념의 종교가 탄생했을 것이다. 이러한 변화들이 자리를 잡아가는 과정에서 사람들은 이러한 새로운 생활 양식에 적합한 야생 곡물을 '선정'함으로써 식물 재배는 자연스럽게 발전했을 것이다.

한편 인간은 정착생활에서 개의 행동 양식을 좀더 면밀히 관찰할 기회를 얻어 포유동물의 번식과정을 이해하게 되었을 것이다. 그 결과, 결혼·재산·조상에 대한 인식의 변화뿐만 아니라 무리 짓는 다른 동물들을 사육하는 방법을 깨닫게 되었을 것이다.

일반적으로 신석기시대에 자리 잡은 것으로 확인된 이 관습들은 맨 처음 비옥한 초승달 지대에서 시작되어 아나톨리아(옛날의 소아시아, 현재의 터키)를 거쳐 서유럽으로, 다음은 동쪽의 이란과 캅카스 산맥을 지나 구세계 전 지역으로 꾸준히 전파되었다.

정착생활의 전환과 농경, 여신과 황소 숭배는 서로 연결되어 중대한 변화를 만들었다. 인간과 동물 그리고 식물을 포괄하는 '번식'의 상징으로서의 여신은 정착생활 속에서 형성되었을 뿐만 아니라 땅의 비옥도가 갈수록 약화되고 사람과 가축이 밀접해지는 과정에서 더욱 강조되었다. 그럼에도 불구하고 구세계에서 번식의 상징은 동식물을 망라하여 여신이나 황소로 표상되었다. 이전에 사람과 매머드·코뿔소·순록과의 관계 이후로

소·양·염소·말과의 관계가 확산되었듯이 여신과 황소 숭배는 번식에 대한 의식의 발달과 더불어 '초기 샤머니즘'을 넘어서고자 하는 인간의 변화와 동물의 번식이 식물의 번식보다 더 쉽게 이해되었음을 반영하고 있다. 여기서 간과해선 안 될 점은 황소 숭배가 인간에게 적대적인 자연의 힘에 대한 숭배라는 코뱅의 지적이다. 자연의 적대적인 힘(지진·폭풍·화산 분출·해일)은 부단히 옮겨 다녀야 하는 수렵-채집 공동체 쪽보다 잃을 것이 더 많았던 정착사회에 더 파괴적인 것이었다.

대체로 코뱅의 주장에는 틀림이 없었다. 정착생활과 동식물의 사육 및 재배는 샤머니즘을 넘어서는 변화를 낳았다. 즉, 인간 형상의 신이라는 획기적인 결과를 도출했다. 황소 숭배 또한 주목되는 부분으로, 신세계에는 존재하지 않았을 뿐만 아니라 신으로 숭배되지도 않았던 현상이었다. 아메리카에는 황소뿐만 아니라 대부분 큰 사육 동물이 없었으며 사육되고 재배된 동식물 간의 상호작용도 물론 있을 수 없었다. 이렇듯 두 반구 사이에 가장 중요한 차이를 만들어낸 요인은 다름 아닌 유목이라는 생활 양식이었다.

신세계에서는 없었던 네 가지 현상: 쟁기질, 가축몰이, 젖짜기, 말타기

이 장의 제목에서 언급된 네 가지 활동은, 신세계에는 존재하지 않았으나 고대 구세계에서는 흔한 것이었을 뿐만 아니라 유라시아의 실질적이고 기술적인 발달과 경제적 발달 그리고 사상과 정치의 발달을 형성한 삶의 한 양식이었다.

인간의 근육을 초월하다: '제2의 생산 혁명'

가축의 활용 없는 단독적인 경작만으로도 인간은 복합도시사회(신세계)를 유지할 수 있었지만 앤드루 셔럿이 언급했듯이 "구세계에서는 인간의 근육이 아닌 동물, 특히 야생이 아닌 사육된 가축의 힘을 강력한 동력으로 이용할 수 있기에 다음 단계인 산업화가 가속화되었다는 사실이 매우 중요하다.[1] 다시 말하자면 길들여진 (주로 덩치가 큰) 포유동물의 진정한 변화는 식량으로서의 육류가 아니라 '새로운 재산'으로서 가치를 지니게 되었다는 데 있다.

셰럿은 최근 「쟁기와 유목」이라는 논문에서 농업 발명 이후의 '제2의 생산 혁명'에 대해 밝히고 있다. 그는 사육된 동물이 재배 식물과 상호작용한 방식을 두 번째 중요한 발전으로 해석했다. 당시 지구상에는 사육에 적합한 148종의 초식 혹은 잡식성 대형 포유동물이 있었다. 그중 72종은 유라시아에 서식했는데, 또 그중에서 13종이 사육되었다. 사하라 남쪽의 아프리카에 서식하는 51종은 전혀 사육되지 않았으며, 아메리카에서는 24종의 포유동물 중 야마 한 종만이 사육되었고, 오스트레일리아의 서식하던 한 종은 여전히 야생으로 남아 있다.[2]

여기서 특히 중요한 것은 농사에 동물의 힘을 처음 적용하게 한 도구, 곧 쟁기다. 오래지 않아 출현한 수레가 생산물의 수송을 편리하게 하여 농업은 더욱 활성화되었다. 또한 수레는 잉여 생산물(젖, 양털 그리고 젖만큼 빨리 부패되지 않는 치즈 등)의 교역 확산에 기여했다. 이렇듯 구세계에서는 가축 동물의 힘을 빌릴 수 있었으며, 도살할 필요가 없는 가축들로부터 다른 부산물을 얻었다. 따라서 살아 있는 동물은 제물용으로 관리되는 동물보다 더 가치 있었다. 이윽고 이러한 방식은 이데올로기와 종교적 결과에 영향을 끼쳤다.

이러한 발달은 농업의 탄생 이후 곧바로 나타난 것이 아니라 수천 년에 걸쳐 형성된 것이다. 사실 제2의 생산 혁명은 일반적으로 문명이 시작되었다고 보는 시기인 기원전 4000년 무렵에 발생했는데, 신세계에서는 이 모든 현상이 나타나지 않았다.

쟁기는 토양이 안 좋은 땅에서도 경작할 수 있게 해주었기 때문에 이전

거대한 단절

에는 버려졌던 넓은 지역까지 경작지로 확대되었다. 더욱이 수레의 수송력 덕분에 양털을 시장까지 수송하는 과정이 수월해지면서 좀더 먼 언덕과 고지대까지 양떼를 몰고 나갈 수 있었다. 불모지는 점점 더 개간되었고, 목초지의 활용과 이동 방목, 유목생활까지 가능하게 했다. 이러한 생존 방식들 중 그 어떤 것도(특히 쟁기를 사용하는 농업주의자와 유목주의자) 신세계에서는 찾아볼 수 없었다. 이런 두 체계가 병존하는 구세계에서는 때로는 공생하고 때로는 갈등하는 특질이 나타났다. 반복해서 언급하지만, 유목민과 정착민 사이의 갈등은 구세계 역사를 형성하는 요인 중 하나였다. 다만 쟁기 농업주의자와 유목주의자의 공통점이 있다면 삶의 방식이 세습되었다는 것이다.

넓은 불모지를 경작할 수 있게 된 것 외에, 신세계의 정원이 작은 막대기로(화전민 등이 화전을 일굴 때 사용하는 끝이 뾰족한 막대기) 경작된 것과 달리, 구세계에서 쟁기는 종자를 들판 전역에 퍼뜨리는 '흩뿌리기' 방식을 촉진시켰다. 흩뿌리기 모종으로 더 많은 잉여 생산물을 낳음으로써 부를 축적할 수 있었고, 식량 생산에 참여하지 않는 전문가들을 양산하여 마침내 문명이 어렵지 않게 출현할 수 있었다.

셰럿이 말한 '제2의 생산 혁명'은 구세계의 농업을 두 단계로 분리시켰다. 즉, 인간의 근력을 바탕으로 한 초기적인 괭이 문명 단계에서 고기를 얻기 위한 목적으로만 동물이 사육되었다면, 쟁기 농업과 유목의 두 번째 단계에서는 에너지원으로 활용되었다. 그의 주장에 따르면, 이러한 제2의 생산 혁명은 유라시아만의 발달된 사회 형태를 낳았다.

견인 복합체 그리고 우유와 양모의 부상

소는 기원전 6000년 무렵부터 사육되었으나 이후 기원전 4000년까지는 견인용으로 활용되지 않았다. 그 이후부터 소와 수레는 밀접히 연관된 '견인 복합체traction complex'로서 확산되었다.[3](소와 수레의 확산은 기원전 3000년에 하라파 문명과 기원전 2000년 중국에서 발견된 진흙 형상을 통해 밝혀졌으며, 아시아에서 수레가 확산된 것은 다음 그림에서 볼 수 있듯이 말의 사육과 관련이 깊다.) 셰럿의 해석에 따르면, 신세계에서도 모형 바퀴가 확인된 것으로 보아 그 원리는 알고 있었으나 수송에 바로 활용되지는 않았다. 이러한 과학 기술을 활용하여 동물에게 짐을 끌게 하기에는 위험한 요소가 있었기 때문이다.[4]

수레와 쟁기는 기원전 4000년 초기 '북메소포타미아의 어느 지점'에서 처음 사용되었던 것으로 보이며, 쟁기가 널리 확산된 시점으로부터 멀지 않은 때에 수레가 보급된 것으로 보인다. 쟁기는 야금술에 종사하는 초기 인류 사이에서 만들어졌다.

초창기에는 사냥 대상이었던 네댓 종의 동물이 사육된 시기 또한 기원전 4000년 무렵이었는데, 셰럿의 해석에 따르면 경제적인 목적으로 사육된 것이 아니라 짐을 수송하거나 사람들이 타고 다니는 용도로 이용되었다. 말 종류와 낙타가 그 대상이었다. 당시의 말은 지금과 마찬가지로 네 종류였는데, 사하라 남쪽 아프리카의 얼룩말, 북아프리카의 당나귀, 근동 또는 서남아시아의 야생 당나귀, 유라시아의 순종 말이다.[5] 말의 주요 서식지는 우크라이나로부터 몽골에 이르는 평원지대로, 정착민들이 먼저 사육한 대상은 소였지만 농사를 짓지 않은 드네프르 강 중류의 공동체에 의해 처음으로 말이 사육되었다. 여기에서부터 시작된 말의 보유는 견인 복합체가 확산되는 기원전 4000년 중반에 여러 지역으로 퍼져 나갔다. 사육된 말은 숲이 많은 유럽으로 서서히 전해져 남쪽 고대 바빌로니아 시대의 테라코타에서 말을 탄 사람의 모습이 나타났다.[6] 야생 당나귀는 사육이 쉽지 않았기 때문에 종종 이 시기의 그림에는 재갈이 물린 모습이 묘사되어 있다. 그러다가 말이 수송용 동물로서 야생 당나귀를 대신하게 되었고, 기원전 2000년쯤 말의 재갈과 수레바퀴의 바퀴살과 같은 기술의 변화를 가져왔다. 이것은 결국은 마차가 만들어지는 계기가 되었으며, 이에 담긴 깊은 의미는 나중에 다시 살펴볼 예정이다.[7]

나귀나 당나귀도 같은 시기에 사육되었으며, 알제리로부터 시나이 반도에 이르기까지 서식 범위가 넓었다. 이 동물의 장점은 다른 종의 말에 비해 유순하며 적게 먹어서 경제적이라는 사실이다. 다른 장점으로는 나귀와 말의 '잡종 교배'로 인한 노새라는 종을 발명했다는 점이다. 노새는 번식이 불가능한 잡종이지만 부모 종보다 더 튼튼해서 길고 험한 육로 교역 네트워크에 사용되었다.[8]

알려진 바와 같이 낙타는 아마도 두 지역에서 독립적으로 사육된 듯하다. 털이 있고 두 개의 혹이 있는 '박트리안Bactrian' 낙타는 유라시아의 서늘한 평원과 산 주변에서, 한 개의 혹을 가진 '아라비안Arabian' 낙타는 아라비아와 북아프리카의 건조한 지역에서 길들여졌다. 낙타는 당나귀보다 두 배나 무거운 짐을 싣고서 더 빠르게 이동할 수 있으며, 음식과 물을 자주 줄 필요가 없었다. 쌍봉낙타는 기원전 3000년부터 견인 복합체의 일부로 이용되었다.

기원전 4000년 전 무렵, 서로 인접한 지역에서 이러한 다섯 종류의 독립적이며 유사한 동물들의 사육으로 인한 '수송 복합체'가 형성되자 서유럽에서 몽골까지 여러 지역으로 전파되었다. 셰럿의 말에 따르면 '수송 혁명'

이 시작된 것이다.[9] 이에 따라 구세계는 신세계에서는 볼 수 없는 방식, 즉 물품과 사람, 생각이 교역되고 옮겨감으로써 서로 연결되었다.

사육 동물은 수송 이상의 의미가 있었다. 우선 젖을 얻을 수 있었다.(이전에는 피도 마셨을 것이다.) 길들인 동물로부터 영양을 섭취할 수 있다는 것은 생명체를 죽일 필요가 없다는 점에서 자원 절약의 획기적인 발전이었다. 젖에는 칼슘을 비롯하여 곡류 식단에 부족한 아미노산인 리신이 함유되어 있으며 지방·단백질·당분까지 풍부할 뿐만 아니라 치즈, 버터, 요구르트와 같은 여러 저장 제품으로도 변환할 수 있었다.

그러나 잘 알려진 바와 같이 세계 대부분의 인종(황인종, 신세계 사람들, 멜라네시아인, 오스트레일리아 원주민, 코이산 족, 많은 흑인종, 지중해 국가의 인구 절반)은 젖샘에서만 합성되는 젖당인 유당을 잘 소화하지 못한다. 이러한 '유당 흡수lactose tolerance' 이론으로부터 진보한 최근의 연구에 따르면, 구루병을 막아주는 비타민 D를 북유럽인들은 음식으로 섭취하고 남유럽인들은 햇볕을 쬐는 방식으로 흡수하는데, 이때 칼슘 성분이 그 효능을 돕는다는 것이다. 젖의 보관 용기 또한 평평하고 넓은 그릇 형태로부터 붓기에 편리한 우묵한 형태로 변화된 것을 확인할 수 있다. 알코올성 발효유인 쿠미스kumiss의 생산이 이 무렵에 생산된 것을 보면, 젖이 의식에도 사용되었음을 유추할 수 있다.[10]

고기를 얻기 위해서뿐만 아니라 젖과 다른 생산물을 얻기 위해 가축을 키웠다는 사실은 인간과 동물의 관계가 구세계에서 훨씬 더 밀접했음을 말해준다. 그 결과 질병의 전염과 면역 그리고 동물에 대한 개념(동물들이 지닌 신체적·정신적 능력과 농경에 관련한 동물에 대한 윤리) 부분에서 두드러진 효과가 나타났으며, 이러한 인식들은 (19장에서 살펴보겠지만) 동물을 죽이는 부분에도 영향을 끼쳤다.

섬유 분야에서, 초기 구세계에서는 신세계에서와 마찬가지로 기본적으로 식물 섬유를 이용했다. 아메리카에서는 면이 동물의 껍질과 가죽을 대신한 반면 구세계에서 가장 널리 사용된 식물 섬유는 아마였다. 따라서 양모가 활용되기 전부터 정교한 직조 기술이 발달했다. 그러나 메소포타미아의 도시화(또는 이에 대한 기록)가 이루어지는 시기에 양모는 가장 중요한 섬유로 부상했다. 고고학적 증거에 따르면 아마는 기원전 3000년 중반까지도 유럽에서 여전히 사용된 한편 메소포타미아의 가장 이른 원문자기原文字期(수메르 초기 왕조 시대 이전의 도시 문명 성립기―옮긴이)에서 양을 상징하는 30개 이상의 기호가 발견되었다. 여기에는 '헤어시프hair sheep(곱슬털이 아닌 직모 털을 지닌 양과 염소의 중간 종―옮긴이)' '면양wolly sheep' '지방 꼬리양fat-tailed sheep(꼬리뼈 양쪽에 지방이 많은 식육용 양―옮긴이)'이 포함되어 있었다.[11] 또한 양털 깎기 목록을 통해 봄에 양털 깎는 일정이 이미 정해져 있었음을 알 수 있다.

기원전 3000년의 유럽 유적지에서는 양의 뼈가 많이 출토되었는데, 이는 초기 10퍼센트에 비해 40퍼센트까지 늘어난 양이었다. 기원전 3000년 후반까지 그리스로부터 스위스에 이르는 지역에 걸쳐 양모는 가죽과 아마를 대신했으며, 직조 방식도 변화되어 느슨하게 짠 양모가 주종을 이루게 되었다. 양모 제품은 대규모로 교환되는 최초의 물품이 되었으며(견인 복합체와 양모는 구세계의 교역 발전에 지대한 영향을 끼친 요소), 그 결과 여성은 집안에서 실을 직조하고 남성은 농사를 주도했다.[12]

셰럿이 지적했듯이, 동물이 식용으로 사육된 경우에는 성장이 끝난 뒤 즉시 도축하는 것이 가장 경제적이다. 동물은 어느 시점까지는 빠르게 성장하지만 완전히 자란 이후에는 그들을 살려두는 대가를 치르되 더 이상의 고기는 만들어지지 않기 때문이다. 그러나 젖은 동물들이 음식을 소비한 것 이상을 생산하기 때문에 훨씬 효율적이다. 이것은 수컷보다는 암컷을 더 선호했음을 의미한다. 숫양과 암양은 대체로 같은 양의 털을 생산하지만 결국 먼저 도살되는 쪽은 숫양이었다. 도살되기 전까지 양은 6~8년 정도 사육되었던 듯하다. 어쨌든 양을 키운다는 것은 그 부산물을 통해 부를 축적하고 유지하는 새로운 방법이었다. 앞으로도 살펴보겠지만, 구세계의 자원 또는 산업의 역사에서 양모는 폭넓은 관련성을 보인다.

운반에 이용되는 동물은 거의 다 자란 서너 살의 거세 수컷이었다. 우연찮게 인간은 동물의 거세를 개발하게 되었고, 이렇듯 거세된 동물들은 수송과 동력 활용에 유용하게 이용되었다. 한편 야마를 제외한 큰 동물이 모두 야생종이었던 신세계에서는 이 또한 불가능했다.

세럿의 견해를 통해 우리는, 전반적으로 기원전 4000년 이전까지 가축은 고기 용도로만 이용되었으며, 기원전 4000년 중반 무렵에 발생한 제2의 생산 혁명은 '축산업에 중대한 변화'를 불러일으킴으로써 큰 사회적 영향을 끼치게 되었음을 알 수 있다.

쟁기, 목축 그리고 인구의 패턴

기원전 3000년에 발생한 변화는 초기 인류가 외곽의 영토까지 확장한 결과 야기된 것으로, 동식물을 길들이는 초기 과정에서 더욱 촉진되었다. 그러나 축산에 대한 투자가 점점 늘어나면서 인간과 동물의 관계는 새로운 국면을 맞았으며, 그 관계의 기본 특성은 동물 소유의 규모가 크게 증가했다는 사실이다.

젖짜기가 생활화된 덕분에 가축은 보존 번식과 노동의 용도 그리고 육류 생산 용도로 분류되었다.[13] 마찬가지로 젖은 목축 방식의 출현을 부추겼다. 사냥(약간 건조한 평원지대에서의 대안)보다 훨씬 덜 위험한 목축은 지속적으로 확산되었으며, 놀랍게도 말타기라는 발명을 이끌었다. 유당 흡수가 가능해진 것도 이러한 발전에 중요한 요소로 작용되었다. 셰럿의 견해에 따르면 이 모든 것은 북이라크와 시리아 그리고 팔레스타인 지역에서 형성된 가술Ghassul 문화(기원전 3800년~기원전 3350년, 이스라엘 사해 근처의 청동기시대의 문화—옮긴이)에서 시작된 것으로 추정된다. 그 예로, 이 지역 유적에서 액체를 다루는 용기, 버터통 그리고 가축 사망에 관한 '도자기 목록'이 발견되어 제2의 생산 혁명이 있었음을 짐작할 수 있었다.•

전반적으로 쟁기의 사용은 농부의 경작능력을 네 배까지 올려주고 질 좋은 토양과 생산량 증가를 가져다주었을 뿐만 아니라 척박한 땅을 개간할 수 있게 해주었다. 이와 동시에 양모 생산까지 늘어나자 교역활동이 기하급수적으로 증가했다. 따라서 목축은 점점 더 인기를 얻었다.

목축인들은 곡물 재배가 불가능한 지역으로 계속 퍼져나갔으며, 이러한 양분화는 차후에 중대한 도전을 맞았다. 목축인과 정착민은 교역을 통해 공생하기도 했지만, 서로 토지를 얻기 위해 충돌하기도 했던 것이다. 이러한 갈등은 구세계의 역사 과정에 중요한 영향을 끼치게 된다.

한편 더 건조한 지역, 예컨대 아프리카 같은 곳에서 목축은 쟁기와의 갈등 없이 확산되었다. 쟁기는 유럽으로부터 인도에 이르기까지 전파되었으나 나일 강 상류 남쪽으로는 거의 전달되지 않았다. 이 지역을 분기점으로

• 2009년 발표된 한 연구에서는 유당 흡수 유전자가 사실 7500년 전 중앙 유럽과 발칸의 소 떼에서 나타났다고 보고했다. 아나톨리아의 도자기 유물에서 발견된 우유 잔존물은 7000년 전까지 거슬러 올라간다. 부분적이나마 제2의 생산 혁명은 셰럿이 생각했던 것보다 더 일찍 시작되었음에 틀림없다. 유당 흡수가 아프리카에서도 독립적으로 진화했음이 이제 확인되었다.[14]

남쪽 아프리카에서는 수레 또는 쟁기의 도움 없이 젖을 생산했으며, 이러한 목축 방식은 사하라와 동아프리카의 대부분 지역까지 퍼져나갔다.(열대 아프리카의 고고학 자료들은 고고학자들에게 큰 부담을 안겨주었다. 고대 사하라 이남의 서아프리카 사회에 대해서는 가장 많은 연구가 이루어져 있지만, 어떤 학자들은 당시 거주자들 중 누군가는 대륙의 북쪽에서 사용된 금속 쟁기를 보았을 것이고, 자신이 속한 사회에서도 수천 년 동안 소를 소유했으므로 쟁기가 사용되었다고 주장했다. 그러나 그 시기의 거주자들은 쟁기를 사용하지 않았다. 적어도 몇몇 지역, 예를 들어 세네갈 중부 계곡과 나이저 삼각주 내륙지역은 연간 홍수의 규모가 클 뿐만 아니라 아무 때나 비가 쏟아졌기 때문에, 이용 가능한 농지를 판단할 수 없었을 뿐만 아니라 그러한 토지가 형성되거나 유지되지도 않았다. 이곳의 고고학적 증거를 보면 확실히 많은 사람이 씨뿌리기 농업에서 어업으로 이동했음을 알 수 있다. 이 변화는 아마 수천 년 동안 정치적 질서의 발전을 방해했을 것이다.)

유라시아 평원에서 쟁기는 주로 오아시스 주변에서 사용되었고, 중국에서는 유당 분해 효소 결핍증을 지닌 중국인들의 체질 덕분에 목축과 견인 동물이 유발되지 않았다. 중국 대륙에서 오랫동안 사람이 쟁기질을 해온 것은 바로 이 때문이었다.[15] 어떤 과학자들은 돼지고기를 금지한 문화가 발생한 데에는 돼지가 젖과 수송에 적합하지 않아 사육의 필요성이 없었기 때문이라고 해석했다.

그럼에도 불구하고 쟁기 문명의 효과는 근본적으로 정착의 형식을 바꾸었다. 쟁기의 위대한 효율성은 새로운 땅을 개척시키고 땅의 지력을 더 빨리 사용하는 결과를 낳았으며, 그 결과 지력을 회복시키기 위해 여러 해 동안 땅을 묵혀두어야 했다. 영국에서 러시아에 이르기까지 북유럽 전역에 걸쳐 있는 넓은 광산과 채석장에서는 숲을 제거하는 용도의 부싯돌과 돌도끼를 채취한 흔적이 확인되었다. 북유럽 사람들은 한 장소에서 오랫동안 농작물을 재배하기 위해 최대한 노력했으며(동물의 배설물이 도움이 되었기 때문에 머무는 기간이 길어지는 경우도 있었다), 되돌아가는 일 없이 계속 새로운 땅을 향해 전진했다. 그 결과 남부 유럽인들은 젖을 기본으로 하는 목축민들처럼 더 높은 곳에 있는 땅을 차지하기 시작했으며, 저지대의 곡류 경작보다 선호하게 되었다.[16]

중동에서는 쟁기의 출현으로 우루크Uruk 시대(기원전 4000~기원전 3100) 유적지의 숫자가 5배나 증가하는 결과를 낳았으며, 방어 조건이 좋은 곳에 인구가 집중되는 현상이 벌어졌다.[17] 도시에서 자체적으로 다른 도시나 목축인들을 방어했는지에 대해서는 알려진 바가 없으나, 교역망은 계속 늘어난 것으로 보인다.

"메소아메리카에 나타난 증거들은 동물 견인이 도시 공동체 발전의 전제조건이 아니었다는 사실을 말해준다. 도시가 부재하거나 뒤늦게 출현했던 신세계에서도 다양한 정착 시스템은 결국 도시 형태로 귀착되었지만, 구세계 체제의 효율적인 에너지는 이런 궤적의 흐름을 가속화했음을 제시하고 있다."[18]

수레와 견인 복합체는 아시아 평원의 발전에 중요한 영향을 끼쳤다. 셰럿의 분석에 따르면, 그로 인해 북유럽의 숲을 열게 되었고, 다른 어떤 것보다도 언어에 중요한 영향을 끼쳤다. 인도-유럽과 셈·햄 언어가 구세계 전역으로 퍼질 수 있었던 계기는 바로 견인 복합체가 북아프리카로 확산된 덕분이었다. "기원전 3000년 무렵 평원에서 동쪽으로 진행된 인구 이동은 흑해와 카스피 해의 동유럽을 이란 고원 및 타림 분지와 연결해주었다. 더욱이 그들이 반건조지역까지 빠르게 이동한 덕분에 인도-유럽인의 지리적 영역이 넓어진 것은 분명하다."(바퀴 수송체의 확산은 〈지도 3〉을 참조)[19]

우리 논의에서 관찰할 변화에는 성별 그리고 상속의 변화도 포함된다.

단순히 씨를 뿌리거나 풀을 뽑고 수확하던 괭이 경작 단계에서는 여성의 노동이 큰 역할을 했으며, 더불어 모계사회가 형성되었다. 이것은 아메리카 동남쪽 삼림지대에 거주했던 원주민사회에서 나타난 특성으로, 쟁기 농업 이전 시대의 전 세계적인 현상으로 간주된다.[20]

반면 목축과 쟁기 농업에서는 남성 지배 및 부계 상속의 풍습이 나타났었다. 조사에 따르면 세계적으로 쟁기 농업의 3분의 2가 부권사회였으며 목축인들 또한 같은 비율을 보였다. 이런 변화는 베틀 이용의 증가와 관계된 것으로 보이는데, 실제로 기원전 3000년의 유물에는 많은 양의 직조 기구가 발굴되었다.[21] 여기서 중요한 점은 많은 영토가 점령되면서 소유지를 지키기 위해 결혼 동맹이 강화되었다는 사실이다. 이런 식으로 영토 경쟁이 치열해지자 부의 불평등 현상이 시작되었으며, 이는 북유럽보다는 땅이 비옥한 지중해 지역에서 더 확연했다.

그리고 이러한 체제들은 서서히 동아시아로 스며들었다. "아시아 지역에서는 물고기(특히 논에서 잡히는 물고기)와 돼지로부터 단백질을 섭취하여 비교적 높은 인구 밀도를 지탱하고 있었기 때문에 제2의 생산 혁명이 요구되는 넓은 목초지는 개발되지 않았다. 이러한 이유로 중국 문명은 동물이 큰 역할을 할 수 없었던 신세계 문명과 여러 면에서 비교된다."[22] 이러한 패턴은 위대한 여신의 이미지가 제한적인 분포를 나타냈다는 앞 장의 논의와 맞아떨어진다.

제2의 생산 혁명은 그 양식의 변화를 거듭하면서 빠르게 팽창되었고, 내부적으로 부의 창출과 더불어 대규모의 충돌을 불러일으켰다. 신세계에서는 양모와 수송의 공급원으로서 비쿠냐(털이 아주 부드러운 야생 야마의 일종—옮긴이)와 야마를 소유하게 되었다. 하지만 이 동물들은 인간이 운반할 수 있는 무게 이상을 감당할 수 없었기 때문에 구세계의 소나 말처럼

거대한 단절

두드러진 역할을 수행하지는 못했다. 또한 젖이 없었으므로 결국 단백질이
장기간 보존되는 치즈 따위는 찾아볼 수 없었다.

재난과 희생의 기원

코뱅이 진정한 의미에서 최초의 신으로 규정한 여성과 황소(동물의 영혼이 아니라 샤머니즘을 초월한 추상적 실체)는 다른 지역까지 반향을 일으켜, 신석기시대의 유럽 지역에서도 발견되었다. 이러한 흐름은 서로 다른 배경과 문화를 발생시켰고, 이에 따라 장소마다 자체의 차별적 상징성을 갖추게 되었다. 이에 관한 광범위한 증거들은 정착 문명과 농업의 발견으로 초기 인류의 종교관이 변화되었음을 말해준다.

이런 현상은 대략 기원전 5000년~기원전 3500년의 거석巨石 기념물로부터 확인할 수 있다. 거석 기념물은 구세계 전역에서 발견되긴 하나 주로 유럽에 집중되어 있으며, 이에 대한 많은 연구가 진행되었다. 지중해 몰타Malta 섬에 가장 많은 거석 문화 기념비가 있지만 대륙의 서쪽 끝에 위치한 스페인·포르투갈·프랑스·아일랜드·영국·덴마크에도 많이 분포하고 있다. 대체로 지하 매장지(가끔 거대한)와 함께 발굴되는데, 그중에는 높이가

18미터에 무게가 280톤이나 되는 것도 있다. 거석들은 크게 세 가지 구조 형태를 나타낸다. 첫 번째는 멘히르menhir(브르타뉴어로 'men'은 돌, 'hir'는 길다는 뜻)인데, 선사시대에 땅 위에 수직으로 세워진 거석들이다. 두 번째는 크롬레크cromlech('crom'은 원과 곡선, 'lech'는 장소)로, 집단적으로 원이나 반원 형태를 형성하는 수직 거석이다.(영국 솔즈베리 근처의 스톤헨지가 이 형태에 속한다.) 세 번째는 돌멘dolmen('dol'은 테이블, 'men'은 석기)으로, 울타리나 방을 만들기 위해서 배열된 몇 개의 수직 돌이 넓은 갓돌을 떠받친 형태다. 최근에는 '크롬레크'라는 표현보다는 '둥근 배열circular alignment'이라는 평범한 용어가 더 많이 사용된다.

무덤은 대체로 거대한 봉토 밑에 자리하며 그 안에 수백 명의 유해가 안치되어 있다. 집단 매장의 용도로 연속적으로 사용된 듯하며, 무덤 안의 부장품 중에는 특기할 만한 것이 없다. 드물게는 석실에 중앙 기둥이 있으며 그림의 흔적이 남겨진 경우가 있다. 이 모든 것은 미르체아 엘리아데의 말에 따르면 "사자死者에 대한 극진한 숭배를 증명하는" 것이다. 예컨대 당시 농부들이 살았던 가옥은 세월의 풍파를 감당하지 못했지만 석실 무덤은 오랜 역사의 흐름 속에서 보존될 수 있었다. 이런 이해를 바탕으로 셰럿은 거석 문화에 대해 두 가지 견해를 제시했다. 하나는 그들이 상호 배타적이지 않았다는 것이고, 다른 하나는 구세계와 신세계의 뚜렷한 차이를 보여주는 오래된 이데올로기 및 종교적 견해다.

거석의 의미

유럽에서 농업은 두 경로로 전파되었다. 발칸과 중앙 유럽은 서아시아에서 곡물 농사, 가축 사육, 도자기, 크고 탄탄한 가옥의 마을 구조에 이르기까지 대규모의 문명을 받아들였다. 이는 황톳길을 따라 유럽 전역으로 퍼져나간 반면 북지중해를 따라 남쪽으로 더 들어간 지역에서는 곡물의 중요성이 낮았다.(황토는 빙하가 사라지면서 남겨놓은 두꺼운 층의 순수한 진흙이다.) 말하자면 농촌의 확산은 황토의 경로를 따라 유럽 전역에 확산되다가 황토가 끝나는 지점에서 중단되었으며, 여기서부터 거석 문화가 나타나기 시작했다. "신석기시대 중앙 유럽의 기본 정착 단위이자 주요 공동체가 마을이었던 반면 서부 유럽의 초기 정착은 실체 없이 분산되어 있었다. 그들에게 거석 무덤과 담장 외의 영구적 요소들은 정착의 조건이 아니었다."[1]

중앙 유럽에서의 농촌, 즉 적은 양의 가축을 보유하고 곡물을 경작하는 체제에서는 상속과 제례 의식이 관리되는 안정된 혈통 구조가 나타났다. 한편 황토 지역을 벗어난 곳은 곡물 농사에 부적합한 척박한 토양 때문에 목축 형태(신세계에서는 불가능했던 생활 방식)가 더 선호되었다. 이에 따라 땅은 넓고 가축 무리도 많았지만 인구 밀도는 저조했다. 이러한 환경에서 마을은 거석 문화라는 새로운 상황에 필요한 조건(더 넓은 지역을 통합하는 특별한 제의 장소)을 충족하지 못했다. 다만 사람들은 결혼이나 장례 또는 다른 의식을 치르기 위해 일 년에 몇 번씩 모임으로써 공동체의식을 키웠다.

이러한 기념 건축물은 수 세기에 걸쳐 서부나 북부 유럽으로 퍼져나갔으며, 오랫동안 유지된 것으로 보아 당시 사람들의 보편적인 욕구를 충족시켜주었을 것으로 짐작된다. 기념 건축물의 초기 형태는 흙과 목재를 이용하여 만든 기다란 개방식 고분이었다.[2] 나중에는 황토로 지은 복도에 이용되던 목재가 돌로 바뀌어 옹벽이나 내부에 방이 만들어졌는데, 이때에도 내부의 방은 긴 개방식 고분 형태였다. 이 둥근 고분 형태는 한동안 지속되었으며 내부의 방 크기는 점점 커졌다. 초기의 기념 건축물은 황토 지

거대한 단절

역의 가옥과 비슷한 구조였으나 시간이 지나면서 점점 다른 모양을 띠게 되었다. 노동력이 가장 중요한 상품이었던 사회에서 거대한 돌을 옮긴다는 것은 그 공동체의 세력을 상징하는 행위로, 거석은 그들 통합력의 산물이라 할 수 있다. 기념 건축물은 기원전 4600년 무렵 프랑스 지역에서 시작되어 기원전 3800년 무렵에는 덴마크 지역으로 전해졌다. 이 과정에서 많은 경우 무덤의 기능이 상실되었으나 오랫동안 제례 의식을 올리는 장소로 사용되었다. 나중에는 통로가 도입되어 장례를 치른 후에도 출입이 가능하도록 만들어졌는데, 셰럿은 이 형식이 죽은 자에 대한 변화된 시각을 암시한다고 주장했다.[3]

거석 구조 또한 시간이 지날수록 다른 방식으로 강화되었다. 초기에는 석관石棺이 봉해진 구조였고 외부에는 장식이 있었다. 반면 후기에는 입관 이후에도 안으로 들어갈 수 있도록 통로가 생겼으며 내부 공간도 장식되었다. 방향도 변화되어, 초기에는 동쪽 방향이었으나 나중에는 동남 방향으로 바뀌었다.[4] 이 부분에서 셰럿은 '중앙 유럽의 전통과 프랑스의 지역 전통 사이에 세계관적 갈등'이 있었을 것으로 추정했다. 이것은 장이브 렐고아슈와 동료들의 최근 연구 내용에서도 확인된다. 자세히 말하자면, 기원전 3800년경 프랑스 서북 브르타뉴의 대서양 해안지역인 로크마리아케르 근처에서 '대규모의 우상 파괴'가 일어났는데, 당시 많은 조각 석상이 아래로 끌어내려지고 새로운 세대가 무덤에 통합될 수 있도록 통로가 만들어졌다는 것이다. 우상이 파괴된 곳은 브르타뉴 근처의 섬인 가브리니스Gavr-inis로, 이 기념 건축물에는 극히 섬세한 천문天文 배열과 더불어 정교한 장식이 수도 없이 새겨져 있다. 이것은 사상의 뚜렷한 변화를 나타내는 것으로, 샤신Chasséen의 동남쪽으로부터 흘러든 이주민들의 도착과 우연히도 맞아떨어진다.(동에서 동남쪽으로 방향을 바꾼 데에는 샤신 사람들이 자신들이 떠나온 곳을 기억하기 위한 의미가 담겼을 수도 있다.)

이 시기에 발굴된 물품 중에는 항아리 받침대로 알려진 특이한 도구 몇 점이 있었다. 셰럿은 이것을 숭배 용도의 물품으로 해석하고 싶은 '유혹'을 느꼈다고 말했다. 그러나 마취제를 태우기 위한 용기로 추정할 수 있고, 이를 토대로 "가브리니스 조각판(장식)은 마약의 영향으로 내부에서 만들 어진 이미지"일 것으로 해석했다.[5]

이러한 내용들은 순수하고 단순한 원초적 샤머니즘으로부터의 이탈이 시작되었음을 나타내는 것은 아닐까? 외부적 상징을 내부적 상징으로 돌 리고, 돌을 이용하여 금지 구역의 의식 장소를 만든다는 것은, 결국 최초 의 샤머니즘적 장소인 동굴이 아닌 땅 위나 편리한 위치에 다시 조성하려 는 시도가 아니었을까? 영국 더럼대 크리스 스카레는 거석 기념물을 구성 하는 많은 거석은 자연의 신성한 장소, 즉 '힘이 있는 장소(폭포라든지 절벽) 에서 옮겨진 것이며, 특이한 색감과 질감에서 비롯된 소리와 감각적인 특 성을 나타낸다고 지적했다. 이 분석을 근거로 하여 그는 거석이 먼 곳까지 옮겨진 이유와 다른 형태로 바뀌지 않은 이유를 설명했다.[6]

만약 그렇다면 '동굴'이 지상으로 옮겨진 것은 조상과 연관된 것으로 보 인다.[7](천문의 배열은 천체의 주기에 맞추어 면밀히 계산된 의식이 규칙적으로 이루 어졌음을 암시한다.) 민족지학ethnographic의 관점에서 볼 때, 이러한 의식은 특정한 개인이 환각제를 복용하고 '다른 세계'와의 소통을 시도했을 것으 로 짐작할 수 있다.[8] 더 나아가 브르타뉴와 브리튼에서는 지붕이 없는 헨 지henge(거대한 목조 및 석조물을 원형으로 세워놓은 선사시대 유적—옮긴이)가 출현했는데, 이 경우 장례보다는 제의적 측면이 더 강조되었다.

그렇다면 이러한 숭배는 무엇을 의미하는가? 케임브리지대 고고학과 명 예교수인 콜린 렌프루는 스코틀랜드의 애런Arran 섬 연구를 통해 거석 무

거대한 단절

덤이 경작지의 분포와 긴밀한 연관을 지녔다고 분석했다. 또한 무덤이자 신전 공간은 위대한 풍요의 여신 숭배와 연관된 것으로, 농업의 도입 이후 사람들이 주변의 자연을 면밀히 관찰하는 과정에서 숭배의 형태가 형성되었을 것으로 추정했다.[9]

한편 둥근 배열 구조의 거석 무덤은 원래 선사시대의 천문 관측소였을 것으로 보인다. 태양의 주기에 대한 지식은 농경사회에서 매우 중요한 부분이었다. 특히 태양의 빛이 약해지면서 북쪽으로 향하는 한겨울에는 더욱 그러했다. 언덕에서 지평선을 향할 때 땅 위에 세운 구조물은 한겨울 동지 때 가장 선명하게 보였기 때문에, 다음 해에도 그것을 기준으로 시기를 예측하고 기념했을 것이다. 태양 관측소는 대략 기원전 4000년부터 비롯된 반면 달 관측소는 기원전 2800년 이후에 나타났다.

좀더 의미 있게 살펴볼 대상이 있다. 거석 신전 또는 관측소와 관련된 장식들, 특히 나선과 소용돌이 그리고 '컵-링cup-and-ring' 표식으로 불리는 일련의 동심원 'C'들이 그것이다. 유럽 전체가 동의하지는 않으나, 어떤 선사학자들은 이런 디자인이 다산과 번식의 상징인 위대한 여신을 가리킨다고 했다. 한 예로, 독일과 덴마크에서 발견된 거석과 관계된 도자기에 새겨진 이중 곡선 장식은 위대한 여신을 상징한다는 것이다. 또한 멘히르의 모양은 남성의 성기와 비슷해 보인다는 사실을 토대로 하여 크롬레크(환상열석)는 번식과 다산을 기리는 천문대이자 신전이었을 가능성이 크다고 보았다. 멘히르의 성적 의미는 단순히 고고학적 증거에만 나타난 것이 아니다. 예를 들어 『성경』「예레미야서」(2:27)에는 "너는 나를 낳았구나"라며 돌을 향해 말하는 사람들이 등장한다. 이러한 멘히르의 덕목에 대한 믿음은 20세기 초반의 유럽 농부들 사이에서도 흔했다. "아이를 갖기 위해 프랑스의 젊은 여성들이 (돌을 따라서 몸을 미끄러뜨리는) 글리사드glissade와 (돌에

앉거나 특정 암석으로 그들의 배를 문지르는) 마찰 행위를 했다.[10]

상징을 이해하기란 어렵지 않다. 그들에게 동지는 태양이 재탄생하는 시점이었다. 왜냐하면 동짓날 태양이 떠오르면 최초의 빛줄기가 둥근 원 안의 중심에 들어오도록 선돌이 재배열되어 있기 때문이다. 그 공간은 신성한 세상의 중심이었고, 사람들은 그곳에 모여 공동체의식을 가꾸어 나갔다. 그 예로 적합한 곳이 바로 아일랜드의 뉴그레인지Newgrange다.

거대한 거석 기념물의 중앙에서 우리는 새로운 종교의 시작을 볼 수 있다. 조상의 유물(그리고 영혼)로 둘러싸인 밀폐된 제의 장소에서 주술사와 사람들은 마취제 화구에 불을 붙여놓은 채 환각에 빠져 다른 세계를 방문했는지도 모른다. 그러나 띄엄띄엄 흩어져 살아가는 각각의 가족과 혈족들에게는 소나 양 떼, 비옥한 땅, 동물 그리고 공동체가 두세 배는 더 중요했을 것이다. 따라서 사람들은 단연코 가장 인상적인 남성의 생식력과 강인한 생활력을 부여하는 여성과 황소를 중시했을 것이다

자신의 가축을 보살피면서 흩어져 살아야 했던 사회에서 주술사의 역할은 1년에 몇 차례 열리는 공동 의식이나 제의를 관장하는 정도로 제한되었을 것이다. 그러한 상황에서 주술사들은 마을 공동체의 주술사들에 비해 모습을 나타내는 횟수나 이행 의무도 적었을 것이다.

청동기시대의 시끄러운 하늘

거석에 관한 두 번째 이론은 자연재앙과 재해 쪽으로 관심을 불러일으킨다. 앞서도 살펴보았지만 7만4000~7만1000년 전 토바 분출이 있었고 1만4000년, 1만1000년, 8000년 전에 세 번의 대홍수 현상이 있었다. 더

불어 이 현상들이 신화에 끼친 영향, 위협적인 기후 패턴이 잠재적으로 지구 주변으로 분산되는 현상(몬순과 엘니뇨), 화산, 허리케인 및 지진에 대해서도 살펴보았다. 이제 우리는 혜성, 운석 및 소행성과 같은 천체 내의 교란 현상을 포함한 또 다른 자연재해의 영역을 살펴볼 필요가 있다. 고대인들은 이 모든 현상을 목격했을 것이며, 어떤 경우에는 지구 표면에 충격을 주었을 것이다.

아주 먼 과거의 이러한 측면은 제2차 세계대전 직후부터 연구 주제로 오르내렸다. 임마누엘 벨리콥스키는 『세계의 충돌Worlds in Collision』(1950), 『혼돈의 시대Ages in Chaos』(1952), 『지구의 격변Earth in Upheaval』(1956)과 같은 일련의 저술을 통해 충격적인 주장을 펼쳤다. 그것은 바로 태양계의 행성들이 유사有史 이후 지구를 위협했는데, 특히 청동기 중후반에 금성이 지구를 지나가면서 엄청난 재난을 일으켰으며 몇 세기 이후에는 화성이 그와 맞먹는 영향을 끼쳤다는 것이다.[11] 알베르트 아인슈타인을 비롯한 몇몇 저명한 과학자는 벨리콥스키의 이론이 지닌 설득력을 인정했다. 그러나 후속적인 그의 우주론 예측에 대해서도 그 타당성이 확인되었음에도 불구하고 과학자들은 그의 주장에 분노했으며, 심지어 미국에서는 벨리콥스키의 출판을 저지하려는 움직임까지 보였다.

논쟁 결과, 1975년 학제연구협회가 결성되어 선사시대 전후의 재난과 그 파장에 관한 과학적 연구가 집중 전개되었다. 1970년대는 아폴로호의 달 착륙 사건이 계기가 되어 변화의 분위기(혹은 지적 분위기)가 형성되었는데, 대부분의 달의 분화구가 화산이 아니라 충돌로 인한 것임이 밝혀졌고 이후 관찰 결과로 태양계에서 극심한 폭발 현상이 있었음이 확인되었다. 이에 더하여 수많은 충돌 분화구가 지구에서도 발견되었다.[12]

이러한 모든 활동의 결과, 최근 두 가지 결론이 확립되었다. 첫째 청동기

시대, 특히 기원전 3000년부터 수 세기 동안 밤하늘은 지금보다 훨씬 더 소란스러웠는데, 매년 한 차례 또는 여러 차례 혜성이 나타났고 그때마다 엄청난 일들이 지구에서 발생했다. 옥스퍼드대 에딘버그 왕립천문대의 W. M. 네이피어의 표현에 따르면 "매년 유성 폭풍이 엄청난 수준"으로 지구를 향해 몰려들었고, 그 광경은 "아마도 하늘이 보여준 가장 인상적인 광경"이었을 것이다.[13] 더 나아가 "오늘날 상상할 수 없을 정도의 생태적 위험이 발생"했던 것으로 보인다.[14] 덧붙여 지질학계와 천문학계 연구를 통해 최근에 확인된 바에 따르면 아르헨티나의 리오콰르토Rio Cuarto 분화구는 2000~4000년 전의 활발한 소행성에 의해 형성된 것으로 밝혀졌으며, 신화에서도 이 충돌을 확인할 수 있다. 또한 기원전 3000년 오스트레일리아의 서북 테리토리의 헨버리Henbury 충돌 분화구, 기원전 1000년 네브래스카의 브로큰 보Broken Bow 분화구, 서기 500년 사우디아라비아의 와바Wabar 분화구, 서기 1490년 1만 명의 사망자를 낳았던 중국의 운석, 1908년 시베리아를 덮친 퉁구스카Tunguska 충돌 분화구가 있다. 재난의 상황은 아직 완전히 파악되지 않았으나, 얼마나 자주 발생했는지는 역사에 기록되어 있다(〈표 1〉 참조).

미 공군과 하와이대 출신인 브루스 마세는 기원전 200년부터 기원후 1800년에 한국·일본·아랍·유럽의 관찰자들에 의해 보고된 '육안으로 확인된 현상' 1124건의 목록을 작성했다.[15] 또한 〈그림 4〉와 〈그림 5〉는 각각 14세기 미국 서남부에 나타난 일식 악령eclipse demons과 메소포타미아에 나타난 '무시무시한' 천상의 신들을 묘사한 장면이다. 마세는 이러한 신적 존재의 대중화가 지속된 것은 아니며, 밤하늘의 활동에 따라 수 세기에 걸쳐 성쇠를 거듭했다고 밝혔다.[16]

가장 중요한 운석 충돌은 기원전 2807년의 이른바 '혜성의 홍수'였던 것

그림 4 기원후 14세기 미국 서남부에 나타난 일식 악령.

그림 5 메소포타미아에 나타난 '무시무시한' 천상의 신.

기원전 3000년	헨버리 분화구, 직경 160미터
기원전 2350년	초기 청동기 문명 파괴−기후 변화 정보
기원전 2100년	청동기시대의 많은 도시 파괴
기원전 2000년	아르헨티나 캄포시엘로−소행성 충돌
기원전 1800년	대규모의 흙먼지 현상
기원전 1650년	청동기 중기의 도시 파괴
기원전 1365년	전설 속의 화재로 인한 파괴
기원전 1200년	청동기 후기의 도시 파괴
기원전 1159년∼기원전 1140년	아일랜드 떡갈나무 나이테가 매년 감소
기원전 1000년	네브래스카−브로큰보 분화구
기원전 800년	청동기시대 종결
기원전 850년∼기원전 760년	네덜란드에서 나온 기후 변화 정보
기원전 200년	운석들의 낙하
기원후 400년∼600년	운석의 공격
기원후 500년	사우디아라비아의 와바 분화구
기원후 536년	암흑시대 촉발−먼지의 장막 현상
기원후 580년	교황 그레고리, 기후 혼돈에 대해 언급
기원후 679년	교황 그레고리, 기후 혼돈에 대해 언급
기원후 800년	바이킹 족, 사람이 살지 않는 유럽 서해안 발견
기원후 1000년	혜성과 분화구 절정
기원후 1176년	뉴질랜드 남쪽 섬의 화재('우주로부터 내려온 불')
기원후 1490년	중국에 떨어진 운석으로 1만 명 사망
기원후 1700년	일본의 쓰나미−지진 발생은 알려지지 않음
기원후 1800년	북아메리카의 4월 5일 사건
기원후 1819년	캐나다와 미국의 11월 9일 혹은 19일 사건
기원후 1885년	태평양의 2월 24일 사건
기원후 1892년	스칸디나비아의 5월 3일 사건
기원후 1908년	시베리아 퉁구스카의 6월 30일 사건
기원후 1930년	브라질의 8월 13일 사건(1300제곱킬로미터의 정글 파괴)
기원후 1935년	브리티시 가이아나의 12월 11일 사건
기원후 1947년	소비에트연방의 시호테알린 충돌

표 1 고대에 알려진 재난 목록.

으로 보인다. 수많은 신화 연구를 통해 마세는 이 사건의 정확한 날짜를 기원전 2807년 5월 10일에서 12일로 추정했다. 남극 근처의 대서양-인도양 분지에서 발생한 이 충돌로 거대한 해일이 일어났고, 그로 인한 수증기가 대기권 상층부로 올라가 며칠 동안 전 세계에 격렬한 비를 퍼부었으며, 일주일 동안 거센 폭풍이 지속되었다고 발표되었다.[17] 마세는 이 재앙이 세계 전역에서 상당수의 인구가 사망한 엘니뇨가 시작된 날짜와 일치한다는 주장과 더불어 그러한 경험은 신세계에서 창조가 반복되는 내용의 신화로 전해졌다고 피력했다. 뿐만 아니라 마세는 이 사건을 아르헨티나, 네브래스카, 중국, 메소아메리카, 팔레스타인(소돔과 고모라), 이집트 및 인도의 신화와 연계하여 추적해나갔다.

이러한 사실을 배경으로 하여 우리는 거석 문화를 다시금 살펴볼 필요가 있다. 특히 가장 크고 완벽한 유적지로 잘 알려진 영국의 스톤헨지의 경우, 오스트레일리아의 우주 방위 프로젝트 감독이자 나사의 우주방위협회 회원인 던컨 스틸이 스톤헨지에 대한 논쟁적 이론들에 나름의 논리를 덧붙였다. 스톤헨지 선돌의 배열을 해독하기 어려웠던 원인에 대해 규명을 시도한 그는 어떠한 고대의 규칙도 발견되지 않을 뿐만 아니라, 결론적으로 그것은 '재난 예측기'였다고 해석했다.

그는 청동기시대의 밤하늘에서는 오늘날보다 더 많은 동요가 있었다는 관점을 공유하면서, '그레이트 커서스Great Cursus(둥근 스톤헨지 둘레에 흙을 쌓아 만든 3킬로미터 길이의 보루로서, 초기 고대의 경주로(cursus=course)로 파악되는 유적의 일부)'가 만들어졌을 무렵의 혜성 잔해를 추적한 결과, 당시 밤하늘의 10도 각도에서 혜성의 꼬리가 지구를 스치면서 유성 폭풍이 몰아쳐 지구 표면에 커다란 물리적 손상이 있었음을 밝혀냈다.[18] 스틸은 그때 6~7시간 또는 28시간 동안 유성 폭우가 지속되었을 것이며, 혜성의 도착

거대한 단절

경로는 스톤헨지의 그레이트 커서스와 '일치한 방향'을 그렸을 것이라고 주장했다.

스틸의 견해에 따르면 '매우 예외적인' 무언가가 스톤헨지의 건축을 촉발시켰다는 사실만큼은 분명하며, 돌의 배열뿐만 아니라 근처에 형성된 봉분들에 대해서도 신중히 고려해야 한다. 봉분 자체보다는 시기가 더 가까운 것으로 추정되는 유골을 개별적으로 관찰했을 때, 봉분들은 사실 무덤이 아니라 '방공 피난소', 즉 하늘로부터 재난(유성우)이 닥쳤을 때 사람들이 피할 수 있는 은신처의 초기 형태였다고 그는 주장한다. 따라서 스톤헨지의 원래 목적은 재난을 예측하기 위한 곳이었다는 결론이다. 더 나아가 오브리홀Aubrey holes(스톤헨지 주위의 56개의 묘혈 중 하나—옮긴이)이라 불리는 봉분은 많은 사람을 보호하기에 충분할 만큼 규모가 크다는 점을 덧붙였다. 즉 성직자 또는 수학자가 하늘의 위협적인 특징을 관찰하고 최악의 재난이 일어날 것을 계산하는 동안 다른 사람들은 그 안에서 보호되었음을 뜻한다.

그 증거로, 웨일스 서남쪽으로 수백 킬로미터 떨어진 곳에서 거대한 푸른색 돌인 스톤헨지를 실어온 이유(오래된 수수께끼)는 유성 폭풍에 의해 떨어진 운석 콘드라이트와 유사했기 때문이라고 스틸은 주장했다.(돌에 대한 비슷한 관행은 세계 다른 곳에도 있었다.)[19]

이것은 하나의 거석 기념물의 신비를 설명해주는 독창적인 해석이며, 더불어 스톤헨지가 잠시 동안 (유성 폭우가 하늘로부터 사라진 후) 버려졌다가 태양 및 달과 연관하여 부활한 이유를 설명하는 데 도움이 될 것이다. 앞에서 언급했듯이, 이것이 셰럿의 견해와 충돌하는 것만은 아니다. 스톤헨지의 시기에 많은 재난 현상(화산, 지각변동, 천체 혹은 기후적 재난)이 발생했으며, 이는 그러한 재난들이 전통적으로 믿어왔던 것 이상으로 광범위하고 훨씬 더 빈번했을 것이라는 일반적인 생각과 맞아떨어진다. 구세계와 신세계의 역사를 이해하는 데 이 사실은 결정적인 부분이기도 하다.

희생물의 발명

독일 브레멘대 군나르 하인손은 한 걸음 더 나아갔다. 그는 문명 그 자체는 재난에 대한 반응으로부터 비롯되었으며, 그런 관점에서 볼 때 초기 종교의 야만적이고 신비한 양상들 중 하나인 인간 제물을 설명할 수 있다는 것이다. 앞으로 계속 살펴보겠지만, 구세계와 신세계 사이의 제물 유형과 궤적은 상이했다.

현대인들은 "특히 찰스 라이엘과 찰스 다윈이 주장했듯이 무해하고 소소한 변화"의 진화세계에는 익숙하지만 재난으로 점철된 시대에는 낯설다고, 하인손은 지적했다. 이와 같은 방식으로, 희생 제의에 관한 학설들은 근대 지질학이 과거에 대한 우리의 관점을 바꿔놓기 전에 이미 형성되었다. 그렇지만 하인손에게 오래된 청동기시대 유물의 그림과 기록들은 "파괴적인 천체를 상징하며 피의 제물 의식에 참가하고 있는 화려하게 장식된 배우를 보여주는" 것이었다. 그는 "용, 괴물, 악마 그리고 거인과 맞서서 물리치는 신과 영웅이 등장하는 전투 신화"를 찾았다.[20] 그는 또한 초기에 희생 제의의 등장과 함께 성직자(왕)와 신전이 도시 형성의 촉매 역할을 했다고 주장했다.(앞서 홍수에 대한 증거로서 우르의 도시 문명과 희생 의식에 관한 레너드 울리의 발견을 떠올리게 된다. 청동기시대 메소포타미아의 많은 신은 생명뿐만 아니라 공포를 상징했다.)

4장에서는 클리프와 플럼의 연구를 통해 초기 문명이 기후 변화에 대응

거대한 단절

하여 형성되고 붕괴되었다는 사실을 소개했고, 14장에서는 두 반구에서 환경적인 재앙 이후 도시 구조가 처음 형성되었다는 관점을 세부적으로 살펴볼 예정이며, 이 장에서는 희생 의식에 대해 알아보기로 하겠다.

희생 의식에 대해서는 몇 가지 이론이 있다. 가장 잘 알려진 것은 취리히 출신의 발터 부르케르트, 스탠퍼드대 문학교수인 르네 지라르와 시카고대 종교역사학자인 조너선 스미스의 심리학 또는 인류학의 이론들이다. 그들의 이론은 문명의 심장부에 존재하는 폭력성을 강조함으로써 프로이트의 '원초적 살인'을 연상케 한다. 원초적 살인은 집단 기억 속에 잠재된 것으로, 공동체의 통합된 종교적 힘으로 작동한다. 이런 관점에서 볼 때 희생 제의는 그 공동체의 특징이라 할 수 있다. 한편 수렵−채집인들 가운데에서는 이러한 제의가 나타나지 않고 사육된 가축만을 제물로 이용했다는 관점에서 희생 제의를 사육과 관련지은 주장도 있다. 이때의 길들여진 동물은 인간과 야생동물의 중간 지점에 위치하는 동시에 (비유적으로도) 인간과 신의 중간자적 존재이기도 했다. 이에 따라 어떤 학자들은 제물의 목적으로 동물이 사육된 것으로 분석했다.[21] 그런가 하면 희생 제의가 식물 재배에서 기원한다고 해석한 학설도 있다. 그 근거는 새로운 작물을 재배하기 위해서는 기존의 식물들이 베어져야 했다는 것이다.

이러한 이론들은 모두 설득력이 부족하지만, 분명한 것은 그 후 극한적인 상황이 있었고 인간 제물이라는 극단적인 관습이 실행되었다는 사실이다. 재앙이 충분한 역할을 했다는 것 또한 분명하다. 재앙은 때로 수백 수만 명의 사람을 죽음으로 내몰았다. 그들은 화산 용암에 파묻히거나 해일에 휩쓸렸으며 지진으로 갈라진 땅속으로 떨어지기도 했고 소행성 충돌에 의해 사라지기도 했다. 다른 이들도 죽은 채 발견되거나 피를 많이 흘린 채 부상을 당했을 것이다. 그러한 상황에서 고대인들은 이런 재앙에 대하여 신이 인간을 못마땅하게 생각하거나 화가 났거나 실망한 증거라고 믿고, 신이 자신들의 육체 또는 피를 '요구'한다고 결론지었을 가능성이 높다. 달리 말해 희생 제의는 곤경에 처한 반응으로서 신을 달래려는 행위였음이 분명하다. 하인손이 지적했듯이 인류가 파괴적인 홍수 사건을 겪은 이후 신화라는 형식을 통해 희생 제의와 기도를 창안했다는 사실은 메소포타미아에만 국한되지 않는다. "칼데아Chaldea(바빌로니아 남부 지방의 고대 왕국—옮긴이)에서 지우수드라Ziusudra(대홍수를 피하기 위해 배를 건조했다는 전설상의 수메르 왕—옮긴이)는 홍수 이후 제물을 바친 영웅이었다. 아시리아인들은 히브리인의 노아와 유사한 우트나피슈팀Utnapishtim(고대 메소포타미아의 영웅 길가메시를 다룬 서사시에 등장하는 현인으로, 신화 속의 대홍수에서 살아남은 인간—옮긴이) 설화를 보유하고 있다. 인도에서는 마누Manu(인류의 시조로서 인간에게 베다를 전하고 법을 만든 존재—옮긴이)가 홍수 이후 최초로 제물을 바쳤다. 그리스 전통에서는 페르세우스·듀칼리온·메가로스·아이아코스 등이 홍수 후 제물을 바치기 시작했다." 이집트, 중국은 물론, 북아메리카 앨곤퀸 족의 신화에서도 같은 이야기가 전해지는데, 앨곤퀸 족의 경우에는 영웅 나나부시Nanaboush가 홍수 이후 기도하는 관습을 보유하기 시작했다.[22]

이보다 훨씬 앞선 기원전 6000년~기원전 5000년 차탈회위크의 신전 벽화에는 화산 분출과 인간의 몸을 공격하는 독수리가 묘사되어 있다. 두 봉우리 끝에서는 불이 뿜어지고 있고 용암이 양쪽 산에서 흘러내리고 있다. 그림을 덮고 있는 점들은 분출로 인해 태양을 가린 화산재를 표현한 것으로 보인다. 터키 지역에서 두 봉우리를 거느린 산은 오직 하산 다그Hasan Dag뿐으로, 이곳은 차탈회위크 거주민들에게 유용하고도 신비롭게 인식되는 흑요석의 출토지이기도 하다.[23]

이후 크레타 섬의 크노소스에서는 기원전 1450년으로 추정되는 지하 유적에서 어린아이들의 뼈가 발굴되었는데, 뼈에는 칼로 살을 발라낸 흔적이 있었다. 영국 고고학자인 피터 워런은 지진 또는 다른 큰 재난을 피하기 위해 바친 제물의 유해라고 분석했다.(사실 극심한 지진은 건물을 전복시킨다.)[24] 일본의 신토神道(자연물에 대한 숭배가 종교로 발전한 형태—옮긴이)에는 인간 제물에 관한 많은 전설이 전해지고 있는데, 그 이야기 중에 등장하는 산속의 동물이 종종 뱀의 꼬리를 가진 괴물로 나타나는 것으로 보아 화산을 상징하는 듯하다.[25] 또한 이슬람교도들과 예전 아랍인들은 하늘에서 지구로 떨어진 검은색 유성을 숭배했다.[26] 이 충돌로 얼마나 많은 사람이 죽었는지는 알 수 없다.

이러한 재난들은 이후 공동체에서 나타난 활동을 설명해준다. 특히 두드러지는 부분은 사제왕priest-king의 등장이다. 즉 재난으로 인한 슬픔을 위로할 때 영혼의 항해를 주도한 주술사보다는 기도로써 집단 숭배를 이끈 제사장 겸 군주의 역할이 부각되었다는 것이다. 일부 학자는 기원전 2900년경의 초기 도시에 세워진 옹벽들은 적어도 몇몇 경우에는 외부 침입자에 대한 방어라기보다는 해일을 막기 위한 것이라고 주장했다.

희생 의식은 구원이라는 개념을 수반했다. 재난을 불러일으킨 존재에 대하여 인간은 어떤 식으로든 '속죄'를 보여야 했는데, 그 과정의 집행자는 사제왕이었을 것이다. 이것은 희생 의식이 왜 재난 이후에 발생했으며 어떤 의미를 지니는지를 설명해준다.

재난은 또한 초기 청동기시대의 신비한 종교 의식을 좀더 이해할 수 있게 해준다. 예컨대 어떤 성직자는 배변을 돕는 약을 처방했는데, 이는 끔찍한 사태를 겪은 사람들이 장 통제력을 상실했음을 추정케 한다는 게 하인손의 진단이다. 검댕이나 재를 성기에 문지르거나 머리카락을 자르거나 태우는 행위에 대해서도 설명될 수 있다. 그들은 화산 분출 뒤에 발생한 재를 성기에 바름으로써 혼란과 공포 때문에 발기된 상태를 잠재우려 했을 것이고, 번갯불이나 끓어오르는 마그마에 의해 탄 머리카락을 치료했을 것이다.

　이러한 복합적인 사고는 희생 의식의 출현에 대해 좀더 신뢰할 만한 설명을 제공한다. 예컨대 이런 의식은 곡물을 주요 식단으로 하여 육류 섭취가 드물었던 시기에 시작되었을 것이며, 따라서 제물은 덜 잔인한 방식으로 바쳐졌을 것이다. 많은 농업사회에서는 처음 씨앗을 뿌릴 때 관습적으로 신들에 대한 공물로 이것을 밭고랑 밖에 던지곤 했다. 나무 열매 또한 마지막으로 남은 몇 개는 수확하지 않고, 양털을 얻을 때도 늘 약간의 털을 남겨놓았으며, 우물에서 물을 끌어올릴 때 농부는 우물이 마르지 않도록 하기 위해 퍼 올린 물을 조금 덜어냈다. 이러한 관습은 분명 자기 부정의 개념, 즉 신에게 음식을 제공하고 신을 달래기 위해 자기 몫을 희생하는 것을 보여준다. 어떤 곳에서는 마지막 밀알을 인간의 형상으로 만들어 들판에 던지기도 했는데(노르웨이로부터 발칸 지역에서 전해지는 관습) 여기에는 다음 수확을 기원하는 의미가 담겨 있다. 때로는 이듬해가 될 때까지 들판에 남겨두었다가 씨를 뿌리기 전에 불에 태우기도 했는데, 이 재는 땅을 비옥하게 하여 풍년이 들기를 바라는 상징이라 할 수 있다. 그러나 이 모든 관습은 부차적인 것이다. 중요한 것은 인간 제물의 야만성과 그런 행위가 여러 곳에서 보편적으로 일어났다는 사실이다. 이제부터 진행될 논의 중 많은 부분은 이 주제에 할애될 것이다.

위대한 여신과 달

거석 개념이 확산되던 시기의 다른 유럽 지역에서는 다른 형식의 숭배가 나타나고 있었다. 주로 그리스, 에게 해 연안, 발칸 반도, 이탈리아 남부와 시실리, 다뉴브 유역 저지대와 우크라이나 등의 '구유럽'으로 불리는 지역에서 나타났다. 이 부분과 관련하여 리투아니아 출신의 학자 마리야 김부티에녜가 연구한 고대 신들을 살펴볼 필요가 있다.

그녀는 네 명의 존재가 혼합된 어떤 복잡한 그림을 발견했다. 네 명의 존재란 위대한 여신, 새 또는 뱀의 여신, 식물 여신, 남성 신이다. 뱀, 새, 달걀 및 물고기 신은 창조 신화에 많이 나오지만 위대한 여신의 등장은 독창적인 개념이고 가장 중요한 부분이기도 하다. 김부티에녜의 해석에 따르면 "위대한 여신의 출현은 제물 황소로부터 또는 죽음으로부터 기적적으로 벗어나 자신의 몸 안에서 새로운 삶을 시작하는 것을 의미한다. 그녀는 대지뿐만 아니라 여성 인간으로 변신하기도 하고 암사슴·개·두꺼비·벌·나비·나무 그리고 기둥으로도 변신할 수 있다."(이 변신능력은 샤머니즘의 모방이지만 품위 있는 성적 변신이다.) 이어서 김부티에녜는 주장했다. "위대한 여신은 초승달, 네 개의 존재와 황소의 뿔, 지속적인 창조와 변화의 상징 (…) 농업의 시작과 관계가 있다."[27]

또한 그녀는 많은 지역에서 위대한 여신이 달과 관련을 맺기 시작했음을 확인했다. 달이 차고 기우는 것, 끊임없이 계속되는 달 모양의 변형, 달이 사라진 후 3일이 지나면 다시 밤하늘에 그 모습을 드러내는 매달의 '죽음'과 부활을 살펴본 당시 사람들은 여성의 생리 순환과 달의 일시적이고도 주기적인 순환을 연결하여 생각했을 것이고, 새로운 달의 모습이 가축의 뿔, 특히 황소의 뿔과 비슷하게 생긴 점에 주목했을 것이다.

김부티에녜의 중심 주제는 모성을 지닌 신들의 출산이었다. 벌어진 다리와 삼각형의 치골을 지닌 '출산하는 여신'은 '위대한 여신을 상징하는 문자'의 약칭인 대문자 M으로 표기되었다.[28]

많은 작은 조각상, 신전, 초기 도자기에 대한 김부티에녜의 광범위한 조사는 놀라운 통찰을 보여주었다. 예컨대 그녀는 기원전 6000년까지 식물의 여신은 나체였지만 이후부터 옷을 걸쳤고, 작은 조각상에 새겨진 선들은 본격적인 문자가 등장하기 수천 년 전의 원시적 형태로서 경제적 의미보다는 종교적 의미를 담고 있다고 보았다. 원시적 문자라는 김부티에녜의 견해를 모든 학자가 수용한 것은 아니지만 복잡한 도해圖解에 관한 그녀의 핵심적인 분석은 위대한 여신의 발전된 면모라고 할 수 있다. 그녀의 분석에 따르면, 여신은 다른 동물이나 나무 또는 돌로 변신하는 능력을 지니지만 본질적으로 인간의 형태를 취하고 있다. 이때의 여신은 주술사와 이후에 나오게 될 존재 사이의 중간자적 존재가 된다.●

앞 장에서 살펴보았듯이 중동, 나투프, 키암Khiam 문화(약 1만~9500년 전 무렵 이스라엘의 사막 지역에서 발생한 문화—옮긴이)로부터 유래한 사상이 구유럽에 널리 퍼져 나갔음을 알 수 있었다. 이러한 사상의 확산은 아마도 농사와 관련한 인식이나 관습에 따른 것으로 보인다. 그들이 확인한 자연의 비옥함과 적대적 힘(재난)은 계속하여 초기 종교 신앙의 두 가지 원동력이 되었다. 앞으로 이 두 가지 요인에 대한 논의를 통해 유라시아와 아메리카에서 어떻게 지속되었고 어떻게 서로 다른 경로를 얻게 되었는지를 살펴볼 것이다.

● 세계 모든 지역의 종교 이미지는 매우 복잡하고도 복합적으로 교차되며, 서로 연관되기도 하고 상반된 의미를 지니기도 한다는 사실을 언급해야 할 것 같다. 그렇기 때문에 종교 이미지에 대한 분석은 의미가 없을 것 같은 패턴에 대하여 숫자점을 치는 것과 비슷하다고 할 수 있다. 여기에 언급된 패턴들은 그 많은 종류 중에서 단지 몇 가지에 불과하다는 사실에 유의해야 한다.

마약에서 알코올로

일반적인 역사에서는 거의 다루어지지 않는 좀더 새로운 주제를 소개하고자 한다. 이 책에서 많이 거론될 이 주제는 그동안 무시되어왔다고 할 수는 없지만 중시되지 않았거나 간과된 편이다. 그것은 바로 최면제, 환각제, 술로, 간단히 말하자면 마약류이다.

신석기시대 온대 기후의 유럽은 다른 곳에 비해 각성제가 잘 자라지 않는 지역이었으나 마약류 사용에 관한 증거가 제법 발견된 것으로 볼 때 초기 인류는 자연에 자생하는 환각제에 대해 폭넓은 지식을 지니고 있었던 듯하다. 이집트 왕조에서는 오시리스Osiris 숭배 의식에 수련Nymphaea caerula을 사용했으며, 『리그베다』 경전에는 아리아인들이 소마soma의 즙으로 빚은 '신성한 음료'를 마셨다는 기록이 있다. 헤로도토스는 대마초를 흡입하는 스키타이인들의 제의 관습을 정리하여 기록했다.[1]

구세계에서는 특히 두 가지 식물이 부각되었는데, 바로 양귀비Papaver

somniferum와 대마Cannabis sativa다. 양귀비의 본산지는 유럽으로, 신석기 및 초기 청동기시대의 스위스와 독일 남부 그리고 프랑스 동부의 고고학적 유물에서 주로 발견되었다. 어쩌면 서로 다른 보존법에 따라 가공되었을 가능성도 있지만, 양귀비는 호수 근처에 정착한 사람들 주변에서 가장 오랫동안 존속한 것으로 발표되었는데, 아마도 그곳의 습지 조건이 양귀비의 서식에 잘 맞았을 것이다. 그 후 양귀비는 지중해 남부 지역에서도 발견되었으며, 대마는 좀더 동쪽에서 그리고 초원지대에서 자라기 시작했다.[2]

곡물 사이의 잡초로 자라던 양귀비는 그 영양과 맛으로 자연스럽게 인간의 눈에 띄었을 것이다. 뿐만 아니라 양귀비의 덜 익은 씨앗 덩어리 혹은 껍데기의 수액에 함유된 마약성 알칼로이드(보통 모르핀, 코데인, 파파베린과 같은 질소를 함유하고 있으며 의약적으로 활성화 유기 식물 추출물)를 추출하기 시작했다. 정확한 추출 방식은 열매를 뚫어 진액을 뽑아내는 식이었다. 고대에는 양귀비를 희석한 진통제(갈레노스Galenos가 기원후 2세기에 언급했다)의 효능이 뛰어났기 때문에 중요한 식물로 취급되었다. 하지만 초기 서사 문헌이나 그림을 참고하면 기원전 2000년~기원전 1000년에 좀더 강한 방식으로 종교적 목적에 사용되었음을 알 수 있다.

양귀비의 씨앗은 라인 지방과 스페인 동굴의 줄무늬토기bandkeramik를 모아둔 곳에서 발견되었다.(줄무늬토기는 기원전 약 5500년~기원전 5000년 시기의 초기 토기를 뜻하며, 직선들로 무늬가 장식되어 있다.) 양귀비는 스스로 씨를 뿌릴 수 없기 때문에 분명 사람들에 의해 재배되었을 것이다. 스페인의 그라나다 근처, 기원전 4200년으로 추정되는 매장 유적지에서 많은 양의 양귀비 껍질이 담긴 자루가 출토되었는데, 조사 결과 양귀비 열매는 음식으로 사용되지 않았으며 상징적 의미를 지녔음을 파악할 수 있었다.[3]

대마초 역시 철기시대에 서유럽에서 중국에 이르기까지 널리 이용되었음이 확인되었다. (기원전 450년 독일 슈투트가르트 에버딩겐 근처) 호크도르프 할슈타트 지역의 마차 매장지에서 많은 대마초가 발견되었으며, 헤로도토스와 한나라 의서에도 소개되어 있다. 기원전 3000년경 동유럽에서는 숯 형태로 남은 대마의 씨가 담긴 파이프 잔이 발견되었다.

초기에는 대마초의 마약 성분을 흡입하고 그 씨는 정화 또는 교감을 위한 의식에서 태워진 것으로 보인다.[4] 예를 들어 기원전 5000년 즈음 보편화되었던 신석기시대의 토기가 발칸에서 발견되었는데, 네 개의 다리 위에 작은 접시가 얹힌 형태를 갖추고 있다. 간혹 묵직한 동물머리 장식이 붙어 있는데 이것은 화구용火口用이거나 때로는 제단용인 것으로 보인다.[5] 이후 기원전 4000년에는 앞서 잠시 언급했던 그릇 받침대가 나타났다. 사각 혹은 둥근 지지대 위에 작고 얕은 그릇이 얹힌 모양의 이 용기는 화려하게 장식되어 있고, 무언가를 태운 흔적이 있었다. 브르타뉴의 동굴 그리고 아치 형태로 선돌이 세워진 거석 유적지에서 많이 발견된 이 그릇들은 제의용으로 확인되었다. 더불어 중요한 제의에는 특정한 마약재가 사용되었을 것이다.[6] 앤드루 셰럿은 남쪽에서 숭배 의식에 사용되었던 도구가 북프랑스에 나타난 때와 같은 시기에 브르타뉴의 거석 예술, 즉 환각 속에서 본 이미지를 형상화한 가브리니스 장식이 나타난 것은 과연 우연의 일치일까 하는 의문을 품었다. 양귀비가 알프스에서 기원했다는 사실은 먼 북쪽의 의식에서도 사용되었음을 암시하는 강력한 증거다.[7]

신석기 후기에 숭배에 관한 또 다른 증거가 나타났다. 동유럽 전역에서 발견되었으며 안쪽에 햇살 문양이 새겨진 이 그릇은 기원전 3000년의 것으로 보이며, 흑해 초원지대로부터 수천 킬로미터 이상에 이르는 지역까지 이 특정한 디자인이 유지되었다. 이는 대마초의 분포와 비슷한 양상을 띤다. 그릇의 디자인이 갑자기 바뀌고 나서 지역이나 시대와 관계없는 분포를 보

그림 7 액체 형태의 아편을 태우는 데 쓰인 용기들.

이는 것은 특정한 숭배 풍습이나 환각제와 관계있었음을 짐작케 한다.

더욱 흥미로운 사실은, 유럽 전역에서 발견된 기원전 4세기~기원전 3세기의 도자기들이 주로 액체를 담는 컵과 그릇들이었다는 점이다. 셰럿은 이런 변화가 선사시대에 유럽에서 젖보다는 술을 더 자주 마신 상황을 반영하고 있다고 해석했다. 사실 그릇들 중 일부는 양귀비 열매 모양을 닮았다(〈그림 7〉 참조).

이제 우리는 그 당시 액체 형태의 아편에 대해 다뤄보고자 한다. 용기의 잔류물 분석을 실시한 결과 몇 가지 사례를 확인할 수 있었다.[8] 액체 형태의 아편을 마시기 위한 도구들은 아편 식물의 모양과 유사했으며, 이는 북부 독일, 폴란드와 스칸디나비아(기원전 4000~기원전 2700)의 푼넬 비커Funnel Beaker 문화TRB의 특징이 되었다.•

이는 초원으로부터 기원한 줄 장식(줄이 달린 도자기)이 모든 지역의 보편적인 흐름이었는지에 대해 의문을 불러일으킨다. 이러한 줄 장식은 삼의 일종인 대마로, 북유럽에서 이것은 원산지에서와 마찬가지로 피우기보다 들이마시는 형태로 이용되었다. 그렇다면 줄이 달린 큰 잔의 출현은 술과 관계가 있지 않을까?(맥주를 제조할 때 대마초와 매우 가까운 홉Humulus lupulus이 중요한 기능을 하기 때문에 그리 억지스런 주장은 아니다.)[9]

다양한 의식용 도자기가 확산되었다는 것은 그 용기들이 특정한 음식이나 음료에 따라 달리 쓰였음을 말해주며, 환각 물질도 그 용도 중 하나였을 것이다. 그리고 때로는 그보다 더 확실한 증거가 발견되었다. 예컨대 서부 슬로바키아의 한 묘실에서는 얼굴에 손을 포갠 형태의 시신 열 구가 암

• 푼넬 비커 문화는 원래 독일에서 '깔때기 비커 문화trichterr becher kultur'로 알려진 독일어 표현의 줄임말인 'TRB'다.

포라(고대 그리스나 로마 시대에 사용되었던 항아리로, 양쪽에 손잡이가 달리고 목이 좁은 형태—옮긴이)와 술잔들 위에 매장되어 있었다. 셰럿은 그들이 질식에서 벗어나려는 시도를 하지 않았던 점으로 미루어볼 때 의식이 몽롱한 상태에서 자기 의지로 매장된 것이 확실하다고 주장했다. 물론 그들이 독살된 것으로 보는 관점에도 설득력이 있다. "마약 성분은 암포라 안에 담겨 있었을 것이며, 그들은 그것을 술잔에 따라 마셨을 것이다. 죽음의 성찬식이었다. 암포라에 담긴 물질과 그것을 마신 사람들의 믿음은 의식을 수행하는 데 매우 중요했을 것이다." 이것은 희생 제의의 특질인 동시에 도취 상태로 신성한 세계에 진입할 수 있는 특권을 지닌 권력층에 의해 수행되었다.

이후 더 많은 공동 매장지가 확인되었는데, 암포라는 물론, 때로는 소한 쌍의 유해가 발견되기도 했다. 또한 다른 매장지와 마찬가지로 둘 또는 그 이상의 사람들이 도자기·컵·악기가 있는 탁자 주변에 나란히 누워 있었다.[10]

이러한 제물 매장은 기원전 약 3200년의 의식으로 추정된다. 기원전 4000년 후반 북유럽 평야에서는 공동 매장과 더불어 음주 의식의 특징이 관찰되었다. 그 후에는 줄이 달린 그릇이 출현했고 좀더 변화된 개인 매장의 형식이 포착되었다. 예컨대 성인 남성의 경우 한 쌍의 돌도끼와 줄로 장식된 큰 잔, 암포라로 구성된 음주 세트가 함께 매장되었다. 이러한 무덤에 더 이상의 다른 유물이 없는 것으로 보아 초기의 집단 무덤과는 달리 의식은 치러지지 않은 듯하다.

이 무렵부터는 확실히 제단 중심의 숭배로부터 개인적 형태로 변화되어, 먹고 마시는 의식 행위가 두드러졌음을 알 수 있다. 이것은 무엇을 암시하는 걸까? 셰럿과 이언 호더 등의 연구자들은 이러한 변화에 대하여, 인류가 이동생활을 선호했고 곡식 농사보다 이동적인 가축 사육에 관심이 더 많았으며, 집단 무덤(거석)이 점점 개인화되고 영구성이 약화된 무덤으로 바뀐 내용과 관계가 있다고 보았다. 더 이상 '신성한 장소'는 강조되지 않았으며, 시신은 접근 가능한 상태로 남지 않고 영구히 매장되었고, 땅 위의 석조물은 땅 밑의 구덩이로 대체되었다. 이는 죽음에 대한 새로운 믿음과 또 다른 관념을 암시하는 중요한 변화라고 할 수 있다.[11]

그릇과 큰 잔

새로운 체제에서 나타난 음료용 그릇이 환각제의 보편적 이용을 의미하는 것은 아니다. 오히려 환각제 사용은 개인적 특권으로서 "주술사 혹은 제사장의 임무이자 지역사회의 이익을 위한 행동"이었다고 셰럿은 주장했다. 이들은 집단의 수장으로서 나이가 많은 남성이었을 것이다.(이런 관습은 오늘날 몽골의 투바 족에게서도 지속되고 있는데, 40세 이상의 남성들에게만 음주가 허용된다.)[12] 그럼에도 불구하고 더 많은 변화가 감지되었다. 예컨대 음주 행위는 단체 의식의 일부가 아니라 집단의 지속적인 안정을 목적으로 하는 제의로서 익숙해지기 시작했는데, 이에 대해 셰럿은 세속화라는 표현을 사용했다. 목축을 중심으로 하는 사회는 좀더 유동적으로 변화되었는데, 기존의 제단은 신성한 매체의 역할로부터 벗어나 재배치되었다. 말하자면 부족이나 마을마다 한 명 또는 그 이상으로 존재했던, 환각제를 이용하여 혼몽한 상태로 다른 세계와 접촉했던 주술사를 대신하여 각 부족장이 그 역할을 수행하기 시작했다. 비슷한 권위를 지닌 족장들은 호혜와 유대를 위한 회합을 만들고 강도가 낮은 환각제를 공유했는데, 이러한 모임을 통해 서로 돕거나 외부의 위협에 공동으로 대처할 수 있었다. 이러한 방식의 절정은 고대 그리스의 심포지엄이라 할 수 있다. 셰럿의 표현에 따르면, 이 과정에서 사람들은 술기운에 익숙해지게 되었다. 결정적으로, 그들은 서로를 고립시키는 강렬한 마약보다는 순한 알코올이 유대를 형성하고자 하는 공동체의 목적에 더 적합하다는 점을 깨달았던 것이다.

더 나아가 셰럿은 TRB(푼넬 비커 문화)로부터 줄이 달린 잔으로 변화한 것은 4500년 이후 동일 지역에서 나타난 종교적 혁신을 유추할 수 있게 한다. 그것은 사제들의 직계 조정에 의한 계급 형태의 변화, 영구적인 신전을 위한 정밀한 건축, 개인적 구원과 개인의 책임에 대한 강조, 건축과 예배의 간소화 그리고 미래의 우주적 변화에 대한 지복 천년의 시각이다.[13] 이에 못지않게 중요한 변화는 여성상으로부터 남성상으로의 배타적 전환이다. 이는 분산된 목축사회에서 강력해진 가부장제의 권위를 반영한다. 더불어 가축 사육은 사회적 삶과 이념의 진화에 지대한 영향을 끼쳤다.

이 시기에는 목초지를 개간하기 위해 동물이 끄는 쟁기가 도입되면서 산림 벌목이 급증했다. 이에 따라 가축을 치는 일은 더욱 중요해졌고 사회 체제와 경제는 더욱 탄력적인 흐름을 갖추어 나갔다.[14]

이런 변화는 동기시대(기원전 6000~기원전 3500) 문명의 특징을 보여주는 다른 변화들을 수반했다. (훨씬 다채로워진) 무덤 안에는 금속 부장품들이 많이 나타났고, 부싯돌로부터 점점 더 발전된 증거들(수레의 발전과 더불어 교역망이 확산되었으며, 특히 현재 헝가리의 중심지인 카르파티아 분지로부터 구리를 옮겨왔다)이 알려졌다. 흑해 초원지대로부터 보급된 말, 엄청난 차이를 지닌 문명에도 불구하고 유사성을 보여주는 도자기 유형 등이 등장한 것이다.

한편 동쪽 지역의 음료용 그릇에는 두 개의 손잡이가 달려 있으나 서쪽 지역에서는 하나의 손잡이를 지닌 컵이나 큰 잔의 형태가 나타났다. "물질 문명이 행동 방식의 고착된 형태를 보여준다고 할 때 이러한 음료용 그릇의 출현은 접대 모임 또는 사교를 위해 음료수를 나눠 마셨던 문화를 암시한다. 카르파티아 분지까지 교역이 형성되었던 북쪽 지역의 농부들에게서는 깔때기 모양의 큰 잔이 나타나지만 당시 대서양 쪽 유럽에는 이와 같은 모양의 그릇이 없었다는 점에서 이른바 '그릇 문화'를 엿볼 수 있다.[15]

셰럿이 음료용 그릇의 확산(일명 '위대한 디아스포라diaspora')을 추적한 결과, 이는 에게 해의 아나톨리아 지역에서 나타나 시계 반대 방향의 유럽 전역으로 퍼져나갔다. 무덤에서 발굴된 그릇 '세트'는 오늘날 우리가 사용하는 디캔터(입구는 좁고 길며 내부는 넓은 구조로 된 용기. 포도주가 공기와 접촉하는 것을 최소화하여 맛을 보존하기 위한 형태—옮긴이) 및 유리잔 세트와 유사하며, 이후 금속 용기의 모델이 되었을 것이다.

이로써 음료용 그릇이 금속의 원형과 관계됐다는 중요한 문화적 단편을 확인할 수 있다. 이 모든 것은 이후 두 가지 변화를 수반하는데, 바로 무덤에 함께 매장된 독특한 개인 무기 세트와 말이었다.

이는 술기운에 길들여진 측면을 말해준다. 말은 신중히 다뤄야 하는 귀한 자산으로, 방심하면 위험한 상황이 연출될 수 있다. 그런 환경에서 강렬한 환각제(아편과 대마초)를 복용하는 행동은 부적절했을 테니 순한 술로 대체되었을 것이며, 그러한 발견 이후로는 더욱 보편화되었다.

견인 복합체와 새로운 (술과 연관된) 도자기 그릇의 공통점은 둘 다 아나톨리아로부터 기원했으며 뿔뿔이 흩어진 채 흘러왔다는 점이다. 이와 유사하게, 목초지역의 확산은 생산 체제에서 남성의 역할이 강화되는 현상을 불러일으켰다. 여기서 주요한 사실은 말과 면양이 초원지역으로부터 숲이 말끔히 제거된 유럽으로 유입되었다는 것이다. 값비싼 말은 그 소유자에게 명예를 안겨주었으며, 그들은 결국 고위층의 남성 전사가 되었다. 결국 그들 무덤에 남겨진 무기와 음료용 그릇은 그들의 하위 문화를 반영하고 있다.[16] 이렇듯 음료용 그릇에 대한 분석은 많은 점을 시사한다.

술의 숭배

술의 기원은 말의 사육, 쟁기의 발명 그리고 면양이 제2의 생산 혁명의 일부가 되었던 것과 같은 시기의 남쪽 지역에서 찾을 수 있다. 초기 인류는 꿀, 과일, 발아 곡류, 포도당, 과당, 말토오스와 젖당 등의 천연 당분을 이용하여 벌꿀 술, 포도주, 맥주, 마유주馬乳酒를 만들었다.

최초의 술 생산에 선택된 것은 천연당이 가장 많이 농축된 과일 중 하나인 대추야자였다. 초기 지중해 문명 중에는 최초의 것으로 알려진 몇몇 종류의 음료용 잔이 포함되어 있다.[17]

훗날 유럽과 근동 사회에서 포도주를 종교적으로 사용해온 데서 선사시대부터 숭배나 의식에 사용되어왔음을 알 수 있다. 또한 포도를 재배하기 어렵고 금속 제작 기술이 미흡한 지역을 포함한 유럽 전역에 음료용 잔이 전파되었다는 것은 '술 문화'가 널리 확산되었음을 암시한다. 이에 따라 포도주를 대체할 만한 술로서 맥주가 이용되었을 것이라고 셰럿은 주장했다.[18]

이렇듯 기원전 3000년의 음료 세트는 먼 훗날 고전의 '심포지엄sympo-sium'으로 이어지는 전통, 즉 '술에 기초한 접대'의 기원이 되었다. 그 전통은 전쟁의 승리를 축하하는 전사와 동료들의 축제로부터 비롯되었다. 그 시기에 친족 네트워크의 규모가 확대되고 목축과 말의 보급에 따른 공간

거대한 단절

적 설계도 넓어지면서 가까운 지역사회 간의 유대가 약화되었다. 이것은 무장된 집단을 꾸릴 필요가 더 높아졌음을 의미하는 것으로, 위협이나 침입이 발생할 경우 공동체의 안전을 위해 함께 힘을 합쳐야 했다. 이때 전사들을 축하하거나 단결과 교류를 위한 접대의 자리가 시작되었다.

초기의 술 종류는 다양했을 것이다. 하지만 마유주는 많은 양의 젖을 필요로 하기 때문에 대량으로 빚지는 못했을 것이고, 벌꿀 술 또한 양봉 기술이 뒤늦게 알려졌기 때문에 보편화되지 않았을 것이다. 온대 지역의 과일과 수액은 당도가 낮았고, 곡물 재배자들이 자신의 수확물로 맥주를 빚는 경우는 드물었을 것이다.(온대 기후였던 북아메리카에서는 콜럼버스 정복 이전까지 어떤 술도 생산되지 않았으나, 멕시코와 페루 등 먼 남쪽의 열대 지역에서는 곡주가 제조되었다.)[19] 초기 인류는 특정 물질을 씹은 뒤 타액에 섞인 효소가 입안의 과일을 발효시킨다는 사실을 발견했는지도 모른다. 물론 이때는 음료용 잔이 필요치 않았을 것이다.

고대 이집트와 메소포타미아에는 보리와 에머밀로 맥주를 만들었으며, 기원전 3200년경의 그림에서 보듯이 빨대를 이용해 맥주를 마셨다.(이 생소한 장면을 발견한 헤로도토스는 꽤 상세하게 묘사하고 있다.) 맥주를 뜻하는 라틴어 'cervisia'(스페인어로는 cerveza)는 곡물을 의미하는 라틴어와 물을 의미하는 켈트어의 복합어였으나 나중에 맥주를 일컫는 말로 굳어졌다.

"청동기시대 양조의 특성을 잘 설명해주는 것은 덴마크의 에그트베드Egtved에서 발굴된 무덤 속의 오크 관에서 나온 자작나무 통이다. 그 안에 남아 있는 세 종류의 잔여물은 바로 라임의 꽃가루에 의한 꿀, 메도스위트meadowsweet와 클로버, 크랜베리를 포함하여 향을 내는 데 쓰이는 과일과 나뭇잎 그리고 에머밀로 추정되는 것이었다."[20]

포도주의 출현

세월이 흐르고 사회가 좀더 복잡해질수록 주민들의 생활 속에서 가축을 다루는 법이나 포도와 곡물을 이용하여 술을 빚는 능력(아편이나 대마초보다는 적당히 취기를 일으키는 방법)은 보편화되었다. "사회 발전의 초기 단계에는 '마술의 버섯'과 같은 유형의 강력한 환각제가 사용되었다가 이후로는 점점 줄어들었으나 전투가 발생한 곳에서는 여전히 사용되었다. 그러나 사람들이 많이 참여하는 의식이나 남성들끼리의 유대, 접대, 연설, 협상 등의 경우에는 '카와kava'(카와의 뿌리를 짜서 만드는 마취성 음료―옮긴이) 또는 술(또는 담배)과 같이 부드럽게 취할 수 있는 것(도취제)이 쓰이고는 했다. 이러한 술에 관한 심리적 경험은 일종의 문화로서 널리 확대되었으며, 환각 상태를 유도하던 초기의 방식은 서서히 온건한 방향으로 바뀌었다. 이로써 평상시에는 순한 술을 마시고 종교 의식 등에서는 좀더 강한 환각제를 사용하는 관습이 자리를 잡았다.[21]

확실히 지중해 지역에서 포도주는 '문화'와 다름없는 것이 되었다. 암포라의 광범위한 보급에서 알 수 있듯이 도시생활의 확산은 어김없이 포도주 소비와 연관되었다. 지중해의 난파선으로부터 수천 개의 술통이 확인된바, 포도주는 지중해의 전통을 상징하는 것이 되었다.[22]

메소포타미아(신아시리아 시대)에서는 일찍이 기원전 1000년 무렵부터 권력층에 의해 맥주로 대체되었으나 지중해는 포도주의 황홀감에 길들여지고 있었다. 들판에는 넓은 포도밭이 펼쳐졌으며, 기원전 2000년 무렵의 미노스 문명과 궁전 중심의 미케네 문명(에게 문명)에 이르기까지 포도주 관습은 계속되어 이탈리아까지 전해진 것으로 보인다. 호머의 작품을 보면 기원전 2세기까지는 포도주가 광범위하게 이용되지 않았으나 전사 부대의 친목 연회에는 이용되었음을 알 수 있다. 당시 카토(기원전 234~기원전 149년. 로마의 장군이자 정치가—옮긴이)는 자신의 노예들이 포도주를 '하루에 한 병'씩 마실 수 있도록 1년에 각자 7개의 암포라를 허락했다. 귀족들이 장갑 보병대hoplite phalanx(고대 그리스의 국가들 사이에서 형성된 중무장 보병단으로, 로마의 보병 군단 이전까지 막강한 위력을 과시했다—옮긴이)에게 자리를 내줄 무렵 심포지엄은 "보통 사람들이 어울려 유쾌하게 즐기는 남성 위주의 모임"이 되었다. 심포지엄 그 자체는 일종의 의식으로, '흥분 유도제에 물을 섞는 법을 인류에게 전수해준' 디오니소스의 승인 아래 진행된 것이다. 이후 이러한 술 모임은 정치적 모의로 악명을 떨치기도 했으며 철학적 담론의 현장으로도 유명해졌다.[23]

포도주 문화는 사산Sasan 왕조(약 기원후 225~기원후 650) 무렵에 페르시아로부터 중국 당나라에 이르는 실크로드를 따라 동쪽으로 전파되었다. 또한 이 경로를 통해 판금板金 기법으로 만든 은잔이 중국에 유입됨으로써 청동 주조를 기본으로 하던 중국 전통의 금속 가공 문화에 혁신을 불러일으켰다.[24] 이후 다양한 분야에 연쇄 현상이 나타났는데, 특히 중국 도자기에 크게 반영되어 연꽃 모양의 고블릿goblet(손잡이가 없고 굽이 달린 술잔—옮긴이)이 두드러졌다. 정교한 판금 형식을 모방한 시도는 마침내 중국의 백색 도자기와 자기의 발명을 이끌어냈다. 취기에 길들여진 황홀감 역시 이후 지대한 영향을 끼쳤는데, 아직도 그 영향은 끝나지 않았다.

지금까지 구세계에서 확인된 내용은 전반적으로 강한 환각제를 피우거나 흡입하다가 더 순한 것으로(주로 도취제와 술) 대체되었다는 것과 덜 계급적인 사회로 변화하면서 종교 역시 주술적인 형식이 약화되었다는 것이다. 더불어 신을 숭배하는 방식도 가족 단위의 민주적인 형태로 바뀌었고, 이

전의 여성 신은 남성 신으로 대체되었음을 알 수 있다. 또한 유목사회를 이루고 살면서 사람들의 활동이 동물 사육, 쟁기질, 가축몰이, 젖짜기, 말 타기에 집중되면서 농업 위주의 정주생활을 할 때보다 더욱 남성 중심의 사회로 변화되었다는 사실도 확인할 수 있다. 신세계에서는 이러한 동물 사육의 활동과 종교 형식의 상호작용이 발생할 수 없었으므로 구세계와는 다른 형태의 발전 궤적을 보여주었다.

물론 그 현상은 이상적인 그림이 제시하는 내용과 잘 맞아떨어지지는 않는다. 마크 멀린의 주장에 따르면, 신세계 초기와 청동기 초기에 스위스 주변에서 처음 이용되기 시작한 아편은 주석, 호박, 금이 교역될 때 그 꽁 무니를 따라 동남쪽으로 전파되었다. 그 후 청동기 후기부터 그리스, 크레 타 섬과 이집트(이집트에서는 파이앙스 도자기로 만든 양귀비 캡슐 목걸이가 인기 있었다)에서 널리 사용되었다.[25] 그는 아편이 '기근 식량'으로 가치를 지녔을 뿐만 아니라 그리스 전통 종교에서도 주술적 특성을 지닌 양귀비를 많이 이용했다는 사실을 지적했다. (16장에서 다루겠지만) 양귀비의 쓰임은 스키 타이 족의 습격에 의해 더욱 증폭되었고, 카두세우스caduceus 또는 헤르메 스Hermes의 지팡이는 최면의 특성을 지닌 것으로, 주술사의 환각 상태를 상징한다. 뿐만 아니라 양귀비는 밤의 여신 닉스Nyx와도 종교적 연관성이 있는데, 종종 잠의 신인 히프노스Hypnos와 자신의 아들이자 꿈의 신인 모 르페우스Morpheus에게 양귀비를 나누어주는 모습을 볼 수 있다. 그리스 신 화에서 대지의 여신인 데메테르Demeter가 아테네의 아고라에서 밀 이삭과 양귀비를 들고 있는 대목이 있다. 또한 페르세포네도 곡물과 백합 다발 그 리고 양귀비 열매를 들고 있는 모습으로 묘사되어 있다.[26] 양귀비는 엘레 우시스Eleusian 신전(데메테르 여신이 사는 곳)에서도 어떤 역할을 하고 있다. 이처럼 술이 마약을 대체하는 과정에서도 샤머니즘적 요소들은 기독교가

거대한 단절

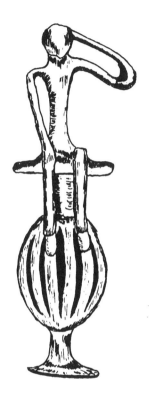

그림 8 코자니에서 발견된 초기 그리스의 청동 유물로, 뒤집어놓은 양귀비 봉오리가 인간을 받치고 있는 모습이 재현되어 있다. 인간의 자세는 향정신성 마약류의 영향을 받은 것으로 보인다.

전파되기 전까지 계속 유지되었으며, 훗날에도 주술적 요소들은 자주 확인된다.

구세계의 약물은 먼 동쪽 지역에서도 비슷한 배경 속에서 술기운에 익숙해지는 과정을 거치게 된다.

불의 신전과 나는 카펫

훗날 실크로드로 불리게 되는 경로의 서쪽 경계 지역, 즉 투르크메니스탄과 타지키스탄 사이 북쪽으로 흐르는 강들과 옥수스 강 상류의 오아시스에서 기원전 2000년의 것으로 추정되는 유적지가 발견되었다. 진흙 벽돌로 지어진 견고한 요새로 보이는 이 공간은 성스러운 불에서 남겨진 재를 보관하는 창고 그리고 액체 여과기와 큰 통이 발견된 '조제실'을 갖춘 신전을 둘러싸고 있었다. 꽃가루 분석 결과 마황과 대마초 그리고 양귀비의 흔적이 확인되었다. 대마초와 양귀비에 대해서는 앞서 살펴보았고, 나머지 마황은 도취제 성분과 자극성의 에페드린을 함유한 관목 종류이다. 만들어진 과정은 우선 (유적지에서 발견된) 돌 분쇄기로 마황을 갈아낸 다음 정교한 돌절구를 이용하여 가루로 빻은 듯하다. '매서운 눈매를 지닌 얼굴'이 그려진 뼈 파이프도 함께 발견된 것을 고려할 때 처음에는 이러한 가루 물질을 흡연하다가 나중에는 액체로 사용된 것으로 보인다. 유적지에서 발견된 원통형의 인장에는 드럼을 연주하거나 동물 가면을 쓴 인물(주술사일지 모른다)이 막대기 위를 뛰어넘는 모습이 그려져 있다.

불의 신전과 향정신성 음료의 관계를 조사한 러시아 발굴자들은 이 요새에서 불을 숭배하는 이란의 전통 의식, 즉 기원전 1000년 초기의 예언

거대한 단절

자 차라투스트라(조로아스터)에 의해 개혁된 의식이 치러진 것으로 해석했다. 조로아스터교는 (4000년 이후로 서부 이란에서는 포도주가 이용되고 있었으므로 술에 친숙한) 오아시스 공동체와 초원이나 사막에 널리 분산된 목축 공동체 부족들이 서로 소통하는 과정에서 발생되었을 것이다.[27] 이에 대해 셰럿은 초원지역의 화로에서 전통적으로 흡연되거나 흡입되었던 의식용 식물은 점점 "도취제 또는 취하게 만드는 음료로 대체되었으며, 그 음료에는 하오마haoma(또는 소마soma)로 알려진 물질이 포함"되어 있다고 주장했다.

이 지역 밖에 살면서 아리아어를 사용하던 사람들은 2000년에 걸쳐 북인도까지 이주하는 과정에서 붕괴된 인더스 문명권의 사람들(드라비다어를 사용하는 주민들)을 흡수했으며, 『리그베다』에 묘사된 종교관을 소개했다. 이러한 배경을 고려할 때 소마라는 음료는 일찍이 초원지대에서 자라는 몇 가지 식물을 혼합하여 만든 것으로 추정된다. 몇몇 학자들이 버섯이라고 간주했던 소마는 마황과 대마초 그리고 양귀비 종류의 혼합물로서, 나중에는 이러한 혼합물에 잘 적응하는 식물인 하멜harmel 또는 페가눔 하르말라Peganum harmela도 섞이게 되었다. 이 식물의 기원은 소마라는 사실이 1794년 윌리엄 존스에 의해 처음 밝혀졌다. 고고학적으로 캅카스에서 기원전 5000년 전부터 사용된 것으로 추정되며, 중앙아시아에서는 약으로 사용되었을 뿐만 아니라 도취용으로 태워진 듯하다.[28] 이 식물에 함유되어 있는 하르민harmine은 사실 마황 이상의 강력한 환각 성분이다. 바니스테리옵시스 카아피Banisteriopsis caapi, 즉 남아메리카 포도 덩굴에서 추출되는 환각제 야헤yage의 주요 성분인 이 하르민은 제2차 세계대전 당시 나치에 의해 '진정한' 마약으로 사용되었다(12장 참조). 이러한 특성과 더불어 페르시아 카펫에 사용된 붉은색 염료의 출처가 페가늄이라는 사실을 감안할 때, (a) 하르민 성분에 의한 내시적內視的 이미지가 전통 페르시아와 중앙아시아 카펫 특유의 기하학적 디자인에 반영되었고, (b) 그 환각적 성분이 하늘을 나는 듯한 착각을 일으켜 '하늘을 나는 양탄자'의 전통을 만들어 내지 않았을까?●

이런 분석이 정확하다면 소마는 그 구성 성분에 따라 다양한 강도를 나타냈을 것이다. 그리고 나중에 발명된 알코올은 위험한 말에 의존하던 유동적인 사회에 더욱 적합한 대체품이 되었을 것이다. 확실히 아유르베다 Ayurveda(고대 힌두교의 전통 의학―옮긴이)의 본문에서는 술을 식단의 한 요소로 추천하고 있다. 그러나 기원전 6세기부터 힌두 교리가 엄격해지자 술이 금지되었다. 대신 상류층들은 대마초로 관심을 돌려 부드러운 도취제로 널리 이용하기 시작했다.

결과적으로 집단마다 취하게 하거나 도취제로 이용되는 물질은 서로 달랐으며 소비의 방식도 달랐다. 중국의 경우 처음에는 쌀과 수수를 활용하여 술을 빚다가 나중에는 포도를 이용한 포도주를 생산한 것으로 보이며, 초원지대의 이국적인 방식은 수용되지 않았다.[30]

지중해와 유럽, 초원 지역, 페르시아, 인도 및 중국과 마찬가지로 동남아시아와 멜라네시아에서도 이러한 현상이 나타났다. 이곳에서 가장 널리 퍼져 있으며 가장 오래된 향정신성 물질은 빈랑나무열매betel-nut였다. 전통적으로 라임(코카처럼)과 함께 빈랑 잎에 이 견과류를 싸서 씹는 방식이었다.

● 모트 그린은 소마(하오마)가 야생초의 맥각병麥角病 또는 맥각병균의 기생균이 되며, 거기에 향정신적 물질 알칼로이드가 있다는 설득력 있는 주장을 했다. 그는 『리그베다』에서 요약된 대로, 그것들의 분포(『리그베다』에서 말하는 것처럼 주로 산) 및 준비 방법과 또한 그것들이 풀에 기생하기 때문에, 어떤 풀도 '소마'의 출처로 볼 수 없다는 사실(역사적 모호함)에 근거하여 주장을 폈다.[29]

거대한 단절

타이의 '영혼의 동굴Spirit Cave'에서 기원전 약 6000년으로 추정되는 빈랑나무 열매의 잔해가 발견되었다. 이 식물은 오세아니아에서 카와kava를 만드는 데 이용되는 양고나 나무와 비슷한 종류로, 아마도 처음에는 흡연되거나 씹었다가 나중에 알코올이 소개되고 발효 지식이 전파된 이후로는 마시는 방식으로 바뀌었을 것이다. 이런 배경을 고려하면 기원전 1500년경 라피타Lapita라는 이름으로 알려진 독특한 장식의 도자기가 멜라네시아까지 확산된 이유가 설명되며, 카와도 깊은 연관이 있음을 알 수 있다.

구세계 전역에서 향정신성 물질(양귀비, 사리풀, 벨라도나belladonna, 부자附子, 맨드레이크mandrake)은 수천 년 동안 민간의 약용 식물 또는 비주류의 숭배 속에서 지속되어왔다. 그런데 상대적으로 뒤늦게 출현한 알코올이 기세 좋게 보편화되면서 끓이거나 흡입되던 초기의 향정신성 물질을 대체하게 되었다. 좀더 순하고 손쉽게 구할 수 있다는 특징을 지닌 술은 복잡해진 사회에서 강한 환각제보다 어울리는 재료였다. 술은 또 다른 외부세계에 대한 탐험 또는 유쾌한 교류(가끔씩은 위협적이기도 했으나)를 도왔으며, 목축사회가 남성화(여성보다 남성이 술을 더 잘 견디는 것으로 확인되었다)되는 데도 역할을 했다.

 과거에 음주와 가축몰이(그리고 말타기)는 분명 지금보다 훨씬 더 큰 관심거리였을 것이다. 그러한 생활의 상호작용으로 신세계에서는 볼 수 없는 종교생활의 내용이 만들어졌다. 마약을 대신한 술의 장기적인 영향에 대해서는 이 책의 후반부에서 소개할 예정이다.

옥수수, 신세계 인류를 만들다

지금까지의 내용을 정리하여 구세계의 초기 생활을 구성하는 주요 특성을 몇 마디로 설명한다면, 세력이 약화된 몬순, 곡물, 동물 사육과 유목, 쟁기와 수송 복합체, 말타기, 거석, 젖, 술 등으로 요약할 수 있다. 그리고 아메리카를 향해 먼 여행을 떠나기 전에, 우리는 두 세계 사이의 차이점을 극명하게 말해주는 것들을 똑같이 요약해볼 수 있다. 즉 신세계의 중요한 특성은 엘니뇨, 화산, 지진, 옥수수, 감자, 환각제, 담배, 초콜릿, 고무, 재규어 그리고 바이슨으로 요약된다.

이 단순한 목록을 보면 사육 동물이 없다는 사실(이후 야마와 그 사촌의 동물이 사육되었다)과 더불어 신세계가 구세계보다는 인류에게 더 식물적인 환경이었음을 알 수 있다. 이것은 단순한 차이로 보이지만 그에 담긴 의미는 크다. 우선 신세계 사람들은 구세계보다 대지에 더 얽매여 있었다. (예외가 없지는 않았으나) 그들은 대부분 자신들이 발견한 땅과 식물에 매여 있었고, 그 결과 이동하는 생활은 제한되었다. 6장에서도 살펴보았듯이, 신세계에서는 목축생활이나 유목생활이 거의 없었으므로 그들의 생활 방식은 역사적으로 구세계에서와 같은 갈등을 드러내지 않았다. 이와 더불어 땅에 기초한 그들에게는 사고 체계의 이동 또한 제한될 수밖에 없었다. 물론 완전히 차단된 것은 아니었지만 상당한 제약이 있었다. 이런 전반적인 영향으로 신세계의 발전은 구세계에 비해 그 속도가 더뎠으며, 당연한 현상으로 보이는 구세계의 특징들, 예컨대 다양한 종교 혁신은 물론 지금까지 다루었던 유목과 유목생활, 바퀴와 쟁기 등이 아메리카에서는 전혀 나타나지 않았다. 18세기 후반 유럽이 오스트레일리아 원주민과 접촉할 무렵 그 대륙에는 30만의 인구가 있었지만 단 한 종류의 재배식물도 없었다는 점을 상기할 필요가 있다.[1] 칼라하리 사막의 !쿵Kung 족에서도 마찬가지였다. 인류 발전의 과정에서 '필연적인' 그 어떤 것도 볼 수 없었다.

신세계에 관하여 구체적인 측면을 언급하자면 가장 먼저 옥수수가 아닐까 싶다. 왜냐하면 이 식물이 유일한 곡물이었으며, 구세계에서의 보리와 쌀만큼이나 신세계의 발전에 중요한 역할을 했기 때문이다. 이러한 가치는 외부세계와 접촉 이후 전 세계적으로 입증되었다. 그러나 먼저 감자에 대하여 언급하는 게 의미 있을 듯하다. 왜냐하면 다른 많은 배양종이 그러했던 것처럼 주요 장소에서 감자는 옥수수로 대체된 적이 없기 때문이다.

안데스에서 자라는 뿌리 식물

먼 북쪽의 콜로라도에서 야생 구근종Solanums(감자류)이 발견된 바 있으나, 레드클리프 살라맨의 주장에 따르면 콜럼버스 이전까지 중앙이나 북아메리카에서는 결코 감자가 경작되지 않았다.(가끔 감자를 먹었을 뿐 경작하지 않았다.) 반면 남아메리카에는 여러 종류의 야생 감자가 있었으며, 적어도 2500년 동안 경작되었다.[2] 안데스에는 2500여 종의 구근류가 자라는 것으로 알려져 있는데, 감자는 1만2500년 전의 몬테베르데 초기 유적지(2장과 3장에서 언급한)에서 발견되었다. 감자가 지닌 우선적인 결함은 적절히 다듬지 않거나 천연의 쓴맛을 제거하지 않을 경우 글리코알카로이드 성분이 독소로 바뀔 수 있다는 것이다.[3] 이런 이유로, 몇몇 지역에서는 감자의 쓴맛을 없애고 글리코알카로이드 성분의 독소를 희석시키기 위해 약간의 진흙을 함께 섭취하기도 했다.(원숭이와 새가 그런 식으로 먹는 것을 관찰했을 것이다.) 이처럼 독창적인 방식으로 감자의 잠재적인 독소를 극복해야 했기 때문에 감자가 재배되는 데 오랜 시간이 걸린 것으로 보인다.

감자의 주요 장점은 고지대와 추위에 잘 적응하는 것이다. 안데스의 초기 이주민은 틀림없이 동쪽인 아마존 분지로부터 이동해왔을 것이다. 1장에서 제시한 유전적 증거가 이를 뒷받침하며, 안데스에서 발견된 초기 도자기 장식에서도 그러한 결론을 유추할 수 있다. 그 밖의 다른 곳에서 이동한 것이라면(해안 아래 또는 남태평양을 건너서) 그들은 초기 도자기 장식에 나타난 동식물, 예컨대 재규어나 보아뱀 등과 같은 두려운 생명체를 비롯하여 감자나 코코아 같은 유용한 식물을 발견하지 못했을 것이다.

옥수수는 해발 370미터 이상의 지대에서는 자라지 못하기 때문에 해발 330미터 이상에서는 자생하지 않는다. 더 높은 고도에서 생장할 수 있는 것은 감자를 비롯한 키노아quinoa(곡물)와 코아coa였는데, 특히 감자의 경우(대부분 키노아가 자라는 볼리비아 서쪽의 티와나쿠Tiwanaku 주변을 제외하고는) 다른 종의 식물보다 더 우수했다. 더욱이 감자는 초기 인류가 말라리아나 다른 질병(또는 공포) 그리고 열대 우림이나 정글을 벗어나 고지대에 정착할 수 있도록 해주었다. 고지대는 호의적인 환경은 아니었으나 북쪽에서 남쪽까지 6400킬로미터나 뻗어 있는 안데스 산맥은 결코 협소하지 않았다. 게다가 야마 또는 낙타 종류의 동물이 살기에 적합한 고지대였기 때문에 사람들이 정착하기에 불리한 편은 아니었다.

북쪽의 콜롬비아에서 남쪽의 칠레에 이르기까지 안데스 고지대에는 어느 정도 자생하는 야생종이 형성되어 있었다. 덩이줄기를 포함하는 감자류Solanums가 자생하고 있었는데, 그중에는 오늘날 우리에게 친숙한 감자의 원종原種도 있었다. 이 식물이 식량으로 적합하지는 않았지만 몇몇 종류는 4500~4800미터 고지의 설선雪線에서도 자생했다. 따라서 저지대에서 유용한 구근 작물을 재배하는 경우에는 서리에도 강했다. 이처럼 구근 작물은 토양이나 고도가 다른 곳에서도 잘 적응하고 종류도 다양하여 초기 안데스인에게는 유용했다. 각자 다른 고도로 뻗어 있는 산줄기를 따라 형성된 계곡과 높은 평야 역시 각기 다른 방향과 높낮이를 이루지만 감자는 어디에서든 잘 적응했다.

오늘날 잘 알려진 추뇨chuño는 가장 앞선 감자 보존법으로, 적어도 2000년 전부터 사용된 것으로 알려져 있으나 어쩌면 이보다 훨씬 더 이전부터 이용되었을지도 모른다. 가장 작은 감자를 선택하여 평지에 골고루 펼쳐놓고 3일 동안 밤마다 얼린다. 그런 다음 햇볕에 노출시킨 뒤 발로 밟아서 감자에 남아 있는 수분과 껍질을 제거한다. 그리고 다시 이틀 동안 추운 곳에 내놓아 건조시키면 몇 달 또는 몇 년 동안 상하지 않게 보존할 수 있다. 그들은 이 감자를 가루로 이용하거나 고기와 섞어 수프로 만들어 먹었다. 고대에는 야마 고기나 야마에게서 얻은 젖이 널리 이용되지 않았다. 그들에게 제공된 주요한 동물 단백질은 자유로이 돌아다니는 기니피그guinea pig였다.[4]

감자는 한 해 중 아무 때나 심을 수 있으며 한 종류 이상의 작물을 생산하는 지역에서도 가능했으나, 서리가 제한적 요소였다. 일반적으로 지대가 높을수록 감자의 맛은 덜하기 때문에 고지대에서 재배되는 대부분의 감자는 추뇨로 가공되었다.[5] 추뇨는 주로 옥수수, 마니오크manioc 또는 도자기와 교환용으로 먼 곳까지 교역되었다.

최근의 실험과 발굴을 통해 고대 볼리비아인들이 계단식 단을 높게 짓고 그 사이에 빗물을 남겨둠으로써 주변 땅보다 6도 정도 더 따뜻하도록 온도를 조절했다는 사실이 밝혀졌다. 이 방식은 서리의 피해를 줄이는 효과도 있었던 것으로 확인되었다. 안데스 사람들이 기존의 평가보다 훨씬 더 세련된 기술을 발달시켰음을 알 수 있다.

당시의 항아리 유물로부터 초기의 감자 재배가 치무Chimu 족(페루의 북부 해안에 사는 아메리카 인디언 부족. 잉카인에게 정복되기 전까지 고도로 발달한 도시 문화를 형성했다—옮긴이)의 선조와 나스카Nazca 족의 선조(약 기원전 1100)에 의해 비롯되었음을 알 수 있다. 이 항아리들은 주목할 만한 몇 가지 특징을 보여주는데, 특히 해안가 사람들의 숭배 대상에 관한 흔적을 엿볼 수 있다.[6] 우선 항아리 표면에는 옥수수와 감자 외에도 재규어와 퓨마의 모습이 그려져 있는데, 이빨을 드러내고 으르렁거리는 재규어의 형상으로 이 동물이 무서운 신으로 숭배되었음을 암시한다.(이후로도 이 주제가 자주 언급될 것이다.) 그다음으로는 신체 불구의 사람들, 즉 선천적인 언청이라든가 기형적으로 갈라진 코를 지닌 사람들에 대한 묘사가 많았으며 다리가 잘린 인물도 볼 수 있다. 이러한 그림들은 그 사람들이 특별하거나 신성한 존재라는 인상을 심어주는데, 인간과 재규어 사이의 중간적 생명체로 받아들여졌을 가능성도 있다. 또한 다리 잘린 인물은 재규어에게 공격을 받

거대한 단절

고 살아남은 한 개인을 묘사한 것인지도 모른다. 몇몇 기형적 인물들은 몸이 부어 있는 것으로 보아 감염된 상태를 표현한 것일 수도 있고, 어떤 의미에서는 고대인들의 육체적 기형을 (자연적으로 발생하는) 기형적인 감자와 동등한 것으로 여김으로써 신성시된 것일 수도 있다. 그렇다면 신성한 대상으로서 감자 그 자체를 강조한 것인지도 모른다.[7] 실제로 감자와 코카를 숭배하는 의식이 있었던 것으로 알려져 있다(13장 참조).[8]

기본적으로 야마와 비쿠냐(털이 부드러운 야생 야마의 일종—옮긴이)를 포함하여 감자는 초기 인류가 안데스 산에서 생활할 수 있도록 해주었는데, 그것은 질병이 없는 안정된 장소를 제공한 반면 상대적으로 불편한 환경이었다. 목초지에서와는 달리 초기에 감자는 유통되지 않았으나 인류가 안데스라는 장소에 머물 수 있도록 만들어주었다는 점에서 중요하다.

맥주의 중요성

외부세계와의 접촉 이후 감자와 옥수수의 유용성은 세계의 다른 인구에게 증명됨으로써 '기적'의 식물로 간주되었으며, 앞으로도 계속 그러할 것이다. 오늘날 감자와 옥수수는 전 세계의 주요 식량 자원으로 공급되고 있다.

하지만 옥수수에 대한 세계 전역의 칭송으로 인해 고대 식물에 관한 우리 이해를 크게 변화시킨 최근의 연구가 가려지고 말았다. 사실 옥수수의 역사는 생각보다 뚜렷하지 않다. 지금까지의 전통적 견해는 신세계 농업의 근간을 이룬 옥수수는 밀과 보리와 같은 곡물이며, 잉여분을 저장할 수 있었기 때문에 정착 문화 또는 도시 문명의 출현과 실질적으로 관계있다는 시각이었다. 그러나 야생 식물로서 옥수수의 초기 형태는 밀이나 보리 같은 재배종과 큰 차이를 지니고 있으며, 신세계의 남-북 지형 구도와 결합되어 아메리카 문명의 발전을 더디게 만들었다.[9] 이러한 설명은 더 이상 신빙성이 없다.

옥수수(학명은 Zea mays)는 역사상 가장 많은 연구를 거친 식물 종으로서, 식물학자, 인류학자, 지리학자, 고고학자, 지구과학자, 언어학자와 진화 유전학자, 사막 연구가, 원예학자, 토지 관리 전문가와 인디언 보호운동가에 의해 수많은 연구가 시행되어왔다. 그리고 다음과 같은 네 가지의 주요한 결론이 일관된 형태로 나타났다.

- 옥수수는 초기 연구에서 보고된 것보다 훨씬 더 나중에 이용되기 시작했다.
- 대부분의 지역에서 옥수수는 주로 맥주로 만들어져 종교적 제의에 사용되었다.
- 신세계 전역으로 확산된 흐름은 예상보다 느렸으며, 더욱이 구세계에서 나타난 곡물의 확산보다 훨씬 더디게 진행되었다.
- 서반구의 고대인들이 옥수수를 활용하게 되었을 때에도 농사로서의 확산은 구세계에서 보인 빠른 속도를 나타내지 못했다. 그 대신 예상 밖에도 역사적 세력에 의한 원시 인도-유럽어의 확산이 전개되었다.

옥수수의 실제 기원에 대해서는 확실해진 듯하다. 그 기원은 멕시코 서부에 있는 리오 발사스Rio Balsas 지역을 중심으로 하여 할리스코Jalisco 서쪽과 오악사카Oaxaca 동남쪽까지 뻗어 있는 야생 한해살이 테오신트Euchlaena mexicana(멕시코 및 중앙 아메리카산의 키가 큰 볏과의 일년초—옮긴이)로 밝혀졌다. 이 지역의 초기 유적지인 길라나키츠Guila Naquitz 동굴에서 기원전 3420년(60년 전후)으로 추정되는 테오신트가 발견된 것이다.[10] 그 후 기원전 2500년쯤 사람들은 알맹이가 좀더 큰 곡물을 선택했으며, 더 많은 단백질과 더 질 좋은 녹말을 얻기 위해 기원전 1800년 무렵 옥수숫대에 붙은 그대로의 옥수수를 활용하는 방법이 고안되었는데, 이는 옥수수 씨앗의 확산이 인간의 손에서 비롯되었음을 알려준다.[11] 아주 오랜 시간에 걸쳐 개량된 옥수수는 기원후 200년쯤에서야 비로소 큰 변화를 드러냈다.

옥수수와 관련된 주요 문제는 고대의 것으로 추정되는 초기 증거들의 연대가 잘못되었다는 점이다. 예를 들어 북부 칠레의 어느 유적지에서 발굴된 옥수수는 원래 기원전 6000년~기원전 5000년의 것으로 추정했으나, 뒤늦게 기원후 1050년에서 32년 전후의 것으로 정정되었다. 그 주된 원인은 게와 같은 생물이 땅 표면의 물질을 땅속 깊은 곳까지 이동시키는 바람에 초기의 지층 단계가 나중에 형성된 지층과 뒤섞임으로써 유적지가 오염되었기 때문으로, 이 과정에서 '생물 교란 작용bioturbation'이라는 신조어가 탄생했다.[12]

많은 경우에 옥수수 꽃가루와 옥수수의 규소체('미세 식물'의 화석)는 '거대 식물macrobotanical'의 잔존물, 실제 식물의 잔존물, 식물 줄기나 잎과는 차이를 지닌다는 문제가 있다.(식물 규소체는 썩지 않으며, 고대 식물의 연대를 확인할 수 있는 이산화규소를 지닌 미세 식물의 화석이다.) 예컨대 티티카카 호에서 확인된 옥수수의 거대 식물 화석은 규소체보다 1000년 정도 뒤늦은 것으로 밝혀졌다.[13]

이러한 불일치를 잘 설명해주는 단서는 오늘날에도 관찰되고 있다. 메소아메리카의 많은 사람은 아직도 테오신트 줄기를 씹으며, 북부 멕시코의 타라우마라Tarahumara 족 사람들은 단맛이 나는 이 즙을 이용하여 맥주를

제조하고 있다.[14]

이에 따라 초기에 발효 주스를 만들 때 그 줄기가 필요했기 때문에 제아 Zea(테오신트 혹은 초기 옥수수)의 사용과 확산이 촉진되었다는 가설은 초기 연구에서 발생한 변칙성을 설명해줄 수 있을 것이다. 그것은 또한 꽃가루와 규소체가 거대 식물 화석보다 훨씬 더 먼저 발견된 이유를 설명해주기도 한다.(초기에 옥수수는 곡물로 저장된 적이 없으며 당분으로도 사용된 적이 없다.) 이에 대해서는 최근 에콰도르, 페루 고지대, 멕시코 및 브라질 마투그로수Mato Grosso에서 확인된 조사를 통해 증거가 입증되었다. 또한 초창기에도 옥수수는 주로 선물을 하거나 연회 또는 다른 종교적 의식에 필요한 발효 맥주 또는 치치chichi(혹은 chicha)를 만들기 위한 제례용 식물이었다. 구세계에 나타났던 것과 마찬가지로 항아리 용기는 맥주를 관리하기 위한 목적으로 개발되었을 가능성이 있으며, 이에 따라 차빈 데 우안타르Chavín de Huántar(기원전 850년~기원전 300년, 남아메리카 안데스 산맥의 고대 문명 유적지—옮긴이) 사원에서 발견된 용기에 옥수수가 그려진 배경을 설명해준다. 에콰도르의 엔 바스 살리네En Bas Saline, 로마 알타Loma Alta, 라 센티넬라La Centinela 등의 유적지에서도 술기운을 부여하는 특성 때문에 맥주 옥수수는 연회에서 이용되기 시작했고, 이에 따라 항아리의 주된 용도에 관한 주장이 뒷받침된다. 이러한 관습은 기원전 4000년~기원전 800년까지 지속되었다.

언어적 증거 또한 일정 정도 이러한 해석을 뒷받침하고 있다. 몇몇 언어, 예컨대 유토아즈텍Uto-Aztec 어족에서는 옥수수 관련 용어가 확연히 다르게 표현되었는데, 이로써 우리는 옥수수가 경제적 중요성을 갖기 이전부터 이 종족이 옥수수를 이용했음을 짐작할 수 있다. 한편 마야 족 언어에서 옥수수 관련 용어는 지금과 매우 비슷한 것을 볼 수 있다. 이것은 옥수수

가 (훨씬 나중에) 주요 식량으로서 채택되었음을 보여주는 것이다.[15]

치치 맥주가 옥수수 활용의 1단계라고 한다면, 2단계는 기원전 4000년 농작물로 전파되었다는 것이다.(일반적으로 기원전 3500년 무렵의 기록에서 확인되었다.) 그러나 기원전 1000년 전까지 옥수수는 어떤 곳에서도 주요 식량으로 재배되지 않았다. 그렇다면 옥수수가 주요 식량의 지위를 획득한 것은 3단계 과정이라 봐야 할 것이다. 때로는 지역 간에 시간적 격차가 발생하기도 한다. 근대의 베라크루스 근처 걸프 해안의 티넥Teenek 족에서는 기원전 7000년부터 옥수수가 존재했지만 기원전 500년까지는 옥수수 농사를 토대로 하여 제의 장소를 갖춘 마을은 형성되지 않았다. 지리적으로 옥수수의 발원지에서 멀지 않은 소코누스코Soconusco 지역에 나타난 안정 동위원소의 표지를 보면 처음 재배되기 시작한 이후 7000년 동안 옥수수는 그리 경제적인 작물이 아니었음이 입증된다.(안정 동위원소는 인간이 평생 섭취한 주식으로부터 확인된 뼈의 화학적 치수다.)

남아메리카 안데스에서도 이와 같은 내력을 보인다. 예를 들어 에콰도르에서 옥수수는 기원전 1000년까지 경제적으로 별 가치가 없었으며, 페루의 해안과 고지대에서도 이후 1000년까지 마찬가지의 결과를 보였다.[16] 그러다가 기원전 2200년~기원전 1850년 무렵 안데스 식단에 비로소 옥수수가 나타났다. 그러나 뼈의 화학적 치수는 이후 2000년이 지나도록 큰 비중을 차지하지 않는다. 항아리가 출토된 페루의 유적지에서도 옥수수가 주요 식량은 아니었지만 의식에 사용된 것으로 확인되었으며, 아스페로의 초기 유적지에서도 마찬가지였다. 아스페로 유적지의 발굴자인 루트 샤디는, 제의용 공물로 사용된 것으로 보아 당시 옥수수는 의식용으로 경제적 효력이 아직 '주변적'이었다고 결론지었다.

기원전 약 750년으로 추정되는 티티카카 분지의 알티플라노Altiplano에서 발견된 옥수수 역시 권력 집단과 의식의 형태로만 이용되었을 뿐 결코 경제적 가치는 획득하지 못했다.[17] 티티카카 분지 주변에서도 기원전 900년 무렵의 옥수수가 발견되었으나 기원후 250년까지는 경제적으로 별 의미가 없었다. 이에 대하여 티와나쿠 문화가 여러 종류의 식물이 교환(교역)되는 중심지였으며 안데스에서는 고도별로 다른 종류의 식물이 자랐기 때문에 어떤 고도에 자리 잡은 공동체에서는 다른 고도에서 자란 (그들의 것이 아닌) 식물이 사치 품목으로 간주되었을 것이라는 해석이 지지를 얻는다. 이중에서 수요가 두드러진 식물은 코코아, 고추, 환각제 그리고 옥수수였다.

어떤 고고학자들은 이러한 환경에 대하여 '수직 군도vertical archipelago'식 모델을 제안한다. 말하자면 같은 친족 그룹의 어느 구성원이 고도가 다른 생태 지역을 차지한 뒤 상이한 식물을 재배하여 자신의 친족과 교환하는 형태를 뜻한다. 이러한 설명은 지역을 왕래하면서 야마를 사육하거나 거래하는 대상隊商이 교역과 교환의 매개체 역할을 했던 배경 근거일 수도 있을 것이다.[18]

마야의 권력 집단은 옥수수에 의존했으나 기원후 200~900년까지 사회 구성원이 골고루 먹을 수 있었던 것은 아니다. 사실 마야의 남성이 여성보다 옥수수를 더 많이 먹었음을 보여주는 증거들은 종교와 의식의 의미를 더욱 확고히 뒷받침한다.[19]

다른 장에서 살펴보겠지만, 잉카에서도 옥수수가 확산되었으나 단지 치차 맥주를 생산하기 위한 용도였다. 실제로 이 작물을 재배하기 위해 전체 인구가 동원되었으며, 그런 만큼 대량의 옥수수가 수확되었으나 전량이 의식용 맥주로 전환되었다. 즉 취하게 만드는 식물에 관한 재배와 분배는 잉카의 권력 집단이 권위를 유지하는 핵심적인 부분이었던 것이다. 켄터키대 인류학자인 존 스톨러는 잉카인들 사이에서 치차 맥주의 소비가 보편적으로 식생활에 크게 기여했다고 분석했다. "잉카의 태양 숭배, 죽은 이에 대한 추모, 선조에 대한 숭배를 둘러싼 제의에서 나타난 맥주와 음식으로서의 옥수수의 중요성은 지위 및 계급과 옥수수가 밀접하게 연결되어 있음을 상징적으로 보여준다.[20] 그의 말에 따르면 '치차'라는 단어에는 '비옥하게 하다'라는 뜻을 포함하여 '물'과 '침' 등의 여러 의미가 중첩되어 있다. 즉 잉카의 의식에서 술을 마시는 행위는 먹는 일보다 더 중요한 것이었다. 앞으로도 살펴보겠지만 치차는 또한 잉카의 희생 제의와도 밀접한 연관이 있다.[21]

이렇듯 남아메리카와 메소아메리카에서 옥수수가 경제적인 중요성을 확보한 시기는 생각보다 훨씬 나중으로 보인다.(카리브 해안에서 옥수수는 경제적 의미가 거의 없었고, 열대 지역인 아마존과 오리노코 지역은 재배 조건이 맞지 않았다.) 결국 안데스의 식생활은 계속 감자와 퀴노아가 주축을 이루어왔다.

이러한 추정은 옥수수에 관한 어휘들이 4000년 전 이상까지 거슬러 올라간다는 사실과, 멕시코의 고대 오토망게Proto-Otomangue어 사용자들이 초기에 테오신테를 재배했음을 증명한 언어학자들에 의해서도 입증된다.[22] 그러나 메소아메리카의 주요 어족(유토아즈텍 어족, 오토망게 어족, 믹세소케 어족, 마야 어족)에서 옥수수라는 용어의 연관성은 찾아볼 수 없었으며 어떠한 빠른 확산도 없었다. 아무스고Amuzgo어(멕시코에서 사용되는 또다른 오토망게어)는 옥수수를 풀 종류로 분류하지만 마야 어족에서는 옥수수를 다른 생명체로부터 분리하고 있다. 이는 이미 존재하는 분류 체계에 추가되었음을 의미한다.[23] 비슷한 과정이 수Sioux 족에서도 명확히 나타났다. 옥수수에 관한 그들의 용어는 (이미 존재하는) 다른 재배종들보다 비교적 늦게 변형되어 나타난 것으로, 이는 기존의 분류에 추가된 것이라는 사실을 암시한다.

서남부 북아메리카 부족들 사이에서 옥수수는 기원후 1000년까지 이용되지 않았으며, 옥수수라는 용어의 조어祖語에 대한 증거도 없다. 따라서 기원후 600년 이전까지 옥수수가 이들의 주식으로 이용되지 않았다는 이론과 일치한다. 서남쪽으로부터 확인된 최근의 증거에서는 옥수수가 정착하기 이전까지 주민들이 다양한 방식으로 물을 관리하면서 여러 종류의 식물을 '보호하고 북돋우고 경작'했으며, 옥수수의 다른 품종이 기존 체계 안에 통합되었음을 제시하고 있다. 말하자면 북아메리카에서는 멕시코 옥수수의 갑작스런 '침투'가 없었다.[24] 실제로 옥수수가 멕시코의 남쪽이나 북쪽보다는 그것이 발전했던 북쪽으로 더 빨리 이동했다는 다른 증거가 제시되었다. 심지어 그 첫 출현 이후 식생활의 주요 메뉴가 되기까지 거의 2000년의 세월이 걸렸다. 미시시피 계곡, 오하이오와 온타리오에서도 옥수수는 기원후 500년경에 나타나기 시작했다. 이것은 기원후 1000~1200년까지 그곳의 부족들은 곡류에 의존하지 않았다는 것을 말해준다.

옥수수가 갑자기 대량으로 사용되기 시작한 곳은 기원후 750~850년 무렵 미시시피 강의 카호키아Cahokia(현재 세인트루이스 지역 근처)였다. 이와 더불어 제물로 희생된 유해들 사이에서 석회암으로 만든 항아리들과 개량된 옥수수 음식이 발견되었다. 이것으로 카호키아에서도 옥수수가 제의적으로 지대한 역할을 했음을 확인할 수 있다. 이 유적지에서 발굴된 카호키아인들의 신체 형태학에서도 연관된 변화를 보여주는데, 그들의 몸에서 관절 질환의 흔적이 발견되었을 뿐만 아니라 충치가 늘어난 것을 알 수 있다. 이로써 고분古墳 광장이 나타난 기원후 750년 이후 카호키아에서 옥수수가 갑자기 주식으로 전환되었음을 알 수 있다. 이와 연관하여 카호키아와 미시시피 문화의 다른 유적지에서 발견된 옥수수는 낟알이 단단한 북부 플린트 품종으로, 네브래스카 주립박물관의 T. P. 마이어스는 "멕시코

산 원종과는 아주 큰 차이를 보여 거의 다른 종이라 할 수 있다"고 지적했다. 더욱이 "음식으로서 가치가 없었던 것이 한두 세대를 거쳐 어느 정도 음식에 가까워졌다"는 마이어스의 발언에 주목할 필요가 있다. 그의 주장은 기원전 1000년경 (카호키아로부터 멀지 않은) 뉴멕시코에 옥수수가 도달했으나 기후 환경상 그 지역의 수렵–채집인들은 기원후 600년까지 옥수수 작물에 의존하지 않았다는 사실을 뒷받침한다.

기원후 600~700년까지는 극히 소량이었던 옥수수가 기원후 750~850년에 급증하는 변화가 북아메리카 동부 여러 지역에서 똑같이 발생했다. "일시적으로, 넓지 않은 공간에 많은 가옥이 들어서면서 인구 밀도가 높아졌으며 경작용 땅이 급증했다.[25] 또한 당시 주민들에게 식량으로 공급되던 명아주, 마디풀 및 카나리새풀과 같은 식물을 분쇄하는 데 이용되었던 맷돌의 중요성이 갑자기 감소했다.

그리하여 북아메리카를 제외한 신세계에서의 옥수수의 세 번째 단계가 시작되었다. 즉 맥주로서의 활용과 서서히 곡물로 선택된 과정에 이어서 느지막이 주식으로 자리 잡는 현상이 나타났다. 그리고 이러한 흐름은 북아메리카 동부에서만 구세계와 비슷한 유형으로 빠르게 확산되었다. 즉 곡물생활에 이어 잉여분이 생산되었고 곧장 도시화가 전개되었다.●

● 물론 이것은 매우 개략적인 유사성이다. 구세계의 정착생활이 본격적인 식물 재배보다 시간적으로 더 앞섰다는 사실은 이미 알려져 있기 때문에 모순점이 없지 않다.

피와 숫자

제의식에서 옥수수는 어떠한 특성을 나타낼까? 전통적으로 신세계에서는 인간이 옥수수로부터 창조되었다거나 인간의 피를 옥수수의 등가물로 여기는 믿음이 널리 퍼져 있었다. 사람들은 옥수수를 위해 기도했으며, 옥수수의 일부분을 설명하는 단어가 만들어졌고, 옥수수의 개발이나 요리에서의 기능을 표현하는 용어가 형성되었다. 옥수수 달력도 있었다. 이 독특한 260일 달력(20장 참조)은 아메리카에서 옥수수 재배 시기와 관계된 것으로 학자들은 판단했다. 초기 올메카 문명에서는 옥수수 신을 믿었으며, 마야인들은 최초의 인간 여덟 명이 옥수수로 만들어졌다고 믿었다.(진흙과 나무로 빚은 인간 창조가 실패한 이후의 신화다.)[26]

또한 귀중한 옥수수 씨앗이 신비한 산에 숨겨져 있다는 옥수수의 비밀에 관한 전설도 많다. 마야에서는 전통적으로 옥수수가 '창조의 화로'에서 기원한 것이라는 전설이 전해진다. 창조의 화로란 별자리의 오리온 벨트에 매달려 있는 세 개의 별(앨넘Alnham, 사이프Saiph, 리겔Rigel)이 만들어낸 정삼각형 구도를 의미한다.[27] 한편 옥수수가 태양의 사타구니 또는 황금 머리카락을 지닌 난쟁이로부터 비롯되었다는 전통도 있다. 출산 의식, 기우제, 치유 의식, 공동체의 재건과 장례 의식에서도 옥수수는 일정한 역할을 했다. 처음 이름을 얻는 아이를 기념하기 위해 피 묻은 옥수수 알맹이를 뿌리는 관습도 있었다.[28] 그리고 옥수수는 숫자 3, 7, 8과 다양한 연관성을 지니며, 마야의 여러 상형문자에 옥수수 신이 묘사되어 있다.

이 모든 것을 고려해볼 때 우리는 아메리카에서 가장 중요한 두 가지 식량 작물이 유라시아의 곡물 특성과 매우 다르다는 사실을 알 수 있다. 감자는 안데스 산의 혹독한 환경에 비교적 잘 적응한 식량이지만, 그 환경이 감자에 강한 적응력이라는 장점을 제공한 반면 쉽게 전파되지 못하게 했다. 따라서 감자는 널리 이용될 수 없었다. 옥수수는 밀이나 쌀과 보리처럼 곡물이긴 하지만 온대 식물이 아닌 열대 식물이었다. 게다가 당분이 많이 함유되어 있어 초기 사람들은 주로 날것을 씹어 먹었고, 그 당분을 발효시켜 향정신성 성분을 얻었다.

후자의 사실로부터 우리는 중앙 및 남아메리카에서 많은 향정신성 식물이 발견된 배경을 짐작할 수 있다. 이 주제에 대해서는 다음 장에서 다루기로 하고, 결론적으로 옥수수가 제의식에 많이 사용된 것이 확실해 보인다. 이 모든 것은 신세계에서 옥수수의 역할과 구세계에서 곡물의 역할이 크게 달랐음을 의미한다. 오랜 세월 뒤에 문명의 후속적 성장을 가져온 북아메리카를 제외할 때 옥수수 재배는 정착 문화나 잉여의 발전과 그 어떤 관계도 없었다. 다르게 표현하자면 신세계에서는 유라시아와 같은 곡물 농사의 동시적인 확산이 발생하지 않았다. 옥수수는 대부분의 지역에서 수천 년 동안 알코올 음료 재료로서만 의미를 지녔으며, 다른 수렵-채집 부족들과 선물 교환을 통해 이웃 또는 라이벌 사이에 친화관계를 맺기 위한 축제 의식에서 취흥을 돋우는 데 기여하는 정도였다.

옥수수의 향정신성 성분의 가치는 식량으로서의 진가를 드러내는 데 오랜 시간이 걸리게 만들었다. 앞에서도 언급했지만 이것은 비교적 토질이 좋지 않아 대지가 비옥해지기까지 훨씬 더 많은 시간이 필요한 열대 우림의 토양 특성과도 관계가 있으며, 쟁기가 없어 씨뿌리기 재배라는 혁신이 억제된 것과도 관계가 있다.

최종적으로 고려할 점은 옥수수를 콩과 함께 재배할 때 단백질 가치가 크게 증가된다는 것이다.(구세계에서 밀·보리·귀리를 같이 심는 것과 마찬가지로 신세계에서는 옥수수, 콩 그리고 호박이 함께 재배되었다.) 결과적으로는 성공했지만, 옥수수와 콩 그리고 아마란스amaranth와 세이지sage를 함께 심었을 때의 장점이 발견되기까지는 많은 시간이 걸렸다.[29]

술에 취해 선물을 주고받는 수렵–채집인들의 의식은 구세계보다 훨씬 더 오랫동안 주술 형식의 종교가 유지되도록 만들었으며, 알코올의 소비는 구세계와 마찬가지로 권력층의 지위와 연관이 있다. 반면 동물 사육이나 가축몰이 또는 말타기가 없었던 작은 단위의 부족의 경우, 신세계 그 어디에서든(특히 남아메리카와 메소아메리카) 풍부하게 이용할 수 있는 강력한 마약이나 환각제를 절제해야 한다는 압박은 없었을 것이다.

거대한 단절

향정신성 열대 우림, 그리고 환각제의 독특한 분포

구세계가 아메리카보다 훨씬 더 많은 가축을 보유했듯 환각제에 관해서는 그 반대의 상황이 벌어졌다. 1970년대에 웨스턴 라 바르는 『실용식물학Economic Botany』이라는 잡지에 「구세계와 신세계 마약: 통계적 질문과 민족학적 대답Old and New World Narcotics: A Statistical Question and an Ethnological Reply」이라는 제목의 의미심장한 논문을 게재했다. 이 논문은 문화역사적 관점에서 아메리카 인디언의 신성한 환각제가 보여준 놀랄 만한 확산을 다루고 있다. 그 제목에 언급된 '통계적 질문'이란 아메리카 원주민들에게 알려진 수많은 향정신성 식물 간의 '두드러진 차이'를 의미한다. 신세계에서는 상대적으로 훨씬 적은 종류(8종에서 10종 정도)가 이용된 데 비해 구세계에서는 80~100여 종이나 되었다. 대개는 구세계의 대륙이 아메리카보다 더 클 뿐 아니라 식물군도 더 다양하고 풍부하기 때문에 유라시아에 더 많은 종류의 환각제가 있으리라 예상되었다. 더욱이 인류는 신세계보다는 구세계에서 더 오래 머무르지 않았던가.

이에 대해 바르는 환각제 식물에 대한 아메리카 인디언들의 관심에 대하여 "기본적으로 구석기와 중석기 유라시아의 샤머니즘이 신세계에서 존속된 현상과 직접적인 연관이 있다. 그것은 초기 큰 사냥감을 쫓던 사냥꾼이 동북아시아를 벗어나면서 가져온 샤머니즘이 아메리카 인디언의 기본 종교가 되었다"고 설명했다. 다시 말해 최초의 아메리카인들은 '황홀경'의 상태에 도달하고픈 열망에 의해 새로운 환경을 의식적으로 탐험하고 개발하려는 '문화적 준비'가 되어 있었다는 것이다.[1] 또한 바르의 이론에서는 "심오한 사회·경제적 그리고 종교적 변화로 황홀경의 샤머니즘과 환각성 버섯을 비롯한 다른 식물이 유라시아 전역에서 박멸되었으나, 역사적 문화적 환경이 다른 신세계에서 그것들은 중요했다"고 했다.[2]

피터 퍼스트는 그의 저서 『환각제와 문화Hallucinogens and Culture』에서 아메리카 인디언의 상징 체계가 "동북아시아로부터 건너온 최초 이민자들의 관념 속에 이미 존재했음에 틀림없다"고 주장했다. 그러한 기반은 샤머니즘이었으며, 아즈텍 문명과 같이 잘 정비된 우주학과 문명화된 성직자 계급 등의 수많은 개념의 근간을 이룬다고 말했다. 예컨대 아즈텍 문명에서는 인간과 동물의 영혼에 대한 인식, 뼈로부터의 생명 복원, 자연의 모든 현상에 생명이 깃들어 있다는 믿음, 영혼 비행에 대한 믿음, 살아 있는 육체로부터의 영혼 이탈에 대한 믿음(예를 들면 꿈속의 여행에서 길을 잃거나 강간 또는 납치로 인한 영혼 상실, 황홀경에 빠진 주술사들의 고의적인 영혼의 투사), 특히 병을 앓은 후 소명을 얻은 주술사들이 느끼는 초기의 황홀 경험, 질병을 위한 초자연적 원인과 치료, 그들의 정신적 지배자에 대한 존경과 우주의 다른 세계에 대한 믿음, 그러한 존재에게 영혼의 음식을 바쳐야 한다는 요구, 인간과 동물 간의 변환에 대한 믿음(퍼스트는 창조보다 이러한 변환

거대한 단절

이 모든 현상의 기원이라고 설명했다), 주술사를 돕는 동물의 영혼에 대한 믿음, 동식물의 초자연적 주재자 등의 현상을 찾아볼 수 있다.

퍼스트는 이런 전통적인 체계 안에서 두드러지는 의식 전환의 개념에 대하여 "의식 전환의 능력을 지닌 식물이 왜 이데올로기의 중심 안으로 들어오게 되었는지를 이해할 수 있다"고 결론지었다.[3]

이러한 바르의 가설은 아시아와 유럽이 한때 주술적 세계를 공유했다는 관점에서 기원한다. 구세계에서 "물론 제도화된 교회가 나타난 이후에도 고대 샤머니즘의 전통은 여전히 여기저기에서 발견"되었으나 신석기 혁명과 뒤이은 경제적·사상적 발전에 의해 커다란 종교적 변화를 나타냈다. 이와는 대조적으로 신세계에서는 사냥과 식량을 채집하던 방식과 함께 초기에 출현한 샤머니즘적 종교 제의가 지속되었으며, 심지어 메소아메리카와 안데스 지역의 위대한 문명 속으로 침투했다.[4]

그러한 관습이 얼마나 오래된 것인지는 방사성탄소 연구에서 확인된다. 큰 사냥감을 사냥하던 시기인 1만1000~1만 년 전 사이의 홍적세 후기에 이미 팔레오-인디언들은 환각성 콩의 일종인 소포라 세쿤디플로라Sophora secundiflora를 이용했다는 사실이 입증되었다. 한마디로 이 시기는 "아시아로부터의 마지막 대륙 이동이 끝난 직후"였으며, 이 식물은 서기 1000년 북아메리카 서남쪽 사막 문화의 일부로 여전히 이어졌다.[5]

고고학자들은 텍사스와 북부 멕시코에 있는 바위 은거지에서 10여 종 혹은 그 이상의 소포라 씨앗 화석과 도구들 그리고 암석화를 발견했다. 그러나 또 다른 마약인 웅나디아 스페이오사Ungnadia speciosa는 발견되지 않았다. 가장 오래된 것은 기원전 7265년까지 추정되며, 가장 나중의 것은 방치된 유적지에서 확인되었다.[6] "고대 샤머니즘적 암석화가 많이 발견된 텍사스 트랜스페이커스의 애미스태드 보호지역에 있는 페이트 벨 셸터Fate

Bell Shelter에서는 기원전 7000년에서 서기 1000년까지 추정되는 소포라와 웅나디아의 씨가 모든 층에서 발견되었는데, 당시는 사막 문화가 옥수수 농업을 기본으로 하는 새로운 생활 방식에 자리를 내준 시기였다." 심지어 텍사스 서남쪽의 랭트리Langtry 근처에 있는 유명한 바위 은거지인 본파이어 셸터Bonfire Shelter에 대한 더 중요하고도 일반적인 연구에서는 소포라 씨앗이 가장 낮은 층에서 모습을 보였으며, 연대는 큰 동물을 사냥하던 시기와 맞아떨어지는 기원전 8840년~기원전 8120년으로 추정되었다. 또한 폴섬Folsom(북아메리카 로키 산맥 동부의 선사시대 문화―옮긴이) 근처에서는 홍적세 당시 멸종한 들소인 바이슨 안티쿠스Bison antiquus의 뼈와 화살촉 그리고 소포라 씨앗들이 발굴되었다.

이를 바탕으로 퍼스트는, 단일 환각제였던 소포라 콩이 황홀한 환상을 일으키는 샤머니즘의 총아로서 1만 년에 걸쳐 '방해 없는 군림'을 했다는 사실을 발견했다. 그의 분석에 따르면, 이러한 현상은 신세계의 토종 환각제 중에서 다투라Datura(흰독말풀)만이 소포라의 특성에 필적하는 생리적 위험성을 지니고 있었다는 사실에서 그 특수성을 엿볼 수 있다. 즉 "마약으로 인한 개인적·사회적·미신적 혜택이 그 식물의 단점보다 더 우세했음이 확실"하다.[7]

북아메리카의 넓은 지역에 살고 있는 원주민들은 비화학적인 방법으로 그와 같은 목적을 달성했다. 이를테면 금식, 갈증, 자해, 악천후에 대한 도전, 불면, 끊임없이 춤추기, 출혈, 얼음물에 입수, 가시나 동물의 이빨로 상처내기 등의 고통스러운 시련들을 통해 탈진 상태를 만들었다. 또한 다양한 리듬활동, 자기 최면, 명상, 노래 부르기, 드럼 치기, 노래 등의 덜 잔인한 '기폭제'를 이용하기도 했다. 때로는 어깨나 팔에 구멍을 내고 피가 흘러내리는 곳에 바이슨의 두개골을 거는가 하면, 어떤 주술사들은 흑요

거대한 단절

석 거울이나 다른 재료를 사용하여 황홀경을 유도하기도 했다.(멕시코의 몇몇 인디언은 아직도 사용하고 있다.) 그중 마지막 기법은 평야지대의 오글랄라 수Oglala Sioux 족과 만단Mandan 족이 영혼 여행을 위한 고행으로 사용했다.[8]

이러한 시련은 고대 멕시코에서도 특별한 것이 아니었다. 자해는 마야와 같은 정복 이전의 히스패닉 문화의 예술 속에서 묘사되고 있다. 이것은 상상할 수 없을 만큼 고통스러웠을 피 흘리기 의식으로서, 선인장 가시나 가오리 가시 또는 다른 날카로운 도구로 페니스나 혀 등의 신체기관을 뚫는 행위를 뜻한다(21장 참조). 어떤 경우에는 주술사의 등 피부를 접어 구멍을 뚫은 뒤 줄을 통과시켜 그의 몸을 들어올린다. 치아파스의 우수마신타Usumacinta 지역에 있는 약스칠란Yaxchilan 제의 장소에 새겨진 기원후 780년경의 마야 그림은 오늘날 유명하다. 그림 속의 여성은 무릎을 꿇고 앉아 있으며 그녀의 혀에는 크고 날카로운 가시가 꽂혀 있고 밧줄이 혀를 관통하고 있다. 화려한 차림새로 보아 그녀는 지배계층임이 분명하다(《그림 13》 참조). 고대 메소아메리카의 사고 체계에서 인간이 신에게 제공할 수 있는 가장 소중한 선물은 피였으며, 그러한 피의 제의와 관련하여 마야의 문헌이 자주 논의되었다. "하지만 (이런 의식은) 꽤 격한 충격을 조성했을 것이며, 의식의 전환을 유발하여 환각 상태까지 몰고 가기에 충분했다."[9]

영혼의 덩굴

구세계에서 사용되었던 향정신성 물질에 대해서는 10장에서 살펴보았다. 지금은 신세계에 알려진 80종 이상의 향정신성 물질 중에서 가장 많이 연구된 10여 종에 대해 간단히 소개하고자 한다.

최초의 환각 물질은 앞에서 소개한 페가눔 하르말라Peganum harmala 또는 시리안 루Syrian rue로부터 기원하여 분화된 하말라 알칼로이드(하르민, 하르말린, 하르말올, 하만)이다. 시리안 루는 구세계와 신세계에 자생하는 8종의 식물군 중 하나이며, 하말라 알칼로이드는 지금도 자생하는 것으로 알려져 있다. 피터 퍼스트에 따르면, 그 수가 가장 많고 문화적으로 가장 흥미로운 것은 바니스 테리옵시스Banisteriopsis다. 이 식물은 자그마치 100여 종으로 구성된 '맬피기에이셔스malpighiaceous'처럼 (열대산 칡인 리아나 liana 또는 덩굴처럼) 생긴 열대 아메리카 종류로, 그중에서 최소한 비 카피B. Cappi와 비 이네브리언스B. Inebrians는 (…) 아마존 인디언들의 제의에서 강력한 환각 음료로 사용되었다.[10] 이 식물은 잉카 케추아Quechua 족의 언어로 오늘날 음료를 뜻하는 아야우아스카ayahuasca 또는 '영혼의 덩굴'로 알려져 있다. 이것이 널리 사용되었던 서북 아마존에서는 야헤yaje 혹은 야게 yage로 알려져 있는데, 그러한 명칭은 제라르 레이첼돌마토프가 집중적으로 탐구했던 투카노Tukano 족이나 콜롬비아 데사나Desana 족의 것으로 추정된다.

활성 물질은 그 식물의 나무껍질과 줄기 및 잎에서 발견되는데, 어떤 실험에서는 알칼로이드가 115년 동안 활성 상태로 존재한 것으로 확인되었다. 퍼스트는 야헤가 적어도 5000년 동안 이용되었다고 보았으며, 투카노 부족은 초창기부터 이 환각제를 사용한 것으로 추정했다. 이 부족의 역사를 보면 남성인 태양이 남근 광선으로 여성인 대지를 임신케 하여 인간이 탄생했으며, 가장 먼저 뿌려진 정액이 최초의 인간이 되었다는 이야기가 전해진다. 투카노 족은 덩굴을 후손의 혈통과 동등시했으며, 각 씨족(친족)은 자신들만의 덩굴과 신성한 음료를 마련하는 독특한 방식을 보유했다.

거대한 단절

예컨대 액체를 담는 질그릇은 모성의 자궁을 상징하는데, 그 표면에는 질과 클리토리스가 그려졌다. 이 그릇은 사용하기 전에 먼저 담배 연기로 정화하는 과정을 거쳐야 했다.[11]

야헤는 매우 의례적인 경우에 사용되었다. 먼저 의식용 춤이 이어지고 휴식을 취하는 시간에 악기 소리의 알림과 함께 야헤가 사람들에게 나누어졌다. '야헤의 이미지'로 불리는 환각의 이미지들은 항상 밝고 즐거운 것이었으며, 각 개인은 며칠 전부터 성교 행위를 삼가고 음식을 조금만 섭취해야 했다.

야헤를 마신 이는 새로운 사람으로 깨어난다고 생각했다. 예컨대 야헤를 마심으로써 부족의 신을 볼 수 있으며 자궁으로 돌아가 최초의 부부, 동물, 최초의 사회질서를 확인할 수 있다고 믿었다. 그런가 하면 악의 기원에 해당하는 목록이 있었다. 그들은 질병이나 정글 속의 정령을 악으로 간주했으며, 그중에는 특히 재규어도 포함되었다. 레이첼돌마토프는 숲이나 물가에서 자유자재로 살아가는 힘센 야행성 동물인 재규어와 투카노 사회의 주술사가 지닌 긴밀한 연관성을 조사했다. 그 결과 주술사-재규어의 변신은 야헤나 담배 혹은 코담배가 가져다주는 무아지경과 밀접하며, 재규어는 죽은 주술사의 화신으로 간주되었고, 투카노 족은 야헤의 영향으로 위협적인 재규어나 거대한 뱀을 정복하는 '극심한 여행'을 경험할 수 있었던 것으로 밝혀졌다.[12]

투카노 족은 야헤를 예술의 기원으로 여겼다. 그들의 집 앞 또는 항아리와 악기에 표현된 다양한 색채 장식은 환각성 음료를 마신 후 처음 눈에 보인 이미지이며, 각각의 의미를 지니고 있었던 것으로 추정된다. 그중에서 고양이 형상이 압도적이며 추상적인 기호들은 근친상간, 족외혼, 번식 등과 관련된 상징으로 보인다. 이것은 데이비드 루이스윌리엄스가 조사했던 홍적세의 동굴 벽화와 더불어 '내시현상entoptic'(눈앞에 혼탁한 물체가 떠다니는 듯한 현상─옮긴이) 이미지를 환기시킨다.[13]

아즈텍 문명에서 신성하게 여겼던 환각제는 '둥근 것'이라는 뜻을 지닌 올롤리우키Ololiuhqui로 알려져 있었다. 그러나 현재는 리베아 코림보사Rivea corymbosa(나팔꽃의 일종)와 이포모에아 비올라세아Ipomoea violacea(나팔꽃의 변종)인 것으로 확인된바, 메소아메리카 전역의 마사텍Mazatecs, 미스텍Mixtecs, 치난텍스Chinantecs 등의 종족들 사이에서 숭배되었다.[14] 이 물질들의 화학적 구성은 1960년 상당한 양의 씨가 스위스의 제약회사에 보내지기 전까지 밝혀지지 않았다. 그리고 분석 결과 이 식물에 함유된 주요한 향정신성 성분이 맥각 알칼로이드, 디-라이서진산아미드d-lysergic acid amide(ergine), 디-라이서진산아미드d-lysergic acid amide(isoergine)이며, 둘 다 디-라이서진산 디에틸아미드d-Lysergic Acid Diethylamide(중추신경흥분제로서 무미, 무취, 무색의 강한 흥분을 일으킨다─옮긴이) 혹은 LSD와 관계가 있다.[15] 리베아Rivea는 아시아산 덩굴의 일종으로, 구세계에서는 다섯 종이 자라며 신세계에서는 단 한 종이 자랄 뿐이다. 메소아메리카나 남아메리카에서 이 식물은 주술용으로만 사용되었으며, 구세계에서는 전혀 사용된 적이 없었다. 물론 모트 그린이 확신한바 맥각Ergot은 소마/하오마의 주성분이었다.[16]

중앙아메리카에서 올롤리우키는 신성한 것으로 간주되었다. 사람들은 이 식물의 씨앗을 향해 희생 제물과 향으로 경배했으며 주문과 기원을 올렸다.[17] 중앙아메리카 토착 문화 예술에서도 이러한 특성을 엿볼 수 있는데, 가장 주목을 이끄는 것은 테판티틀라Tepantitla의 벽화에 그려진 그림이다. 이 그림은 멕시코시티 북쪽에 위치하며 기원후 1~8세기까지 번창했던 테오티우아칸의 신성한 복합 건물에 있다. 퍼스트에 따르면 이 그림들은

그림 9 기원후 500년으로 추정되는 멕시코 테오티우아칸의 벽화로, 여기에는 여성 신과 그녀의 성직 수행자들을 나팔꽃인 리베아 코림보사, 신성한 환각제 올롤리우키를 지극히 추상화하여 함께 묘사하고 있다.

기원후 5세기 또는 6세기의 것으로 추정되며, 당시 테오티우아칸은 거주민이 최대 20만 명에 달하는 세계적으로 가장 큰 도시 중 하나였다. 주된 이미지는 매우 멋지게 추상화된 여성 신(한때는 비의 신인 틀랄록Tlaloc으로 불렸다)으로, 신으로부터 물이 흘러내려 땅을 비옥하게 하는 형상이다. 여신 위에는 깔때기 모양으로 꽃을 피운 거대한 덩굴식물이 있고 여신의 손에서는 씨앗이 떨어지는데, 이것이 바로 리베아 코림보사의 씨앗이다(〈그림 9〉 참조). 또한 다른 중앙아메리카의 신, 소치필리Xochipilli(아즈텍의 꽃의 신)의 몸에도 환각버섯 사일로시브 아즈테코럼Psilocybe aztecorum과 신성한 담배 종자인 니코티아나타바쿰Nicotiana tabacum과 더불어 새겨져 있다.[18]

아즈텍 문명에서 환각의 경험은 '테미소치temixoch'라는 용어로 불렸으며, 그 뜻은 '꽃 같은 꿈'이라고 한다. 그리고 신성한 버섯은 '테오나나카틀teonanacatl'이라 불렸는데, 여기서 '테오teo'는 신을 뜻하며 '나카틀nacatl'은 음식이나 고기를 의미했다.

일명 '마법의 버섯'이라 불리는 멕시코와 과테말라의 버섯은 신세계에서 가장 많이 연구되었던 환각제다. 이것들은 마야 지역에서 이용되었고(그리고 몇몇 경우에는 지금까지도 이용되고 있다), 고고학적 발견에 따르면 특히 기원전 1000년~기원후 900년까지 약 2000년 동안 이용되었던 증거가 있다. 앞으로 살펴보겠지만, 버섯 사용에 대한 16세기 스페인 사람들의 설명은 흥미로운 참고 자료 중 하나다. 그 자료에서는 '시발바 오콕스xibalbaj okox'라는 용어를 소개하고 있는데, 시발바라는 말은 마야어로 '지하세계'를 뜻하며 오콕스okox는 버섯을 뜻한다. 마야인들은 지하세계가 아홉 단계로 나뉘어 있다고 믿었으며 특별한 마법의 버섯이 지옥이나 죽은 이들의 모습을 보여준다고 여겼다.[19] 버섯과 연관된 상당수 용어에는 '취하게 하다'라는 의미가 함축되어 있는데, 이는 사람들을 '미치게' 하거나 '무아지경에 빠뜨리는' 것을 의미한다.

1960년대 초반 과테말라 외곽 지역의 잘 갖춰진 무덤에서 2200년 전의 유물이 발굴되었다. 그리고 '아름답게 조각된' 아홉 개의 작은 버섯 조각상과 아홉 개의 작은 맷돌에 관하여 상세하게 다룬 책이 출판되었다. 키체-마야Quiche-Maya 족의 성서인 『포폴 부Popol Vuh』(키체-마야 족의 신화와 전설을 모은 문헌―옮긴이)에는 시발바Xibalva라는 지하세계에 사는 아홉 명의 군주 이야기가 소개되어 있는데, 여기에는 마야의 우주관이 담겨 있다. 이러한 의미에서 아홉 개의 조각상들은 신성시되었을 것이 분명하다. 어쩌면 이 석상들은 죽은 자가 지하세계로 여행을 떠날 때 동행하거나, 그 자체로서 동반의식과 보호의 신이었을지도 모른다. 버섯 석상은 과테말라뿐만 아니라 중앙아메리카 전역(멕시코와 엘살바도르와 온두라스까지)에서 수집되었다. 퍼스트에 따르면, 석상의 종류가 200여 가지나 되는 것으로 확인되었다. 그중에는 기원전 1000년~기원전 100년 시기의 것이 많았으며, 사람의 얼굴이나 신체 또는 신화 속의 동물이나 실제 동물의 모습을 표현하고 있다. 특히 재규어와 두꺼비가 가장 많이 재현되었다.(물론 두꺼비는 일생 동안 변형을 거친다.)[20]

한편 내화 점토로 만든 버섯 석상도 중앙과 남아메리카에서 발견되었는데, 그중 일부는 신세계의 주된 환각 버섯인 사일로시브Psylocybe가 아니라 시베리아 광대버섯인 아마니타 무스카리아Amanita muscaria와 유사해 보였다. 페루 모체Moche(기원전 500~기원전 400)의 도자기 예술에서도 의인화된 버섯 석상이 나타났는데, 이것은 콜롬비아와 파나마에서 발굴된 황금 장식처럼 신을 재현한 것으로 보인다.[21]

중앙아메리카의 초기 스페인 탐험가들 중 몇몇은 신세계 주민들의 신성한 버섯 이용에 대하여 소개한 바 있는데, 20세기까지도 그러한 형식의 숭배 의식이 치러졌다. 이로부터 우리는 다른 종의 버섯들이 각각의 특성 때문에 숭배되었다는 사실을 알 수 있다. 또한 주술사는 환영을 일으키는 버섯의 특성을 이용하기도 했지만 무엇보다 질병의 원인을 알아내는 데 이용했다는 사실이 명백해졌다.

퍼스트의 조사로 인해 어떤 버섯이 자주 사용되었으며 그 특성은 무엇인지, 마법의 버섯에 관한 목록화가 상당한 완성도를 지니게 되었다. "사일로시브 멕시카나Psilocybe Mexicana는 축축한 목초지에 자라는 황갈색의 작은 버섯으로 멕시코에서 가장 중요한 환각제로 이용되었을 것이다. 그러나 가장 강한 환각 효과를 나타낸 것은 스트로파리아 쿠벤시스Strophaia cubensis의 일종으로 보인다.[22] 하지만 (57개 변종 중에서) 다른 8개의 종이 보편적으로 사용되었으며, 주술사마다 기호에 따라 활용했다.

중앙아메리카의 전통이 시베리아로부터 전해진 것인지, 아니면 독자적으로 발전한 것인지에 대해서는 즉답할 수 없다. 광대버섯Amanita muscaria의 보급은 유라시아뿐 아니라 브리티시 컬럼비아, 워싱턴, 콜로라도, 오리건 그리고 멕시코의 시에라 마드레에 이르기까지 확산되었다. 유사 이래로 주술사의 소변은 서북 해안 부족과 에스키모인들 사이에서 대단한 마력을 지녔으며 치료 효과도 있는 것으로 인정되었다. 이 부분은 3장에서 언급한 시베리아 순록 사냥꾼들의 샤머니즘적 전통이 떠오른다. 중앙아메리카에서 자생하는 식용 버섯들은 당시 흔치 않았던 여느 음식(옥수수 등)과 달리 일 년 내내 얻을 수 있었고, 그 과정에서 환각적 특성이 우연히 발견되었을 것이다.

고대 아메리카 미술에서 묘사되었던 가장 초기의 환각 선인장은 손가락 선인장Cereus과의 키 큰 품종인 트리초세레우스 파차노이Trichocereus pachanoi다. 페루 해안가의 민간 치유자들이 이용했고 메스칼린mescalin(선인장의 일종에서 추출한, 환각물질이 들어 있는 약물—옮긴이)을 함유하고 있는 것으로 알려진 이 선인장은 기원전 1000년 무렵 안데스 문명에서 가장 오래 유지 되었던 차빈Chavin(페루의 안데스 북부 산악지역에서 발생했던 문명—옮긴이)에 서 장례용 도기와 화려한 천에 묘사되어 있다. 또한 이후에 이어진 모체와 나스카 문명의 의식 예술에도 나타난 것으로 보아, 이 신성한 환각성 식물 은 적어도 3000년이란 세월에 걸친 문화적 '족보'를 갖고 있음이 분명하 다.[23]

선인장 종류 중에서 가장 중요한 환각성 식물은 4장에서 언급했던 대로 북아메리카 치와와Chihuahuan 사막에서 자생하는 작고 가시가 없는 것으로, '열판Thermal trumpet'의 중앙에 틈이 있다. 이 선인장은 로포포라 윌리암 시Lophophora williamsii로 알려지기도 했고, 더 광범위하게는 '페요테peyote'라 는 이름으로 알려져 있다. 페요테는 중앙아메리카 전역에서 신성시되었고, 기원전 100년부터 전역에 걸쳐(심지어 북쪽의 캐나다 평야까지) 주술적인 제 의 장소에 놓인 항아리에 묘사되어 있다. 이후 선인장은 계속 이용되었고, 현재 수만 명의 추종자를 거느린 토착 아메리카 교회 안으로까지 합법적 으로 침투했다.[24]

리처드 슐츠는 30여 종의 아민amine 파생종을 지닌 페요테야말로 '진정한 알칼로이드 공장'이라고 묘사했다. 가장 잘 알려진 메스칼린은 환영을 유발 하는 주요 성분이다. 그 효과는 빛이 나는 색채 이미지뿐만 아니라 "자연세 계의 물체를 둘러싸고 있는 것처럼 보이는 희미한 오로라 (…) 청각, 미각, 후각 그리고 촉각의 감각, 더불어 무중력, 매크로스코피아macroscopia(먼 곳 또는 높은 곳으로부터 사물을 바라보는 것), 공간과 시간 인식의 변화" 등이다. 스페인 사람들에게 발견되었음에도 불구하고 유럽인들의 영향을 거부하고 수 세기 동안 격리된 채 살아온 우이촐Huichol 족 그리고 친족관계인 코라 Cora 족에게 애용된 것으로 보아 오랫동안 사람들에게 이용되었음을 충분히 짐작할 수 있다. 심지어 오늘날까지도 우이촐 족은 페요테를 신성한 것으로 생각한다.[25]

페요테에는 환각 성분만 있는 것이 아니다. 이 선인장은 산악 환경에서 매우 유용하게 쓰일 수 있는 놀라운 각성제이자 효과적인 피로 해독제로서, 수많은 박테리아에 저항하는 항체 특성도 지니고 있다.[26]

문화적으로 페요테가 사슴 고기와 동일시되었다는 사실에 주목해야 한다. 우이촐 신화에서는 위대한 주술사의 시대에 처음으로 조상신들이 페요테를 탐구했다고 밝히고 있으며,[27] 그들은 신성한 사슴(페요테)을 사냥했기 때문에 부족원들이 병을 얻었다고 생각했다. 우이촐 족은 오늘날에도 옥수수가 들판에서 익어갈 무렵이면 젊은 세대에게 이 이야기를 들려주어 모든 구성원이 이를 잘 알고 있다. 오늘날 우이촐 족에서 성인 남성의 반은 주술사이며(가족을 대표하는 가장은 거의 모두), 그중 소수만이 페요테의 힘을 빌려 지하세계를 비롯한 우주의 다른 단계로 여행을 하면서 강한 영적 경험을 함으로써 더 큰 권위와 영향력을 누리고 있다.[28]

우이촐 족은 기도를 할 때 키에리kieri라는 또 다른 환각제를 이용하기도 했다. 이것은 외딴곳의 바위 근처에서 자라며 깔때기 모양의 하얀 꽃과 가시가 달린 꼬투리를 지녔다. 키에리는 다투라 이노시아Datura inoxia의 일종으로, 솔란드라 게레렌시스Solandra guererensis와 같은 마약 성분이 포함되어 있지만 위험하지는 않다. 이 다투라는 아즈텍에 있던 스페인인들에 의해 처음 발견되었으며 제물의 고통을 덜 느끼도록 하기 위해 사용되었다. 그러나 우이촐 신화 속에서 키에리라는 주술사가 자신에게 화살을 겨누는 카우유마리에Kauyumarie와 전투를 벌이는 과정에서 다투라를 볼 수 있는

데, 키에리는 죽음 대신 꽃식물로의 변신을 보호자인 태양신에게 허락받는다. 퍼스트에 따르면, 이 신화는 다투라를 멀리하고 좀더 순한 페요테를 찾은 당시 사람들의 이데올로기의 변화를 이야기로 표현한 것이고, 또한 서로 다른 환각제를 사용한 주술사들 간의 역사적인 전투를 상징하는 것일지도 모른다고 한다.[29]

아메리카뿐만 아니라 세계 여러 지역에서 자라는 다투라 종류에는 분명히 강력한 마약 성분이 함유되어 있다. 그것은 치명적인 나이트셰이드nightshade, 헨베인henbane, 맨드레이크mandrake와 밀접한 관련이 있다. 신세계 사람들은 환각 효과를 높이기 위해 다른 것에 다투라를 추가하여 사용했는데, 다투라의 특성은 진통 효과뿐만 아니라 그 자체만으로 사람의 의식을 잃게 하거나 죽음에 이르게 할 수 있다. 토착 아메리카인들은 이 사실을 잘 알고 있었으며, 다투라와 페요테의 싸움에 관한 우이촐 족의 신화에도 그 치사 가능성이 반영되어 있다.[30]

하지만 환각 성분은 잘 다루어지기만 하면 확실히 유용하다. 예컨대 수니Zuni 족의 '비의 사제단Rain Priest Fraternity'은 다투라와 특별한 관계를 형성했다. 환자의 골절된 사지를 다시 맞춰야 할 때나 간단한 수술을 해야 할 때, 예를 들어 고름을 제거하기 위해 절개를 하거나 종기를 도려낼 때 치유자는 다투라를 이용하여 환자의 의식을 잃게 했다.[31]

다투라에 포함된 활성 요소 중 하나인 스코폴라민(진통제·수면제)의 양은 30~60퍼센트까지의 다양한 강도를 지니고 있어서, 사람에게 너무 많은 양을 투여하는 경우에는 일시적 혹은 영구적인 정신 이상을 유발하지만 제대로 통제되거나 관록 있는 주술사가 사용한다면 다른 환각제와 마찬가지로 초심자로 하여금 우주의 다른 영역까지 여행할 수 있으며 조상과 대화를 나눌 수 있을 뿐만 아니라 환자들의 길 잃은 영혼을 추적하여 붙잡거나 신들과 대화할 수도 있게 해주었다.

다투라의 효험에 대한 다른 증거는 캘리포니아의 루이세노Luiseno 인디언들에게서도 확인된다. 남쪽의 유토아즈텍인들과 가까운 관계인 이들은 젊은 남성과 소년들의 성인식에서 다투라를 마시게 했는데, 이 순간이 그들 일생에서 이 음료를 마실 수 있는 유일한 기회였다. 은밀한 장소에 비밀스럽게 보관되었던 다투라 음료는 갓 채색된 막자사발에 덜어서 마시며 다른 용도로는 사용되지 않았다. 충분한 양을 마신 소년(때로는 소녀)은 무의식 상태에 빠져드는데, 신중하게 양을 조절해도 의식과정에서 죽음을 맞는 경우도 있고 환각에 빠져들지 못하는 자들도 있다. 그들은 환각 체험을 통해 동물을 만나거나 노래를 배우기도 하고 기억할 만한 지혜를 얻기도 했다. 몇 주 후 성인식 참가자들은 참호를 벗어나 동물/사람 형상의 참호 위로 올라가야 했는데, 자칫 미끄러지거나 떨어지면 일찍 죽게 된다고 믿었다. 이때의 참호가 상징하는 것은 은하수였다.

또 다른 캘리포니아 부족인 카후일라Cahuilla 족은 다투라를 '위대한 주술사'로 간주했다. 따라서 의식이 진행되는 동안에는 다른 주술사들만이 다투라와 대화할 수 있었다. 이때 사용되는 언어는 주술사만이 이해하고 소수만이 즐길 수 있는 '바다의 언어'로서, 바다 밑바닥에 살았던 초자연적 존재들이 사용했던 것이다.(해저 화산일까?) 카후일라 족에서 (풀puul이라 불리는) 주술사는 평범한 현실을 초월하여 다른 세계로 비행할 수 있었으며, 특히 퓨마나 독수리 등의 동물로 변신하여 잃어버린 영혼을 되찾아왔다.[32] 카후일라 족의 주술사는 다투라 반죽을 약용으로 처방했으나 완벽히 신뢰할 수는 없는 물질이었기 때문에 모든 이에게 요구하지는 않았다.

거대한 단절

신성한 코담배와 독이 있는 두꺼비

분포 상으로는 차이가 있지만 환각성 코담배는 남부 및 중앙아메리카와 카리브 해안에 한하여 널리 사용된 것으로 보인다. 감탕나무Holly, 아카시아 그리고 미모사 종을 번갈아가면서 코담배 재료로 사용한 듯 보이고 아나데난세라Anadenanthera와 비롤라Virola류도 코담배나 혼합액 또는 환각성 관장제로 사용되었다.[33]

아나데난세라와 비롤라의 활성 알칼로이드는 트립타민tryptamines이다. 이것이 인간의 몸에서 활성화되기 위해서는 모노아민 산화효소 억제제가 필요한데 인디언들은 여러 종류의 환각 성분을 혼합하여 이 문제를 해결했다. 이 성분들은 코담배에 의한 흥분 효과를 더 빨리 배가시키는 기능을 하기도 했다. 예컨대 와이카Waika(브라질의 로라이마 지방) 부족은 한 남자가 긴 대나무 파이프를 통해 다른 남성의 콧구멍 속에 코담배를 불어넣는 방식을 이용했는데, 코담배를 흡입한 남성은 즉시 반응을 나타냈다. 지속 효과는 짧았지만 그는 동물, 식물, 죽은 친척 또는 다른 초자연적인 존재와 교류를 경험했을 것이다. 이와 관련하여 훈련된 주술사들은 일반인들보다 반응을 더 잘 통제했다는 증거도 있다.[34]

코담배의 영향으로 동물의 환영을 자주 보게 되는데, 주로 그 동물은 새-고양이-파충류의 복합체의 형태를 나타낸다. 이 동물은 주술사와 마찬가지로 우주의 다른 영역 사이를 여행할 수 있었다. 재규어(주술사의 변화된 자아는 언제나 인기가 있었다) 외에 다이빙하는 새도 지하세계에 닿을 수 있는 능력을 인정받았으며 독수리와 콘도르는 태양에 닿을 수 있었다.

볼리비아·코스타리카·아르헨티나·칠레·브라질에서 기원전 1600년경으로 추정되는 코담배 파이프와 도구가 발견되었고, 멕시코에서는 최소한 기원전 2000년으로 추정되는 고대 코담배 장비가 발견되었다. 하지만 몇 가지 이유로 기원후 1000년경 코담배는 사라진 것으로 보인다. 코담배 행위(코담배 파이프를 콧속에 넣은 채 무아지경에 빠져든 것처럼 보이는 조각상)는, 기원전 100년으로 추정되는 멕시코 서부 콜마Colma의 무덤과 기원전 1300년~기원전 1500년으로 추정되는 멕시코 남부 게레로의 쇼치팔라Xochipala 유적지가 발견되면서 알려졌다. 또한 코담배 도구로 보이는 올멕의 유명한 옥 가공품 '숟가락'도 고고학자들에 의해 발굴되었다. 마찬가지로 새와 재규어 형상을 지닌 이 도구들의 연대는 기원전 1200년~기원전 900년으로 추정된다.[35]

북아메리카 원주민의 신화와 전설에는 개구리와 두꺼비가 자주 등장한다. 이 생물들과 관계된 독성 물질들에는 환각제 성분이 포함되어 있다. 그런 의미에서 개구리와 두꺼비는 적어도 세 가지 면에서 흥미를 불러일으킨다. 우선 형태학적으로 개구리와 두꺼비가 올챙이로부터 극적으로 변형된다는 점에서, 즉 전적으로 주술적인 행위를 자연스럽게 보여준다는 점에서 그들의 가장 큰 관심을 불러일으켰을 것이다. 두 번째 이유는 개구리와 두꺼비 종 상당수가 독소 물질을 지니며 그중 몇몇 종은 환각 물질을 분비하기 때문일 것이다. 다소 빈약해 보이는 세 번째 이유는, 신세계의 개구리/두꺼비 신화와 중국, 일본 그리고 유라시아 북극해 지역의 신화 사이에 유사성이 있으며, 심지어 핀란드에서 두꺼비를 뜻하는 단어 '샘프sampo'는 버섯을 의미하는 단어이기 때문이다.

또한 남북 아메리카에 널리 알려진 신화 체계가 있다. 그것은 바로 생명을 주는 동시에 파괴하기도 하는 대지의 여신이 두꺼비의 모습으로 땅 위에 현현한다는 것이다. 그래서 때때로 두꺼비는 땅을 상징하며 그 몸에서 산출된 첫 식량(멕시코에서는 옥수수, 아마존에서는 쓴맛의 마니오크)을 상징하

거대한 단절

기도 한다.[36] 대지의 여신은 또한 초기 인류의 후원자이거나 '문화 영웅'으로서 사냥 기술과 마술 기법을 전수해주었고, 자신의 신체를 분할하여 농업을 촉진했다. 아즈텍인도 이러한 여성 신/괴물 주제의 신화를 가지고 있다.[37]

예일대 피바디Peabody 박물관의 큐레이터인 마이클 코 명예교수는 멕시코 베라크루스에 있는 산 로렌소 유적지에서 부포 마리너스Bufo marinus(파나마 왕두꺼비)에 관한 많은 올멕 유물을 발견했다. 그리고 1971년 이 두꺼비가 지닌 독의 내용물과 그 신성한 특성에 관한 저서를 통해 의식용 음료수에 두꺼비 독을 타서 더 독하게 만드는 것과 유사한 과테말라 마야 족의 관습을 지적하고 있다. 게다가 멕시코에서 작은 두꺼비 형상이 붙어 있는 그릇이 발견된 것을 볼 때 그러한 관습이 광범위하게 퍼져 있음을 알 수 있다.[38]

남아메리카에는 타피라게tapirage라는 관습이 있었다. 그 절차는 살아 있는 앵무새의 깃털을 뽑고 소량의 강한 두꺼비 독인 덴드로바테스 틴크토리어스Dendrobates tinctorius를 뽑은 부위에 바르고 왁스로 덮는 것이다. 그러면 새로운 깃털이 다시 돋아날 때쯤 원래의 색깔과 달라지는 변형이 일어난다. 예컨대 원래의 초록색 깃털 대신 노란색이나 빨간색 깃털이 자라는 것이다. 이런 관습은 그란차코Grand Chaco(아르헨티나와 볼리비아의 국경 지역)에서부터 브라질과 베네수엘라까지 확산되어 있었다. 이는 물론 환각제가 아니라 마법과 변형에 관한 것이었다. 가이아나의 주술사는 치료 의식에 두꺼비와 독 개구리를 이용하며, 페루 몬타냐의 아마우아카Amahuaca 족 인디언은 사냥을 떠나기 전 자신의 피부에 화상을 입힌 후 그 위에 독 개구리를 문질렀다. 이는 독이 몸속으로 침투하여 구토와 설사 또는 환각을 일으키도록 하기 위한 방식이었다. 몇몇 경우에는 이러한 독을 취관吹管(입으로 불어서 화살을 쏘는 남아메리카 인디언의 기술—옮긴이)으로 이용했다. 이처럼 독을 사냥의 보조제로 사용하는 것은 고전적 샤머니즘의 한 수단이었다.[39]

사슴으로 주제를 바꿔보자. 사슴은 신세계 전역에서 중요한 식용 동물이었으나, 피터 퍼스트의 말에 따르면 '다른 곳에서는 찾아볼 수 없는 유일한' 대상으로 존재했다고 한다. 여기에는 사슴을 신성시했던 샤머니즘과 직접적인 연관이 있다. 캐나다 북쪽에서부터 아마존의 남쪽 깊숙이까지 사슴은 일반적으로 신성한 존재로 숭배되었기 때문에 제사에 쓰일 때를 제외하고는 사냥되지 않았다. 이는 오악사카와 브라질의 게Ge 사이에 있는 마야 족과 마사텍 족의 관습에서도 확인된다. 또한 사슴은 여러 지역의 환각제 관습과도 밀접한 연관을 보인다. 페요테 선인장을 사슴과 동일시했던 후이촐 족의 관습이 그 대표적인 사례로서, 그들에게 사슴은 우주의 높은 단계에 있는 '최고의 산mount par excellence'과 같은 존재였다. 멕시코 북쪽의 경우 안데스의 모체 족들에게 사슴은 아나데난데라 콜류브라인Anadenanthera colubrine을 주요 성분으로 하는 '우일카huilca'라는 신성한 물질과 관계된 것으로 보아 담배와도 관계가 있었다. 남부 평원에서는 '샤머니즘적 황홀경'을 유발하는 콩(소포라 세쿤디플로라Sophora secundiflora)과 관련이 있으며, 의식의 주요한 과정으로 '사슴 춤'을 추었다. 수니 족의 제사에는 사슴-옥수수-페요테의 전통이 반영되었다. 그 의식의 한 과정으로서 수니 족은 다투라 등의 환각제가 함유된 야생화를 채취했으며, '환각제와 한 몸이 된 광적인 상태'에서 사슴을 유인했다. 그러한 상황에서 꽃으로 변신한 주술사는 사슴이 '화살 범위 안으로 다가오도록' 유혹했다. 수니 족은 전통적으로 세 번에 걸쳐 인간으로 산 다음 네 번째와 마지막 다섯 번째는 사슴으로 태어나서 살아간다고 여겼다.[40]

퍼스트의 주장에 따르면 홍적세에서 빙하시대가 끝나기 전, 유라시아의 남쪽 끝까지 사슴이 널리 서식했기 때문에 초기 인류는 사슴과 좀더 친밀한 관계를 형성했을 것이다. 예컨대 시베리아 순록 퉁구스 족의 주술사들이 가지처럼 뻗은 뿔 모양의 관을 머리 위에 얹은 모습은 프랑스 동굴 벽화의 그림과 비슷하다. 훨씬 나중에 등장한 스키타이 족에게는 자신들이 타는 말 위에 사슴의 뿔을 씌우는 관습이 있었는데, 그런 행위가 다른 세계로 데려다준다고 믿었다. 그리고 초기 인류가 이런 믿음을 가진 채 신세계로 들어왔다고 퍼스트는 확신했다. 아메리카에 많은 환각제가 자신들을 기다리고 있다는 사실은 알지 못했겠지만, 자신들이 보유한 관습을 토대로 하여 아메리카에서 발견한 것들을 자연스럽게 활용할 수 있었을 것이다.

환각제와 샤머니즘

환각제와 샤머니즘의 상호작용에 대한 민족지학적 증거는 광범위하다. 이 분야의 가장 탁월한 연구자로 알려진 마이클 하너는 아메리카 인디언 문화에는 샤머니즘에 중점을 둔 전통이 보존되어 있다는 초기 조사 결과에 동의했다.[41]

최근 몇몇 부족을 대상으로 부족 간의 공통적인 문화는 무엇이며 특정 부족에 국한된 문화는 무엇인지에 대한 실제적인 조사가 실시되었다. 페루 동남쪽의 열대 우림 지역에 거주하는 약 500명 규모의 작은 부족인 카시나우아Cashinahua 족의 거의 모든 남성이 바니스 테리옵시스 또는 사이코트리아Psychotria 줄기로 만든 아야우아스카ayahuasca 음료를 마셨던 것으로 확인되었다. 일주일에 한 번꼴로 음료를 마셨지만 결코 혼자서는 마시지 않은 듯하다. 유물에 대한 조사에서 빈번하게 나타난 것은 밝은 색의 큰 뱀, 재규어와 오실롯(표범 비슷하게 생긴 야생동물), 알코올 음료, 커다란 나무 또는 쓰러져가는 나무, 아나콘다와 악어로 가득한 호수 등이다.[42] 환각 상태에서의 이러한 경험은 매우 끔찍한 것이지만 그들에게는 습관으로 지속되었다. 왜냐하면 그들이 본 환영은 며칠 또는 몇 주 후의 질병·굶주림·기근·죽음 등을 미리 알려주는 것이라 믿었기 때문이다. 이에 따라 사람들은 환각제를 마시고 난 뒤 환영의 의미에 대해 몇 시간 동안 토론을 벌였다.

카시나우아 부족들 사이에서 질병이 발생하면 그들은 우선 가족 단위 안에서 해결하려 했다. 그러나 이 과정에서 실패하면 그들은 숲의 식물에 해박한 약초 채집가에게 문의를 했고, 그래도 치료되지 않았을 때는 주술사의 상담을 받았다. 주술사는 먼저 환자의 건강을 방해하는 나쁜 물질을 찾으려 노력하지만, 성과가 없을 경우에는 아야우아스카 환각제에 의지했다. 이 물질은 질병의 원인이 무엇인지를 알려줄 영혼과 대화할 수 있게 해준다고 믿었기 때문이다. 그 후에는 노래를 부르거나 아픈 부위를 입으로 빨아내는 치료 행위가 이어졌다.

에콰도르 아마존의 히바로 족에게는 두 종류의 주술사가 있다. 바로 무아지경으로 인도하는 주술사와 병을 치유하는 주술사다. 하너는 이 부족을 연구하는 과정에서 그들이 사용했던 '나테마natema'(바니스 테리옵시스 줄기에서 추출한 물질)를 직접 체험했다. 그리고 그들이 일상의 삶은 '거짓'된 것이며 진짜 삶은 나테마의 영향 아래에서만 살짝 엿볼 수 있다고 믿었음을 알아냈다. 하너는 나테마에 대하여 다음과 같이 설명했다. "제조된 그 술을 마신 후 몇 시간 동안 나는 분명히 의식이 있었지만 나 자신이 거친

거대한 단절

꿈속 저편의 세계에 있음을 느낄 수 있었다. 나는 용을 닮은 생명체와 새의 머리를 가진 사람들을 만나기도 했는데, 그들은 자신들이 이 세상의 진짜 신이라고 주장했다. 나는 은하수 먼 곳까지 날아가려 시도하면서 다른 영혼 조력자들에게 도움을 청했다. 환각 상태에서 초자연적인 존재가 자연적인 존재로 보였다. 그리고 나를 포함한 인류학자들이 토착 이데올로기에 영향을 준 환각제의 중요성을 매우 과소평가했음을 깨달았다."[43]

  하너는 네 명의 히바로 남성들 중 한 명이 주술사였으며, 그들은 아야우아스카의 영향을 받아 주술사에게만 보이는 영혼 조력자들을 소환하는 중요한 능력을 보유했다고 증언했다. 영혼 조력자들은 다양한 모습(흔히 거대한 나비, 재규어, 원숭이)으로 나타나며, 인간 사냥에 나선 히바로 족을 돕거나 질병의 원인을 찾아내거나 치료하는 데 도움을 주었다. 그들은 사람을 죽이거나 다치게 하는 (마약에 의해 황홀경에 빠진 주술사를 제외하고는 아무에게도 보이지 않는) 화살을 가지고 있었다. 주술사들은 또한 다른 주술사가 악의적으로 사람들의 몸속에 주입한 영혼 조력자를 빨아내기도 했다. 이 의식은 어두워질 무렵에 진행되었으며, 영혼 조력자들이 긴장하도록 하기 위해 주술사는 계속 담배 즙을 마심으로써 환각 상태를 유지했다.[44]

  페루 동부 지역의 푸루스 강 상류에는 '좋은 사람'이라는 뜻을 지닌 샤라나우아Sharanahua 족이 정주했으며, 화전 농사로 마니오크·질경이·바나나·땅콩·옥수수를 재배하며 생계를 이었다. 샤라나우아 사회에서는 스물다섯 명의 남성 중 세 명이 주술사로, 사람들에게 도움을 주기도 하지만 해를 끼칠 수도 있기 때문에 존경과 두려움의 대상이었다. 예컨대 그들은 몸이 아픈 사람들로부터 해로운 물질을 빨아내기도 하지만, 도리dori라는 마법 물질을 희생자의 몸에 집어넣어 질병이나 불운을 일으키기도 했다. 치료 기술 중 하나는 반복하여 노래를 부르는 행위였다. 샤라나우아 족은 수백 곡의 노래를 보유하고 있었으며 그 내용 또한 다양했으나 '상징으로 가득'하고 소수 언어로 불린 탓에 다른 사람들은 이해하기 어려웠다.[45] 다른 부족사회에서와 마찬가지로 견습 단계의 주술사는 오랫동안 독신생활을 유지해야 했고, 자주 동물 복장을 갖추었고, 어두워질 무렵에 의식을 시작했으며, 특별히 꿈에 관심을 기울였다. 실제 현장조사에 나섰던 재닛 시스킨드에 따르면 연륜 있는 주술사는 환각 상태에서도 환영을 마음대로 (어느 정도) 조정할 수 있었고 스스로를 통제할 수 있었다. 흥미로운 사실은 질병의 문제보다는 부족사회로부터의 '소외'로 주술 의식이 치러졌다는 점이다.[46]

제럴드 바이스는 페루 동부의 또 다른 부족인 캄파Campa 족 주술사들도 바니스 테리옵시스 혼합물(아야우아스카)과 담배즙을 사용했음을 밝혀냈다. 주술사는 아야우아스카를 통해 캄파 족의 영적 세계와 접촉했으나, 공급된 환각제를 아껴두었다가 자신의 영적 세계에 빠져드는 경우도 빈번했다. 의식은 주로 어두워질 무렵에 시작되었고 아야우아스카가 집단적으로 소비되는 경우도 있었다. 주술사는 영혼 비행을 체험하거나 질병 치료를 위해 노래 부르는 것을 주도하지만, 이런 경우 주술사는 영혼에 완전히 사로잡히지 않은 상태로 그들의 말을 그대로 전달했다. 바이스의 견해에 따르면 캄파 족들에게 주술사는 의식의 주재자이며 행사의 감독관이었으나 뛰어난 예술가는 아니었다. 이러한 흐름 속에서 주술사는 제의를 집행하는 제사장의 역할만을 수행하게 되었다고 주장했다.[47]

전반적으로 마이클 하너는 주술사가 환각제를 사용하던 모든 문화에는 공통적으로 다섯 가지 주제가 있었다는 사실을 확인했다. 첫째 신체로부터 분리된 영혼은 비행 여행을 떠나며, 간혹 은하수까지 닿기도 한다.(은하수가 중요한 이유는 20장에서 살펴볼 것이다.) 둘째 종종 뱀과 재규어의 무서운

거대한 단절

환영을 접한다. 셋째 악마와 신의 환영을 본다. 넷째 먼 곳에서도 사람과 장소를 볼 수 있다. 다섯째 점을 친다. 즉 누가 죄를 저질렀는지, 어떤 나쁜 주술사가 아프거나 죽어가는 사람에게 마법을 걸었는지 등을 알아낸다고 한다.

이 모든 것은 칠레 산티아고의 클라우디오 나란호가 시도한 흥미로운 실험으로 재확인되었다. 1967년 그의 저서를 통해 이 실험 내용이 소개되었는데, 그는 먼저 인류학에 전혀 지식이 없는 근대 칠레 사람들, 특히 젊은이들에게 야헤(아야우아스카)를 주었다. 이 젊은이들이 대부분 혼몽한 상태로 눈을 감았으며 "외부세계에 흥미를 잃었고 환영과 마음속에서 일어나는 현상으로 혼란을 느꼈다"는 사실을 확인했다. 또한 하르말린을 복용하게 되면 항상 "특별한 통찰력과 영감 속에서 개인의 문제나 형이상학적인 문제에 대면하는 경향"을 나타냈다. 몇몇 참여자는 구토를 하거나 불안감을 경험했지만 공통적으로 빠른 움직임이나 비행 혹은 무중력의 느낌을 받았고, 영혼이 이탈하여 바다 밑바닥 또는 땅이나 하늘 한가운데에 있는 듯한 느낌도 동반되었다. 서른다섯 명의 참가자 중 일곱 명은 큰 고양이(재규어를 포함한)와 무시무시한 도마뱀과 같은 커다란 동물의 환영을 보았다고 한다. 사람들은 자신이 그러한 동물로 변신한 느낌을 받았으며 어떤 때는 그 생명체들의 가면을 쓴 것 같았다고 했다.[48]

이때의 야헤가 지닌 환각적 특성은 문화적인 것이 아니라 단지 마약이 뇌에 생리적 영향을 끼쳐 특별한 경험을 하게 만드는 것으로, 그 자체가 샤머니즘의 중심 내용이 되었다.

야헤, 아야우아스카, 나테마 그리고 이와 비슷한 약물들의 가장 중요한 점은 그 효능의 정도일 것이다. 따라서 이러한 물질을 사용하는 데는 위험이 따르지만, 관리에 주의하고 단독적으로 이용하지 않는다면 그 위험은 조절될 수 있으며 장점을 파악하면 효과적으로 이용될 수 있다.

한편 하너는 15, 16세기 및 17세기 유럽에서 라틴어로 출간되었으나 거의 알려지지 않았던 마법 관련 자료들을 연구했다. 마법은 가톨릭 교회, 특별히 종교 재판에 의해서 근절되었으나 하너는 여러 가지로 의미 있는 분야라고 인식했다. 그는 유럽 마녀들이 아트로파 벨라도나Atropa belladonna, 맨드라고나Mandragora(맨드레이크)와 사리풀 등의 환각성 물질이 함유된 연고를 몸에 문질렀으며, 피부 속으로 흡수된 활성 물질은 아트로핀이라는 사실을 파악했다. 그 시대의 그림에는 특히 막대기를 다리 사이에 문지르고 있는 여성의 모습을 볼 수 있는데, 하너는 이것이 그 물질을 흡수하는 효과적(그리고 에로틱한) 방법이었다고 주장했다. 하르말린과 마찬가지로 아트로핀은 그들에게 '여행'을 선사했고, 이로 인해 빗자루를 타고 날아다니는 마녀의 전통이 생겨났을 것이라고 했다.[49]

하너는 또한 벨라도나, 맨드레이크, 사리풀은 감자나 토마토 및 담배와 같은 과에 속하며 다투라 역시 같은 과에도 속한다는 점을 제시했다. 결국 유럽의 마법에서 사용되었던 환각제는 다투라와 비슷한 종류로, 통제하기에는 너무 강력하여 마법이 더 이상 조직화될 수 없었으며 사람들을 사로잡을 수 없었다. 동시에 이것은 가톨릭 교회가 환각제들을 금지했던 원인 중 하나라고 하너는 주장했다.

여기에 앤드루 셰럿의 이론과 겹치는 부분이 있다. 바로 사회가 기술적으로 복잡해지면서 구세계에서는 좀더 순한 향정신성 물질로 대체되었다는 점이다. 식물 의존도가 더 높았던 신세계에서는 자신들의 공동체를 스스로 지켜야 했다. 왜냐하면 식량으로 이용되는 식물군은 분포가 제한적이었으며, 에너지원으로 사용할 만한 그 어떤 사육 가축도 없었고, 유목생활이 발달했으며, 기술적으로는 덜 복잡하되 더 고립된 사회였고, 효능이 강한 환각제가 유용한 것으로 인식되었으며 또 널리 이용되었기 때문이다. 신세계에서 향정신성 물질의 경험은 구세계와는 완전히 다른 차원의 것으로, 야혜·아야우아스카·나테마를 비롯한 유사한 물질을 이용함으로써 꽤 활발한 샤머니즘 현상을 유지시켰다.

담배와 코카, 초콜릿이 있는 집

잉카인들의 신성한 식물

엄격하게 말하자면 코카는 환각제가 아니라 흥분제다. 하지만 골든 모티머에 따르면 그것은 여느 식물들과 다르다. 또한 코카에 환각 특성이 결여되어 있다는 점은 그것을 "신성한 식물 (…) 자연이 인간에게 선사한 최고의 선물"로 간주했던 잉카인들에게 전혀 중요하지 않았다.[1]

코카는 남아메리카 북부의 (때로는 마다가스카르에 이르는) 모든 원주민에게 여러 형태로 존재해왔다. 에리트록실룸Erythroxylum(코카나무)의 종류로는 250종이 알려져 있는데 그중에 최소한 13종이 양성 코카인이며, 고대 남아메리카 사람들은 코카에 함유된 활성 알칼로이드 코카인에 관심을 가졌다.(코카는 활성 요소뿐만 아니라 인, 칼슘, 철 및 다양한 비타민도 함유하고 있다.) 그리고 수천 년 동안 아마존 분지에서 수확된 것은 에리트록실룸 코

13장

담배와 코카, 초콜릿이 있는 집

잉카인들의 신성한 식물

엄격하게 말하자면 코카는 환각제가 아니라 흥분제다. 하지만 골든 모티머에 따르면 그것은 여느 식물들과 다르다. 또한 코카에 환각 특성이 결여되어 있다는 점은 그것을 "신성한 식물 (…) 자연이 인간에게 선사한 최고의 선물"로 간주했던 잉카인들에게 전혀 중요하지 않았다.[1]

코카는 남아메리카 북부의 (때로는 마다가스카르에 이르는) 모든 원주민에게 여러 형태로 존재해왔다. 에리트록실룸Erythroxylum(코카나무)의 종류로는 250종이 알려져 있는데 그중에 최소한 13종이 양성 코카인이며, 고대 남아메리카 사람들은 코카에 함유된 활성 알칼로이드 코카인에 관심을 가졌다.(코카는 활성 요소뿐만 아니라 인, 칼슘, 철 및 다양한 비타민도 함유하고 있다.) 그리고 수천 년 동안 아마존 분지에서 수확된 것은 에리트록실룸 코

카 품종인 이파두ipadu였으나 일반적으로 사용된 관목은 그것의 변종 코카였다. 세 번째 종인 에리트록실룸 노보그라텐스Erythroxylum novogratense(트루자일렌스truxillense의 변종)는 비록 활성 성분이 적고 추출하기도 어렵지만, 잉카인들에게는 최고의 것으로 간주되어 '왕실 코카'라고 불렸다.[2]

코카는 해수면 높이에서 잘 자라지만 코카인 성분은 높은 고도에서 더 증가하기 때문에 보통은 해발 460~490미터 사이에서 경작되었다. 코카인이 농축된 코카를 상업적으로 재배하는 오늘날과는 달리 당시에는 잎에 함유된 코카인의 양이 적은 편이어서 전반적으로 해롭지 않았다.(1859년까지 코카인은 별도로 추출되지는 않았다.) 가장 일반적으로 복용되었던 방식은 알칼로이드의 배출을 돕기 위해 라임과 섞어서 잎을 작은 공처럼 만들어 씹거나(입타llipta), 잇몸과 뺨 사이에(가끔 담배와 혼합하여) 머금기도 했다. 이 경우 곧 입 안이 무감각해지지만 코카의 효능은 남아메리카에서 매우 큰 효능을 발휘했다. 예컨대 설맹雪盲, 두통, 변비, 신경 쇠약, 천식을 치료하거나 자궁 수축 자극제 또는 개복된 상처를 치료하는 데 쓰였으며, 심지어 최음제나 수면 유도제로도 사용되어왔다.(동시에 이 두 용도로 쓰이지는 않았을 것이다.)

그러나 코카의 주된 효험은 각성제였음이 확실하다. 그러한 효과는 배고픔, 갈증, 특히 피로감을 억제한다. 어니스트 섀클턴은 코카인이 부여하는 에너지 촉진 효과를 경험하기 위해서 1909년에 남극까지 강행군을 할 때 코카인 알약을 상비했다.[3] 오늘날에도 남아메리카에서 여행을 할 때는 코카다스cocadas(여행을 마치는 데 필요한 잎의 수)로 환산하여 조절하는데, 코카잎 한 장의 효과는 보통 45분간 지속된다. 거리로는 평지에서 3킬로미터 정도, 산을 오를 때는 2킬로미터 정도에 해당한다. 또한 추운 산악지대에서 코카를 씹으면 체온을 따뜻하게 유지해주기도 한다. 코카의 다양한 속성은 인체에 생리적 영향을 끼치는데, 피부 쪽으로 피가 흐르는 것을 막고 체온을 올려주며 피 속의 노폐물을 계속 배출시키고 폐와 코 안의 공기 통로를 확장시킨다.

기원전 2500년부터 코카를 사용했다는 고고학적 증거가 있다. 예컨대 한쪽 뺨이 튀어나온 형상을 묘사한 그림과 작은 조각상들이 있다. 고대 무덤의 모든 양식에서도 보이는 코카는 시체의 사후세계(까지의 여행)를 위한 예비품으로 보인다. '코카'라는 용어는 잉카 이전 티와나쿠 족의 언어인 아이마라어로 최초의 식물/나무를 뜻하는 '코카khoka'에서 기원한 것이다.[4]

스페인 사람들은 남아메리카 인디언들이 코카 없이는 아무것도 할 수 없다는 사실을 알게 되었다. 숙고한 끝에 스페인 국왕도 그들이 흥분제를 사용하는 것을 인정하기로 했으나 종교적인 사용에 대해서는 교회를 시켜 금지했다. 도미닉 스트리트필드는 처음에 코카는 주술적 목적으로 이용되었으며 이것을 씹으면 의식의 변성이 발생하여 조상의 영혼과 소통할 수 있었다고 주장했다.[5] 몇몇 유적지에서 발견된 미라 곁에는 라임을 갈았던 것으로 보이는 조개껍질 그릇과 코카 그릇이 있었다. 이 라임 가루는 오늘날에도 알칼로이드를 추출하는 데 이용되는 입타 알칼리와 같은 것으로 확인되었다.

잉카인들은 코카에 원기를 회복시키는 성분이 있다고 믿었으며, 코카의 도움 없이는 번영할 수 없다고 생각했다. 코카는 희생 의식에서도 사용되었는데 코카를 불에 태워 그 연기를 신에게 보내는 식이었다. 뿐만 아니라 제물을 죽이기 전에 먼저 고통을 덜어주기 위한 마취용으로 사용되었다. 또는 별자리에 코카 이름을 붙이기도 했고, 풍성한 수확과 전쟁의 승리를 빌며 대지의 여신인 파차마마에게 바치기도 했다. 때로는 주술사가 죽음을 점칠 때도 사용되었다. 코카를 씹은 주술사는 검지와 중지를 펼친 손바

거대한 단절

닥에 침을 뱉은 뒤 침의 모양과 떨어진 형태에 따라 질병을 진단했다. 잉카의 통치자들은 항상 코카를 사용했고, 코카를 휴대하기 위한 추스파chuspa라는 주머니를 지니고 다녔다. 잉카 지도자들 중 두 명은 부인에게 코카라는 이름을 지어주었다.

코카는 성인식에서 젊은이들(주로 남성)이 고통을 견딜 수 있도록 하는 데 중요한 역할을 했으며, 성인식을 통과한 젊은이들은 보상으로 (독이 묻은) 화살집과 코카 잎으로 채워진 추스파를 받았다.

코카의 사용은 일반적으로 권력층에게 한정되었는데, 군인(코카의 또 다른 특성은 남성다운 용기를 느끼게 만드는 것이었다)과 차스키chasquis, 즉 왕의 전령들도 이 계층에 속했다. 왜냐하면 그들의 효율적인 임무 수행에 코카의 도움이 적지 않기 때문이다.(예컨대 군인들은 군사적 의무뿐만 아니라 궁정에 신선한 물고기를 공급하기도 했다.) 더불어 야마 털로 고안된 끈 매듭문자 키푸quipus를 이용하여 사건의 기록과 보관을 담당하는 야라베크yaravec들도 코카를 이용할 수 있었다.[6]

시간이 지날수록 코카 사용은 점점 더 확산되었던 것으로 보인다. 값어치가 올라가면서 자연스럽게 잉카 제국의 외진 곳에서도 재배되었고, 누구든 원한다면 자신들만의 코카나무를 키울 수 있었다.

담배를 피우는 신들

스페인 성직자들은 신세계에 처음 도착했을 때 마법의 버섯, 페요테, 나팔꽃과 더불어 담배를 전통적인 마취제로 분류했다. 캐나다에서 아마존과 볼리비아에 이르기까지 보편적으로 이용되었던 담배는 사실 아메리카에서 가장 오래된 향정신성 물질 중 하나인 것으로 보인다. 담배를 이용할 때는 입으로 피우기도 하고 씹거나 코로 들이마시기도 했으며, 때로는 관장제로 도 소비했다. 뿐만 아니라 오늘날처럼 기분 전환용이 아닌, 제사에서만 사용되었다. 그 이유 중 하나는 45종이나 되는 다양한 담배 중에서 가장 널리 이용되는 니코티아나 루스티카Nicotiana rustica가 매우 척박한 곳에서 자랐기 때문이었다. 게다가 이 담뱃잎에 함유된 니코틴은 오늘날의 담배보다 네 배나 더 강했다. 그런 만큼 환각 효과도 강력해서 오늘날 '보통' 담배로 간주하는 것 또는 중독성이 거의 없는 다른 환각제에 비해 훨씬 더 강한 추상적 이미지와 치유적 특성을 지녔다. 이 담배를 주로 사용한 사람들은 아즈텍 족, 초기 브라질인들 그리고 북아메리카의 동쪽 삼림지대에 정착한 사람들이었다.

북아메리카 원주민들은 담배를 신의 선물이라고 여겼다. 그리고 담배를 인간에게 양보한 신들의 욕구를 채워주기 위해 담배 연기를 피워 올렸다. 다시 말해 그들은 하늘로 올라간 담배 연기가 신들의 흡연욕을 달래줄 것이라 믿은 것이다. 주술사들은 가장 많은 양의 담배(때로는 막대한 양)를 소비했고, 이는 신들을 향한 갈망의 증거로 받아들여졌다. 담배의 식생 분포는 어떤 다른 식물보다 훨씬 더 광범위했지만 유럽인들이 도착하기 전까지 그 어떤 곳에서도 세속적인 사용은 없었다.[7]

담배 파이프와 관장기灌腸器는 매우 먼 고대의 방식으로 밝혀졌다. 초기 케추아Quechua 족의 사전에 언급된 우일카라는 주입기는 초기 잉카의 관장기였으며, 베라크루스의 우알카 인디언이나 모체의 미술품에서도 이러한 관장기의 모습을 확인할 수 있다. 관장기에 재규어 신들의 형상이 그려진 것으로 보아, 마야에서도 관장 의식이 수행되었음을 짐작할 수 있다. 기원후 600~800년의 것으로 추정되는 유적지에서는 남성들이 스스로 관장기를 사용하거나 혹은 여성의 관장을 돕는 그림이 발견되었다. 관장기의 소재는 고무로 만들어진 것이 아니라 작은 사슴의 대퇴골에 형성된 방광 주머니였던 것으로 보인다. 관장기와 더불어 남아메리카, 특히 페루에서는 코담배의 흔적이 일반적으로 발견되었다.[8]

그런가 하면 그들은 파이프 역시 신성한 것으로 여겼으며, 신중한 관심을 기울였던 것으로 보인다. 예컨대 담배를 즐겼던 주술사들의 비품들은 정성껏 보관되었고, 담배 파이프에는 인간이나 동물의 형상이 조각되어 있었다. 파이프를 만드는 동안에는 노래를 불렀는데, 아무도 웃어선 안 되었으며 물건을 깨뜨려서도 안 되었다. 완성된 파이프에는 관습적으로 이름을 붙였고, 따로 파놓은 구덩이 안에서 불을 붙여야 했다. 오늘날에도 여러 부족사회에서는 신으로부터 충분한 '식량'을 얻기 위해 주술사가 끊임없이 담배를 피우는데, 주술사는 '연기가 자신의 온몸에 퍼질 때까지' 절대 뿜어내지 않고 '먹어야' 했다. 이와 같은 방식을 통해 '몸이 가벼워진' 주술사는 무아지경 가운데 하늘로 올라가 '담배 연기의 집House of Tobacco Smoke'에 있는 최고의 영혼과 소통하게 된다.[9]

담배는 감자나 가지와 마찬가지로 가짓과의 솔라나카에solanacae에 속한다. 담배를 지칭하는 용어는 마야어로 지그zig, 쿠츠kutz, 마이mai를 비롯하여 전 세계적으로 600여 개나 존재한다. 담배는 아니지만 흡연용 아로마 약초 또한 동쪽 지역, 특히 고대 인도에서 잘 알려져 있었다. 스페인 사람들은 아메리카에 처음 도착했을 때 가는 곳마다 사람들이 담배를 피우는 모습을 보았으며 '담배 연기 가운데 편안한 잠에 빠져드는' 아즈텍 사람들을 목격했다.[10]

멕시코의 인디언들은 파이프 또는 코담배나 씹는 방식을 이용하기도 했지만 주로 오늘날 궐련이라 불리는 방식을 애용했다. 이러한 관습은 담배의 향기를 이용했던 주술사들에 의해 채택된 것으로 보인다. 사실 초창기에는 라임과 함께 섞어 씹는 방식으로 이용했는데, 이 경우에는 알칼로이드가 방출되어 더 강력한 담배 맛을 안겨준다.[11] 그 밖에도 담배는 빠른 환각 효과를 일으켜 위장과 소화기 질병의 통증이 느껴지지 않게 해주었으며, 담배를 이용한 관장은 유용한 의료 행위로 간주되었다. 담배는 감각을 둔화시켜 피곤함을 극복하는 데도 도움이 되었다.

『마드리드 고대 사본Madrid Codex』(정복 시기 어느 필경사가 쓴 메소아메리카 기록으로, 112페이지 분량의 접는 제책 방식이며 마드리드의 아메리카 박물관에 소장되어 있다)에는 종교 의식 때 담배를 피우는 세 명의 신이 등장한다. 마야인들에게 담배의 매력은 아름다운 꽃이 만들어내는 향기 그리고 불로 피울 때는 '훌륭한 청결제'로 소비되었다가 '신과 세상을 떠난 영혼들의 집'인 위대한 공간으로 사라진다는 점이었다. 초기에는 주술사들만이 담배를 이용했으나 나중에는 일반인들에게도 확산되었고, 교섭이나 협정이 체결될 때나 인간 희생 제의가 있는 경우에 신성한 행위로 이용되었다. 아즈텍인들은 시우아코아우아틀Cihuacoahuatl 여신의 몸이 담배로 만들어졌다고 믿었다. 또한 전쟁을 선언할 때 전쟁의 신 우이칠로포치틀리Huitzilopochtli에게 제물로 담배를 바쳤다. 황금색 잎에 완전히 감싼 채로 발견된 담배 호리병을 통해 담배를 담는 조롱박이나 주머니 또한 신성시되었음을 알 수 있다.[12]

멕시코의 우이촐 족 인디언들은 담배를 '불 할아버지Grandfather Fire'의 소중한 물건이라고 믿었으며, 담배를 말아 화살통에 공처럼 매달고 다니다가 일을 끝낸 후에는 그 담배를 태웠다. 남북 아메리카와 카리브 해안 모든 곳에서 담배는 힘을 보강해주는 것이자 샤머니즘의 세계로 안내해주는 것으로 이용되었다. 위스콘신 동북부의 메노미니Menominees에서는 시신을 매장할 때 담배를 함께 묻어 신들을 달랬다. 프랜시스 로빅섹은 베네수엘라 부족, 플로리다 인디언, 콜롬비아의 과히로 족, 오리노코의 쿠마노 족, 아라와크 족, 카리브 족 그리고 다른 부족들 사이에서는 담배 연기로 점을 치는 방법이 애용되었음을 밝혀냈다. 특히 마야인들은 자신들의 신이 담배를 즐겼으며, 혜성은 그들이 버린 담배가 여전히 타고 있는 것이라고 믿었다. 어떤 부족들은 병든 사람을 지하세계의 악령으로부터 보호하기 위해 그의 가슴과 얼굴에 담배 가루를 뿌리기도 했다. 또 어느 부족의 주술사들은 가끔 재규어 형상이 장식된 그릇에 침으로 즙을 낸 담배를 마련해두었다가 환자들에게 발라주었다.[13]

아즈텍인들은 뱀을 물리치는 데나 코감기와 종기에도 담배가 유용하다는 사실을 알아냈다. 그래서 주술사들은 독충을 쫓는 데 요긴한 나팔꽃 씨앗과 함께 담배 연고를 늘 몸에 지니고 다녔다.[14] 마야인들 사이에서는 담배가 치통·오한·폐·콩팥·눈의 질병과 유산을 막는 치료제로 추천되었다. 과테말라의 주술사들은 초자연적인 존재와 상담하거나 미래를 점치기 위해 담배를 피워 환각 상태에 빠져들었다.[15] UCLA 라틴아메리카연구소의 요하네스 윌버트는 남북 아메리카에서 이러한 주술적인 환각 상태를 유도하는 담배의 기능을 문서화했다. 그에 따르면 많은 부족이 여러 종류의 담배를 다양한 목적으로 사용했으며, 의식에 사용된 종류는 일반적으로 사용된 종류보다 더 강력한 것이었다. 그는 또한 니코틴이 담배의 유일한 활성물질은 아니며 하르민이나 하르말린 그리고 낙타봉駱駝蓬, Tetrahydrohar-mine과 같은 환각제도 포함하고 있다는 사실과, 브라질의 테네테하라Tene-tehara와 같은 인디언들이 엄청난 양의 담배를 피워 환각에 빠져든 사례를 밝히고 있다.

로빅섹은 사포텍Zapotec 족과 미스텍 족은 신 코케빌라Coquebila를 숭배할 때 고행과 더불어 반드시 담배를 피웠다는 사실 또한 확인했다. 그들은 "신을 경배하기 위해 40~80일 정도의 금식 기간을 정해놓고 그 기간 동안 많은 양의 담배를 피워댔고, 그 결과 혀와 귀에서 흘러나온 피를 바쳤다."[16]

북아메리카에서는 담배 외에도 약 16종의 식물이 쾌락과 의식의 목적으로 흡연되었는데, 담배가 풍부해지면서 이것들은 관심권 밖으로 밀려났다. 그중 어떤 종류(철쭉과의 상록 관목인 월귤나무)는 환각제였고 가끔 담배와 혼용되는 흰독말풀(다투라 스트라모니엄strammonium)도 확실히 환각제로 쓰였다. 도미니카 공화국의 수사인 디에고 듀란은 저서 『신과 제의the God and Rites』에서 아즈텍의 성직자들을 위한 신비한 연고를 만들 때는 담배와 나팔꽃(리베아 코림보사Rivea corymbosa)이 추가되었는데, 이 약을 바르면 두려움에서 벗어나 '놀라운 담력'을 드러냄으로써 인간 제물을 죽일 수 있었다고 보고하고 있다. 남아메리카 저지대에서는 담배와 아야우아스카가 혼합되어 사용되었고, 마야인들은 두꺼비를 통째로 담배 속에 넣어두기도 했으며(13장 참조), 북아메리카에서는 담배를 페요테와 섞기도 했다.[17]

마야에는 작은 신들로 구성된 계층이 있었다. 다양한 범주의 조각상에 나타난 이 신들은 대개 의인화되어 있고, 위로 들린 코, 벌어진 입과 눈에 띄는 앞니를 지니고 있는데, 그중에는 불꽃의 신도 있었다. 이들은 '불'을 뜻하는 상형문자와 관련되어 있고, 가끔 신이 번개를 통해 땅으로 던졌다는 옥도끼와도 관계가 있다. 때로는 재규어와도 연관되는 이 신은 폭풍의 신으로 묘사되기도 했다. 이것은 담배로 화재가 발생하면 폭풍이 그 불을 진압해준다는 발상으로, 자신들의 두려움을 해결해줄 대상으로서 숭배한 것이다. 한편 머리카락 안에 담배를 넣은 작은 조각상은 언제든 불을 지펴야 할 상황에 대비한 것으로, 주머니가 없었던 그들에게 머리카락은 담배를 보관하기에 적합한 곳이었을 것이다.

또한 중앙 멕시코의 테스카틀리포카Tezcatlipoca(연기 나는 거울의 신) 도상 연구에서도 담배를 피우는 형상을 볼 수 있는데, 이 신은 스페인 정복 시기에도 여전히 숭배되었다. 날개 달린 뱀의 신 케찰코아틀Quetzalcoatl과 적대적인 관계였던 이 신은 마법사나 왕자 또는 전사들의 후원자였으며, 일몰의 신이자 제물의 고통의 신이기도 했다. 아즈텍 주술사들은 무아지경에 빠질 때까지 흑요석 거울을 응시함으로써 신의 의지를 확인했다. 대개 이 거울에는 나선형 연기를 내뿜는 부조 형상이 새겨져 있다. 텍사스의 천문 고고학자인 존 칼슨은 올메카인들이 만든 오목한 쇠거울은 아마도 불을 지피기 위한 '화경火鏡'이었을 것으로 추정했다.[18]

테스카틀리포카를 연구한 로빅섹이 많은 비문碑文을 조사한 결과, 이 신은 담배를 피우고 있거나 재규어 가죽으로 만든 외투와 허리띠를 착용한 모습으로 다수의 꽃병에 장식되어 있었다. 예컨대 몸의 반은 사슴인 재규어가 (포악한 표정으로) 담배를 피우는 해골의 형상과 함께 춤을 추는 모습도 있었다.[19] 어떤 꽃병에는 재규어가 불을 내뿜고 있고, 다른 꽃병에는 재규어가 담배를 피우고 있거나 재규어 가죽 의상과 케찰의 깃털을 착용하고 있다.(케찰은 중앙아메리카 숲에 서식하는 '화려한' 새로, 배 부위가 초록색과 빨간색이다.) 또 다른 꽃병에는 담배를 피우는 형상의 재규어-개, 개구리, 악어가 새겨져 있다.[20]

담배 사용의 기원에 대해 알려진 바는 충분치 않지만 불이 천천히 지펴지는 담배의 특성상 불을 보존하려는 목적 또한 중요한 요인이었을 것이다. 그와 더불어 담배의 향정신성이 이를 신성한 물질로 수용하게 만들었을 것이다.

신성한 재규어 나무의 숲

"콜럼버스의 아메리카 발견 이전까지 카카오에서 얻는 식량과 그 씨앗은 아메리카 사람들에게 말 그대로 종교의 한 부분이었으며, 그들의 영적 믿음과 사회 경제적 체계에서 중요한 역할을 해왔다.[21] 카카오는 중앙 멕시코의 북쪽 지역을 경계로 과테말라·벨리즈·엘살바도르·온두라스 지역에 자생해왔다.

카카오라는 단어는 나우아 족의 용어 카카와—틀kakawa-tl을 스페인 식으로 차용한 것이다. 뒤늦게 형성된 초콜릿chocolate이라는 단어 역시 나우아 족의 초콜라틀chocolatl에서 비롯된 것이다. 초콜릿의 원료인 테오브로마 카카오Theobroma cacao는 분류학의 아버지인 린네가 붙인 학명으로, 꼬투리마다 24~40개의 씨앗을 만들어내는 작은 하층목에 속하며 줄기와 가지에서 꽃이 핀다. 일반적으로 아마존 상류 분지에서 기원한 이 카카오 나무는 자연적으로 또는 인간에 의해서 북쪽으로 확산되었을 것으로 추정된다.

고대에는 카카오의 과육만을 이용했을 것으로 학자들은 짐작한다. 씨앗을 제거한 카카오 과육으로 과일 음료수를 만들거나 발효시켜 알코올 음료로 제조했을 것이다. 옥수수와는 달리 아무 곳에서나 서식하지 않아서 카카오 나무는 더욱 귀하게 여겨졌는데, 주로 비옥한 충적토나 강우량이 많은 지역의 그늘지고 습한 곳에서 자란다. 이 민감한 나무의 서식지를 점령하기 위해 부족끼리 전투가 벌어지기도 했다.[22]

테오브로마는 기원전 1000년 이후의 고대 유물에서 확인된바 부와 권력 그리고 정치적 지도력의 표상이었다. 마야의 꽃병 장식에는 왕좌의 발밑에 놓인 거품 가득한 카카오 그릇이 그려지는 일이 잦았으며, 권력층의

거대한 단절

무덤에서도 카카오를 뜻하는 상형문자를 볼 수 있다.[23] 카카오 씨앗 역시 돈의 형태로 사용되었다.

도상학적으로 볼 때 카카오는 신성한 나무로서(이후에 더 자세히 살펴보겠지만 주술사들의 영역에서는 '세계수'로 인식되었다) 대개는 피, 정치적 힘, 조상, 옥수수, 지하세계와 연관성을 지닌다. 특히 그늘진 곳을 선호하는 나무의 특성상 지하세계와 더 긴밀했는데(넓은 들판을 선호했던 옥수수는 빛과 연관된다) 죽은 자들은 카카오와 함께 묻혀 다음 세계까지의 여행을 보장받았다.

메소아메리카의 세계관에서 카카오와 옥수수는 제사 때 물에 섞어 신에게 바치는 신성한 음료였다. 과테말라, 온두라스, 멕시코에서는 카카오를 세노테cenote(카르스트 지형에서 발견되는 구멍), 동굴, 샘, 연못 등에 카카오를 붓는 관습이 있었는데, 이는 지하세계가 통합의 특성을 지니고 있기 때문이었다. 초콜릿/카카오는 비, 부활 그리고 조상과 연결되며 남자보다는 여자 그리고 피와 희생과 관련이 있었다. 또한 카카오 꼬투리에는 많은 상징적 이미지가 담겨 있는데 인간의 심장으로서 제물로 바쳐지기도 했다.[24]

이렇듯 귀한 카카오는 제한적으로 사용되었다. 일반인들이 이 음료수를 마실 경우에는 불행이 닥친다는 인식 때문에 지배 권력층이 아닌 전사나 상인들은 카카오 음료를 마실 수 없었다. 자격이 주어진 계층조차도 아무 때나 경솔하게 마실 수 없었다. 그들은 바닐라, 고추, 꿀, 향기 나는 꽃 등의 다양한 첨가물을 추가하여 음료의 맛을 더했으며 제의 때는 피를 섞어 바치기도 했다. 경의를 표하는 경우 또는 왕과 왕비의 장례의식에서도 이용되었다. 민속식물학자인 너새니얼 블레터와 더글러스 데일리의 연구에 따르면 초콜릿에는 각성제, 항산화 물질, 이뇨제, 진통제, 혈소판 응집 억제제, 혈압 강하제, 항돌연변이 물질, 신경전달 물질, 혈관 확장제, 소염

제, 살균물질 등 76가지 성분이 함유되어 있다.[25]

여러 종류의 술과 식초가 초콜릿에 포함되기도 했으며 남아메리카의 어느 곳에서는 담배나 다른 환각제를 섞기도 했다. 바이컬러Bicolour(야생 카카오인 흰색 카카오)는 마른 꼬투리의 표면이 재규어 무늬와 비슷하여 '재규어 나무'라는 이름으로 불렸는데, 이로부터 밤, 동굴, 지하세계와 복잡하게 연관된 초콜릿이 재규어와 동일시되었다는 사실을 재확인할 수 있다.(마야 언어에서 재규어와 성직자에 해당하는 단어는 같은 근원에서 유래된 것으로 보인다.)

카카오를 담는 그릇의 기원은 기원전 1000년까지 거슬러 올라가지만 널리 사용되기 시작한 것은 기원전 600년~기원전 400년으로 보인다. 또한 카카오라는 단어는 메소아메리카에서 비롯되었으나 콜럼버스 이전에는 남아메리카까지 전파되지 않았다.[26]

초콜릿 맥주(치치chichi)는 꽤 오래전부터 애용되었으며, 초콜릿의 최초 용도가 아니었을까 싶다. 몇몇 인류학자가 초콜릿 맥주는 위계질서가 엄격하지 않았던 사회에서 '불균형적인 관계의 결속을 다지기 위해' 사용되었다고 추정하고 있다. 더욱이 맥주의 발명으로 주둥이가 달린 나팔 모양의 용기가 제작되었을 가능성이 있다.(이것은 8장과 10장에서 앤드루 셰럿이 다루었던 항아리의 발전과정, 즉 옥수수 맥주에 따른 도기류의 변천과 흡사하다.) 포틀래치potlatch 유형의 의식에서는 술과 함께 향신료가 담긴 그릇이 제공되었을 것이며, 특히 손님의 흥을 돋우기 위해 그릇을 깨뜨리는 음주 문화가 있었던 것으로 보인다.[27]

메소아메리카 전 지역에서 카카오는 생명과 자양분, 희생과 재생, 형성과 변형의 상징으로서 종교적인 기능을 지니고 있었다. 그 예로서 옥수수 신의 몸에 카카오 꼬투리가 달려 있는 형상을 볼 수 있다. 마야에서 옥수

거대한 단절

수의 생장주기는 인간의 삶과 죽음을 상징하며 옥수수와 연관된 카카오는 아마도 지하세계를 상징하는 것으로 짐작된다.[28] 때때로 카카오 나무는 고대 샤머니즘의 특성인 세계수이기도 했으며, 카카오는 옥수수 신의 육체에서 자라난 가장 특별한 과일로서 옥수수 다음으로 중요한 지위를 차지했다.(옥수수는 카카오 음료와 같이 제공되었다.)[29]

매년 죽음을 맞는 옥수수 신의 영혼은 천국으로 올라가고 육체는 '자양분 산'에 묻힘으로써 다시금 대지의 열매를 맺도록 했는데, 가장 우선하는 열매는 카카오였으며 다른 과일이 그 뒤를 이었다. 이로써 카카오 음료 한 모금을 마시는 것도 성찬식과 같은 행위로 여겨졌다.

카카오 꼬투리는 부의 척도였으며 훗날의 기록에서 알 수 있듯이 재화로 통용되었다. 소피 코와 마이클 코는 카카오 콩으로 환산된 여러 물건의 가치를 제시한 바 있는데, 살찐 암컷 칠면조는 알이 꽉 찬 카카오 콩 100개, 큰 도롱뇽인 아홀로틀은 콩 4개, 산토끼 한 마리는 콩 100개, 갓 채취한 아보카도 하나는 콩 3개, 노예 한 명은 콩 100개, 매춘부의 매춘 행위는 콩 8~10개의 가치를 지녔다.[30] 또한 카카오 콩이 노동의 보수로 지급되었을 뿐만 아니라 노동력을 강요할 수 있는 지급 수단이었다.

옥수수의 경우와 마찬가지로, 카카오를 지칭하는 단어들 또한 풍부했다. 특히 익심테iximte(옥수수)와 카카우kakaw는 꽤 밀접하게 사용된 것을 볼 때 이 두 가지가 얼마나 존귀했는지를 알 수 있다.

카카오 음료를 만들 때는 가장 좋은 맛과 향을 내기 위해 높은 지점에서 음료를 쏟아 거품을 풍부하게 했다. 최고의 카카오 그릇은 질 좋은 화산재로 만들어졌으며, 이때의 화산재에도 종교적 의미가 담겨 있다.

코판Copan(마야 문명의 유적이 있는 온두라스 서부 지역—옮긴이)의 무덤에서 발굴된 많은 그릇에서도 카페인의 잔존물이 확인되었는데, 카카오에 포함된 카페인 이외에는 다른 어떤 성분도 검출되지 않았다. 이 지역에서는 카카오와 장식돌이 소금과 천으로 교환되었다. 후기 고전시대(기원후 600~800)에는 카카오의 출현이 급증하여 신전 앞에 놓인 돌 향로에도 보이고, 재규어 신이나 잠수의 신과 더불어 카카오 꼬투리가 장식된 항아리들도 발견되었다. 그러나 사망한 통치자를 기리는 파기 의식cancellation ritual에 따라 깨뜨려져 있었다. 이는 카카오 꼬투리와 재규어가 지하세계와 연결된 것임을 다시금 확인케 한다.[31]

"육지의 나무 작물은 오랜 시간을 투자해야 한다는 인식을 얻게 되자 특정 지역에 혈연집단이 정착하기 시작했고, 화전 방식이 아닌 다른 식으로 옥수수를 생산하게 되었다.[32] 처음에는 지배층만이 카카오 경작지를 소유할 수 있었으나 나중에는 변화를 겪는다. 마야의 소수민족인 이트사Itza족이 거주하는 유카탄 반도 북쪽 지역은 카카오를 비롯하여 깃털, 재규어 가죽, 노예 그리고 카카오 거품을 떠먹기 위한 가죽 껍질로 만든 숟가락 등이 교역되는 중심지였다. 카카오의 향료인 바닐라와 아치오테achiote도 이곳에서 거래되었다. 이로써 엘살바도르 지역은 카카오 생산으로 유명해졌다.[33]

소코누스코Soconusco(멕시코 치아파스 주의 태평양 연안 지역)는 이상적인 카카오 생산지로서, 기원전 900년~기원후 1200년까지 카카오 생산의 발달에 힘입어 장거리 교역이 이루어졌다.(아즈텍인들은 카카오를 확보하기 위해 이 지역을 점령했다.) 카카오는 공물 대상 품목이 되었고 기원후 16세기 무렵에는 약 150만 그루의 카카오나무가 재배되었다. 반면 옥수수는 더욱 제의적 용도로 이용되었다.[34]

당시 아메리카 열대 지방의 작물 현황은 유라시아와 크게 달랐다. 후자는

거대한 단절

동서로 뻗은 대륙 지형이나 쟁기의 발달, 수송복합체나 생산도구의 발전에 힘입어 식물(곡물) 재배가 급속히 확산된 반면 신세계의 열대 지방 작물들은 대부분 단일한 환경에서 자라는 것으로, 우림 지역이든 산악지대든 유라시아만큼 광범위하게 확산되지 않았다. 안데스를 제외한 수송용 가축의 부족 또한 재배의 확산을 가로막은 요소였다.

앞서 살펴보았듯이 구세계에서 사육 동물의 출현은 초기 인류로 하여금 강한 향정신성 물질에 접근할 필요성을 줄여주었다. 산발적으로 흩어져 마을이나 도시를 형성했던 유목사회는 필연적으로 개인주의를 유지하면서도 공동으로 결속해야 할 경우(결혼·방어·공격 등)에는 간헐적으로 집결했다. 이런 환경에서는 사적인 특성을 지닌 환각제보다는 좀더 순하고 함께 취흥을 나눌 수 있는 알코올이 적합했다.

반면 동물에 비해 식물 종이 훨씬 다양한 신세계의 열대 문명에서는 두터운 층의 향정신성 식물 종이 자생했다. 신세계 식물은 환각성이 강한 (때론 위험한) 다투라를 비롯하여 코카·담배·카카오에 이르기까지 다양했으며, 식물 각각의 특성이 달라서 (독특하면서도 확실하게) 각각의 효과를 지닌 신성한 물질을 섭취할 수 있었다. 그러나 아메리카의 초기 인류에게 향정신성 식물이 쾌락을 위해 사용된 경우는 드물었으며, 구세계에서보다 훨씬 더 공적인 용도로 사용되었다.

그렇다고 해서 유라시아에 종교적 의미를 지닌 식물이 없었던 것은 아니다. 약해져가는 몬순 때문에 땅의 비옥함은 매우 중요한 관심사였기 때문이다. 그러나 신세계에서는 식물 그 자체가 신이었으며 때로는 두려움의 대상이었다. 사람들은 환각 경험을 통해 지침을 얻기도 하고 두려움을 느끼기도 했기 때문이다. 이는 어떤 의미에서는 신(혹은 신의 영역)에 대한 체험 면에서 신세계 사람들이 구세계 사람들보다 더 생생했음을 뜻한다. 이러한 점에서 신세계의 생활은 유라시아의 생활 방식보다는 정적이면서도 '내세적/종교적'으로는 훨씬 더 강렬했다고 말할 수 있다.

유라시아에서 술이 문명을 형성하는 데 도움을 주었다면, 아메리카에서는 환각제가 더 큰 영향을 끼쳤으며 초자연적인 세계의 존재가 지닌 설득력 또한 강력한 것이었다.

야생: 재규어, 바이슨, 연어

남아메리카와 중앙아메리카 열대 우림지대의 어떤 토착 인디언들은 특정한 나무가 특정한 동물을 유인한다고 믿었다. 과학적으로 입증된 사실은 아니지만 선사시대 이후 지금까지 이 지역에서 가장 우월한 동물은 육식성 포유류인 재규어가 확실하다. 이와는 대조적으로 북아메리카에서 가장 우세했던 동물은 초식성인 바이슨(아메리카 들소)이었다. 두 동물은 서로 매우 다르지만 사육되지 않은 야생동물이었다는 공통점을 지닌다. 이는 구세계와 신세계 사이의 중요한 차이를 보여준다.[1]

재규어는 육지에서 세 번째로 덩치가 큰 고양잇과이며, 신세계에서는 가장 큰 동물이었다.[2] 또한 열대 우림지역의 가장 강력한 포식자로서 먹이사슬의 꼭대기에 서 있다. 그런 의미에서 숲은 인간보다는 재규어의 세상이었다. 야행성 동물인 재규어는 늘 홀로 먹잇감을 추적하여 "위력적인 발과 발톱 또는 강력한 앞다리를 이용하여 희생물을 평지로 몰아넣은 후 발달된 송곳니를 먹잇감의 목에 박아 넣는다.³ 뿐만 아니라 재규어는 물에서 헤엄을 치거나 나무를 타는 데도 능숙하다. 어찌 보자면 인간과 재규어는 같은 동물을 사냥한다는 점에서 유사한 존재라고 볼 수 있다. 실제로 아마존 지역의 일부 부족은 종교적으로 그렇게 받아들였고, 주술사들은 정기적으로 재규어로 변신하거나 본래부터 재규어였다고 믿기도 했다. 워싱턴 DC의 덤바튼 오크Dumbarton Oaks에서 올메카 예술 전시회가 열렸을 때 인간이 재규어로 변신하는 과정이 묘사된 몇 개의 작은 조각상이 공개되었다. 그 형상은 발톱이 달린 두 손과 덤벼들듯 으르렁거리는 고양잇과의 모습이었다.

재규어와 더불어 퓨마와 스라소니 등의 다른 고양잇과 짐승이 전 지역에서 활동한 것으로 보이지는 않고, 대체로 예술품과 종교적 기록으로 볼 때 아르헨티나 북부에서 멕시코만 해안지역을 거쳐 캘리포니아 서남단(기원전 6000년~기원전 2000년에 텍사스에 있던 표범 동굴)에까지 존재했던 것으로 보인다. 대부분의 지역에서 재규어는 제의를 대표하는 상징이었다.⁴ 그 모습은 주로 으르렁거리는 입이나 송곳니가 강조되었으며, 때로는 인간을 공격하거나 인간과 성교하는 모습으로 묘사되곤 했다. 재규어는 물, 비(재규어의 포효는 천둥소리 또는 신의 노여움을 암시했다), 정글, 어둠, 동굴과 관련되었으며, 지하세계의 영주로 인식되었다. 말하자면 많은 부족에게 재규어는 '동물의 주인'인 동시에 비인간계를 통제하는 존재였다. 한편 남아메리카와 중앙아메리카의 몇몇 예술품에서는 재규어가 환각성 덩굴 식물을 핥고 있는 그림을 볼 수 있다. 이 모든 묘사는 초기 인류와 재규어의 친밀한 관계(두려움과 존경)를 증명하는 것으로, 주술사들은 이 포악한 동물을 길들일 책임을 지고 있었다. 이는 앞서 구세계에서 길들일 수 없는 자연의 힘을 상징하는 동물로서 자크 코뱅이 언급했던 황소와는 대조적이다.

그림 10 찰카트싱고Chalcatzingo 기념물 4. 추상적으로 그려진 두 마리의 고양잇과 동물이 두 명의 인간을 공격하고 있다. 인간들은 전형적인 올메카인의 기형적 두상을 나타내고 있다(17장 참조).

보고타에 있는 콜롬비아 인류연구소의 제라르 레이첼돌마토프는 남·중앙아메리카의 재규어 상징에 대해 면밀한 연구를 진행하는 과정에서 마그달레나 강(콜롬비아 서남부를 북으로 흘러 카리브 해로 빠져나간다) 상류에 있는 산아우구스틴에서 선사시대의 것으로 보이는 커다란 조각상들을 발견했다.[5] 이 조각상들 중에는 고양잇과 동물의 형상이 많았고, 언덕과 경사진 산에 위치한 것으로 보아 제의나 장례의 공간으로 추정되었다. 일부 재규어 조각상은 하나둘씩 따로 떨어진 채 웅크린 자세를 취하고 있는 반면 어떤 것들은 대부분 레이첼돌마토프가 '흉포하다bestial'고 말한 모습, 즉 반은 사람이고 반은 재규어인 괴물이 송곳니를 드러낸 형상이다.[6] 두 번째 부류의 조각상에서는 재규어가 인간으로 보이는 형상을 제압하고 있다. 때로는 재규어와 여성이 성교를 나누는 모습도 보인다(〈그림 10〉).

레이첼돌마토프가 수집한 민족지학적 기록에는 고대 신앙 체계의 다양한 특색이 수록되어 있으며 치브카Chibka어를 사용하는 파에스Paez 인디언들에 대해서도 소개되어 있다. 파에스 족 사이에서는 재규어가 젊은 여성을 겁탈하여 '천둥 아이'를 낳았다는 기원설이 전해지는데, 이때의 천둥은 파에스 족의 생활에 중요한 요소로서 재규어의 영혼이나 생산력 또는 샤머니즘과 관련이 깊다.(주술사는 천둥을 통해 초자연적인 존재의 부름을 받는다.) 레이첼돌마토프는 남·중앙아메리카의 신화들로부터 이러한 유사성들을 발견했다. 올메카 족에도 재규어가 여성을 겁탈한 후에 새로운 민족을 탄생케 했다는 전설이 있으며, 오리노코 평야의 카리브Carib 족은 신화 속 재규어가 강림하여 부족이 만들어졌다고 믿었다. 시에라네바다의 코기Kogi 족과 서북 아마존의 투카노에 거주하는 몇몇 부족도 이와 유사했다. 이와는 대조적으로, 다른 동물 혹은 동굴이나 바위의 후예들이라고 주장하는 아라와크Arawak 족, 초코Choco 족, 마쿠Maku 족은 재규어 기원설을 지닌 부족들을 두려워했다. 특히 재규어의 후손인 남성들에게 자신들의 부족 여성이 납치될까 두려워했는데, 아마도 이것은 과거의 어떤 사건에 대한 기억 또는 족외혼에 대한 두려움에서 기인한 것인지도 모른다.[7]

당시 사람들은 재규어가 모든 인간의 시조는 아니어도 일부 종족들의 시조일 것이라 여겼고, 시에라네바다 인디언들은 재규어 씨족과 퓨마 씨족으로 분리되어 사슴 씨족 또는 페커리peccary(아메리카 대륙에 분포하는 돼지의 일종─옮긴이) 씨족의 여자와 결혼해야 한다고 믿었다. 사슴과 페커리는 '재규어의 먹이'였으므로, 이 씨족들은 본질적으로 '여성'으로 간주되었다. 또한 전통적으로 재규어 혈통의 사람들이 차지해온 지역을 다른 부족이 통과하게 되면 그 지역 고유의 병을 앓는다고 믿었다. 재규어가 생존을 위해 공격적인 특성은 남성적인 것으로 간주되었다. "인디언들은 또한 재규어가 뛰어난 사냥꾼이며, 그러한 사냥활동에는 강한 성적 요소가 내포되어 있다고 생각했다. 그들은 사냥이 먹잇감 동물을 유혹하는 것과 유사하다고 보았던 것이다.[8] 이것은 3장에서 사냥을 '유혹'의 형식으로 거론했던 초기 샤머니즘의 반향이다.

재규어를 둘러싸고 있는 복합적 사고(동굴, 천둥, 비, 생명, 성적 공격)는 대부분 주술적 관행과 관련된 행동범주에 포함된다고 레이첼돌마토프는 주장했다. 말하자면 이 동물은 가끔 선행(병을 치료하는 행위)을 하거나 때로는 적이나 경쟁자를 위협하거나 죽이기도 하며 의지에 따라 재규어로 변신할 수 있는 주술사의 협력자였다. 주술사가 죽은 뒤에는 영원히 재규어로 돌아간다. 몇몇 부족에서는 재규어와 주술사를 지칭하는 단어가 같았는데, 그것은 '공존'이라는 의미를 지닌 단어에서 유래한 것이다.[9]

더 나아가, 사람들은 재규어가 창조와 성장을 상징하는 동쪽 태양으로부터 밝은 빛깔을 부여받았다고 믿었다. 그런가 하면 번개가 친 곳에서 발견되는 천둥의 파편, 즉 크리스털과도 관련이 있다. 재규어는 환각제의 영향으로 부족들이 경험하는 환각의 한 부분이었으며, 재규어로 변신하는 주술사들은 재규어 발톱으로 만든 관을 썼다. 이때의 마약은 재규어의 정액 또는 재규어의 종자로 생각되었으며, 이것을 (신성한) 재규어 뼈로 만든 관에 넣어 콧속으로 흡입했다. 그리고 마약에 취한 주술사는 "재규어와 대화를 나눴다."[10]

남아메리카에서 가장 큰 강 셋(마그달레나 강, 오리노코 강, 아마존 강의 주요 지류인 히우네그루 강)의 원류는 모두 약 270킬로미터 반경 안에서 발원하는데, 바로 이 일대에서 재규어의 상징이 가장 순수한 형태로 나타나고 있다. 그럼에도 불구하고 재규어는 이후의 신세계 문명 중에서 발달한 문명들, 예컨대 모치카·올메카·차빈·잉카·마야·아즈텍 문명의 종교에 흡수되었다.

아마존 사회에는 주술사가 존재한 반면 농사를 짓고 세습 권력제도를 보유한 올메카 사회(기원전 1400~기원전 400)에서는 사제 계급과 조직화된 신전을 구축했다(17장). 그런 사회에서도 재규어는 주도적인 역할을 했다. 예를 들어 오늘날 베라크루스 근처의 산 로렌소에는 반듯이 누운 여성과 성교를 나누는 커다란 괴물 형태의 재규어 조각상('기념물 3'으로 잘 알려져 있는)을 볼 수 있다.[11] 또한 중앙 멕시코 모렐로스 주의 찰카트싱고에서 발굴된 '기념물 4'에는 낙하하는 인간을 공격하는 두 마리의 고양잇과 동물이 새겨져 있다. 1968년에 산 로렌소에서 발견된 '기념물 5'의 경우 반은 인간이고 반은 고양잇과 동물인 형상을 볼 수 있다. 발을 자신의 무릎 위에 올려놓은 채 으르렁거리는 듯한 이 '재규어 인간'을 어떤 학자들은 비의 신 또는 중요한 배수 시설의 신으로 간주했는데, 어느 쪽이든 물과 관련된 것은 분명하다.

거대한 단절

한편 올메카 문명에서는 새로운 신이 부상하기 시작했다. 재규어와 뱀과 독수리의 혼합체로서 날개가 달린 이 존재는 찰카트싱고에 있는 '부조'에서 볼 수 있다.[12] 이 도상에 대하여 니컬러스 손더스는 원래 재규어의 모습이었으나 톨텍과 아즈텍 문명을 거치면서 날개 달린 뱀신인 케찰코아틀로 변화되었을 것으로 추정했다. 확실히 반은 인간이고 반은 해골인 이 도자기 조각상은 초기 샤머니즘의 흔적을 떠올리게 한다. 앞서 언급했듯이 인간이 재규어로 변신하는 그림이 발견된 곳도 다름 아닌 올메카 문명에서였다.

이로써 올메카 문명의 두 가지 특징을 가늠할 수 있다. 하나는 새로 발전하는 위계질서사회에서 권력층은 '재규어다운 것'을 우월한 것으로 인식하고 그러한 재규어의 특성을 전유했다는 사실이고, 다른 하나는 샤머니즘 사회에서 후기 샤머니즘 사회로 넘어가는 과정에서 신과 인간의 더 복잡한 관계를 드러내는 복합적인 신이 출현하게 되었으나 여전히 샤머니즘의 변형적인 요소가 남아 있었다는 점이다.

얼마 지나지 않아 등장한 차빈 문명(기원전 900~기원전 200)에서도 몇 개의 인상적인 고양잇과의 두상이 발견되었는데, 이 또한 반은 인간이고 반은 고양잇과의 괴물 형상으로 이후 안데스 세계에 깊은 영향을 끼쳤다. 사실 잉카 문명 이전의 기원전 900년으로 추정되는 차빈 데 우안타르 유적에서 발견된 인상적인 고양이 신은 대체로 안데스를 통합하는 존재였을 것으로 보인다. 더욱이 니컬러스 손더스는 차빈 지역이 한때 '예루살렘이나 로마와 동격'의 유명한 성지였을 것이라고 진단했다. 이 지역은 (앞서 언급한) '수직 군도vertical archipelagos'의 지형 때문에 광범위한 관개 시설이 필요치 않아 농사짓기에 적합했다. 즉 저지대는 물 공급이 원활한 계곡이었고 그 위쪽의 경사지대는 감자밭, 고지대에는 목초지가 형성되어 있었다.

그러나 몇몇 고고학자들은 차빈 데 우안타르는 단순한 제의 장소로서 '고양잇과의 숭배를 위해 건설된 성소'였을 뿐이라고 주장했다. 이 견해는 최근에 다시 부정되어, 그곳은 제의 장소 이상이었다는 주장이 제기되었다. 물론 고양잇과의 상징화가 가장 우세했으나 이 형상은 독수리의 복합체 또는 지팡이를 쥔 형상의 신으로 진화했다. 그와 더불어 사제 계급이 등장했으며, 이로써 후기 샤머니즘이 전개되기 시작했음을 엿볼 수 있다.[13]

차빈 문화(기원전 200~기원후 600)에서 발전한 듯한 파라카스Paracas/나스카Nazca의 도기류와 직물에서도 고양잇과 가면이나 고양이-새의 조각이 자주 보이는 것으로 보아 고양잇과 상징이 꽤 확산되었음을 알 수 있다. 제의용으로 보이는 외투에는 잘 차려입은 한 형상이 중앙에 그려져 있는데, 고양잇과의 가면을 쓴 그의 머리 윗부분은 잘려 있고 그 끝에는 구불구불한 꼬리가 연결되어 있으며 두 손과 발에는 동물의 발톱이 묘사되어 있다. 잘린 머리를 품에 안고 있는 다른 형상은 제물용 인간 사냥에 사용된 것으로 보이는 흑요석 칼을 쥐고 있다. "이는 희생자의 영혼을 '포획'하기 위해 인간의 머리를 사냥했던 남아메리카의 관습을 충분히 입증해준다. 최근에도 에콰도르의 히바로 족은 적의 머리를 베어 가죽을 벗긴 후 두개골이 자그마한 크기가 될 때까지 보존 처리를 했다. 초자연적 힘이 이곳에 깃들어 보호해준다고 믿었던 것이다.(1989년에 발표된 사실이다.)[14]

고양잇과는 모치카Mochica(기원후 100~800)의 모든 미술품에서 흔히 볼 수 있는데, 대부분은 재규어이고 가끔 스라소니나 퓨마가 등장한다. 특히 도자기 그림으로 많이 묘사되며 인간의 뒤쪽에서 어깨에 발을 걸치고 으르렁거리는 형태로 나타난다. 엘리자베스 벤슨은 이러한 항아리 그림으로부터 두 가지 주제를 확인했다. 하나는 전쟁 포로이고, 다른 하나는 귀한 코카 잎이 동원된 의식이었다.[15] 재규어 모양의 아름다운 황금색 코카 주머니는 마약의 관련성을 충분히 제시하고 있다.[16] 주술사나 사제는 의식을 진행할 때 이 주머니에서 마른 코카 잎을 꺼내 사용했기 때문이다.

모치카 사람들은 매우 호전적이었으며 전쟁에서 사로잡은 포로들을 도시로 데려왔다. 항아리에 묘사된 그림에는 특유의 머리 스타일로 목에 밧줄이 감겨 있는 포로들을 엿볼 수 있다. 또 다른 항아리에는 한쪽 눈을 잃고 등 뒤로 손이 묶인 작은 남자가 커다란 재규어 앞에 앉아 있는데, 이때 재규어는 남자의 찢어진 목에서 흘러내린 피를 핥고 있는 것처럼 보인다.[17]

안데스 지역에서 모든 고양잇과의 우두머리는 재규어였으나 주로 마주치는 동물은 퓨마였다. 부족들에게 퓨마는 왕족과 군사를 상징하는 존재로, 남자들은 퓨마 가죽으로 지은 옷을 입고서 다함께 북을 연주하기도 했다. 일부 고고학자들은 잉카 제국 전체가 안데스 산을 주름잡는 퓨마의 형태와 닮았다는 사실을 제시했다. 전쟁의 지도자 또한 퓨마 가죽을 걸쳤으며 승리의 영광을 퓨마에게 돌렸다. 이러한 의식을 위해 사람들은 퓨마를 보호하거나 길들이는 데 정성을 기울였다. 퓨마를 숭배했던 잉카의 퓨마야타Pumallacta 지역에서는 고양잇과 정령에게 인간 심장을 제물로 바쳤다는 기록이 있을 뿐만 아니라 오늘날에도 지방 축제에서 퓨마 가면을 쓰는 관습이 남아 있다.[18]

고대 마야 문명(기원후 300~900)에서도 재규어는 거듭 확인되는 소재로서, 때로 재규어는 '밤'을 상징하는 일곱째 날의 신 아크발Akbal로 추앙되기도 했다. 재규어는 밤, 어두운 장소, 지하세계, 위험과 관련이 있기 때문에 마야 미술에서 말아 올린 재규어 가죽은 별이 떠 있는 밤하늘을 상징했다. 한편 재규어는 지배 권력의 상징으로 활용되기도 했다. 그들은 재규어 가죽을 왕좌에 씌웠고, 그 의자 자체를 재규어 모양으로 만들기도 했다. 귀족은 재규어 가죽옷, 재규어 모자, 재규어 뼈로 만든 무기를 즐겼으며

재규어 발톱으로 만든 장갑을 지녔다.[19]

　마야인들에게 재규어는 주로 전쟁과 번식 그리고 희생을 의미했다. 몇몇 자료에 따르면 세 면의 날을 지닌 흑요석 칼을 이용하여 제물의 몸에 재규어 발톱의 상처를 만들었으며, 제의 장소 중앙에 바친 인간의 심장을 재규어가 먹기 시작할 때 의식은 절정에 달한다.[20] 유카탄 북부의 치첸이트사Chichén-Itzá 유적지 중 위대한 깃털 달린 뱀Feathered Serpent 사원 안에서는 네 개의 재규어 옥좌가 발굴되었다. 이 가운데 가장 유명한 '붉은 재규어Red Jaguar'는 실제 크기의 재규어 형상으로서, 재규어 피부의 장미 무늬를 사실적으로 모방한 73개의 옥 원반으로 장식되어 있다. 더욱이 각 직책에는 방패 재규어Shield-Jaguar, 새 재규어Bird-jaguar, 박쥐 재규어Bat-Jaguar, 매듭눈 재규어Knotted-Eye-Jaguar 등의 명칭이 지어졌다.

　치첸이트사의 중앙 광장에 마련된 재규어와 독수리의 제단에는 인간의 심장을 먹고 있는 재규어의 형상이 있으며, 재규어 가죽을 걸치고 인간의 두개골을 옆구리에 낀 전사들의 모습도 새겨져 있다. 마야 기록물 전문가인 조이스 마커스의 견해에 따르면, 유명한 날개 달린 뱀의 신 또한 재규어의 특성을 지녔을 것으로 유추된다. 고대 마야의 네 도시인 약스칠란Yaxchilán, 팔렝케Palenque, 티칼Tikal 그리고 칼라크물Calakmul은 재규어를 공동의 상징으로 삼아 군사 동맹을 맺은 바 있다.[21]

　아즈텍에서 이러한 동맹은 흔한 일로서 톨텍 문명으로부터 물려받은 군사적 관습이었다. 오늘날 톨텍은 재규어나 퓨마를 거느린 달개 달린 뱀의 신 케찰코아틀 신을 기리는 신전 피라미드를 재건한 문명으로 유명하며, 이 신전에는 독수리가 웅크리고 앉아 인간의 심장을 먹고 있는 모습이 새겨져 있다. 톨텍에는 재규어를 숭배하는 전사 계급과 독수리를 숭배하는 전사계급이 있었으며, 이런 흐름은 아즈텍 문명으로 이어졌다.[22]

테노치티틀란의 서쪽, 산 정상에 위치한 말리날코Malinalco 신전은 두 계급의 전사들을 기리던 장소였다. 내실을 향해 뻗어 있는 수많은 계단 끝에는 웅크린 재규어 석상이 있고, 그 내부에는 독수리와 재규어가 조각된 돌난간이 차지하고 있다. 테노치티틀란의 아즈텍 대신전 한쪽에서 (태양을 향해 전진하는) 독수리 전사들을 기리는 지하 신전이 발굴된 것으로 보아 그 반대편에는 재규어 전사들을 위한 공간이 (아직 발굴되진 않았으나) 배열되었을 것으로 보인다.[23] 그러한 가능성은 마요르Mayor 신전 발굴 당시 완전한 형태의 재규어 두개골 송곳니 사이에 물려 있는 신성한 초록색 돌이 간접적으로 뒷받침해준다. 아즈텍 사람들은 태양에 의해 시간의 주기가 정해지며 일식 현상에 의해 그 주기가 분리된다고 믿었다. 이에 따라 아즈텍 사람들은 하늘이 컴컴해진 이유는 재규어가 '살점을 뜯어먹으려' 구름 밑으로 내려왔기 때문이라고 생각하기도 했다.[24] 니컬러스 손더스는 "신성한 제의에서 사람들이 자신의 몸을 찔러 피를 모으는 의식을 치를 때 가시나 옥으로 만든 세모날이 사용된 것에서, 재규어와 옥, 비, 생산력이 모두 긴밀하게 연관되어 있다는 아즈텍 사람들의 관념을 들여다볼 수 있다"고 보았다.[25] 그런가 하면 흑요석 칼날이 덧대어진 나무칼을 든 재규어 전사들이 술에 취한 포로들을 공격하는 틀라칵시페우알리스틀리Tlacaxipehu-aliztli 또는 '남성들의 피부 벗기기'라는 의식도 정기적으로 시행되었다. 포로들은 겨우 깃털 달린 막대기로 방어해야 했으며, 피를 흘리는 포로들은 재규어 이빨을 상징하는 흑요석 칼날에 심장이 도려졌다.

마지막으로, 재규어 상징은 아즈텍 최고의 신이자 연기를 토하는 거울 Smoking Mirror의 신 테스카틀리포카Tezcatlipoca의 정체와도 깊이 연관되어 있다. 아마존 사회에서 영적 세계는 거울과 밀접한 연관이 있으며, 테스카틀리포카는 "아마존 주술사들이 했던 것과 똑같은 방식"으로 거울을 이용하여 인간의 영혼을 들여다볼 수 있는 존재였다. 때로는 산의 중심부에 사는 재규어 테페요요틀리Tepeyollotli로 변신하기도 했다. 또한 흑요석이 화산에서 채굴되었다는 점에서 재규어는 화산과 희생 의식, 신과 연계되었다. 라 벤타La Venta의 피라미드는 여러 원인으로 발굴이 원활하지 못했으나 분명 화산을 모델로 삼은 것으로 보이며, 그 형태 및 나머지 내용물들은 재규어의 얼굴을 추상적으로 형상화한 것으로 보인다.[26]

손더스는 이렇게 정리했다. "부족사회에서 재규어로서의 주술사와 아즈텍 신전의 재규어로서의 테스카틀리포카 사이에는 개념적인 연관성이 있는 것 같다. 크기와 세련성 측면에서 문화와 문명은 서로 다를 수 있지만 기본적인 개념 그리고 사고의 방법이나 연상 유형은 같다." 심지어 아즈텍 제국 문화의 '재규어적' 본질은 계속 존재해왔다.[27]

지금까지 개괄적이나마 재규어에 관한 두 가지의 중복되는 개념 체계를 살펴보았다. 하나는 재규어-화산-희생물-신의 체계이며, 다른 하나는 재규어-밤-지하세계-물-비-천둥-전쟁-공격-성-코카-환각제-주술사-우월의 체계다. 이 모든 것을 다 합쳐보면 메소아메리카에서 발전했던 호전적이고 희생 지향적인 문명에 대한 설명이 되지 않을까?

구세계의 진화에서 보듯이 온대 농경사회에서는 몬순을 완전히 이해할 수는 없었어도 약화된 몬순의 흐름을 관찰하면서 1년 주기로 씨를 뿌리고 재배하고 곡식을 수확했다. 이에 따라 풍요를 기원하는 숭배의식이 자연적으로 형성되었다. 숭배자들은 하늘에 떠 있는 태양이 늘 일정하게 움직인다고 생각하면서도 늘 태양의 움직임을 관찰했다. 이유를 알 수는 없지만 그들은 그 일관됨이 영원할 것이라 확신할 수 없었던 것이다. 이따금씩 발생하는 일식 현상은 비록 오래 지속되지는 않았지만, 언젠가 세상이 그런 상태가 될지 모르는 일 아니겠는가. 비 또한 예측하기 어려웠다. 나름

거대한 단절

대로 연관성이 있는 주기를 나타냈지만 때로는 주기에서 벗어나기도 했으므로 사람들로 하여금 숭배의 욕구를 불러일으켰고, 간혹 변수는 있었으나 결국 비의 신은 반응을 해주었다. 기본적으로 온대지역의 농업사회에서는 이러한 숭배가 제대로 작동되었다.

한편 연중 내내 울창하게 식물들이 자라는 열대 우림지역에서는 땅의 비옥함은 큰 문제가 아니었다. 전혀 문제가 되지 않았다는 게 아니라 단지 중요성이 덜했다는 뜻이다. 오히려 그보다는 환경의 위협이 더 중요한 문제였다. 그것들은 육지 또는 바다 밑에서 발생한 허리케인, 지진, 화산 때문에 발생한 강력한 해일이나 엘니뇨, 사나운 뇌우와 격렬한 태풍이었다. 더불어 야생동물인 재규어도 인간에게는 위협적인 존재였다. 문제는 이러한 위협들이 주기 없이 닥쳤기 때문에 아무런 대비를 할 수 없다는 점이었다. 이에 대하여 로버트 랭엄은 "재규어의 공격으로 수렵−채집인들은 낮에는 사냥하고 밤에는 집 안에 머무는 것이 안전함을 인식하게 되었다"고 분석했다. 먼 과거일수록 그러한 상황은 더욱더 명확했을 것이다.[28]

달리 말하자면 공격적이고 위험한 재규어는 적대적이고 위험한 예측 불허의 날씨와 같은 존재였다. 재규어에 관한 남·중앙아메리카의 수많은 묘사를 살펴보면 송곳니, 교미, 인간을 공격하는 것, 날카로운 발톱(모방에 대한 추구) 그리고 다른 호전적 특성에도 관심을 보이고 있는데, 이는 육식동물이며 정글과 밤의 왕인 재규어의 습성들을 강조한 것이다. 따라서 이러한 환경에서는 무슨 일(기우·식물·성장)이 일어나기를 비는 기도가 아니라 무슨 일이 일어나지 않도록, 다시 말해 격렬한 바람, 지진, 화산 분출, 강력한 파도, 재규어의 공격 같은 일이 발생하지 않도록 기원하는 것이 바로 신세계에서의 주된 숭배 형태였다. 풍요를 기원하는 구세계 종교가 주로 '애원'이었다면 신세계에서는 '달래기'였다.

이러한 내용을 이해하면 신세계의 희생 제의가 어찌하여 점차 살기를 띠게 되었는지(실제로 살기를 지녔다) 알 수 있게 된다. 아프리카에서 사자 한 마리가 누군가를 잡아먹으면, 그가 속한 부족에서는 모두 힘을 합쳐 그 사자를 죽여버렸다는 사실은 오늘날 잘 알려져 있다. 그렇게 하지 않으면 그 사자는 인간을 잡아먹었던 곳으로 다시 접근하여 또 사람을 해칠 것이기 때문이었다. 하지만 열대 우림지역에서 재규어가 사람을 죽였다는 사실을 알아내기란 훨씬 어려웠을 것이다. 물론 많은 경우 부족의 구성원은 식인 재규어 사냥에 나서기도 했지만 자연재해 또는 다른 공격의 가능성이 높은 환경에서는 오히려 포로의 고기와 피를 제공했을 것이다. 즉 신성한 제의에서 제물로 바쳤던 타 부족의 신체와 피를 남겨두거나 마을로부터 멀리 떨어진 지점에 재규어가 발견할 수 있도록 두는 방안을 선택했을 것으로 짐작된다. 제3의 대안은 주술사가 재규어를 다루는 방법이었다.

그러나 주술사를 통한 숭배는 효험이 없었을 것이다. 아니면 단속적이었거나 성공할 수 없었을 것이다. 엘니뇨·지진·화산 그리고 재규어 공격은 전적으로 주기 없이 발생하는 예측 불허의 사건이기 때문이다. 그러한 환경에서 초기 인류에게 비친 신은 화가 났다기보다는 제물이 충분치 않아 만족하지 못한 것처럼 보였을 수 있다. 결국 그들은 신의 노여움을 가라앉히기 위해 더 필사적으로 많은 제물을 바치려 했을 것이다.

또 다른 추론으로, 아즈텍 문명의 제물은 태양의 식욕을 충족시키기 위한 것이었다. 그렇다면 왜 태양의 '식욕'이라는 개념이 생겨난 것일까? 아마도 수평선 너머의 먼 산에서 발생한 화산 분출로 화산재가 연이어 하늘로 솟구치면서 태양이 가려졌을 테고, 그로 인해 태양이 며칠 동안 떠오르지 않은 것처럼 보이지 않았을까? 더 나아가 화산 분출로 인한 사람들의 죽음과 태양이 떠오르지 않는 현상을 관련지어 인간의 '피'를 바친다면 지평

332

선 위로 아침 해가 떠오를 것이라 믿었을 것이다.

이제 우리는 아즈텍의 권력층인 전사들이 독수리와 재규어를 숭배했으며 재규어 가죽의 색이 떠오르는 태양을 연상케 한다는 사실에 대해서도 알게 되었다. 이를 통해 확실히 샤머니즘적 관행이 빠져나간 자리에 재규어 중심의 모티프가 들어서면서 세계관 또한 변화되었음을 추정할 수 있다.

기억해두어야 할 사실은, 구세계 사람들이 지배적인 신들(모두는 아니지만)에 대한 숭배를 잘 받아들인 이유는 온대사회의 주기적인 자연의 리듬 때문이라면 열대의 신세계에서는 신들이 예측 불가능하고 달랠 수 없는 존재로 인식되었다는 점이다. 여기에는 지대한 차이가 있다.

바이슨떼몰이의 배경

기원전 약 9000년 이후 북아메리카 전역의 고대 인디언들은 큰 짐승을 사냥하기 어려워졌다.[29] 어떤 집단은 서쪽의 건조한 환경에 적응하여 채식 위주의 생활을 영위했고, 동쪽 삼림지대(미시시피 강의 동쪽)에 자리 잡은 소수의 인디언들은 사슴이나 숲속의 다른 동물들을 사냥하면서 계절에 따라 자생하는 식물에 의존해야 했다. 북아메리카의 대평원에서 가장 눈에 띄는 점은 사냥감이 몇몇 종의 거대 동물로부터 바이슨 한 종류로 압축되었다는 것이다. 역사적 생존 방식으로 볼 때 덩치 큰 대상을 사냥하는 방식은 대평원의 생활에 적합한 것이었다.

바이슨이 부상한 이유는 후기 빙하시대 이후 북아메리카의 자연환경이 변화되었기 때문이다. 기원전 9000년, 알래스카 남단으로부터 오늘날 미국 영토와 멕시코를 나누는 리오그란데 강에 이르기까지의 지방에는 광활하고 건조한 풀밭이 펼쳐져 있었다. 그리고 '거대한 바이슨 서식지'는 주로 비가 적게 내리는 로키 산맥의 동쪽 지역에 치우쳐 있었다. 이 평야지대는 1년 내내 거의 건조한 대기 아래 놓여 있었다. 봄과 여름에만 비가 내렸기 때문에 대지 위의 식물들은 짧게 자란 반면, 그 자원인 수분은 땅속 뿌리에 저장되었다. 바이슨은 이러한 식물의 뿌리를 섭취함으로써 종의 생존을 지켰다.[30]

고대 바이슨의 뿔은 매우 인상적인 치수를 과시하고 있다. 어떤 거대한 뿔은 180센티미터 또는 그 이상 되기도 하는데, 앨버타로부터 텍사스까지 또는 캘리포니아로부터 플로리다에 이르는 전 지역에서 발견되었다. 빙하기 이후 바이슨의 수는 더 늘어났지만 체구는 작아졌다.

대평원의 인디언들은 독특한 생활 방식을 형성했다. 대체로 그들은 작은 무리를 지어서 주기적으로 이동하면서 몇몇 장소를 개척해나갔다. 그들은 특정한 광물질의 분포에 따라 이동했음을 알 수 있는데, 바이슨과 같이 커다란 사냥감을 죽일 때 필요한 도구를 이 암석에서 채취했기 때문이었다.[31]

클로비스Clovis에서 폴섬Folsom 도구로의 전환은 사냥 대상이 큰 사냥감에서 바이슨으로 변화된 것과 관계가 있다. 폴섬 도구는 클로비스의 것보다는 더 작지만 깊은 세로 홈이 앞뒤로 파여 있으며, 양 끝에는 두 개의 '귀'가 돌출되어 있다. 정확하지는 않지만 이 '귀'는 찌르기 도구인 창에 끼워 넣기 위한 용도였을 것으로 추측된다. 이렇듯 도구의 무게를 줄인 대신 기능을 강화함으로써 빠른 시간 안에 사냥감의 목숨을 끊거나 피를 뽑아낼 수 있었으며, 당시의 종교에도 기여했을 것이다. 초기 대평원에서 활동했던 인디언의 유적에는 이러한 도구들이 제작과정에서 부서진 잔해가 많이 남아 있다는 데서 그 목적을 유추할 수 있다.

거대한 단절

발굴된 인간과 동물 유골의 유형으로부터도 많은 사실이 확인된다. 유골의 종류가 많지 않은 것으로 보아 기원전 9000년 이후 고대 인디언들의 먹잇감이 다양하지 않았으며, 이후에는 소나 송아지 무리를 사냥하는 데 집중했음을 알 수 있다. 더욱이 그들의 석기 도구가 더 표준화되었다는 사실은 동물의 도살 체계가 성공적으로 진화했음을 암시한다. 그리고 고대 인디언들은 한 번에 먹을 양보다 더 많은 동물을 정기적으로 사냥한 것으로 보인다. 이는 추운 몇 달을 보내기 위해 겨울이 시작되는 시기에 사냥했음을 뜻하는 것일까? 한편 북쪽보다 서남쪽에 거주하는 인간 공동체의 규모가 더 작았다는 사실이 유골 분포에서 확인되었다. 이는 서남쪽에서는 바이슨의 습성을 예측하기가 훨씬 어려워 사회가 더 큰 규모로 발전하지 못했음을 뜻하는 것일까?

바이슨 사냥이 집단적으로 이루어졌다는 사실은 익히 알려져 있다. 그렇다면 바이슨 사냥은 정기적으로 시행되었을까? 아니면 식량 확보를 포함하여 의례의 기능까지 포함한 비정기적인 의식이었을까? 본파이어 셸터, 린든마이어, 올슨처벅의 조사에 의해 콜로라도에서 집단 사냥의 증거가 발견되었는데, 최대 250~270마리의 동물이 한꺼번에 벼랑 밑 모래 언덕이나 막다른 협곡까지 몰려간 흔적이 남아 있었다. 이러한 '난획'의 시기는 대략 기원전 1만 년~기원전 3000년으로 추정되며, 늘 겨울철에 시행된 것이 아니라 의식을 치르기 위해 다른 무리들과 정해진 날에 모여서 사냥했을 가능성이 있다. 이러한 방식은 식량 문제의 해결뿐만 아니라 타 종족의 결혼 상대자를 고르는 데도 도움이 되었을 것이며, 종교적 요소도 얽혀 있었을 것이다. 워싱턴 스미스소니언협회의 고대 인디언 프로그램 담당자인 데니스 스탠퍼드는 사슴의 뿔로 만든 길쭉한 잔과 작은 투척용 창의 축 그리고 들소 울타리 근처의 '튼튼한 나무 기둥'을 추적·조사한 결과, 수직의 나무 기둥은 '주술사의 막대기'이고 나머지는 의식용 물품들이라고 추정했다.[32] 이러한 종교적 해석은 비교적 최근에 확인된 유적지인 오클라호마의 서타진Certasin 발굴 결과에서 볼 수 있다. 협곡 안에 들소 뼈들이 가득 쌓인 것으로 볼 때 들소 떼가 앞다투어 뛰어들었음을 짐작할 수 있으며, 그 중심부에서는 이마에 붉은 번개 표식을 지닌 바이슨의 두개골이 발견되었다.

18세기와 19세기 목격자들의 증언을 토대로 할 때, 바이슨은 혼자 남겨지더라도 특별히 사람을 두려워하지는 않으나 잘 놀란다. "그들은 1600킬로미터 정도 떨어진 곳에서 무리를 지어 얌전히 살았지만 무리가 흩어지거나 한꺼번에 내달리기 시작하면 멈추게 할 방법이 없었다."[33] 목격자들의 말에 따르면 사냥꾼은 필요한 위치에서 며칠간 시간을 보내면서 가끔은 바이슨이 놀라지 않도록 들소의 가죽을 뒤집어쓴 채 지켜봤다고 한다. 그러다가 소리를 쳐서 바이슨 떼를 몰기 시작했다. 즉 사냥꾼들은 쉽게 패닉에 빠져드는 바이슨의 성향을 이용함으로써 죽음을 피할 수 없는 곳, 예컨대 절벽 위나 도랑 또는 모래 언덕으로 몰아내는 식이다. 결국 떼를 지어 내몰린 바이슨 떼는 절벽 밑으로 떨어져 모래에 처박혔다. 사냥꾼은 그저 이 동물들을 거둬들이거나 동물의 심장에 창을 꽂아 넣을 뿐이었다.[34] 위스콘신대 고고학자인 조지 프리슨은 위스콘신에 위치한 건지Guernsey 북쪽의 헬 갭Hell Gap에서 투척용 창의 촉을 발견했다. 그는 소나무 막대기의 구멍 속에 이 촉을 끼우고 송진을 바른 다음 힘줄로 묶은 뒤 소나무에 던져보았다. 3.3미터 길이의 창을 찌르거나 던지는 실험을 통해 그는 이 도구가 황소의 가죽을 뚫을 수 있으며 세게 던진 경우에는 심장이 관통된다는 사실을 확인했다.

이런 방식이라면 사냥에서 동물을 죽이는 일은 어렵지 않다. 긴 시간의

거대한 단절

끈질긴 노력으로 동물들을 한 곳으로 몰아낸 후 사냥꾼들은 그 자리에서 팀을 구성하여 몇 마리의 동물을 해체했다. 우선 바이슨의 배가 드러나도록 돌려놓고 옆구리를 갈라 가죽을 벗긴 후 고기를 취했다. 이로써 한 마리당 213킬로그램의 고기, 20킬로그램의 지방과 16킬로그램의 식용 내장을 얻을 수 있었으며, 이 한 번의 사냥으로 100명 이상의 사람들이 한 달 이상 먹을 식량이 확보되었다.[35]

이런 자세한 내용은 18~19세기 무렵 목격자들의 설명을 토대로 한 것이다. 하지만 기원전 9000년~기원전 6000년 이후에 많은 변화가 있었던 같지는 않다. 이처럼 바이슨 사냥이 오랫동안 지속되었다는 사실은 당시의 자연조건에 사람들이 성공적으로 적응했음을 의미한다. 이에 따라 유럽인들이 모습을 보이기 500년 전까지 북아메리카의 많은 지역에서 농경은 이루어지지 않았다. 이 모든 사실은 이 지역에서 농사가 필요 불가결한 것이 아니었음을 증명한다. 고고학자와 고생물학자들은 농업의 발명을 인간의 가장 위대한 아이디어이자 가장 혁신적인 발명이라고 생각해왔다. 그러나 확실히 신세계의 토지는 농사를 필요로 하지 않았다. 따뜻하고 건조한 기후와 적당한 풀, 사육되지는 않았지만 개체수가 많았던 큰 포유동물 등의 조건 때문에 북아메리카에서 농업의 발달은 도모되지 않았다. 이것은 문명의 발달에 큰 영향을 끼쳤으며 이 지역 문명의 성격을 규정했다.

연어와 무덤

기원전 6000년쯤 느리게 진행되기는 했지만 또 다른 변화가 있었다. 빙하가 녹으면서 흘러내린 바닷물에 의해 수천 년 동안 오르락내리락하던 바다의 수위가 마침내 안정을 찾았고, 빙하의 무게에 짓눌려 있던 새로운 육지가 나타난 것이다. 그 후 방대한 연어 떼가 서북태평양 연안 큰 강까지 헤엄쳐 올라와 산란한 뒤 죽는 현상이 발생했다. 당시의 잔해 더미를 살펴 보면 다른 어떤 것보다 연어 뼈가 더 많이 발견되었고, 세석기 종류 대신 (작살용으로 보이는) 돌로 만든 촉이 출토된 것을 보아도 이러한 과정을 짐작 할 수 있다. 말하자면 당시에는 잡아먹을 물고기가 넘쳐났다. 수많은 연어 떼가 정기적으로 찾아왔기 때문에 마치 수확하듯이 건져 올릴 수 있었으 며, 옥수수 재배보다 훨씬 더 쉬웠다.

　사람들은 생선의 살코기를 발라내어 선반 위에 올려놓고 태양이나 바람 에 말리는 방식을 고안해냈으며 생선을 천장에 매달아놓거나 공용 화로에 서 연기에 그을려 보관하는 지혜를 발휘했다. 서북 해안의 인디언들은 연 어 외에도 사슴·곰·물개·수달을 사냥했고 딸기나 도토리 등의 견과류를 채집했다.[36] 야생 음식과 연어 고기를 풍족하게 먹을 수 있는 이 지역에 처 음으로 정착한 '캐스케이디아Cascadia 인디언'(브리티시 컬럼비아에서 북부 캘리 포니아까지 펼쳐진 캐스케이디아 산맥에서 유래한 명칭)은 영구적인 마을을 형 성했다. 정착생활에 성공한 그들은 전문적인 장인들을 고용하기 시작했고 이후 흑요석 교역까지 이루었다는 사실은 익히 알려져 있다. 이후 인구가 계속 증가하고 지도자도 등장했으나 제대로 된 사회의 모양새를 갖춘 것은 기원전 500년 이후부터였다.[37]

　그러나 캐스케이디아 마을에는 울타리 말뚝을 박았던 구멍 외에 집을 지은 흔적이 남아 있지 않다.[38] 아마도 집이 너무 빈약했거나 계절마다 다 른 집에서 생활했기 때문인 것으로 보이며, 이로써 그들의 생활이 반정착 의 형태였음을 알 수 있다.

　수천 년 동안 새로운 기술 발전으로 연어잡이의 규모는 증가했다. 그리고 일부 씨족의 유해에서 폭력에 의한 상흔이 발견된 것으로 볼 때 낚시에 유리한 강변을 차지하기 위한 싸움이 벌어졌던 것으로 추정된다.(더불어 생선 위주의 식생활로 인한 관절염도 확인되었다.)[39]

헌터 섬 맞은편의 벨라벨라Bella Bella에서 가까운 중앙 브리티시 컬럼비아의 나무Namu 유적지는 세석 관찰 결과 기원전 1만 년~기원전 5000년의 것으로 추정되었다. 이는 수많은 바다 포유류 뼈의 추정 연대와도 일치했다. 그러나 기원전 5000년쯤부터 그들의 식단은 연어와 청어로 바뀌었으며 "겨울의 절반 기간은 한 지역에서 정주하는 생활 방식으로 굳어졌다." 기원전 3000년경의 갑각류 잔해는 2000년 동안 그들이 연어와 함께 갑각류를 섭취했음을 말해준다.

내륙에서는 해안지역만큼은 아니지만 기원전 5800년 이후 대부분의 강변에서 생선뼈가 대량으로 발견된 것으로 보아 점점 더 풍부하게 물고기를 섭취할 수 있던 것으로 보인다. 그리고 대개 연어 유적지와 인접한 곳에서 반지하식으로 지은 가옥(반 정주용)이 발견되었다.

이 무렵의 가옥과 야영지 유물에 관한 증거는 풍부한 편이다. 일리노이 강 계곡의 코스터 유적지에는 기원전 8500년~기원후 1200년까지로 추정되는 14개의 지층별 거주지가 형성되어 있었다. 면적이 3000제곱미터에 달하는 계절 야영지의 흔적을 엿볼 수 있는 열한 번째 지층은 기원전 6000년의 일시적 거주지로 추정된다. 약 25명으로 구성된 대가족이 반복적으로 이 장소에 돌아와 거주했을 것이며, 수천 킬로미터 떨어진 버지니아와 미주리의 유적지에서도 그들이 사용한 석기와 같은 것이 발견되어 이곳에도 거처가 있었음을 알 수 있다. 이 유적지에서 발견된 타원형 무덤에는 네 명의 성인과 세 명의 아이가 매장되어 있었고, 근처의 얕은 구덩이에는 세 마리의 개가 묻혀 있었다.[40]

여덟 번째 지층(기원전 5600~기원전 5000)에는 네 개의 거주지 유적이 형성되어 있는데, 대체로 가로 6~10미터에 세로 3.6~4.5미터의 7000제곱미터 면적을 나타냈다. 가옥의 길쭉한 벽에는 직경 25센티미터 정도의 나무 기둥이 약 2.4~3미터 간격으로 배열되어 있었고, 기둥 사이의 공간은 나뭇가지와 진흙으로 채워 넣었다. 물고기 비늘을 분석해본 결과 거주민들이 늦봄에서 여름까지 이 유적지에 거주했음을 알아냈다. 그들은 쉽게 수거할 수 있는 식물들만 거둬들였기 때문에, 먹을 수 있는 음식은 제한적이었다. 이러한 증거는 다른 중서부 유적지에서도 확인되었다.[41]

플로리다 타이터스빌Titusville 근처에 있는 윈드오버Windover의 독특한 공간 구조는 기원전 6000년~기원전 5000년 기간에 대한 다른 전망을 제공한다. 윈드오버는 초기 고대의 매장지로서 유물들은 연못 속에 잠겨 있었다. 그러나 유해가 사후 48시간 이내에 연못에 수장되어 토탄土炭과 물의 화학 반응으로 거의 원형 그대로 보존될 수 있었다. 일곱 가지 직물도 토탄 속에서 발견되었는데, 직물에 사용된 실은 사발 팜Sabal Palm 나무나 소 팔메토Saw Palmetto라는 야생초였다. 1센티미터당 열 가닥이 직조된 의류(가방, 매트, 외투)는 매우 정교했다. 그들은 또한 호리병박(학명은 Lagenaria siceraria)으로 만든 병을 사용했는데, 아마도 북아메리카에서 이런 유형의 그릇이 사용된 꽤 초창기의 사례일 것이다.[42]

이 시기에는 최초의 가옥 유물도 나타났고, '자유로운 방랑'에서 '중심 본거지가 있는 방랑'으로 변화를 띠게 된다. 말하자면 씨족들은 다른 장소의 임시 야영지를 옮겨 다니는 대신 매년 같은 장소를 찾아 돌아오기 시작한 것이다. 이런 변화는 기원전 4500년쯤 강 계곡에 자신들만의 장소를 위아래로 확보하면서 나타나기 시작했다. 그리고 이 시기 이후 강의 형태가 변화되었다. 빙하시대 이후 오랜 세월에 걸쳐 흘러내린 물이 고여서 U자형 만곡이 형성되었으며, 그 결과 해양 자원이 풍부해져 사람들은 한 장소에서 여러 달 동안 머물기 시작했다. 두엄 더미의 크기가 점점 커진 현상에서 이러한 사실을 짐작할 수 있다.[43]

정주생활의 규모가 커졌다는 사실을 알 수 있는 두 가지 단서가 더 있다. 바로 실질적인 거주 시설과 묘지다. 코스터는 꽤 영구적인 가옥의 증거를 제시했으며, 그중에 어떤 것은 진흙 바닥이 마련되어 있었다.(미시시피에 있는 톰빅비 강 상류) 이 바닥은 기원전 4300년에 만들어진 것으로 확인되었다.

공식적인 매장지는 중앙 미시시피 배수지에서 확인되었다. 이 매장지는 크고 얕은 구덩이에 약 40여 명이 간격 없이 묻힌 형태로, 특정한 개인과 관계없는 부장품들을 볼 때 "평등한 사회였기에 개인의 지위는 중요하지 않았으며, 통솔력과 권위는 물질적 소유물보다는 연령이나 사냥꾼으로서의 경험과 기술에 의해 정해진 듯하다." 한편 진흙 뚜껑에 덮인 무덤에는 여덟 명(주로 남성)이 매장되어 있어 그들이 특별하거나 중요한 인물로 보이지만 전반적으로 남성과 여성 혹은 사회적 지위의 차별은 거의 나타나지 않았다. 또 다른 무덤에서는 한 다발의 독수리 발톱, 곰의 발가락뼈 그리고 다른 부장품들이 있었다. 그는 주술사였을까?[44]

강 주변의 비옥한 계곡에 갑자기 무덤과 봉분이 형성된 것은 분명 선사시대 인디언의 중요한 변화를 암시한다. 아마도 자신들의 혈통을 표시하고 차별화된 매장 방식을 도모하면서, 그들은 땅과 땅에서 나오는 음식자원에 대한 소유권을 주장하기 시작했을 것이다. 그들은 선조가 머물렀던 땅을 소유하려 했을 것이며, 그 땅을 지키기 위해 계속 그곳에서 생활해야 했을 것이다.[45]

중앙 미시시피 배수지의 정착 문화는 일찍이 기원전 4000년쯤 발생했다. 영토에 대한 일정한 소유권을 인식하면서 처음으로 경계에 대한 개념을 갖기 시작했을 테고, 그로 인해 부족 간의 산발적인 전투도 벌어졌을 것이다. 또한 몇 킬로미터 떨어진 곳에서도 볼 수 있는 산 정상에 봉분이나 묘지 같은 특징적인 영토 표식을 만들었을 것이다. 이러한 관행은 옥수수 농업이 중서부 전역에 소개될 때까지 5000년 동안 계속되어 몇몇 지역에서는 역사시대에도 여전히 중요한 관행으로 전해졌다.[46]

한편 이 무렵의 것으로 추정되는 발굴 유해 중 신생아와 새끼동물도 두 배로 증가하여 전체의 4분의 1이었던 비율이 2분의 1로 바뀌었다. 이것은 농가의 동물 사육이 늘어났음을 보여주는 증거인 동시에, 비좁은 울타리에 가두고 동물들을 키우다가 전염병으로 새끼들의 사망률도 증가했음을 보여주는 증거이기도 하다.(이는 오늘날에도 여전한 문제다.)

여기서 우리는 유라시아와의 상당한 차이를 확인할 수 있다. 아메리카에서도 서아시아에서와 마찬가지로 정착생활이 발전했으나, 1년 중 일부 기간만 거주하는 (나중에는 정기적으로 귀향하는) 임시 마을 또는 촌락과 베이스캠프 형태가 주를 이루었다. 그 정점에 달했을 때 사람들은 영구적 가옥이 아닌 묘지로 영토 소유권을 표시했다.

신세계에서 농업의 시작은 구세계보다 많이 늦지는 않았고(같은 시기였을지도 모른다), 수확 가능한 식물의 종류도 많았지만 구세계에서와 같은 획기적인 현상은 나타나지 않았다. 농업은 결과적으로, 모든 지역에 해당되는 것은 아니지만, 도자기, 야금술 등의 급속한 발전을 유도하지 못했으며 마을이 도시로 발전하는 일도 나타나지 않았다. 나중에 좀더 상세하게 살펴보겠지만, 몇몇 장소에서는 그러한 발전이 있었다. 그러나 대부분의 지역에서는 수 세기 동안 심지어 1000년 또는 유사 이전까지 반 정착생활 또

거대한 단절

는 유목과 수렵-채집생활이 지속되었다.

분명 이러한 현상은 풍부한 사냥감과 다른 식량원의 공급 그리고 비교적 밀도가 낮은 인구와 관계가 있다. 그들에게 주어진 환경을 고려할 때 일시적인 정착생활, 유목과 수렵-채집생활만으로도 생활을 영위하는 데 아무런 문제가 없었기 때문에 농사가 필요치 않았던 것이다.

그로 인한 결과는 매우 중요하다. 지속적으로 이동해야 하는 수렵-채집인들에게는 영구적인 건축물이 필요치 않았으므로 이들은 기념비적인 건축물도 세우지 않았다. 더욱이 이동 생활에서는 무겁고 잘 깨지는 도자기 그릇도 필요치 않았다. 무엇보다 주목할 만한 것은 수렵-채집인의 신이다. 다양한 자연에서 생활했던 그들은 식물만큼이나 동물에도 많이 의존했기 때문에, 기후나 강은 덜 중요하거나 다른 방식으로 중요했다. 따라서 그들의 숭배의 대상도 달랐다.

항상 이동을 해야 하는 수렵-채집인과 목동에게 물질 재화는 그다지 중요하지 않았다. 대신 가볍고 딱딱하지 않은, 좀더 탄력적이거나 말아서 들고 다니기 쉬운 장비들이 요구되었다. 이에 따라 도자기 대신 가방·파우치·그물·담요에 의존했을 것이고, 이는 진흙 작업이나 야금술보다는 직조·바느질·매듭 기술이 더 중요했음을 의미한다. 물론 가방이나 파우치, 샌들(탄소 측정 연대로 가장 빠른 것은 기원전 7500년)은 물론, 재단된 옷, 담요, 그물, 바구니 그리고 천은 잘 부패되는 재질인 만큼 그것들을 장식했던 장식물이나 그 상징적 의미까지도 상실되었다.

당시 신세계에서는 분명하되 더딘 방식으로 인류 발전이 이루어지고 있었다. 초기 인류는 주변의 자연세계에 잘 적응했고, 농업에 대해서는 실질적인 필요를 느끼지 못했다. 다만 덜 순응적일 뿐만 아니라 종류도 많은 다른 야생동물에 민감하게 대처해야 했다. 예컨대 구세계의 염소와 양 또는 말과 소는 재규어, 바이슨, 연어보다 서로 유사한 점이 더 많았다. 이에 따라 아메리카의 사회는 곡류와 사육 동물에 의지했던 구세계와는 크게 다른 형태로 발전될 수밖에 없었다.

지금도 그렇지만 당시 아메리카는 풍요의 땅이었다. 이 사실은 신세계보다는 구세계에 대하여 더 큰 의미를 지니는지도 모르겠다. 왜냐하면 아직까지 흡족한 대답을 얻지 못한 오래된 질문을 다시금 하게 만들기 때문이다. 농업은 왜 구세계에서 발전했을까?

제3부

왜 인류는
구세계와 신세계에서
다르게 진화했는가

에리두와 아스페로:
1만2000킬로미터 떨어진 최초의 도시

기원전 1만 년~기원전 9500년경 가축 사육이 정식으로 진행되지 않았던 무렵 중동의 나투프 문화와 키암 문화에서 어떻게 여신 숭배와 황소 숭배가 나타나게 되었는지에 대한 자크 코뱅의 주장을 7장에서 살펴보았다. 이러한 숭배 문화는 이 지역의 새로운 조건에 따른 것으로 코뱅은 결론지었다. 말하자면 여신은 오래전부터 전통적인 숭배의 대상이었으나 황소는 초기 인류가 더운 기후 조건에 접촉하는 과정에서 새롭게 등장한 남성성과 힘의 상징이라는 것이다. 이후 수천 년 동안 황소는 조금씩 변화된 이미지로 이어져왔다.

신세계에서 최초의 종교적 행위는 훨씬 훗날인 기원전 7000년~기원전 5000년에 시작되었으며 그 주된 배경은 역시 자연환경의 영향인 것으로 확인되었다. 종교의 발원이 환경의 영향 때문이라는 견해는 경우에 따라 그 내용의 차이는 있으나 오랫동안 타당하게 인식되어왔다.

신세계에서 최초의 종교적 행위는 칠레의 친초로Chinchorro 족을 통해 엿볼 수 있다. 그들은 일찍이 태평양 연안에 정착했는데, 이 지역은 땅은 척박해도 계절 변화가 극심하지 않아 자연환경의 변화가 거의 없고, 연중 쾌적한 기온이 유지되었으며, 신선한 물과 바다로부터 식량(특히 바다표범)을 쉽게 구할 수 있는 환경이었기 때문이다. 그들이 북쪽 페루 해변에서 온 부족이라면 바다에서 식량을 구할 수 있는 여러 생존 기술을 갖추고 있었을 것이고, 내륙인 안데스 고지에서 온 부족이라 하더라도 위도상 티티카카 호수로부터 왔을 테니 틀림없이 물고기 잡는 기술을 지니고 있었을 것이다.

물고기를 잡을 때 친초로 족은 투창, 작살, 낚싯바늘 추, 돌칼 그리고 바구니를 이용했다. 광물 조사를 통해 유적지를 살펴본 결과 그들은 생선, 바다 포유류, 해변에 서식하는 새 등을 주식으로 섭취했으며, 두개골에서 돌출된 귓뼈는 병리학적으로 차가운 물에 다이빙한 것과 관계 있어 보인다. '아차Acha 2'라 불리는 유적지의 몇몇 오두막집 그리고 안토파가스타Antofagasta의 칼레토 아브타오Caleto Abtao에서 확인된 약 180여 채의 오두막집에서 거주했다. 이곳에서 특별히 주의를 끄는 것은 미라 보존 관습으로, 이는 이집트보다 2000년 더 앞선 것이다. 기원전 8000년으로 거슬러 올라가면 에콰도르에서 페루까지 남아메리카의 어떤 해변에서도 인위적인 미라의 매장 흔적은 찾아볼 수 없다. 이후 이러한 관습은 카마로네스 강에서 비롯되어 페루와 국경을 이루는 칠레의 북쪽 끝 지역인 아리카Arica까지 확대되었는데, NASA의 발표에 따르면 이 일대는 지구에서 가장 메마른 아타카마 사막에 속하는 지역이었다.

수천 년 후의 이집트에서와 마찬가지로 건조한 환경에서 자연 발생적으로 미라 관습이 나타났다는 것은 종교적 관점에서 매우 중요하다. 아마도 초기 인류는 부패하거나 썩지 않은 몇몇 선조의 형체를 발견하고 큰 충격을 받았을 것이며, 인간은 죽어서도 삶과 죽음의 경계 그 어딘가에 계속 존재한다는 생각을 하게 되었을 것이다.

라스베이거스의 네바다대와 칠레 아리카의 타라파카대 인류학 교수인 베르나르도 아리아자에 따르면 친초로 족은 자연적으로 만들어진 미라를 관찰하여 미라 보존법을 발전시켰으며, 그 결과 수천 년 후까지 얼굴의 일부 또는 생식기가 훼손되지 않을 만큼 정교한 기술과 해부 및 건조에 대한 지식을 지니게 되었다. 또한 그들은 죽은 자의 두개골에 구멍을 뚫어 활과 화살을 써서 두개골을 변형하는 문화적 혁신을 보여주었다. 이것은 동일한 집단을 표시하기 위한 방법으로 간주된다. 그들의 평균 두개골 용량은 오늘날의 인류와 비슷한 1400밀리리터 정도였다.[1]

그들의 미라 보존법은 세 가지 방식으로 발전했다. 초기의 검은 미라는 부드러운 표피를 제거한 뒤 표시나지 않게 분체와 합체를 거듭하면서 만들었고 나무 막대기로 팔다리를 대신했다. 더러는 벌거벗은 미라도 발견되었다. 또 어떤 경우에는 마치 조각상처럼 시체에 색을 입히기도 했는데, 아마도 매장되기 전 한동안 바깥에 노출돼 있던 것으로 보인다. 그 이후의 방식으로 보이는 붉은색 미라는 진흙으로 채색되어 있었다. 세 번째 방식의 미라는 채색의 수준을 넘어 온통 진흙으로 감싸인 채 무덤 바닥에 '부착'된 것처럼 보였다. 요컨대 매장 이후 시신이 움직일 수 없도록 진흙으로 빈틈없이 고정해놓은 것이다. 이 진흙 미라는 땅의 '일부'가 됨으로써 외부의 침입으로부터 안전하리라는 그들의 변화된 '신념'을 상징한다고 아리아자는 해석했다.

미라 매장과 관련하여 미라 그 자체보다 더 흥미로운 사실은 이 관습이 어린아이에게부터 적용되기 시작했다는 점이다. 실제로 발굴 미라의 26퍼

거대한 단절

센트 정도는 한 살 미만의 유아로, 친초로 공동묘지에서 발견된 태아 및 신생아의 비율과 일치한다. 대체적으로 어느 문화에서나 어린아이들, 특히 생명을 얻지 못한 사산아들의 죽음에 대한 관심은 성인보다 덜하게 마련이어서 이러한 사실은 놀라움을 안겨준다. 친초로 족의 성인 장례에는 약간의 음식과 낚시 도구 외에는 그다지 부장품을 강조하지 않은 반면 짧은 생애를 마감한 어린아이들의 죽음은 크게 강조되었다. 아리아자는 새끼 물고기가 잡히면 좀더 자라도록 바다에 풀어주는 어민들의 관행을 친초로 족이 지켰을 것이며, 그러한 풍습으로부터 어린 생명의 미라 매장이 시작되었을 것으로 유추했다.

친초로 족 아동의 사망에 대한 부정할 수 없는 증거는 비정상적으로 높은 비소 중독률이었다. 미라 관습이 비롯되었던 카마로네스 강의 평균 비소 농도는 리터당 1000마이크로그램으로, 세계보건기구가 표준으로 정한 10마이크로그램보다 100배나 더 높다. 산모가 높은 농도의 비소에 장기간 노출되면 자연 유산, 사산, 조산이 발생할 수밖에 없다. 오늘날에도 안토파가스타 지역(비소 농도가 30~40마이크로그램)의 출산율은 남부와 중부 칠레(비소 농도가 1마이크로그램)에 비해 매우 낮다. 또한 비소중독은 케라토시스keratosis 증상(피부가 비늘처럼 변하는 현상), 간암, 방광암을 유발한다. 아리아자에 따르면 비소 농도가 100마이크로그램인 식수에 노출된 방글라데시 산모의 경우 전혀 노출되지 않은 산모에 비해 비정상적인 출산을 하는 경우가 세 배 이상이라고 한다. 이를 토대로, 당시 친초로 산모들의 비정상 출산이 다른 지역보다 30배 이상 많았음을 짐작할 수 있다.[2]

미라 매장의 풍습에는 집단의 슬픔을 달래는 각별한 의미가 담겼을 것이다. 아리아자가 밝혔듯이 친초로 족의 미라는 살아 있는 사람들과 동일한 장소 동일한 환경을 공유하는 또 다른 '살아 있는' 실체였다.[3] 이로써 죽음은 삶의 '연장'으로 인식되었고 미라는 죽음을 부정하는 이데올로기의 일부로 편입되었을 것이다. 다시 말해 그들은 미라를 통해 몸과 영혼의 불멸이 획득된다고 믿었다. 이에 따라 미라는 영혼의 안식처로서, 살아 있는 실체로 고려되었다. 이곳에서 발견된 미라는 자연적으로 만들어진 것과 인위적으로 만든 것이 반반인데, 이는 아마도 친초로 족이 미라 보존을 자연적 현상으로 보았으며, 다만 선택된 소수에게 이러한 불멸성을 '제공할' 수 있다고 믿었음을 시사한다.

이와 같은 비소 중독에 따른 문제 외에도 강의 계곡에서는 지진과 홍수 등의 위험이 빈번하여 또 다른 공포를 낳았다. 이 지역은 역사적으로 1604년, 1868년, 1877년, 1987년에 지진으로 큰 피해를 보았고 1868년, 1877년의 대홍수가 발생하여 모든 배가 거대한 파도에 휩쓸려 시내 한복판으로 쳐들어오는 바람에 아리카 마을이 붕괴되고 말았다. 기원전 700년 경에는 고대 페루인들이 살던 우아카 프리에타Huaca Prieta에 쓰나미가 덮쳐 폐허가 되어버렸다고 고고학자들은 밝히고 있다. 친초로 족의 몇몇 공동 묘지는 바다에서 꽤 떨어진 언덕의 경사면에 자리했고 고도가 제법 높아서 안전할 수 있었다.[4] 오늘날에도 해안에 강한 파도가 일게 되면 낚시가 쉽지 않다.

마지막으로, 친초로 족의 무덤에서 발견된 환각제 통은 이러한 장례 풍습의 다른 일면을 보여준다. 아리아자의 설명에 따르면 "친초로 부족들 또는 종교지도자들은 완성된 미라를 조상들께 선보이면서 저세상과 소통하고 조문객들을 일체화하기 위해 제의에서 마약 환각제를 사용했다."[5] 이러한 풍습은 기원후 약 500~1000년까지 아타카마 사막 지역에서 시행되었는데, 무덤 안에서 화려하게 장식된 코담배 곽이나 통이 발견되었다.

아리카 지역에서 발견된 미라 중에서 머리카락이 많이 남은 것은 환각

거대한 단절

식물의 성분을 확인해볼 수 있는 유일한 기회를 제공했다. 기체 색층 분석과 스펙트럼 분석을 통해 하르민harmine의 유무를 확인하거나 바니스테리오프시스Banisteriopsis 덩굴(12장에서 소개한 아야우아스카)의 흔적을 확인할 수 있는데, 32구의 미라 중 3구의 시신으로부터 환각 작용을 돕는 하르민이 추출되었다. 이 연구를 주도한 타라파카대 후안 오갈데는 하르민이 약으로 사용되었으며 주술사에게만 허용된 것은 아니었다고 추정했다. 예컨대 어린아이의 미라에서 뚜렷한 마약 성분이 검출된 결과, 약제로 사용되었거나 모유 수유를 통해 흡수되었다는 사실을 뒷받침한다.[6]

기원후 500~900년경 볼리비아 티티카카 호수 주변의 아타카마 사막 내륙에서 한때 번성했던 티와나쿠 문명지역에서는 화려하게 장식된 코담배용 도구들이 많이 발견되어 환각제의 사용이 크게 증가했음을 알 수 있다. 오갈데에 따르면, 아마존에 서식하는 식물인 바니스테리오프시스 덩굴을 아타카마 해변에서는 재배할 수 없었으므로 오래전부터 식물 교역이 광범위하게 진행되었을 것으로 보았다. 이것은 친초로 족에게 환각제가 얼마나 중요한 것인지를 재확인해주는 동시에 해안가로 이주할 때 함께 옮겨간 정글 사회의 습관일 것이라는 힌트를 제공한다.

환각제 흔적이 32구의 미라 중 3구의 미라에서 확인된 비율은 고대사회 주민들 중 주술사가 차지하는 비율과 일치한다. 또한 사변적으로도 미라와 샤머니즘은 서로 관련되어 있다. 예컨대 주술사가 환각 상태나 꿈속에서 팔다리가 잘리거나 해골 상태로 변하는 체험을 한다는 사실을 우리는 잘 알고 있다. 이 점을 고대 친초로 족이 어느 정도까지 인식했을지는 모르겠으나 유사성은 분명하다.

구세계에서와 마찬가지로 남아메리카에서도 지역 환경에 따른 상호작용이 존재했다. 세계 전역에 걸친 기후 변화의 과정에서 건조한 사막 기후에서는 미라 매장이라는 풍습이 나타나게 되었고, 그로 인해 페루나 칠레의 남쪽으로 이주한 친초로 족은 삶과 죽음에 대한 인식의 변화를 겪었으며, 그와 더불어 주술적 관습들이 사라져갔다. 대신 공동체의 '교류'를 유지하기 위해 미라가 땅 위에 전시되었으며, 아타카마 사막 지역에서는 최소 몇 주 또는 몇 년에 걸쳐 장례 의식이 진행되었을 것이라고 아리아자는 주장했다. 이것은 단순한 조상 숭배가 아니라 조상들이 공동체에 그대로 남아 초자연적인 세계를 안내함으로써 적대적인 자연환경 또는 예측할 수 없는 상황을 방지하는 장치의 일종이었다. 죽은 주술사를 미라로 보존한 까닭 역시 그의 영원한 삶과 초자연적인 힘을 보존하기 위한 것이었다.

기원전 1500년경 친초로 부족은 마침내 사라지고 말았으나, 그들의 장례 풍습 그리고 삶과 죽음과 내세에 대한 사고관은 앞으로 살펴볼 남아메리카 문화에 진화된 형태로 남았다. 이렇듯 아타카마 사막에서보다 약 2000년 후에 발전한 이집트의 미라 풍습과는 그 종교적 의미가 매우 다르며, 양쪽 다 오래 지속되지 못했다.

인류 문명의 발전과정에 농업이 결정적인 전환을 제공했다는 제2차 세계대전 이후의 통념과 달리 친초로 족은 일찍부터 사막의 해안가에 정착했다는 점에서 흥미롭다. 그들이 해안 사막에 정주한 이유는 분명한 두 가지 이유가 있다. 하나는 생선이 쓸 만한 영양(단백질) 공급원이라는 사실을 발견했기 때문이고, 다른 하나는 낮은 출산율 등의 열악한 생존여건 속에서 자연적으로 보존된 미라를 통해 종교적 위안을 받을 수 있었기 때문이다. 여기서 우리는 주술사가 메리야크meryak 또는 메네리크menerik라는 극도의 병적 흥분 상태에서 입문 의식을 치렀다는 사실과(3장) 안면 불구를 안고 태어난 사람들이 특별히 성스러운 대접을 받았다는 사실(11장)을 떠올리게 된다. 오늘날과 같은 의학 기술이 없었던 초기 인류는 몸이나 마음에 생긴 병 그리고 신체장애를 바라보는 관점이 매우 달랐다.

해양 가설

기원전 1500년경 친초로 족은 역사에서 사라졌지만 그들 문명의 일부는 남아메리카의 서로 다른 문명에 다양한 경로로 전승되었다. 세계 5대 고대 문명은 기원전 3500년경 메소포타미아 지역(제2의 생산 혁명의 시기), 기원전 3000년경 이집트, 기원전 2600년경 인도, 기원전 1900년경 중국 그리고 기원전 1200년경 멕시코 지역에서 각각 발현되었다. 이 모든 문명의 공통적인 현상은 잉여 식량이 인구를 증가시켜 인구 밀도를 높였고, 동시에 식량 생산에 직접적으로 관여하지 않는 작가·예술가·기능공·초기 과학자(천문학자, 수학자) 등 인력의 전문화를 가져왔다는 것이다. 이때 잉여 생산을 견인하여 문명의 발전에 일조한 우선적인 요인은 바로 관개 시스템이었다. 관개 시설은 토지를 비옥하게 할 뿐만 아니라 체계적으로 물을 관리할 조직을 발전시키는 촉매작용을 했다. 문명 발전에 기여한 두 번째 요인은 도기 제조술이었다. 이는 사회가 복잡해지면서 흉년에 대비하거나 생활에 부족한 물품들을 교환하기 위한 식량 보관의 요구가 나타난 데 따른 것이다. 도자기 용기가 발명되면서 바다 건너 물건들을 이송하기 전에 표시하여 구분해둬야 했고, 앞서 언급한 대로 결국은 그러한 상징의 표식들로부터 글자가 발명되었다.

구세계 초기 인류의 발전 형태에 대한 이와 같은 견해들은 최근 들어 상당한 회의를 불러일으켰음에도 불구하고 멕시코 문명과 구세계 문명의 유사성이 강조되었던 주장만큼은 1970년대 초반까지도 매우 견고했다. 그러나 구세계의 문명들과는 달리 초기 신세계 문명은 곡식이나 식물의 잉여에 의해 형성되지 않았다는 새로운 증거들이 나타나기 시작했다.

친초로 족은 기원전 6000년 무렵 칠레 해변에 정착했던 해양 부족으로서 기념 건축물 등 문명이라고 부를 만한 게 없었다. 그러나 훗날 북쪽에 정착한 고대 페루 거주민들의 경우는 다르다.

1970년대 초반 하버드대 교수였으며 현재는 플로리다대에 재직 중인 마이클 모즐리는 수도인 리마의 북쪽에 흐르는 수페 강 어귀, 즉 페루 해안의 아스페로 지역에서 13만 제곱미터 규모의 유적지를 찾아냈다. 이 유적지의 특이한 점은, 첫째는 평탄한 여섯 개의 언덕이 기념 건축물로 추정된다는 점이고, 둘째는 곡물 생산이나 도기의 흔적이 전혀 없다는 점이고, 셋째는 예전의 친초로 족이 쭉 뻗은 해안가에 정착한 것과 흡사한 지형 구조를 이룬다는 점이다. 아스페로 족은 친초로 족과 같은 어업 공동체로, 조개 무덤이나 뼈의 화학적 분석 결과 식량의 90퍼센트가 해산물이었음이 나타났다. 유일하게 재배된 농산물은 곡식이 아니라 그물을 만드는 데 이용되는 면cotton인데, 해안에서 다소 떨어진 내륙에서 재배되었다.

아스페로 족은 그물을 만들기 위해 면을 재배하기 시작하면서 비로소 잉여 식량의 생산 방법을 터득했을 것이며, 이후 노동의 분화가 발생하여 일부 주민은 어업에 종사하고 일부는 면을 생산하고 또 일부는 면에서 나온 실로 그물을 만들었을 것이라고 모즐리는 진단했다. 약간의 과일과 채소를 키우기도 했을 테지만, 주요 식량인 물고기를 잡는 데 필요한 그물을 만들어야 했으므로 아마도 면 재배가 가장 핵심적인 농사였을 것으로 추정했다. 한편 모즐리는 아스페로 족이 피라미드 신전을 건축했다는 사실로 미루어볼 때, 기술을 지닌 성직자들이 일정한 사회적 지위를 누리면서 지도자 역할을 수행했을 것이라고 파악했다.

1975년 모즐리는 자신의 저서 『안데스 문명의 해양 기원The Maritime Foundations of Andean Civilization』에서 "단지 농경만이 복잡한 사회를 탄생케 했다는 고고학계의 주장은 세계 보편적인 사실이 아니다"라고 주장했다. 그는 페루에서 농민이 아닌 어민들이 문명의 기초를 일구었음을 강조하면서, 이보다 훨씬 뒤인 기원전 1800년 무렵 곡식과 그것을 저장할 도기류와 더불어 완전한 도시국가가 출현했으나 "그 기원은 엄연히 도기 생산 이전의 해안이었다"고 주장했다.[7]

처음에 모즐리의 이론(해양 가설)은 이단으로 간주되었다. 그러나 방사성 탄소 연대측정법에 의해 기원전 3055년경 아스페로 족이 번성했던 사실이 확인된 후 비로소 그의 이론이 인정받게 되었고, 1980년대 후반에는 정설로 굳어졌다. 그리고 1966년 페루의 유명한 고고학자인 루트 샤디에 의해 그 내용이 한층 다듬어졌다. 그녀는 2년 동안 아스페로 지역, 그중에서도 내륙으로 19킬로미터쯤 깊이 들어간 수페 계곡 위쪽의 카랄Caral 지역을 중점적으로 발굴했다. 그 과정에서 그녀는 카랄과 아스페로가 같은 문명에 속했으나 카랄이 아스페로보다 '훨씬 더 크고 발전된' 도시국가였음을 확신하게 되었다. 그녀는 "이 사실은 그동안 역사를 바라보는 방식을 규정했던 문제가 무엇이었는지를 깨닫게 해주었다"고 했다. 그녀는 모즐리와의 토론 결과 공동의 학설을 확립했는데, 그 내용 중에서 가장 중요한 것은 초기에 카랄은 물고기 그물용 면 생산을 위한 '농업 위성지역'으로서 아스페로의 식민지였으며, 페루의 모든 지역 중에서 관개 시설 구축에 가장 적합한 지역이었다는 점이다. 카랄 지역이 발전함에 따라 면뿐만 아니라 열대 과일, 콩, 고추, 호박, 목재 생산 또한 더불어 확산되었으며, 쓰고 남는 산물은 아스페로를 비롯한 다른 해안지역의 물고기, 연체동물, 소금 등과 교환되었다. 교역 범위는 인접한 계곡지역과 내륙의 산간지역으로 좀더 확대되었다. 샤디의 주장에 따르면 에콰도르의 조개류, 안데스 고원 지구의 염료, 안데스 산맥을 넘어 아마존 유역의 환각용 코담배 등 다양한 외래품이 카랄으로 수입되었다.[8]

이러한 교역의 번성으로, 카랄 지역은 아스페로 지역을 능가할 만큼 양적으로나 질적으로 발전하여 인구가 3000명에 달했을 것으로 샤디는 추정했다. 피라미드 신전은 그러한 풍부한 인적 자원의 정기적인 동원으로써 재구축된 것으로, 그 방식 또한 독특했다. 우선 예전에 쌓은 제단 위에 제물(진흙 조각상 또는 사람)과 돌이 담긴 갈대 주머니(시크라shicra)를 채운 뒤 표면에 장식이 새겨진 돌과 화려한 색의 회반죽으로 그 위를 덮는 식이었다. 완성된 후에는 사회 각층의 인사들이 제단 밑에서 바라보는 가운데 입체형으로 쌓아올린 연단 꼭대기에서는 제사장이 제물을 불에 태우는 번제燔祭가 시행되었다. 이곳으로부터 좀더 먼 유적지에서는 조개와 준보석의 돌로 화려하게 꾸며진 장신구들이 발견되었고, 성화로 불을 밝혔을 원형 극장에는 콘도르와 펠리컨의 뼈로 만든 피리가 발견되었다. 사회 고위층이 사용했을 듯한 의자는 청고래의 척추뼈로 제작된 것이다.[9]

카랄은 두 가지 이유에서 중요한 의미를 지닌다. 첫째는 수메르 문명만큼 기원이 오래되지는 않았지만 이집트와 비슷하고 인도나 중국보다는 오래된, 기원전 3050년경 신세계에서 발생한 가장 오래된 문명이라는 점이다. 둘째는 관개 시설을 활용하여 주식량인 곡식을 생산했던 구세계와는 달리 물고기를 주식으로 했으며 관개 시설을 기반으로 면을 생산하는 환경에서 형성된 문명이라는 점이다. 신세계 초기의 사람들은 밀파milpa 농업 (옥수수, 콩, 호박 등 다양한 작물을 섞어 재배하는 방식—옮긴이) 또는 코누카 conuca 농업(여러 곳을 옮겨 다니며 소규모로 임시 경작하는 방식—옮긴이)을 하는 등 유라시아 대륙의 초기 인류와는 다른 궤적을 보였다.

2001년과 2004년, 미국의 두 고고학자는 중요한 내용을 추가했다. 2004년 크리스마스 며칠 전 조너선 하스와 위니프레드 크리머 부부는 리마 북쪽으로 160킬로미터쯤 떨어진 계곡 세 지점에서 20개의 거주 지역(총 78만4000제곱킬로미터 면적)을 발견했다. 95건의 방사성탄소 연대측정 끝에 이 거주지의 시기는 기원전 3000년~기원전 1800년으로 밝혀졌는데, 그들은 카랄 지역까지 포함한 일대 지역을 총체적인 하나의 문화로 설명하면서 '노트르 치코Notre Chico'라 명명했다. 그리고 이들은 피라미드 신전을 세우고 지상보다 낮은 광장을 건설했으며 1000년 이상의 문명을 유지했다고 주장했다. 이것은 동시대 이집트의 파라오 문명에 버금가는 것이었다.[10]

이러한 주장에는 비판적 논란이 꽤 뒤따랐다. 우선 노트르 치코의 새로운 추정 연대를 제시한 하스와 크리머 부부의 주장은 카랄(또는 노트르 치코) 문명이 해안을 따라 발생했다는 모즐리와 샤디의 주장에 대립되는 것이었기 때문이다. 그들은 내륙의 주거지가 아스페로와 다른 해안 주거지가 동시대에 존재했으며 관개 시설이 잉여 생산의 기반으로 작용하면서 관리 계급이 출현하게 되었을 것이라 주장했다. 또한 안데스에서 도기류의 발명 이전에 사회조직이 형성되었다는 주장에는 동의하면서, 관개 시설의 도움으로 면·호박·고추·콩·아보카도가 재배되었으나 옥수수나 다른 곡식류를 보관한 흔적은 없다고 주장했다. 그런 반면 내륙의 주거지에서 해안가만큼 대규모는 아니지만 물고기와 조개류의 흔적이 발굴된 데에 따른 모즐리와 샤디의 견해에 동조했다. 그들은 "초기 문명은 도자기나 관련 예술이나 기술 없이, 특히 농업에 기반을 둔 다른 사회조직들이 흔히 곡물을 주식으로 한 것과는 다른 환경 속에서 태어났다"고 결론지으면서 고대 페루인들이 전혀 다른 문명의 길을 거쳤음을 강조했다.[11]

이러한 차이는 얼마나 중요한 것일까? 아마도 주변 자연환경과의 관계가 초기 인류의 정치적·종교적 사고 체계를 결정했고, 그 내용이 다시 그들의 미래에 영향을 끼쳤다는 관점에서 매우 중요하다고 말할 수 있을 것이다. 예를 들어 어업은 음력과 조수의 주기와 밀접하고, 농사는 양력과 강수의 주기와 밀접하다. 긴 운하가 있으면 땅을 개간하고 그것을 유지하기 위한 조직된 노동 인력이 필요하다. 그러나 수페 계곡에 있는 작은 운하는 몇몇 가족이나 씨족이면 충분히 관리할 수 있었다. 몇 명이 탈 수 있는 작은 배만으로도 일 년 내내 충분한 식량을 '수확'할 수 있었다. 스페인이 원주민을 정복했을 당시 남·북아메리카 대륙의 태평양 연안지역은 대부분 어업과 농업이 완전히 별개의 분야로 나뉘어 있었다. 그에 따라 주민들은 분리된 분야 안에서 끼리끼리 혼인했고 다른 언어를 사용했다. 해안가 사람들은 배를 만들기 위해 해변 정원에서 타토라 갈대를 키웠지만, 농부들처럼 농산물을 재배하거나 세금을 내거나 공물을 바치는 일은 없었다. 그 대신 두 집단은 물물교환을 통해 물고기(단백질)와 곡식(탄수화물)을 상호 교환함으로써 공생관계를 이루었을 것이다. 어쩌면 그 이전 시대부터 유사한 형태가 있었을지도 모른다.[12]

지금까지 살펴봤듯이 카랄의 문명과 구세계 초기의 멕시코 문명 사이에는 중요하고도 근본적인 차이점들이 있다. 이제 우리는 아스페로, 카랄 그리고 노트르 치코 지역의 형성기를 알 수 있으므로, 그 시기의 구세계와 신세계를 서로 비교하여 무엇이 어떻게 동일하고 다른지를 세밀히 조사할 수 있게 되었다. 이 지역들의 관습이나 제도는 기원전 4000년 무렵에 자리 잡았다. 초기 인류가 12만5000년 전에 아프리카를 떠나 다른 세계로 이주하기 시작했다는 점을 감안할 때 지구적으로 서로 다른 문명 발현의 시차가 300~500년 정도라면 거의 무시해도 좋을 것이며, 여기에는 예외적이며 간과할 수 없는 유사성이 존재할 것이다.

거대한 단절

더욱 강력해진 종교

메소포타미아 지역은 기후 변화의 관점에서 보면 남아메리카와 유사한 점도 있고 차이점도 있다. 실제로는 메소포타미아 지역보다 에게 해, 동부 지중해(이스라엘 바깥), 아카바 만, 홍해 지역 그리고 사우디와 예멘 반도를 가로지르는 지역에서 기후 변화가 더 심하다. 기록으로 알 수 있듯이 충적세 초기, 특히 기원전 1만 년~기원전 6000년 전에는 지금보다 10~32퍼센트 더 습한 날씨였는데 기원전 1만 년~기원전 7800년 전 무렵 최대의 강수량을 보인 후 기원전 7000년~기원전 6500년 전부터는 아랍 전 지역에 약한 계절풍이 불기 시작하면서 건조해진 것이다. 이 비슷한 시기, 즉 기원전 1만5000년~기원전 5500년 전 이후 기원전 6300년~기원전 6000년까지 남아메리카의 해안 앞바다는 수위가 안정되었다.

기원전 8000년 전쯤 페르시아 만의 호르무즈 해협부터 바스라Basra에 이르는 지역에 극심한 홍수가 몰아닥쳤는데, 매년 평균적으로 100미터씩, 면적으로는 영국 영토만큼 바닷물에 침식되었으나 이후로는 서서히 줄어들다가 멈추었다. 이러한 '해침海浸'으로 사람들은 해안가에 거주하기를 두려워하게 되었으며, 훗날 『성경』에 등장하게 되는 '홍수'라는 개념이 자리 잡게 되었다. 버밍엄대 제프리 로즈는 페르시아 만 지역에 올리브 나무가 빽빽이 자랐던 흔적과 앞바다에서 조개무덤을 발견했을 뿐만 아니라 기원전 8000년~기원전 7500년 전 해안가에 몰려 있던 40~60개 거주지가 '하룻밤 사이에' 꼭대기만 남기고 다 잠겨버린 흔적을 발견했다. 메소포타미아 주거지역에서는 충적세 초기에서 중기까지의 것으로 확인된 바다생물 화석이 발견되었는데, 종류가 단일하지 않고 다양한 것으로 보아 이곳의 해양 자원이 풍부하여 해상무역망이 형성되었으며 관개 시설이 필요치 않앉음을 미루어 짐작할 수 있다.

이 무렵부터 수천 년 동안 메소포타미아 지역에는 농업이 번성했다. 북쪽 지역에는 비가 자주 내려 사막에 물줄기를 만들어주었기 때문에 관개 시설이 필요치 않았으나, 티그리스 강과 유프라테스 강의 남쪽 지역은 기후가 건조해지면서 관개 시설을 만들기 시작했다. 4세기 중반의 기후에 관한 자료들이 보여주는 기후조건(클리프트와 플럼은 약화된 몬순의 영향이라고 주장했다)은 이 지역에서 200~300년이라는 비교적 짧은 기간에 정기적으로 홍수가 발생하여 넓은 지역을 침수시켰고, 이에 따라 바빌로니아Babylonia의 넓은 지역이 새로운 주거지로 떠오르게 되었음을 암시한다.[13]

자연재해에 관해 연구한 군나르 하인손의 주장에 따르면 이러한 기후 변화 때문에 사람들의 주거 방식은 작은 규모로 흩어져 살던 방식에서 넓은 지역에 함께 모여 사는 형태로 급변하게 되었다. 이러한 지리학적 조건으로 인해 사람들은 정교하지는 않지만 공동 관개 시설을 갖추게 되었고, 보리(두줄보리에서 현재는 여섯줄보리 변종으로 개량되었다)의 획기적인 증대를 불러일으켰고, 더불어 협동의 이점을 깨우치게 되었다.[14]

일시적이든 아니든 또는 일정 지역에 국한된 것이든 아니든, 밀접한 연관성을 지닌 두 현상을 관찰할 때는 어느 것이 먼저이고 나중인지를 신중히 확인해야 한다. 사실 메소포타미아 지역의 특수한 기후 조건으로 인한 관개의 발전은 곧 농산물의 증대를 불러왔고, 물이 적합한 곳에 있지는 않았으나 풍부했기 때문에 관개 기술이 발전할 수 있었음은 분명해 보인다. 중요한 것은 거주할 땅이 있고 물이 풍부하여 경작이 쉽고 편했다는 사실이다. "매년 풍족한 식량을 생산할 수 있었기에 이곳은 거의 '파라다이스'였을 것이다." 한편 메소포타미아 남쪽의 퇴적 평야지대에서는 목재·돌·광물·금속 등이 부족했기 때문에 교역을 통해 이 '파라다이스'에서 생산된 잉여 농산물이 조달되기 시작했다. 이 과정에서 사람들은 서로 빈번한 교류를 맺게 되었고 도시는 자체적으로 전문화된 노동력을 갖추기 시작했다.[15]

이로 인해 초기의 도시생활은 친족끼리 모여 사는 형태를 벗어나 서로 다른 일을 하는 다양한 사람들이 어울려 사는 형태로 나아갔다. 식량 생산에 직접적으로 관계하지 않는 부류가 형성되었다는 점에서 이것은 매우 흥미로운 전진이었다. 반면 생활에 필수적인 것들을 친족이 아니라 타인에게 의존하게 되었다는 점은 사람들에게 불안을 심어주었다. 이 잠재된 불안은 구성원들의 집단 의식의 강화를 위해 이전에 없었던 거대한 설계들, 즉 많은 노동력을 필요로 하는 대형 건축물이나 기념물을 세우기 시작한 것을 설명해준다. 같은 이유로, 종교는 예전의 그 어떤 사회 구조에서보다 더 중요해졌다.[16] 이것이야말로 문명은 재난으로부터 비롯된다는 하인손의 주장을 확인해주는 바가 아닐까?

최초의 도시는 페르시아 만에서 내륙으로 160킬로미터쯤 들어간 에리두Eridu(지금의 아부 샤레인)로 알려져 있다. 위치상 바다와 육지의 중간쯤에 자리한 이 도시는 퇴적층, 습지, 사막의 생태계를 십분 활용할 수 있기에 농사, 유목식 목축, 어업이라는 서로 다른 세 가지 생계수단을 획득할 수 있었다. 뿐만 아니라 에리두는 종교적으로도 의미 있는 위치였다(5장에서 제시한 폴 휘틀리의 『사방의 중요성』 참조). 도시는 저지대로 둘러싸인 작은 언덕 위에 자리 잡고 있으며 땅 밑에는 지하수가 흐르고 있었다. 도시를 빙 둘러싼 저지대는 거의 습지와 다름없었기 때문에 우기에는 넓은 호수처럼 변했다. 마치 물로 둘러싸인 둥근 원반형의 지구를 연상케 하는 이 배치 구성은 당시 메소포타미아 사람들이 생각하는 우주의 모습과 흡사한 것이었다. 이러한 도시 구성으로 인해 에리두는 사람들에게 성스러운 장소로

인식되었다.[17]

'에리두'란 단어는 '강력한 곳'이라는 의미로, 수메르의 신화에서 이곳은 물의 신 엔키Enki를 모시는 압주Abzu 신전의 본산이었다. 수메르 어로 '압Ab'은 '물'을 뜻하며 '주Zu'는 '멀다'를 뜻하는 것으로, 신전은 문명의 선물인 '지하수가 샘솟는 집'을 일컬었다. 이 유적지에서 엄청난 물고기 뼈가 발견된 것으로 보아 압주 신전의 역사가 1000년 이상 존속되었음을 유추할 수 있으며, 더불어 인류가 존재하기 전부터 신들이 지하수에 살고 있어서 지하수층으로부터 힘이 솟구친다고 믿었던 그들의 미신도 엿볼 수 있다. 체코의 선사학자인 페트르 하르바트는 1000년 이상 앞선 기원전 4900년에 이미 신전을 갖춘 에리두는 모든 지혜의 원천이며 지혜의 신이 있는 곳으로 숭배되었음을 역설했다. 덧붙여 그는 에리두에서 "보편적인 형태로서 받아들일 수 있는 최초의 종교가 배태되었다"는 신앙의 증거로 도기에 사용된 세 가지 색채를 언급했다. 이때의 붉은색은 현세의 삶을, 검은색은 죽음을, 흰색은 영원한 삶(또는 순수)을 상징한다.

노트르 치코 지역에서도 도시 문화의 출현에 앞서 중대한 기후적 사건이 나타났다. 그러나 이 경우는 해수면의 안정이라는 전혀 다른 현상으로, 세 가지 측면의 영향을 주었을 것으로 유추된다. 첫째, 낚시 기술의 발전을 이끌어 해양 식량을 안정적으로 유지시켰을 것이다. 둘째, 해안선이 안정됨으로써 사람들은 적당한 지역에서 오랫동안 거주할 수 있게 되었고, 그 결과 생활과 관련한 일정한 습관들이 형성되거나 성장했을 것이다. 셋째, 안데스 산맥에서 태평양으로 흐르는 강 또한 일정한 수위를 유지함으로써 사람들은 강 주변에 정착할 수 있게 되었고 관개 수로를 건설하기도 용이해졌을 것이다. 이와 더불어 퇴적지인 삼각주 형성도 안정되었을 것이다.

거대한 단절

에리두나 노트르 치코 두 지역의 도시화는 결코 '우연'이 아니라 특정한 기후 상황에 의해 야기된 것이다. 5장에서 살펴봤듯이 구세계의 경우 이러한 기후 상황은 몬순의 약화였고, 신세계의 경우 점점 빈도가 잦아지는 ENSO(ElNino Southern Oscillation, 해수의 온도가 일정기간 높아지는 현상— 옮긴이)이었다.

카랄 지역 또한 성스러운 장소로 간주된 곳이라는 사실로부터 두 지역의 유사성을 엿볼 수 있다. 샤디는 노트르 치코인들이 이곳을 관개 시설에 적합할 뿐더러 신이 내려준 장소라고 믿었다는 점에서 신성함을 재차 강조했다. 더욱이 2003년, 아메리카 대륙에서 가장 오래된 신이 노트르 치코에서 확인되었다. 탄소 측정 연대로 기원전 2250년경으로 밝혀진 호리병박 그릇의 파편이 바로 그 증거로, 이 그릇에는 지팡이를 쥐고 있고 송곳니를 드러낸 만화 속 인물 같은 이미지가 선명히 그려져 있었다.[18]

한편 나중에 클리프트와 플럼에 의해 적극 옹호되었던 하인손의 견해, 즉 심각한 자연 현상 또는 재해가 급격하고도 광범위한 변화를 초래했다는 사실은 고고학 자료에서 나타나듯이 도시의 기원과 연관이 깊다. 그리고 초기 도시들이 종교적 산실이었음을 강조했던 휘틀리의 견해를 뒷받침하기도 한다.

에리두와 아스페로/카랄 지역의 차이점은, 에리두가 천천히 흐르는 티그리스 강과 유프라테스 강 사이에 있는 메소포타미아 지역에 물을 대기 위해 매우 긴 공동 수로를 가설해야 했던 반면, 노트르 치코에서는 건조한 사막 중간중간에 빠르게 흐르는 짧은 강들이 많아 작은 수로를 설치해야 했다는 점이다. 또 그런 작은 수로는 대단위 공동체가 아닌 가족 단위의 노동력으로도 충분히 조성되고 유지될 수 있었다.

이러한 차이가 어떤 결과를 초래했는지를 정확히 파악하기란 쉽지 않다. 기원전 3세기 중반 우루크Uruk는 해안가 또는 강의 영향을 받는 '배후지hinterland'(주변 12~15킬로미터 반경의 농촌지역)의 중심이었다. 그 주변으로 2~3킬로미터 반경에 드는 지역은 처음에는 그다지 영향력이 없었으나 나중에는 움마Umma라는 다른 도시의 배후지가 되었다. 메소포타미아 지역에는 이러한 도시가 최소한 20개 있었다. 그렇다면 이런 도시들의 근접성 때문에 전쟁이 벌어지게 된 것일까? 초기의 고고학자들은 이곳의 도시가 침입을 방어하기 위한 목적으로 형성되었다고 가정했다. 그러나 이 주장은 설득력을 잃게 되었다. 우선 거대하고 튼튼한 방벽을 지닌 중동의 도시에서도 그러한 형태로 방벽이 축조된 시기는 정착이 형성된 이후였다. 우루크의 예를 들자면 도시는 기원전 3200년경에 형성되었으나 방벽을 쌓은 것은 300년 후인 기원전 2900년경이었다.● 그렇다면 방어적 목적보다는 공동의 관개 시설의 필요에 의해 도시가 형성·발전되었으며, 여러 세대를 거친 발전에 따라 인구가 급증하면서 더 넓은 경작지를 확보하기 위해 전쟁이 벌어졌다는 관점이 더 타당한 듯하다.[19]

폴 휘틀리가 주장한 것처럼, 대규모의 재해로 신에 대한 집단적인 숭배가 촉발되었으며 그러한 신앙이 바로 도시생활의 계기가 되었다는 점에서 에리두나 카랄은 성스러운 지역이 된 것으로 보인다. 왜냐하면 메소포타미아와는 달리 노트르 치코에서는 그 어디에서도 방벽의 흔적을 볼 수 없으며, 도시 간의 분쟁에 대한 기록도 없다. 물론 무기도 부상자도 불에 탄 집도 확인되지 않았다. 나아가 이러한 정황들은 노트르 치코의 주요 식량이 곡식이 아닌 물고기였음을 보여주는 유력한 증거가 아닐까? 그들에게는 경작지가 필요하지 않았으므로 메소포타미아의 도시국가들처럼 서로 싸울

● '우루Uru'는 벽으로 둘러싸인 지역을 의미하기도 한다.

일이 없었을 것이다. 더욱이 바다는 땅과 달리 소유 제한 없이 공유할 수 있었으며 페루 해안의 물고기는 풍부했다. 여기에 한 가지를 더 추가하자면, 노트르 치코는 지정학적으로 짧고 깊은 계곡에 위치하기 때문에 걸어서 다른 도시로 가려면 하루 이상이 걸리는 데다 건조하고 열악한 사막이 산재해 있어 인접한 도시들이 형성될 수 없었다. 말하자면 이곳 도시들은 직접적으로 접촉할 일이 적었으므로 서로 충돌할 상황도 거의 없었을 것이다. 현재까지도 이 지역에서 물을 쉽게 구할 수 있는 지역은 전체 면적의 2퍼센트에 불과하며 심지어 경작 가능한 해안지역에 국한되어 있다. 이로부터 메소포타미아와 노트르 치코의 또 다른 차이를 짐작할 수 있다. 이에 대한 조사는 충분치 않지만, 교역 잉여 산물의 특성이 서로 달랐다는 점이다. 말하자면 곡식 종자는 비교적 오래 보존할 수 있는 데 반해 금세 부패되는 물고기를 보존할 만한 특별한 기술은 아직 없었던 것이다.

유적의 조사 결과 메소포타미아의 초기 도시들이 크게 세 영역으로 구성되어 있다는 사실이 밝혀졌다. 담장으로 둘러싸인 도시 내부에는 신을 모신 신전이 있고 행정가, 종교 지도자의 저택과 여러 개인 주택이 자리 잡고 있었다. 외곽으로는 작은 집, 공동정원, 축사 등이 배치되어 있어 그날그날의 생산물이 시민들에게 공급된 듯하다. 마지막으로 '하버harbour'라고도 불리는 상업지역은 육로 교역이 이루어지는 곳으로, 해당 지역의 상인뿐만 아니라 타지의 상인들까지 거주했던 것으로 보인다. 그리고 도시들은 각각의 특성을 떠올릴 수 있는 이름을 지니고 있었다.[20]

카랄의 중심지 한가운데에는 기념 건축물이 있고, 그 주변에는 돌이나 벽돌 또는 회반죽으로 지어져 채색과 장식이 된 지배계층의 주거 시설이 배치되어 있다. 더 바깥 지역에는 나무줄기로 지은 집들이 있었는데, 마이클 모즐리는 이곳이 '서민 구역lower class barrios'이었을 것이라 보았다. 카랄은 물론 노트르 치코 지역에서 출토되지 않는 돌 소재로 지은 창고도 발견되었는데, 아마도 보석 장식을 제작하는 작업장이었을 것으로 보인다. 한편 움푹 파인 한 장소는 천문 관측소로 이용된 듯하고, 악기가 연주되었을 원형의 공터에서는 펠리칸 뼈로 만든 피리가 발견되었다. 당시 노트르 치코에 관한 기록물이 없으니 메소포타미아만큼 세련된 문명을 이루었는지는 확인할 수 없지만 기념 건축물의 수준은 매우 눈부시다. 이러한 기념 건축물은 소수의 핵가족이 아닌 복잡한 사회 구조에서 나타나는 정비된 노동력을 암시하며, 따라서 조직화된 신앙의 증거라고 할 수 있다.[21]

이러한 초기 도시는 전적이라고 볼 수는 없겠지만 신전을 중심으로 운영되는 경향이 다분하다. 일상의 쓰레기와 도기들이 많이 발견된 것으로 보아 늘 청결한 상태로 관리된 것 같지는 않으며, 여러 잔해 가운데 대량의 생선뼈가 발견된 것으로 보아 때때로 일반인들도 제한 없이 접근할 수 있었을 것으로 짐작된다. 제례 의식 관계자는 아마도 사회의 주요 인사들이었을 것이다. 예컨대 에리두나 우루크의 기단 신전은 거석 문명 이후에 형성된 기념 건축물로, 그러한 건축물을 지을 만한 조직 체제가 형성되어 있었음을 암시한다. 세월이 흐르면서 점점 기단의 높이는 높아져 결국 계단 모양의 탑처럼 변화되었고 꼭대기는 제단으로 장식되었다. 이것은 아시리아어로 '지구라트ziggurats'라고 알려졌는데, 아마도 정상 또는 산꼭대기를 의미하는 초기 아카드 족의 언어 'zigguaratu'로부터 유래된 것으로 보인다. 이러한 성탑들은 갈수록 더 정교한 구조를 이루었으며 집단적인 숭배의 대상이 되었다. 그 이름에서 알 수 있듯이 적어도 메소포타미아에서는 문화적으로 산이 중시되었음을 알 수 있다.

신전은 초기 도시 거주자들의 경제생활에 중추적인 역할을 했다는 점에서 의미를 갖는다. 라가시Lagash(고대 수메르의 주요 도시─옮긴이)의 여신인 바바Baba(또는 바부Bau)를 모신 신전의 기록을 보면 기원전 2400년의 신전 부지는 2.6제곱킬로미터가 넘는 규모를 자랑한다. 이 터전은 온갖 종류의 곡식을 재배하는 농경지로 이용되었으며 신전을 위해 일하는 1200여 명을 부양했다. 그들 중에는 빵을 굽는 사람, 술을 만드는 사람, 양모 제작자, 방적공, 제직공 그리고 노예와 행정 관료 들이 있었다. 소작농도 있었으나 노예 개념은 아니었으며, 신전과 그들의 관계는 봉건주의의 초기 형태와 유사했다. 뿐만 아니라 이발사, 보석 기술자, 금속 가공사, 의류 제작자, 의류상, 세탁업자, 벽돌공, 정원사, 뱃사공, '노래를 파는 사람'도 있었으며, 무엇보다 고고학자들의 주목을 받은 존재는 필경사였다. 신전 외부지역에는 주거지와 지배계층이 묻힌 넓은 묘지가 있었는데 한 무덤에 둘 이상의 성인이 묻히지 않은 것으로 보아 일부일처제 사회였음을 짐작할 수 있다.[22]

모양과 규모 그리고 종류로 볼 때 수메르와 노트르 치코의 건축 유적은 매우 비슷하다. 거대한 건물과 신전들이 급속히 지어졌고(큰 자연재해를 겪은 후 이런 건물들을 축조했을 것이다) 피라미드 형태를 띠고 있다는 점이 흥미롭다. 금속이나 콘크리트, 시멘트가 전혀 사용되지 않았으며 밑은 넓고 위로 갈수록 좁아지는 피라미드 구조는 당시 거대 건축물로 고안할 수 있는 유일한 형태였을 것이다. 두 지역 모두에서 피라미드는 군집 형태를 나타냈는데, 대체로 거대한 피라미드가 중앙에 있고 여섯 개 정도의 작은 피라미드가 둘러싸는 구조다. 이는 중앙의 피라미드가 가장 중요한 신을 모시는 신전이고 작은 피라미드들이 지위가 낮은 신들을 모시는 신전임을 암시한다. 지위가 낮은 신들은 아마도 가장 중요한 신에게 다가가기 전에 먼저 달래주어야 할 부수적인 존재였을 것이다.

카랄에는 17개의 피라미드 중 위쪽이 평면으로 깎인 6개의 피라미드가 있다. 그중에서 가장 큰 피라미드는 우아카 데 로스 이돌로스Huaca de los

Idolos라 불리는 것으로, 규모는 가로 40미터 세로 30미터 높이 10.7미터이며 꼭대기에는 방과 마당이 있다. 층층이 쌓인 기단들에는 띠 모양의 진흙 장식이 되어 있다. 피라미드는 자갈과 현무암 벽돌 그리고 햇볕에 말린 아도비 벽돌로 쌓여 있다. 기단 꼭대기에는 돌벽으로 지은 방들이 있으며 안쪽부터 순차적으로 만든 흔적이 보인다. 거대한 기단 외벽에는 아도비 점토와 회반죽을 이용하여 크고 각진 현무암 바위들을 붙여놓았는데, 그 표면은 회반죽으로 부드럽게 처리되거나 채색되어 있다.

카랄에서 가장 크고 정교하게 만들어진 피라미드는 가로 140미터 세로 150미터 높이 약 20미터에 달한다. 그리고 가장 중요한 피라미드는 길이 153미터 너비 109미터 높이 28미터를 자랑한다. 치욘 강 어귀에서 2킬로미터 내륙에 있고 범람지대 농경지에 인접해 있는 엘 파라이소El Paraiso 피라미드는 도기 제작 이전 시기의 것 중에서 가장 거대할 뿐만 아니라 동시대에 지어진 다른 피라미드의 세 배나 되어 남아메리카를 통틀어 가장 많은 조직과 인력이 동원되었음을 알 수 있다.[23] 이 피라미드가 위치한 지역은 60헥타르의 면적에 걸쳐 12개 이상의 봉토가 산재해 있으며, 그 중심부에는 U자 형태로 7개의 봉토가 있다. 가장 큰 봉토는 U자의 제일 안쪽에 위치하여 전체적으로 우묵한 광장의 형태를 이루고 있다. 이러한 형태는 남아메리카의 건축 유적에서 흔히 발견되는데, 그 종교적 의미에 대해서는 다른 장에서 소개하겠다.● 두 개의 큰 봉토에서 발견된 공예품들은 가정에서 쓰는 평범한 물건들인 것으로 보아 거주지로 사용한 듯하다.[25] 엘 파라이소 피라미드는 기원전 1500년 태양의 극점(태양이 적도에서 북쪽 또는 남쪽으로 가장 멀어졌을 때)에서 정확히 수직인 동북쪽 25도를 향해 있다. 엘

● 남아프리카에 있는 몇몇 동굴 벽 그림에서도 'U자 형태'를 많이 볼 수 있다.[24]

거대한 단절

파라이소의 돌벽은 1미터 두께이며 표면에는 진흙이 발려 있는데, 거칠게 다듬어진 돌을 가까운 언덕에서 옮겨 온 듯하다. 그러나 건축 자체는 뛰어난 석공술에 의해 완성되었으며 사용된 돌의 총 중량은 10만 톤이 넘을 것으로 짐작된다.

이 지역의 후기 건축물(기원전 2000~기원전 3000)은 훨씬 더 뛰어나다. 당대에는 가장 큰 건축물이었을 우아카 라 플로리다Huaca La Florida는 너비 250미터 깊이 50~60미터 높이 30미터로, 양 날개를 펼친 듯한 공간이 500미터가량 뻗어 있다. 그리고 가운데에는 10만 명의 사람을 수용할 수 있는 광장이 있다. 이곳의 돌벽은 진흙 반죽으로 마무리되어 있고 붉은색 또는 노란색으로 채색되어 있다.[26] 몇몇 건축물들은 세월의 흐름에 따른 변화를 명확히 보여준다. 예컨대 도기 제작 이전의 도시인 아스페로, 리오 세코, 우아카 프리에타, 살리나스 데 차오 등은 태평양 해안가에 자리 잡고 있었으나, 도기 제작 초기의 건축물들은 해안으로부터 멀리 떨어져 있다. 이것은 바다에 의존했던 생활 방식에서 벗어나 관개 농업의 형태로 발전해나갔음을 보여준다. 이 무렵, 즉 관개농업으로 이행되기 전인 기원전 1800년경에는 풍부한 어족 자원의 도움으로 인구가 증가했을 것이다.

카랄에서 주로 재배된 것은 과야바Guayaba(키 작은 관목)·면·구아버guava 열매·호박·콩 등이었다. 그 밖에도 두 종류의 옥수수, 고구마/얌, 아치라 achira(생강/바나나 등)가 경작되었을 가능성이 있다. 모슬리는 이와 같은 원예 수준의 농업으로 어떻게 그 많은 인구의 식량을 충당했을지 이해하기 어렵다고 했다. 더욱이 경작의 흔적이 드문드문 발견되는 것으로 볼 때 그들은 한 지역에서 정주생활을 한 것으로 보이지 않는다. 아마도 그들이 재배했던 주요 경작물은 다음 수확기 때까지 비축해둘 수 있을 만큼 풍족했을 것이다. 그리고 면이나 잉여 경작물들을 해산물과 교환하여 단백질을 섭취했을 것으로 모즐리는 예상했다. 결국 어부들이 해안가 농부들을 먹여 살린 셈이다.

모즐리는 친초로 족에서도 그러한 정황을 확인했다. 특별한 장례를 치른 어린아이들의 인공 미라가 발견된 것으로 보아 일찌감치 조직 내에 계급이 형성되었을 것이며, 농경의 흔적이 별로 없는 데다 뼈의 화학적 분석 결과 음식물의 89퍼센트가 바다의 것이라는 데서 아스페로/카랄의 문화가 해양에 의존했음은 의심의 여지가 없다.

에리두와 아스페로/카랄의 문명이 어떻게 종말을 맞았는가를 살펴보면 그 유사성과 차별성은 더욱 명확해진다. 기원전 21세기부터 점진적으로 쇠약해지기 시작한 에리두는 기원전 6세기에 완전히 저물고 말았다. 훗날 신전 지구로 거듭남으로써 에리두는 역사의 한 페이지를 장식하게 되었지만 세력이 북쪽의 와르카Warka와 우루크로 옮겨지자 모래 언덕은 불어난 소금물에 침식되고 도시는 과거의 비옥함을 전설로 남겨둔 채 스러져갔다.

그러나 최근에 밝혀진 사실에 따르면, 엘니뇨의 출현이 아스페로와 카랄의 생성을 도왔다. (클리프트와 플럼가 언급한 것처럼) 기원전 3800년경 빈번한 ENSO 현상을 막기 위해 신전을 세우는 과정에서 두 도시가 형성되었으나 엘니뇨가 빈번해짐에 따라 노트르 치코는 쇠퇴했다. 루트 샤디 그리고 메인대 기후 변화연구소의 지질학자들이 동조한 모즐리의 견해에 따르면 수 세기에 걸친 연속적인 지각 변동, 폭우와 홍수 그리고 한때 비옥했던 평야를 향해 진군하는 모래 등의 현상으로 서서히 종말을 맞았다.[27]

수페인(노트르 치코의 일부인 수페 계곡에 거주하던 사람들)은 2000년 동안 번성했으나, 약 3600년 전 리히터 규모 8의 대지진 한 번으로 전 지역이 황폐해지고 말았다. 지진은 주요 피라미드들을 붕괴시켰고 엄청난 바위 산

사태를 유발하여 건축자재들도 파괴되었다. 곧이어 거대한 홍수가 밀려들었으나 이것은 시작에 불과했다. 지진과 여진에 의해 계곡 주변의 산들이 무너지고 엄청난 양의 바윗덩어리들과 파편들이 쏟아져 내렸다. 그리고 엘니뇨가 불러들인 폭우로 바윗덩어리들과 파편들이 바다로 쓸려가다가 해안가의 모래들과 섞여 큰 둔덕이 만들어졌다. 그로 인해 수많은 바다 생물이 서식하는 안쪽 해안가는 모래에 가로막힌 채 쓸모없는 땅이 되어버렸다. 그리고 강력한 해풍이 이 모래들을 육지 쪽으로 다시 밀어올림으로써 관개 수로가 완전히 막히고 경작지도 덮어버리고 말았다. 모즐리와 그 동료들에 따르면 건조했지만 비옥했던 이 지역은 결국 수 세대를 거치는 과정에서 결국 아무것도 서식할 수 없는 황무지가 되어버렸다.[28]

에리두와 아스페로/카랄의 변화과정을 살펴보면 두 가지 중요한 사실을 알 수 있다. 첫째는 구세계 초기인류들의 생활을 상상할 때 그들의 삶(종교와 경제생활)은 점점 약해지는 몬순 그리고 토지의 비옥도와 관련이 깊은 반면, 신세계의 주요 관심사는 예측 불가능하고 극심한 자연재해에 있었다. 둘째는 신세계의 자연조건에서는 가축 사육이 이루어지지 않아 식량이 부족했을 뿐만 아니라 가축들을 생업에 활용하지 못해 생활 방식이 제한될 수밖에 없었다는 점이다. 다음 장들에서 사육동물의 존재(특히 유목식 목축)가 구세계에서 얼마나 중요한 것이었는지를 계속 살펴볼 것이다.

16장

대초원, 전쟁 그리고 '새로운 인류'

구세계의 역사에서 청동기시대(기원전 3500~기원전 1250)를 가장 흥미롭고 중요한 시기였다고 말하기는 어렵다. 훨씬 더 근본적인 변화들이 다른 시기에 발생했기 때문이다. 그러나 이 기간에 발생한 여러 혁신, 기후 변화, 물질의 발전, 특히 사상적 변화들을 보면 특별한 시기였음을 부정할 순 없다. 지금부터 이 시기에 일어난 변화, 여러 혁신을 살펴보면서 그것들이 장기적으로 어떤 결과를 가져왔는지를 살펴보고자 한다.

15장에서는 초기 도시의 등장에 대해 그리고 유라시아 지역의 도시 생성·소멸과정을 통해 청동기시대의 주요한 특징을 알아보았다. 1946년 미국의 수메르학자 새뮤얼 노아 크레이머는 수메르인의 진흙판본들을 번역한 내용을 책으로 출간하면서 초기 이라크 도시들에서 새롭게 발견되고 만들어지고 기록된 내용 가운데 '역사상 최초'인 27가지를 언급했다. 최초의 학교들, 최초의 역사가, 최초의 약에 관한 책, 최초의 시계들, 최초의

거대한 단절

활, 최초의 법전, 최초의 도서관, 최초의 농부 달력, 최초의 양원제 등이 그 예에 해당한다. 또한 수메르 사람들은 그늘을 확보하기 위해 처음으로 정원을 만들었고, 최초로 속담과 우화들을 기록했으며, 최초의 서사문학 그리고 사랑을 주제로 한 최초의 노래들을 만들었다. 이러한 놀라운 창의성을 발휘하게 된 계기를 확인하는 것은 어려운 일이 아니다. 그들이 살았던 도시들은 예전의 그 어떤 환경보다 더 경쟁력 있고 실험적인 일들을 가능하게 해주었고, 기원전 4000년 후기의 어느 한때 사람들은 큰 도시에 모여 살았기 때문이다. 이러한 전환은 사람들의 경험을 변화시켰고, 새롭게 달라진 환경은 남녀로 하여금 이전에 생각할 수 없었던 방식으로 협력하게 만들었다. 도시는 문명의 요람이자 고귀한 사상의 발원지였다.

함께 살아가는 데 필요한 도구들

사람들이 서로 얼굴을 맞대고 함께 살면서부터 비로소 새로운 아이디어들, 특히 문자, 법, 관료제, 전문적인 직업, 교육, 도량형 등과 같이 공동생활에 꼭 필요한 것들이 활성화되었다. 한스 니센의 조사 자료는 이 시기의 변화들이 얼마나 빨랐는지를 (그 변화들의 중요성, 필요성, 대중성까지) 잘 보여준다. 자료에 따르면 기원전 4000년 후반 농촌의 인구는 도시 인구를 4 대 1로 앞서 있었으나, 불과 600년 후인 기원전 3000년 중반에는 그 비율이 완전히 역전되어 도시 인구가 농촌 인구를 9 대 1로 압도하게 되었다.[1]

도시 또는 도시국가 들의 이러한 눈부신 성과는 이후 약 26세기 동안 계속되었다. 우선 음악이나 약, 수학이 발명되었던 바빌로니아에서는 최초의 도서관들이 세워졌고, 최초의 지도가 등장했으며, 화학·식물학·동물학 등의 연구가 시작되었다. 결국 바빌론은 수많은 '최초'의 근원지라 할 수 있으며 무엇보다도 '발명 중의 발명'인 문자가 처음으로 고안된 곳으로, 엄밀히 말해서 우리는 바빌론 이전의 역사에 대해서는 아는 게 없다고 해도 틀린 말은 아니다.[2]

구세계의 문자는 수메르와 다른 도시 사이의 교역에서 물건의 주인을 구분하기 위해 용기를 밀폐할 때 진흙으로 표시하던 관습에서 기원한다. 1960년대 후반 텍사스대 프랑스계 미국인 교수 드니즈 슈만베세라는 고대 극동지역 전체에서 수천 개의 '너무나 평범한 점토 물체'가 발견된 사실에 주목했다. 대부분의 고고학자들은 이 부분에 대해 별 의미를 두지 않았던 반면, 그녀는 간과했던 고대사회를 관찰할 수 있다고 판단했고, 현장을 찾아가 다양한 형태의 표식 물체들을 수집하여 연구했다. 그 형태는 구·사면체·원통 등의 기하학적인 것도 있고 동물이나 도구 또는 배의 형태도 포함되어 있었는데, 그녀는 이 물체들이 불에 구워서 단단하게 만든 최초의 것이며 꽤 노력을 기울여 제작되었음을 알아냈다.[3]

결정적으로 그녀는 북이라크의 누지Nuzi에서 오목한 여러 개의 판으로 구성된 토판土版을 발견했다. 기원전 2000년경의 것으로 추정되는 이 토판에는 쐐기 문자로 '작은 가축들의 수: 암컷 새끼 양 21, 암컷 양 6, 숫염소 8……'과 같은 내용이 새겨져 있었다. 토판 내부를 열어보면 나열된 동물의 합계인 49와 정확히 일치한다. 이것은 최초의 산술 체계이며 문자의 발명을 이끈 흔적으로, 그녀는 로제타석Rosetta stone(고대 이집트의 상형문자가 새겨진 비문—옮긴이)에 버금가는 증거라고 주장했다.[4]

기원전 8000년~기원전 4300년에 사용된 최초의 물표token들은 지극히 평범하고 그 종류도 제한적이었다. 이란의 테페 아시아브Tepe Asiab에서도 기원전 7900년~기원전 7700년경의 것으로 추정되는 물표가 발견되었는데, 당시 이곳의 거주자들은 주로 사냥과 채집으로 생활하던 무렵이었다. 그러나 기원전 4400년 무렵에는 주로 신전의 생활과 관련된 것으로 보이는 복잡한 형태의 물표들이 나타났으며, 다양한 형태로 용도를 가늠할 수 있었다. 예컨대 곡식을 대표하는 원뿔형, 기름단지를 대표하는 달걀형, 사육 동물을 상징하는 원통형 등의 물표는, 암기해야 하는 번거로움을 덜어주고 말로 설명할 필요도 없을뿐더러 서로 다른 언어를 쓰고 있는 부족끼리도 소통할 수 있어 널리 애용되었던 것 같다. 더욱이 사회와 경제 구조의 변화에 따라 물표는 점점 더 요긴해졌을 것이다. 특히 부족장은 마을 간의 교역에서 누가 무엇을 생산했는지 기록해둘 필요를 느꼈을 것이다.[5]

이란 남부에 위치한 엘람Elam의 주요 도시인 수사Susa와 우루크에서는 더욱 발전된 물표들이 나타났다. 아마 도시의 작업장(대개 개인적 건물이라기보다는 공공의 공간으로 보인다)에서 생산되는 물건들을 구분하기 위해 사용된 것으로 보이는 이 물표들은 세금을 부과하고 기록하는 새롭고 정확한 도구였다. 그들은 물건에 직접 표식을 기재하기도 했고, 좀더 중요한 물건에는 표식을 점토 봉투에 봉인했다. 이러한 표식들이 발전하여 아마도 쐐기 문자가 태어나게 되었을 것이고, 청동기시대가 막 시작된 기원전 3500년~기원전 3100년 무렵에 이르러 이 새로운 방식은 급속히 증가한 물표를 대체했을 것이다. 이후 점토 봉투는 토판으로 진화되고 쐐기문자가 활발히 사용되는 길을 열어주었다.[6]

당시에는 오늘날의 문법 같은 건 없었다. 그저 특별한 규칙 없이 단어(약간의 동사 빼곤 거의 명사)를 나열하는 식이었다. 우루크에서 볼 수 있듯이 이 시기의 문자는 원시적인 문자에 불과하여 오늘날 우리가 이해하는 방식으로 사람들에게 읽혔다기보다는 일종의 다른 언어를 사용하는 사람들 간의 기억 체계로 개발된 것이었다. 우리가 알고 있는 문자로 발전한 것은 남부 메소포타미아의 슈루파크Shuruppak에서 수메르인이 사용하던 언어였을 것으로 보인다. 수메르인의 민족적 기원에 대해서는 밝혀진 바가 없으나 수천 년 후에 사용된 산스크리트어나 라틴어와 마찬가지로 공식적인 언어로서 일부 식자층에 한하여 사용되는 문자가 있었을 것으로 짐작된다. 당초 특정한 물건을 표현하기 위해 고안된 문자는 차츰 그 의미와 별개로 하나의 소리로 일반화되어 사람들에게 인식되고, 그것이 다른 단어에도 채택되어 쓰였다. 영어의 예를 들면 'bee'라는 단어는 원래 줄무늬가 있는 곤충을 표현하는 용어였으나 이후 'be-lieve'라는 단어에 적용되어 사용되는 것과 마찬가지로, 수메르어에서 'a'는 원래 평행된 두 개의 파도 모양(≈)의 선을 본뜬 것으로 물을 상징했지만, 이후 이 기호는 단어의 쓰임에 따라 물을 가리킬 때도 있고 의미와 상관없이 그저 소리로 이용되기도 했다.

단어의 순서가 정형화되지 않아 들쑥날쑥한 채로 오늘날의 문법이 처음 도입된 것이 슈루파크에서였다면 문자가 아닌 말을 사용하면서 순서라든가 규칙이 처음 적용된 것은 기원전 약 2500년경, 이아나툼Eannatum이 라가시Lagash의 왕이 되면서였다. 결국 모든 언어상言語相이 문자로 전환된 것은 비교적 최근에 이루어졌다고 할 수 있다. 이러한 문자를 습득하기까지는 끈기가 요구될 뿐만 아니라 백과사전 또는 다른 어떤 목록의 도움을 받아야 했다. 이에 따라 『성경』에서 인간은 새나 물고기 등 만물을 나타내는 단어를 알고 있고 나아가 읽을 줄 아는 존재로 묘사되고 있다. 사람들이 단지 왕들의 이름을 나열하는 수준에서 더 나아가 그들을 논평하고 그들의 싸움이나 법령들을 이해하여 적기 시작하면서부터 '역사'가 기록되기 시작했다. 야자나무 목록의 경우에는 나무껍질부터 나무 꼭대기까지 각 부위를 지칭하는 단어를 비롯하여 썩은 상태를 표현하는 단어나 목재에

관련된 단어까지 수백 개가 만들어졌다. 이것이 바로 최초의 지식이 정리되고 기록되는 방식이었다.[7]

목록 작업은 새로운 지적 활동으로, 목록은 다른 것들과의 상호 비교와 평가를 가능케 했다. 반면 구두 언어로 의미가 명확해진 단어는 더 이상 목록에 남겨질 필요가 없었다. 이렇듯 목록에 오른 것들은 새로운 시각으로 분류되기도 하고 구두 사회에서 불가능했던 문제들을 해결하는 열쇠가 되기도 한다. 예를 들어 천문학과 관련된 목록은 하늘의 복잡한 양태를 좀더 명확히 이해할 수 있게 하며, 이로써 수리천문학이나 수리점성학의 기원을 이루게 되었다.

메소포타미아와 이집트에서 읽고 쓸 줄 아는 자는 깊은 존경을 받았다. 기원전 2100년경 수메르의 슐기Shulgi 왕은 "젊을 때 나는 서고에서 수메르로부터 아카드 시절의 기록물들을 공부했다. 귀족 중에서 나보다 글을 더 잘 쓸 줄 아는 사람은 아무도 없었다"는 과시의 글을 남겼다.

기원전 3000년대 중반 우르에서는 서기들을 양성했다. 그들이 서명한 서류에는 자신의 아버지 이름과 직위까지 기재되어 있는데, 이로써 그들이 도시 공무원, 신전 관리인, 군 장교 또는 성직자들의 자손이었으며, 서기와 행정 관료만이 문자를 사용할 수 있었다는 사실이 확인된다.[8]

기원전 3000년대 마지막 세기에 슐기 왕은 니푸르와 우르에 최초의 학교를 세운 것으로 보인다. 그러나 슐기 왕 본인이 직접 학교를 세웠다는 상세한 기록이 없는 것을 보면 이미 이전에 학교가 세워졌을 가능성도 있다. 바빌로니아어로 학교는 '에두바edubba'라고 하는데 문자적 의미로는 '책방'을 뜻한다. 이 에두바에는 언어, 수학, 측량에 정통한 장인이 있었으나 아마도 수업 진행은 학생들 가운데 선배격인 '큰 형Big Brother'에 의해 이루어졌을 것이다.[9]

이러한 메소포타미아의 기록 문화는 외부로 많이 전파되었다. 이집트인들은 최초로 갈대 붓으로 도기에 문자를 새기기 시작했고, 나중에는 플라타너스 나무판에 석고 반죽을 덧입힌 도구가 도입되었는데 한 번 사용한 뒤에는 문질러서 지운 뒤 재사용했다. 파피루스 종이는 최고급 재료이기에 낭비되지 않도록 가장 숙련된 서기만이 사용했다.[10]

기록은 생업에 관련된 분야에 국한되지 않았다. 초기 수메르의 기록물을 보면 그들이 초기 종교와 관련된 문헌들, 특히 찬송가를 많이 남겼다는 사실을 충분히 짐작할 수 있다. 메소포타미아에 세워진 최초의 도서관에는 도시국가들에서 발생하는 일상사에 관한 기록들이 흔한 것으로 보아 도서관이라기보다는 기록 보관소로 이용된 듯하다. 여기서 기억해두어야 할 것은 도서관들이 대부분 성직자들에게 제공된 공간이라는 사실이다. 메소포타미아 도시국가에서는 대규모의 땅이 신전들의 사유지였기 때문에 종교 의식에 필요한 책들만큼이나 계약과 양도 등에 관한 거래 기록들을 보관할 공간이 필요했다. 그러나 세월이 흐를수록 찬송가나 제문祭文 등과 같이 종교 행사와 고위 왕족들에게 필요한 새로운 형태의 기록물들이 늘어나게 되었고, 그 결과 『길가메시 서사시Epic of Gilgamesh』나 『창조의 서사시Epic of Creation』와 같은 텍스트가 창작되어 종교 행사에 사용된 것으로 보인다. 이러한 책들은 단순히 거래를 기록하는 기록물들과 달리 인간의 정신 행위를 기록한 것으로, 기원전 3000년 중반 니푸르 시기의 유산이다. 이후 생겨난 도서관들에서는 창의력의 산물이라 할 새로운 학문의 결과물들을 많이 찾아볼 수 있다. 종교 관련 기록물들과 별도의 명부로 작성된 이 텍스트는 아직 체계나 순서 없이 임의적으로 정리된 것으로, 오늘날의 알파벳 순서에 의한 정렬은 1500년 후에 나타나기 시작했다.[11]

고대 이집트에도 도서관은 존재했으나 주로 파피루스(아기 모세는 이 갈대

밭에 띄워졌을 것이다)를 사용했기 때문에 남겨진 문서들이 많지는 않다. 그리스 역사가인 디오도루스Diodorus에 따르면 람세스Ramses 2세(기원전 1279~기원전 1213)의 건축물 안에는 '영혼을 위한 진료소Clinic for the Soul'라고 표기된 신성한 도서관이 있었다.[12]

메소포타미아 왕의 임무 중 하나는 정의를 세우는 것으로서, 문자의 발명에 힘입어 모든 사람이 돌에 새겨진 최초의 법전을 보고 읽을 수 있도록 공개했다. 가장 오래된 것으로 알려진 법전은 기원전 2000년경의 수메르 법전으로, 그 내용은 '살인하지 마라'와 같이 간결하고 명료한 것부터 '한 남자가 이웃에게 돈이나 물건을 맡겼는데 누군가 그것을 훔쳤을 때, 도둑의 정체가 밝혀졌다면 그는 두 배로 보상해야 한다'는 다소 장황하고 세밀한 내용도 있다. 기원전 1790년에 만들어진 함무라비 법전의 잘 보존된 서두 부분을 보면 대중이 쉽게 읽고 이해할 수 있도록 설명되어 있다. 그것은 오늘날 우리가 알고 있는 법령, 즉 성문법이라기보다는 전형적인 범주의 사례들에 대한 왕의 결정을 나열한 것이다. 말하자면 함무라비 법전은 지역별로 달랐던 초기의 규정들을 대체함으로써 바빌로니아 전체에 적용되는 법률이라 할 수 있다.[13]

한편 초기 문자는 종교지도자들의 주술적 권위를 떨어뜨리는 데 영향을 끼쳤다. 이제 성스럽고 초자연적인 제의의 경험들은 전통의 일부로 기록됨으로써 예전의 개인적 카리스마는 그 빛을 잃게 되었다.

고고학자들은 인류의 '시대'를 그 흐름상 석기, 동기, 청동기, 철기로 나누는데, 30만 년 전 황토가 장식용으로 즐겨 쓰였던 즈음 철이 포함된 광석 물질이 처음으로 사용되었다. 특히 적철광이 두드러졌는데, 아마도 피와 생명의 상징인 붉은 빛깔 때문이었을 것이다. 초기 인류는 강과 개천에 널려 있는 돌들 사이에서 색깔뿐만 아니라 광택과 무게 등이 각기 다른 다양한 철을 발견했을 것이다. 그 후 플린트flint나 규질암은 열을 가하면 가공하기가 쉽고, 순수 동은 망치 같은 것으로 두들기면 쉽게 변형된다는 사실을 발견했을 것이다. 세월의 흐름에 따라 그들은 점차적으로 돌, 나무, 뼈보다는 돌 속의 철 성분이 더 유용하다는 사실을 깨닫게 되었다. 사실 고대의 야금술을 상상하자면, 고체 상태인 바위에 열을 가하여 그 속의 철 성분을 액체 상태로 변화시키는 제련 기술은 바위를 녹이는 마술처럼 보였을 것이다. 초기 인류에게 그 현상이 얼마나 충격적이었을지는 쉽게 상상할 수 있다.[14]

동광석은 비옥한 초생달 전 지역에서 발견되었으며 언덕이나 산간지대에 치중된 것으로 보아 계곡보다는 비탈진 곳에서 야금술이 발전했을 것으로 고고학자들은 판단했다. 말하자면 '광석과 연료가 풍부하고 정착생활이 형성되어 있고 동석銅石 병용 문화를 즐길 만한' 지역으로, 엘부르즈 산맥과 카스피 해 사이의 지역은 힌두쿠시HinduKush와 주변 지역의 추종을 받는 가운데 야금술의 선두주자가 되었다. "당시 동은 우연히 발견된 것이 확실하다. 그들은 푸른빛을 띤 공작석과 붉은빛 동이 관계가 있다는 것은 상상할 수도 없었을 것이다." 당시 이러한 발견은 마술보다 더 신기한 현상으로, 동 대장장이는 특별한 능력을 지닌 존재로 간주되었다.[15]

한때는 '용광로'의 기원이 모닥불일 것이라 믿었다. 그러나 기원전 4000년경 모닥불의 온도가 충분히 높지 않고 대기에 노출되어 있어 금속을 '추출(분리)'하기에 알맞지 않다는 사실이 확인되었다. 그런 한편 본격적인 용해 기술이 개발되기 전에 앞서 고온을 형성할 만한 일종의 가마솥이 전파되었을 것이라는 설이 제기되었다. 최근의 실험 결과 그러한 열처리실을 이용했을 때 다공성 동이 추출된다는 사실이 입증되었다. 고대의 도자기공들은 색깔 있는 도자기를 만들기 위해 공작석을 이용한 것으로 보이나 실제 가공 후의 빛깔이 예상한 대로 나오지 않아 크게 실망했을 것이다.[16]

우리가 알기로 이러한 동 용해술이 기원전 4000년 무렵 서아시아 지역으로 전파되었고, 기원전 3800년 즈음에는 '비교적 광범위하게' 실행되었다. 기원전 3000년경 초기 수메르인들은 중대한 초기의 철기 문명을 일으켰고(철로 만든 가장 오래된 도구는 기원전 2900년경의 것으로 알려져 있다), 그 후 기원전 2000년에 이르기까지 동은 서아시아와 북아프리카 지역에서 가장 지배적인 금속이었다.[17]

용해 기술의 발견 이후 초기 야금술은 두 가지 중요한 진전을 나타냈는데, 그 첫 번째는 청동의 발견이고 두 번째는 철의 발견이다.(철은 나중에 평가된 것이다.) 중동에서 처음 청동기시대가 시작된 데는 두 가지 미스터리가 있다. 우선 동과 합금되어 청동을 더욱 단단하게 만들어주는 주석이 매우 희소한 이 지역에서 어떻게 특유의 합금 기술이 발명될 수 있었을까? 더욱이 그런 환경에서 강철 등의 모든 중요한 야금술이 어떻게 기원전 3000년~기원전 2600년 무렵에 급속히 발전했을까?[18]

어떤 면에서 초기 청동기시대는 합금의 시대라 말할 수 있을 것이다. 기원전 2000년을 전후로 나타난 청동은 동 함량에 따라 매우 다양한 형태를 보이기 때문이다. 동 함량은 1~15퍼센트까지 다양했고 주석·납·철·비소 성분도 발견된 것으로 보아 초기 청동기인들은 구리를 더 단단하게 하거나 무르게 하는 방법 또는 각종 도구나 무기들을 더 날카롭게 하려면 무엇을 첨가해야 하는지는 알고 있었지만 구체적으로 정확한 비율까지는 간파하지 못했던 것으로 짐작된다. 예컨대 사이프러스, 수메르 그리고 크레타 지역의 청동기들은 지역별로 금속의 비율이 달랐다. 동으로부터 제대로 된 청동이 출현하게 된 것은 기원전 2000년대 초반이었다. 주석은 동과 달리 자연 속에서 순수한 형태로는 찾아낼 수 없는 귀중한 금속 성분이지만 언제나 화학적으로 결합될 수 있었다. 따라서 용해되지 않은 주석 금속은 고고학자들에 의해 발견된 바가 없다.(사실 기원전 1500년 이전 시기의 것으로 확인된 순수한 주석물 하나가 발견된 바 있다.)[19]

청동의 정확한 기원은 알 수 없으나 분명한 사실은 동보다 인기가 많았으며, 청동 도구가 안정적으로 제작되면서부터 대중적으로 사용되어 고대 경제생활에 적지 않은 변화를 불러일으켰다는 것이다. 동은 세계 여러 지역에서 광범위하게 발견되는 편이지만 청동의 주재료인 주석이 생산되는 지역은 아시아와 유럽에서 흔치 않았다. 이러한 제한성은 주석 생산지가 점점 주요 지역이 되었다는 사실을 의미한다. 그리고 주석 산지는 거의 유럽에 몰려 있었기 때문에 상대적으로 유럽 대륙이 아시아나 아프리카보다 우세한 입장이었다. 청동은 무기나 도구 주조에 광범위하게 이용되었는데 주석이 9~10퍼센트 함유된 청동을 단련한 경우 동보다 70퍼센트 이상 견고했다.[20] 적어도 동보다 두 배는 단단한 청동 도구의 뾰족한 끝부분은 매우 중요하다. 왜냐하면 단검의 뾰족한 칼끝의 효과를 배가함으로써 검劍이 더욱 발전했기 때문이다.[21]

야금술은 일찍부터 세련된 형식을 갖춰나갔다. 용접, 못, 리벳 등이 초기부터 발명되어 기원전 3000년 이후 계속 사용되었으며, 기원전 3000년 무렵에는 도금鍍金 기술이 나타났다. 곧이어 로스트왁스lost-wax 기술(밀랍으로 원하는 형태의 주형을 만들어 제조하는 방법—옮긴이)이 발생하여 청동 동상을 만드는 데 활용되었다. 금속의 활용에서 가장 중요한 세 가지 용도는 칼과 거울 그리고 동전이었다. 거울은 중국에서 많이 사용되었고 로마 사람들의 기술이 가장 뛰어났는데, 그들은 주석 23~28퍼센트, 납 5~7퍼센

거대한 단절

트 그리고 나머지는 동을 혼합한 합금 비율에서 최고의 제품이 생산된다는 사실을 알고 있었다. 사람들은 거울의 반영反影이 인간의 영혼과 연관된 것이라 믿었다. 기원전 3000년 초기 메소포타미아 사람들은 귀한 금속의 원석을 교역에 이용했는데, 금이나 은괴는 그 무게에 따라 각각 미나minas·세겔shekels·달란트talents로 불렸다. 이러한 화폐는 이후 인류의 사고방식에 커다란 영향을 끼쳤다.[22]

기원전 1400년경 청동기시대의 전성기를 맞이하여 철은 매우 귀하고 부족해졌다. 기원전 1350년경 권좌에 오른 지 얼마 안 되어 세상을 떠난 이집트의 왕 투탕카멘의 무덤(1922년 카나본과 하워드 카터에 의해 발굴)에서는 엄청난 금과 보석 그리고 철로 만든 단검, 머리 받침대, 팔찌 등의 장신구들이 발견되었다. 3센티미터짜리 작은 도구들도 있었는데 모두 철을 녹여만든 것이었다.[23]

청동기시대의 야금술과 관련하여 가장 중요한 사실은 유럽 초원지대에서 말을 사육했던 시기 그리고 수레의 출현 시기와 일치한다는 것이다. 이에 따라 철로 만든 무기들이 전쟁에 많이 사용되기 시작했고, 10세기 무렵 중국에서 화약의 사용이 갑자기 늘어난 것처럼 청동기 후반에 접어들면서 철의 사용도 획기적으로 증가했다.

전차의 출현과 소멸

청동기시대의 획기적인 발명품인 수레에 대해서는 앞서 8장에서 소개한바 있다. 인류 최초의 운반 도구는 아마도 개들이 끌었던 썰매로, 기원전 7000년 무렵 수렵 어업 공동체를 이루었던 북극 근처의 북유럽에서 처음 등장했다. 그 후 청동기시대가 막 시작되던 기원전 4000년 후반 우루크 지역에서는 운반 도구 종류가 그림으로 묘사되었고, 스위스 취리히에서는 축과 수레바퀴로 만들어진 비슷한 시기의 물건이 발견되었는데, 바퀴는 하나 또는 세 조각의 목재로 제작된 일체차륜이었다. 흑해 북쪽의 유적지에서도 기원전 2000년경의 원형 바퀴가 나타난 것으로 보아 수레는 덴마크에서 페르시아로 전파된 듯하다. 이를 통해 수레가 어떻게 확산되었는지를 알 수 있다. 당시에는 아마도 황소나 당나귀들이 끌었을 것이다.[24]

네 바퀴로 제작된 최초의 수레는 추측건대 시속 3.2킬로미터의 느린 속도였을 것이고, 두 바퀴 수레는 좀더 빨라서 천천히 갈 때는 시속 12~14킬로미터, 전속력으로 달릴 때에는 17~20킬로미터의 속도였을 것이다. 수메르인들의 쐐기 문자 문헌에서 '사막의 말equid of desert'이라는 표현은 나귀나 당나귀를 가리키는 것이며, '산의 말equid of mountains'이라는 표현은 오늘날의 말을 일컫는 것이었다. 네 바퀴의 운반구를 지칭하는 언어는 '마르-기드-다mar-gid-da', 두 바퀴의 수레는 '기기르gigir'였는데 나중에는 나르카브투narkabtu라는 단어로 굳어졌다. 영국의 고고학자인 스튜어트 피곳은 고대 역사에서 두 바퀴 수레의 발명은 두 가지 중요한 의미를 지닌다고 주장했다. 그 하나는 두 마리의 말이 이끄는 두 바퀴의 가벼운 수레를 만들 수 있게 된 기술의 발전이고, 다른 하나는 이 수레의 소유가 힘과 권위를 상징한다는 것이다. 일체차륜 형태 이후에는 바퀏살spoke이 고안되었는데 목재로 만들어진 인장 구조 덕분에 훨씬 가볍고 속도도 빨랐다. 청동기시대 후반에서 철기시대로 넘어가는 기원전 1700년~기원전 1200년경까지 이륜차chariot는 전쟁터의 주요한 무기로 활발히 사용되었다.[25]

테네시 내슈빌의 밴더빌트대 명예교수인 로버트 드루스는 이륜차를 기원전 2000년대 초기 기술 발전의 총아라고 규정했다. 조종자가 딛는 바닥에

　　　　　　　　　　　　　　　　　　　　　　　　거대한 단절

는 가죽으로 된 그물망이 깔렸고 가벼운 목재로 만들어진 이 수레의 무게는 30킬로그램에 불과했다.[26] 그는 최근에 발견된 유물을 통해 기원전 17세기에 수레가 군사적으로 중요하게 쓰였음을 확인했다. 한편 유라시아 초원지대에서는 이전까지 과시용으로만 쓰이던 활을 수레와 결합한 발명품이 나타나 군사용으로 이용되었다. 나중에 이 활은 가죽과 뿔, 오래된 나무로 만들어졌는데, 단순히 나무로 만든 활보다 세 배 이상 긴 사정거리를 보여주었다. 능숙한 운전수와 궁사가 탄 수십 개의 수레는 전통적인 보병 부대를 압도했다.[27]

기원전 15세기 중반 메기도Megiddo 전투 등에서 왕은 1000여 개에 달하는 군사용 수레를 전투에 투입할 수 있었다. 기원전 14세기경 카데시Kadesh의 히타이트Hittite 왕은 당시 수백 명의 군인만을 보유했던 여느 왕들과는 달리 이례적으로 3500여 대의 수레까지 구축했다고 알려져 있다. 드루의 주장에 따르면 군사용 수레를 제작하고 유지하는 데는 꽤 큰 비용이 투자되었으며 당시 군대의 실제 규모는 기록상 알려진 것보다 훨씬 더 작았다. 예컨대 활을 제작하려면 나무를 충분히 말려야 했기 때문에 활 제작에도 몇 년이나 걸렸고 갑옷 역시 한 벌에 500여 개의 구리조각이 필요하므로 돈과 시간이 많이 소비되었다. 군사용 수레는 무기로서는 탁월했으나 비용이 들고 관리 인력(마구간 서기, 전차 서기 등)도 많이 동원되었다. 한편 보병들은 대체로 숫자로 관리된 반면 수레 병사들은 특별히 이름으로 관리되었다.[28]

고고학 기록에서 수레는 자주 언급되지는 않지만 전성기에 궁사들은 전속력으로 달리는 수레를 탄 채 흔들리는 거치대 위에서 활을 쏘았다. 이러한 방식은 극동, 인도, 중국 등지로 확산되었다.[29] 누지Nuzi(바빌론과 니네베 중간의 북이라크)의 기록을 보면 수레 병사들은 헬멧·갑옷·채찍·칼·활과

30~40개의 화살이 담긴 화살통으로 무장했다. 카르나크Karnak의 연대기에는 고대 이집트 18대 왕조의 여섯 번째 왕인 투트모세가 924개의 수레를 탈취하고 적으로부터 502개의 활을 빼앗았다고 기록되어 있다. 대체로 기록물이나 발굴 유적, 미노아 전쟁이나 미세네안 전쟁 기록들을 보면 기원전 1600년~기원전 1200년의 수레는 전무후무한 활약을 보였다. 후기 청동기시대의 모든 왕조에서 활과 수레는 주요한 공격무기였고 힌두교 성전인 『리그베다』나 『마하바라다Mahabharata』에도 수레가 전쟁터를 휩쓴 것으로 소개되어 있다.[30] 기록에서 10대 단위로 명령을 받은 것으로 미루어 볼 때 수레의 최소 편성 단위는 10대였음을 알 수 있다.

잉여 농산물의 증가에 힘입어 영토의 확장이 이루어지자 수레의 쓰임 또한 증가했다. 확대된 영토와 대다수 국민을 관리하는 데에는 보병을 이용하는 것보다 수레를 타고 이동하는 방식이 훨씬 더 용이하고 효율적이기 때문이다. 거리가 먼 곳으로 거대한 군수품을 운송하기에는 네 바퀴 수레가 편리했는데, 이 방식이 가능해진 것은 기원전 1800년경 소와 당나귀 대신 말이 본격적으로 활용되고 바퀴살이 개발된 이후였다. 청동기시대의 전투에서는 주로 이륜 전차가 사용되었다. 활을 만드는 데 오랜 기간이 걸리고(통상 5년 이상) 비용이 적지 않게 들긴 했지만 수레와 함께 사용되면서부터는 충분한 투자 가치를 지니게 되었다. 평범하게 제작된 예전 화살의 사정거리가 고작 60~90미터였다면 개선된 활은 175미터나 되었다. 많은 보병에게 이 활을 제공할 수는 없었으나 수레 병사들은 이 화살을 이용하여 멀리서 보병들을 효과적으로 공격한 뒤 재빨리 후퇴할 수 있었다.

기원전 1200년경 이후 이러한 흐름은 지속되지 못했지만 두 바퀴 수레의 등장과 수레를 이용한 전투는 분명 초기 인류에게 큰 변화를 안겨준 사건이었다.

거대한 단절

위대한 여신의 소멸

청동기시대에서 주목해야 것은 사상 변화의 단초다. 이미 설명한 바 있지만 종교, 특히 고대 종교는 매우 복잡할뿐더러 모순된 내용도 많아서 체계적으로 설명하기란 쉽지 않다. 그럼에도 불구하고 청동기시대의 전투에서 이륜전차가 크게 활약하면서 사람들의 숭배 대상이 위대한 여신에서 남성 신으로 서서히 전환되었다는 데 대부분의 학자가 동의했다. 물론 전투에서 이륜전차는 뚜렷한 기능을 담당했으나 이것을 전적인 계기로 보는 것은 잘못된 시각이다. 이제 고대 종교의 변화에 어떤 다른 요인들이 연관되었는지를 간략히 살펴보기로 하겠다.

이집트의 미케네 왕정 국가(지금의 그리스), 미노아 크레타 궁 그리고 수메르와 인더스 계곡 문명에서 기원전 3500년~기원전 2000년 초기까지 사람들이 숭배한 대상은 조금씩 그 형태는 달랐지만 확실히 위대한 여신Great Goddess이었다. 크레타에서는 커다란 젖가슴을 드러내거나 무아지경에 빠져 있는 뱀의 여신이나 역시 가슴을 드러낸 채 황소의 휘어진 뿔 모양의 도끼 두 개를 들고 있는 ('생명의 나무'를 연상케 하는) 도끼의 여신Goddess of Double Axes이 등장했다. 또 다른 경우로, 그리스 본토에서는 땅에서 솟아올라 손에 옥수수 또는 양귀비 씨앗을 움켜쥔 형태의 여신이 자주 등장했다. 이 옥수수 여신은 겨울 내내 지하세계에 사는 데메테르Demeter의 딸, 페르세포네Persephone를 형상화한 것이다.[31]

그 밖에 벌의 여신, 성스러운 매듭의 여신, 동물의 여신, 새의 여신, 양귀비관을 쓴 여신, 비둘기관과 황소 뿔의 여신 그리고 두 여신과 어린아이도 청동기시대 사람들이 숭배한 대상으로, 모두 여성이었다. 지하세계와 하늘을 연결해주는 세계수의 이미지는 당시 샤머니즘의 흔적을 보여주는

데, 지하세계는 그 자체로 샤머니즘의 대상이었다. 더 나아가 약 1000년 동안 보존되었을 것으로 보이는 크노소스 궁 1층 복도의 미로 그림은 제의에서 여신과 접신하기 위해 춤을 추면서 복도를 통과할 때 정신을 혼미하게 만들었을 것으로 보인다.[32]

미노타우로스Minotauros의 크레타에는 황소의 이미지가 많이 나타난다. 이에 대해 앤 베어링과 줄스 캐시퍼드는 고대 크레타에서는 왕이 국민과 동식물의 번성과 동시에 자신의 강력한 권력을 지속시키기 위해 자신을 대신하여 황소를 제물로 바쳤다고 분석했다.[33] 왕을 대신하여 황소를 제물로 바치는 행위에는 중요한 의미가 있으며, 추후 살펴볼 것이다.

여신 숭배는 초기 청동기시대의 주요한 특징으로, 베어링과 캐시퍼드는 아나톨리아, 인더스 계곡, 이집트, 메소포타미아에서 여신 숭배의 흔적을 발견했다. 바로 수메르의 이난나Inanna, 이슈타르Ishtar 여신, 원시 바다의 여신 남무Nammu, 신과 인류의 어머니이자 야생동물과 무리 동물(소, 양, 염소)의 어머니 여신인 키-닌후르사그Ki-Ninhursag였다.(수메르어로 양의 우리, 여성의 성기, 자궁은 같은 의미다.) 신전의 영토에서 사육된 키-닌후르사그의 성스러운 동물들은 사람들에게 영양이 풍부한 젖을 주었다.[34] 이난나 여신은 땅, 곡식, 포도, 야자, 삼나무, 올리브의 여왕으로 숭배되었다. 한편 이난나와 이슈타르는 사랑의 여신으로서 신전 안에서 매춘의 관습을 만든 존재였다. 이 두 여신에게는 메소포타미아 지역에 탐무즈Tammuz와 두무지Dumuzi(아마도 같은 어원일 것이다)라 불리는 배우자가 있었다. 성스러운 여성 목자牧者이자 어머니 여신인 이난나와 이슈타르와 관계된 자들로서 그들은 때때로 '인간들의 목자'로 묘사되었으며 금빛 숫양들을 거느렸다.[35] 이난나는 가끔 벌거벗은 모습으로 형상화되었다.

이집트에서는 하늘과 땅, 지하세계의 여왕인 이시스Isis 여신이 소머리 모양 또는 소뿔의 관을 머리에 쓴 모습으로 묘사되기도 했고, 때로는 돼지 등에 기대어 양다리 사이로 출산하는 장면이 묘사되기도 했다.[36] 뱀의 여신으로 나오는 네프티스Nephthys, 사자의 얼굴을 지닌 세크메트Sekhmet, 하늘의 여신이자 태양·달·별의 어머니로 너트Nut 등도 있다.

바빌론의 티아마트Tiamat는 태초의 어머니 여신으로 숭배되었는데, 이 여신에 대해 잘 알려주는 이야기가 바빌론 창조 신화인 「에누마 엘리시Enuma elis」에 기록되어 있다. 이 문헌은 1849년 이라크의 니네베(현재는 모술Mosul)에 있는 낡은 아슈르바니팔 도서관에서 오스틴 헨리 라야드가 찾아낸 것으로, 라야드가 입수한 것은 기원전 7세기 무렵의 자료였으나 처음 창작된 것은 기원전 18세기~기원전 16세기였으며 당시 여러 세계에 널리 전파되었다. 이 이야기의 중요한 내용은 하늘과 바람과 태양의 신인 마르두크Marduk가 스스로 만든 법을 명문화하고 태초의 어머니 여신을 정복한다는 것이다.[37]

그녀의 몸은 늘어졌고 입은 크게 벌어졌다.
그가 활을 쏘아 그녀의 배를 찢어놓았다,
활은 그녀의 몸을 관통하여 심장을 갈랐다.
그녀를 정복하고 그녀의 숨을 끊어놓았다.
그녀의 시체를 던져 땅 위에 세워놓았다.

티아마트의 다리를 짓밟고,
철퇴로 그녀의 머리를 박살냈다.[38]

이 신화는 바빌론이 수메르를 정복했을 때의 전쟁을 묘사한 것일 수도 있으나, 다른 한편으로 기원전 2000년대 청동 문화가 발생하여 광범위하게 전파되는 과정과 기원전 1200년경 철기시대로 넘어가기까지의 절정기에 숭배 대상이 여신에서 남신으로 이행되었음을 여실히 보여준다. 그러나 이 신화는 숭배 대상의 성별 변화 이상의 의미가 있으며, 다음과 같은 근거를 토대로 한다.

하나는 이미 우리가 알고 있는 사실이다. 말의 사육과 바퀴의 발명 그리고 마침내 이륜 전차가 등장하면서 구세계 도시국가 또는 제국 간의 전쟁 양상이 완전히 바뀌었다. 그 어느 시기보다 빈번해졌고 잔혹해졌으며 그 규모도 커졌다. 이러한 맥락에서 남성적 가치는 여성적 가치보다 더 중요해졌고, 필연적으로 사회는 남성 영웅과 더불어 담대해졌다.

다른 하나는 대략 기원전 3000년~기원전 1000년 신세계에서 나타난 전무후무한 생활 양식으로, 위대한 여신의 소멸에 중요한 역할을 했던 유랑 목축의 확산이다.

유랑 목축민의 탄생

7, 8장에서 살펴봤듯이 서북유럽의 황토지대는 토질이 그다지 좋지 않아 전통적으로 농업이 발달했던 중동 지역처럼 발전하기 어려웠다. 그러나 쟁기의 개발로 황소가 쟁기를 끌기 시작하자 경작은 큰 활기를 띠기 시작했다. 농부들은 밭을 경작하는 동시에 작물 재배에 적합하지 않은 언덕에 가축들을 방목하는 등 진보된 목축 양식을 선보였다. 초기에는 거석 문명에서 비롯된 사상의 영향을 받았으며, 그 상징적 목적에 대해서는 이미 9장에서 살펴보았다. 유럽의 다른 지역, 특히 동쪽에서의 목축업은 현저한

발전을 이루었다.

유라시아의 주요 특징 중 하나는 중앙에 펼쳐진 대평원으로, 해양 민족이 거주하던 서유럽 지역은 늘 제 평가를 받지 못했다. 아메리카 대륙보다 더 크고 광활한 중앙의 초원 규모는, 헝가리 평원에서부터 서쪽으로 1만 킬로미터에 달하고 동쪽으로는 다뉴브에서 중국 만리장성 지역을 포함하여 몽고와 만주까지 뻗어 있다. 북쪽에서 남쪽까지는 약 600킬로미터에 달하며 위도는 58~47도의 영역을 차지한다. 모스크바 주립대 옐레나 쿠즈미나는 대륙성 기후와 강수량 부족(연간 강수량이 500밀리미터 이하)이 평원의 주요 특징이자 환경적 요인이라고 밝혔다. 그러한 환경에서 자라는 식물류는 잎이 좁고 뿌리가 잘 발달되어 있어 가뭄에 잘 견딜 뿐만 아니라 썩은 후에는 비옥한 토양을 만드는 부식토를 형성하여 유제동물이나 설치류들이 서식하는 유인이 되었다.(포유동물 중 상당수가 최초에 진화된 지역이 이곳이었음을 기억해둘 필요가 있다. 6장 참조)[39] 방대한 이 스텝 평원의 북쪽 끝은 시베리아의 울창한 숲이었고, 남쪽 끝은 캅카스(카스피 해와 흑해 사이) 산맥으로부터 중앙아시아의 알타이 산맥으로 둘러쳐져 있으며 내부에 아프가니스탄/파키스탄의 힌두쿠시와 파미르(아프가니스탄에서 중국까지)를 안고 있다. 남쪽 끝에는 사막들이 산재해 있으며 그 가운데 타클라마칸과 고비 사막이 가장 열악한 편이다.[40]

여러 면에서 이 스텝 평원과 유사한 북아메리카의 프레리 평원을 비교해보는 작업은 의미가 있다. 프레리 평원은 규모가 더 작지만 비슷한 환경에서 얼마나 많은 유형의 동물(야생이든 사육이든)이 인간에게 어떤 변화를 주었는지를 살펴볼 수 있기 때문이다. 14장에서 보았듯이 프레리 평원에는 바이슨이 많이 서식했는데, 야생에서 자라는 겁 많은 이 포유동물은 당시 인류에게 중요한 육류 공급원이었다. 당시의 수렵–채집 부족들이 일 년에 몇 차례씩 공동 사냥을 한 것은 식량 문제를 해결하기 위해서라기보다는 교환을 목적으로 한 의식의 일종이었다. 유럽인들이 북아메리카에 도착하기 전까지 이런 관행은 1000여 년 동안 지속되었다.

구세계의 스텝 평원에는 아시아의 남쪽 해안선과 평행을 이루는 두 갈래 길, 즉 동-서를 횡단하는 드넓은 길과 좁은 간선 도로가 형성되어, 2장에서 소개한 바 있듯이(〈지도 1〉과 〈지도 4〉 참조) 사람과 동물 그리고 물자들은 이 길을 따라 이동하게 되었다. 그 결과 유라시아 역사의 형성에 지대한 영향을 끼치게 되었다. 즉 실크로드의 형성으로 이란, 인도, 중국에 문명이 발생했다.(스텝 평원의 유목민들은 바퀴를 이용한 운송 수단, 특히 이륜 수레, 말, 야금술을 중국에 전파했다.)⁴¹

A. M. 페트로프의 말에 따르면 "실크로드는 단순히 길이 아니며 (…) 고대와 중세 시대의 거대하고 유동적인 역사적 문명적 공간으로서, 이 길을 통해 아시아 극단으로부터 서구 국가에 이르기까지 서로 다른 사람들이 교역할 수 있었다."⁴² 프랑스의 역사학자인 페르낭 브로델은 당시의 유목민에 대하여 "역사가 서서히 흘러가던 것을 가로막고 급속한 변화와 동요를 이끈 (…) 그들은 '느림'으로 요약될 수 있는 시대를 급격하고 예기치 못한 방향으로 전환시킨 전형"이라면서 파괴적인 세력을 대표한다고 해석했다.⁴³ 제라르 샬리앙은 이 스텝 평원을 유라시아의 위대한 '격동 지대'라고 표현했다. 그러한 과정이 어떠한 경로로 이루어졌는지는 순차적으로 살펴보기로 하자.

모스크바에 있는 러시아 과학아카데미 민족연구소의 A. M. 하자노프는 건조한 지역에서 발달한 목축업은 그 어떤 형태의 농업보다도 우월한 산업이었다고 밝혔다. 초기에, 정주 농업을 영위하는 지역과 스텝 평원의 경계 지역에서는 서북유럽과 유사한 방식으로 목축업과 소규모의 농업이 병행

거대한 단절

되었으나, 기원전 3000년에 접어들면서 볼가와 우랄 지역에서 유목 형태가 자리를 잡기 시작하면서 농업을 압도하게 되었다. 하자노프는 말들의 천국인 스텝 평원에서 인간의 말 사육이 없었다면 목축업의 탄생은 상상할 수 없는 일이었다는 전제와 함께 스텝 평원에서 발견된 기원전 4000년~기원전 3000년의 동물 뼈를 조사한 결과 80퍼센트가 말이라는 사실은 전혀 놀랍지 않은 일이라고 했다.[44]

유목민으로서의 완전한 변화는 기원전 2000년 후반기에 형성되었을 것으로 하자노프는 추정했다. 기원전 1800년경 그들 중 일부에게서는 도시화가 진행되다가 중단된 흔적이 보이지만 그즈음 유목인들이 증가함에 따라 필연적으로 쉬지 않고 이동하게 되었을 것이다. 작물 재배를 포기한 그들은 낙농업을 발달시켰고 말타기에 능숙한 특성을 나타냈다. 그들은 쌍봉낙타까지 사육했으며 22마리의 황소가 천막을 실은 수레를 끌었던 것으로 보인다.[45]

'유목민nomad'이라는 단어는 여기저기 돌아다니는 양치기라는 뜻의 라틴어 'nomas'에서 기원한다.[46] 그리고 그들의 마지막 변화는 계절풍이 약해지고 대지가 더욱 건조해진 기원전 2000년 무렵에 나타났다. 이 시기 스텝 평원의 모든 지역, 심지어 중국 영토에서까지 유목이 만연했는데 그들 중 일부는 아예 곡식 섭취를 하지 않게 되었다.[47] 그 대신 물과 풀을 따라 떠돌았다.

유목민들의 이동은 광범위했다. 북부 유라시아 유목민의 경우 4~5개월은 겨울 목초지에서, 2개월은 여름 목초지에서 지냈으며 5~6개월은 그 두 곳을 왕복하는 길에서 보냈다.[48] 한 가족(대개 5명으로 구성)의 유목민의 생존에 필요한 동물은 기본적으로 암말 8마리, 종마 1마리, 수소 1마리, 암소 10마리(총 20여 마리) 정도로, 더 많게는 말 30~50마리, 양 100마리,

염소 20~50마리, 암소 15~25마리(총 225마리) 또는 800~1500마리의 양 등으로 다양했다. 몽골에 관한 한 연구에 따르면, 말 1마리만 있으면 한 사람이 500마리의 양을 충분히 돌볼 수 있다고 한다.[49] 초원은 방대했지만 수많은 동물이 사육되었다는 점과 양 1마리당 적어도 1헥타르의 면적이 요구된다는 사실을 감안하면 당시 사람들에게 스텝 평원은 좁게 느껴졌을 것이다.

목축 대상은 크게 큰 무리(암소, 말, 낙타)와 작은 무리(양, 염소)로 나뉜다. 중동의 셈 족은 작은 무리를 선호했고 스텝 평원 중앙의 아리아인들은 큰 무리를 선호했다. 한편 지대가 높은 티베트에서는 훨씬 적은 수의 가축과 말이 사육되었다. 이동 경로를 결정하는 데는 예나 지금이나 기온의 영향이 절대적이었다. 결국 이동 경로는 자오선 방향에 따라 여름에는 북쪽, 겨울에는 남쪽으로 수직 이동했다.(겨울철 사료인 풀의 영양가치는 2배 반 정도 저하된다.) 그 경로는 1000여 년 동안 점진적으로 변화되었다.[50]

지금도 마찬가지지만 유목업의 전통적인 생산물은 젖, 고기, 피였으며 그 산물은 점점 더 늘어났다. 이에 따라 경작이 불가능한 불모지를 통과하여 먼 거리를 이동할 때 이 생산물을 안전하게 운반할 수 있는 경제적인 포장법이 고안되었다. 그리스의 지리학자인 스트라보는 "스텝 평원에서 가장 비옥한 크리미아 반도의 생산성은 농업의 30배 정도였고 메소포타미아 지역은 300배"라고 했다.[51] 오늘날에도 규모가 큰 목축업은 농업보다 생산성이 훨씬 더 높다.

당시 말 다음으로 많이 사육되었던 동물은 척박한 평원에 잘 적응했던 양이었다. 염소는 숲에 자라는 거친 풀을 더 잘 먹는 편이지만 양은 땅 위에 밀착되어 자라는 풀을 잘 뜯어먹었기 때문이다. 더욱이 양은 염소보다 번식력이 더 강해 평균 7마리의 새끼를 낳고, 사슴보다 건조한 풀을 더 좋아하며 흙까지 먹는 가축이었다. 이 동물은 대체로 다루기가 쉽고 무리지어 다니며(새끼들은 모여 놀기를 좋아한다) 염소와 더불어 뛰기도 하고 거세한 숫양은 얌전했다.[52] 유물 조사 결과, 기원전 3000년 무렵의 양은 뼈와 뿔의 크기가 더 작아지는 변화를 보였다. 신석기시대에서 청동기시대로 접어들면서 유라시아의 옷감은 아마 직물로부터 양모로 대체되었다. 이후 양모는 산업적으로 중요해지기 시작했는데, 이 과정에 대해서는 뒤에서 살펴보기로 하겠다.

유물 조사에 따르면 당시 사육된 동물의 수는 대략 2000마리부터 많게는 2만7000마리까지로, 큰 차이를 나타내고 있다. 처음에는 젖과 피를 얻기 위해 사육되다가 나중에는 고기가 주요 목적이 되었지만, 고기는 제사를 지낼 때만 동원되는 귀한 식량이었다. 유목민들은 겨울철을 지낼 식량을 비축하기 위해 주로 가을철에 동물을 도살했다.[53]

전반적으로 양은 숭배 대상이 아니었다. 아시리아에서는 양의 형상을 만들어 제물로 바쳤고 인도와 여타 지역에서도 양의 조각상이 발견되었다. 또한 양치기들의 생활은 지금도 그렇지만 대체로 단독적이었다.[54] M. L. 라이더의 주장에 따르면, 양은 다른 어떤 동물보다 환경을 더 변화시키는 역할을 수행했다. 좀더 자세히 말하자면 넓은 지역 여기저기로 흩어져 떠도는 가운데 양의 털에 묻은 식물의 씨가 곳곳에 뿌려지는 효과를 낳은 것이다.

염소는 통상 양과 함께 사육되었다(아나톨리아 자그로스 산맥). 염소는 양과 비슷하지만 세 가지 다른 특징을 지니고 있다. 첫째는 젖에 단백질과 지방이 많이 함유되어 있다는 것, 둘째는 양이나 소가 초원의 풀을 뜯어먹는 데 반해 염소는 관목이나 작은 나무의 잎을 먹는다는 것, 셋째 수명이 12~16년 정도인 양보다 더 긴 수명을 지녀서 16~18년 정도 산다는 것이다. 염소 털은 양모만큼 애용되지는 못했으나 때때로 염소의 가죽과 창자가 유용하게 쓰였다는 사실은 확실하다. 양과 염소는 달리는 걸 좋아하여 항상 같은 무리 속에 섞여 있다.

양뿐만 아니라 황소와 암소의 사육 역시 인류 문명의 발전에 많은 영향을 끼쳤다. 앞서 8장에서 우리는 쟁기질과 젖짜기가 얼마나 중요한지 살펴보았을 뿐만 아니라, 그 이전부터 종교적 이유로 황소와 암소가 사육되었음을 확인했다. 세계를 통틀어 사육 가축은 원래 한 종의 야생동물로부터 비롯되었는데, 바로 보스 프리미제니우스Bos Primigenius라는 학명의 현재는 멸종된 '오록스aurochs'(유럽들소)였다. 키 2미터에 길이는 3미터에 달하는 이 들소는 아일랜드, 스칸디나비아, 아메리카 대륙을 제외한 유라시아 온대 전역에 서식하고 있었다. 당시 세계는 지금보다 습해서 더 푸른 환경이었고, 이 동물은 주로 강이나 계곡, 숲에 살면서 풀을 비롯한 약초, 나뭇잎, 껍질까지 먹어치우는 전형적인 초식동물이었다.

이 동물이 초기 인류와 처음 접촉한 기록은 저 유명한 동굴 벽화에서 확인할 수 있다. 그리고 기원전 7000년 즈음 오록스는 사람들의 손에 사육되기 시작했다. 그들이 오록스를 선택한 이유는 그 뿔의 모양이 달의 형태와 흡사했기 때문이며 다산과 재생의 상징으로 간주되었기 때문이다.[55] 나중에 다루기 쉬운 온순한 동물로 대체될 때까지 오록스는 인간에게 사육되어 제물로 바쳐지곤 했다. 가축은 본능적으로 무리를 짓기 때문에 일단 소규모의 무리가 만들어지면 곧 다른 개체들이 합류했다.

가축 사육은 아마도 극동아시아, 인더스 계곡, 동남쪽 사하라에서 주로 이루어졌으나 곧 다른 지역으로 빠르게 전파되어 부의 기반이 되었다. 극동아시아 지역의 유물에서는 암소의 머리 형태가 양식화된 것을 볼 수 있는데, 이 표식은 동쪽 지역에서 사용된 최초의 기호로서 훗날 문자의 기원

거대한 단절

으로 이어졌다. 한편 함무라비 법전의 282개 법률 중 판독 가능한 29개의 항목은 소에 대한 범죄와 관련된 내용이며, 로마의 경우 어린 소를 죽였을 때는 재판을 받거나 추방되기도 했다. 기원전 3000년경부터는 등에 혹이 달린 혹소zebu가 많이 길들여졌는데 이 동물은 기온이 높고 건조한 환경에 잘 적응하고 일반 소보다 세균에 잘 감염되지 않는 성질을 지녀 꽤 멀리 떨어진 지역에서까지도 활발히 매매되었다. 중국의 상商 왕조 당시에는 뜨겁게 달군 막대기로 동물의 어깨뼈를 타격하여 발생한 균열을 통해 미래를 점치는 습속이 나타나기도 했다.

황소는 어디에서나 힘과 다산의 상징으로 여겨졌으며 극동아시아, 이집트, 인도에서는 특히 숭배의 대상이었다. 많은 왕의 이름에는 황소를 뜻하는 호칭이 붙여졌고 인도에서는 도장이나 작은 조각 등에 황소의 문양을 새기곤 했다. 시간이 지나면서 모든 주요 문명에서는 별자리인 황소자리를 그들만의 신화 속에서 상징화했다. 황소는 그리스어로 타우로스Tauros, 라틴어로 타우루스Taurus, 산스크리트어로 브리샤바Vrishaba, 페르시아어로 가브Gav, 아랍어로 타우르Thaur라는 명칭으로 불린다.[56] 2장과 9장에서 소개한바, 황소 숭배와 관련한 내용이 가장 많이 담겨 있는『리그베다』경전은 아시아 내륙의 유목민이자 정복자였던 아리아 족이 쓴 찬송가로서, 아리아 족은 기원전 2000년경 황소 신을 인도로 전파시켰다. 그러나 아리아 족이 과연 인도 지역에 살았는지, 정확히 그들이 누구였는지에 관해서는 논쟁 중이라는 사실에 유의할 필요가 있다. 어쨌든 황소와 암소 숭배는 이 지역에서 광범위하게 이루어졌을 뿐만 아니라 크레타, 그리스, 로마 등의 지중해 연안의 문명권에서도 마찬가지였다. 특히 로마에서는 희생된 황소들을 기리는 신전 '타우로볼리움taurobolium'이 있었다.

한편 암소는 황소보다 힘이 약하지만 인도를 포함한 여러 지역에서 광범위하게 숭배되었다. 인도에서는 '고스트하스타미Gosthastami'라고 하여 11월 중 하루를 암소의 날로 정하고 있고, 힌두 족은 살아 있는 암소로부터 얻을 수 있는 다섯 가지(우유·버터·응유·오줌·똥)를 섞은 판차가브야Pancha-gavya라는 용액을 신성시했다. 그들은 이것이 정화의 속성을 지녀 사악한 것을 물리치고 결혼할 때 축복을 가져다준다고 여겼다. 모든 베다인은 황소 신인 시바Shiva, 세상을 보호하는 존재이자 목자들의 신인 비슈누Vish-nu, '암소를 만족시켜주는 존재'인 고빈다Govinda에게 제사를 지낼 때 가축의 생산물을 활용했다.[57]

옛 오룩스에 존재하는 소의 형질Bos을 이어받은 황소는 거세하면 그 야생성을 상실하지만 힘은 남아 있어 쟁기질을 하거나 수레를 끌기에 충분했다. 초창기에는 뿔에 줄을 걸어 쟁기를 끌게 했으나 기원전 3000년경 어깨에 메는 멍에가 발명되었다. 엉성하게 황소 수레를 묘사한 모헨조다로의 테라코타 유물은 넓은 도로 위에 황소 수레가 왕래했음을 암시한다.[58]

청동기시대에 극심한 자연재해가 있었는지에 대해서는 의견이 분분하지만 분명한 것은 기원전 2000년대 후반에 큰 기후 변화가 발생했다는 것이다. 아마 이때의 기후 변화로 많은 사람이 농업을 포기하고 유목생활을 선택한 것으로 추정된다. 무엇보다도 유목식 목축은 건조 기후에 대한 반응 양식이었으며, 유라시아에 강력한 왕정국가들도 기후 변화에 대응하는 과정에서 형성된 체제였다. 이러한 우연에는 의미가 담겨 있다.

기원전 2000년대 초기의 그림에는 말 위에 앉아 있는 사람의 모습이 자주 등장하는데, 하자노프에 따르면 안장이나 재갈이 없으므로 전쟁이나 방목지에서 볼 수 있는 전형적인 기마인들과는 다르다. 게다가 말의 무리가 적은 데다가 개가 몰이꾼 노릇을 한 것으로 보아 멀리 나아가지는 않았던 것으로 보인다. 제대로 된 기마인이 출현한 것은 강으로부터 90킬로미터 안쪽 깊숙한 곳의 스텝지대까지 목축업이 진출하는 기원전 2000년대 중반, 소위 '스텝 청동기 문명'이 시작된 시기였다고 하자노프는 주장했다. 당시 스텝 평원의 환경은 지금보다 습한 편이어서 동물의 이동이 용이했고, 사람들은 동물 무리를 따라 두 다리로 또는 황소나 말이 이끄는 수레를 타고, 또 일부는 동물을 타고 이동했을 것이다.

스텝 청동기 문화 중에서 가장 잘 알려진 것은 신타시타 페트롭카Sintash-ta-Petrovka 문화로, 안드로노보Andronovo라는 명칭으로 더 잘 알려져 있으며 기원전 2300년~기원전 1000년 카스피 해 동북쪽으로부터 아랄 해 지역까지 번성했다. 아직 완전한 정주 상태가 아니었음을 알 수 있는 증거로, 돼지가 전혀 없었던 이 지역에서는 네 가지 혁신이 발생했다. 우선 청동을 만들기 위해 동과 주석을 융해하기 시작했고, 광물을 보호하기 위해 주거지를 요새화했으며, 전투용의 가벼운 이륜 전차를 제작했고, 말들을 네 바퀴 견인용, 승마용, 이륜 전차용에 맞추어 사육하기 시작했다. 이때 귀족인 동시에 전사인 계급이 등장했고 말과 함께 죽은 병사를 장례하는 특성을 나타냈다. 이들은 유목 '야만인'의 전형으로서, 철기시대 유라시아인의 생활적 특성이 되었다.[59]

격동지대, 세계 정치의 시작

유목식 목축의 경제 체계는 결과적으로 한계가 있었다고 말할 수 있다. 하자노프가 언급했듯이 유목 경제는 엄밀히 말해 진화의 뒷골목에 있었으며 "생태적 기반이 제한적이어서 복잡한 경제로 발전될 여지가 희박했고

(…) 지역은 넓으나 생산을 늘리지 못했다. 결국 이 문제를 해결하지 못함으로써 유목주의는 침체의 운명을 맞이하게 되었다." 예컨대 지금의 몽골 영토에서 고대 흉노족이 사육하던 가축의 수는 1918년 당시의 조사 수치와 거의 같았다.[60]

단적으로 말하자면 유목 경제의 핵심은 '자기 제한성'이다. 이동하면서 생활했기 때문에 사료와 건초를 보관할 필요가 없었고, 한 사람이 기마인은 100여 마리의 말을 관리할 수 있었지만 그 말들을 먹이기 위해서라도 계속 이동해야만 했다. 이 과정 자체가 장차 문제를 불러온 것이다. 목초지의 생산성은 20~25년 사이에 4분의 1로 떨어지는데 회복하기까지는 적어도 50년이 걸리기 때문이다.[61] 다시 말해 세대마다 새로운 땅이 필요했다. 그렇게 끊임없이 이동하는 과정에서 유아의 사망률이 높았을 것이고, 그로 인해 인구 성장은 저조했다. 당시 그들의 주된 단백질 공급원은 동물들의 젖이었으므로(고기를 얻기 위해 정기적으로 동물을 도살한다는 것은 그들의 자산을 축내는 행위였다) 포유동물의 젖 분비가 중단되지 않도록 해야 했다. 또한 늘 이동하는 그들로서는 가벼운 물건을 선호했고 많은 물건을 지니고 다닐 수도 없었다. 이러한 환경에 놓인 유목사회는 잉여 생산물이 발생할 수 없는 구조로, 많은 수의 장인을 배출할 수 없었으니 당연히 공예품이나 사치품은 발달하지 않았고 교환할 품목도 별로 없었다.[62]

프랑스의 게르고등대 교수였던 제라르 샬리앙에 따르면 이러한 유목의 자기제한성은 청동기 후반부터 거의 2000여 년 동안 '격동의 지대zone of turbulence'를 유발함으로써 구세계 역사에 지극히 중요한 영향을 끼쳤다. 이 지대는 중국·러시아·헝가리·이란·인도와 비잔틴 제국 그리고 이집트에 이르는 광대한 유라시아 대륙의 정착민들을 위태롭게 했는데, 중앙아시아에서 등장한 유목민들과 정착사회의 대립은 이후 2000년 동안 세계 정치의 근간이 되었다. 공통어도 없고 대부분 문자도 갖추지 못했던 그들은 다양한 인종으로 구성되어 있으나 대개는 튀르크 족, 몽골 족, 만주 족에 속한다. 다만 말 위에 올라 달리면서 바람을 이용하여 활을 쏘는, 이동성에 기반을 둔 스텝 문명을 공유하고 있다는 점에서 그들은 단결할 수 있었다. 이것은 거주지로부터 떨어진 곳에서 발달된 집중력으로서, 정주생활을 하는 사람들보다 수월하게 물자 관리의 문제를 극복한 전략적 문화라고 할 수 있다.[63]

샬리앙의 이러한 타당한 주장에 동의한 어니스트 겔너는 "야생동물이나 다른 부족 양치기들의 약탈에 대비하여 그들은 끊임없이 거친 훈련을 해왔다"고 주장했다.[64] 유목 경제의 불안정성 및 자기 제한성은 구세계에 정치적·사회적·이념적으로 지대한 영향을 끼쳤으나 그 방향에 대한 예측은 불가능했다. 본격적으로 영향을 끼친 시기는 청동기에서 철기시대로 넘어가는 기원전 2000년대 후반이었다.

보통 유목민들은 스텝 평원에서 사육된 작고 튼튼한 말과 양모를 대가로 곡식이나 비단을 얻었다. 교역의 중심은 북부 몽골과 바이칼 호수 중간 지대로, 물자가 필요해지면 먼 거리를 여행해야 했다. 그 결과 그들은 점점 탁월한 기마인이 되었으며 어린아이들도 일찍부터 말타기를 배웠다. 동시에 그들은 노련한 궁수이기도 했는데, 이것은 기습 공격을 당했을 때 위험한 정면 승부를 피하고 효율적으로 대처하기 위한 후퇴 전략의 일환이었다. 스텝의 여러 지역은 영상 35도에서 영하 40도까지 급격한 기온차를 보이는데 이러한 환경에 적응하는 과정에서 그들은 강인해졌다. 기온이 급강하하여 적들이 무력해졌을 때 유목민들은 자체 제작한 칼과 창(나중에는 말 재갈, 고삐, 등자까지 만들었다)을 들고 말을 타고 정면으로 공격하곤 했다.[65] 인원이 100명 또는 1000명이거나 수만 명일지라도 그들은 늘 소수

전략으로 공격했다.

기원전 3000년~기원전 1000년까지 2000여 년 동안 방대한 거리를 이동하다보니 경로는 상당히 고착화되었다. 그리고 많은 가축을 유지할 만한 목초지를 찾아 끊임없이 이동하는 과정에서 부족 간의 격렬한 갈등이나 충돌이 불가피했다. 이 갈등은 기원전 2000년대 후반 극에 달했다. 옐레나 쿠즈미나의 연구에 따르면 기원전 20세기 무렵 대부분의 스텝이 이용되어 더 이상 개척할 곳이 남아 있지 않았다.[66]

샬리앙은 스텝의 외곽에 정착한 거주민과 유목민 간의 갈등에 주목했다. 그 지역은 흑해와 중국을 가로질러 메소포타미아 북단에 이르는 곳으로, 수레의 이용에 따라 정주민들의 영토가 확장되면서 갈등은 더 극렬해졌다.

니콜라 디 코스모는 이 시기 중앙 유라시아에서 호전적인 기마 유목민의 수가 가파르게 증가했음에 동의하면서[67] "기원전 10세기의 이란, 기원전 9세기의 아시리아 그리고 기원전 9세기~기원전 8세기 아시리아와 그리스 계통의 도상 연구에서 이 신인류의 등장이 확인되었는데 그들은 시메리아Cimmeria 족, 스키타이Scythia 족, 사카Saka 족"이었음을 확인했다.[68] 미술품에 기마인의 모습이 처음 등장한 것은 기원전 14세기경의 텔 엘 아마르나Tel el Amarna와 사카라Saqqara에서의 카데시 전투 때의 것이며, 『성경』 「열왕기」 상권에는 기원전 12세기경의 무장한 아시리아 기병(활과 창을 따로 휘두르는)과 이스라엘 군인의 일부가 기마병으로 묘사된 것을 확인할 수 있다.[69]

로버트 드루스는 자신의 저서 『청동기시대의 종말The End of the Bronze Age』에서 기원전 12세기 초 야만인 그룹의 전투에 대해 언급하고 있다. 그가 말하는 야만인이 모두 유목민은 아니지만 기후 변화로부터 유발된 폭력적

거대한 단절

기질을 공유하고 있다. 야만인들은 척박한 기후를 피해 새로운 정착지를 찾는 과정에서 동부 지중해 연안의 도시국가들을 끊임없이 침입했고, 그러한 과정에서 전투에 관한 기술과 전략을 나날이 축적해 마침내 압도적인 이륜 전차의 발전을 보여주었다. 이 성과는 본격적인 기병의 출현과 신무기의 개발을 가져왔을 뿐만 아니라 기존 보병의 전투력을 증강시켰다. 기병의 경우 평원에서 말을 달리던 경험으로 말고삐와 마구馬具(등자 등)를 사용하기 시작했고 말타기 기술은 점점 발전했다. 확실히 전차보다는 말의 등 위에서 활을 쏘는 것이 훨씬 더 어려웠지만 그러한 기술도 발전되었다.

보병들은 기원전 17세기 안드로노보 문명에서 처음으로 검, 양날 투창, 화살을 이용할 수 있게 되었으며 거기에 금속 방패까지 결합됨으로써 수레 병사들과의 전투에서 밀리지 않을 수 있게 되었다. 그리고 기원전 12세기 초 청동기시대가 저물고 철기시대가 열릴 무렵, 무기, 말 타기, 기후, 정치 등의 모든 면에서 구세계에 변화를 초래했으며, 결국 갑작스레 거대한 '폭풍'이 휘몰아쳤다. 즉 가장 영향력 있는 분야에서 변화를 초래한 것은 급격히 전쟁 성향을 나타내기 시작하여 그리스에서 인더스 계곡에 이르기까지 300여 개에 달하는 고대 도시들이 연속적으로 파괴되었다는 사실이다.(이 점에 대해서는 드루스뿐만 아니라 다른 학자들도 인정했다.)[70] 이러한 파괴에 대한 증언은 인도의 서사시 『마하바라다』나 『일리아드Iliad』에서 확인할 수 있으며 구약성서에서도 발견된다. 수메르의 어느 필경사는 이 유목민들을 "도시에서 볼 수 없는 자들로서 대량 학살을 일삼는 집단"이라고 묘사하고 있다.[71]

죽음을 바라보는 새로운 시각

역사가들은 이 '종족들'이 양과 염소 떼를 몰고 다니던 셈 족과 아리아 족(나중에는 '야만족barbarians')이라는 사실을 확인했다. 이들의 중요한 두 가지 측면은 전쟁의 성격을 바꿔놓았다는 것과 그들이 숭배했던 신이었다. 사상적 측면에서 이들은 정착민들과 완전히 달랐다. 종족은 다양했으나 유사한 마술적 종교생활을 공유하여 하늘의 신 텡리Tengri를 비롯한 수많은 작은 신을 섬겼다. 많은 제례와 금기가 있었으며, 무당은 신에게 묻고 그 응답의 신호를 해석하고 병자를 치료하는 역할을 하는 등 샤머니즘적 속성이 짙었다.[72] 이것은 앞서 언급한 대로 숭배 대상이 여신에서 태양의 신인 마르두크Marduk로 옮겨갔음을 상징하는 변화라 할 수 있다.

이러한 사상적 변화는 인류의 의식이 진보하는 과정에서 '결정적인 한 축'으로 묘사할 수 있을 만큼 중대한 것으로, 여러 분야와 연결고리를 맺고 있다. 남성 신은 청동기시대(기원전 2200~기원전 1550) 중반부터 점점 더 중요한 존재로 부각되기 시작했다. 마을 단위를 벗어난 도시생활이 형성되고 도시국가가 팽창함에 따라 바퀴 달린 운송 수단이 요구되었고, 전차의 전투적 효과가 발휘되면서부터 남성의 역할이 점점 중요해졌다. 영웅(위대한 힘을 소유한 남자)이라는 개념이 생겨났고, 이후 영웅은 숭배의 대상으로 이어졌다. 나아가 사람들은 더 짙은 개인주의를 나타냈으며 한 곳에 정착하지 않고 농사를 짓지 않는 유목민들의 호전적 기질에 따라 예측 불가능한 힘에 대한 숭배 문화가 형성되었다. 그 숭배의 대상은 이를테면 폭풍이나 바람이기도 했고, 유목민과 가축들에게 공포의 대상인 번개, 태양 그리고 유목이라는 생활 방식에서 보존이 불편한 불 등이었다. 또한 이미 10장에서 살펴봤듯이 그들은 환각제를 이용하여 우주의 다른 곳을 방문

거대한 단절

하기도 했다.

유목민들은 본질적으로 '동물적'인 삶을 영위했다. 말과 가축들을 가까이 둠으로써 그들로부터 생산되는 젖, 고기, 피 등으로 생활했으며(스키타이 족은 말의 젖을 이용했다) 이는 식물 또는 식물의 성장 주기와 별 관련이 없었음을 의미한다. 뿐만 아니라 말과 가축들을 관리하고 통제하는 일이 그들의 주된 일과였으므로 자연으로부터의 분리가 촉진되었는데, 이로써 자연의 신성성이 제거되기 시작했다. 다만 스텝과 사막의 황폐한 환경, 계속되는 이동과 잦은 전투 속에서 그들에게 가장 두려운 대상은 폭풍과 바람이었다.

죽음을 바라보는 시각도 달라지기 시작했다. 지속적인 습격·전투과정에서 죽음이 일상화되자 언제든 목숨을 잃을 수 있다고 생각하게 되었으며, 더욱이 굶주림이나 자연재해가 아닌 인간에 의해 생명을 잃을 수 있음을 자각하게 되었다. 그 결과 죽음은 삶이 완전히 끝나는 것이라는 인식에 도달했다.[73] 이제까지의 죽음과 재생에 대한 오래된 관념, 즉 '죽은' 달이 되살아나듯이 인간의 생명도 순환된다는 믿음이 무너지기 시작한 것이다. 땅 위에서 전쟁은 확산되었고 하늘의 신은 더욱 잔혹해져서 죽음은 삶의 끝이라는 인식은 보편화되었다.

앤 베어링과 줄스 캐시퍼드는 "신이 도덕적 질서를 지배하는 문화는 셈족과 아리아 족으로부터 비롯된 것으로, 인간의 삶과 자연을 정복의 대상으로 보는 관점에서 대립과 정복의 패러다임이 형성되었다. 그들은 현세와 내세를 확연히 구분하며 내세를 자연 저 너머의 초월적인 신의 영역으로 간주했다"고 말한다.[74]

미국의 신화학자인 조지프 캠벨도 이에 동의했다. 『신의 가면: 서양의 신화The Masks of God:Occidental Mythology』를 통해 그는 "청동기시대 후반부터 철기시대 초반까지, 즉 유목민인 아리아 족이 북쪽으로부터 가축을 몰아오고 남쪽으로부터는 셈 족이 염소와 양떼를 몰고 쳐들어오기 전까지 고대 도시는 자연 속에서 평화로운 삶을 영위하고 있었다. 그러나 이후 사람들은 용맹한 자를 추앙하기 시작했고 땀 흘려 열심히 일하기보다 전쟁터에 나가 창을 들고 싸워서 재물과 행복을 약탈하는 사회로 변모하게 되었다"고 주장했다.[75]

이 시기에 쓰인 것으로 추정되는 화려한 서사시들은 나중에 발전하여 인류 정신문명의 중요한 업적으로 전해졌다. 그러나 18장에서 살펴보겠지만, 신세계에서는 이러한 변화를 전혀 찾아볼 수 없다.

지금까지의 서술로 청동기시대의 주목할 만한 변화들을 충분히 설명될 수는 없다. 당시 값비싼 수레는 소수의 성공한 계층에서만 구비하여 전쟁에 참여했으며, 수백 명에서 수만 명의 평민들은 기병과 보병으로 채용됐다. 전사가 되는 것은 자랑스러운 일이었고 신체 건강한 남성들은 원하면 누구나 전사가 될 수 있었다. 앞서 살펴보았듯 유목민 출신의 전사는 당시 사회의 지배적인 이데올로기를 바꾼 동기 중의 하나였지만, 대규모 보병의 출현 역시 또 다른 정치적 이데올로기의 변화를 초래했다.

거대한 단절

재규어의 날

청동기시대 말기에서 철기시대로 접어들면서 구세계는 물질적 환경과 사상적 측면에서 획기적인 변화가 일어난다. 이 무렵 아메리카 대륙의 열대지역에서 두 개의 문명이 출현하는데, 바로 노트르 치코에서 발현된 아스페로 문명과 카랄 문명이다. 시기적으로 이 두 문명은 메소포타미아 문명에 크게 뒤져 있지 않고 도시 형태를 나타냈다는 점에서 유사하지만 유라시아 문명과 달리 신세계 대륙 전체로 확산되지 못했다. 그 원인은 당시 그들의 주식이었던 옥수수와 관련이 있다. 애초에 옥수수는 제의용 맥주를 만들기 위해 제한적으로 재배되었기 때문에 잉여 생산물 단계로 전환될 수 없었고, 그로 인해 신세계는 전혀 다른 경로로 들어서게 되었다. 또 다른 원인으로는 사육 동물과 쟁기의 부재로 광대한 숲과 외곽지역을 개간할 수 없었다는 점이다.

앞으로 살펴보겠지만 현재로서는 노트르 치코에서 아스페로/카랄 문명의 소멸 이후 발현했던 도시 구조에 대한 증거를 찾아볼 수 없다. 브라이언 페이건에 따르면 기원전 2000년경 메소아메리카에 수천 개의 농촌 마을이 산재했으며, 그로부터 1000여 년 또는 그 이후에도 '극적으로 출현'한 다양한 문명들이 혼재했을 것이라 주장했다.[1] 이 시기적 차이는 고고학자들을 당혹스럽게 했다. 나중에 형성된 도시국가들의 원형이 과연 중앙아메리카에서 비롯된 것인지 아니면 이전 문명과 상관없이 별개로 도시국가들이 나타난 것인지 짐작할 수 없었기 때문이다.

1925년 라 벤타 섬에서 '원형 문명'으로 보이는 후보지가 발견되었다. 해안가 습지 중간에 있는 이 섬은 멕시코 만의 북쪽 연안 저지대인 베라크루스로 흐르는 토날라 강과 닿아 있다. 덴마크의 고고학자인 프란스 블롬과 인종 연구가이자 그의 동료인 올리버 라 파르게는 그곳에서 높이 24미터가 넘는 고분을 처음 찾아냈고, 그 안에서 인간과 고양잇과의 형상이 새겨진 거대한 돌 옥좌를 발굴했다. 처음에 이 문명은 메소아메리카의 지협 동쪽 곳곳에서 앞서 발견된 마야 문명의 변종일 것으로 추정되었다. 그러나 독일 학자인 헤르만 바이어는 300킬로미터 떨어진 고대 아즈텍의 고무 마을인 올만Olman에서 유래된 문명이라고 주장하면서 '올메카Olmeca' 문명이라고 이름 붙였다.[2] 그러한 관점에서 보자면 확실히 라 벤타 섬의 조각상이나 보석 공예품은 마야 문명과는 다른 고유의 형식을 드러내고 있었다. 그들은 마야 족은 아니었으나, 나중에 변화된 마야 족일 것이라고 학자들은 가정했다.

올메카 문명이 제대로 알려지기 시작한 것은 1938년 워싱턴 스미스소니언협회의 매슈 스틸링이 라 벤타 섬의 서쪽에 있는 트레스 사포테스Tres Zapotes에서 유물을 발굴한 이후부터였다. 마야 문명의 주변부였던 이 지역에서 발굴된 유물 중 오늘날 '스텔라 시Stela C'라는 이름으로 알려진 석물이

거대한 단절

주목된다. 한쪽 면에 재규어의 형상이 새겨져 있고 다른 쪽에 날짜가 새겨져 있는 이것은 마야 문명보다 앞선 기원전 31년경의 것으로 밝혀졌다. 올메카로 제시된 문명이 마야 족의 후대가 아니라 오히려 그보다 앞선 종족의 것이었다는 스털링의 연대 추정으로 고고학계는 뜨거운 논쟁에 휩싸였다. 그러나 스털링은 기세를 잃지 않고 라 벤타 섬으로 관심을 돌려 추가 발굴 작업에 착수했다. 그 결과 거대한 돌로 만든 네 개의 두상이 발견되었는데, 옥좌로 보이는 이 유물은 각각 수 톤의 무게를 지니고 있었으며 반은 인간이고 반은 고양잇과인 형상이 새겨져 있었다. 그리고 돌 조각상들이 줄지어 서 있는 넓은 광장을 거느린 피라미드 신전까지 발견됐다.

당시에는 방사성탄소 연대 추정 기술이 발명(1947)되기 전이어서 이러한 유물들의 정확한 시기에 대한 논쟁이 계속 있었으나, 1955년 라 벤타 섬의 석탄 표본의 연대가 기원전 1110년~기원전 600년으로 밝혀지자 고고학자들은 올메카 문명을 메소아메리카 문명의 원형으로 인정했다.[3] 물론 일부 학자들은 이 결과에 동의하지 않았지만 올메카 문명이 중앙아메리카에서 최초로 발현된 도시 문명이라는 사실을 반박할 수는 없게 되었다.

물, 비, 눈물

오늘날 알려진 올메카 문명지는 수백 곳이나 되지만 사실상 제대로 발굴된 곳은 손에 꼽을 정도다. 처음 발굴된 라 벤타 외에 많이 알려진 곳으로는 산 로렌소San Lorenzo, 찰카트싱고Chalcatzingo, 엘 마나티El Manati, 라구나 데 로스 세로스Laguna de los Cerros, 트레스 사포테스가 있다. 라 벤타로부터 도보로 하루 정도 걸리는 거리의 산 로렌소는 64킬로미터 정도 떨어져 있다. 기원전 1500년경 이곳에 자갈로 된 건축 기초가 처음 도입된 것으로 보이며, 이곳에서 현무암, 녹암, 흑요암이 발견된 것으로 보아 이후 수 세기 동안 인구 증가에 따라 먼 지역과의 광범위한 교역이 있었음을 짐작할 수 있다. 기원전 1250년경 그들은 고령토(열대 지역에서 발견되는 흰색 또는 주황색의 흙으로, 도자기의 재료)를 이용하여 독특한 토기 제조법을 개발했을 뿐만 아니라 그들만의 석조 건축물을 보유하고 있었다. 이러한 문화는 메소아메리카에서 전례 없는 전통으로서 '최고의 번영'을 누렸음을 알 수 있다.[4]

기원전 1150년경 산 로렌소 최고의 전성기에 만들어진 도자기와 돌조각이 북쪽으로 250킬로미터 떨어진 곳에서도 발견되었다. 그리고 도시 안에는 주변 강보다 수위가 약 50미터 더 높은 기초 위에 웅장한 제의 건축물이 건설되어 있었다. 더불어 여러 개의 작은 피라미드가 발굴되었으며, 멕시코 역사상 최초의 구기장일 것으로 짐작되는 공간도 조사되었다. 신세계 외부로 전혀 알려지지 않은 이 구기장 시설에 대해서는 20장에서 상세히 살펴볼 것이다.

이 유적지에는 몇 가지 수수께끼가 남겨져 있다. 예일대 마이클 코가 그에 대해 의문을 제기했는데, 산 로렌소의 제의 장소가 동쪽으로 날아가는 큰 새의 형상으로 건설된 배경에 관한 것이다. 두 번째는 기원전 900년경부터 도시가 급격하게 쇠락할 때까지 200년 동안 이 제의 장소가 완공되지 못한 원인에 관한 것이다. 가장 의문시되는 부분은 세 번째인데, 사람보다 더 크고 무게도 몇 톤에 달하는 거대한 돌로 만든 여덟 개의 두상이다. 더욱이 이 돌은 80킬로미터 떨어져 있는 곳에서 실어온 것으로 보이는 현무암이었다. 이에 대해 몇몇 고고학자는 집단 내에 계급이 최초로 출현한 시기의 지배자를 형상화한 것으로 유추했다.(납작한 코가 두드러지는 이

거대한 단절

두상은 아마도 메소아메리카에 맨 처음 이주한 흑인종으로 생각되며, 헬멧 같은 쓰개를 착용하고 있다.)

라 벤타는 기원전 1000년 무렵에 비로소 주요 도시로 발전된 것으로 보이며, 이로써 산 로렌소보다 조금 후대로 판단된다. 이곳에서도 언덕과 광장이 내려다보이는 위치에 세워진 11~24톤에 달하는 두상이 발견되었으며, 중요한 인물이 매장된 무덤이 부장품과 더불어 정교하게 치장되어 있었다. 크게 손상된 두상은 적의 공격을 받았거나 두상이 상징하는 인물의 '권력'이 남용되는 것을 막기 위해 누군가 고의적으로 훼손한 것으로 보인다. 라 벤타 시대에 만들어진 두상 중 하나는 산 로렌조 시대의 두상과 쌍을 이루고 있다. 머리끼리 줄로 이어져 있는 것으로 보아 정치적으로든 종교적으로든 관련된 인물이거나 라 벤타의 인물이 산 로렌소의 인물을 포획한 것으로 보이기도 한다.

최근의 연구 결과 올메카 사회에서 권력층이 출현하게 된 배경에는 지배자가 피지배계층에게 식량을 분배했던 농경 문화가 있었으리라 짐작된다. 그들의 농사 형태는 크게 두 가지 방식을 통해 초창기보다 훨씬 더 복잡하고 정교해졌다. 하나는 주거지 근처의 나지막한 고원지대에서 농사를 짓는 방식으로, 건기든 우기든 관계없이 옥수수와 카사바를 매년 두 차례 수확할 수 있었다. 그러나 올메카인들은 주로 강가에 자연적으로 형성된 밭에서 농사를 지었다. 여름 폭우로 강물이 범람하면 땅이 더욱 비옥해지기 때문이었다.

올메카 유적지에서 주목할 만한 것은 지배 계급의 형상 그리고 그와 연관된 재규어 형상이다. 우선 라 벤타에서 옥좌로 보이는 다섯 개의 돌덩이가 발견되었는데, 각각 움푹 파인 벽감 속에 몸이 반쯤 노출된 지배층 인물이 들어앉아 있는 형상이 조각되어 있다. 포로 또는 친척관계로 짐작되는 그들은 연결된 밧줄을 붙잡고 있다. 또한 이 '돌 옥좌'에는 재규어의 형상이 멋지게 조각되어 있는데, 고고학자들은 재규어가 올메카 문명의 기원을 상징한다고 해석하고 있다. 사실 남아메리카에서도 이와 비슷한 형상을 만날 수 있으며, 나중에 살펴볼 테지만 마야 문명에서도 재규어 장식의 옥좌에 앉아 있는 통치자를 확인할 수 있다.

제례 구역 안의 피라미드에서도 재규어를 소재로 삼은 다양한 유물이 발견되었다. 사실 피라미드 자체가 재규어의 두상을 모방한 것으로서 이곳에서는 옥으로 조각한 재규어 가면, 재규어를 상징하는 듯한 사문석 모자이크 조각, 옥과 사문석으로 만든 또 다른 형상(머리가 벗겨지고 째진 눈과 입 모양을 일그러뜨린 인간의 입상은 사람으로부터 재규어로 변신하는 과정을 조형화한 듯하다)들이 그것이다(〈그림 11〉 참조).

멕시코의 테우안테펙Tehuantepec에서 엘살바도르에 이르는 여러 지역에서 사람의 입상과 재규어 조각들이 발견된 것으로 볼 때 올메카 스타일의 공예품은 어느 시기에 집중적으로 형성되어 태평양 해안까지 전파되었음을 짐작할 수 있다.[5] 모렐로스Morelos의 찰카트싱고 지역은 올메카에서 생산되지 않는 귀한 물건들을 얻기 위한 중간 교역지로 짐작되며, 올메카의 권력층은 이곳에서 유통되는 흑요석이나 녹옥綠玉 등의 사치재들을 구해 자신들의 지위를 강화했을 것이다. 한편 올메카에서 생산된 공예품과 바위에 돋을새김으로 조각된 거대한 형상들이 찰카칭고에서도 발견된 것으로부터 올메카의 영향력이 적지 않았음을 알 수 있다.[6] 가장 인상적인 것은 재규어의 벌린 입을 모방한 동굴 내부 좌대에 앉아 있는 권력층의 형상이다. 동굴 입구의 비구름 모양은 마치 재규어 신이 입김을 불어 비를 몰고 오는 듯한 느낌이다. 재규어의 형상은 찰카트싱고의 여러 곳에서 발견되었는데, 개방된 제례 장소뿐만 아니라 녹옥이 채굴되는 가까운 산속의 동굴

거대한 단절

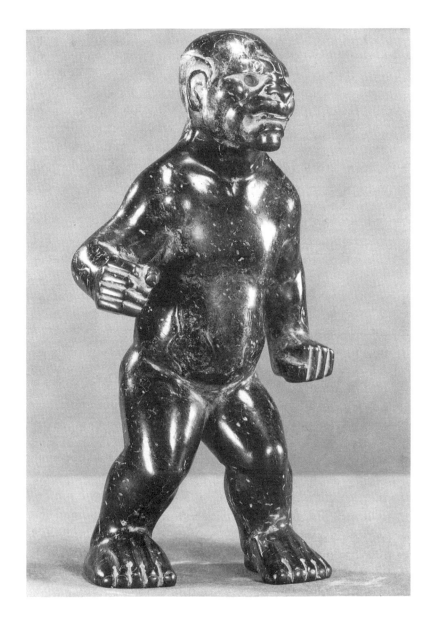

그림 11 사문석으로 만든 재규어 조각상. 고양잇과 가면을 쓴 춤꾼 또는 재규어로 변신 중인 주술사의 모습이 표현되어 있다.

에서도 확인되었다.

페이건이 지적했듯이 올메카의 통치자들은 메소아메리카 최초로, 오래도록 보존 가능한 방식(커다란 동상이나 조각품, 도기, 입상들)으로써 자신들의 통치 기록을 남겨두었다. 그 기록들은 당시 올메카의 지배 사상이 재규어와의 관계에 기초하고 있음을 여실히 보여주고 있다.(그중에는 재규어 새끼를 안고 있는 인간의 모습을 새긴 부조, 인간과 재규어가 혼합된 형태로 만든 돌도끼, 고양잇과 동물이 사람을 공격하는 바위 부조(〈그림 10〉 참조) 등이 있다.) 재규어는 두려움의 대상인 동시에 숭배의 대상이었다. 두려움의 대상이었던 이유는 그 동물이 낮뿐만 아니라 밤에도 숲을 지배할 만큼 용맹하고 교활했기 때문이며, 숭배의 대상이었던 이유는 매우 강한 생식력(실제로 '행위'하는 장면을 본 사람은 드물었을 것이다)을 지닌 존재인 동시에 환경에 구애를 받지 않고 물과 땅 그리고 나무 '위의 세상'까지 지배했기 때문이었다.(그들은 재규어가 꼬리로 강물 표면을 탁탁 두드려 물고기를 유인한 뒤 잡아먹는 모습을 관찰했을 것이다.) 사람들은 재규어가 특별히 비와 생산성과 관련된 존재라 믿었고, 울부짖는 소리는 비를 알리는 일종의 천둥소리로 받아들였다.

한편 인간에서 재규어로 변신하는 올메카의 조각상은 제사장이자 지도자로 선택된 자를 형상화한 것으로 추정된다. 당시 사람들은 그가 최면의 환각 상태에서 인간 본래의 형태인 재규어로 변신할 수 있는 특별한 존재라고 믿었을 것이다. 환각을 유발하는 성분을 가진 꽈리Physalis 종이 올메카 일부 지역에서 재배된 흔적이 이러한 추정을 뒷받침해준다. 제사장은 자연을 초월하는 존재인 재규어와 소통하면서 비와 홍수를 다스리는 인물로서, 제의를 치를 때는 호루라기를 비롯하여 오카리나 등 음악적 요소를 동원한 것으로 보인다. 호루라기와 오카리나에는 새나 원숭이 등의 동물 형상이 새겨져 있다.[7]

최근 연구에 의하면 올메카의 지도자는 '세계수'를 상징하는 존재로서 정치적 역할뿐만 아니라 주술적 역할도 수행했으며, 올메카의 사상에 깃든 주술적 특성에 대해서도 확인되었다. 옥스토티틀란Oxtotitlán의 동굴 벽화와 라 벤타의 네 번째 제단에 있는 화려한 돌도끼와 제례용 돌도끼에 새겨져 있는 그림이 그러한 설명을 뒷받침해준다.[8] 엘 마나티El Manatí의 우림 지역에서 발견된 터전은 주술사가 머문 신성한 집이었을 것으로 보인다.

그 당시 올메카에 새로운 이념적 요소가 도입되었다. 여러 번의 변형을 거치기는 했지만 약 2000여 년 동안 지속되었던 이 현상은, 물 부족에 시달렸던 다른 지역과 달리 습지와 호수가 많고 자주 범람해 올메카에 문제를 안겨준 물의 과잉이었다. 거대한 배수 시설이 마련되었고, 수확물을 파괴하는 범람을 막고 적당한 강수량을 기원하는 다양한 의식이 궁리되었다. 예컨대 집에서 가장 높은 지점에 도끼의 날을 하늘을 향하도록 엎어두는 것도 그러한 의식 중 하나였다.[9] 그들은 폭풍 또는 번개의 신이 이 도끼를 이용하여 숲의 나무를 베어 넘어뜨린다고 여겼다. 흑요석은 번개가 친 장소에서 발견되는 돌이라는 믿음 때문에 '번개석'으로 불렸다.(베라크루스에서 주술사는 '우박의 인간'으로 불렸다.) 그리고 비를 다스리기 위해 제례용 도끼나 가면 등의 물건들을 천연 우물 속에 던지기도 했다. 비의 신은 이후 메소아메리카 문명에 매우 비중 있는 존재로 자리매김한다.

물과 관련된 숭배는 더 나아가 언덕에 대한 숭배 또는 적철광처럼 유색성의 돌에 대한 숭배로 이어지기도 했다. 그리고 성스러운 산에서 샘물이 발견되었을 때는 숭배의 장소로 여겨 순례를 했다. 샘물이나 우물에 던져진 물건들을 통해 숭배자들이 위대한 자연을 묶어두기 위해 어떤 특별한 식단을 제공하려 애썼는지 가늠할 수 있다.[10] 어떤 우물 속에서는 팔다리가 잘린 신생아의 뼈가 발견되었다. 이에 대해 멕시코의 인류학자인 폰시아노 오르티스와 마리아 델 카르멘 로드리게스는 '제의적 식인食人, cannibal-ism'이라고 해석했으며, 나아가 이것은 특별한 식단이라는 인식 아래 지지되었을 것이라고 주장했다.[11] 더욱이 스페인 정복 시대의 연대기에는 희생 제물로 어린아이를 바치는 것은 물과 풍요와 관계된 메소아메리카의 일반적인 관습이었다고 묘사된다.(그들은 어린아이의 눈물을 비와 같은 것으로 여겼다.) 어린아이 제물은 세계 여러 지역에서 나타난 관습으로, 올메카가 이를 친초로 족으로부터 전수받았다고 단정할 수는 없다.

올메카에서 비와 옥수수 신은 서로 깊이 관련된 것으로 인식되었다. 옥수수는 올메카 전역의 주식은 아니었다. 예컨대 라 호야La Joya와 같은 지역이 그러하다. 11장에서 살펴보았듯이 돼지옥수수를 제대로 재배하기까지는 오랜 세월이 걸렸으며, 그나마도 초기에는 식량이 아니라 맥주를 빚기 위해서였다. 이후 기원전 900년경에 이르러 올메카의 몇몇 중심지에서 옥수수가 주식으로 자리 잡았고, 정착사회가 고착되면서 옥수수의 산출량이 증가하고 잉여분의 축적도 시작되었다. 이에 따라 재화가 늘고 계급의 분화가 뒤따랐으며, 공예가들의 출현으로 예술 문화가 형성되면서 옥수수가 숭배의 상징으로 묘사되었다.

올메카 사람들에게 사람의 몸은 곧 우주였다. 옥수수 신은 생명의 나무와 함께 (태양의 운동에 따른) 주홍빛 방향에서 나타나며, 때로는 귀한 물질인 비취·경옥이나 케찰(메소아메리카의 새)의 깃털에 나타나기도 하고, 사람이나 새의 머리 또는 다른 동물의 머리를 형태로 나타난다고 믿었다.

케찰의 깃털과 관련한 상상은 특히 흥미롭다. 메소아메리카에 서식하는 이 새의 긴 푸른색 꼬리 깃털에는 특별한 의미가 있다.(나와틀Nahuatl 언어로 '케트사이quetzalli'란 크고 화려한 꼬리 깃털을 뜻한다.) 비취, 옥수수와 더불어 푸른색 깃털은 풍요를 상징하는 색이었다.

이러한 맥락에서 메소아메리카의 강력한 이미지 또는 인식, 신성한 개념을 살펴보아야 할 것이다. 그 대상은 깃털 달린 뱀으로, 그 모습은 서로 상충되지 않는 두 개의 기원을 지닌다. 앞서 우리는 올메카가 넘쳐나는 물 문제를 안고 있음을 확인했다. 이러한 환경에서 뱀은 다른 어떤 곳보다 많은 흔적을 남겼을 것이다. 특히 방울뱀의 꼬리는 옥수수의 낱알과 닮았다. 이 두 사실을 결합해보면 올메카의 도상圖上에서 뱀이 많이 등장하는 이유를 알 수 있다. 일리노이대 어바나-샘페인 캠퍼스의 연구자 데이비드 그로브는 2000년 자신의 논문을 통해 올메카의 동굴 벽화, 그림, 조각상 등에 표현된 재규어 형상은 원래 뱀이라고 주장했다.(이 주장이 전혀 터무니없게 들리지는 않는다. 메소아메리카의 예술은 매우 추상적이기 때문이다.) 올메카의 그림에는 재규어로 보이는 형상들이 풍부하지만, 그로브의 견해에 따르면 당시 재규어는 영향력이 적어지기 시작했다고 한다. 반면 뱀은 옥수수와 케찰의 깃털과 관련하여 점점 더 빈번하게 그림으로 표현되었다.[12] 이에 따라 깃털 달린 뱀의 그림에는 옥수숫대(당시 주요 식물), 뱀(지하세계 그리고 생명을 주는 물과 동일시되는 존재) 그리고 새(하늘의 천국과 동일시되는 존재)가 모두 등장한다. 이것이 곧 우주의 중심인 '세계수'의 새로운 모습이다.

이와 관련한 수많은 그림은 고고학자들에게 '대지의 괴물'로 인식되어 왔다. 이 괴물은 흔히 사각형이거나 십자 사각 형태의 거대한 입을 지니고 있으며, 그 입으로 생명을 잡아먹고 또 창조하는 존재였다. 즉 씨앗이 '사라진' 후에 옥수수가 열리는 것과 같이 대지의 괴물은 매일 태양을 잡아먹었다가 다음 날 아침에 새로운 태양을 만들어내는 존재였다. 당시 지구 공전은커녕 평평한 땅에 살고 있다고 생각하는 사람들에게 태양이 뜨고 지는 현상은 매우 신비한 현상이었을 뿐만 아니라 대지가 삼킨 씨앗이 나중에 곡식으로 나타나는 것 또한 지극히 경이로운 일이었다.[13]

올메카의 도상들로부터 알 수 있는 기원전 1150년~기원전 850년 무렵의 또 다른 변화를 확인할 수 있었다. UCLA의 리처드 레슈어는 당시 도자기 문양이 동물의 형태(주로 동물 머리)를 모사하던 방식을 벗어나 직선, 곡선, 물결 문양의 선, 불꽃 모양 등의 추상적인 디자인으로 진화된 것을 확인했다. 그리고 초기의 그릇들에 그려진 동물들은 일상생활 속에서 언제든 볼 수 있는 대상이었을 것이라고 추정했다. "성인들은 동물을 죽이고 껍질을 벗겨 음식으로 먹었고 아이들은 막대기로 동물들을 찔러댔다." 기원전 1000년 이후부터 그들은 추상적인 디자인으로 "여러 동물의 특성을 지닌 초자연적인 존재, 환상의 동물을 그려내기 시작했을 것이다. 일상적으로 보던 동물이 특별하고 신성한 존재로 거듭남으로써 '평범'에서 '비범'한 지위를 얻었다.[14]

그는 이러한 관찰이 올메카 모든 지역에서 나타난 것이 아니므로 '섣부른 결론'을 경계하면서도 새로운 디자인을 활용한 데는 당시 인식의 변화가 있었기 때문이라고 보았다. 아마 그들은 더 높은 수준의 우주적 개념을 획득했거나 더욱 큰 조직 또는 공동체의 구성원이라는 인식을 얻었을 것이다. 이를 뒷받침하는 증거는 개인용 그릇에 그려져 있던 동물 형상이 점점 추상적인 디자인으로 바뀌었으며 가족 공동의 큰 그릇에도 나타난 현상이다.[15]

나아가 레슈어는 권력층이 이러한 추상적 양식을 '전유'함으로써 자신들끼리만 이해하거나 그러한 양식의 '언어'를 이해하도록 촉구했으리라 보았다. 결론적으로 추상적 양식은 그들을 결속시키고 일반 서민보다 우월하다는 차별 의식을 낳았을 것이다. 이 과정에서 평범한 동물을 소중히 여기는 인식과 추상적이고 초자연적인 존재를 더 귀하게 여기는 인식 사이에 갈등이 나타났을 것이다.

위에 언급한 여러 이미지, 즉 천연 동굴의 샘에 던져진 공물, 옥수수 재배, 대지 괴물의 입, 변화된 그릇은 모두 음식과 관계가 있다. 또한 옥수수 농사가 발달하는 과정에서 올메카의 이념 또한 점진적이고도 파편적으로 변화해왔음을 알 수 있다. 변화는 천천히 진행되었으나 결국은 공동체에 번영을 가져다줌과 더불어 부의 불균형도 초래했다. 이에 대해서는 특정한 사람들의 머리에 모양을 새겨 구분하거나 두개골에 변형을 가하여 신분을 표시하는 관습으로 추정된다.

새로운 사상들이 대두하는 과정에서도 고대의 주술적 관념들은 계속 유지되었다. 특히 고대 예술품이나 미술품 등에서 두각을 보였으며, 신에 대한 개념도 훨씬 다양해져 여러 동물과 식물의 특성이 육화된 환상적인 존재가 탄생했으며, 시간에 대한 개념에도 접촉하여 나중에는 초보적 형태의 제의용 달력이 출현하게 되었다.[16] 이 달력은 옥수수 농사에 긴요하게 활용되었을 것이다.

그로브는 올메카에서 지역 간 분쟁의 흔적이 보이지 않는 것을 보면 당시 올메카는 정치적으로 경쟁보다 상호 협력을 우선시했을 것으로 보았다.[17] 또한 올메카의 서민층에서는 "신에 대한 관념이 거의 없었을 것이며 숭배 행위도 하지 않았던 것 같다. 한편 권력층에서는 자연에 대한 매개체임을 자처하며 자연의 위력을 조정하고 관리하려 했던 것으로 보인다. 다양한 올메카의 예술품에 장식된 초자연적인 생물들은 특정한 '올메카의 신'이 아니라 비나 물과 같은 자연현상의 힘을 표현한 것"이라고 제시했다.[18]

구세계의 유목민들은 바람, 비, 번개 등의 자연현상을 주술적 대상으로 삼아 이름(텡리Tengri 등)이나 성별(주로 남성이었고, 나중에 풍요의 상징으로 여성 신을 만들어냈다)을 부여하여 숭배했다. 그로브의 주장에 따르면 올메카가 주술성과 자연 현상을 숭배했다는 면에서는 구세계와 유사하지만 불평등한 사회였으며 농업의 신을 섬겼다는 면에서 차별된다. 이에 대해서는 앞으로 살펴보겠지만 그로브의 이러한 주장은 수정될 여지가 있다.

카이파차

차빈 데 우안타르Chávin de Huántar는 페루 안데스 산맥의 고지대에 위치한다. 이 지역의 문명은 기원전 900년~기원전 200년까지 번성하여 시기적으로 올메카 문명과 겹친다. 안데스 지역의 환경은 결코 좋다고 할 순 없지만 열대 우림 지역에 들끓는 곤충이나 질병이 없고 적의 공격으로부터도 안전한 편이며, 많은 동물과 식용 가능한 식물이 자라고 있었다.

차빈 문명 이전에도 남아메리카에서는 몇몇 도시 문명이 있었다. 기원전 3000년경 노트르 치코의 아스페로/카랄 문명에 대해서는 이미 앞서 살펴보았다. 그 밖의 다른 도시 문명의 발상지로는 기원전 2000년경 24미터 높이의 피라미드를 건축한 도시로 유명한 살리나스 데 차오Salinas de Chao, 기원전 1800년경 형성된 U 자형 건물 기초와 광장을 보유한 치욘 계곡의 엘 파라이소와 엘 파라이소로부터 내륙으로 몇 킬로미터 거리에 있는 우아카 플로리다Huaca Florida와 저지대 카스마 계곡의 세친 알토Sechin Alto 등이 있다. 엘 파라이소와 세친 알토에는 기원전 1700년~기원전 1650년에 축조된 것으로 보이는 피라미드 언덕과 광장이 있다. 이러한 문명지에 세워진 거대한 신전 건축물들이 당시 어떤 의도로 어떻게 활용되었는지는 아무도 모른다. 그러나 도널드 래스래프는 이 건축물들이 현실 세계와 영적 세계를 수직으로 연결하는 상징적 의미를 지니고 있으며, U자형 구조는 좌우

거대한 단절

에 양립하는 신성한 에너지를 흡수하기 위해 고안된 장치라고 분석했다. 그러나 결국 추측일 뿐이다.

U자형 건축물 외에 초기 안데스 문명을 대표하는 것은 차빈 전 지역으로 전파된 관개 시설이라 할 수 있다. 관개 시설은 농업에 적합한 땅이 2~3퍼센트밖에 안 되는 산간지역에 주로 설치되었으며, 대규모 관리조직이 필요한 구세계와는 달리 한 명 이상의 가족 단위에 적합한 소규모의 수로들이었다. 옥수수 재배는 앞서 논의했듯이 식량이 아닌 제의용 맥주를 위해 제한적으로 재배되었다.

종교적 도상으로, 재규어나 퓨마 같은 고양잇과 동물이 사납게 으르렁대는 형상들이 곳곳에 묘사되어 있고, 때로는 제의적 살해의 증거로서 3~5세의 어린아이를 건물 밑에 묻는 그림이 발견되기도 했다. 파코팜파Pacopampa, 푼쿠리Punkuri, 쿠피스니케Cupisnique, 우아카 데 로스 레예스Huaca de los Reyes에서는 고양잇과의 형상이 발견되었고 쿠피스니크, 와이라-히르카Waira-jirca, 코토시Kotosh에서는 '전리품인 동물의 머리'가 발견되었다. 푼쿠리에서는 잘린 머리에서 피가 분출하는 채색 점토상이 발견되었다.[19] 파코팜파의 신전 광장(하늘과 지하세계의 사이)은 카이파차Kaypacha라고 불렸는데, '사람과 재규어가 함께 사는 곳'이라는 의미로 알려져 있다. 이 광장의 그림에는 재규어뿐만 아니라 독수리와 뱀도 자주 보인다. 파코팜파에는 재규어가 뱀의 모양이나 새의 모양으로 그려져 있는데,[20] 이를 통해 이 동물들이 하늘·땅·지하세계라는 세 영역을 상징하며, 옥수수라는 요소는 볼 수 없으나 올메카와 관련된 문명임을 알 수 있다. 또한 차빈 지역에서 농사에 적합한 땅이 매우 적었다는 사실도 유추할 수 있다.

초기 안데스 문명의 또 다른 위업은 면을 재배하고 활용하기 시작했다는 사실이다. 앞서 소개했듯 노트르 치코에서는 그물망을 만들기 위해 면화가 재배되기 시작했으며, 세월이 흐르면서 안데스 지역은 세계 그 어느 지역보다 빨리 직조와 염색 기술이 발달되었다. 안데스에 2000년 이상 보존된 면에는 7가지 천연 색깔군과 109가지 색을 갖추고 있었으며, 이 천을 처음 본 스페인 사람들은 그 매력에 빠져 비단을 만드는 데 응용했다. 안데스에서는 고도의 차이에 따라 면의 탄성이 다양하게 개발되었고, 대칭적이고 각진 형태의 직조 문양은 도자기 장식에도 많이 응용되었다. 도자기에는 의인화된 형상, 뱀, 먹이를 물고 있는 새, 으르렁거리는 고양잇과 동물이 화려하게 채색되었으며 주로 인간 세계와 영적 세계의 연결이 반영되어 있다. 이러한 초기 공동체사회에서는 오랫동안 남아메리카 전역으로 면과 도자기가 확산되면서 종교 역시 서서히 전파되었다.

직물의 경우 활동성을 살리는 데 문제가 있었다. 대개 직물을 수평적으로 펼치는 방식 외에 수직적인 구성에 대해서는 생각조차 못했기 때문이다. 게다가 그들은 직물을 의류로 이용한 적은 거의 드물었다. 어쩌면 제의식에서 신들린 상태에 도달하기 위해 춤을 출 때는 입지 않았을까?[21] 차빈 지역의 매듭 직조 기술은 훗날 잉카 족의 매듭 문자(키푸quipu)로 발전했다(23장 참조).[22]

차빈 데 우안타르 지역이 세상에 알려진 것은 1991년이었다.[23] 페루의 고고학자인 훌리오 테요는 안데스 산맥의 낮은 지역인 푸크차 강 어귀에서 이 지역을 발견했다.(우연의 일치인지 알 수 없지만 '차빈'이란 지명은 카리브어로 고양잇과 동물을 뜻하는 '차비chavi'에서 유래했을 가능성이 있다. 또는 케추아어로 '중앙'을 뜻하는 '차우핀chawpin'일 수도 있다.)[24] 이 지역의 주요한 건축물은 신전으로 사용된 피라미드로서 내부에는 기념 석비, 바위 기둥, 많은 도자기 종류가 발굴되었다. 숲에 사는 많은 동물의 모습도 그려져 있는데, 주로 고양잇과 동물을 비롯하여 도마뱀·악어·새 그리고 독특한 방식의 의

인화된 형상도 포함되어 있다. 놀라운 것은 그 그림들이 꽤 먼 곳의 페루 북쪽 해안, 안데스 지역의 여러 곳, 건조한 파라카스 반도, 티티카카 호수 에서 발견된 것들과 유사하다는 사실이다.

차빈 그림에서 주로 보이는 동물은 모두 열대동물이다. 그 이유에 대해 테요는 차빈 문명이 안데스 문명의 원형이기 때문이라고 해석했다. 당시 주술사들은 초자연적인 지혜를 얻기 위해 깊고 먼 열대 지역으로 들어간 사례가 많았으며, 오늘날의 고지대 또는 해안가의 무당들이나 에콰도르의 히바로 족의 치료사들조차 약초와 귀한 지식을 얻기 위해 열대 우림 속으로 긴 여행을 떠나곤 한다. 다른 고고학자들이 이러한 해석을 무비판적으로 수용한 것은 아니지만 차빈 문명이 중앙 및 남아메리카에 영향을 끼쳤다는 사실만큼은 분명하다. 페루 리마의 산 마르코스대 다니엘 모랄레스 초카노는 페루 북쪽 카하마르카 근처에서 파코팜파Pacopampa를 발굴했다. 그는 이 지역의 문명의 시기를 기원전 3000년~기원전 500년으로 추정했으며, 당시 남아메리카의 열대 숲의 규모는 오늘날만큼 광대하지 않았고 기후도 좀더 건조했지만 어쨌든 습한 지역에서는 필요치 않았을 도자기 물병이 제조된 사실을 밝혀냈다. 이로써 당시 사람들은 척박한 아마존에서 벗어나 다른 지역으로 이동했음을 짐작할 수 있다.[25]

차빈은 해발 300미터의 작은 계곡(건조한 태평양 연안 지역과 아마존 열대 우림 중간)에 자리 잡고 있다. 아마도 이 지역은 그리 멀지 않은 지역에서 농사에 적합한 지역을 물색하던 농부들에 의해 자연스럽게 형성된 것으로 보인다.[26] 계곡 아래에는 관개 시설이 마련된 옥수수밭 그리고 위쪽에는 감자밭이 있었고, 좀더 높은 고도의 비탈진 목초지에는 낙타과인 야마와 알파카에게 제공되었다.

차빈의 지형은 고랭지 농업과 낙타과 동물 사육(주로 야마와 비쿠냐, 간혹

과나코도 사육)에 적합하여, 차빈 시대부터 낙타과 동물이 사육되기 시작했으며, 야마는 짐을 나르는 운반 수단으로 활용되었다. 그들은 장거리를 이동할 경우를 대비하여 항상 적은 규모의 야마 떼를 보유했다.(야마는 하루에 20~60킬로그램의 짐을 싣고 15~20킬로미터쯤 이동할 수 있었다. 이 동물은 무리의 우두머리를 따르는 습성을 지니고 있어 한 사람이 30마리 정도는 손쉽게 관리할 수 있었다.)[27]

기원전 850년~기원전 450년경 차빈은 작은 마을이었지만 신전을 갖추고 있었으며 안데스와 해안지역 사이 교역의 중심지였다. 이곳에서 발견된 퓨마와 재규어의 뼈 그리고 조개 및 도자기 조각이 광범위하게 발견된 사실이 이를 입증한다. 차빈 지역의 발굴자들 중 한 명인 리처드 버거는 발굴된 동물 뼈의 조사 결과, 원래 그 지역에 서식하는 동물이 아니며 제물로 바치기 위해 외부에서 들여온 것이라 밝혔다.

그리고 기원전 450년 이후로 차빈에서는 큰 변화가 나타났다. 강둑의 신전 구역에 인구 전체가 모여 살기 시작하여 무려 60여 년 동안 지속되었다. 이에 대한 정확한 이유는 확인할 수 없지만 차빈이 순례의 중심지가 되면서 사상의 변화가 있었던 것으로 보인다. 차빈 곳곳에서 발견된 유물들이 바로 그 증거로, 안데스 지역의 다른 곳에서 온 순례자들이 남긴 생활용품 또는 제물과 관계된 물품들이 널려 있었다. 이 무렵 차빈 땅은 4배로 늘어 40만 제곱미터에 이르렀고 3000여 명이 살기에 충분했다. 리처드 버거는 이곳이 예루살렘이나 로마에 버금가는 종교 제례의 중심지(서양식 표현으로는 성지shrine)였으리라고 추정했다. 이곳에서는 이국적인 공예품들이 생산되었고, 또 80킬로미터 떨어진 에콰도르 해안에서 들여온 핑크빛 국화조개가 발견된 것으로 보아 많은 공예품이 수입되었음을 알 수 있다. 이 조개들 중에는 고양잇과 동물이 그려진 것도 있었다.[28]

거대한 단절

차빈의 신전은 U자형 구조를 이루고 있다. 신전 건물들은 대체로 12미터의 높이를 이루며 태양이 떠오르는 동쪽과 동물이 사는 숲 쪽을 향하고 있다. 신전의 본관은 여러 번 재건축된 듯 보이며(5단계에 걸쳐 15회 정도) 마당, 통로, 복도, 작은 방들이 미로로 연결되어 있고 환기를 위해 수직 통로가 갖춰진 구조였다.[29] 짧고 좁은 계단으로 연결된 복도에는 송진 횃불 또는 기름 횃불을 걸어놓음으로써 자연 채광을 대체했다. 이러한 복도 구조에 대하여 버거는 '외부세계로부터 차단된 밀실'처럼 방향 감각을 잃게 하거나 혼란을 일으키도록 고안되었을 것이라 보았다.[30] 건물의 가장 깊숙한 내부에는 신비한 흰색 화강암 기둥이 세워진 십자형 구조의 방들이 있다. 4.5미터의 길고 가는 이 기둥은 마치 창처럼 보인다고 해서 란존Lanzon('창과 같은'이라는 뜻)이라고 불렸다. 일부에서는 이 기둥을 중심으로 주변에 건축물을 세웠다는 주장도 제기되었다.

이 란존에는 의인화된 형상이 새겨져 있는데 으르렁거리는 고양잇과의 송곳니가 뚜렷하며, 왼손은 몸체에 바짝 붙여져 있고 위로 들어 올린 오른손에는 날카로운 손톱이 드러나 있다. 정교한 머리 장식물에는 고양잇과의 옆모습이 조각되어 있고, 그 문양과 같은 허리 벨트를 차고 있다.[31]

대체로 이러한 형상의 란존은 바닥에서부터 천장까지 길고 가늘게 세워져 있는데, 현대의 고고학자들은 지하세계와 지상 그리고 하늘을 연결하는 신의 역할을 상징화한 것으로 해석한다. 테요는 이미 발견된 복도 바로 위쪽(벽돌 하나의 공간)에서 십자 모양의 또 다른 복도와 두 개의 작은 방을 찾아냈는데, 작은 방은 신탁을 받는 장소로 추정했다. 말하자면 이 공간에서 점이나 예언이 이루어지거나 란존으로부터의 응답이 재현되었을 것이다.

차빈에서는 두 명의 주요한 신이 숭배된 듯하다. 그 하나는 '미소의 신'

이라고도 불렸던 란존으로, 고양잇과 얼굴에 날카로운 손발톱을 지니고 있다. 또 다른 신은 '지팡이 신'으로 지칭되는 존재로, 신전 내부의 분리된 돌 비석에서 발견되었다.(14장에서 언급되었던 이 신은 아메리카 대륙에서 발견된 유물 가운데 가장 오래된 것으로 간주되고 있다.) 으르렁거리는 입과 머리에 뱀 장식을 얹은 이 신의 양손에는 역시 고양이 머리와 재규어의 입으로 장식된 지팡이가 쥐어져 있다. 이로부터 리처드 버거는 차빈의 종교의 두 가지 연관성을 발견했다. 우선 그들은 종교를 통해 정글의 습도와 산간지대의 춥고 건조한 환경 조건을 극복하고자 했으며, 사람과 동물(특히 재규어)이 합쳐진 모습으로 주술적 변환을 추구했다는 사실이다.

브라이언 페이건은 신전 건축물들에 새겨진 여러 조각 장식 중에서 "재규어와 뱀의 이미지가 혼합되어 있으나 주로 재규어가 두드러지는 표상"을 찾아냈다.[32] 더욱이 차빈의 예술작품을 보면 큰 독수리 같은 맹금류가 재규어로 변신한 모습 또는 사람의 머리를 찾아 배회하는 '하늘의 재규어'가 표현되어 있다.[33] 특히 이 형상의 손에는 산 페드로, 즉 환각제 성분이 있어 지금까지도 부족의 주술사들이 영적 세계를 탐험할 때 이용되는 선인장이 쥐어져 있다. 이 선인장의 자생지는 신전에서 수백 미터 떨어진 지역에 형성되어 있다.

차빈의 주술사들이 초자연적인 힘과 접촉하여 영향력을 발휘하기 위해 재규어로 변신한다는 믿음은 꽤 널리 퍼져 있었다. 환각용 코담배, 환각성 음료는 주술사들의 변신에 촉매 역할을 하는 물질로 차빈의 주술 의식에 없어서는 안 되는 요소였다. 리처드 버거는 차빈의 예술작품에서 그러한 향정신성 물질이 많이 등장하는 이유가 "종교를 담당하는 주술사의 권위를 신비화하거나 신성하게 표현하려는 의도"라고 해석했다.[34] 한편 환각용 코담배를 피우는 동물 형상을 금으로 장식한 작은 담뱃대 그리고 코카를

거대한 단절

그림 12 주술사의 얼굴이 완전히 고양잇과 동물의 형태로 변화된 모습이다. 코에서 흘러내리는 콧물에서 환각용 코담배가 사용되었음을 짐작할 수 있다(〈그림 3〉과 비교).

씹는 사람 모양의 그릇을 통해 차빈 시대에 이미 코카 잎이 사용되었음을 엿볼 수 있다.[35]

더 나아가 버거는 오래된 신전의 벽들에 부조된 두상으로부터 주술사가 이용한 환각용 코담배의 기능을 설명했다. 그 형상들에는 환각에 빠진 주술사가 재규어나 볏이 달린 독수리로 변해가는 단계가 다양하게 표현되어 있다. 예컨대 타원형의 눈, 주먹코, 꽉 닫힌 입, 매듭 형태로 장식된 괴이한 머리 모양, 주름진 얼굴 등은 황홀경에 빠지기 직전 메스꺼움에 고통스러워하는 모습을 형상화하고 있다.

또 다른 신전 건물의 일부에서 확인된 부조들에는 의인화된 얼굴이 일그러져 있고, 동그란 눈은 부릅뜬 것처럼 보이며 코에서는 콧물이 조금씩 또는 계속 흘러나오고 있다. 서양의 종교적 전통에서 콧물이 흘러나오는 조각상이 공공장소에 조성된 예는 찾아볼 수 없지만 신세계의 연대기를 작성한 초기 스페인 사람들에게는 이 형상이 낯설지 않았을 것이다. 그들은 콜롬비아의 무이스카Muisca 족이 환각용 코담배 가루를 콧속에 넣은 뒤 콧물이 입까지 흐르는 것을 거울로 확인하고는 만족스러워했다는 기록을 남겨두었다.[36] 향정신성 물질이 코의 점막을 자극하여 콧물이 흐르는 현상은 환각에 빠져드는 과정을 확인하기에 가장 좋은 신체적 신호였던 것이다.[37] 하버드대 인류학부에서 콜럼버스의 신대륙 발견 이전의 학문을 연구하는 게리 어턴은 차빈의 도상 연구를 통해 그들이 코를 신체의 중요한 구멍으로 인식했음을 밝혀냈다.[38]

차빈 신전의 부조상에서 어떤 형상들은 인간의 눈과 귀에 동물의 커다란 송곳니가 혼합되었고, 또 다른 형상들은 고양잇과나 맹금류 또는 그 둘의 혼합된 형상으로 완전히 바뀌었으며, 더러는 이 모든 특징이 연결된 형상도 나타난다. 뿐만 아니라 한쪽 눈은 튀어나와 있고 다른 쪽 눈은 타원형인 형상, 코에 콧물이 매달려 있는 재규어의 형상도 있다.

마티밤바Matibamba를 비롯한 차빈의 여러 지역에서 발견된 작은 사발들은 환각용 코담배의 이용과정을 추정할 수 있게 해준다. 부드럽게 움푹 파인 이 작은 사발은 곡식 분쇄용 도구로 보이며 위쪽에는 재규어나 맹금류 문양이 새겨져 있다. 더불어 뼈로 만든 쟁반, 주걱, 숟가락 등에도 모두 똑같은 장식이 새겨져 있는 것으로 보아 이 모두 주술 의식에서 환각용 코담배를 사용할 때 쓰인 도구임을 추측할 수 있다.

마지막으로, 원형 광장의 벽에 장식된 띠 문양에서도 환각제와의 관련성을 엿볼 수 있다. 이 띠벽에는 송곳니와 고양이 발톱을 드러낸 채 산 페드로 선인장을 꽉 쥐고 있는 의인화된 형상이 새겨져 있다.[39] 같은 줄에서 타원형의 눈과 주먹코를 지닌 한 쌍의 의인화된 형상을 볼 수 있는데, 이

거대한 단절

는 앞서 신전의 부조상에서 언급한 첫 번째 유형을 떠올리며 재규어의 꼬리는 마치 재규어로 변해가는 주술사의 모습으로 보인다고 버거는 분석했다. 아랫줄에 날카로운 독수리의 발톱을 지닌 재규어가 또렷하게 새겨져 있다.[40] 버거는 이 두 줄(단계)의 형상에서 아랫줄은 '하늘을 나는 재규어'를 상징하며 윗줄은 '완전히 재규어로 변모'된 상태를 나타낸다고 해석했다. 결국 이 이미지들은 당시의 주술사들이 환각제용 코담배나 산 페드로 선인장에서 추출한 흥분제 음료를 복용한 뒤 초자연적인 존재로 변화하는 모습을 묘사한 것이다.

향정신성 효과로 볼 때 산 페드로 선인장은 비롤라Virola 나무의 껍질의 송진(에페나epena)에 포함된 트립타민tryptamine이나 아나데난테라 콜루브린 Anadenanthera colubrine 나무로부터 추출되는 빌카vilca보다 독하지 않다. 버거는 에콰도르의 동쪽 안데스 경사지에 거주하는 히바로 사람들은 지금까지도 여러 환각제를 사용하고 있으며, 종교 관계자들은 가장 독한 종류를 사용한다는 사실에 주목했다. 그는 또 차빈 지역에 자생하는 산 페드로 선인장 외에 코담배 재료에 쓰인 대부분의 식물은 열대 우림에서 자생한다는 사실을 관찰했으며, 그중에서 빌카의 씨는 널리 교역되었던 사치재였음을 확인했다.

이제까지 살펴보았듯 차빈 지역의 여러 부조상에는 주술사들이 약의 힘을 빌려 재규어로 변신하는 과정이 새겨져 있다. 버거의 보고에 따르면 현재까지도 안데스 고지대의 오지에는 이와 유사한 의식이 시행되고 있다.●

● 차빈 시대에는 여러 신이 숭배되었음을 간과해서는 안 된다. 당시 야마를 이용한 상인 등의 활동으로 상호 이동이 빈번했기 때문에 이질적인 사회 요소들이 풍부했다.

재해의 땅

차빈은 남아메리카의 서로 다른 환경, 즉 정글, 해안, 고원이라는 세 영역을 아우르는 문화적 시도가 나타난 곳으로 보인다. 그러한 과정에서 다채로운 직조 기술, 벽걸이, 도자기, 금세공 등의 뛰어난 기술적 혁신이 이루어졌다.

버거는 "자연환경이 그저 수동적이고 고정된 배경 같은 것으로, 인간에게 아무런 영향을 미치지 않는다는 사고는 오류"라고 지적했다. 그리고 예전이나 지금이나 페루는 빈번하게 재해가 발생하는 지역이며, 특히 대규모 지각활동에 따른 지진 때문에 크나큰 피해가 있었음을 상기시켰다.[41] 1970년의 지진으로 7만5000명이 죽었고 1746년에는 18미터 높이의 파도가 페루의 항구도시인 카야오Callao를 덮쳐 거의 폐허로 만들었다. 마이클 모즐리는 이것이 지각운동과 엘니뇨(5장 참조)의 상호작용에 따른 '급격한 환경 변화 주기radical envionmental alteration cycles'의 교란 현상이라고 설명했다.

버거는 이러한 배경으로부터 안데스의 종교 건축물들이 '초자연적인 힘의 잠재적 위험'에 초점을 맞추어 디자인되었다고 주장했다. 리마의 산마르코스대 루이스 룸브레라스는 신전 내에 설치된 공기 통로나 수로가 과도하게 많이 설치된 사실에 주목하면서, 수로나 복도를 따라 물이 흐를 때 발생되는 소리가 증폭되어 넓은 광장과 그 아래까지 들리도록 고안되었다고 분석했다. 예컨대 농사용이 아닌 종교와 관련된 수로들(쿰베르마요Cumbermayo의 경우)이 이를 뒷받침해준다.[42]

소위 '극장 효과'는 이뿐만이 아니다. 모스나 강과 와체크사 강이 합류하는 지점에 위치한 차빈 유적지를 조사하는 과정에서 모스나 강의 흐름을 인공적으로 바꾼 흔적이 드러났다. 또 다른 증거로, (날개와 송곳니가 그려

거대한 단절

진) 조개 피리를 들고 있는 차빈 사람들의 행렬이 정교하게 새겨진 유물을 들 수 있다. 조개 피리를 실험해본 결과 소리가 무척 클 뿐만 아니라 주의를 끌 만한 '규칙적인 박자'를 맞추기에도 적합했다.[43] 게다가 20킬로미터 밖에서 실어온 15톤에 달하는 돌로 만들어진 란존은 신전의 환기구멍으로 빛이 들 때 마치 공중에 부상한 것 같은 신비스러운 분위기를 연출했다. 최종적으로, 주술사의 형상이 사라졌다가 다른 지점에서 불현듯 나타나도록 만들어진 복도와 내부 계단은 사람들로 하여금 경외감을 불러일으키도록 설계되었다.[44]

스탠퍼드대 인류학과 교수인 존 릭은 이러한 부분은 주술사나 제사장들이 자연의 신성한 힘에 접근하기 위한 시도였으며, 교묘한 연극적 조작으로 자신의 종교적 권위를 강화했다고 지적했다.

주목해야 할 것은 재규어 변신이라는 개념이 먼 거리에 있는 올메카와 공유되었다는 사실이다. 동시대에 두 지역 간의 직접적인 문화 접촉에 관한 증거는 확인된 바 없으나 유사한 관습이 나타난 계기는 짐작할 수 있다. 우선 사납고 강한 데다 번식력도 왕성한 재규어가 광범위한 지역에 걸쳐 활동했을 것이 분명하고, 환각 성분의 식물 또한 넓게 분포하고 있었으므로 환각제가 주술사들의 최면과 변신을 촉진시켰을 것으로 추측되기 때문이다. 이러한 관습들은 오랫동안 지속되었으나 도시사회의 출현 이후 전통적인 관념들은 변화되기 시작했다.

차빈 문명과 올메카의 또 다른 유사성은 올메카에서처럼 새로운 종교 이념이 나타났다는 것이다. 일명 '차빈의 지평Chavin horizon'으로 알려진 이 이념은 지역적 숭배를 벗어나 크게 확산되었는데, 예술 양식뿐만 아니라 종교 이념의 원형으로서 고양잇과 숭배를 퍼뜨렸다. 이에 대해 버거는 차빈의 종교 이념이 다양한 계층의 사람들에게 '깊고 넓게 자리 잡고 있었음'을 반증하는 것이라 했다. 대부분의 인류학자들은 이러한 이념의 전파과정은 평화로웠을 것으로 보았다. 왜냐하면 서양 선교사들이 개종을 요구하듯이 강압적이지 않았기 때문이다. 다른 부족의 신앙을 포용했던 아프리카 지역이나 고대 그리스처럼 종교는 달라도 성지를 공유했기에 갈등이 없었다. 또한 지역적 숭배의 정치적 갈등에 치중하기보다는 개방성과 보편성을 추구했다. 종교 사절이나 순례자 들은 인종이나 국경을 초월하여 활발하게 왕래되었고, 상인들은 종교용 비품들을 자유롭게 거래했다.

스페인 정복 이전까지도 리마에서 서남쪽으로 40킬로미터쯤 떨어진 루린 강 어귀의 파차카막Pachacamac에서는 이러한 지역적 숭배가 존재했다. 몇몇 인류학자는 이곳이 차빈의 종교와 깊은 연관을 지닌다고 판단했다. 루린 신앙의 주요한 특징은 점토 벽돌로 세워진 커다란 기단 꼭대기에 마련된 성소로, 이 성소에 접근할 수 있는 자는 자연을 다스리고 병마를 예방하고 곡식의 파종 및 수확 시기를 예견할 능력을 지닌 종교 전문가뿐이었다. 지진이나 기근이 발생하는 원인은 신이 분노했기 때문이라 여겼던 그들은 중앙에서 제의식이 열릴 때면 가장 권위 있는 주술사에게 주술 의식을 부탁하기 위해 직접 찾아가 노동력을 제공하기도 하고, 옥수수, 야마, 마른 생선, 금 등을 공물로 바치기도 했다. 점차적으로 에콰도르까지 많은 성소가 건축되었는데, 이러한 곳들은 중앙 성소의 자손 또는 가족과 같은 곳으로 인식되었다. 차빈 예술이 남아메리카에 끼친 영향을 고려할 때 파차카막의 종교에도 크게 작용한 것으로 보인다.[45]

그러나 신앙의 방식은 분명 차빈에서 비롯되었으나 내용은 조금 다른 지역들이 있다. 차빈에서 530킬로미터 떨어진 카르와Karwa에서는 천의 직조법이나 장식 등은 차빈과 유사하지만 고양잇과 형상보다는 여신으로 표현된 악어와 지팡이 신이 더 큰 비중을 나타내기도 했다. 지팡이 신은 가슴과 톱니 모양의 성기를 지닌 여성으로 표현되었다.[46] 아마도 이 여신은 파차카막에서는 지팡이 신의 부인이나 자매 또는 딸의 신분이었을 것이며, 머리 장식의 면 꼬투리로 보아 면의 수호자 또는 면을 인간에게 제공한 존재로 보인다. 카르와에서 발굴된 직물에는 S자 문양들이 나선형을 이루며 동심원을 그리고 있는데, 이것은 산 페드로 선인장을 단면으로 잘라낸 모습과 흡사하다.

차빈 양식의 예술작품은 이카Ica로부터 수백 킬로미터 떨어진 람바예케Lambayeque, 우아누코Huanuco, 파코팜파Pacopampa까지 광범위한 지역에서 발견되었다. 버거가 지적했듯이 올메카의 예술과 비교할 때 차빈 예술의 두드러지는 특징은 한마디로 비정치성이다. 정치적인 인물이 전혀 등장하지 않으며 침략과 항복의 장면도 없고 지배자의 권위를 강화할 목적으로 초자연적인 존재를 내세우지도 않는다. 이러한 특징은 이후 페루의 예술작품에 흔히 나타나는 사회적·정치적인 내용들과 극명하게 대비된다.[47]

차빈의 북쪽, 즉 페루 북부 해안에 있는 사냐Zaña 계곡에서도 차빈과 마찬가지로 지팡이 신, 고양잇과 동물, 새, 변신 중인 의인화된 인물 등을 볼 수 있다. 재규어나 새 또는 뱀의 형태로 만들어진, 환각제 분쇄 용기와 숟가락, 주걱, 흡입 도구들도 발견되었다.

이 무렵 다양한 기술적 진보로 나타난 중요한 변화에 대해서는 두말할 나위가 없다. 예를 들어 금과 은을 단련하고 가열 냉각하는 방식이나 납땜, 용접, 표면에 무늬를 도드라지게 하는 세공 기술 등은 이전에는 고대 남아메리카에서 찾아볼 수 없었던 것으로, 특히 압형壓型, 합금, 샹르베champlevé(새김 장식 바탕에 에나멜을 입히는 기술—옮긴이) 등의 기술을 통해 매우 아름다운

3차원의 금속 물질들을 탄생시켰다.(몇몇 고고학자는 차빈의 예술이야말로 신대륙 발견 이전 예술의 백미라고 평가했다.)[48] 여러 색채의 직물 개발 또한 주목할 만한 부분이다. 이에 대해 버거는 "예술품 또는 진보된 기술로 고안된 장치를 활용함으로써 신성한 제의식에 성공할 수 있었고 그만한 권위를 인정받았다"고 판단했다.[49] 제의식이 빈번해질수록 장인들의 역할은 중요해졌고 그들의 사회적 지위도 향상되었다. 이는 생계 관련의 기술이 기초적인 수준에 머물렀던 당시 상황과는 대조되는 현상이다.[50]

이 모든 기술적 진보는 사회적 계급의 분화와 관련이 깊다. 극히 일부의 부유층에서는 매우 호화로운 장례가 치러졌는데, 무덤 속의 부장품들을 보면 금관을 비롯한 목걸이, 가슴 장식, 귀마개, 홑이불, 목걸이, 핀, 반지, 장식, 향정신성 물질을 코에 주입할 때 쓰였을 숟가락까지 모두 금으로 제작된 것이었다. 금으로 제작된 족집게 세트는 남성들이 얼굴에 난 털을 제거하기 위해 고안된 것으로 보인다. 어떤 무덤 속의 의복은 썩어 없어진 상태였지만 그 옷을 장식했던 7000개의 돌과 조개 장식은 남아 있었다. 신전 건축물들이 밀집한 중심부의 가장 높은 곳에서도 무덤이 발견되었는데, 아마도 정치적 권력층만큼이나 중요한 종교적 인물의 것으로 짐작된다. 한편 다른 유적지에서는 독특한 형태의 무덤이 발견되었다. 역시 종교지도자였을 것으로 보이는 그들의 입에는 석영이 물려 있거나 오른쪽 다리에 사슴 뼈가 끼워져 있었으며, 환각성 물질을 흡입하는 데 쓰였을 숟가락 등이 놓여 있었다. 부장품들이 특별히 값비싼 것이 아닌 점을 볼 때 당시의 종교 지도자들이 대중의 존경을 받긴 했으나 고위 권력층으로 간주되지는 않았던 듯하다.

올메카와 차빈의 사회는 서로 다른 점도 많지만 장식물의 상징이나 기술을 살펴볼 때 두 가지 공통점을 발견할 수 있다. 우선 다양한 종류의 환각성 물질이 사라지지 않았으므로 주술적 장치나 기술들이 계속 개발되었다는 것과 경외의 대상인 재규어가 자주 강력한 존재로 등장했다는 사실이다. 그와 더불어 두 사회에서는 기존의 주술사나 재규어의 긴밀한 관계를 뛰어넘으려는 시도를 엿볼 수 있다. 예컨대 차빈에서는 맹금류나 뱀이 등장했고, 지팡이 신의 형태로 초자연적인 인류를 숭배하기 시작했다. 왜 이러한 변화가 나타난 걸까? 도시화, 농업, 재규어 숭배가 진행되는 동안 새로운 도시 문화에 적합한 더 친밀한 동물(맹금류나 뱀)의 비중이 높아졌기 때문일까? 아니면 새로운 권력층이 사회적 지위를 강화하기 위해 지팡이 신의 형태로 스스로를 신격화한 것일까?

훗날 신세계에서 가장 오랫동안 인류의 숭배를 받게 될 신적 존재인 케찰코아틀Quetzalcoatl(날개 달린 뱀의 신)은 이미 올메카와 차빈 사회에서 비롯되었음을 짐작할 수 있다. 그 예로 몇몇 고고학자는 새(독수리), 뱀, 재규어가 혼합된 형상의 옥수숫대를 제시하고 있다. 이 존재는 콜럼버스가 아메리카 대륙을 발견하기 이전의 사람들이 우주의 구성 요소라 믿었던 하늘, 땅, 물로 된 지하세계를 관장하는 신이었다. 이후의 장에서는 이러한 현상들이 신대륙 발견 이전의 문명사회에서 어떠한 의미를 지니는지, 또 사회화과정에 어떠한 지적 영향을 끼쳤는지를 살펴볼 것이다. 이것은 매우 심오한 변화로서, 당시 유라시아 대륙에서도 그 내용은 다르지만 비슷한 변화들이 발생하고 있었다.

구세계에서 유일신의 출현과 희생 의식의 폐지

1949년 독일의 철학자인 카를 야스퍼스는 그의 책 『역사의 기원과 목적 Vom Ursprung und Ziel der Geschichte』을 통해 기원전 900년~기원전 200년 사이야말로 인류 역사에서 가장 중요한 시기였으며 정신사적 황금기였다고 표현했다. 이 기간에 정확히 네 지역에서 '후대에 영향을 끼친 위대한 정신 문화가 출현'했다는 것이다. 대표적으로 중국의 유교와 도교, 인도의 불교와 자이나교와 힌두교, 이스라엘의 유대교, 그리스의 철학적 합리주의를 가리킨다. 말하자면 이 시기는 석가모니와 소크라테스, 공자, 예레미야(기원전 7세기의 이스라엘의 예언자), 힌두교의 신비주의자들, 맹자, 이사야(기원전 8세기의 히브리의 예언자), 에우리피데스(그리스의 시인)의 시대였다.[1] 그는 이 시대를 '축軸의 시대Axial Age'라 표현했다.

어떻게 보면 야스퍼스의 주장에는 과장된 면이 있다. 그는 '축의 시대'의 한 인물인 차라투스트라가 기원전 6세기 인물이라고 했으나 실제로는 훨썬 더 앞선 시대의 인물이었다. 또한 그는 이 시기에 발생한 변화들을 과소평가하기도 있다. 당시 혁신적인 사상이나 지식들은 그의 예상보다 훨씬 더 탁월했으며 구세계와 신세계의 격차를 결정적으로 벌려놓았다. 구세계에서는 종교·군사·정치·경제·과학·철학 등을 연결해 인류의 지식을 대대적으로 확장시켰으나 신세계에서는 그와 같은 현상이 나타나지 않았다.

이미 살펴보았듯이 구세계의 중요한 변화는 청동기시대에서 철기시대로 넘어가는 과정에서 발생했다. 로버트 드루스의 지적대로 기원전 13세기 후반 40~50년부터 기원전 12세기 초까지 그리스와 인도 사이의 주요한 도시나 왕궁들은 거의 파괴되어 더 이상 사람들이 살지 않게 되었고, 철기시대로 접어들면서 왕이나 전문 권력층보다는 평범한 사람들이 역사의 전면에 등장했다.[2]

드루스는 당시 왕정 국가의 주류였던 왕족들보다 소위 야만인들이 군사적으로 우세할 수 있었던 것은 전쟁 무기의 혁신 때문이라고 분석했다. 그의 주장에 따르면 기원전 17세기~기원전 13세기의 왕정 국가는 권력층의 전차 군단에 의지하여 운영되었는데, 전투 형태는 활과 화살로 무장한 강력한 전차 병사들 뒤로 보병이 따르고 주위에 '척후병'들이 포진하는 식이었다.[3] 이러한 포진 형태는 얼마 지나지 않아 재갈·고삐·안장·등자와 같은 마구들의 개발에 힘입어 기병과 보병이 혼합된 새로운 형태로 진화함으로써 전장에서 기병들은 예전의 전차병보다 훨씬 더 기민하고 효율적으로 활약할 수 있게 되었고, 긴 칼과 투창으로 무장한 보병의 전투력 또한 강력해졌다. 이와 더불어 초원지대의 유목민들이 개발한 게릴라 전술이 결합됨으로써 기존 문명에 대항한 새로운 전투 기술이 대규모로 발휘되었다. 그 결과 권력의 축은 왕으로부터 산악지대나 농경에 적합하지 않은 지대의 야만족들이 규합한 '혼성'의 보병 전사들로 옮겨갈 수밖에 없었다.

사실 이러한 세부적인 전투 내용에 주목할 필요는 없다. 우리의 관심은 이러한 일련의 갈등이 인류 정신에 끼친 두 가지 변화에 있기 때문이다. 첫 번째는 지금 살펴볼 주제이기도 한 종교 및 이념에서의 변화이고, 두 번째는 다음 장에서 살펴볼 사회·정치·경제·지성의 분야에 나타난 주요 변화로서 이 과정에서 구세계는 신세계와 확연히 구별되는 정신사적 변화를 거친다.

새로운 정신

'축의 시대'에 이르러 구세계 전역에서는 다수의 범상치 않은 개인들이 동시다발적으로 탄생했다. 청동기 후반에서 초기 철기시대에 출현한 이들은 여러모로 창의적이면서도 공격적인 침략을 펼쳤다. 전쟁의 물결을 일으킨 이들은 근본적으로 끊임없이 다른 지역을 옮겨 다니며 식량을 취해야 했던 건조지대의 유목민으로, 이러한 과정에서 종교의 개념은 현저한 변화를 보였다.

이전까지만 해도 종교 의식에서 희생 제물은 숭배의 핵심이었다. 다른 차원의 존재가 도입된 신성한 드라마를 통해 성스러움이 체험되었기 때문이다. 그러나 이러한 흐름은 카렌 암스트롱의 표현에 따르면 '축의 시대 현자들'에 의해 달라졌다. 제사 의식은 여전히 중요했지만 영적인 삶 안에 도덕성이 자리하게 된 것이다. 말하자면 '신, 니르바나Nirvana, 브라만Brahman, 도道'를 경험하는 유일한 길은 생활 가운데 자비를 실천하는 것이라는 믿음이 형성된 것이다.[4] 여기에 윤리적인 생활까지 수반됨으로써 이제 형이상학적인 신념보다는 일상에서의 선행이 '초월'의 기대치를 충족시키는 경

향으로 바뀌었다.[5]

축의 시대 현자들은 남부 러시아 평원에서 스스로를 아리아 족이라 부르는 유목민들 중에서 처음 나타났다. 그들은 느슨하지만 단단한 결속력을 지녔으며 동일한 문화를 공유했다. 그리고 오랜 세월에 걸쳐 하늘의 신 이외에 바루나Varuna·미트라Mithra·마즈다Mazda·인드라Indra·아그니Agni 등의 신들을 만들어냈다. 그리고 10장에서 소개한 소마(하오마) 등의 환각성 식물이 제의에 이용되었다.[6]

카렌 암스트롱은 이러한 신성한 존재들은 우리가 신이라고 부르는 대상과 전혀 다르다고 설명했다. 그들은 전지전능하지도 않으며 (높고) 신성한 우주의 질서를 따르는 존재일 뿐이다. 이러한 구도는 근본적으로 아리아 부족사회의 특수한 상황에 기인한다. 그들은 어느 한 지역에 정착하지 않고 이동하면서 생활해야 했기에 동물들에게 풀을 먹일 권리, 결혼이나 물물 교환 등의 실질적인 사안들에 대하여 유동적인 계약을 체결하고 수행해야 했다.

제물은 아리아 족의 의식에서 중요한 의미를 지니며, 일반적으로는 가축과 곡식, 응축한 젖, 가축 그리고 소마를 제단에 바쳤다. 그리고 사람들은 의식을 위해 죽인 고기만을 먹을 수 있었다. 제의에서는 말과 염소가 제물용으로 도축되었고 소마가 정제되었으며, 제사장은 신에게 바칠 고기의 일부를 불구덩이에 던져넣어 신들의 땅으로 연기가 전달되도록 했다. 이 과정은 북아메리카 인디언의 의식과 거의 유사한데, 제물을 제공한 자는 공동체 내에서 입지가 강화되었다. 초기의 아리아 족에게는 내세來世라는 개념이 없었으나 청동기 후반에 제물을 많이 바친 부자들은 죽어서 신들이 있는 낙원으로 간다고 믿기 시작했다.[7] 이후 사람들 사이에서는 현세의 삶이 내세를 결정한다는 인식이 형성되었다.

아리아 족의 원시 종교는 상호주의의 가치를 중시하고 동물을 숭상했다. 동물에 대한 숭상은 수렵-채집 시대의 흔적으로, 사람과 동물의 관계가 중요할 수밖에 없었던 유목민 사이에 이러한 흐름은 당연해 보인다. 그러나 초원이 빠르게 건조해지자, 부족들은 가축을 약탈하기 위해 격렬한 전투를 벌이기 시작했다. 이러한 침략 행위는 인드라Indra(아리아 족의 수호신으로서 고대인도 신화에 등장하는 전쟁의 신—옮긴이)의 도상에 잘 드러나 있다. 용의 모습을 한 살육자가 구름 속에서 전차를 타고 달리는 그림에는 포악성이 경탄스러울 만큼 잘 묘사되어 있다. 기원전 1200년경 이러한 혼란 가운데 '금빛 낙타의 주인'이라는 뜻의 조로아스터(차라투스트라)라는 예언자가 이란에서 나타났다. 그는 가장 높은 신인 아후라 마즈다Ahura Mazda에게 초원의 평화를 회복시키라는 임무를 받고 내려왔다. 이때부터 비로소 축의 시대가 열리게 되었다. 조로아스터는 아후라 마즈다 신이 바위, 개천, 식물 등의 자연계에 '내재'하지 않으며 일반적인 인식의 범주를 넘어선 '초월적' 존재로서 이전의 신들과는 전혀 다르다고 주장했다. 이것은 내세로 가는 과정에는 '중대한 결단'이 따른다는 개념과 연관된 것으로, 당시의 고대 세계에서 이러한 계시적인 통찰은 어느 곳에서도 나타난 바 없었다.[8]

더 나아가 조로아스터는 비폭력을 주창했다. 이러한 사상은 위대한 여신에 대한 숭배가 사라지고 남성의 역할이 강조된 청동기시대 후반 폭력적 분쟁의 반작용으로, 광범위한 지역으로 전파되었다. 이는 소수의 권력층만이 아니라 평범한 사람들도 낙원에 갈 수 있다는 혁명적인 신앙을 부채질했다.[9]

전통적으로 아리아 족에 관하여 잘 알려진 것은 그들이 인도로 이주하여 인더스 계곡 문명(모헨조다로와 하라파)을 붕괴시켰으며, 말과 인도-유럽어를 들여왔고, 소나 가축을 훔치는 행위가 종교적 행위로 간주되었다는

거대한 단절

사실들이다. 인도 원주민 출신의 학자들 중에는 아리아 족의 인도 이동설에 관한 고고학적 근거가 희박하다고 주장하지만 『베다』의 송가에는 전쟁으로 파괴된 평화를 기원하는 내용이 있을 뿐만 아니라 하라파Harappa (1920년대에 발굴된 파키스탄 동부 펀자브 주에 위치한 기원전 4000년~기원전 2000년의 인더스 문명 유적—옮긴이)의 유물들 중에는 복원해놓은 것으로 보이는 여신상도 포함되어 있었다. 그러나 에드워드 브라이언트는 『베다 문명의 기원을 찾아서The Quest for the Origins of Vedic Culture』(2001)에서 수많은 가설을 반박하며 아리아 족이 인도인의 조상이라는 근거가 희박하다고 주장했다.[10]

기원전 10세기 초 『베다』의 송가에서 최고의 존재를 의미하는 '브라만 brahman'이라는 개념이 처음 나타났다. 브라만이란 전통적 개념의 신이 아닌 '더 높고 깊고 근본적인 존재'로서 "우주를 지배하는 원천적인 힘 같은 것이며 말이나 글로 표현될 수 없고 오직 느낄 수밖에 없다. 인도의 예언가들은 온갖 개념이나 단어들을 초월하여 말로 표현할 수 없는 세계를 향한 침묵으로 이동했다.[11] 더불어 아리아 족은 인도의 정착생활이 안정되자 침략이나 전투가 불필요하다는 공감대가 형성되면서 약탈보다는 농사에 의존하게 되었으며, 의식에서의 폭력적 희생도 사라지기 시작했다.

이에 따라 제물을 바치는 관습에도 두드러진 변화가 나타났다. 이전까지 제단에 제물을 바치는 행위는 가장 중요한 제의 절차로서, 동물의 목을 베어 피를 흐르게 함으로써 인드라Indra가 브리트라Vritra(가뭄을 불러들이는 거대한 뱀)를 죽이는 장면을 재현했다. 그러나 이후 인드라의 권위는 약화되었으며 제물로 바치는 동물을 죽일 때 최대한 덜 고통스런 방법을 선택했다. 카렌 암스트롱의 주장대로 당시 사람들은 비로소 '아힘사 ahimsa(무해함harmlessness, 어떤 해침이나 상해 그리고 어떠한 존재에 대한 어떠한 해침에 대한 의도조차 갖지 않는 것—옮긴이)'라는 개념을 깨닫기 시작했고, 이는 결국 축의 시대 인도의 주요한 덕목이 되었다.[12]

이에 더하여 전사들의 동쪽 이주와 새로운 영토의 정복을 찬양한 송가인 『아그니차야나Agnicayana』에서 전쟁을 언급한 부분은 삭제되었다. 이제 사람들의 관심은 외부세계보다 인간의 내부세계, 즉 아트만atman(초월적 자아. 끊임없이 변화하는 마음과 대조적으로 변치 않는 가장 내밀한 영혼—옮긴이)에 집중되기 시작했다.[13] "시간의 흐름에 따라 아트만이라는 단어는 자신을 남과 다른 특별한 존재로 만들어주는 것, 인간의 본질적이고 영원한 요소를 의미하게 되었다." 이것은 인도의 정신 탐구의 변혁이었다.

욕망의 위험

시간의 흐름과 더불어 북인도 갠지스 강 유역의 정착생활은 안정되었으나 오래된 전통의 영향을 모두 벗어버린 것은 아니었다. 그러한 영향의 한 형태로서, 가족과의 정착생활을 버린 채 (우리를 위하여) 머리를 기르고 음식을 구걸하는 극단적인 삶을 택한 사람들이 존재했다. 『리그베다』 경전에도 등장하는 일종의 '은둔자(출가 고행자)'인 그들은 머리카락을 길게 풀어헤치고 황토색 옷을 걸쳤으며, 신이 있었던 곳을 찾아다니며, 공중 부양의 능력을 지녔으며, 멀리 있는 사물을 볼 수 있는 존재로 묘사되고 있다. 비록 그들이 초기 주술사들처럼 공동체를 위해 어떤 일을 하는 것은 아니었지만 확실히 여기에는 주술적 개념이 혼재되어 있다. 이 은둔자들은 "머리를 길게 땋았으며 산이나 숲속에 살고 동물이나 어린애들을 잡아먹는" 루드라Rudra라는 포악한 신을 숭배했다. 그들은 어깨 위에 숫양의 가죽을 덮고 다니곤 했으며, 숨을 들이마셨다가 의식적으로 길게 내뱉는 '3단 호흡법'을 단련했다. 이것은 분명 주술적 전통에 뿌리를 둔 요가의 초기 형태로, 은둔자들의 영성의 요체였으나 이후에는 일반인 사이에도 퍼져나갔다. 더 나아가 젊은 브라만 행자brahmacarin들의 수행이 발전된 형태로, 비폭력적이며 인간의 내부로 관심을 돌린 종교가 출현하게 되었다. 이들은 『베다』 경전을 공부하기 위해 집을 떠나 스승과 함께 지냈다. 그들은 또한 동물 가죽을 걸치고 숲에서 혼자 지내기도 했는데, 사냥 또는 생명을 해치는 행위 그리고 전차를 타는 것이 금지되었다. 그들은 모든 폭력과 육식을 금했고 '불 주변에 앉아' 호흡법을 훈련하는 영적 생활, 즉 브라만카르야brahmancarya를 엄수했다. '신성한 불' 앞에서의 수련을 통해 영성을 내재화하려는 이 모든 수행은 확실히 주술적인 면을 지니고 있다. 그러나 금욕적인 고행을 통해 개인은 '고양'될 수 있으며, 축의 시대에 인도의 새로운 영웅은 더 이상 병사가 아닌 아힘사를 신봉하는 수도사들이었다.[14]

이러한 변화는 '베단타Vedanta'(베다의 종말이라는 뜻)라고 불리기도 하는 경전 『우파니샤드Upanishad』에 이르러 최고점에 도달했다. 우파니샤드의 내용 중에는 초기의 관습과 연관하여 말을 제물로 바치는 문제에 대하여 언급한 부분이 있는데, 의식 그 자체보다는 의식이 내적으로 어떠한 영향을 미치는지에 역점을 두고 있다. '우파니샤드'라는 말은 무엇의 곁에 앉는다는 뜻으로, 위대한 인물이 뛰어난 영적 능력을 지닌 제자들에게 전수해야 하는 난해하고 신비한 지식을 말한다. 초기 『우파니샤드』에는 농업보다 직조, 도자기, 야금술 등에 관한 내용이 많은 것으로 보아 당시의 인도 사회는 초기적인 도시화 단계였으며, 현자와 대화하기 위해 먼 길을 여행했다는 기록은 교통 여건이 향상되었음을 제시해준다. 『우파니샤드』에는 생명을 부여하고 우주를 지배하는 불멸의 브라만이 지닌 것과 똑같은 '신성한 불꽃'이 모든 사람의 내부에 존재한다는 시각을 구체화하고 있다.[15] 이 새로운 영성의 목표는 근본적으로 불가해한 것에 대한 앎, 즉 아트만을 얻는 것이다. 이 앎의 핵심은 자아 발견을 위해 꾸준히 물음을 던지는 가운데 평온, 침착, 냉철, 인내를 얻는 것으로, 그러한 지혜를 얻은 그는 순수한 기쁨, 곧 엑스타시스ekstasis로 도달할 수 있다. 그리하여 사람들은 반복되는 고통과 죽음으로부터 벗어나는 유일한 방법을 인식하기 시작했다.[16]

이것은 삼키아Samkhya(식별)라는 인식 체계와 연관되어 있다. 이 역시 내부의 빛에 초점을 둔 것으로, 복잡한 삶의 고통(둑카dukkha)에서 벗어나기 위한 요가yoga 수행을 뜻한다.(카렌 암스트롱은 요가를 인도의 위대한 업적 중 하나라고 표현했다.) '요가'란 원래 동물을 수레에 묶어둔다yoking는 뜻이지만, 실제로는 삶에서 겪게 되는 무수한 고통의 원인이 되는 무의식의 세계로 가는 길을 뜻한다. 따라서 삼키아 수행자들은 신에게 다가간다기보다는 인간 존재의 내적 능력을 계발한다는 태도를 지닌다. 특히 그들은 인간 존재의 새로운 차원, 즉 '무無의 세계'라는 새로운 경험 체계로써 둑카로부터 스스로 벗어날 수 있다고 믿었다.[17]

기원전 5세기 후반, 인간은 욕망이라는 수레바퀴 속에서 끊임없이 죽음과 탄생의 윤회를 거듭한다는 신앙 체계인 카르마karma가 둑카의 사고 체계에 덧붙여졌다. 이것은 다른 형태의 삶을 거듭하는 불변의 순환에 묶인 채 욕망 없는 자손을 낳을 수도 없고 성취욕 없이는 농사든 장사든 성공할 수 없다는 '삼사라Samsara(윤회)'의 개념이기도 하다. 본질적으로 인간에게 주어진 불변의 본성을 뜻하는 이 개념은 사람들에게 절망감을 안겨주었고, 그 결과 사람들은 정신적 지도자인 지나(아힘사를 준수하며 고행과 금욕생활을 강조한 인도의 자이나교의 교조인 마하비라Mahāvīra—옮긴이) 또는 깨달음을 얻은 부처에게서 그 탈출구를 찾고자 했다.

이러한 사상의 배경에는 사회적·경제적 요인이 있었다. 당시에는 영속적인 형태의 거대한 사회가 형성되기 시작했으며 쟁기 등을 포함한 금속 기술의 발달로 넓은 삼림지대를 개간하고 관개 시설도 가능해졌다. 이에 따라 다양한 곡물이 대량으로 수확되었고 농부가 부유해지기 시작했다. 부의 격차가 나타나면서 작은 규모의 집단이 넓은 정치적 단위 속으로 흡수되었고, 전사 계급에 속하는 사람들이 다시 득세하기 시작했다.[18] 또한 정치적 독립체로서의 새로운 국가가 출현했고, 부의 상징이었던 가축을 대체하는 화폐가 주조되면서 국가 간의 교역이 확산되었고, 상인 계층의 양산으로 인한 상업 국가가 형성되었다. 전사나 상인들은 공물을 바치는 전통적인 제의식과 종교 지도자를 기피하기 시작했으며 종족의식보다는 도시의 개인주의로 변화되었다.

이러한 사회적 분열 가운데 도시는 무질서해지기 시작했다. 제물로 바칠 동물이 희귀해졌을 뿐만 아니라 제물 행위를 잔인하고 무가치하게 여기는 인식이 자연스럽게 베다 종교를 추구하게 만들었다.[19] 이렇듯 무질서한 환경에서는 형이상학적인 진리 탐구보다는 마음의 평화를 구하는 것이 우선이었다.

바야흐로 기원전 5세기 말경, 히말라야 산기슭에 위치한 사카Sakka에서 태어난 크샤트리아 신분의 한 인물이 머리카락을 자른 뒤 '은둔자'의 의복인 황색 천을 걸치고서는 인도 동북쪽의 마가다Magadha 제국으로 향했다. 당시 스물아홉 살이었던 그가 바로 싯다르타 고타마(석가모니)였다. 평범한 집안의 아들이었던 그가 떠날 때 부모는 비통하게 울었고, 훗날 그는 부인과 아이들을 만나기 위해 밤중에 부인의 침실로 숨어든 적이 있음을 털어놓았다.[20] 당시 그는 둑카와 고통의 순환에 대해 고뇌하던 수많은 사람 중 한 명이었으나, 인간 존재는 적극적인 대응으로써 그 딜레마를 벗어날 수 있음을 확신했다. 그 방법을 탐구하기 위해 그는 출가했고, 그 도정에 성공했다. 후대인들은 지혜를 얻은 자 또는 스스로 깨달은 존재인 그를 '붓다'라고 부르기 시작했고 지금도 그렇게 부르고 있다.

석가모니는 여러 요가 수행자와 함께 지내면서 다양한 형태의 무아지경을 경험했다. 그 결과 그는 그 어떤 교리나 초월적 경험도 인간에게 실질적인 변화를 가져다주지 못한다는 결론을 내렸다. 그는 가진 것을 모두 내려놓고 자기 자신을 들여다보는 시선을 가져야 한다고 주장했다. 이것은 그의 정신 수련의 핵심 교리 중 하나가 되었다. 그러나 그러한 경지는 거저 얻을 수 없으며 아무에게서도 배울 수 없는 것이라고 붓다는 역설했다. 또한 욕망은 고통의 근본적인 원인이므로 자신의 본성에 깃든 욕심, 탐욕 등을 없애고 사심 없는 동정, 자비, 다른 사람의 행복을 빌어주는 마음을 갖춤으로써 고통에서 벗어날 수 있다고 주장했다.[21]

석가모니의 정신 세계에는 신이라는 개념이 존재하지 않는다. 그는 신을 거부하는 노래나 춤을 만들어내는 대신 오직 자신의 마음에서 신을 지워버렸다. 그는 도덕적인 삶이란 다른 사람이나 대상을 위해 사는 것이라 주장하면서 자신의 가르침은 결코 베다 종교처럼 소수의 지배층을 위한 것이 아니며 '많은 사람을 위한' 것이라고 했다. 마치 그리스의 소크라테스처럼 그는 자신과 자신의 삶에 대해 성찰하고 자신의 내부에서 진리를 찾고자 노력했다. 역설적이게도 그는 항상 자신이 존재하지 않는다는 생각으로 행동해야 한다고 확신했다.[22] 불교는 훗날 소승불교와 대승불교라는 두 가지 유파로 갈라진다. 소승불교Theravada Buddhism를 따르는 사람들은 세상을 벗어나 고독한 참선을 통해 깨달음을 얻고자 했고, 대승불교Mahayana Buddhism를 따르는 자들은 속세를 중요시하면서 자비심의 미덕을 강조했다.[23]

거대한 단절

불교만이 인도의 유일한 정신적 유산은 아니다. '암흑기'를 지나 서기 320년경 굽타 왕조가 들어서자 인도인들은 "화려하게 채색된 사원, 다채로운 행렬, 수많은 이국적인 신을 향한 순례"를 특징으로 하는 일신교, 즉 힌두교를 재발견하게 되었다. 그중 삼사라의 고통스러운 순환 고리를 끊어줄 '절대적인 존재'는 인간화된 루드라Rudra(시바Shiva, 루드라는 신화에 등장하는 폭풍의 신으로, 파괴의 신 시바의 원형—옮긴이)였다. 당시 많은 사람은 불교가 안겨주지 못하는 감동적인 종교를 원했으며, 신을 향한 끝없는 사랑(박티bhakti)을 보여주면 신은 그에 대한 보답으로 숭배자들을 아끼고 보살펴줄 것이라 믿었다. 무조건 자신을 내맡긴다는 뜻을 의미하는 '박티' 사상은 세계의 다른 지역에도 큰 영향을 끼쳤다.[24]

힌두교의 경전인 『바가바드기타Bhagavad-Gita』는 축의 시대에 탄생한 위대한 경전 중의 하나로, 최근 학계의 연구에 따르면 기원전 5세기와 기원후 1세기 사이에 쓰였다. 그 내용은 종교의 변화가 굳어진 시기에 쓰인 폭력에 대한 반발이 담긴 내적 통찰로서, 큰 전쟁을 앞두고 아르주나와 크리슈나가 대화하는 형식으로 진행되고 있으며 크리슈나를 따르는 생활만이 이기적인 욕망으로부터 벗어날 수 있음을 가르치고 있다. 크리슈나는 "물질 세계는 깨달음을 얻기 위해 초연함, 겸손, 정직, 자제라는 무기를 가지고 끊임없이 싸워야 하는 전쟁터"라는 말로써 아르주나에게 욕망을 비울 것을 권한다.[25]

무無, 공空, 정靜

같은 시기 중국에서도 종교 사상의 다양한 변화가 나타났다. 어떤 면에서는 인도 및 주변 지역과 유사하지만 또 어떤 면에서는 고유한 특성이 반영된 변화였다.

기원전 16세기 이래 황하강 유역을 통치한 상商 왕조에서는 왕을 신의 직계 자손으로 여겼다. 수도인 은허殷墟에는 왕과 신하들만이 머물 수 있는 주거 단지가 형성되었으며 수해나 공격에 대비하여 730미터 길이의 담장이 둘러쳐졌다. 이 사실로부터 상 왕조는 계급과 계층이 뚜렷했으며 권력층은 종교 행사나 전쟁, 사냥 등에 주력했음을 추측할 수 있다.[26]

그들은 농사보다는 지형지물에 대한 관심이 깊었고 산이나 강, 바람과 같은 자연을 중요한 신적 존재로 여겼다. 또한 왕의 장례식에 많은 병사가 순장된 것으로 보아 희생 의식을 매우 중시했음을 알 수 있으며, 여기에는 선대왕들이 나라를 수호해준다는 믿음이 작용되었다. 왕의 장례식에서 왕족들은 죽은 왕의 친척으로서 상복을 입었는데, 이는 자신들이 조상들의 '소유'임을 나타내기 위한 관습이었다.

중국인들은 조상들과 상제上帝(우주를 창조한 초자연적 절대자—옮긴이)는 예측 불가능하고 화가 나면 가뭄, 홍수, 재앙 등을 일으킨다고 믿었고, 그 결과 한 번의 장례식에서 100명의 생명을 희생하는 일은 결코 과도한 것이 아니었다. 어떤 천자天子의 장례 의식에서는 수백 명의 신하들이 순장되기도 했다. 이와 유사한 믿음과 관습은 신세계에서도 찾아볼 수 있다(20, 21장).

축의 시대를 향해 나아갈 무렵, 즉 기원전 1046년 상 왕조의 뒤를 이어 주周 왕조가 등장했다. 이 시기에 철이 도입되면서 주나라는 중국 역사상 가장 오랜 치세 기간을 유지할 수 있었다. 주나라는 상나라의 부패와 타락을 고발했고, 그로 인해 고통받는 백성을 하늘이 안타깝게 지켜보고 있다고 공표했다. 뿐만 아니라 상황을 주시하던 하늘의 상제는 주나라에 왕

거대한 단절

들을 내려 보내어 이제까지 도덕성과 무관했던 종교에 윤리적 이상을 주입할 것을 명했다는 내용을 확산시켰다. 하늘은 돼지나 소를 바치는 행위가 아니라 자비와 정의에 감동을 받는다는 주나라의 종교관은 히브리인의 『성경』구절을 떠올리게 한다.[27]

그러나 중국의 종교를 다른 지역의 종교와 유사하게 바라보는 시각은 위험하다. 초기 철기시대 중국에서 가장 허약했던 주나라는 주변의 유목민들로부터 끊임없는 침략을 받고 있었다. 이 사실이 의미하는 바는, 주나라의 왕이 중앙 평원 지역의 도시들을 통치하기에 부족한, 결코 최고로 존엄한 존재가 아니었음을 말해준다. 카렌 암스트롱에 따르면 이러한 도시들에서 내부 결속력을 키우는 가장 중요한 것은 '숭배의식'이었다. 주나라의 숭배의식은 특별한 성향을 지니고 있었다. "당시 중국인들은 자연의 질서를 초월한 신에는 관심이 없었다. 그들은 그 어딘가에 있는 신성한 존재를 발견하는 것보다는 하늘의 이치에 순종하는 행위가 신성한 세상을 만든다고 믿었다." 왕은 항상 최고의 권력을 가진 것 같지만 한때에 지나지 않으며, 그는 언제나 하늘의 방식에 순응해야 하는 존재였다.[28]

기원전 9세기 후반, 그보다 더 큰 변화들이 나타나기 시작했다. 우선 어떤 요인으로 인하여 군주제가 쇠퇴하기 시작했는데, 이는 어느 시詩에서 언급되었듯이 계속된 자연재해와 관련되었을 것으로 보인다.[29] 또 다른 변화는 경작지를 지나치게 확장한 결과 사냥할 장소가 부족해지고 염소와 다른 가축에게 풀을 먹일 들판이 부족해진 것으로, 이는 그들이 자초한 일이었다. 상나라와 주나라에는 희생 제물 또는 선물용으로 수백 마리의 동물들을 죽이는 관습이 있었고 따라서 교외에 서식하는 야생동물의 환경이 침해되었다. 그로 인해 축의 시대에 접어들어서는 무차별적인 동물 살육을 법으로 제한하게 되었고, 연쇄적으로 귀족 가문들 사이에서는 새로운 절제 정신이 형성되었다. 이에 따라 권력 계층의 활동은 오랜 세월에 걸쳐 점차 변화되었다. 예컨대 그들은 어떤 일에든 '올바른' 방식이 있으며 모든 것에는 종교적 가치가 있을 뿐만 아니라 그에 맞는 의식이 필요하다는 인식을 형성하게 되었다.

중국에서는 특히 예禮를 중요시하여 노魯나라의 경우에는 예 사상을 공부하는 학당이 있었다. 이 학당의 제례 연구자들은 절제와 인종忍從의 중요성을 충분히 이해하고 있었다. 예를 들어 그들은 무력 정치와는 거리가 먼 지도력을 갖추었던 전설적인 두 명의 왕, 요와 순을 매우 존경했다. 온화한 품성의 요왕은 태평성대를 구축했다. 요·순 두 군주는 무력과 강압을 토대로 통치했던 이전의 방식에 대하여 암묵적 비판을 담은 책『서경書經』을 펴냄으로써 중국의 왕권을 관습적인 공포정치로부터 윤리적인 쪽으로 이끌었다.[30]

기원전 7세기 황하강 유역사회는 매우 불안정했으나 노나라의 학자들에 의해 시작된 제례 개혁은 적지 않은 의미를 안겨주었다. 예컨대 리理 사상을 통해 무인들의 행동을 순화시킨 결과 빈번하던 전투가 훨씬 줄어들었고, 전쟁의 명분을 중시함으로써 "사적인 이익을 목적으로 한 전쟁은 억제"되었다. 뿐만 아니라 "도망하는 자를 세 명 이상 죽이거나 많은 사람의 목숨을 해친 고위층은 그 지위를 박탈하고 눈을 멀게 하는 벌을 내렸다." 승전을 축하하는 것조차 법으로 금지했다. 고위 관료층은 우아하고 기품 있는 예법을 교육받았고, 늘 단정한 옷차림과 깍듯한 예의로써 겸손한 태도를 유지해야 했다. "기원전 7세기에 이러한 분위기가 확산되자 극심한 사치 풍조에 젖어 있던 주나라의 중국은 절제와 자제를 중요시하는 사회로 전환되었다."[31]

기원전 7세기 후반, 두 번째 큰 변화가 일어났다. 당시 북쪽의 유목민들의 지속적인 침략으로 인한 불안과 동요 속에서 중남부 지역에서 발흥한 초楚나라(기원전 722~기원전 481)의 공격이 시작된 것이다. 기원전 593년까지 포위 공격이 이어지는 동안 전쟁의 참혹성은 극에 달했고, 초나라가 쇠퇴한 이후 등장한 송宋나라에서는 부모가 자식을 잡아먹을 지경에 이르렀다.[32]

이러한 혼란 가운에 여러 현상이 (확실히) 동시에 발생했다. 전쟁이 계속되는 동안 무인 가문에서는 탐욕과 야망을 지닌 자들이 가문을 지배하는 원로에게 반기를 들기 시작했다. 이 현상은 중국에서 처음으로 평등주의를 지향하는 정치 환경의 계기가 되었다. 이와 연관하여 중부의 정鄭나라와 서남부의 노나라에서는 한때 무인 정권이 형성된 적이 있는데, 그 기간에 농부들의 환경을 개선하기 위한 재정 정책이 도입되었다. 기원전 6세기 후반에는 모든 백성이 독재적인 권력에 항거할 수 있는 법전이 마련되었다. 이런 변화들은 점차적으로 예를 경시하는 풍조를 낳았고, 새로운 사치 풍습이 일어나 경제적 균형이 붕괴될 지경에 처했다. 결국 수요가 공급을 초과하는 사태가 빚어졌고 빈궁한 귀족들이 대규모로 양산되었다.[33]

그 시절 이러한 현실에 맞선 한 젊은 남자가 등장했다. 학업을 마치고 노나라에서 하급 관리직 생활을 하던 공구(기원전 551~기원전 479)라는 인물이었다. 그의 가문은 고향에서 쫓겨나 노나라로 이주한 하급 귀족으로, 명민한 공구는 30세 나이에 리理 사상에 통달했고 마흔 무렵에는 당시 기준으로 볼 때 명망 있는 학자의 반열에 들어섰다. 그는 예 사상의 심오한 의미를 터득했으며 그 앎을 숙련시켰다. 더욱이 그는 리 사상으로 다시금 '하늘의 도'를 불러올 수 있다고 확신했다. 제자들은 그를 공부자孔夫子(위대한 스승)라 불렀고 서양에서는 'Confucius'라 불렀다.[34]

카렌 암스트롱은 공자를 고독한 수행자로 보지 않았다. 오히려 음식,

술, 농담, 대화를 즐긴 세상의 한 사람으로 평가했다. 공자는 소크라테스처럼 세상을 등지고 살지 않았으며 사람들과의 대화를 통해 시야를 넓혔다.(그 유명한 『논어論語』는 그가 죽은 뒤 제자들이 만든 책이다.)

공자는 축의 시대의 다른 위인들과 마찬가지로 당대의 흐름을 꿰뚫어보았다. 그는 중국의 근원적인 문제는 사회적 혼란과 그칠 날 없는 전쟁으로 전통적 예 사상이 경시된 것이라고 지적했다. 공자는 신학적 논쟁이 시작되면 늘 흥미를 잃었다. 아마도 그가 소크라테스였다면 세속적 존재로 살았을 것이고, 석가모니였다면 추상적인 분야에 관심을 두지 않았을 것이다. 오히려 그는 "사람은 늘 하늘의 침묵을 본받아 말이 적어야 한다"는 관점을 지니고 있었다. 더욱이 사후세계에 대해 지나친 관심을 갖기보다는 현세에서 올바르게 사는 법을 배워야 한다"고 주장했다. 그와 그의 제자들이 궁극적으로 추구한 것은 지상 낙원이 아닌 '도道, Way'로, 추구의 대상이 장소나 사람이 아니라 절대적인 선善이었다. 이때의 예법은 그 길을 찾기 위해 필요한 지도 같은 것이었다.[35]

공자의 가르침에 따르면 인간은 자신과 자신의 삶을 완전히 이해할 수 있으며 그러기 위해서는 자기 수양이 가장 중요하다. 또한 스스로 고양되기 위해서는 우선 타인의 고양을 도우려 노력해야 한다. 이때 '다른 이의 고결함을 북돋아주기 위해 노력하는 것'은 '도'의 개념과 다르지 않다. 여기에는 평등주의 사상이 함축되고 있다. 즉 이전까지 귀족들만이 리를 전유했다면 도는 모든 사람에게 제공되는 보편적인 사상 체계인 것이다.

공자의 접근 방법은 정치만큼이나 심리적이고 개별적이다. 그는 위엄, 고귀함, 순결 등이 생활의 핵심이 되기를 원했고, 매일 노력하면 이러한 삶을 이룰 수 있다고 확신했다. 그리고 사람은 이른바 '군자君子'가 되기를 목표로 삼되 강요에 의해서는 결코 성취될 수 없으며, 자기가 아닌 다른 대

상을 향한 자비심과 연민의 생활을 실천할 것을 강조했다.[36]

중국의 축의 시대는 이것으로 끝나지 않았다. 기원전 479년 공자가 죽고 새로운 혼란기가 도래했는데, 역사가들의 표현에 따르면 전국시대戰國時代(기원전 475~기원전 221)가 열린 것이다. 중앙의 평원지역에서는 일곱 국가와 북쪽에서 흘러든 유목민 간의 전투가 치열해지면서 철로 만든 무기들이 그 어느 때보다 많이 소비되었다. 그와 더불어 사회는 불안과 두려움이 확산되었고, 점점 새로운 종교에 대한 열망이 깊어졌다. 수백 수천의 농민들이 전장의 보병으로 징집되었고, 전쟁 비용을 충당하느라 농경지는 점점 더 척박해졌다.(농민들은 새로운 땅을 찾아 경작해야 했을 것이고, 수확 작물들은 교역되었을 것이다.) 당시 농민 병사들은 정치적으로나 경제적으로나 중요한 계층이었다.(다음 장에서 논의하겠지만 그리스에서도 같은 현상이 있었다.) 기원전 4세기경 전반적으로 기병이 전차병을 대체함으로써 귀족들이 독점했던 전차군단은 사라져갔다. 이에 따라 점점 더 하위계층이 병역을 담당하게 되었고, 유목 민족의 전투 기술이 보편화되어 중국인들도 같은 칼과 석궁을 사용하기 시작했다. 국가 간의 잔혹한 싸움은 계속되었고, 왕과 귀족들 사이에서도 분쟁이 끊이지 않았으며, 어제의 적이 오늘의 아군이 되는 등 혼란스러운 상황이 지속되자 왕들은 외교와 윤리에 정통한 '현자賢者'를 찾게 되었다.[37]

이러한 환경에서 전쟁에 반대하고 비폭력을 주장하는 또 다른 스승이 나타났다. 그는 바로 묵자(기원전 480~기원전 390)라는 인물로, 180명에 달하는 제자들을 엄격한 규칙과 평등주의적인 윤리로 지도했다. 농부나 기술자였던 이들은 전쟁 종식을 사명으로 여겼다. 묵자는 전사들의 사나운 이기심을 이타심으로 바꾸는 것을 목표로 하여 기본적으로 사람들에게 증오심을 버리고 사랑의 마음을 갖도록 설득할 수 있는지에 대해 토론했다. 그 핵심 개념은 '타인은 곧 자신이라 생각하라'는 것으로, 이는 모두가 다 함께 잘되기를 바라는 '애愛'의 자세다. 묵자를 추종하는 자들은 선한 존재가 되기보다는 선을 '실천'하는 데 관심을 기울였다. 즉 오랜 시간을 바쳐야 하는 자아 수행보다는 자신이 가진 기술, 지식, 의지를 남을 위하여 쓸 것을 강조했다. 국가 간의 전쟁이 극심했던 이 시기에 묵자는 공자보다 훨씬 큰 존경을 받았을 것이다.[38]

기원전 4세기경 이런 혼란의 와중에 중국은 정치적으로나 경제적으로나 매우 빠른 변화를 겪고 있었다. 특히 도시는 더 이상 정치와 종교의 중심지가 아닌 교역과 산업의 중심지로 변화하기 시작했고, 많은 사람이 도시로 모여들었다. 이처럼 전례 없이 변화하고 복잡한 환경에서 새로운 철학과 이념들이 출현했는데, 그중 하나가 바로 양주의 사상이다. 그는 '자기자신을 중히 여기라'는 명제를 내세운바 도시생활에 적합한 개념이었으나, 인仁의 사상을 내세워 감정을 다스리는 사색과 마음 비우기의 중요성을 강조한 새로운 공자주의를 촉발시켰다.[39] 이 개념은 생명의 기본적인 에너지인 기氣에 입각한 유가儒家의 형태로 발전했다.

장자(기원전 약 370~기원전 311)는 기의 개념을 수용하여 삶은 원래 끊임없이 변화하는 것이라고 주장했다. 변화, 죽음, 각성 등은 일상적인 것으로서 우리가 어떠한 상태에 머무르고자 할수록 더 많은 변화를 피할 수 없다고 주장했다. 또한 위대한 깨달음은 무한하며 깨달음의 방법은 말로 표현될 수 없으나, 이기심은 큰 장애물일 뿐이라고 역설했다.[40]

맹자(기원전 371~기원전 288)는 역사의 흐름을 관찰한 사상가로서, 무력 통치는 중국을 올바르지 못한 방향으로 이끌고 있다는 주장과 함께 그 흐름을 바꿀 수 있는 힘은 오직 '선善'뿐이라고 했다. 그는 모든 사람이 인仁, 의義, 예禮, 지智의 덕목을 고양할 수 있는 근본적인 욕망으로 '단端'을 지니

거대한 단절

고 있다고 주장했다. 이에 대해 그는 '자신이 대접받고 싶다면 그대로 남을 대접하라'는 황금률을 제시했다. 그는 "성인이란 자신의 인간성을 완전히 이해함으로써 하늘의 이치에 따르는 존재"라고 믿었다.[41]

축의 시대는 기원전 3세기경부터 세계 곳곳에서 자리를 잡아가고 있었다. 다만 중국에서만은 아직 전쟁이 빈번하여 평화에 대한 갈망이 높은 상태였다. 실제로 정세가 매우 불안정했던 탓에 그리스, 인도, 이스라엘에서처럼 과학, 형이상학, 논리학 등에 대한 관심이 형성되지 않았고 혼란한 와중에 그러한 개념은 하찮게 여겨졌다.

이러한 상황에서 축의 시대 중국의 마지막 성인이 나타났다. 그는 바로 노자라는 인물이었다.(정확한 출생연도는 알 수 없으나 기원전 5세기~기원전 1세기 사이의 인물로 추정되며, 상상 속의 인물이라고 믿는 사람들도 있다.) 그는 '무無, 공空, 정靜'의 개념을 내세워 욕심과 이기심을 버리고 비폭력의 미덕을 따를 것을 주장했다.[42]

축의 시대에 중국 여러 지역에서 숱한 사상들이 나타났다. 그러나 그 사상들이 중국인들에게 부여한 가장 중요한 가르침은 누구도 진리를 독점할 수 없으며 '도'라는 것은 말로 표현될 수 없다는 것이었다. 그럼에도 불구하고 유학의 영향은 점차 확산되었으며, 기원전 134년경 대표적 유학자인 동중서는 많은 학파가 존재하지만 유생들을 지도했던 여섯 가지 경전을 공식 교본으로 삼아야 한다고 주장했다. 그러나 중국에는 유학과 도가 철학을 함께 신봉하는 사람들이 많았다.[43]

바알에서 야훼까지: 유대교 신의 진화

축의 시대에 고대 이스라엘이 서구에 끼친 영향은 막대하다. 머지않은 시기에 이스라엘과 서구 세계는 서로 긴밀하게 연관되기 때문이다. 알파벳 문자로 처음 기록된 『성경』에는 당시 이스라엘의 이념과 사상의 발전이 잘 드러나 있다는 점에서 이스라엘 민족은 그 어떤 민족보다 세상에 잘 알려져 있다.(알파벳 문자로 기록된 최초의 책에 대해서는 다음 장에서 살펴볼 예정이다.)

당시 이스라엘 민족은 다른 종족과 다르다는 선민의식을 지니고 있었으며, 정착생활을 한 이웃의 이집트인, 페니키아인, 가나안 민족들과 달리 양과 염소 떼를 키우는 유목생활을 겸하고 있었다. 원래 아브라함과 이삭과 야곱은 가나안의 신인 엘El을 숭배했으며, 기원전 14세기경에는 전사의 형상으로 '하늘의 구름 속에서 전차를 타고' 다른 신과 육박전을 벌이며 비를 내리게 하는 바알Baal을 숭배했다. 바알 신은 여성 신 인드라Indra와 비슷한 특성을 지닌 남성 신이었다. 훗날 유일신의 대표적인 모델로서 이스라엘의 위대한 신으로 숭배된 야훼Yahweh 역시 초기에는 바알과 매우 닮은 형태였다. 이스라엘 민족은 다른 신들에게 그랬듯이 바알 신에게도 등을 돌렸으나 야훼에게서 새로운 영감을 얻기 시작했다.(야훼는 처음에 이스라엘 사람들에게 전쟁의 신이었으나 기원전 6세기경부터 유일신으로 숭배되었다.)

유목생활을 일부 영위했던 이스라엘 사람들은 하나의 중앙 성소를 만들지 않은 채 '계약의 궤the Ark of Covenant'를 세켐Shechem, 길갈Gilgal, 실로Shiloh, 베델Bethel, 시나이Sinai, 헤브론Hebron 등 여러 지역의 교회로 가지고 다녔다.44 계약의 궤란 하나님의 십계명이 새겨진 서판을 보관한 상자로, 아론이 만든 금송아지 우상으로 대체되었다. 이 우상은 모세가 하나님과 만나고 있는 40일의 낮과 밤 동안 황야에서 기다리던 이스라엘 사람들이 모세의 형인 아론에게 바친 귀걸이와 보석으로 만들어진 것이다. 이 이야기는 이스라엘 민족이 초창기에 황소 또는 암소를 숭배했다는 사실을 반영하고 있다.

원래 야훼는 농경에 대한 지식이나 기술을 전수한 신이 아니라 전쟁의 신(질투의 신이기도 하다)으로, 이로써 과거의 이스라엘 민족이 초원지대에서 유랑생활을 했던 유목민이었음을 알 수 있다.(원예 기술에서 농업 기술까지의 변천이 기록된 「창세기」에 대해서는 7장에서 논의되고 있다.) 야훼는 무시무시한 전쟁의 신이자 폭풍과 바람의 신이었으며, 비를 몰고 오는 신이었다. 이러한 성향 때문에 야훼는 이스라엘 사람들에게 유일신으로 숭배받지 못했다.(대개는 지역마다 숭배하는 신이 각기 달랐으며 결국 야훼는 다른 작은 신적 존재들과 같은 신앙의 대상이었을 뿐이다.) 따라서 야훼는 소수파에게 유일신으로 추앙되는 존재였다.[45]

인도에 '은둔자'가 있었고 중국에 '현자'가 있었다면 근동에는 선지자 prophet가 있었다. 선지자란 미래를 내다볼 수 있는 사람이 아니라 하늘의 은총을 받아 신을 대변하는 이들을 의미한다. 예언자의 전통은 가나안 서쪽에서 유프라테스 동쪽에 이르기까지 널리 펴져 있었는데 특히 이스라엘인들에게 더욱 뚜렷했다. 아마도 그들이 혼합된 생산 활동을 했기 때문인 것으로 보인다. 때때로 팔레스타인에서는 그들의 왕이 야훼 유일신 사상을 준수했는지를 검증하기 위해 선지자들이 왕실 법정을 개최하기도 했다.

최초의 선지자로 알려진 엘리야는 이스라엘이 가뭄으로 고통받을 때 나타났다. 그러한 상황에서 엘리야는 사람들에게 야훼와 바알 중 하나의 신을 선택할 것을 요구했다. 그리고 야훼와 바알의 제단에 각각 황소를 올려놓고 신의 능력을 시험해볼 것을 제안했고, 결국은 야훼가 승리했다. 엘리야는 하늘을 향해 불을 내려달라고 외침으로써 황소와 제단을 태우게 했고, 이어서 억수 같은 비를 내리게 했다.[46]

그러나 엘리야의 야훼는 새로운 신이었다. 그는 자연의 폭력성 대신 양심을 일깨우는 '작은 음성'으로서 숨어 있었다. 새로운 신의 영성을 잘 알고 있는 선지자들은 항상 사회정의와 약자 보호에 관심을 기울였다. 여기저기서 발생하는 폭력적인 갈등이 변화의 기폭제가 되었다. 사람들은 기존의 전통적 종교 의식들이 아무 도움을 주지 못한다는 사실을 깨닫기 시작하면서 윤리적 사회가 건설되기를 바랐다. 뿐만 아니라 알파벳의 발명에 따라 서부 셈 족 사이에서 문자가 널리 전파되면서 전해 내려오던 이야기들을 기록할 수 있게 되었다. '모세오경'(구약성서의 앞에 있는 다섯 편의 기록. 「창세기」「출애굽기」「레위기」「민수기」「신명기」—옮긴이)도 이 무렵에 쓰이기 시작했다.

당시의 정치와 사회는 종교와 분리되지 않은 상태로, 선지자들은 부자와 가난한 자의 극심한 간극을 종교적 방식으로 설명했다. 그 대표적 인물이 바로 아모스와 호세아로, 나라(왕)가 가난한 자를 돕지 않고 자신의 이익만을 우선시하고 있다고 신랄하게 공격하면서 야훼는 제물이나 의식을 원하는 게 아니라 정신적 교화, 즉 스스로를 낮추고 이기심을 버릴 것을 요구한다고 외쳤다.[47]

야훼가 사람들에게 유일신으로 받아들여지게 된 과정은 간단치 않다. 「창세기」를 보면 유대신의 등장에는 두 가지 배경이 공존하는데, 하나는 E(엘로이스트Elohist)로 알려져 있고, 또 다른 하나는 J(야훼Yahwh 또는 여호와 Jehovah)로 알려져 있다. 시기적으로 E가 J보다 앞서며 J는 E에 대응되는 존재로 보인다. J로 묘사된 하나님은 '서늘한 저녁 공기를 마시며 왕처럼 에덴동산을 거니는' 친숙한 존재다. 그러나 E로 알려진 하나님은 사람들에게

거대한 단절

모습을 드러내지 않은 채 천사를 통하거나 타오르는 가시덤불로 현현한다. 이러한 두 유형은 중요한 과도기를 암시한다. 말하자면 하나님과 유대인의 특별한 관계란 J로 알려진 하나님을 대상으로 한 것으로, 기원전 6세기경 유대인들이 축출되어 타국 땅을 전전하면서 바빌론의 조로아스터교를 알게 된 이후로 짐작된다.[48]

유일신으로 받아들이는 과정에서 나타난 또 다른 요소는 제물과 연관된다. 고대에 첫아이 또는 첫 수확물은 신의 '소유'로서 마땅히 신에게 '반환'해야 한다는 습속이 있었다. 그런데 『성경』 속의 하나님, 엘로힘Elohim은 아브라함에게 믿음의 증거로 맏아들을 바칠 것을 요구했다. 이러한 시험은 임의적인 것으로, 매우 새로운 방식이었다. 지금까지 제물을 바치는 행위는 사람들의 신성한 의무로 신에게 일종의 에너지를 부여하는 것이었다.(세계의 종교 의식은 이러한 인식하에서 시행되었다.) 그러나 엘로힘 또는 야훼는 전지전능하여 에너지 따위는 필요치 않은 존재로, 아브라함에 대한 시험은 파격적인 것이었다. 끝내 엘로힘은 천사를 시켜 아브라함의 아들을 죽이는 대신 숫양을 바치도록 했다. 이러한 에피소드는 사람 대신 동물을 제물로 바치는 중요한 변화의 전기를 마련해주었다.[49]

한편 이 일화는 인간과 신 사이의 간극이 그 어느 때보다 넓었음을 제시한다는 점에서도 의미를 지닌다. 종전까지의 신은 특정한 지역이나 장소에서 특정한 활동을 펼치는 작은 존재로서 그 숫자도 많았으나, 이제 신은 유일하며 전지전능하고 초월적인 존재로 탈바꿈되었다. "야훼는 이스라엘만의 신이 아니라 온 세상의 지배자"라는 인식은 야훼가 다른 나라의 신들을 지배한다는 사실을 의미하는데, 강대국에 둘러싸인 약소국으로서 이스라엘의 도전적인 애국심이 반영되었음을 추측할 수 있다.[50]

이러한 흐름 속에서 유대교는 기원전 7세기경 본격적으로 확산되기 시작했다. 당시 아시리아의 통치자였던 므낫세(기원전 687~기원전 642)는 아세라Asherah(가나안 사람들이 믿었던 여신으로, 바알 신의 아내이며 풍요를 상징한다—옮긴이)의 우상을 예루살렘으로 옮기고 바알 신 제단을 건축하여 어린아이들을 제물로 바쳤다. 이에 야훼 신만을 숭배할 것을 설파하던 선지자들은 야훼의 분노를 경고했고, 결국 이단적 활동은 선지자 호세아에 의해 타도되었다. 아이들을 바치던 화로와 함께 남창 업소들은 파괴되었고 시골의 성소들은 폐쇄되었다. 이러한 일련의 변화에 대해서는 『성경』「신명기」에 많이 밝혀져 있다. 기원전 6세기경 어느 필경사 집단에 의해 작성되었을 것으로 보이는 「신명기」의 내용을 보면, 야훼가 정한 한 곳에서만 제물을 바쳐야 하며, 예루살렘 밖의 다른 교회들 가운데 야훼를 100년 동안 영접하지 않은 곳은 모두 없앨 것을 주장하고 있다. 또한 한 장소에 모여 예배드릴 것을 강조했으며 시골에서는 동물 제물을 허용했으나 그 피(생명의 원천)를 마셔서는 안 되며 경건하게 땅 위에 뿌려야 한다고 했다. 또한 그들은 토라Torah(성서)를 읽는 것이 왕의 유일한 의무임을 법으로 정하고, 종교 재판을 위한 특별 법정을 세워 왕들의 일부 권력을 박탈하기도 했다. 이로써 왕은 더 이상 신성한 존재로 추앙받을 수 없게 되었다.

카렌 암스트롱의 분석에 따르면 「신명기」에는 일부 현대적인 내용이 담겨 있다. 교구 사제, 독립적인 사법부, 헌법 기관으로서의 군주 그리고 중앙집권적인 국가에 관한 내용들이 그것들이다. 더욱 중요한 것은 신은 볼 수도 없고 제물을 바치는 행위로써 확인할 수도 없는 추상적인 존재로 설명되었다는 사실이다. 이로써 신은 교회에 거주하지 않으며 교회는 신을 숭배하는 장소일 뿐이라는 인식이 형성되었고, 이후 교회는 단지 기도하는 공간으로 이용되었다.[51]

어쨌든 이 모든 발전은 우연한 것이었다. 그리고 기원전 597년 무렵 이

거대한 단절

스라엘 사람들은 추방되었다. 기원전 586년 예루살렘은 네부차드네자르 왕이 이끄는 바빌로니아인들의 침략에 의해 파괴되었고 2만 명에 달하는 이스라엘 사람들이 학살되었다. 물질적 재산은 물론 자부심까지 상실한 채 살아남은 일부 이스라엘 사람들은 내부로 관심을 돌릴 수밖에 없었다. 즉 불우한 처지의 그들로서는 터전을 잃은 소수자로 살아가는 법을 터득해야 했다. 이러한 가혹한 환경 속에서 신은 불가해한 존재로 규정되었고, '인간의 범주 너머'에 존재하는 초월적 존재로서 인식되었다.[52]

에스겔은 이러한 절망적인 역경의 상황을 최대한 활용했다. 하나님이 이스라엘 사람들을 절망에 빠트린 것이 아니라 오히려 그 반대라는 논리를 앞세워 철저하게 회개해야만 비로소 하나님이 고향으로 보내줄 것이라고 외쳤다. 『성경』의 'P'장에서 하나님은 모든 사람의 마음속에 살고 있으므로 교회에서 하듯이 늘 성스러운 생활을 유지해야 한다고 가르치고 있다.(많은 역사학자에게 P는 앞서 설명한 E나 J의 경우와 같이 '성직자'를 의미하는 기호로 해석되었다.) 이것은 추방생활의 경험으로부터 발생된 새로운 윤리적 혁명이었다. 이 과정에서 '성스러움'이라는 전혀 새로운 개념이 나타났다. 오늘날 '야훼'라는 단어는 '또 다른'이라는 의미를 내포하고 있다. 이것은 모든 생명체의 신성한 '개별성otherness'에 대한 존중으로서, 땅뿐만 아니라 그 어떤 것도 속박되거나 소유될 수 없음을 의미한다. 그들은 괴로운 유랑생활 가운데 다른 사람의 고통을 깊이 이해할 수 있게 된 것이다. 이 개념은 인도의 '아힘사'와 완전히 같지는 않지만 유사하다.

『성경』의 P장은 제물 의식에 대한 인식의 또 다른 변화를 제시해주고 있다. 이스라엘 사람들은 그들이 키운 양이나 가축만을 제물로 바치고 먹을 수 있었으며, 그 가축들은 공동체의 일부로서 '깨끗하고 순수한' 존재였기에 이스라엘 민족과 함께 신의 서약을 공유하는 관계였다.[53] 따라서 야생의 '깨끗하지 못한' 동물은 제물로 삼을 수 없었다.

모든 갈등의 마지막 과정은 이스라엘 사람들이 유랑을 끝내고 고향으로 돌아온 이후 종교적 순결주의에 사로잡힌 바리새인들의 등장과 함께 시작되었다. 바리새인들은 이스라엘 전체가 사제의 나라가 되어야 한다는 극단적 영성을 주장했다. 여기에는 교회뿐만 아니라 가난한 가정에서도 신을 체험할 수 있다는 뜻이 함축되어 있다. 더욱이 제물이 아니라 친절한 행위로써 죄를 갚을 수 있다고 주장했다. 즉, 타인에게 바라는 만큼 베풀라는 황금률을 원리적 지침으로 삼은 것이다. 유대교의 율법학자인 랍비들은 경전을 가르쳤으나 지위가 높지 않았고 신에게 지나치게 의존하지도 않았다. 카렌 암스트롱은 바로 이 랍비 유대교야말로 축의 시대를 유대인의 시대로 이끌어주었다고 해석했다. 랍비들은 성서 공부를 통해 신과의 '활기찬 만남'을 가졌으며, 전통적 맥락에서의 '계시'가 유대인들에게 자주 발생했다.

지금까지 살펴보았듯이 유대교는 여러 단계로 진화의 과정을 겪어왔다. 유대교의 분파로서 시작된 기독교에 관해서는 22장에서 살펴보기로 하겠다.[54]

이교도들의 유일신: '대중의 통합'

축의 시대를 정의한 카를 야스퍼스는 새로운 정신적 경향을 논의하면서 지배층이 아닌 평범한 사람들에 대한 자비심, 비폭력, 황금률, 아힘사, 도덕성 회복 등에 초점을 맞추었다. 그러나 이것은 전체의 절반만을 조명한 것이다. 조금 다른 측면에서 볼 때 유일신은 다른 신을 용납하지 않는 개

넘으로서 발명 또는 출현한 것이라고 할 수 있다.

역사적으로 유대인들의 유일신 발견은 신세계에서는 그 유례를 찾아볼 수 없는 정신적 자산이다. 그러나 최근의 연구에 따르면 이것이 유일한 경우가 아니며, 종종 발생했음을 제시하고 있다.

현대의 다신교나 유일신과 같은 개념은 17세기에서 비롯된 것인데, 실제로 어떠한 상황 가운데 생겨난 것인지는 불확실하다.[55] 1990년대 후반 영국의 옥스퍼드대에서 유일신의 등장에 관한 회의가 열렸고, 그 내용들은 1999년 『고대 이교도의 유일신Pagan Monotheism in Late Antiquity』이라는 책으로 출간되었다.[56] 이 책에 따르면 유일신은 유대교나 기독교와 무관하게 고대 그리스 동부의 지식계층에서 확산되었다. 폴리미니아 아타나시아디와 마이클 프레드는 이교도와 기독교 신앙의 차이가 생각만큼 현저하지 않다고 주장했다. "기원전 2세기는 그리스에서 헬레니즘이 지나가고 새로운 역사가 시작되는 분기점이었다. 그리스 종교 이론에서 말하기를 '신적 존재는 하나지만 불리는 이름은 여럿'이라고 했다. 그리스의 스토아 철학자인 클레안티스와 플로티누스는 유일신에 대한 전통적인 믿음에 동조했고, 아엘리우스 아리스테데스와 셀수스는 하늘이 인간 세상을 다스리는 것을 위대한 왕 또는 황제 밑에 많은 총독이나 관리자가 존재하여 관리하는 것으로 비유했다.[57]

플라톤 철학에서도 기독교의 유일신에 관한 내용이 상세히 소개되고 있다는 사실을 간과해서는 안 된다. 올림피오도루스는 "최초의 근원은 다수일 수 없으므로 '신'이라는 이름의 존재가 유일하다는 사실을 우리는 알고 있다"고 했다. 신탁에 관한 문학적 증거와 비문들을 보면 신학적 관심이 유일신과 숭배(의식)로 나뉘어 있음을 알 수 있다. 클라로스Claros에 있는 아폴로Apollo 교회의 사제들은 이교도들이 숭배해온 대상은 신이 아니라 바로 신 주변의 천사들이라고 했다. 히프시스토스주의자들Hypsistarian(4~9세기에 아시아 지역을 중심으로 이교도, 유대교, 기독교가 혼합된 종교인들—옮긴이)의 신앙이나 칼데아어로 된 성서에 언급된 '최초의 원리'는 불타오르는 형상으로서 태양과 동일시되었다. 플라톤 학파나 아리스토텔레스 학파의 경우 신이란 "온전히 비물질적인, 따라서 감각의 대상이 될 수 없는 초월적 존재"라고 정의했다. 이러한 견해는 기독교의 생각과 동일하다. 아타나시아디와 프레드의 연구에 따르면, 고대의 상당한 이교도들이 유일신을 고집했으며 역사적 관점에서 볼 때 유대인에 의해 형성된 기독교의 유일신 사상도 이러한 발전과정의 일부라고 할 수 있다.[58]

그리스인들은 일찍이 제우스를 '위대한 지도자'로 수용했고, 이는 고대 그리스의 서사 시인 호메로스도 언급했듯이 사회는 유일신을 믿는 방향으로 움직여왔다. 물론 그 과정에서 다른 신의 존재가 완전히 부정된 것은 아니었으며 단지 지위가 축소되었을 뿐이다. 유일 신앙의 전조 형태로서, 여러 신 가운데 하나의 신을 택하는 택일신론henotheism이 있기도 했다. 기원전 2000년 후반으로 거슬러 올라가 옛 바빌로니아의 서사시 「에누마 엘리시Enuma elish」에는 마르두크가 티아마트Tiamat의 압제를 받는 신들을 구원하고 그 대가로 최고의 권력을 요구한다는 내용이 있다.[59] 고대의 많은 이교도 중에서는 아낙시만더가 대표적인 유일신주의자로 간주되는데, 그는 세상 만물은 하나의 신성한 원리로부터 형성되었다고 믿었다. 크세노파네스 역시 유일신에 관한 논의에서 모든 존재의 위에 단 하나의 신만이 존재한다고 말했다. 한편 파르메니데스는 다른 신들의 존재를 부정하지는 않았으나 그들을 다스리는 한 명의 여신이 있다고 확신했다. 엠페도클레스는 세상 만물이 흙·물·공기·불 네 가지 원소로 구성되어 있는데, 정기적으로 사랑의 영향을 받아 스파이로스Sphairos 또는 스피어Sphere라는 단일한

거대한 단절

신으로 병합된다고 했다. 헤로도토스 또한 '지적 예지력'으로 세상을 지배하는 신이 존재한다고 믿었다.[60]

기독교 사상에 대하여 플라톤, 아리스토텔레스, 제논 그리고 그들의 추종자들의 견해를 명확히 구분 짓는 것은 쉽지 않다. 한편 스토아Stoa 학파는 신·이데아·물질이라는 세 가지 원리를 내세운 플라톤의 '데미우르고스demiourgos(물질세계를 창조한 신의 별칭—옮긴이)'의 영향을 받았다.[61]

아타나시아디와 프레드에 따르면 플라톤 학파, 페리파토스 학파Peripatetics와 스토아 학파 그리고 위대한 고대 철학자들이 대부분 유일신을 믿었다. "그들이 믿었던 신은 유일할뿐더러 끝없이 축복을 내려주는 존재이며 물질세계를 창조하고 지배했다.[62] 철학자들은 유일신을 믿는 부류를 '강경파'와 '온건파'로 나누어 유대교와 이슬람교는 '강경파'로, 그리스 정교는 '온건파'로 구분했다.(그리스에서는 제우스를 최고의 신으로서 숭배하면서 동시에 만물에 깃든 좀더 낮은 신적 존재들도 함께 섬겼다.) 그러한 까닭에 기독교는 '단일주의 사상과 다원주의 사상이 절묘하게 결합된 중도적 입장'이었다.[63] 아마도 기원후 2~3세기의 테오스 히프시스토스Theos Hypsistos가 그러한 경우로 보이는데, 히프시스토스는 전통적으로 의인화된 형상을 숭배하던 이교도와는 거리가 먼 유일신이었다. 히프시스토스는 기원후 25년 이후 트라키아와 흑해 주변 및 마케도니아에서 추앙되었고, 기원전 3세기 초반에는 유대인들도 신봉했다.(신약성서에 그 의식에 관하여 언급되어 있다.) 아타나시아디와 프레드는 부록 장을 할애하여 동지중해 지역의 히프시스토스 관련 기록물 293개를 제시하고 있다.[64]

유목민으로서 유대인의 특별한 지위

이제까지는 주제를 살짝 벗어난 내용을 살펴보았다. 아타나시아디와 프레드는 기원전 1000년경 중동 일대에서 등장한 유일 신앙에 대한 다양한 사례를 보여주었으나, 어떻게 형성되었는지에 대한 설명은 충분치 않았다. 청동기시대에서 철기시대로 넘어가는 시기에 치열한 전쟁에서 신을 최고의 지휘관으로 수용하는 과정에서 숭배 대상이 여신에서 남신으로 바뀌었다는 점은 이해되지만, 그로 인해 일신교가 잉태되었다고 보기는 어렵다. 또한 불교, 힌두교, 유교에서는 일반적으로 자비, 평등주의적인 도덕성, 심오한 자기 탐구 등을 통해 초월적인 개념을 낳았다. 그러나 이스라엘의 유일 신앙은 좀더 특별한 배경이 작용되었다고 다니엘 힐렐은 주장했다.

"히브리인들은 여러 지역을 점유하며 생활하던 유목민이었다. 광대한 장소에서 그들은 자연스럽게 자연의 모든 피조물을 아우르는 하나의 존재에 대해 생각하게 되었고, 그 과정에서 유일신에 관한 핵심적인 인식을 얻게 되었다. 즉 각각 숭배되었던 '자연의 힘들'은 거대한 하나의 '자연의 힘'에 통합되는 존재라는 생각이다." 그 무렵 느슨하게 연결되어 있던 부족들이 하나의 국가로 결속되었으며, 이러한 과정 속에서 유일신 사상이 강조되었다고 힐렐은 주장했다. 뿐만 아니라 어린아이나 동물을 제물로 바쳐봤자 불행을 예방할 수 없다는 인식이 퍼져 당시 유대인들의 사고방식을 바꾸게 함으로써 마침내 제물을 요구하지 않는 신 야훼를 탄생시켰다.[65]

힐렐은 농경사회와 다른 유목사회의 특징으로 '수소나 숫양처럼 용맹하고 번식력이 좋은 수컷 동물'을 중시하며 귀하게 여겼다는 점을 제시했다. 뿐만 아니라 비에 대한 의존도가 높은 생활로 인해 동물과 비의 신을 숭배하게 되었다고 보았다. "그들은 고대 근동 지역의 광범위한 지역을 떠돌아야 하는 유목민이었으므로 무엇보다도 단결성이 요구되었다." 족장들은 염소나 양떼를 몰고 다니다가 가뭄이나 재해가 발생한 경우에는 다른 지역으로 이동하는 문제를 결정해야 했지만, 염소와 양들에게 하루에 두 번 정도는 물을 먹여야 했기 때문에 적어도 물이 있는 곳으로부터 1킬로미터 이내인 지점을 찾아내야 했다. 그들은 동물을 죽이는 경우에도 수렵−채집인들보다 선별적(암컷보다는 수컷을 선호했다)이었으며, 이는 동물의 성별에 따라 그 가치가 달랐음을 깨닫게 해준다. 또한 이러한 관습은 고대 근동의 제물 의식과 연관하여, 야훼의 천사가 아브라함에게 아들 대신 숫양을 바치게 한 이후 어린아이 제물에서 동물 제물로 대체되었음을 확인케 한다. 여기에는 아기의 젖을 늦게 떼는 식으로 인구를 제한했던 유목민의 특성상 어린아이들이 귀했기 때문이기도 할 것이다. 어찌됐든 이러한 변화는 제물의 진화를 보여주는 현상이자 인류가 인도적인 방향으로 내디딘 중요한 한 걸음이었다.[66]

　구약성서는 유목민들의 또 다른 면모를 보여주고 있다. 한 예로, 카인과 아벨의 이야기는 역사의 주요 세력으로 등장한 유목민과 농경민 사이의 분쟁을 대표하는 사례로서, 유목민과 농경민 사이의 교역관계에 갈등이 많았음을 제시한다.[67] 같은 맥락에서 최초의 인간이 에덴동산에서 쫓겨난 이야기는 농경의 시작에 관한 집단적 기억으로, 인류가 생명의 나무가 아닌 지식의 나무를 선택한 것을 상징한다. 이후 인류는 한가로운 전원생활을 누릴 수 없게 되었고 '고생스러운 곡식 경작'의 생활로 전환되었다. 유목민들에게 가장 중요한 재산인 만큼 가축을 훔치는 것이 종교적 행위로 간주되었던 상황에서 '복수'는 유목사회의 특징이 되었다. 이에 따라 구약성서에도 언급되어 있는 '눈에는 눈'과 같은 태도는 친숙한 것이었다. 그러한 맥락에서 볼 때 야훼가 이스라엘 사람들에게 자신의 형상을 새기지 말라고 한 발언도 유추가 가능하다. 늘 이동하며 살아가는 그들로서는 공예품이나 그림 등에 관심이 적었을 뿐만 아니라 적당한 신의 이미지도 찾을 수 없었다.[68]

힐렐은 그 어떠한 잉여 생산물도 저장할 수 없었던 유목민의 생활이 점점 더 불안정해졌다는 사실을 지적했다. 새로운 목초지와 물을 찾아 끊임없이 이동해야 하는 현실 때문에 그들은 이집트에 진입하게 됐고, 물이 풍족한 그곳에서 거주하는 동안 안정적으로 살아갈 수 있었다. 그러나 이집트 사람들에게 그들은 전형적인 '외부인'이었다. 이러한 환경은 그들로 하여금 자신들을 특별한 존재로 느끼게 만들었고, 하나님에게 신앙 서약을 함으로써 하나님은 '타인들'의 신이 되었다.[69]

마침내 히브리 사람들은 이집트를 떠났다. 그들의 수는『성경』에서 말한 것보다 적었을 것으로 힐렐은 추정했다. 사막은 그렇게 많은 사람을 먹여 살리기 어려운 환경이기 때문이다. 중요한 것은 그들이 염소와 양들을 끌고 이집트를 떠났다는 점이며, 거친 황야에서 지내는 동안 송아지 신을 믿기 시작했다는 사실이다. 여기에는 여러 세대에 걸쳐 이집트에서 거주했으나 '그들만의 고유한 유목의 전통'을 버리지 않았다는 의미가 있다. 그들은 '타인'으로서의 제 위치를 고수했다.[70]

그들이 사막에서 지내는 동안 얻은 십계명에는 의식이나 제물 등에 관한 내용이 없다는 점을 단서로 하여 힐렐은 이 시기에 그들이 유목생활을 관두고 농사를 지었을 것이라 추정했다. 당시 그들을 둘러싼 불안정한 환경은 자신들 외의 다른 모든 대상을 불신하도록 만들었으나, 도시에서 통합적으로 발전한 유일 신앙은 단일 국가의 상징으로서 그들에게 접근하는 새로운 신앙들을 막아냈다.[71] 교회는 국가 종교적인 행위가 이루어지는 곳으로, 평민, 귀족, 왕의 구분 없이 모든 사람이 모여 야훼를 숭배할 수 있었다. 힐렐은 본래 신의 이름 중 하나였던 '엘EI(하나님)'이라는 단어는 숫양 또는 지도자라는 의미가 포함된 '아일ayil'로부터 기원한다고 밝혔다.[72]

동물에 대한 관점의 변화

구세계, 특히 예수 그리스도가 탄생한 지역과 잇닿은 지중해와 근동 지역에서 나타난 두 가지 근원적인 변화는, 사람이나 동물을 제물로 바치는 행위가 중단된 것과 알파벳 발명으로 인한 문자 활동이 가능해지면서 책의 종교가 탄생되었다는 것이다.[73]

피의 희생 제의의 공식적인 종말은 종교 의식이 완전히 재구성되는 계기가 되었다. 이집트에서는 첫 왕조 이후(기원전 3050~기원전 2800) 노예를 제물로 바치는 관습이 사라졌고, 인도에서는 기원전 8세기~기원전 6세기 사타파타 브라만Satapatha-Brahman 시기부터 서서히 사람이 아닌 동물의 피 또는 채소를 바치기 시작했으며, 중국에서는 기원전 384년부터 인신 공양 행위가 중단되었다.[74] 그리스에 영향을 끼친 근동 문화를 연구한 발터 부르케르트는 메소포타미아 지역의 설화에서 '대리 제물'이 묘사되어 있음을 소개했다. 한 예로 역병을 쫓기 위해 염소나 숫양에게 인간의 옷을 입혀 제물로 바친다는 내용을 들 수 있는데, 이는 말하자면 신을 속이는 행위였다.[75]

기원후 70년 로마의 황제 타이터스는 예루살렘의 교회들을 파괴했는데, 이는 결과적으로 희생 제의의 관습을 없애는 데 기여했다.(기원전 97년 로마 제국에서는 인간 제물을 법적으로 금지했으나 미란다 알데하우스그린의 보고에 따르면 대략 기원후 400년 무렵까지 시행되었다. 물론 그러한 의식은 드물었으며 그 증거도 모호하다.) 이로써 사제들은 비주류적 존재로 물러나고 종교 의식 또한 완전히 변화되었다.[76] 이렇듯 고대 유대인들이나 이교도들에게 종교의 핵심이었던 피의 의식은 근동 지역에서 일신교가 확산됨으로써 재검토되기 시작했다. 대표적으로 콘스탄티누스 2세는 피의 의식을 어리석은 행위로 보았으며 제거되어야 한다고 여겼다. 귀 스트룀사에 따르면 그리스 철학자들 사이에서도 그 가치와 필요성에 관한 논쟁이 있었으며 사모사타Samosata의 루시안, 테오트라스투스, 포르피리오스 등의 저서에도 이 주제가 다뤄졌다. 그중에서 일반적으로 잘 알려진 책은 포르피리오스의 『생명으로부터의 절제On abstinence from animates』였다.[77]

이러한 현상은 동물들, 특히 집에서 사육하는 동물들을 대하는 사람들의 태도가 근본적으로 변화한 것과 관련이 깊다. 기원전 1000년경 인도에서는 동물 대신 피를 흘리지 않는 제물을 바치게 되면서 주로 채식을 하는 풍조가 생겨났고 브라만교의 법전에는 살아 있는 생명체를 해치지 말라는 교리가 형성되었다.[78] 그러나 좀더 서쪽 지역에서는 채식주의가 나타나지 않았다.(몇몇 지역에서 그러한 현상이 더러 있었으나 보편화되지는 않았다.) 대신 훨씬 복잡한 반작용이 발생했다. 예컨대 그리스에서는 인간 존재가 아니라는 공통 사실에 기초하여 신과 동물을 관찰했다. 그 결과 동물은 인간처럼 사회를 이루며 인간과 상호작용을 한다는 것, 인간과 같은 수의 팔다리를 지니고 있으며, 자식들을 아끼고 사랑하며, 성교를 통해 후손을 생산한다는 점에서 인간과 많이 유사하다고 여겼다.[79]

지중해 지방은 경제적으로 동물의 노동력과 자원에 많이 의존하는 편이었으며, 동물과의 친연성으로 인해 그들에 대한 대접 또한 달랐다. 여기에는 호혜성reciprocity이라는 중요한 개념이 포함되어 있다. 예컨대 농사를 돕는 가축들은 노동력을 제공하는 만큼 사람들로부터 보살핌을 받았다. 당시 사람들은 동물의 힘, 가죽, 털, 젖 등을 주로 이용했으며 고기는 부차적인 가치였다. 동물을 제물로 바칠 때는 줄을 느슨하게 묶음으로써 강제로 끌려가는 느낌을 덜어주었고, 동물의 머리에 물을 부어 고개를 끄덕이도록 함으로써 죽음에 '동의를 구하는' 과정을 거쳤다. 이런 행위는 오래전 수렵–채집인들이 동물을 죽이기 전에 보였던 관습을 희미하게나마 떠올리게 한다.

동물을 대하는 사람들의 태도는 기원전 1000년경부터 변화하기 시작했다. 아리스토텔레스와 스토아 학파가 그 전기를 마련한 셈인데, 사실 스토아 학파는 동물을 이성과 믿음이 없는 생명체(알로가aloga)로 보았다. 한편 아리스토텔레스는 동물의 심리 작용을 분석한 결과 길들여진 동물은 야생동물보다 우월하다고 주장했다. 동물에게 이성이 없다고 생각한 스토아 학파의 결론은 동물이 인간에게 이용되도록 창조되었다는 것이었다. 이러한 인식은 유대인이나 기독교인들에게 수용되어 『성경』에서도 이와 관련한 구절들을 찾아볼 수 있다.[80]

다른 견해도 있었다. 어떤 동물들은 도덕적인 행동을 할 수 있다는 주장으로, 그 증거로서 일부 동물들은 매우 절제된 교미를 하며 날고기를 먹지 않는다는 사실을 발견했다. 이에 따라 도덕적인 행동을 보이는 동물은 공정하게 대접해야 한다는 견해가 생겨났다. 그릴루스는 "사람이 다른 사람의 노예가 아니듯이 사자나 말도 다른 사자나 말의 노예가 아니다"라고 했고, 아폴로니우스는 피의 제물을 바치지 않았으며 동물 가죽으로 만든 옷도 입지 않았다. 이들은 스토아 학파의 주장처럼 사람에게 이용되기 위해서 태어난 것만은 아니며 동물에게도 '존재의 이유'가 있다고 믿었다. 어떤 이들은 동물에게 잔인하게 대하는 사람은 '다른 사람에게도 그와 같이 행동하지 않겠는가'라는 도덕적 질문을 던지기도 했다.[81] 동물은 고통을 감내하는 존재이므로 그들에 대한 학대는 부당한 짓이며, 특히 인간에게 전혀 해를 끼치지 않는 가축에 대해서는 더욱 그러하다고 평가했다. 이로써 그리스인과 로마인들은 길들인 동물과 야생동물을 구분하여 인식하기 시작했다.

한편 사람들은 동물들과 거리를 두는 만큼 신에게 가까이 다가가기 시작했다. 여기에는 동물 신을 숭배하는 이집트인들을 업신여겼던 로마인들의 관점이 녹아 있는데, 이집트인들의 동물 신 숭배는 사람에게서 볼 수 없는 위협적이고도 이상한 특징을 동물이 지닌다는 점에서 기인한 것이었다.(악어는 혀가 없다는 점 때문에 숭배되었다. 여기에는 신성한 말이란 음성을 필요로 하지 않는다는 그들의 인식이 담겨 있다. 그런가 하면 쇠똥구리는 거름 덩어리를 굴리는 행동이 태양의 이동과 닮았다는 점에서 숭배되었다.)[82] 동물들이 신앙의 대상이 된 또 다른 이유는 아마도 사람보다 신비스럽게 (그래서 현명하게) 보였기 때문일 것이다. 더욱이 그들은 변함이 없다는 점에서 영원성의 상징으로 여겨지기도 했다. 오비드는 자신의 책 『변형Metamorphoses』에서 짐승이 된다는 것의 의미를 물었고, 결국 그는 윤회의 과정이라고 결론지었다. 한편 로마에서는 원형 경기장에서 사람과 동물을 대결시켜 동물의 야수성을 돋보이게 했다.

인간과 동물의 관계에 대하여, 황소를 제물로 바치는 미트라교Mithraism 와 같은 지배적인 관계로부터 상호적인 방향으로 변화되기까지의 수많은 사례를 살펴보았다. 황소를 제물로 바치는 경우에는 희생된 동물의 피를 사제에게 쏟아 부었는데, 그렇게 피투성이가 되어야만 사제가 더욱 존귀해진다는 믿음 때문이었다.[83]

포르피리오스는 자신의 책 『생명으로부터의 절제』(이때의 생명이란 영혼을 지닌 존재)에서 제물로 희생된 동물을 먹어선 안 되며, 동물(특히 길들여진 동물들)에게는 자비심을 가져야 한다고 주장했다. 뿐만 아니라 물질적 신은 물질적인 제물을 원하지만 비물질적 신은 정신적인 제물을 원한다고 했다. 이에 따라 동물을 제물로 바치는 행위는 영적 이해력을 지니지 못한 미개인들이나 하는 짓으로 간주되기 시작했다. 사실 이러한 주장은 분명 문화의 전환점이 되었다. 포르피리오스는 동물에 대한 존중은 곧 인간의 본성을 고양시킨다고 주장했다.(동시에 위협적인 야생동물을 죽일 수 있는 권리에 대해서는 옹호했다.) 그리고 아리스토텔레스나 스토아 학파의 관점과는 달리 동물에게도 이성과 언어가 있음을 인정하되, 다만 인간이 더욱 이성적인 존재이므로 동물은 신의 구제 대상이 될 수 없다고 했다. 그러한 예로 '하늘을 바라볼 수 없는' 돼지에 대해 설명했다. 그에게는 기독교인들의 신앙심과 같은 정신적 제물이야말로 비야만적이고 진보한 방식이었다.[84]

「창세기」에서 인간은 동물들을 지배하는 존재라고 할 수 있다. 사실 『성경』에 등장하는 동물들은 인간의 동료라기보다는 노예에 더 가깝다.(『성경』 속에서는 오직 뱀과 당나귀만이 인간과 대화를 한다.) 물고기와 양은 인간에게 해를 끼치지 않으며 오히려 이롭게 한다. 말은 값비싼 동물이었고 전쟁과 귀족들로부터 그 가치가 확인되었다. 또한 날개 아래 새끼를 모으는 암탉은 동물세계에 대하여 느끼는 다정함으로 표현되었는데, 기독교에서는 이 다정함을 적절히 활용했다.[85]

「창세기」에서 인간은 신의 형상으로 창조되었고 인간과 동물의 경계는 더 분명해진 것으로 보인다. 그 영향으로 기독교인들은 동물로부터 멀어졌다. 그리고 기독교가 동물을 제물 대상에서 제외함으로써 동물은 성스러운 공간에서 배제되었다. 이러한 현상은 신세계와 확연히 다르다. 구세계에서는 여전히 주술사와 재규어 또는 다른 동물과의 관계가 불분명한 채로 유지되고 있었다. 성 아우구스티누스(기원후 354~430)는 인간성과 구별되는 동물들의 비이성을 뚜렷하게 명시했다.[86] 물론 변경 지역에서는 아주 오랜 방식이 여전히 유지되고 있었는데, 슬라브 민족의 경우 어린 동물을 제물로 바치는 관습이 12세기까지 이어졌다.

종교의 사유화

기원후 70년 예루살렘의 성전 파괴는 정치적·군사적인 사건으로, 앞서 살펴본 동물에 대한 인간들의 태도나 신념의 변화와는 아무런 관계가 없다. 그러나 가끔은 전후 맥락이 완전히 뒤섞여버리는 일이 발생하기도 한다. 성전 파괴 이후 예배는 정신성이 강조되었고 종전의 제물 의식은 기도로 대체되었다. 나아가 사제 없는 예배 의식과 제물 없는 예배를 통해 영성은 더욱 충만해졌다. 예배는 어느 곳에서나 가능해졌고, 사제 대신 랍비라는 유대학자가 나타났으며 그들은 예배를 집전하는 의무를 맡지 않았다. 유대교인들은 피의 제물을 공헌하는 대신 기도로써 정신적 공헌을 바치게 되었다. "우리는 여기서 종교의 사유화를 볼 수 있다. 이전까지 도시의 종교로부터 개인이나 가족 단위의 고요한 의식으로 바뀐 사실을 알 수 있으며, 『성경』을 공부하는 것이 제물을 대신하게 되었다." 더구나 기도, 단식, 자선을 행하는 것이 세 가지 주요 신앙생활로 자리 잡았다. "유대교의 신은 이제 더 이상 재현되는 대상이 아니라 불러내어 호소하는 대상이 되었다.[87] 이 역시 신앙의 내면화를 의미한다.

기독교는 유대교와 유사한 점이 많지만 똑같지는 않다. 기독교인들은 두루마리 형태의 『성경』을 이용하는 유대교인들과 달리 사본을 이용했으며, 그에 따라 『성경』을 묵독하는 분위기가 보편화되었다. 이는 로마시대 종교 관습과 문화를 발전시키는 중요한 요소로 작용했다. 유대인이나 이교도와 달리 기독교인들은 거주 지역을 비롯한 언어나 복식조차 단일하지 않았으나 그 모든 요소가 공동체의 정체성으로 작동하게 되었다. 더욱이 '단일 종교를 믿으며 성스러운 책을 따른다'는 점에서 기독교인들은 새롭게 출현한 부류였다.[88] 그들로서는 더 많은 사람에게 신의 구원을 알리기 위해 신의 말씀이나 계시를 정확히 번역해야 했다. 이에 따라 초기 기독교인들은 이전과는 상반된 관습의 하나로서 가능한 모든 언어로『성경』을 번역하기 시작했다. 그러한 시도는 예컨대 주로 음성언어로만 사용되었던 아르메니아어나 고트어가 문자언어로 발전하는 결과를 낳았다.[89]

귀 스트룀사의 연구에 따르면 이교도들 역시 '성스러운 책'이라는 개념은 지니고 있었으나, 결과적으로『성경』은 이교도보다는 기독교도들 사이에서 두드러진 역할을 했다. 그리고 기독교의 확산은 또 다른 발전을 초래했다. 동서 유럽을 막론하고 수도원 생활의 기본은 끊임없는 독서활동으로, 동쪽 지역의 큰 도시에 거주하는 기독교도들은 그리스·로마시대의 정신적 유산을 기독교화함으로써 서로 다른 문자 전통이 두 겹의 문화로 수립된 것이다. 바로『성경』과 그리스 로마 문화(특히 스토아 학파와 플라톤 학파의 전통)를 지칭하는 것으로서, 스트룀사는 이를 '유럽 문화의 양축'이라 표현했다. "이것은 신학이 기독교의 일부가 되도록 했고, 철학과 신학을 '융합'함으로써 서양 사상의 구조를 결정짓는 데 기여했다.[90] 이에 대해서는 22장에서 더 상세히 살펴보겠다.

기독교는 근본적으로 '희생'에 뿌리를 두고 있다. 좀더 정확히 말하자면 '재해석된 희생'의 개념이다. 피의 제물에 대한 기독교인들의 거부감이 예루살렘의 교회를 파괴하게 이끈 한편 오랜 관행을 사라지게 했으나, 여전히 희생의 의미가 담겨 있는 '순교'를 간과해서는 안 될 것이다. 르네 지라르는 그의 저서 『폭력과 성스러움Violence and the Sacred』에서 기독교가 "오랜 전통의 폭력적인 희생 의식에 종지부를 찍게 한 것"은 분명하나 제물이라는 개념 자체가 없어진 것은 아니라고 했다.[91] 그 결과 영혼이 '내면의 교회'가 된 것이다.

집단적 일체감의 표현으로서 특정 장소에서 공식적으로 거행되었던 제물 의식은 또 다른 변화를 내포하고 있다. 우선 제물 의식의 종말로 도시(공공) 제의도 사라지게 되었다. 또한 교회는 중심지에 세워져 있었음에도 불구하고 교회의 중앙 집중화는 줄어든 대신 친밀한 분위기에서 『성경』 말씀을 듣고 토론하는 '『성경』 기반의 신앙'이 형성되었다. 이에 대해 스트룸사는 "새로운 종교가 새로운 지형"을 창출했다고 표현했다. 이렇듯 기독교(교회를 떠난 유대교) 신앙은 형식적인 의식보다는 정신적이고 추상적인 형태를 띠게 되었다. 결국 로마의 이교도는 여전히 의식을 중시한 반면, 교회 파괴 이후의 유대교와 기독교는 신앙의 내면화를 통해 정치적 구조로부터 자유로운 새로운 종교 기반을 형성했다.[92]

이러한 과정에서 사람들은 개인의 정체성과 집단의 정체성을 구분 짓기 시작했다. 본래 정체성이라는 개념은 헬레니즘 세계에서는 문화적 개념이었으나 5세기부터는 거의 종교적 개념으로 받아들여졌다.[93] 더불어 그 기준은 지식을 전수하는 스승이 아니라 영적 지도자에 의해 형성되었다. 그리스의 철학자들은 세계를 설명하고자 했던 반면, 기독교 사제들은 학생들을 감독하거나 자신을 따르도록(소크라테스, 플라톤, 석가모니, 공자가 그러했다) 요구하지 않았다. 다만 신자들 스스로 '구원에 대한 질문'을 해결할 수 있을 때까지 동반할 뿐이었다. "영적 지도자들은 자신의 정신적 규범뿐만 아니라 의지의 억압과 무지, 복종으로부터 벗어나는 것을 목표로 삼았

거대한 단절

다.[94] 이제 기독교인들은 인간과 신 사이의 매개자인 사제를 통하지 않고서는 구원을 얻을 수 없게 되었고, 이러한 구조와 관습은 실질적으로 고대 세계 그 어느 곳에서도 발견되지 않았다.

'절대자'의 개념

설명이 다소 길어지겠지만 이 장에서는 축의 시대에 일어난 종교적 변화를 살펴보고자 했다. 축의 시대에 각국의 문화는 달랐지만 다음과 같은 몇 가지 비슷한 변화를 겪었다.

- 가난한 사람들이나 약자들에 대한 자비심, 정의감, 윤리적 인식이 발생하여 지배층과 동등하거나 우선적으로 배려하고자 했다.
- 전반적으로 평등주의와 더불어 중용·겸손·평정·친밀·침묵 등과 같이 자신보다 남을 배려하는 정신이 형성되었다. 이는 청동기시대에서 철기시대로 전이되는 시기에 유라시아 전역에서 만연했던 전쟁 등 폭력적 상황의 반작용으로 나타난 것이었다.
- 종교적·윤리적 독립체 또는 새로운 유형의 신이 등장하면서 새로운 정신적 경향이 확립되었다. 그 신은 본질적으로 말로 표현되거나 이해될 수 없는, 은밀하고 추상적이며 초월적이고 전적으로 '다른' 존재다. 그러나 이 새로운 독립체는 신앙의 시험을 통과한 사람들에게 공평한 '구원'을 제공한다.
- 인간사회에서 가축의 가치가 점점 높아짐에 따라 새롭게 나타난 절대적 존재는 더 이상 피의 제물을 요구하지 않았다. 공식적인 제물 의식이

점점 사라지는 대신 기도나 『성경』 공부 등의 개인적인 숭배 방식이 선호되었다.

• 『성경』은 그 자체로 번역 편찬으로 이어져 종교를 변화시켰고 계급적 신앙 형태까지 변화시켰다. 협소한 정치적 경계를 벗어나게 했고, 수도원을 매개로 하여 신학 및 그와 관련된 활동들을 융성케 했다.

이러한 변화들 중 가장 중요한 것은 평등의식이 확산되었다는 것, 그리고 무엇보다도 초월적이며 전적으로 '다른' 신의 개념이 형성되었다는 것이다. 오늘날의 사회에서 평등이라는 개념은 본질적으로 정치적인 개념으로서 신세계의 경우 그 어떤 문명에서도 획득되지 못했다.(물론 문명의 발생 초기에 잠시 나타난 적은 있다.) 그러나 구세계에서도 그것이 정치적 개념으로서 수용되기 전까지는 종교적인 개념이었다.(무엇보다 도시화는 종교적인 이유에서 출발한 현상이었다.) 오늘날과 비교할 때 당시의 정치와 종교는 확실히 구별되지 않고 중첩되는 부분이 많았다.

축의 시대, 종교의 변화만이 변화의 전부는 아니었다. 익히 알려져 있지만 신세계와 전혀 다른 변화들이 다른 영역에서 단계적으로 나타났다.

거대한 단절

민주주의, 알파벳, 화폐의 발견과
인간성에 대한 그리스 개념의 발전

구세계의 청동기 후반은 전쟁과 폭력의 시기였음에도 불구하고 종교와 자의식의 발전이 나타났고, 심지어 인간 존재의 의미를 묻는 사고 체계를 비롯하여 신세계와는 다른 여러 변화가 촉진되었다. 이로써 구세계와 신세계는 더욱 동떨어진 궤적을 그리게 되었다.

유목민들이 일궈낸 성취 가운데 하나인 진보한 승마 기술은 전차병에 의존했던 군사력을 기병 중심으로 변화시켰다. 이 새로운 기병들은 전투에 2인 1조로 임했다. 당시는 아직 등을 기대는 등자가 발명(기원전 800~기원전 500)되기 전으로, 혼자서는 말을 몰면서 활쏘기가 불가능했으므로 한 명은 말의 고삐를 잡고 다른 한 명은 활을 쏘는 식이었다. 이런 방식에는 전차보다 말의 비용이 더 저렴하다는 이점도 있었고, 달리던 말이 쓰러졌을 때 다른 말로 갈아타는 게 부서진 전차를 이용하는 것보다 더 낫다는 점에서 효율적이었다. 이후 등자가 발명되자 전차에서 기병으로의 교체 흐름은 훨씬 빨라졌다.

철기시대에 들어서면서 기병은 보병의 보조적인 역할을 수행했다. 전차는 말이나 보병에 비해 비싸고 조종하기 어려운 단점 때문에 제한적으로만 활용되었으며, 도시의 발달과 함께 인구도 증가하여 (적은 비용으로 훈련이 용이한) 더 많은 수의 보병을 충원할 수 있게 되었다. 예를 들어 아시리아 군대는 당시 1351대의 전차를 보유했으며 전차마다 37명의 보병을 할당하여 총 5만여 명의 부대를 갖추었다. 기원전 12세기 이집트의 고문헌에는 리비아Libya와 메스웨시Meshwesh에 거주하는 수많은 야만인의 침략으로 테베 지역에서 전투가 잦았다고 기록되어 있다.[1] 이들이 바로 전문적인 보병의 효시였다. 철기시대의 초기 아시리아는 주로 보병에 의존했으며 최소한 2만 명으로 조직된 보병대가 침략전을 펼쳤다. 그런 한편 기원전 1200년~기원전 800년 암흑기의 그리스에서도 매장 유물이나 호메로스의 작품을 통해 보병들의 활동을 엿볼 수 있다.(무덤의 부장품 중에 화살촉은 발견되지 않았다.) 그러나 최근의 발굴 자료에 따르면 말을 타고 달리던 그리스의 '기사들knights'도 일시적으로는 말에서 내려 보병전을 벌였다는 사실이 확인되었다. 또한 도시국가들 간의 전투에서 창을 든 보병phalanx들이 일렬로 배치되는 특징까지 확인되었다. 서사시에서는 귀족들의 결투가 필수적일지 모르겠지만, 실제에서는 전투를 지휘하는 프로마코스promachus보다는 맨 앞줄에 선 대다수의 무명 전사들이 훨씬 중요했다.[2]

후대의 기준으로 볼 때 그리스 암흑기에 활약을 펼친 보병들은 그다지 인상적이지 않지만 당시로서는 국가를 지켜낸 주요하고도 유일한 존재였다. 기원전 8세기 후반, 무기 제작술이 상당한 진전을 이루자 그리스의 도시국가들에서는 대단위로 무장한 보병대가 소규모의 귀족 전차부대와 함께 배치되었다. 그 결과 기원전 700년~기원전 650년 무렵 호메로스가 묘사한 전통적 의미의 '전사'는 사라진다.[3] 이것은 전쟁이 더 이상 소수 귀족층의 특권이 아니라는 점에서 사회적으로나 군사적으로 매우 의미 있는 변화였다. 누구든 최신 무기holpa를 살 수 있다면 신분이나 지위와 관계없이 일류 군인이 될 수 있었고, 무장 보병대는 다양한 계층의 일반 남성들로 구성된 민중 부대로 조직되었다.

이것이 과거와 구별되는 주요한 차이였다. 헤시오도스는 이제 전통적인 영웅심을 버려야 할 때가 되었으며, 무장한 보병대가 그러한 분리를 이끌었다고 말했다. 결과적으로 개인의 영광을 추구하는 귀족주의적 전사는 시대착오적인 개념이 되었다. 대신 보병들은 주요한 부대원으로 인정받았고, 보병대는 집단적으로 승리하거나 패배했다. 이로써 개인적인 명성이나 영광을 위해 싸우지 않으며 애국심 또는 집단의 이익에 헌신하는 행위가 '훌륭함'으로 인식되었다. 그것은 이기심을 버리고 타인에게 봉사하는 도덕성을 촉진했다.[4]

그리스는 이처럼 의도치 않은 변화의 과정에서 민주주의라는 기초를 다지게 되었다. "귀족의 옆에서 싸웠던 농부는 다시는 그와 같은 귀족적 방식의 싸움에 참여하지 않았다." 평민들은 더 이상 귀족들을 존경하지 않았을 뿐만 아니라 평민들에 의해 운영되는 의회가 국가를 통치해야 한다고 주장하기 시작했다. 이처럼 보병대의 개편으로 도시국가들의 자아상이 급진적으로 정비되었다.[5]

이러한 개혁적 정비는 여러 분야에 영향을 끼쳤다. 예컨대 원래 귀족 영웅의 특권이었던 발언권이 모든 보병에게도 허용되었다. 그러나 보병들은 종전과는 다른 언어를 구사했다. 호메로스나 영웅의 시대에 사용되던 시적 암시보다는 직설적이고 실제적인 대화체인 로고스Logos(대화체)로 바뀌었다. 귀족들에게 전쟁이란 그들 삶에 의미를 부여하는 것으로, 귀족의 존재는 전통적으로 탁월한 전투력의 상징이었다.[6] 그러나 로고스는 실용적인 필요에 의해 운용되었다. 사람들은 무슨 일이 일어났고 어떻게 해야 할지를 알고자 했으며, 그러한 관심은 보병의 안전을 지키는 전투 계획을 세우는 데 필수불가결했다. 보병들의 로고스는 시의 신화성을 완전히 대체하지는 못한 채 병존되었으나 시민군의 수가 점점 늘어남에 따라 이들의 로고스는 정부 운영의 준칙modus operandi으로 부각되기 시작했다. 기원전 7세기경 아테네뿐만 아니라 스파르타에서도 이러한 새로운 이념이 구체화되어, 기원전 650년경 모든 남성 거주자는 주권자인 시민이자 국민의 일원으로서 보병이 되었다.[7]

기원전 6세기 초 보병들은 간접적이나마 좀더 폭넓은 역할을 수행했다. 예컨대 아티카Attica 지역의 농부들이 귀족들의 착취에 항의하자 그들에 합세하여 귀족들에게 저항했다. 내전이 불가피한 지경에 이르렀지만 귀족들은 전통적으로 누려왔던 군사적 이점을 활용할 수 없었다. 농부에 대한 귀족들의 착취가 극심하던 무렵 인근 지역인 리디아Lydia에서 동전이 발명되었다. 동전은 곧 그리스까지 전파되어 부의 축적과 토지의 매매를 촉진했다. 이에 따라 토지를 지키는 일은 더욱 중요해졌고 새로운 무기가 개발되면서 군인의 입지는 점점 강력해졌다. 그러나 화폐의 발명은 부자와 가난한 자의 격차를 더욱 벌려놓았다.

가난은 확실히 수확량의 증대와 관계가 깊었다. 흉년이 들면 가난한 농부들은 부유한 이웃으로부터 돈을 빌려야 했고, 이런 현상이 반복되면서 아티카 지역의 빈부 격차가 심화되었다. 예전엔 옥수수 한 부대를 빌리고 다시 옥수수로 갚는 방식이었다면 화폐의 도입으로 이제는 옥수수 부대의 수량에 따른 가격을 결정하고 그 돈을 빌리는 방식으로 바뀌었다. 그런데 옥수수가 귀할 때 비싼 값으로 빌리고 풍족할 때 싼값으로 갚게 되자 농

거대한 단절

부들의 채무가 점점 쌓이고 말았다. 아티카에서는 이 문제를 해결한답시고 채권자가 채무자의 빚을 대신하여 그의 가족을 노예로 부릴 수 있는 '부유한 자들을 위한 법'을 제정했다. 이것이 바로 피로 쓰여진 '드라콘Drakon 법'으로, 악법임에도 불구하고 드라콘의 감독 아래 성문화되어 민중의 권리를 억압하는 데 악용되었다.[8]

아테네 시민들의 불만은 예상치 못한 단계로 진행되었다. 그들은 중재자로서 참주(僭主, tyrant(비합법적으로 독재권을 확립한 독재자—옮긴이)를 선출했다. 본래 근동 지역에서 참주라는 용어가 처음 사용되었을 때는 오늘날과 같은 경멸의 뉘앙스가 내포되어 있지 않았다. 본래 이들은 비공식적인 지도자로 발탁되어 전쟁 직후 적에게 획득한 땅을 승리한 군인들에게 고루 분배하는 임무를 수행했다. 한편 아테네에서는 풍부한 경험을 지닌 솔론 Solon 같은 인물이 참주로 선출되었다. 왕족의 먼 후손인 그는 시를 통해 부자들의 탐욕을 비판했던 인물로서 구조 개편의 권한도 부여받았다.[9]

현명한 인물이었던 솔론은 몇 가지 법 조항에 반대했다. 그는 모든 사람이 무질서한 상황에 대한 책임이 있다는 판단 아래 농부나 귀족이나 자신의 의무가 무엇인지를 아는 것이 중요하다고 생각했다. 그러나 현실을 타개하는 데 신이 끼어들어서는 안 되며 신성한 법률 또한 아테네 사람들의 문제에 도움을 줄 수 없다고 주장했다. 이렇듯 정치를 교회에서 분리시킨 것에 대하여 카렌 암스트롱은 '축을 이룬 순간axial moment'이라 표현했다. 예로부터 정의란 우주적 질서의 한 부분이라는 관점이 형성되어 있었으나 솔론은 다른 견해를 지니고 있었다. 즉 공동의 목적을 위해 모든 보병들이 행동하는 보병대처럼 도시 조직이 운영되어야 한다고 생각했다. 이에 따라 그는 농부와 귀족의 격차를 좁히기 위해 농부의 빚을 탕감해주고, 출생 신분이 아닌 부의 소유로 지위를 배분하도록 했다. 또한 매년 200부셸

bushel(곡물이나 과일 등의 중량을 재는 단위로, 1부셸은 약 36리터—옮긴이) 이상의 곡식·포도주·오일을 생산하는 사람이면 누구나 공직에 오를 수 있었다.

페르시아와의 전쟁이 격렬했던 기원전 5세기 초반, 보병은 간접적이지만 또 다른 역할을 담당하게 되었다. 아테네는 어리석게도 당시 최강국인 페르시아의 지배에 항거한 밀레투스Miletus(지금의 터키인 아나톨리아Anatolia 서쪽 해안지역)를 지원했다. 그러나 고대 페르시아 아케메네스 왕조의 다리우스 왕(기원전 550~기원전 486)은 반란군을 격파하고 본토까지 쳐들어올 기세였다. 이에 위협을 느낀 아테네는 명문가 출신이 아닌 테미스토클레스를 장관으로 뽑았고, 그는 아레오파고스 평의회Areopagus Council를 설득하여 해군을 조직했다.[10]

 이전까지 해전 경험이 없었던 아테네인들에게 이것은 일종의 모험이었다.(무장 보병대는 그들의 자랑거리이자 기쁨이었다.) 어쨌든 아테네에서 200척의 갤리선을 구축하고 4만 명의 해군 훈련이 도모되었다. 이 과정에서 두 가지의 커다란 물의를 빚었다. 하나는 위협의 국면에 처하자, 귀족·농부·노동자·하층민 등 고하를 막론하고 건장한 남성들이 갤리선의 노를 젓기 위해 징집되었다는 사실이다. 예전에는 스스로 장비를 갖출 수 있는 자만이 보병으로 참여할 수 있었으나, 이제는 모든 남자가 군대의 일원으로 활약할 수 있게 된 것이다. 이것은 민주주의 사상을 증폭시켰다. 그런가 하면 적과 직접 맞붙어 싸우는 무장 보병들이 배에 앉아 노를 젓는 행위는 마치 적에게 등을 보이는 것이나 다름없는 수치로 받아들여졌다.

 기원전 490년 페르시아 함대가 낙소스Naxos와 아테네의 북쪽으로 40킬로미터쯤 떨어진 마라톤Marathon 언덕을 정복했을 때 무장 보병들은 테미스토클레스의 계획에 분개하여 직접 공격에 나섰다. 수적으로는 2 대 1의

　　　　　　　　　　　　　　　　　　　　　거대한 단절

열세였으나 뛰어난 리더십과 훈련의 기량을 발휘하여 페르시아인들에게 놀랄 만한 타격을 가했다. 이로써 마라톤은 새로운 트로이Troy가 되었고, 무장 보병들은 영웅으로 존경받게 되었다.[11]

그러나 테미스토클레스는 명민하게도 다음에 벌어질 일들을 예견했다. 기원전 480년 페르시아의 새로운 왕 크세르크세스가 1200척의 배와 약 10만 명의 병사를 이끌고 아테네로 향했다. 그들은 그리스의 갤리선보다 여섯 배나 많고 병사 또한 두 배 규모로, 다른 도시국가들의 원조를 받는다 해도 압도적인 열세였다.

이러한 변수를 예측한 테미스토클레스는 페르시아 군대가 도착하기 전에 아이들과 노예를 포함한 모든 시민을 살라미스 섬으로 이동시켜버렸다. 페르시아 군대가 아테네에 당도했을 때 도시는 이미 텅 빈 상태였다. 그들은 아테네의 물품들을 약탈하고 아크로폴리스에 불을 지른 후 살라미스로 진격했다.

그러나 살라미스는 여느 섬과 다른 지형적 특징을 지니고 있었다. 살라미스로 가려면 좁은 만을 통과해야 했는데, 페르시아 배들이 한꺼번에 진입하기에 매우 비좁았다. 테미스토클레스는 바로 이 점을 이용했다. 예측대로 커다란 함대들은 좁은 만에서 정체된 채 옴짝달싹할 수 없는 국면에 처했다. 이때 아테네인들은 페르시아 함대를 하나씩 공격해나갔고, 결국 밤이 되었을 때 페르시아 배들은 본국으로 퇴각했다.

살라미스 해전은 보병이 직접 개입한 기념비적인 사건으로, 당시 그리스에서 발생한 네 가지 중요한 변화에 모두 보병대가 관련되었다는 사실이 주목된다. 이는 민주주의의 발전, 정교政教의 분리, 감정을 배제하고 합리적으로 생각하는 이성과 논리의 중시, 새로운 상황에서 전통에 의지하기보다는 새로운 사고방식으로 대처하려는 도전적인 자세 등이다.[12]

아테네의 민주주의는 앞으로 전개될 내용과도 관련을 맺고 있으므로 다른 면모들을 좀더 살펴보고자 한다. 이 책의 논점에서 볼 때 가장 중요한 것은 기원전 508년이나 507년 클레이스테네스에 의해 500명으로 구성된 평의회가 개최된 것으로, 이 의회에는 귀족뿐만 아니라 일반인도 참여할 수 있었다.[13] 그리고 민주주의적 이상이 확립되고 실행되기 위해 종교적 공간뿐만 아니라 공공의 사안을 의논할 만한 대중 공간이 요구되었다. 그리하여 "아테네의 중앙 광장인 아고라agora는 아테네 사람들에게 제2의 집이 되었다." 기원전 440년 아브데라 출신의 프로타고라스는 신이 존재하지 않는다는 관점에서 인간이야말로 만물의 척도라고 주장했지만 당시 아테네에는 남성 신과 여성 신을 포함한 다신교가 정착되어 있었다. 민주주의의 역사를 고찰한 존 킨의 주장에 따르면 그리스 신들은 민주주의적인 형태의 행동 방식을 따르고 있다. 때로는 인간의 모습으로 때로는 초월적인 모습으로 등장하며 개별적으로 행동하거나 부정한 짓을 저지르기도 하지만 서로 협상하거나 설득하는 식의 민주적 과정을 통해 자신의 입장을 바꾸곤 했다. 이로써 아테네 사람들은 '신이 인간에게 부여한 권한'으로 신들의 의지를 따르고 실천하는 것을 민주주의의 개념으로 받아들였다. 또한 의회는 그 자체로 주체적인 기구였지만 신성한 신의 권력을 위임받은 기관으로 여겨졌다.[14]

　민주주의의 실천과 노예제 사이에는 갈등이 없었던 것으로 보인다. 아테네에서 상인들은 정치인들보다 더 낮은 지위로 간주되었으나 두 분야는 완전히 분리된 관계였다. 노예는 의회에 참여할 수 없었으나 시민들을 불러 모으는 데 이용되었다. 평의회 구성원으로 배정된 500명은 평등주의자들이었고 모든 문제를 대화로 해결했는데, 발표자는 조금이라도 잘 들리도록 작은 단상 위에 올라가 이야기했고 결정된 내용은 기록 보관되었다. 아테네 사람이면 누구나 허심탄회한 연설(파르헤지아parrhesia)을 할 수 있었으나 마찰이 빚어졌기 때문에 호위병과 궁사를 가까운 곳에 배치하여 폭력 사태에 대비했다. 500명의 평의회원들은 비밀 투표로 의장을 선출했으며 시민들은 법 앞에 평등한 입장에서 배심을 했다.[15]

민주주의의 특성은 무엇보다도 사람이나 어떤 사건에서의 우연성이 수렴된다는 점일 것이다. "근본적으로 세상 또는 인간의 삶에 대하여 어떤 일이든 불가피한 면이 있으며 민주주의는 그것을 '자연스러운 현상'으로 받아들이는 데 기초한다." 삶의 끝이 정해져 있지 않은 것처럼 개방적인 정부는 손에 땀을 쥐게 하는 긴장과 불안을 제공할 뿐만 아니라 권력이나 권위에 대한 회의를 불러일으키기도 한다. 아테네의 민주주의는 당시 기세등등하던 사람들을 융단에서 끌어내릴 만큼 급진적인 심의를 이끌었다. 이로써 군주제, 참주제, 과두 정치와 같은 체제들은 '당연히' 변호되지 못한 채 배격되었다. 그리고 사람들은 모든 인간이 똑같을 수 없다는 인식, 한 존재의 탄생이 큰 행운이라는 인식을 갖기 시작했다. 아테네의 연극은 그러한 인식을 잘 보여주고 있다. 예컨대 인물을 묘사할 때는 노예일지라도 개별적인 자질에 중점을 두어 표현했고, 모든 인간은 전형적이지 않았으며, 그 결과 각본은 예상치 못한 결말로 이어졌다.[16]

물론 민주주의는 플라톤을 포함한 많은 이의 저항을 받았고, 오래 지속되지 못했다. 기원전 260년 마케도니아인들이 아테네를 점령한 이후 몇 세기 동안 민주주의는 소멸되었다. 그러나 아테네 민주주의 시대의 유산은 사람들 사이에 확산되었다. 민주주의에 의해 확인된 우연성과 개방성 그리고 설득의 기능, 평등, 제정 분리, 청문회 등의 요소들은 쉽사리 분해되지 않았고, 다른 활동에도 영향을 끼쳤다.

아테네가 이룬 민주주의의 유산은 두 가지 다른 원리를 지닌다. 우선 그리스인들은 신의 도움 없이 체계적인 관찰을 통해 얻은 지식으로써 세상을 이해하고자 한 최초의 인류로서, 선조들의 신화를 뛰어넘어 세상이나 우주에는 어떤 질서가 존재한다는 믿음이다. 또 다른 원리는 인간 세상은 자연세계와는 달리 불변의 법칙에 의해 작동되는 질서 체계가 없지만 스스로 질서를 세우고 합의하고 여러 형태를 취하거나 변화되기도 한다는 믿음이다. 세상은 결코 알 수 없다고 보거나 오직 신과 연계됨으로써 세상을 이해할 수 있다는 종전의 인식과 비교할 때 이는 대단한 변화였다.[17]

춤에서 형이상학까지

질서에 대한 탐구는 흥미롭다. 그 당시 정치 혹은 군사적인 분야와 직접적인 관계가 없으면서 새로운 사고방식을 낳게 한 중요한 하나의 혁신이 일어났다. 그것은 바로 알파벳의 도입으로, 역사학자들은 알파벳 자체가 지중해 연안의 유럽인들을 신세계 또는 동쪽의 중국인들과 구별하는 지적 혁신이라 주장했다.

'알파벳 효과'에 관련해서는 무수한 주장들이 제기되었으며 더러는 과장된 부분도 있다. 그러나 알파벳은 두 가지 이유로 중요한 혁명성을 띠고 있다. 그 하나는 사회·정치적인 이유이며, 다른 하나는 종교적인 이유다. 우선 알파벳은 사람들이 쉽게 배우고 응용할 수 있다는 특징을 지닌다. 다른 문화권의 경우 문자란 필경사의 권한으로서 다른 일반인들은 쓰기의 비밀에 접근할 수 없었다. 읽고 쓸 줄 아는 사람들은 그렇지 못한 사람보다 더 많은 특혜를 누렸고, 필경사는 신성한 능력을 소유한 존재로서 추앙받았다. 그러나 이러한 문자 특권층의 지배는 곧 종지부를 찍게 되었다.[18] 복잡한 문법이 요구되는 6000개의 음절문자 체계 대신 20~30개 정도의 기호만 익히면 되는 알파벳 문자는 어린아이들이나 지식층이 아닌 사람들도 배울 수 있을 만큼 쉬웠고, 실제로도 그러했다. 아마도 알파벳의 기원은 24개의 기호로 자음을 표기한 이집트의 상형문자(이 문자는 흡기음 언어(혀를 차는 소리)로써 유지된 듯하다)일 것으로 추정된다.[19] 그러나 이집트 사람들은 상형문자를 알파벳과 같이 적합한 단계로까지 발전시키지 못했으며 따라서 민주주의에 기여하지도 못했다.

이러한 알파벳의 장점은 연쇄 효과를 낳았다. 우선 문자 특권층이 사라졌고 더 많은 분야에서 글쓰기가 활용되기 시작했다. 고대 그리스의 철학, 희곡, 역사 분야가 발달할 수 있었던 것도 이러한 배경에서 비롯되었다. 이는 식자층이 확산되면서 읽을거리에 대한 수요가 늘어났음을 시사한다. 더욱이 지식을 체계적으로 습득할 수 있게 되면서 더 많은 시민이 혜택을 누릴 수 있었다. 이제 정보와 지식은 저장되거나 다시 확인할 수 있게 되었다.

또한 알파벳은 추상적 사고를 북돋웠다. 설형 문자처럼 하나의 기호가 특정한 사물을 대표하는 것이 아니므로 사람들은 보이는 것 너머의 본질적 특성을 찾기 시작했고, '핵심' 또는 보편성에 대해 고민하게 되었다.[20] 그리고 레너드 슐레인이 지적했듯이, 아무런 연관성이 없는 듯한 현상에서 어떤 결합 법칙을 찾아내는 작업인 과학이론 분야에도 알파벳은 큰 기여를 했다. 다시 말해 알파벳은 심오하고 미묘한 영역에까지 인간의 사고를 이끌어냈다.

변화는 이뿐만이 아니었다. 알파벳은 축의 시대에 구세계 인류가 겪은 정신사적 변화와도 밀접한 관련이 있다. 이에 대해서는 마지막 장에서 다시 살펴볼 예정이다. 사실 알파벳은 종교에도 심오한 영향을 끼쳤다. 학자들에 따르면 알파벳 덕분에 읽고 쓸 줄 알게 된 사람들은 더 이상 자연의 우상이나 동물을 숭배하지 않는 대신 하나님의 추상적인 말씀logos에 경의를 표하기 시작했다.[21]

어니스트 겔너는 『쟁기, 칼, 책: 인류 역사의 구조Plough, Sword and Book: The Structure of Human History』(1988)를 통해, 이 무렵 '말없이 들어주는 존재'로서의 절대자 개념이 등장했다고 주장했다.[22] 어니스트에 따르면 이 무렵 공동체를 결속시키는 요소가 빠져나감으로써 '타인'이라는 개념이 확실히 자리를 잡게 되었고, 그로 인해 사람들은 소속 집단과 관계없이 교리로 기록된 하나님의 말씀을 실천하고 준수하기 시작했다. 쓰기 문화를 기반으로 형이상학이 출현했고 '총체적으로 새로운 상황'이 시작된 것이다.[23]

최초의 알파벳에 관해서는 주장이 엇갈린다. 기원전 5세기경 헤로도토스가 남긴 기록에 따르면 페니키아인이 글쓰기를 비롯한 수많은 업적을 그리스에 전한 것으로 밝히고 있다. 그리고 훗날 고고학자들은 기원전 1600년경의 가나안 지역에서 초기 알파벳의 흔적을 발견했다.● 그러나 그것이 사실일지라도 알파벳이 실제로 사용되기 시작한 시기와는 너무 동떨어져 있어 그 실효성을 확신하기 어렵다. 더욱이 당시 페니키아와 가나안의 문화적 환경을 고려할 때 알파벳이 창안되었다고 믿기는 어렵다. 우선 페니키아인은 농경 민족이 아니었으며, 지중해 연안을 따라 거리를 두고 산재한 교역 도시(내륙의 직경이 16킬로미터 정도)에 거주했다. 그들에게는 해군 전력 말고는 내세울 만한 문화적 업적이 없었으며, 비블로스Byblos 도시에서 전래된 듯한 그들의 유일한 문자 유산이 훗날의 알파벳으로 정착된 듯하다.

● 중국의 문자 기원은 기원전 1300년이거나 이보다 좀더 앞설 것이다.[24]

거대한 단절

페니키아인들에 대해서는 그들이 거주하던 곳보다는 페니키아의 식민지로서 로마의 공격을 받았던 북아프리카 카르타고Carthago의 유물이 더 확실한 설명을 제시한다. 왜냐하면 카르타고의 부장품 중에서 어린아이의 뼈와 재가 담긴 단지가 발견되었고, 이것은 그들이 숭배했던 신 몰록Moloch을 위해 수백 명의 어린아이가 희생되었음을 입증하기 때문이다.

또 다른 간접적 증거로는 종교적 혁신이 실천된 흔적을 찾아볼 수 없다는 점이다. 앞서 살펴보았듯이 알파벳은 종교에 깊은 영향을 끼친 문자였다. 그러나 그들이 숭배했던 신은 당시 중동의 다른 지역과 마찬가지로 폭풍우를 관장하는 가혹한 신이거나 험악한 여전사의 형상이었다.[25]

가나안 역시 알파벳이 창안된 곳으로 보기 어렵다. 텔 엘 아마르나Tel el Amarna에서 발견된 그들의 문자는 모두 기원전 1450년경의 상형문자로 추정된다. 더러 알파벳 문자로 쓰인 비문이 발견되기는 했으나 진보된 내용이 담겨 있지 않으며 문자의 수준도 높지 않았다. 이집트에서는 시간이 많이 경과한 이후의 알파벳이 발견되었다.

최초의 알파벳이 시나이에서 사용되었다는 주장은 이론적으로 타당성을 갖추고 있다. 1905년 시나이의 세라비트 알 카뎀Serabit al Khadem 교회에서 발견된 기록물은 시나이 지역의 원시적 형태로 확인되었는데, 이집트인을 위해 동광산에서 일하던 세이리테스Seirites인들이 남겨놓은 것으로 간주된다. 세이리테스인들은 『성경』에 켄Ken 족이나 미디안Midian 족으로 소개된 종족으로, 모세가 이집트에서 추방되어 사막에 머무를 때 함께했던 사람들이다. 셈 족의 알파벳의 첫 두 글자인 'aleph'와 'bet'은 각각 '황소머리'와 '집'이라는 의미를 지니고 있다. 이런 주장은 최근 북시리아의 팔레스타인과 라스 샤므라Ras shamra에서 발견된 유물 때문에 반박되기도 했다.[26]

알파벳에 모음이 추가되고 단어가 만들어지게 된 것은 페니키아어가 아니라 히브리어와 아람어Aramic에서 비롯되었으며, 그리스인들에 의해 더욱 정제되고 개선되었다.(최초의 그리스 기록물은 기원전 8세기경의 것으로 보인다.) 모음이 추가된 이후에 음표 문자가 창안되었으며, 이에 따라 활자 문자와 음표 문자가 정확히 일대일 대응을 나타내게 되었다.[27]

　로버트 로건은 『알파벳의 영향The Alphabet Effect』에서 알파벳이 수학과 법의 성문화, 연역법의 발전을 불러일으켰으며 결국은 현대 서양에서 추상적 과학의 발전을 이끌어냈다고 주장했다. 그는 음표문자인 알파벳이 구어와 문어의 일치를 유도했으며 산문과 이야기 형식의 문학이 발전하는 데 기여함으로써 새롭고 더 정확한 역사의 기술이 가능했다고 밝혔다. 나아가 항상 이동하는 생활로 장소성이 희박했던 유목민들(히브리인들)에게 간단히 가지고 다닐 수 있는 역사 기록물이란 매우 의미 있는 것이었다고 설명했다. 한편 로건은 구약성서의 십계명에는 다음과 같은 이스라엘 사람들의 세 가지 혁신이 나타나 있다고 주장했다.

　－알파벳으로 쓴 최초의 문헌
　－법과 도덕의 성문화(모세 율법 이전까지는 『성경』에서 법의 개념이 언급되지 않았다)
　－최초로 승인된 완전한 형태의 유일 신앙

그 결과 신의 '말씀'은 비로소 계시가 되었다. 더욱이 알파벳 문자권에서는 규칙적이고 일정한 것을 강조하는 과정에서 사회적 기능들의 중앙 집중화가 촉진되었다.[28] 신앙 또한 더 이상 탄생지나 관습적 의식의 형태보다는 책을 기반으로 한 믿음이 발전하게 되었으며, 그에 따라 어린아이들에게 책의 종교를 가르칠 수 있게 되었다. 이 과정에서 편협한 종교관이나 개종

　　　　　　　　　　　　　　　　　　　　　　　　　거대한 단절

의 가능성 또한 나타났으며, 이는 이전의 종교에서는 찾아볼 수 없는 특징이었다.

로건은 또한 알파벳이 미친 영향 중 가장 두드러지는 것은 바로 추상적 사고의 확산이라고 주장했다. 그리스에서 가장 뚜렷하게 나타난 이 현상으로 유명한 고대 그리스 철학을 비롯하여 연극, 과학이 획기적으로 발전했다. 또한 알파벳은 지식의 체계화에 큰 영향을 끼쳤다. 그리고 추상적 사고와 지식의 체계화는 논리와 이성의 발전을 촉진시킴으로써 더욱 복잡한 분석에 도전하게 만들었다. 분석과 논리는 지식의 새로운 체계화를 낳았고 더욱 깊은 관찰을 야기하여 자연을 발견하고 탐험하게 되었다. 반면 서사 형식의 산문이 발전하여 인과관계의 사고 체계가 계발되었고, 이는 초기 과학의 핵심 요소로 작동했다.[29]

히브리인들이 알파벳을 처음 창안했고, 이로부터 책의 종교가 시작되었다는 것이 십계명의 기원에 대한 중요한 단서라는 사실에 일부 학자들은 의문을 제기할 수도 있을 것이다. 과연 구약성서는 알파벳으로 쓰인 최초의 책일까? 알파벳은 정말 유일 신앙을 발전시키는 데 기여했으며, 그 최초의 책이 더욱 추상적이고 내재화된 형태의 신앙을 이끌어내는 데 중요한 역할을 한 것일까?

지혜의 경쟁

그리스가 후대에 남긴 업적 중 가장 잘 알려진 것이라면 민주주의 정치일 것이고, 그다음으로는 자연에 관한 수많은 지식을 접할 수 있게 한 과학('사이언티아scientia'는 본래 지식을 뜻함)일 것이다. 자연에 대한 탐구는 최근까지도 상당히 많은 학자에 의해 연구되어왔으며, 앞서 여러 번 언급한바 그중 가장 주목할 부분은 하나님이 인간으로 하여금 동물들에 대한 '지배권'을 부여했기 때문에 인류가 포유류 동물을 사육하게 되었다는 성경의 말씀이 고착화되었다는 사실이다. 팀 인골드는 이러한 사고가 수렵−채취 시대에 인간을 자연의 일부로 간주하면서 자연을 인격화했던 사고와는 완전히 상반된다고 지적했다.[30] 그리고 이런 과정 끝에 인간은 자연으로부터 분리되기 시작했다. 이 '분리'란 그리스인들이 우러러보던 '외부적 자연'으로, 알파벳은 자연의 '외부성'에 관한 지식을 체계화하도록 도움으로써 과학을 발전시켰다.

이러한 과학은 일반적으로 인간 활동에 가장 적합한 지역에서 비롯되었는데, 지금까지는 아시아의 서쪽 끝(지금의 터키)인 이오니아Ionia와 해안을 벗어난 섬 지역에서 시작된 것으로 알려져 있다. 에어빈 슈뢰딩거는 이곳에서 과학이 시작된 세 가지 이유를 제시했다. 첫째는 자유로운 사고를 적대시하는 강대국의 지배를 받지 않았다는 것, 둘째는 바다를 생활의 근거지로 삼았던 이오니아인들이 동서 교역의 고리 역할을 함으로써 교역의 증대와 더불어 항해, 교통 수단, 물의 공급, 수공예 기술 등 현실적인 문제 해결을 위한 지식이 축적되었다는 것, 셋째는 바빌론이나 이집트처럼 죽을 때까지 특권을 누릴 수 있는 계급으로서의 사제, 즉 기득권 세습의 사제들이 없었기에 사회가 '사제들에 의해 장악'되지 않았다는 것이다.[31]

그리스와 중국의 초기 과학을 비교 분석한 제프리 로이드와 네이선 시빈의 연구에 따르면 중국의 철학자와 과학자 들은 황제에게 고용되어 풍부한 후원 아래 국가적 관심사인 역법 등의 분야를 탐구했다.(메소아메리카 문명에서도 비슷한 현상이 있었다.) 이에 따라 중국의 과학자들은 새로운 견해나 관점을 흡수하는 데 신중한 태도를 견지하지 않을 수 없었으며, 그리

거대한 단절

스의 경우에서처럼 논쟁을 벌이는 일이 드물었다. 새로운 개념들은 기존 이론에 추가되었을 뿐 넘쳐흐르듯 산출되지 않았으며 치열한 논쟁을 거쳐 낡은 것을 축출할 수도 없었다. 반면 그리스에서는 일종의 운동 경기처럼 '지혜의 경쟁'이 격렬했다.(스포츠 자체가 지혜의 형태였다.) 로이드는 그리스의 과학에서 '어떤 사람이 최초로 제기한 주장'이라는 표현이 많은 것으로 보아 과학자들이 실수나 불확실성을 무릅쓰고 자기표현에 과감했으며 서로의 비판에도 관대했음을 알 수 있다. 예컨대 그리스 희곡작품은 유익한 목적으로 과학자들을 조롱하곤 했다.[32]

이오니아인들은 어떤 문제가 나타날 때 그 현상을 제대로 관찰한다면 세상을 이해할 수 있는 단서를 얻을 수 있다고 여겼다. 세상은 사랑의 열정, 분노, 복수 등의 감정에 따라 제멋대로 행동하는 신들의 운동장이 아니라고 여겼다. 이오니아인들의 이러한 시각(그리스인들은 자주 자연을 '발견'했다고 표현했다)이야말로 '완벽한 새로운 발견'이라고 슈뢰딩거는 표현했다. 상대적으로 바빌로니아인들과 이집트인들은 인간의 육체에 대해 훨씬 많은 지식을 갖고 있었으나 종교적 비밀로 간주했다.

모트 그린은 『신들의 기원Theogony』에서 헤시오도스가 화산에 대해 언급한 내용은 자연을 이해하고자 하는 관찰과정이 종교에 치우치지 않았으며 객관적이라고 분석했다. 물론 여전히 화산을 신으로 간주하고 있긴 하지만 관찰을 통해 여러 종류의 화산이 있다는 사실을 스스로 밝히고 있기 때문이다. 헤시오도스에게 신은 각기 다른 자연적 특성을 지닌 대상이었다.[33]

최초의 과학자는 기원전 6세기 이오니아 해안도시인 밀레투스Miletus 출신의 탈레스였다. 과학이라는 개념은 19세기 초부터 사용된 현대적 개념으로, 고대 그리스인들은 그러한 정확한 개념을 갖지 않았으며 과학과 다른 지식 분야의 경계에 대해서도 인지하지 못했다. 따라서 당시 그들이 제시한 질문들은 과학과 철학적 관점이 섞인 것이었다. 탈레스는 "우주의 기원과 본질에 대해 연구한 최초의 과학자는 아니지만 적어도 자신의 생각을 신화적 용어가 아닌, 과학적이고도 논리적인 표현으로 설명했다"는 점에서 분명히 최초라 할 수 있다.[34] 상인의 신분으로 이집트를 여행했던 탈레스는 기원전 585년 수학과 바빌로니아 천문학을 활용하여 5월 29일에 일식 현상이 나타난다는 사실을 정확히 예측해냈다.(2세기 이후 아리스토텔레스는 이 시기를 그리스 철학의 발생기로 기술하고 있다.) 그러나 탈레스는 무엇보다도 '세상은 무엇으로 구성되었는가'라는 과학과 철학의 근본적 질문을 제기한 인물로 기억되고 있다. 그 해답으로 '물'을 제시한 것은 비록 오류일지라도 당시 그러한 근본적인 문제에 대한 질문 행위 그 자체가 혁명적인 것이었다. 세상이 수많은 물질로 구성된 것이 아니라 단 하나의 물질에서 기원한다는 결론은 완전히 새로운 것이었다. 요약하자면 우주는 이성적으로, 단순한 방식으로 이해할 수 있다는 것이다. 탈레스 이전까지 사람들은 신이 세상을 창조했다고 믿었고, 신의 의도는 신화 등을 통해 간접적으로만 알 수 있거나 이스라엘 사람들의 신념과 같이 불가해한 것이었다. 그런 시대에 제기된 탈레스의 견해는 비록 소수에게만 영향을 주었으나 획기적인 사상의 변화라 할 수 있다.

탈레스 사상의 후계자는 이오니아 출신의 아낙시만드로스였다. 그는 우주의 실체는 물리적으로 인지 가능한 물질로 구성될 수 없다고 주장했다.(이 개념은 훗날 진실로부터 그리 멀지 않은 것으로 확인되었다.) 세상은 물이 아니라 우리가 인식할 수 있는 화학적 성질이 아닌 정의할 수 없는 어떤 것에 의해 구성되며, 뜨거움과 차가움 또는 습기와 건조함과 같은 '대립성'을 나타낸다고 보았다. 이것은 '물질'의 일반적 속성에 접근한 시도라고 할

거대한 단절

수 있다. 또한 그는 나름의 진화론을 주장했다. 인간이 신과 타이탄titans(우라노스의 자식인 거인 족)에서 생겨난 존재라는 믿음을 거부하고, 모든 생명체는 물에서 기원했으며 '가시 있는 껍질에 감싸여' 있었다고 믿었다. 이후 바다가 마르기 시작하면서 몇몇 종류의 생물이 육지로 올라왔고, 껍질을 제거하고 새로운 동물 종으로 살아가기 시작했다는 것이다. 이러한 생각을 토대로 하여 그는 '본래 사람이 물고기'였던 것과 같이 모든 종은 다른 종으로 진화할 수 있다고 생각했다. 이러한 사고방식 역시 더 이상 신과 신화를 토대로 하지 않고 이성적인 관찰을 하기 시작했다는 점에서 놀라운 전환이었다. 인간이 신이 아닌 다른 동물로부터 비롯되었다는 주장만으로도 과거와의 위대한 결별이었으리라 짐작된다.[35]

아낙시만드로스는 세상에 대한 불만 섞인 사유로서 이 세계에는 질서가 존재한다고 믿었고, 그 질서가 어떻게 형성되었는지에 대해 관심이 많았다. 발생학embryology으로부터의 유추를 통해 그가 내린 결론은, 현재적 질서는 정체되지 않고 항상 변화를 거듭해온 발전의 결과라는 것이다. 이러한 견해에서 우리는 인간이 언제든 변화할 수 있으며 앞으로도 그럴 것이라는 이오니아 실증주의의 총체적인 성취를 확인할 수 있다. 흥미롭게도 그는 신화적 사고와의 단절을 강조하기 위해 운문보다는 산문 형식을 취했으며, 우주와 이 세상은 수학과 기하학의 특성을 지니고 있다고 여겼다. 그리고 천체는 전차 수레바퀴와 같이 원형으로 정렬되어 있으며 거기에는 그 어떤 신성神性도 존재하지 않는다는 실증적 입장을 견지했다. 어쩌면 우주 순환에 대한 그의 발상은 모든 사람이 연설자의 목소리를 잘 들을 수 있도록 원형의 구조로 배열된 광장Agora의 형태에서 영감을 받은 것일지도 모른다.

한편 이오니아의 세 번째 철학자인 아낙시메네스는, 근원적인 물질은

'아에르aer(공기)'이며 흥미로운 방식으로 변화한다고 주장했다. "아에르는 일종의 안개 같은 것으로, 때에 따라 그 농도가 다르다. 평상시에는 잘 보이지 않으나 안개가 짙어지면 바람이 불고 압력의 차이로 움직인다. 더 짙어지면 구름이 만들어지고 결국은 물로 변한다. 구름이 모여 물이 떨어지면서 우박으로 변하고 습기가 더 많은 환경에서는 눈이 되어 내린다." 이것은 지금 보아도 오류가 없는 생각으로, 100여 년 뒤 데모크리토스가 제시한 원자 이론의 토대가 되었다.[36]

　데모크리토스 이전에 또 다른 이오니아 출신의 유명한 피타고라스가 출현했다. 그는 터키 해안에서 떨어진 밀레투스 북쪽 섬인 사모스Samos에서 자랐으나 나중에 그리스 령 이탈리아에 위치한 크로톤Kroton으로 이주했다. 당시 해적왕이었던 폴리크라테스는 시인과 예술가들을 사모스 섬으로 초빙하려 했으나 위압적인 담장을 치고 법정을 농락하는 태도로 인해 당시 종교적인 성향을 지녔던(신비주의자는 아니었다) 피타고라스의 반감을 샀다. 피타고라스는 기이한 영혼의 소유자로, 평생토록 다종다양한 미신을 제자들에게 가르치곤 했다. 예컨대 그는 불을 다치게 하면 화를 입을 것이라 여겨 칼로 불을 쑤시지 말 것을 당부했다. 그러나 그가 죽은 후에 명성을 안겨다준 것은 '피타고라스의 정리'였다. 유의해야 할 점은 이 정리가 단지 추상적 관념이 아니라는 것이다. 이 정리는 본질적으로 건축물을 똑바로 짓기 위한 목적에 의해 탄생한 것이었다. 수학에 대한 그의 관심은 음악과 숫자에 대한 관심으로 이어졌다. 피타고라스는 현악기 줄 길이의 4분의 3 또는 3분의 2 또는 2분의 1 위치를 누를 때 각각 다른 음을 얻을 수 있고, 이 음들이 잘 조화를 이루면 '눈물을 흘리게 만든다'는 사실을 발견했다. 이 현상으로부터 그는 물도 아니고 다른 질료도 아닌 숫자야말로 우주의 비밀을 간직한 기본 요소라고 생각했다. 피타고라스와 그의 추종자들은 이 조화롭고 신비한 관념으로 인한 숫자의 아름다움에 매료되었을 뿐만 아니라 숫자에 신비한 의미가 있다고 여겨 수비학numerology에 빠져들기도 했다.[37]

피타고라스 학파는 지구가 둥글다는 사실을 최초로 알아냈다. 월식 현상이 진행될 때(달은 스스로 빛을 발하지 못한다는 사실을 이미 알고 있었다) 드리워진 그림자의 형태를 통해 그 근거를 찾아냈다. 그리고 헤라클레이토스(후기 피타고라스 학파)는 화성과 수성의 밝기가 변하는 현상은 지구와의 거리가 달라지기 때문임을 밝혀냈다. 이로써 행성들은 하늘에서 일정한 궤도를 따라 '방랑자wandere'처럼 운행된다는 사실을 알아냈다.

우주의 본질에 관한 탐구는 두 명의 대표적인 '원자론자'에 의해 계속되었다. 바로 밀레투스 출신의 레우키포스와 압데라 출신의 데모크리토스로, 그들은 '무한한 빈 공간'에서 임의적으로 움직이는 '무한대'의 작은 원자들로 세상이 구성되었다고 주장했다. '너무 작아서 보이지 않는' 미립자인 원자는 서로 다른 운동을 하거나 충돌하면서 순간적인 배합의 방식으로 온갖 물질을 만들며 우리가 경험하는 다양한 자연현상을 일으킨다고 보았다. 달리 말하자면 현실은 일종의 생명 없는 기계와 같아서 모든 현상은 비활성의 소산일 뿐이며, 원자 물질은 그 자체의 특성에 따라 움직일 뿐이라는 것이다. "이 세계에는 정신이나 신의 뜻도 개입되지 않으며 (…) 목적이나 자유와는 무관하다."[38]

클라조메나이Klazomenai에서 태어난 아낙사고라스는 부분적으로 원자론자들의 주장에 동조했다. 세상에는 근원적인 입자가 존재한다고 확신했던 그는 '어떻게 머리카락이 아닌 것으로부터 머리카락이 생기며, 어떻게 살이 아닌 것으로부터 살이 만들어질까' 하는 의문을 제기했다. 그리고 머리카락이나 살과 같이 서로 유사하지 않은 형태의 모든 물질은 순수하지만 그 모든 것은 '근원적인 혼돈'에서 발생된 혼합물로 만들어진 것이라고 보았다. 다만 정신(영혼)만큼은 특별한 영역으로 남겨두었는데, 정신(영혼)은 어떠한 실체로서 그것이 없는 것으로부터 발생할 수 없다고 보았다. 즉 정신은 아무것도 섞이지 않은 순수한 것이었다. 기원전 468년~기원전 467년 커다란 운석이 갈리폴리 반도에 떨어졌고, 이것을 본 그는 하늘에 대해 새로운 생각을 품게 되었다. 태양이란 '눈부시게 밝은 돌들이 뭉쳐진 것'으로 펠로폰네소스Peloponnesos보다 훨씬 더 크다고 생각했다. 또한 별들도 멀리 떨어져 있어서 뜨거운 열을 느끼지 못할 뿐, 마찬가지일 것이라고 주장했다. 달에 대해서는 '평원과 거친 땅을 지닌' 지구와 같은 물질로 구성되었다고 생각했다.[39]

이러한 원자론자들의 주장은 놀라우리만큼 진실에 가까운 것이어서 2000년이 흐른 뒤 실험에 의해 증명되었다.(슈뢰딩거는 이 이론을 '숨겨진 진리' 중 최고라고 역설했다.) 그러나 당시 모든 사람이 이들의 사상에 동의한 것은 아니었다. 원자론의 창시자인 레우키포스와 동시대 인물인 아크라가스Acragas 출신의 엠페도클레스는 세상의 모든 물질은 불, 공기, 땅, 물의 네 가지 요소 또는 근원으로 구성된다고 보았다.(각 요소를 제우스, 헤라, 아이도네우스, 네스티스로 신화화하여 소개했다.) 그는 이 네 가지로부터 "세상 만물이 생겨났고, 생겨나고 있으며, 생겨날 것이다. 나무·남자·여자·짐승·새·물고기 그리고 오래토록 살면서 가장 강력한 특권을 가진 신들까지. (…) 네 요소는 모두 별개로 존재하지만 서로 섞이면서 새로운 형태로 진화한다." 그러나 그는 물질적 재료에 대해서만 생각했을 뿐, 그 운동과 변화에 대해서는 설명하지 못했다. 결국 그는 사랑과 투쟁이라는 두 가지의 비물질적인 원리를 추가하여 그 둘이 네 가지 요소가 '합쳐지거나 나누어지도록' 유발한다고 주장했다.[40]

이오니아의 실증주의자들은 우연(가능성)이 인간의 삶에 가장 중요한 역할을 한다고 믿었으며, 인류의 삶이 나일 강 유역에서 비롯되었을지도 모른다고 생각했다. 그곳에서 그들은 1만~2만 년 동안 매년 켜켜이 쌓인 충적층을 관찰한 끝에 화석을 발견했고, 그것으로부터 삶의 흔적을 이해했다. 그리고 그들은 신의 뜻이 아니라 기후에 의해 자연현상이 야기되었다는 사실과 더불어 그곳에서 발생한 자연의 재해까지 알아냈다.

그러나 그들은 그 의미에 대해 완벽히 파악할 수 없었다. E. R. 도즈의 분석에 따르면 엠페도클레스의 사고에는 여전히 주술과 자연주의가 뒤섞인 전통적 샤머니즘의 속성이 담겨 있다. 또한 하늘과 땅에 대한 이분법적 관점에는 그리스의 신화적 요소도 담겨 있다. 그러나 인간은 자신의 이해력을 향상시키는 능력을 지니고 있다는 헤라클레이토스의 관점과 더불어, 사람은 자연에 순응하며 살아야 한다고 믿었던 이오니아 사람들의 정신은 인류 정신사의 관점에서 볼 때 위대한 업적이다.[41]

또 다른 중요한 단면은 이들의 다양한 출신이다. 헤시오도스는 상인의 자식이었고, 크세노폰은 귀족이었으며, 헤라클레이토스는 왕관을 스스로 던져버린 왕이었고, 클레안테스는 권투선수 출신이었다. 그리스의 철학자들은 대부분 부유했으나 배타적이지 않았다. 계급사회에서도 그들은 융통성이 있었고 민주주의에 잘 어울렸으며 민주주의의 반영이었다.

그러나 이오니아 실증주의를 실제 이상으로 평가하는 부분에 주의할 필요가 있다. 피타고라스는 그가 실천하지 않은 많은 일로 엄청난 유명세를 얻었던 것으로 보인다. 어쩌면 그의 이름을 붙인 저 유명한 정리는 제자들에 의해 탄생한 것일지도 모른다. 또한 최초의 '과학자'들은 제각기 사방으로 운항하는 듯하지만 사실 미지의 해류에 의해 한 방향으로 몰려가는 소함대flotilla에 비유할 수 있다.

철학의 기원

현대 철학자들이 이오니아 실증주의 또는 이오니아 계몽주의라고 표현하는 사상은 철학과 과학의 두 가지 형태로 전개되었다. 탈레스, 아낙시만드로스, 아낙시메네스는 최초의 철학자이자 최초의 과학자로 간주되었다. 이 철학과 과학은 우주가 자연 질서의 일부로 존재하며 시간이 주어지면 충분히 그 실체를 이해할 수 있다는 논리적 사고로부터 뻗어나온 것이다. 제프리 로이드와 네이선 시빈은 그리스의 철학자들이 자연 사상을 창안함으로써 '시인들이나 종교 지도자들보다 우월한 면모를 과시'했다고 밝혔다.[42]

탈레스와 그의 제자들은 관찰을 통해 자연의 질서에 대한 의문을 제기하고 해답을 얻고자 했다. 그러나 오늘날 통용되는 '철학적' 방식으로 이러한 사고를 처음 시도한 인물은 파르메니데스였다. 나중에 위대한 그리스에 편입된 남부 이탈리아의 엘레아Elea에서 기원전 515년에 태어난 그가 남긴 글은 자연을 노래한 160행에 달하는 시편이 유일하기 때문에, 그의 업적을 평가하기는 어렵다. 그는 관찰이라는 도구로 단일한 실체의 원리를 이해하려는 노력에 대해 회의적이었다. 대신 노에마noema(내재적으로 존재하는 관념적 대상—옮긴이)라는 순수한 정신 작업을 통해 세상을 관통하는 원칙의 의미를 탐구했다. 이것이 과학적인 관찰을 대체할 실행 방식이라고 확신함으로써 그는 정신 활동의 분할을 확립했고, 이러한 형식은 지금까지도 이어지고 있다.[43]

파르메니데스는 소피스트sophist로 알려져 있다. 소피스트란 본질적으로 현명한 사람sophos 또는 지혜를 사랑하는 사람philo soph을 뜻하지만, 오늘날 통용되는 철학자의 개념과 달리 고대 그리스에서는 매우 실증적인 성향을 지니고 있었다. 고전주의자인 마이클 그랜트에 따르면 떠돌아다니면서 교육을 하고 돈을 받았던 소피스트는 서양 고등교육의 형태를 만들어낸 자들이다. 가르치는 내용은 수사학修辭學(이 수업을 통해 제자들은 의회 토론에서 꽤 논리 정연한 표현을 구사할 수 있었다)을 비롯하여 수학, 논리학, 문법, 정치, 천문학까지 매우 다양했다. 돌아다니면서 가르치다보니 소피스트들은 다양한 환경에서 여러 제자를 상대할 수밖에 없었고, 이에 따라 다양한 견해를 지닌 사람들과 논쟁하는 데 숙련되었으나 세월이 흐르면서 회의적인 관점에 접근하기 시작했다. 소피스트들은 자연physis과 그리스 법률nomos의 차이에 대해 강조했다.(자연의 법칙은 변하지 않으나 지상의 법률은 교육받은 이들, 예를 들면 그들의 제자들에 의해 수정·개선되었고 소피스트들은 그들로부터 돈을 받았다.)

그리스 소피스트들 중 가장 유명한 인물은 트라키아의 압데라 출신 프로타고라스였다. 그의 회의주의 대상은 신으로까지 확대되어 "나는 신이 있는지 없는지, 어떻게 생겼는지 아무것도 모른다"고 말했다. 크세노폰은 신이 인간의 형상과 같다는 사실에 회의를 나타냈다. 그렇다면 말은 말의 형상을 지닌 신을 숭배할 것이라는 논리 아래 그는 신은 하나이되 수많은 형태를 지닌다고 간주했다. 반면 프로타고라스는 "인간은 만물의 척도다. 인간의 인식 없이 사물은 존재하지 않는다"라는 유명한 진술을 남겼다.[44]

이로써 철학이 어떻게 시작되었는지, 특히 축의 시대에 그리스에서 민주주의, 과학, 종교의 세속화 등의 위대한 변화를 불러일으킨 본질적인 개념은 무엇인지를 검토해보았다. 축의 시대에 그리스는 종교를 제외한 정치, 과학, 철학에서 화려한 꽃을 피웠다.[45] 오늘날에도 사람들은 당시의 위대한 세 명의 철학자를 알고 있다. 소크라테스, 플라톤, 아리스토텔레스가 바로 그들이다.

'화폐주의'

기원전 3000년경 메소포타미아에서는 물건의 교환 수단으로 귀금속의 주괴鑄塊, ingot를 사용하기 시작했다. 금과 은의 표준화된 중량을 재기 위해 미나, 세겔, 달란트 등의 다양한 단위를 도입했는데, 이러한 방식은 물건을 도매로 대량 거래할 때 유용하게 사용되었다.[46] 그러나 금은 워낙 희귀한 금속인지라 사람들이 밀을 팔거나 포도주를 살 때 이용하기에는 너무 부족했다. 제대로 된 '돈'이 발생한 곳은 그리스에 인접한 작은 나라 리디아로서, 오늘날의 터키 지역인 이곳이 바로 혁명적인 발명의 첫 번째 수혜 지역이었다.

호메로스의 시에서는 화폐에 대한 언급을 찾아볼 수 없으며 시장을 중요한 장소로 묘사한 대목도 없다. 시장은 메소포타미아, 중국, 이집트와 다른 여러 나라에도 존재했지만 기원전 640년~기원전 630년 리디아의 왕은 좀더 작고 쉽게 제조할 수 있는, 더불어 '농부의 일부 작물 또는 며칠 이상의 노동 가치를 지닌' 주괴를 쉽게 운송할 필요가 있다고 판단했다. 그리하여 표준화된 중량 단위로 제작된 주괴에는 상징(사자의 머리)을 새겨넣음으로써 글자를 모르는 사람도 그 가치를 알아볼 수 있게 했다. 이에 대하여 잭 웨더퍼드는 리디아 왕이 시행한 이 정책으로 '상업적 목적의 기업 출현'이 가능해졌으며, 새로운 상인 계급의 출현을 불러왔다고 분석했다.[47]

최초의 동전은 금과 은을 섞어 주조한 엘렉트럼electrum으로서 번번이 금과 은의 중량을 측정해야 하는 수고를 덜어주었다. 특히 저울을 갖추지 못한 가난한 이들에겐 더할 나위 없이 유용했고 사기를 당할 확률도 현저히 줄어들었다.

이러한 혁신은 리디아에서 폭발적인 교역 증가를 일으켜 누구나 물건을 가져다 팔 수 있는 소매 시장도 형성되었다. 리디아 사람들의 삶에서 상업 행위가 점점 중요해지자 헤로도토스는 리디아를 '카펠로이kapeloi'의 나라라고 표현했다. 카펠로이라는 말은 '상인'이라는 뜻과 함께 건전치 않다는 의미도 담겨 있다. 그러나 화폐의 도입은 광범위한 사회 변화에 불을 붙였다. 그중 하나는 여성 지위의 변화로, 자신이 만든 물건을 내다팔 수 있게 된 여성들은 재산을 축적함은 물론 남편감을 선택할 수도 있게 되었다. 한편 화폐의 도입으로 고대 사르디스Sardis에서는 매춘업과 도박이라는 새로운 분야가 나타나게 되었다.

화폐와 시장은 지중해 밖으로 급속히 전파되었다. 최초로 그리고 가장 큰 수혜를 입은 곳은 바로 그리스로, "동전의 확산과 이오니아 알파벳의 전파는 그리스의 섬과 본토에 새로운 문화를 탄생케 했다." 저장과 운반이 용이한 동전은 상업의 안정을 도움으로써 친족 공동체사회로부터 복잡한 사회조직을 유도했다. 말하자면 화폐는 직접적인 교류나 친족사회의 끈끈한 유대관계를 불필요하게 만들었다. 이렇듯 화폐는 전통적인 형태를 약화시켜 인간관계를 더 넓고 빠르고 탄력적으로 만들었다.[48]

화폐의 주조는 정치뿐만 아니라 다른 분야에도 영향을 끼쳤다. 예컨대 솔론이 전통적인 신분 체계를 재편할 때 화폐는 정치의 민주화에 결정적인 기능을 담당했고, 그 여파로 그리스에서는 상업이 확산되었다. 이와 더불어 교회, 민간 건축, 학교, 운동장, 극장의 건축에 영감을 불어넣었으며 빼어난 예술작품을 비롯하여 철학·연극·시·과학을 융성케 했다. 한편 전통적으로 그리스 도시의 중추였던 왕궁이나 교회의 기능을 광장과 시장이 대신하기 시작했다. 활발한 상업 활동으로 풍부해진 재화는 사람들에게 더 많은 여가 시간을 부여했고 당시 지배계층은 운동·철학·예술·식도락 등에 탐닉하기 시작했다. 그러나 화폐 사용이 제도화되자 새로운 방식의 두뇌 훈련이 요구되었다. 사람들은 문자를 배우기에 앞서 수를 세거나 숫자를 사용하는 훈련을 받았으며, 이러한 능력은 합리적인 사고 경향을 촉진했다. 이에 대해 잭 웨더퍼드는 "화폐의 사용 없이는 전통 문화도 없음을 시사한다"고 하면서 사람들의 개별적 사고는 점점 퇴색하고 추상적으로 변화되었다고 진단했다. 엄밀히 말하자면 화폐 문화는 사람들로 하여금 전에 없이 논리적이고 합리적으로 사고하도록 만들었다.

이처럼 지중해 연안에서 시장이 발전하자 이곳을 중심으로 새로운 종교에 대한 토론이 활발해지기 시작했다. 아고라 광장에서 사용하는 그리스어는 이베리아에서 팔레스타인까지 활용되었는데, 이 언어는 아리스토텔레스 시대의 고전적인 그리스어도 아니며 호메로스 시대의 고대 언어와도 달랐다. 이 당시에 나타난 혼합어를 이후 예수의 제자들도 사용했다. 에페수스, 예루살렘, 다마스쿠스, 알렉산드리아와 로마에서 초기 기독교인들은 바로 이 언어로 자신들의 이야기를 기록했으며, 그 이야기들이 바로 신약성서였다.

화폐와 시장이 결합하여 끼친 영향은 '화폐주의'라는 이름으로 확산되었다. 근동 모든 지역에 그리스 상업 시스템이 자리 잡기 전까지 각 국가에서는 각기 다른 신을 숭배했으나 상업 문화가 보편화됨에 따라 만인을 위한 공통의 종교가 개척되기 시작했고, "기독교 신앙은 지중해 연안 도시 전역에 새롭고 혁명적인 종교 개념으로서 불타오르기 시작했다." 이것은 대개 풍요의 신 또는 태양, 바람, 달 등과 같이 농사와 연관된 기후의 신에서 벗어난 독특한 도시 종교였다. 기독교는 "사회적·문화적 경계를 초월하여 하나의 세계 종교 안에서 모든 사람을 결합하고자 한 최초의 신앙"이었다. 이러한 흐름 속에서 초기 기독교인들은 상인들이 화폐를 이용하여 보편적 경제를 개척한 것과 같은 방식으로 전도해나갔다.

거대한 단절

유일신, 화폐, 알파벳(이와 관련한 선형성linearity) 그리고 인류로부터 독립적인 '자연'에 대한 인식 등은 신세계에서는 나타나지 않은 현상으로, 그들의 경로에 대해서는 22장에서 상세히 살펴볼 것이다.

주술사로서의 왕, 세계수 그리고 상상의 뱀

앞서 17장에서 살펴보았듯, 기원전 1000년 무렵의 신세계에는 두 문명이 있었다. 하나는 메소아메리카의 올메카 문명이고 다른 하나는 남아메리카의 차빈 문명이다. 수치로 비교할 때 이들 문명은 구세계의 유목 문명을 비롯한 북아프리카, 지중해, 근동, 인도, 중국 지역에서 발전한 문명보다 빈약하다고 할 수 있다. 그러나 1000여 년의 시간이 흐른 뒤인 기원후 1000년 무렵에 신세계는 그 차이를 따라잡을 만큼 비약적인 진전을 이루었다. 기원후 1년에서 1250년까지 아메리카 대륙에서는 많은 문화가 번창했고 스러져갔다.

나스카Nazca 문명은 여러모로 앞선 전통을 통해 잉카 문명의 형성에 기여했다. 앞으로 살펴볼 몇몇 문명은 수 세기 동안 해안가나 고지대 지역을 장악하고 있었으나 가뭄이나 지진 또는 엘니뇨의 여파로 정치적·경제적 환경이 급격히 황폐해졌고, 그렇게 돌연한 타격 속에서 소멸되었다. 이러한 과정을 우리는 자주 접하게 될 것이다.

소왕국들의 동맹으로 구성된 나스카 문명은 페루의 친차 강, 남쪽으로 아카리 계곡 그리고 지금의 페루와 칠레의 남쪽 경계선까지 번성했다. 이 일대의 강수량이 적고 강의 규모가 작다는 점에서 당시 인구는 많지 않았을 것으로 추정된다. 그러나 사람들은 빈번히 발생하는 가뭄에 대비하여 땅 밑으로 500미터가량 깊은 터널을 뚫고 지하수를 끌어올린 뒤 특별히 제작된 저장고에 물을 저장했다. 그들은 이러한 방식으로 기원후 1~750년까지 세련된 도자기를 제조했고, 면과 알파카 털로 옷감을 만들었다. 2009년 앨버커키Albuquerque에 있는 뉴멕시코대 리디오 발데스 교수는 아카리 계곡 중간지역의 앞쪽인 아마토Amato 유적지에서 '유례없는 발견'을 했다고 보고했다. 그는 높은 담장으로 주거지와 분리된 곳에서 목이 잘린 수십 구의 두개골을 발견했는데, 그중 몇 개의 유해는 고관절이 분리되어 있거나 팔목과 발목이 묶여 있거나 두개골에 금이 가 있었다. 이 흔적들은 강도 높은 폭력과 분쟁이 있었음을 노골적으로 제시하고 있다.[1]

그러나 나스카 문명은 오늘날까지도 남아 있는 '선'이 그 무엇보다도 유명하다. 사막 위에 디자인된 엄청난 규모의 그림을 이루는 이 선은 아직까지 풀리지 않는 수수께끼다. 이 사막 일대는 깨끗한 모래층과 작은 자갈로 덮여 있는데, 당시 사람들은 이 표면을 걷어내는 방식으로 그림을 그렸을 것이다. 선은 어느 부분에서 가늘어지기도 하고 어느 부분에서는 비행기 활주로만큼 넓어지기도 하며, 평지든 언덕이든 관계없이 1600미터나 뻗은 직선도 있다. 어떤 선은 삼각형, 어떤 선은 지그재그, 또 어떤 선은 나선형으로 그어져 있어 땅 위에서 보면 무엇을 그린 것인지 감지할 수 없지만 높은 하늘에서 내려다보면 새, 원숭이, 거미, 식물 심지어 고래 모양도 확인할 수 있다. 나스카인들은 하늘에서 보아야만 알 수 있는 그림을 도대체

왜, 어떻게 그렸을까? 하늘의 신을 위한 작업이었을까?

많은 고고학자는 이 '선'의 의미를 파악하기 위해 노력했다. 뉴욕의 롱아일랜드대 교수였던 폴 코속은 우연히도 팔파 마을에 위치한 그림의 끝 지점에서 해가 진다는 사실을 발견했고, 이에 근거하여 천문과 관계된 그림이라는 견해를 제시했으며 페루의 독일 영사관 소속인 마리아 레이체도 그의 견해에 동조했다. 마리아 레이체는 몇 년간 동료들과 함께 사막에서 밤을 새우며 그림의 선들을 측량했고, 그 결과 땅 위의 선들은 지평선 너머로 향하는 별들의 운행 경로를 표시한 것으로, 고대 별자리를 재현한 것이라고 해석했다. 계속된 조사를 통해 그들은 나스카인들이 먼저 무엇을 그릴지를 계획한 뒤 줄을 이용하여 사막 위에 거대한 모양을 구성했을 것으로 짐작했다.[2] 그러나 레이체의 견해에 동조하지 않는 연구자들은 그림들이 나스카 전성기 무렵의 별자리와 일치하지 않는다는 반론을 제기했다. 그러던 중 1970년대 고고학자들은 나스카 밖의 안데스 지역에서 동물, 사람, 추상적인 상징물들이 그려진 땅을 발견했다. 이에 대해서는 다각적인 연구가 진행 중인데, 1300킬로미터가 넘을 만큼 광대한 영역을 차지하는 데다 직선으로 뻗은 몇 개의 선은 그 길이가 19킬로미터에 달하기도 한다. 어떤 선은 언덕에서부터 퍼져 나가고 어떤 선은 물이 많은 지역을 향해 뻗어 있어서, 아마도 오솔길로 이용되었던 것 같다. 또 훗날 즉흥적으로 추가된 것으로 보이는 다른 그림들이 있는가 하면 어떤 그림은 나스카에서 두 세계의 매개자인 주술사가 초월하는 과정을 표현한 것으로 보이기도 한다.[3]

아직까지 이 선의 의미에 대해 설득력 있는 대답을 제시한 사람은 없다. 그러나 등산가이자 인류학자이며 지리협회에 소속되어 현장 연구자로 활동하고 있는 조핸 라인하드는 최근 몇 가지 의견을 피력했다. 1300킬로미터에 걸쳐 분포한 '지상화들geoglyphs'을 조사한 그는 그 선들이 호수·강·바다·산과 연관되었다는 사실을 밝혀냈다. 이와 관련하여 그는 안데스 지역마다 산신이 존재한다는 안데스인들의 믿음에 주목했다. 산신이 사람과 동물을 보호해주며 물은 산에서 비롯된다고 믿었던 그들은 산신에게 기우제를 지냈다. 예컨대 오늘날 볼리비아에는 많은 기독교 교회가 들어와 있지만 나스카의 선들이 끝나는 지점의 시골 마을에서는 제물을 바치는 기우제가 촌장에 의해 아직까지도 시행되고 있다.[4] 최근 헬레인 실버먼이 발굴한 150만 제곱미터 규모의 카우아치Cahuachi 유적은 그러한 주장을 뒷받침해준다. 이 유적지의 중앙에는 제의 시설, 고분, 공동묘지, 제단이 갖춰진 피라미드가 있으며 땅 위에 그려진 여러 선은 피라미드를 향해 뻗어 있다. 조사 결과 카우아치는 도시가 아니라 의식이 이루어졌던 성스러운 수원지水源池로서, 물이 말라버린 뒤에는 그 기능을 상실한 것으로 보인다. 전리품으로 보이는 수많은 두개골은 이곳이 제의를 벌이는 장소였음을 증명해준다. 순례자들은 땅 위에 그려진 신성한 선을 따라 의식의 중심지로 이동한 것으로 보이며, 당시의 주술적 관습대로 이 과정에서 춤, 의상, 환각제 등이 동원되었을 것이다. 이 동선을 조사한 뮌헨대 토마시 고르카 교수는 최근 이러한 견해를 뒷받침하는 연구 결과를 발표했다. 이 장소의 토양이 밀도 차이에 의해 자기장 변화를 일으키는 사실로부터, 제례 의식에 참여하는 사람들이 선을 따라 이동함으로써 땅이 점점 더 굳게 다져졌음을 알 수 있었다. "이러한 동선은 제물을 바치는 행위로서 선을 따라 도자기가 놓인 것과도 연관성이 있다."[5]

　나스카 문명이 붕괴된 원인은 결국 엘니뇨와 환경의 악화 때문일 것이다. 최근 조사에 따르면 기원후 500년경 우아랑고huarango 나무에서 분출되는 꽃가루가 사라지고 옥수수와 면 꽃가루가 등장한 것으로 밝혀졌다.

이것은 그 무렵 농사가 본격화되었으며, 우아랑고 나무는 물을 찾기 위해 6미터 깊이까지 뿌리를 내림으로써 땅을 단단하게 하는 데 기여했다는 사실을 추정케 한다. 또한 과학자들은 꽃가루의 과도기가 나타난 지역에서 우아랑고 나무의 밑동으로 보이는 잔여물을 찾아냈다. 이는 당시 나스카 농부들이 농경지를 확보하기 위해 나무를 베어냈을 것이라는 사실을 시사한다. 결국 나무들이 사라지면서 그 지역은 극한의 기후에 더욱 취약해졌을 것이다.[6]

퓨마와 감자

몇 년 동안 페루와 볼리비아의 고지대 연구는 이 지역 일대를 장악한 게릴라 군에 의해 정치적으로 방해를 받았다. 그나마 최근에 거둔 가장 큰 성과는 티티카카 호수의 남쪽에서 5만 명 인구의 도시 티와나쿠 Tiwanaku(또는 '돌의 도시'라는 뜻을 지닌 타이피칼라Taypi Kala)의 유적지를 발굴한 것이다.[7] 기원전 400년경에 형성된 이 도시에는 기원전 100년까지 300여 년 동안 규모 있는 건축물이 세워지지 않았다. 그러나 티와나쿠의 역사는 동시대에 남아메리카 해안가에서 탄생한 모체Moche 문명보다 더 오래 유지되어 기원후 1000~1100년 무렵에서야 몰락했다.

기원후 650년경에 티와나쿠에서는 왕궁, 광장, 금으로 뒤덮인 부조 장식으로 가득한 선명한 색상의 신전들이 건축되었는데, "많은 입구가 있으며 거대한 석조 건축이라는 점이 눈에 띄는 위대한 걸작, 위대한 건축물"로 평가된다. 신전의 입구에는 커다란 한 장의 판석에 '문의 신the Gateway God'으로 추정되는 종교적 존재가 조각되어 있다. 퓨마를 닮은 이 형상은 햇살 문양이 원형을 이루는 머리 장식이 씌워져 있는 것으로 볼 때 태양의 신으로 짐작된다. 이 신은 튜닉 스타일의 상의에 치마를 두르고 있으며 멋진 목걸이와 콘도르 머리 장식이 달린 지팡이를 양손에 쥐고 있다. 신의 양옆에는 날개 달린 인간이나 새의 형상이 세 줄로 장식되어 있다.[8]

티와나쿠의 종교에 관한 조사에서도 인간 제물에 관한 많은 증거가 발견되었다. 곳곳에서 팔다리가 잘린 인간의 유해가 발견되었고, 도자기에서는 퓨마 가면을 쓴 전사가 적의 머리를 전리품으로 들고 있는 모습이나 혀가 찢어진 사람 형상으로 허리띠를 장식한 그림들을 볼 수 있다.

성스러운 입구 안쪽에는 15미터 높이, 200미터 길이에 달하는 거대한 신전이 도시 안에 우뚝 세워져 있다. 이 신전 꼭대기에는 주술사가 거주했을 것으로 짐작되는 움푹 파인 공간이 있다. 비가 올 때면 이 공간에 고인 빗물은 주변을 에워싼 테라스로 배출되는 동시에 신전 안으로 흘러드는데, 구조적으로 이 빗물들은 제의 공간 주변에 파놓은 커다란 해자로 모이게 된다. 이러한 건축 구조에 대하여 고고학자들은 신전이 성스러운 섬처럼 보이도록 고안된 것으로 보았다. 제의에서 티와나쿠의 지배층은 콘도르나 퓨마 신처럼 차려입고 허리에는 제물용 칼을 늘어뜨리고 전리품인 희생 제물의 머리를 들고서 거대한 테라스인 아카파나Akapana에 등장했을 것이다. 제단의 바닥 근처에서는 희생 제물인 듯한 여러 구의 유골이 발굴되었다.[9]

티와나쿠의 또 다른 광장이나 신전 마당에도 사람 머리 모양의 조각이나 실제 두개골이 있었으며, 인간 형상의 석상 또는 정복당한 자들의 석상들도 나타났다. 이는 아마도 신에 대한 숭배의 한 방식으로, 그곳에 포로들을 가두려 한 의도로 보인다.

최근 한 발굴을 통해 티와나쿠의 농경 방식이 이전보다 훨씬 정교해졌음을 알 수 있다. 그들은 평지에 흙을 돋우어 밭을 만들고 범람지대를 가로지르는 수로를 조성함으로써, 알티플라노altiplano 고원에 서리가 내려도 도랑의 물이 주변 공기를 따뜻하게 만들고 아침이면 안개가 끼어 추위 피해를 막아주는 극적 효과를 만들어냈다. 이러한 농사 환경 속에서 감자의 수확은 더욱 안정적으로 확대되었다.[10] 6세기경 티와나쿠에 막대한 가뭄 피해가 닥친 후로 지배층은 많은 물자를 투자하여 알티플라노 고원을 다시 개간했고, 그 결과 이전에 비해 네 배나 많은 식량을 수확할 수 있게 되었는데 그 양은 4만~12만 명을 먹여 살릴 수 있는 양이었다.

야마와 알파카는 사람들에게 털뿐만 아니라 단백질을 제공하는 음식이 되기도 했다. 특히 야마는 도자기, 천, 목재, 금 등을 먼 도시에서 가져오는 데 이용되었다. 안데스 지역에서 티와나쿠 문명은 모체 문명보다 더 큰 규모로 발달했고 200~300년 더 길게 존속되었으나, 10년 동안 이어진 가뭄의 타격 때문에 멸망한 것으로 보인다. 그러나 그들이 구축해놓은 경작지는 계속 보존되었다.

벌, 죄수 그리고 귀금속

고고학적 증거에 따르면 에콰도르에서부터 볼리비아에 이르는 지역에서 동이나 금 장신구가 처음 나타난 시기는 기원전 1500년경이다. 그러나 모체 문명이 발흥한 기원후 100년경까지 동과 금을 도금하는 귀금속 기술자는 없었던 것으로 보인다. 다만 모체인들은 화려한 직물을 개발하거나 정교한 도공 기술을 보유하고 있었으며, 이러한 문화는 콜럼버스 이전의 아메리카 대륙에서 가장 뛰어난 장식 문화를 구축했다. 브라이언 페이건이

말했듯이 모체에서 문자가 발명되지 않았으나 그들의 삶에 대해 자세히 말해주는 자료는 풍부했다.[11]

모체 문명은 람바예케Lambayeque 계곡으로부터 페루 서북 해안의 네페나Nepena 계곡까지 고작 400킬로미터밖에 안 되는 좁은 띠 모양으로 형성되었기 때문에 규모가 큰 왕국은 존재하지 않았다. 대부분의 사람들은 80킬로미터 내외의 짧은 계곡의 강 주변에 모여 살았으며, 관개 수로와 흙을 다져 경작한 밭 그리고 운하를 효율적으로 관리한 덕분에 왕국은 비교적 잘 유지될 수 있었다. 그들은 수로에 잔해가 쌓이지 않도록 노력을 기울였으며, 바닷새들에 의해 형성된 풍부한 과노guano(바닷새의 똥이 쌓여 굳어진 조분석鳥糞石─옮긴이)를 천연 비료로 활용하여 농사를 지었다. 페루에서는 19세기 말 가공 질소 비료가 개발될 때까지 매년 많은 양의 과노를 수출해왔는데, 모체 시대에도 이 천연 비료는 매우 귀한 물질이어서 부화기에 새 둥지에 접근하는 자들은 처형되었다.[12]

모체 문명의 가장 중요한 제례적 특성은 꼭대기가 평평한 피라미드, 우아카huaca에서 찾아볼 수 있다. 이 피라미드들 중에서 가장 큰 '우아카 델 솔Huaca del Sol(태양의 피라미드)'은 높이가 41미터에 달한다. 이 건축물은 건조된 황토 벽돌로 지어졌고(우아카 델 솔은 1억4300만 개의 벽돌이 사용되었다) 각각의 벽돌에는 어느 석산에서 가져온 것이며 누가 만든 것인지가 표시되어 있다. 마이클 모즐리는 우아카 델 솔이 완공되는 데 약 100년이라는 시간이 걸렸을 것으로 추정했다.

이 신성한 피라미드들은 산을 상징하기도 하지만 신전의 기능을 지니고 있기도 하다. 궁에 거주하는 지배층은 전투력을 진작시키기 위해 인간 제물 의식을 주재했다.(당시 전쟁이 벌어지면 그들은 신에게 인간 제물을 제공하기 위해 전쟁에서 포로를 죽이지 않고 생포했다.) 그리고 지배층이 죽은 경우에는 많은 부장품과 함께 피라미드에 묻혔다. 피라미드 근처에는 수천 명에 달하는 사람들이 모여 살았는데, 이는 꽤 많은 인구를 수용했던 메소포타미아나 메소아메리카와는 다른 형태의 도시 또는 도시 구조였다.

모체인은 아메리카 대륙 최초의 금속 기술자였으며 최초의 도자기 제작자들이었다. 그들은 밀랍 모형을 이용한 도자기 제조 기법을 터득하고 있었으며 귀금속을 이용하여 도자기에 입체적인 형상을 개발했다. 또한 소금이나 소다를 활용하여 금의 다양한 빛깔을 만들어내는 기술을 여러 물건에 적용시켰다. 이들의 도자기는 고전적인 그리스의 꽃병과 비교할 때 거의 조각품 수준이었다. 음료수 그릇만 해도 집, 환자의 통증을 치유하는 맹인, 의인화된 동물, 음악가, 신과 성교를 나누는 인간, 사람을 공격하는 재규어 등 다양한 형태로 빚어냈다. 특히 그중에는 목에 밧줄을 두르고 손은 등 뒤로 묶인 채 앉아 있는 인간 제물을 묘사한 '포로 그릇'도 있었다. 희생 의식에서 이 포로그릇은 인간 제물 곁에 놓여 있다가 의식이 거행되기 직전에 깨뜨려진 것으로 보인다.[13] 모체의 도자기공들은 남아메리카 최초로 도자기 주형을 만들어내기도 했다. 주형으로 빚은 도자기에는 전투 장면을 비롯하여 참수하는 장면, 지배자 앞을 통과하는 죄수들의 행렬 등 여러 장면이 묘사되어 있다. 12만5000개에 달하는 모체의 예술품을 연구한 어느 고고학자에 따르면 이 그림들에는 각기 상징적인 의미가 담겨 있다.

모체의 그림들에는 코카 사용에 관한 내용이 많이 등장하는데, 이를 통해 환각 효과를 지닌 산 페드로 선인장이나 아직 성분이 확인되지는 않았지만 환각을 유발하는 우유추ulluchu라는 특이한 과일도 고양잇과와 연관되어 있음을 알 수 있다. 모체사회에서 고양잇과 형상은 천둥, 번개, 비를 상징한다. 뿐만 아니라 에스핑고espingo(nectandra라고도 불린다)라는 식물은

거대한 단절

치차chicha라는 맥주를 빚을 때 쓰였는데, 유럽 정복자들은 이 음료를 마신 주술사들이 거의 미친 것처럼 행동했다고 기록하고 있다.[14] 파파야Carica candicans도 광범위하게 이용되었는데, 피의 응고를 막아주는 성분 때문에 제물을 바칠 때 주술사(사제)들이 자주 사용한 것으로 보인다.

모체에서도 많은 신을 숭배했으나 그중에서 가장 강력한 존재는 조물주인 하늘 신으로, 산속에 거주하며 고양잇과의 송곳니를 지녔다.[15] 모체 문명에서 빈번하게 나타나는 형상은 벌을 받는 인간의 모습으로, 그들은 산꼭대기에 내버려지거나 가죽이 벗겨진 채 제물로 희생되었다.[16] 이러한 처벌이 고안된 이유는 아마 고통에 못 이겨 질러대는 인간 제물의 비명 소리를 신에게 들려줌으로써 나쁜 힘을 소환하지 못하도록 하려는 의도로 해석된다. 모체인들은 깊은 숲속의 늪에 거주하는 신화적 존재인 아마루amaru를 신봉했다. 아마루는 이따금 나타나서 최대의 능력을 동원하여 인간 세상을 파괴함으로써 복수의 풍경을 남겨놓고 떠나버리는 존재였다. "사람들에게 아마루의 등장은 극심한 혼란을 알리는 것으로서, 정성을 다해 제사를 올리지 못했기 때문에 조상이 벌을 내린 것으로 인식되었다." 아마도 제사에서 주술사의 역할을 강화하기 위해 고안된 존재인 듯한 아마루는 확실히 화산에 대한 암시로 읽힌다.

엘리자베스 벤슨이 '성자聖子, god-the-son'라고 명명한 신은 좀더 활동적인 신으로, 고양잇과의 입 모양에 재규어 또는 햇살 문양의 머리 장식을 두르고 있다. 차빈 문명으로부터 계승된 듯한 이 신은 인간사에 깊숙이 관여하고 있다. 그러나 어디에서든 가장 쉽게 볼 수 있는 신성한 형상은 신전에 많이 장식되어 있는 재규어였다. 주로 의인화된 모습으로 등장하는 이 존재는 때때로 인간을 짓누르고 있는데, 공격 행위인지 성교 행위인지는 확실치 않다.[17] 고양잇과 형상들은 대체로 금이나 조개 장식으로 치장되어

있다.[18]

이후 송곳니를 지녔으며 다른 신과 같은 능력을 지닌 새로운 신이 등장했다. 이 신은 전사로서, 전사의 갑옷을 입었고 머리 장식을 갖추고 있다. 뾰족한 송곳니를 지녔으며 머리로부터 뱀들이 뻗어 나온 모습의 이 존재는 항상 재규어를 대동하고 있다.

모체의 지배층 인물이 죽었을 때에는 귀중한 물건들(금으로 만든 열 개의 고양잇과 머리, 거미로 보이는 다른 것들)이 함께 매장되었을 뿐만 아니라, 부인, 첩, 신하들까지 함께 순장되었다. 모체의 지배층은 모두 전사인데, 그들이 소유한 장식품들에는 수많은 전투 장면이 묘사되어 있으며, 특히 죄수들을 제물로 바치는 장면이 많이 나타나 있다. 또한 고고학자들은 남녀의 성교, 신과 성교하는 인간, 거대한 성기를 지닌 남자 등의 에로틱한 예술품으로부터 희생과 생명의 긴밀한 연관성을 발견했다. 아마도 모체의 사제들은 희생자의 목을 조를 때나 머리를 벨 때 발기되는 생리 현상에서 그러한 유사성을 인지했을 듯하다.

차빈 문명에서도 보았듯이 모체 예술품에 등장하는 동물들은 주로 우림 지역에 사는 재규어·퓨마·원숭이·스라소니 등이다. 환상적인 이미지를 부여하기 위해 식물이나 평범한 물건, 예컨대 투구, 다리 달린 무기 같은 물건들이 결합되어 있다. 이것은 주술사의 환각을 '거의 그대로' 표현한 것이라고 브라이언 페이건은 설명했다.

기원후 800년 무렵 모체의 문명은 갑자기 사라졌다. 연구 결과 기원후 562~594년까지의 기나긴 가뭄과 기원후 650~700년 안데스 지역에서 발생한 지진의 영향 때문인 것으로 나타났다. 진흙이 수로를 막아 해안 생태계가 붕괴된 데 이어, 폭우와 폭풍을 동반한 엘니뇨가 전 지역의 마을과 도시를 초토화시켰고, 해산 수확물인 멸치가 멸종됐다. 지배층은 우아카

거대한 단절

델 솔 지역을 떠나 북쪽으로 이동했으나 반세기쯤 지나서 또 다시 엘니뇨가 발생하여 엄청난 타격을 안겨주었다.

마이클 모즐리와 그의 동료들의 연구에 따르면 이때의 피해는 1997~1998년의 엘니뇨보다 훨씬 더 거대한 것이었다. 1997~1998년의 경우 엘니뇨의 여파가 8개월 동안 지속되면서, 약 2100명의 목숨을 앗아갔고 330억 달러의 경제적 손실을 끼쳤다. 계속해서 내리는 비로 몇 주 동안 진흙이 흘러내렸으며, 대륙을 넘어 케냐, 폴란드, 캘리포니아와 마다가스카르까지 영향을 끼칠 정도였다. 엘니뇨의 영향은 최고 18개월 이상 지속된 적이 없었지만 기원후 600년 직후 페루에서 발생한 엘니뇨의 후유증은 거의 300여 년간 지속되었다고 모즐리는 주장했다.[19] 또한 엘니뇨의 폭우 기간에 우아카 델 솔에서는 위기상황을 극복하기 위해 많은 죄수가 제물로 희생되었을 것이라고 텍사스대 스티브 부르제는 추정했다.[20]

엘니뇨는 분명 모체 문명을 멸망케 한 요인이었지만 그 밖에 다른 요인도 작용했을 것으로 보인다. 이는 과중한 의무를 강요하는 지배층에 대한 민중의 항거로, 람바예케 계곡의 귀족들이 사는 집이 모두 불태워지는 결과를 낳았다. 앞으로 살펴보겠지만 콜럼버스 이전의 남아메리카 역사에서 민중의 반란은 여러 번 나타났다.

마야의 은하수, 밤하늘의 드라마

열대 아메리카 대륙 지역에서 가장 잘 알려진 아즈텍 및 잉카 문명은 오늘날 고대 마야 문명으로 불린다. 이 문명은 지금의 과테말라에서 서남 멕시코까지 16만 제곱킬로미터에 달하는 유카탄 반도에서 기원전 200년~기원후 900년 무렵 번창했다. 소수의 지배계층이 다스리는 50여 개의 독립적인 도시국가가 존재했으며 수천 개에 달하는 작은 마을이 있었다.[21] 마야인들은 서로 활발하게 교역했고, 왕은 성스러운 존재로 받들어졌으며, 피라미드와 경기장을 비롯한 기념 건축물이 세워진 대단위 복합 도시가 조성되었다.

올메카 문명과 마찬가지로 마야인들은 자연과 초자연의 세계가 서로 긴밀하게 연관되어 있다고 믿었다. 고대 마야 문명은 충적세 기간에서 가장 큰 화산 폭발이 발생한 직후인 기원후 200년 무렵부터 형성된 것으로 추정되며, 당시 메소아메리카 사람들은 우주가 하늘인 위의 세계, 인간이 거주하는 중간세계, 신비한 지하세계, 이 세 단계로 이루어져 있다고 믿었다. 그리고 세 층위를 연결하는 것은 바로 세계수 또는 와카 찬Waca Chan(하늘을 끌어올린다는 의미)인데, 그 뿌리는 지하세계에 속하며 몸통은 중간세계에 속하고 잎과 가지는 하늘세계에 속해 있다고 했다. 따라서 죽은 자의 영혼은 이 나무를 타고 다른 세계로 건너갈 수 있었다.

이 세계수는 어느 장소에 실재하고 있거나 '피라미드 신전 꼭대기에서 의식의 변성을 일으킨' 왕의 몸으로 존재한다고 믿었다. 따라서 영적 세계로 난 대문 또는 입구를 열기 위해 환각과 피를 흘리는 행위는 왕으로서 가장 성스러운 수행 과제였다. 마야의 종교에서 '문portal'의 개념은 중요한 것으로, 땅 밑의 시발바라는 '다른 세계'로 들어가는 관문을 뜻한다. 그 관문은 동굴이기도 하고 우물이기도 한데, 유카탄의 북부 저지대에 형성된 우물이 그러한 예를 보여준다.

일부에서는 이 우물이 650만 년 전 멕시코 만에 떨어진 소행성의 흔적이라 주장하기도 했는데, 매우 깊은 유수지인 이 우물 안에는 밑으로 내려가는 계단이 설치되어 있으며 물속에서는 많은 제물이 발견되었다. 치첸

거대한 단절

이트사Chichen Itza에서 발견된 우물 속에서도 역시 많은 희생 제물이 발견된 바 있다.[22]

뛰어난 마야 문명 연구가인 린다 셸레와 데이비드 프라이델은 마야인들이 하늘에도 세계수가 있다고 믿었다고 주장했다. 그것은 바로 은하수로서, 그 안에 존재하는 다른 많은 형상은 우주 창조의 기원에 대한 마야인들의 사상을 가늠케 한다. 즉 그들은 하늘의 세계수인 은하수가 밤에 배의 형태로 변화하여 최초의 인간을 창조의 장소로 데려왔다고 믿었다. 이 것으로부터 특정한 어느 밤에 위의 세계에서 엄청난 우주적 변화가 발생했음을 알 수 있다.[23](은하수는 열대 지방에서는 북쪽 지역의 하늘보다 더 어둡기도 하고 더 밝기도 하다.)

의식이 치러지는 동안 향료와 담배 연기가 피어올랐을 것이고, 연기는 나선형을 그리며 올라가 하늘 위에 뱀의 형상을 만들었을 것이다. 이것이 바로 날개 달린 뱀, 즉 상상의 뱀으로서 아마도 마야 왕을 상징하는 가장 강력한 형상이자 자연계와 초자연계를 연결하는 매개체였을 것이다.[24] 그들은 대체로 피를 흘리는 의식을 통해 이 상상의 뱀이 더욱 생생하게 재현된다고 믿었으며, 이에 따라 혀에 구멍을 뚫고 줄을 관통함으로써 피가 잘 흘러내리도록 했다. 이러한 고통스런 과정에서 의식이 혼미해지는 어느 순간 비로소 상상의 뱀이 나타나 '조상을 대신하여 후손들에게 말을 전해준다'는 것이다.[25] 은하수와 상상의 뱀에 관해서는 다음 장에서 좀더 자세히 다뤄볼 계획이다.

산, 가면 그리고 기억

마야에서 피 흘리기 의식은 출생, 결혼, 장례 등 모든 기념일에 치러졌다. 대개 생선 가시나 돌날로 혀나 성기를 베어 피를 내는 방식으로, 여느 때는 몇 방울의 피를 흘리는 정도였으나, 중요한 행사인 경우에는 정화 의식에 정성을 다하기 위한 방법이 고안되었다. 그것은 바로 손가락 굵기의 줄을 혀나 성기에 관통하여 신성한 종이 위에 피가 흐르도록 한 뒤 그 종이를 불에 태우는 것이었다.(이 의식에 대해서는 다음 장에서 좀더 자세히 살펴볼 것이다.)

산이나 자연의 일부 또는 주술사나 나무로 신이 존재한다고 믿었던 마야인들은 피라미드 신전을 성스러운 산으로 여겼고, 왕의 형상을 새긴 석상들을 줄지어 세움으로써 마치 '왕들의 숲'처럼 보이게 했다. 린다 셸레의 조사에 따르면, 최근까지도 주술사들은 막대기와 옥수숫대로 만든 모형을 동굴이나 신성한 언덕 밑에 두고 초자연적인 존재와 소통을 시도했다.

그들이 자체적으로 개발한 것은 아니지만 마야인들은 두 가지 종류의 달력을 갖고 있었다. 메소아메리카에 전해 내려오는 셈법을 토대로 하여 기원전 약 600년경 고안된 것으로, 아마도 그 셈법은 손가락과 발가락을 모두 합한 20까지의 수를 순서대로 세었던 것으로 추정된다.● 올메카 시대 이후 주술사들은 촐킨tzolkin이라는 달력을 사용했는데, 1년은 13개월로 구분되어 있었고 1개월은 20일, 연간 일수는 260일이었다. 다른 지역에서

● 점(=1)과 막대기(=5) 그리고 0(눈의 모습을 그린 것 같다)으로 이루어져 있다. 피터 루드먼은 그의 책 『수학은 어떻게 발생했는가: 초창기 5000년How Mathematics Happened: The First 5000 Years』(2007)에서 마야의 수 체계를 주판 형식에 대입했다. 이는 마야인들이 주판과 같은 방식으로 덧셈을 했음을 보여준다.[26]

거대한 단절

는 사용된 흔적을 찾아볼 수 없는 이러한 체계는 아마도 인간의 임신 기간이 266일(마지막 월경부터 출산까지는 280일)이라는 점을 고려한 것으로 보이며 대략 마야의 농경 주기와도 일치한다. 이에 따라 고대 주술사들은 260일 주기에 대하여 특별하고 신성한 의미를 부여했을 것이다.[27] 또한 앞서 7장에서 살펴보았듯이 이 무렵부터 성교와 출산의 관계를 인지하게 되었을 것이다.

역시 마야인들이 농사에 이용했을 것으로 보이는 또 다른 달력 체계는 하압haab으로, 월 20일씩 18개월로 구분하되 첫 달만은 5일을 추가로 설정하여 총 365일을 이룬다. 하압 체계는 달의 주기에 따라 한 해를 12등분한 다른 문명권의 달력과는 차이가 있으며, 그 결과 점차적으로 4년마다 하루의 4분의 1씩 오차가 발생하여 계절이 맞지 않았다. 결국 이 주기가 초기화되는 데 1460년이 걸리는 셈이다.

촐킨과 하압은 세상의 두 가지 특징으로 다른 월력 체계와 구별된다. 하나는 52년, 즉 1만8980일 주기를 지닌 두 달력이 희한하게도 예수 탄생의 시기에 정확히 맞아떨어진다는 점이다. 두 번째는 52년 주기를 사용하여 세상이 창조된 시기를 거슬러 계산하면 그 시기는 오늘날의 기준으로 볼 때 기원전 3114년 8월이라는 점이다. 이는 마야의 왕들이 달력을 통해 거대한 역사의 흐름 속에서 자신의 통치 시기를 인지할 수 있었으며, 왕의 계보를 수립함으로써 합법적인 지배를 증강했음을 추측케 한다.(시간이 순환한다는 마야인들의 개념에 대해서는 2장과 5장에서 언급한 바 있다.)

린다 셸레와 데이비드 프라이델은 마야 사회에서 왕의 통치 순서로 연대기를 편성했다. 그리고 왕은 피 흘리기를 통해 초자연적인 세계와 소통하는 주술사의 역할을 담당했을 뿐만 아니라 기후, 질병, 심지어 죽음에 대해서까지 책임을 지는 존재였음을 밝혀냈다.[28] 또한 두 연구자는 왕권이라는 개념이 기원전 50년 무렵 멕시코 만의 작은 마을 세로스Cerros에서 형성되었을 것으로 추정했다. 그런 한편 고고학적 증거에 따르면 당시의 주민들은 어떤 이유에서였는지는 알 수 없으나 중심 거주지의 집을 버리고 흙과 돌로 만들어진 피라미드 신전의 꼭대기, 즉 주술 의식이 거행되는 T자 형태의 공간(올메카 시대의 건축물과 흡사하다)으로 이전했다.[29] 기념 건축물 외관에는 마야인들에 의해 개발된 회반죽이 발라져 있고, 그 표면에는 왕의 정치적·종교적 역할과 기능이 기록되어 있다.

광장에서 피라미드 꼭대기의 제단까지는 수많은 계단이 있으며, 그 위에는 세계수를 상징하는 커다란 나무 기둥이 세워져 있다. 이 기둥은 해가 뜨고 지는 움직임에 따른 방위를 표시하고 있다. 제사장이자 왕인 존재는 이곳에서 신과 조상들을 만나기 위해 피 흘리기 의식을 통해 최면에 빠져들었다. 피라미드 저층에는 마야인의 전설 속에 등장하는 쌍둥이 조상 또는 재규어-태양 신을 상징하는 재규어의 형상이 새겨져 있다.(이 또한 21장에서 살펴볼 예정이다.)

고고학자들의 조사에 따르면 높이가 16미터에 달하는 세로스 신전은 한 세대 동안 세 배 규모로 확장되었으며, 번성기에는 근처에 또 다른 제단과 경기장도 건설되었다. 그러나 올메카의 산 로렌소 또는 다른 메소아메리카의 도시가 민중의 반란으로 붕괴되었듯이 이 도시도 오래 지속되지는 못했다.

세로스는 궁극적으로 메소아메리카 사회에 계급 구조를 형성했다는 점에서 의의를 지닌다. 이러한 구조는 엘 미라도르El Mirador, 티칼Tikal, 우악삭툰Uaxactun과 같은 다른 마야의 도시에서도 그대로 재현되었다. 네 단위로 구별되는 계급 중에서 가장 높은 계층은 식생활조차 달라서, 일반인들보다 평균 10센티미터 이상 키가 더 컸다.[30] 최근 판독된 그림 문헌을 통해 엘 미라도르, 티칼, 우악삭툰에 대해 더 많은 사실이 알려졌으며 마야인들의 '지침서'이자 그들의 세계관이 담겨 있는 『포폴 부Popol Vuh』는 위대한 사제왕의 역할에 대해 정보를 제시하고 있다.

마야의 도시들 중 가장 먼저 형성된 엘 미라도르는 페텐Peten(북부 과테말라)의 습지와 낮은 언덕 중간에서 기틀을 마련하여 10제곱킬로미터의 면적을 유지하며 기원전 150년~기원후 50년에 번성했다. 도시 중심부에는 거대한 피라미드가 축성되었고 다른 의전용 건물과 광장 그리고 고분도 쌓아 올려졌으며, 고위층은 장인·사제·기술자·장사꾼 등을 관리했다. 마야 초기인들이 쓴 것으로 추정되는 기록이 엘 미라도르에서 발견되었으나 아직 판독이 되지 않아 이 도시가 기원후 1세기 무렵 급격히 멸망한 원인을 알아내지 못했다.

티칼과 우악삭툰은 엘 미라도르에서 64킬로미터 정도 떨어진 곳에 터를 잡았다. 티칼은 기원전 600년경 습지에 자리 잡은 작은 마을로, 주로 흑요석과 규암이 거래되곤 했다. 이 마을에도 제단이나 광장 등의 공공 건축물이 세워졌고, 마야 문명에서 개발된 전형적인 회반죽 방식으로 가면들이 장식되었다. 당시 고위층의 무덤에서 발견된 뼈를 관찰한 결과 일반인들보다 크기가 훨씬 더 크고 뼈밀도가 높다는 사실로부터 영양가 높은 식문화를 재차 확인할 수 있었다. 무덤에는 피 흘리기 의식에 이용되는 도구들이 함께 매장되어 있었으며, 여러 세대에 걸쳐 계속 사용된 듯한 머리 장식도 있었다.

티칼과 비슷한 발전을 이루었던 우악삭툰에는 작은 광장에 6개의 신전이 세워져 있으며, 장식용 벽토stucco로 만든 조각과 가면들이 많이 발굴되었다. 이 조각과 가면은 신성한 산과 태초의 바다에 사는 괴물을 묘사한 것으로, 신전의 양 끝에는 상상의 뱀의 머리가 장식되어 있고 중앙 건물로 향하는 계단 옆에는 재규어 가면이 있다. 그리고 왕이 제사를 주관하는 마야의 관행은 바로 우악삭툰에서 시작된 것이다.[31]

엘 미라도르가 붕괴될 즈음 티칼과 우악삭툰은 어느 쪽이 더 우월하다고 평가할 수 없을 만큼 엇비슷했다. 기원후 219~238년까지 티칼은 약스 모츠 소크Yax Moch Xoc 왕조가 지배했으며, 기록에는 그 자신과 후계자들이 고대로부터 신비한 재규어와 긴밀한 관계를 지니고 있는 왕의 혈통이자 주술사라고 되어 있다. 여기서도 역시 재규어는 올메카 문명에서처럼 강력한 지하세계를 대표하며, 전투의 용맹성과 종교적 권위를 지닌 초자연적인 왕권의 상징으로 기능한다. 신전 아래에서는 웅크린 채 제물로 희생된 사람들의 유해가 발견되었다. 당시 귀족 포로를 사로잡는 것은 왕의 능력을 과시하는 중요한 행위로, 이 귀족 포로들의 피를 신에게 바침으로써 왕의 권능을 증명해 보였다.

서로 엇비슷한 세력을 유지했던 티칼과 우악삭툰은 티칼의 아홉 번째 왕인 '위대한 재규어 포Great Jaguar Paw'의 치세 당시 팽팽한 경쟁관계였다. 재규어 포는 기원후 378년 1월 16일 전례 없는 규모로 우악삭툰을 침략했다. 이는 신에게 바칠 제물을 구하기 위해서라기보다는 영토를 넓히려는 목적이었을 것으로 짐작된다.[32]

이 무렵 멕시코 계곡에서 형성된 테오티우아칸Teotihuacan이라는 도시가 유카탄 반도에 꽤 큰 영향을 끼치고 있었다. 이 사실은 4세기 후반에 테오티우아칸에서 제작된 물건들이 티칼에서 활발히 교역된 점으로부터 충분히 짐작할 수 있다.

이 시기 마야인들의 삶에 전쟁 숭배의 풍조가 나타나기 시작했다. 티칼의 통치자는 전쟁과 관련이 있다고 믿었던 금성의 운행을 관찰하면서 전쟁 시기를 정했으며, 왕족의 표준 예복은 틀랄록-비너스Tlaloc-Venus 스타

거대한 단절

일로 굳어졌다. 이후 우악삭툰을 통치했던 티칼의 '담배 피우는 개구리Smoking Frog'의 이름은 여러 세대에 걸쳐 기억되었다.

6세기 중엽까지 전성기를 누리던 티칼은 카라콜Caracol의 왕에 의해 멸망했다. 이후 전쟁은 계속되었고, 7세기 후반에 다시 이 지역을 되찾은 티칼인들에 의해 거대한 건축물들이 지어졌다. 왕이 재규어 신의 보호를 받는 가운데 수많은 전쟁 포로가 제물로 바쳐졌다. 가장 최근의 연구 자료에 따르면 도시가 멸망하기 전 티칼은 자원 부족에 시달린 것으로 알려졌다. 신전을 지을 때 그들은 전통적으로 단단하고 자르기도 손쉬운 사포딜라 나무 목재를 많이 사용했는데, 이것이 기원후 741년 이후부터는 작고 옹이가 많아 재단하기 까다로운 로그우드 나무로 대체되었다. 이 분야를 연구한 화석인류학자인 데이비드 렌츠는 신전 건축자들이 사포딜라 나무를 구할 수 있었다면 굳이 로그우드 나무를 쓰지 않았을 것이라고 했다.[33]

마야의 도시들 중 가장 서쪽에 위치했던 팔렝케Palenque는 독특하게도 4층으로 구성된 탑을 보유하고 있을 뿐만 아니라 자세하게 기록된 그림 문헌들로 가장 완벽한 역사를 간직하고 있다. 이 사료들에 따르면 발룸 쿡Bahlum Kuk(재규어 케찰)이 즉위한 기원후 431년 3월 11일부터 왕조가 시작되었고 이는 799년까지 유지되었다. 1952년, 팔렝케의 독특한 특징을 제시하는 또 다른 유물이 발굴되었다. 신전 자체가 안치실로 유명한 '비문의 신전Temple of Inscriptions' 심장부에는 피라미드 내부 깊숙한 장소로 연결되는 계단이 숨겨져 있었는데, 그곳은 바로 67년이라는 치세 기간을 자랑하는 통치자 파칼의 무덤이었다. 유해가 안치된 석관 표면에는 파칼 왕이 세계수에서 지하세계로 뛰어내리는 모습이 조각되어 있다. 파칼의 아들은 더 많은 기념 건축물을 지었으며, 그림 문헌을 통해 왕조의 역사가 더 유구한 것처럼 보이도록 찬미하고 있다.(마야 사회에서 장소는 매우 중요한 요소로서, 세계수가 놓인 위치는 하늘을 떠받드는 곳이자 만물이 비롯되는 세상의 배꼽으로 인식되었다.) 9세기경 팔렝케가 붕괴되자 사람들은 '한때 위대했던 도시 주변'의 마을로 돌아가 농사를 지었다.³⁴

지금의 온두라스에 속하는 코판Copan은 마야 지역의 남쪽 끝에 형성된 도시였는데 그 역사는 오랫동안 유지되었다. 따라서 마야의 다른 어떤 도시들보다 많은 조각 장식과 기록 유산을 남겨놓았다. 약 12만 제곱미터의 면적을 차지하는 코판 유적지에는 피라미드와 광장, 제단, 기둥 등이 산재해 있으며, 조사 결과 기원전 1400년 무렵부터 사람들이 거주하기 시작했고 서기 400년 무렵에는 도시로 발전하여 경기장을 비롯한 다양한 건축물이 건설되었다. 계단에 새겨진 경이로운 상형문자들과 그림 문헌들을 판독한 결과, 코판의 왕들은 모두 서기 435년에 태어난 약스 쿡 모Yax K'uk Mo(푸른 앵무 케찰)의 혈통이라는 사실이 밝혀졌다. 몇몇 왕은 오랫동안 통치했지만 어떤 왕들은 전쟁터에서 전사했다. 왕의 무덤에서 발견된 여러 가공품 중에는 제례용 칼과 피 흘리기 의식에 쓰인 가오리 가시가 포함되어 있었다. 그러나 이 도시도 서기 830년 무렵에 멸망했다.

8세기 후반에서 9세기 초, 유카탄 반도는 혼란에 휩싸여 있었다. 남쪽에서 형성된 도시들은 멸망했고 북쪽의 도시들은 스페인에 의해 정복될 때까지 역사를 유지했다. 멸망의 원인에 대해서는 아직도 밝혀지지 않았다. 8세기경 코판 시대로 보이는 유골들에서 엿보이는 빈곤의 흔적을 토대로 환경 파괴, 흉년, 가뭄, 영양 실조와 굶주림 등의 생태학적 원인이 멸망을 이끌었다는 주장도 제기되었다. 반면 정치적 관점으로 설명한 다른 이론 역시 설득력 있다. 엄격한 계급사회에서 통치자들은 주술적 신앙을 기반으로 한 숭배 의식을 통해 권력을 유지해왔으나, 화산 폭발이나 지진 등의 '초자연적' 사건들은 불가항력이었고, 결국은 정치적 안정을 꾀할 수 없게 되어 괴멸되었다는 것이다. 더구나 당시에는 수레를 끌 동물도 없었고 바퀴 달린 수레도 없었을 뿐만 아니라 숲을 관통하는 무역로를 구축할 기술도, 장거리 이동을 도울 말도 없었다. 이러한 환경 속에서 마야의 정치 규모는 자연적으로 제한되었을 것이고, 종교적 믿음으로 제물을 바치는 관행 또한 적지 않은 부담으로 작용했을 것이다.

번개와 구름

마야 지역의 북쪽과 서쪽에 위치한 두 계곡에서는 몬테 알반Monte Alban 과 테오티우아칸이라는 두 도시국가가 태어났다. 오악사카Oaxaca 계곡에서 형성된 몬테 알반은 사포텍Zapotec 문명의 중심 도시로서 기원전 2000년까지 옥수수와 콩 농사가 이루어졌고, 산호세모고테San Jose Mogote 라는 곳에는 기원전 1350년 무렵의 것으로 추정되는 소박한 건축 유물들이 남아 있다. 이곳에서 조개로 만든 나팔, 춤추는 여인상, 여러 가면들이 발견되었고 제례 의식에서 피를 내는 데 사용된 것으로 보이는 생선 가시도 있었다. 기원전 1000년경 중심 지구의 면적은 20만 제곱미터로 확대되었으며, 기원전 600년~기원전 500년 무렵부터 상형문자와 달력이 이용되기 시작했다. 더욱이 올메카 문명으로부터의 '유산'으로 보이는 재규어와 날개 달린 뱀 이미지도 많았다.

이 무렵 세 갈래로 나뉘는 오악사카 계곡의 전략적 요충지에 자리 잡은 몬테 알반 역시 주요한 도시로 자리매김했다. 이 새로운 정착지는 곧 인구 5000명의 도시로 급성장하여 당시 메소아메리카에서 실질적인 최초의 도시가 되었다. 이 유적지에서는 눈에 띄는 두 가지 사실을 확인할 수 있다.

하나는 경작할 만한 땅과 물이 없다는 것이고, 다른 하나는 피라미드와 왕궁 또는 광장의 규모가 크고 복잡하여 상징적 경관을 이룬다는 것이다. 3.2킬로미터에 걸쳐 둘러쳐진 돌담은 요새로 지었다기보다는 계곡 아래에서 올려다볼 때 웅장하게 우뚝 솟은 성채처럼 보이도록 하기 위한 것으로 짐작된다. 퍼듀대 리처드 블랜튼은 건조한 언덕에 자리 잡은 몬테 알반이 정치적 수도로서 피신처가 필요한 사람들을 보호하던 '중립' 지역이라고 주장했다. 그러나 어떠한 공격의 흔적을 찾아볼 수 없는 것으로 보아 순전히 권력과 지배를 상징하는 장소였을 가능성이 높다. 더욱이 경제적 가치가 없는 환경을 고려할 때 경쟁력 있는 지역이 아니었음을 짐작할 수 있다.

도시는 더 확대되었고 기원전 200년 무렵 인구는 약 1만5000명에 이르렀다. 기원전 500년~기원전 200년 사이 강력한 지배계급이 나타난 것으로 보이며, 단산테스Danzantes 신전 등의 석조 신전과 왕궁이 있는 몬테 알반의 광장을 비롯하여 오악사카 계곡 전체를 통치했던 것 같다. 수많은 반석에는 올멕 문명과 유사한 입 모양을 지닌 벌거벗은 남자들이, 수영을 하는 것인지 춤을 추는 것인지, 기이하게 흔들거리는 모습이 묘사되어 있다. 이러한 동작을 보이고 있는 140명 정도의 남자들은 아마도 몬테 알반의 지배계급에 의해 살해된 귀족 포로들로 짐작된다. 그들 중 몇몇의 사타구니에 그려진 소용돌이 문양은 성기에서 피를 낸 흔적으로 보인다. 브라이언 페이건의 지적처럼 이는 메소아메리카 문명에서 피 흘리기 의식이 뿌리 깊은 주술적 믿음이었다는 사실을 재차 확인케 해준다.[35]

세 개의 언덕에 걸쳐져 있는 몬테 알반은 권력층 전용 무덤을 보유한 계급사회였다. 주민들은 15개 지역에 흩어져 살았으며 각 지역에는 광장과 중심지 그리고 구기장이 마련되어 있었다. 화살처럼 생긴 J자 모양의 신비한 고분도 구축되어 있는데, 서남쪽을 향해 있는 끝부분은 벌집 형태의 아치형 터널로 되어 있다. 이 건축물의 낮은 담 밑에는 제물로 희생된 시체를 보관한 듯한 40개의 석판이 있고, 고분의 끝은 일 년 중 특정한 시기에 밝게 빛나는 별을 향하고 있다. 이것은 상서로운 시기에 있었던 어떤 전쟁을 기념한 것이 아닐까 싶다.

기원전 200년~기원후 200년에 전성기를 구가했던 몬테 알반은 인구가 2만5000명까지 이르렀으나 그 이상 늘어나지는 못했다. 이후 테오티우아칸과 교역을 통해 8세기까지 명맥을 유지하다가 서서히 쇠락했으며 사포텍 지도자들은 대중적 지지 기반을 잃었다.

사포텍 문명은 메소아메리카 태평양 해안에서 약간 서쪽에 위치한 틸란통고Tilantongo 중심의 미스텍Mixtec(미스테카Mixteca라고도 한다) 문명과 더불어 자주 거론되는 문명권이다. 미스텍인들은 메소아메리카에서 가장 계급의식이 강한 종족으로, 출생 순서에 따른 서열을 중시했을 뿐만 아니라 권력층은 자손들에게 높은 신분을 물려주기 위해 가끔 인척끼리 혼인하기도 했다. 바브로 댈그런은 스페인 정복 이전의 메소아메리카 고대 기록들 가운데 혼인의 사례를 자세히 조사했다. 그 결과 왕족 간의 혼인이 형제의 딸과 11회, 자매의 딸과 14회, 이복여동생과 1회, 친여동생과 4회 있었음을 확인했다. 이렇듯 근친혼이 늘어나자 인접한 계곡 지역과의 교류가 단절되었다. 권력층은 시간이 지날수록 일반인들과 차별화되어 급기야는 신체의 일부를 가리킬 때조차 다른 용어를 사용할 정도였다.[36]

사포텍 문명이나 미스텍 문명은 가뭄에 강한 옥수수 농사를 육성했으며 바람·구름·번개·천둥·불·지진 등과 같이 자연의 위대한 힘을 숭배했다. 두 문명에서 출토된 도자기에는 불을 뿜는 뱀의 형상이나 재규어가 특징적으로 나타나고 있다. 사포텍 사람들에게 가장 두려운 자연 현상은 번개였고, 미스텍 사람들에게는 비였던 것 같다. 예컨대 미아우아틀란Miahuatlan 남쪽의 사포텍 산맥에 거주하는 주민들은 번개를 네 가지 종류로 나누고, 그것들이 "세상의 주요한 네 방위에 위치한 언덕에 숨어 있다"고 믿었다. 게다가 번개 또는 코시호Cocijo(번개의 신―옮긴이)에 의해 일 년이라는 기간이 4등분되었다고 여겼다. 켄트 플래너리, 조이스 마커스, 로널드 스포어스의 분석에 따르면, 이렇듯 우주를 4분기로 구분되는 직사각형으로 인식하는 방식은 이미 북인디아, 중남아메리카, 아시아의 여러 지역에 퍼져 있던 것으로, "베링 해협을 건넌 최초의 이민자들이 가져온 정신적 유산 중 하나"일 것으로 추정된다.[37]

본질적으로 물활론적 사상을 지녔던 사포텍인들은 생명이 없는 것처럼 보이는 대상들에도 생명이 존재한다고 믿었다. 마커스의 분석에 따르면, 그들이 숭배했던 대상은 엄밀히 말하면 유일신이 아니었지만 분명 그들은 시작도 끝도 없는 초자연적인 존재를 인지하고 있었으며, 그 존재가 '자기 자신 외에 만물을 창조'했다고 믿었다. 즉 그 초자연적인 존재에 의해 번개, 태양, 지진, 구름 등이 만들어진 것이다. 사포텍인들이 가장 오랫동안 두려워했던 대상은 번개였다. 그들은 해가 탄생하기 오래전부터 코시호후이Cocijojui라는 번개의 신이 산꼭대기에 살고 있으며, 구름·바람·우박·비가 보관된 4개의 커다란 항아리를 옥좌 아래에 두고 작은 번개들로 그것을 지켰다고 믿었다. 전해지는 전설에 의하면 사람들의 탄원이 있을 때면 신이 그 네 가지 효력을 발휘했다. 태초에 인간은 모두 재규어였으며, 구름은 조상으로 간주되었다. 무지개는 뱀 케찰인 펠라케차pelaquetza라는 이름으로 불렸고, 번개를 뜻하는 코시호는 이후 여러 왕의 이름에 차용되었다.

한편 그들은 자연의 힘을 달래기 위해 전쟁 포로나 어린아이들을 외지고 험한 산에 제물로 바쳤다. 관습에 따라 가시나 돌칼을 이용하여 제물의 몸에서 피가 흐르도록 한 뒤 풀이나 새의 깃털에 피를 모아 신에게 바쳤다. 제물의 육체는 음식으로 나눠졌고 남은 두개골은 때때로 선물로 교환되었다. 사포텍과 미스텍의 주술사들은 술과 환각제를 이용하여 최면 상태에 빠져드는 기술을 지니고 있었는데, 대체로 술은 용설란 즙으로 만들었고 환각제는 버섯류인 실로시빈Psilocybe 종, 리베라Rivera 종, 다투라 Datura 종, 흰독말풀 등에서 추출했다.[38]

리처드 블랜튼은 미스텍과 사포텍 문명에 관한 연구를 통해 종교와 전쟁의 긴밀한 관계를 밝혀냈다. 세월이 흐를수록 두 사회의 지배층은 권력 집단의 이념을 조종할 만큼 강력한 종교적 힘을 발휘했는데, 특히 '다른 정치 체제와의 분쟁'을 고의적으로 부추기곤 했다. 이러한 전쟁은 공동체의 결속을 강화시켰고 더 많은 공물을 거둘 수 있는 기회를 제공했다. 블랜튼의 설명에 따르면 당시 종교의 주된 목적은 제의식을 통해 권력층의 지위를 유지하고 지배력의 정당성을 위한 갈등(전쟁)을 조장하는 것이었다.

끊임없이 전쟁을 벌인다는 것은 매우 위험한 전략이 아닐 수 없다. 그런데도 왜 이러한 방식을 고수했던 것일까? 이 물음에 대한 하나의 대답으로서, 전쟁은 지배층이 위협의 범위를 조종할 수 있게 한다는 사실을 들 수 있다. 즉 그들은 적을 선택하거나 전쟁의 시기를 결정할 권한을 가지고 있었다. 그러나 번개·폭우·허리케인·지진·화산 등의 초자연적인 위협을 예견하거나 조정할 수는 없었다. 물론 지배층은 제례 전문가 또는 달력 전문가의 지위를 누리기도 했으나 그러한 각본이 때에 따라서는 스스로를 위협하기도 했다. 결국 그들은 다른 정치 집단의 위협을 제시함으로써 피지배계층으로 하여금 권력에 의문을 제기하는 경향을 잠재우려 했을 것이다. 당시 지배층의 예술작품에 나타나는 선동성 또는 지배층과 신과의 혈통성을 끊임없이 강조하는 경향은 이러한 배경을 설명해준다.

그렇다 해도 환경 파괴, 재해, 경제난, 지배 이데올로기에 대한 민중의 항거 등은 마야 문명이 쇠퇴하게 된 이유를 충분히 설명하지는 못한다. 게다가 이 도시들의 멸망은 공교롭게도 툴라Tula의 부상과 시기적으로 일치한다. 이에 대해서는 23장에서 살펴보겠다.[39]

600개 피라미드 도시

메소아메리카 도시들 중 마지막으로 테오티우아칸에 대해 논의할 차례다. 멕시코 계곡의 사람들은 교역을 통해 올멕과 긴밀한 관계를 유지해왔으며, 특히 기원전 1000년 무렵부터는 두 도시와 호혜적인 교역을 해왔다. 바로 쿠이쿠일코Cuicuilco와 테오티우아칸으로, 훗날 쿠이쿠일코는 화산 폭발로 붕괴되었으나 테오티우아칸은 한동안 번영을 누렸다. 예수 탄생 무렵 인구가 4만 명이었던 테오티우아칸은 기원후 500년에는 인구가 10만에서 20만 명으로 증가하여, 당시 세계에서 가장 큰 도시 중 하나가 되었다.

이 거대한 규모의 테오티우아칸은 다른 도시들과 달리 자연 발생적으로 발달한 도시가 아니었다. 처음부터 면밀한 계획을 통해 인공적인 산을 조성했고 분리 간격을 두고 작은 언덕을 조성하는 식의 상징적인 환경을 만들었다. 이 도시에는 600개가 넘는 피라미드, 500개의 일터, 2000개의 복합주거 공간, 대규모 시장, 남북으로 4.8킬로미터나 뻗은 '죽은 자의 길 Street of the Dead'이 시작되는 거대한 광장이 형성되어 있다. 이러한 도시 계획은 오늘날에도 장엄함을 불러일으킨다.

테오티우아칸이 번영할 수 있었던 까닭은 가까운 곳에서 쉽게 흑요석을 구할 수 있었기 때문으로 보인다. 제의용 칼이나 거울을 만드는 마야의 세

공업자들 또는 올메카인들에게도 흑녹색 흑요석과 유리 같은 돌은 매우 귀중한 재료였다. 뿐만 아니라 테오티우아칸은 중요한 교역 통로에 위치하고 있었으며 습지에 대규모 관개 시설을 갖추어 옥수수와 콩을 재배하기에 적합했다. 이 모든 요소가 어우러져 테오티우아칸은 다른 어떤 도시보다 더 성스러운 도시가 될 수 있었고, 이에 따라 순례자들의 방문도 끊이지 않았을 것이다.

신성한 테오티우아칸은 천연 화산암 동굴 위에 '태양의 피라미드great Pyramid of the Sun'가 건축된 이후 더욱 중요한 성지가 되었을 듯하다. 메소아메리카 사람들의 신앙 체계에서 동굴이란 지하세계로 가는 입구이자 주술 의식의 중심지로서, 동굴 위는 피라미드 신전을 짓기에 가장 적합한 장소였다. 그리하여 기원후 2세기 후반부터 500년까지 피라미드 신전은 계속 건축되었으며, 테오티우아칸의 면적은 11제곱킬로미터 이상으로 확대되어 메소아메리카 전체에서 가장 영향력 있는 도시로 성장했다.

도시의 길과 광장에는 대부분 흰색이나 붉은색 도료를 칠했고 거리는 깨끗하고 꼼꼼히 관리되었다. 많은 벽화에서 옥수수나 물은 어떤 주제를 나타내기 위한 공통 소재로 이용되었으며 케찰코아틀Quetzalcoatl이나 틀랄록Tlaloc 같은 위대한 신도 주요한 주제였다. 날개 달린 뱀의 모습을 한 케찰코아틀은 고대로부터 멕시코에서 숭배되어온 대상이었고, 틀락록은 비와 물의 신이었는데, 어떤 지역에서는 전쟁의 신으로 숭배되기도 했다. 두신은 나중에 아즈텍 문명으로 흡수되었다.[40]●

재규어 또한 벽화의 주제로 자주 다뤄지는데, 미술 역사가인 조지 쿠블

● 열대 지방에 내리는 비는 극적인 면이 있다. 특이하게도 태양이 머리 위를 지나칠 때쯤 비의 전조라 할 천둥소리가 울려 퍼진다.[41]

러는 "그림을 처음 대면했을 때 재규어는 수수 빻는 판자 위에 다리를 벌리고 서 있거나, 꽃이나 깃털을 두른 채 조개 나팔을 불고 있거나, 수영을 하거나, 짤랑거리는 래틀rattle을 흔드는 등 마치 훈련받은 동물처럼 다양한 동작을 수행하고 있었다"고 기록했다.

재규어-뱀-새 형상에 대한 의식은 테오티우아칸에서 처음 등장했지만 나중에 톨텍의 툴라Tula 지역에서 더욱 정교하게 발전했다. 테오티우아칸에서는 인간이 재규어처럼 보이는 옷을 입거나 아예 재규어 가죽을 몸에 걸치거나 머리 장식으로 두른 이미지를 많이 볼 수 있는데, 이는 그 어떤 경우에든 새나 뱀의 형상과 연관되어 있다. 재규어-뱀-새의 혼합 이미지는 분명히 테오티우아칸에서만 볼 수 있으며, 훗날 톨텍과 아즈텍 문명에서는 재규어와 독수리가 혼합된 형상이 등장한다. 도상과 예술적 양식으로 판단할 때 테오티우아칸의 재규어는 올메카에 뿌리를 두고 있다. 한편 일본인 고고학자에 의해 발굴된 '달의 피라미드Pyramid of the Moon'에서는 제물로 바쳐진 전사와 더불어 나무 울타리가 있었던 흔적 그리고 무덤에 산 채로 매장된 것으로 보이는 재규어, 늑대, 매의 흔적이 확인되었다.[42]

이러한 사실들은 메소아메리카 사람들의 신앙 속에 재규어와 뱀의 개념이 불가분의 존재로 섞여 있음을 설명해준다. 거듭되는 내용이지만, 재규어는 권력과 땅의 생명력을 상징하며 뱀은 물로부터 얻을 수 있는 것들을 상징한다. 이러한 관념은 훗날 케찰코아틀과 틀랄록에 그대로 표현되어 있다.[43]

기원후 500~750년 테오티우아칸의 국운은 점점 기울기 시작했다. 흥미롭게도 무장을 한 차림새의 신 또는 창과 방패를 든 사제를 묘사한 그림들을 통해 당시 전쟁이 빈번했음을 짐작할 수 있으며, 750년 무렵 마침내 도시는 멸망하고 중심부에 있던 제의 구역은 잿더미가 되었다. 그 당시 대규모 건축물을 짓는 데 필요한 석회나 회반죽을 만들기 위해 주변 땅을 파헤친 탓에 침식이 심해졌고 농경지 역시 줄어든 것으로 보인다. 하물며 가뭄까지 이어져 도시 기능은 약해졌고 결국 이웃한 유랑민들의 공격을 불러들였다.

지금까지 살펴보았듯이, 중남아메리카에서 하나의 도시국가 혹은 문명이 동요할 때면 이내 다른 도시 문명이 부상하곤 했다. 페루 해안의 모체 문명이 사라졌을 때 아야쿠초Ayacucho 언덕에서 새로운 도시국가인 우아리Huari가 건설되었다. 2만~3만 명의 규모를 이룬 우아리 사회는 친족·계급·직업 등에 따라 철저하게 신분이 구분된 계급사회였다. 지배층은 거주하는 지역이나 제례를 올리는 광장도 따로 구별했으며, 도자기공 등의 장인들과도 분리된 독립 공간에서 생활했다.[44]

우아리의 솜씨 좋은 기술자들이 높은 언덕 위의 우물을 밭으로 유도하는 수로를 만들었고, 그 덕분에 안정적인 옥수수 농사가 가능했다. 우아리는 지정학적으로 안데스의 주요한 교역 통로에 걸쳐 있었으며, 그러한 배경으로부터 입구의 신을 숭배했을 것으로 보인다. 그러나 그림에 옥수수 열매가 자라는 머리 장식이 묘사된 것을 보면 나중에 옥수수 신으로 개조된 듯하다. 어쨌든 우아리인들은 뛰어난 기술력을 활용하여 이전까지는 활용하지 못했던 지역, 즉 직선거리로 965킬로미터에 해당하는 산간지역의 영토를 확보하게 되었고, 지배층은 담을 둘러친 별도의 공간에서 일반인들과는 분리된 생활을 유지했다. 우아리는 해안가의 사람들과 서로 교역은 하되 침략하지 않는 관계를 유지하며 높은 언덕에서 뛰어난 기술력에 의존하여 기원후 500~900년까지 번성기를 누렸으나 이후 내부 반란에 의해 무너졌다.

푸에블로 현상

토착 인디언들 사이에서 '거북이 섬'으로 불렸던 북아메리카에는 중남아메리카와 같은 문명이 나타나지 않았다. 첫 번째 이유는 야생동물이 풍부하여 수렵-채집만으로도 800여 부족이 생활할 수 있었기 때문이다.[45] 두 번째 이유는 나중에서야 옥수수와 같은 곡식이 북아메리카로 전파된 데다 열대 지방에서 자라는 품종이 북아메리카의 환경 조건에 적응하는 데 많은 시간이 필요했기 때문이다. 세 번째로는 북아메리카에는 물이 부족한 지역이 많아서 옥수수 재배가 발달하기 힘들었다.

그럼에도 불구하고 기원후 1세기 동안 서남부와 중부 지역에는 작은 마을이 형성되었으며, 당시에 세워진 건축물, 도자기, 천문 배열을 관찰했던 증거도 발굴되었다. 또한 양파나 박하 같은 초본 식물이 자라던 땅에 간헐적으로나마 강물을 끌어다 농업용수로 사용하기 시작하면서 작물 재배가 촉진되었다. 최근 조사가 이루어진 들판에서는 남아메리카에서 발견된 것과 같은 작물이 추운 환경에 적응했던 것으로 확인되었다. 그러다가 기원후 200년 무렵까지 한 지역에 몇 세대를 걸쳐 옥수수를 재배하며 생활하는 수백 개의 마을이 등장했는데, 이들은 구덩이 안에 집을 짓고 독립적으로 생활하는 형태를 취했다.[46] 그들은 기온차가 심해서 겨울에는 춥고 여름에는 무더운 북아메리카의 기후 환경에서 열 손실을 막기 위해 방을 이어 붙이는 독특한 구조를 고안해냈다. 이러한 건축 구조는 고고학자들 사이에서 푸에블로Pueblo 양식으로 통용되었다.

푸에블로 양식을 가장 잘 보여주는 지역은 차코Chaco 협곡에 있는 푸에블로 보니토Pueblo Bonito의 아나사지Anasazi 마을이다. 차코 협곡은 수십 미터 높이의 가파른 절벽 지대로, 푸에블로 족은 13개 장소에서 정착생활을 했다. 2400개에 달하는 여러 유형의 유적지도 발견되었는데 각각의 촌락에는 키바kiva라는 제의용 공간이 마련되어 있었다. 종합적으로 볼 때 그들은 약 8000여 년 동안 협곡에 집단을 형성하여 살았을 것으로 짐작되는데, 푸에블로 양식은 기원후 700~900년부터 보이지 않았다. 그들의 주거지는 반원 형태로 지어졌는데, 아마도 키바로부터 비슷한 거리를 유지하기 위해서였을 것으로 보인다. 제의 중심의 생활을 했던 그들 중 일부는 날개 달린 뱀을 숭배하기도 했다. 구덩이를 깊게 판 구조의 키바는 지상에 정착하기 전에 지하 공간에서 생활하던 원시적 형태를 나타내고 있다. 호피Hopi 족의 신화에는 "태초에 토크펠라Tokpella라는 무한한 공간이 있었고 태양의 정령인 타와Tawa만이 낮은 신들과 함께 존재했다. 그때 인간은 없었으며 곤충과 같은 생물만이 땅속 깊은 동굴에 살았다"는 내용이 전해진다. 또 다른 전설에 따르면 타와는 생물들을 지상과 지하세계로 보냈는데, 생물들이 은밀히 출입구를 통과하여 위의 세계인 하늘로 기어올랐다고 전해진다.

"이때 신은 그들에게 옥수수를 내주면서 각 키바의 바닥에 있는 시파푸니sipapuni라는 장소에 놓아두라고 했다."(시파푸니는 최초의 생명체가 지상으로 올라온 작은 구멍을 뜻한다.) 키바는 우주의 계층 구조를 상징하는 공간인 동시에 옥수수를 언제 심고 수확할 것인지 등의 공동체 활동을 논의하는 장소였고, 제례 의식이 이루어지는 공간이었다.[47] 한마디로 말해, 키바는 남아메리카의 세계수와 유사한 역할을 수행했다.

푸에블로 양식과 키바는 별들의 배열을 반영하고 있다. 예컨대 차코 협곡의 카사 린코나다Casa Rinconada에 있는 거대한 키바를 살펴보면 입구는 북쪽 하늘을 향해 있고 그 방향이 가리키는 지점을 중심으로 많은 별이 운행하고 있음을 알 수 있다. 한편 네 개의 구멍을 파고 커다란 나무 기둥을 세운 집은 최초의 인류가 하늘세계로 기어오른 신화의 내용을 상징하는 것처럼 보인다. 태양의 운행 주기에서 최북단에서 떠오르는 첫 태양 광선은 이 키바의 입구를 통해 내부를 환하게 비춘다. 당시 북아메리카 인디언 천문학자들은 모두 주술사로서 환각제를 이용하여 현실로부터 정신세계 속으로 빠져들었으며, 동물로 변신하는가 하면(남쪽에서 주로 재규어였다면, 북쪽에서는 주로 늑대였다) 때로는 날아다니며 경계를 넘나들었다. 이들에게도 인간을 제물로 바치는 의식은 있었으나 보편적이지는 않았다.

11세기에 이르자 계곡 안쪽으로 아홉 개의 커다란 반원형 주거 단지가 형성되었다. 건물을 지은 후에는 배수 시설을 마련하여 주기적인 물의 피해를 막았다. 거대한 규모의 푸에블로 보니토의 경우 반원형의 광장 주변으로 800여 개의 방이 구축되어 있다. 각 방에 필요한 네 개의 소나무 기둥은 64킬로미터 떨어진 곳에서 운반해온 것으로, 그 많은 방을 지탱하는데 필요한 소나무 기둥을 계산해보면 건축의 규모를 짐작하고도 남는다.[48]

이에 관한 오래된 수수께끼 한 가지는 해결되었다. 차코 푸에블로의 경우 최대 수용 인원은 2000명인데 왜 6500개나 되는 방을 지었을까 하는 의문이 있었는데, 아마도 차코 푸에블로는 몬테 알반이나 차빈 데 우안타르와 같이 많은 사람이 찾아오는 순례의 중심지였던 것으로 보인다. 순례자들은 이곳에 오래 머물지 않았던 듯하지만 수많은 길이 차코로 집중되어 있다는 사실이 확인됨으로써 이러한 추측은 설득력을 지니게 되었다. 그 길들은 일직선의 비포장 구간도 있고 돌들이 배열된 부분도 있고 몇 인치 깊이로 파인 구간도 있는데, 모두 차코로부터 64~96킬로미터 떨어진 지역의 30개 정도의 주거지와 연결되어 있다. 멀게는 640킬로미터가 넘는 범위까지 네트워크가 조성되어 있었다. 잉카 또는 나스카의 길만큼이나 잘 알려지지는 않았지만 매우 인상적이다.

거대한 단절

차코는 교역의 중심지로, 여러 종류의 제례용 물품 중 가장 귀한 품목은 터키석이었다. 지금의 뉴멕시코, 콜로라도 지방을 중심으로 6500제곱킬로미터에 달하는 지역에서는 '차코(푸에블로) 현상'이라고 불릴 정도로 동일한 문화를 공유했다. 지금은 사라져버렸지만 당시 신성한 자연관과 관련한 그들의 사고 체계는 광대한 반경에 걸쳐 연결되어 있었을 것이다.

12세기 말쯤 푸에블로 현상은 붕괴되었다. 그 원인은 아마도 기원후 1100년 이후 50년이 넘도록 산 후안San Juan 분지에 극심한 피해를 끼친 가뭄이었을 것으로 보인다. 어쩌면 차코 사회가 지나치게 비대해진 탓일 수도 있다. 건물을 짓는 데 2만 그루가 넘는 소나무가 소비되었다면 정작 추운 겨울을 위한 땔나무가 부족했을 것이다. 또한 너무 많은 나무가 베어져 민둥산이 된 나머지 토양의 침식이 발생한 것은 아닐까? 이런 추측이 가능한 이유는 다른 곳에서도 이와 같은 현상이 있었기 때문이다.

콜로라도 서남쪽에 있는 메사 베르데Mesa Verde는 뉴멕시코 서북쪽의 차코 협곡으로부터 자동차로 세 시간 거리에 위치해 있다. 1888년 눈 내리는 어느 날, 길 잃은 가축을 찾던 두 명의 목동에 의해 이 놀라운 유적지가 세상에 모습을 드러냈다. 높게 돌출되어 있는 바위 밑에서 한 동굴이 발견되었는데, 이 동굴은 200개의 방과 23개의 원형 키바로 채워져 있었다. 고고학적 조사 결과에 따르면 메사 베르데는 기원후 600년쯤에 150명의 인구로 시작된 주거지로, 처음에는 작은 구덩이 가옥 형태로 거주하기 시작해 9세기 즈음 사회 규모가 커지면서 대형 키바가 건축되었고 11세기 즈음에는 인구가 2500명 정도로 늘었다. 그 주변에는 3만 명 정도의 거주자들이 밀집해 있었다. 메사 베르데에 정주한 아나사지Anasazi인들은 뛰어난 기술을 갖추고 있어 도랑을 파서 물길을 잡고 저수지에 물을 모았다. 전성기였던 기원후 1150~1250년에는 세 군데 협곡의 가파른 절벽에 30개의 주거단지가 형성되었는데, 방은 모두 550개였고 키바는 60개에 달했다. 협곡 위의 땅에서 농사를 지었으나 약 1300년경 아나사지인들은 그 땅을 포기했다. 아마도 가뭄 재해 때문이었을 것으로 짐작되는데, 이후 1150년에 다시 시작된 이 재앙은 차코 협곡 지역에 결정적인 타격을 안겨주었다.[49]

애리조나의 건조한 산간지역 그리고 뉴멕시코의 서남쪽에는 기원후 200년 이후 모골론Mogollon 족이 정착하여 1400년 이후까지 존속했다. 강둑을 따라 작은 푸에블로 양식의 주거지를 마련한 이들은 강의 이름을 따서 밈브레스Mimbres 사람들이라 불리기도 했는데, 뛰어난 도자기 솜씨로 유명하다. 각 마을에 있었던 숙련된 여성 옹기장이들은 강에서 출토된 진흙으로 얇고 품질이 좋은 도기를 빚은 후 불에 구웠다. 그다음 유카yucca라는 식물로 만든 붓을 이용하여 색을 입혔다. 특히 도기에 그려진 그림들은 고대 북아메리카에서 최고라 할 정도로 탁월한 수준을 보이고 있다. 그림의 내용은 낚시하는 사람 등의 일상생활뿐만 아니라 동물, 곤충, 다양한 옷차림의 사람, 피리 연주자, 주술 의식의 일종으로 동물 가면을 쓰고 춤추는 사람 등 다양하다. 흥미로운 것은 모골론 사람들이 멕시코로부터 동으로 제작된 종을 들여왔다는 점이다. 이 사실은 북아메리카와 메소아메리카 사이의 교역 가능성을 시사하는 것으로, 이 과정에서 분명 정신적 교환도 이루어졌을 것이다.[50]

북아메리카의 모든 고대인이 푸에블로 양식의 건축물을 지은 것은 아니다. 대개 많은 이는 흙 둔덕 위에 집을 지었다. 애리조나 사카톤Sacaton 근처의 길라 강가 스네이크타운에서 맨 처음 이러한 흙집이 발굴되었다. 이곳은 사막 환경이었으나, 강이 흐르기 시작하면서 비옥한 오아시스가 조성되자 사슴이나 물새들이 많이 서식했다. 기원전 200년~기원후 1450년 이

거대한 단절

곳에 살았던 호호캄Hohokam 족은 관개 기술에 뛰어나 4.8킬로미터 밖의 밭에 물을 댈 수 있는 수로를 만들었다. 어떤 고고학자들은 호호캄 족의 문화적 측면을 관찰할 때 멕시코에서 온 이주자들이라고 주장했지만, 어떤 학자들은 이 견해에 동의하지 않는다.

그들의 가옥 구조는 결코 복잡하지 않다. 터전을 판 뒤에 구조를 지탱할 기둥을 세우고 흙과 덤불로 채우는 식이었다. 이 집들은 중앙 광장 옆에 집단적으로 지어졌다. 중앙 광장 주변에는 길이 15미터에 높이가 1미터쯤 되는 작은 언덕들이 둘러싸고 있는데, 점토를 바른 언덕 꼭대기에는 제단과 성소가 마련되어 있다. 그 근처에는 메소아메리카에서 본뜬 것으로 보이는 길이 40미터에 너비 30미터의 구기장 유적이 두 군데 남아 있었다. 메소아메리카의 경기장에 비해 덜 세련되었으나(돌 대신 모래로 지은 것도 있다), 시합과 관련해서 사람을 희생물로 바친 흔적은 보이지 않았다. 스네이크타운에서 발견된 교역 유물을 보면 태평양 연안이나 멕시코 만 지역의 도시와 거래한 것으로 짐작되며, 제례 복장의 일부인 듯한 앵무새 깃털은 멕시코에서 전해진 것으로 보인다. 브라이언 페이건은 분명히 어느 정도 '아이디어'가 멕시코에서 북쪽으로 전파된 것은 확실하지만 아나사지, 모골론, 호호캄 문명은 자생적으로 출현했으며 주기적인 가뭄과 홍수로 인해 정교한 문명의 발달이 불가능했다고 주장했다. 그들의 신앙은 대부분 주술적 형태를 나타냈다.[51]

북아메리카의 옥수수

19세기 초반 유럽인들은 처음 오하이오와 중서부 지역의 고분들을 목격했을 때 원주민들이 아닌 '사라진 인종들'이 이를 구축한 것이라 확신했다. 이러한 견해는 세기가 바뀌기 전에 전복되었다. 미국 민족연구소의 연구원들이 위스콘신과 플로리다 중앙에 있는 2000여 개의 고분들을 조사한 결과, 그 모든 것은 원주민과 그의 조상들이 축조한 것으로 확인되었다.[52]

이 유적지 중 가장 잘 알려진 곳은 아데나Adena, 호프웰Hopewell, 카호키아Cahokia 문명이다. 1720년 프랑스의 탐험가인 르 파주 뒤 프라츠는 거대한 고분 주변에서 약 4000명이 7개의 마을을 이룬 나체즈Natchez 족을 찾아가 뱀 문신을 한 족장을 접견했다. 그리고 그가 머무르는 동안 갑작스럽게 족장이 사망하여 그의 장례식을 구경하게 되었다. 그들은 족장의 시신에 가장 좋은 의복을 입히고 얼굴에 색칠을 한 다음 '희고 붉은 깃털로 장식된 왕관'을 씌웠다. 죽은 족장 곁에는 본인이 쓰던 무기와 담뱃대가 놓였다. 신전에서 장례 의식이 열리자 두 명의 아내와 제물로 바쳐질 다른 여섯 명의 무릎을 꿇린 후 머리에 동물 가죽을 씌우고 담배 환을 씹게 하여 '정신을 혼미하게' 만들었다. 사형 집행자는 그들의 목을 신속하게 베었고, 이후 신전은 완전히 불태워졌다.[53]

고분 매장의 관습은 기원전 2000년까지 거슬러 올라간다. 그 당시에는 죽은 자를 강의 계곡이 잘 보이는 산등성이에 묻었다. 이러한 관습은 종족의 신화를 만들어낸 인물 또는 조상을 높은 곳에 매장함으로써 땅의 소유권을 드러낸 것으로 추정된다.

고분 중에서 가장 중심이 되는 것은 오하이오에 거주하던 아데나Adena 족의 고분으로, 이 지역에서 발굴된 2000기의 고분 중 500기가 아데나 고분이었다. 처음에는 한 고분에 한 명의 시신을 묻었으나 나중에는 고분 위에 다른 시체를 쌓아 올리기 시작하여, 예수 탄생 시기에는 단순한 무덤이라기보다는 수많은 시체 안치실로 이루어진 원형의 집으로 대체되었다. 재부에서는 구리 팔찌, 조개, 담뱃대 등이 시신과 함께 발견되었는데, 정교한 구리 장식이나 담뱃대의 품질로 보아 무덤의 주인은 공동체 조직에 기여한 중요한 인물이나 주술사였을 것으로 보인다.

서력 기원이 시작될 즈음 아데나 사회는 호프웰에 자리를 내주고 역사의 뒤안길로 사라졌다. 호프웰은 오하이오의 한 마을 이름으로, 이곳의 고분에서는 곱게 단장한 시신과 함께 북아메리카 전역에서 출토되는 이국적인 재질의 부장품이 발견되었다. 주로 동, 은, 크리스털로 만들어진 부장품들은 아마 플로리다, 멕시코 만, 로키산맥과 그레이트 호수 지역으로부터 작은 길을 따라 이동해온 사람들이 가져온 것으로 보인다.

때로 고분은 무덤이 아닌 다른 목적으로도 조성된 듯하다. 오하이오 뉴어크Newark의 고분은 원이나 사각형 모양으로 연결되어 있고 길을 포함하여 팔각형을 그리기도 한다. 페루의 나스카 선처럼 하늘에서 내려다볼 때 특정한 형상을 이루도록 설계된 것으로 보이는 이 고분의 규모는 평균 9미터 높이에 길이 30미터 그리고 약 4만6450제곱미터의 부피를 이루고 있다. 각 부분을 완성하기 위해 흙을 운반한 시간만 해도 20만 시간으로 계산된다. 이러한 고분 중에서 가장 인상적인 것은 뱀처럼 구불구불한 형태의 그레이트 서펜트Great Serpent 고분이다. 돌돌 말린 꼬리 부분은 낮은 둔덕에 놓여 있고, 크게 벌린 입 부분은 다른 타원형의 고분을 삼키려는 듯한 모양이다.[54]

고분 연구자들은 수백 명을 화장한 다음 그 재를 호프웰 고분에 묻은 것으로 추정하고 있다. 그중에서 지도자나 주술사는 특별히 통나무로 제작된 무덤에 묻혔으며 때때로 종족(사냥 대상의 동물이나 맹금류의 이름을 딴 부족)을 확인할 수 있는 제의용 가공품들이 발굴되기도 했다.

이러한 정교한 매장 풍습과 인상적인 고분 문화를 지니고 있었음에도 불구하고 호프웰 사람들의 식생활은 주로 사냥이나 식물 채집에 의존했다. 그리고 기원후 500년경부터 그들의 생활 방식은 여러 원인에 의해 쇠퇴하기 시작했다. 우선 기후가 추워진 영향이 크게 작용했을 것이다. 동물들이 추위를 피해 다른 지역으로 떠나버려 사냥감이 부족해졌을 테고, 활과 화살의 도입으로 전투가 빈번해졌을 것이다. 옥수수와 콩의 재배는 이러한 배경 속에서 발달하게 되었다.

옥수수와 콩 농사가 본격화되면서 카호키아 문화가 부상하게 되었다. 옥수수는 기원후 1세기에 북아메리카 동북부 전역에 전파되었으나 주요 식량원이 된 것은 10세기 이후부터였다. 그 오랜 기간에 걸쳐 그들은 콩과 옥수수 작물의 수확량을 높이기 위해 부단히 노력했을 것이다. 결국 재배 문화는 급속히 확산되었다. 사실 카호키아는 신세계 부족 가운데 유일하게 구세계의 농경 방식과 거의 대등한 방향의 문명을 발전시킨 부족이라 할 수 있다.[55]

카호키아는 고대 북아메리카에서 가장 큰 마을이자 신앙의 중심지였다. 지금은 근처에 위치한 동부 세인트루이스에 묻혀 왜소해 보이지만 기원후 1050~1250년까지 1300제곱미터를 훨씬 웃도는 면적을 차지하고 있었다. 일리노이 강과 미시시피 강이 합류하는 지점의 남쪽에 형성된 야트막한 범람원American Bottom 중심지에 그들은 짚을 엮어서 집을 짓고 고분과 작은 광장을 세웠다. 선사시대 북아메리카에서 가장 큰 고분 구조물도 이 시기에 건축되었다. 몬크 마운드Monk's Mound로 불리는 이 고분은 높이 30미터 이상의 4층 계단식 구조를 보이고 있으며, 길이 310미터에 면적은 6만 5000제곱미터에 달한다. 메소아메리카에 비하면 평범한 수준이지만 주변의 평평한 전경과 대조되어 매우 인상적이다. 이 고분은 한때 공동체 생활에서 가장 중요한 신전으로서 위용을 과시했을 것이다. 고분 옆의 80만 제

거대한 단절

곱미터나 되는 광장에는 여러 개의 무덤과 납골당 시설이 있으며 높은 나무들로 울타리를 만들어 외부세계와 분리시켰다. 또 한쪽에는 직경 125미터의 원형으로 48개의 나무 기둥을 세우고 중앙에서 태양이 떠오르는 현상을 관측하여 춘분과 추분 또는 하지와 동지 절기를 확인한 것으로 보인다.[56]

통치자들은 이러한 고분 구조의 맨 꼭대기에 안치되었다. 어느 인물의 경우 2만 개 정도의 조개구슬과 800개의 화살촉, 구리와 운모 조각, 15개의 반질반질한 석판이 깔린 기단 위에 누여 있었다. 그 주변에 세 명의 남성과 여성의 유해가 발견된 것으로 보아 당시 가까운 친족을 순장하는 희생 제의가 있었음을 알 수 있다. 또 다른 시신들은 구덩이에 묻혀 있었는데, 네 구의 남성은 목과 손이 잘려 있었고 13~18세로 보이는 50여 명의 젊은 여성들은 교살된 것으로 추정된다.

카호키아는 주거 밀집 지대 또는 아홉 군데의 정착지 가운데 중추 지역이었던 것으로 짐작되나 각 정착지에는 각각의 통치자와 고분이 축조되어 있고, 평원에는 울타리가 쳐진 40여 개의 작은 촌락과 농장이 산재해 있다. 이곳의 '장인들'이 제작한 동 장식품, 가면, 도자기 그리고 주술사이자 지배자를 상징하는 동물 형상 등은 수백 킬로미터 떨어진 곳까지 전파되었다.[57]

일반적으로 카호키아와 근처 지역은 미시시피 문명의 영향권으로, 미시시피 문명의 영향은 최근까지도 미시시피 계곡을 넘어 앨라배마, 조지아뿐만 아니라 동남쪽의 플로리다에까지 미치고 있다. 기원후 900년부터 형성된 미시시피 문명은 유럽인들이 아메리카 대륙을 발견할 때까지 번성했으며, 강 쪽을 향해 나무들로 울타리를 두른 마운드빌Moundville이 그 중심지로 부상했다. 이곳의 고분들을 조사한 결과 인구의 약 5퍼센트가 지배계층이었다. 그들은 특별 구역에서 따로 거주했으며 죽은 뒤에는 고귀한 신분을 나타내는 화려한 복장으로 별도의 납골당에 안치되었다.

미시시피의 사회 집단은 아즈텍이나 잉카처럼 국가의 단계까지 나아가지는 못했다. 중서부 지역에서는 우두머리를 비롯한 모든 사람이 함께 농사를 짓거나 강에서 물고기를 잡았다. 그들 중에는 진흙이나 기타 재료들을 다루는 특별한 재능을 지닌 존재도 포함되어 있었는데 전문적인 장인은 아니었다. 그러나 내륙지역의 세력이 미약한 이들로부터 공물을 받았던 것으로 보인다. 이것은 국가로 변모해가는 초기적 현상으로, 유럽인들과 접촉할 때까지 완전히 국가의 면모를 갖춘 집단은 나타나지 않았다. 조사에 따르면 15킬로미터 이상 떨어진 곳으로부터는 공물을 받지 못했다. 당시에는 공물을 운반할 동물이나 수레 또는 말이 없었고 기마 전사들도 없었으므로 자연스레 공물 배후지가 제한적이었다. 그러나 공물의 의미는 중요하다. 특히 제례 의식에 사용되는 이국적인 사치재들은 종교 지배층의 권위와 정통성을 빛내주었을 것이다.

미시시피 문명이 부분적으로 멕시코 문명의 영향을 받았다는 몇몇 증거가 있긴 하지만 이에 대해 부정적인 연구자들이 적지 않다. 당시에 형상화된 신은 코가 길고 눈물을 흘리는 모습으로, 이는 사람들의 관심이 바람, 불, 태양, 인간 제물 등에 집중되어 있었음을 시사한다. 이와 같은 형상들은 아주 오래전부터 북아메리카 남쪽 지역까지 퍼져 있었다. 메소아메리카에서 눈물을 흘리는 눈은 비를 갈구하는 내용과 연관된 것으로, 종종 어린 소녀들을 제물로 바치는 관습은 그들의 눈물이 비를 불러올 것이라는 믿음에 기반을 두고 있다. 그들에게는 태양과 불에 관한 또 다른 믿음이 있었다. 태양과 동일시되었던 미시시피 지역의 족장들은 불을 지피는 임무를 맡고 있었으며, 아마도 옥수수의 풍성한 수확을 기원하는 의식을 집행했을 것이다.

미시시피 지역은 대부분의 북아메리카가 그렇듯 온대지역이었지만 산맥들이 집중되어 있어 겨울에는 무척 춥고 서리도 많이 내렸다. 따라서 땅으로부터의 지원이 골고루 제공되지 못했고, 그로 인해 제대로 된 문명으로 도약할 수 없었다.

이렇듯 기원후 1000년에 이르기까지 지구의 서쪽에서는 많은 문명과 문화가 발현되었다. 이러한 문명 가운데 이 책의 주제와 관련하여 가장 흥미로운 부분은 아마도 사회 최고 계층에 관한 내용일 것이다. 즉 그들은 제례의식의 주도권을 장악하려 했고 전쟁에 사로잡혀 있었으며 도처에서 희생제의를 시행했다.

한편 구세계 역시 계급사회였다는 점에 대해서는 부인할 수 없으나 그들은 전쟁을 겪는 동안 민주적 체제를 고민하기 시작했고 인간 제물의 관습에 종지부를 찍었다는 점에서 주목할 만하다. 그 차이가 이후에 어떠한 양상을 이끌었는지를 살펴볼 필요가 있다.

피 흘리기, 인간 제물, 고통, 축하연

이제 다시 관심을 돌려 구세계에서 볼 수 없는 신세계만의 관습과 제도에 관해 살펴보고, 그 안에 담긴 의미를 헤아려보고자 한다. 그중 일부는 오늘날 이질적인 폭력으로 비칠 수도 있을 것이다. 그러나 오늘날에도 여전히 잔인한 침략과 만행이 벌어지고 있으므로, 여기서는 폭력의 수위보다는 유형 중심으로 살펴보기로 한다. 고대 신세계에서 벌어진 폭력은 오늘날에는 일반적이지 않은 형태이며, 인간 자신을 대상으로 삼는 경우가 빈번했다. 그러나 우리는 우선 메소아메리카와 남아메리카에서 숭배된 신들을 통해 이러한 폭력의 내용을 점검한 후, 구세계의 신과 비교하여 어떠한 차이가 있는지를 평가할 것이다.

마야인들의 근본적인 세계관에 대해서는 이미 앞에서 살펴보았다. 그들의 세상은 위의 세계, 중간세계, 지하세계로 나뉘며 동굴, 호수, 우물과 같이 고인 물을 거쳐 지하세계로 들어갈 수 있었다.[1] 메소아메리카인들은 땅 밑에 바다가 있어 호수를 만들기도 하고 대양을 만들기도 한다고 믿었다. 그리고 중간세계는 네 방향으로 뻗어 있는데, 태양이 떠오르는 동쪽이 가장 중요하며 서쪽은 검은색, 밤, 죽음과 관련된다고 여겼다. 중간세계의 한복판에 존재하는 세계수는 지배자로 현현하며 지상과 지하세계를 연결한다고 믿었다.

마야의 성서라고 할 수 있는 『포폴 부』와 『칠람 발람Chilam Balam』(마야의 전설, 신화, 천문, 역사, 종교에 관한 기록이자 예언서—옮긴이) 그리고 네 개의 현존하는 고문서에는 점술이나 천문력에 관한 내용뿐만 아니라 문학적 서사가 담겨 있어, 메소아메리카에서 신과 달력과 천문 사이의 깊은 연관성을 확인할 수 있다. 올메카 문명에 뿌리를 둔 마야인들의 신앙은 세 가지 주요한 요소를 담지하고 있다. 그것은 재규어 숭배, 샤머니즘, 나우알리즘nahualism이다.[2] 나우알리즘이란 신이 동물에 깃들어 있으며 환각의 제의를 통해 신과 소통할 수 있다는 사상이다. 마야 시대의 주술사들은 신전을 지키거나 숭배 의식을 관리하는 사제 계층의 지원을 받는 한편 점술에 종사하는 필경사의 도움을 받았다.

이들에게 가장 중요한 신들은 비와 폭풍의 신으로서 매우 잔인한 차크 틀랄록Chac Tlaloc, 그 어떤 신보다 높고 초연하며 묘사 불가능한 추상적인 신 우나브-쿠Hunab-Ku, 인간의 숭배를 받은 최초의 신이자 창조의 신(인간이 옥수수로부터 태어났다는 신화)이며 수호의 신이자 문자를 발명한 신 이트삼나Itzamna 등이다. 이트삼나 신은 죽음이나 전쟁 같은 부정적인 것과는 무관하며 늘 긍정적인 역할을 한다.

우나브-쿠 신은 구세계의 추상적 신과 유사하지만 메소아메리카에서 유일신으로 숭배되지는 않았다. 실제로 이 시기에 메소아메리카에서는 수많은 신이 숭배되었으며, 대체로 그 신들은 지상의 현상, 의인화된 존재,

수형신獸形神, 동물 등 네 가지 범주에 속한다. 그림에 표현된 어떤 신들은 항상 변함이 없는 반면 어떤 신들은 늙은 것처럼 보이기도 하는데 이러한 각 속성 또한 얼마든지 다양하게 변화되곤 한다. 때로는 잘 구분하기 어려울 만큼 형상이 달라지기도 한다.[3]

지상의 현상을 숭배하는 신앙에는 산·강·동굴은 물론, 다른 무생물들에도 살아 있는 영혼이 깃들어 있다는 사상이 반영되어 있다. 그 신적 대상들은 신으로서 어떤 행위를 보이지는 않으나 인간과 교류할 수 있는 고유의 특성을 지니고 있으며, 자연환경 또는 우주의 일부를 성스럽게 만들어주는 가운데 인간의 생활을 성스럽게 한다고 간주되었다. 예컨대 마야인들의 두루마리 그림에 묘사된 피, 구름, 번개, 옥수수, 연기, 안개는 모두 성스러운 존재로서, 구불구불한 표현 방식은 신비로운 힘을 상징하는 것으로 해석된다. 따라서 이 신적 존재들은 상황에 따라 해석될 필요가 있다.

행성, 동물, 식물 그리고 죽음까지도 신적 대상으로서 그 형상은 대체로 사람과 동식물이 뒤섞인 모습인데, 이는 구세계 초기의 신들과 크게 다르지 않다. 그러나 신세계의 종교는 두 가지 명확한 차이를 나타내고 있다. 첫째는 구세계에서와는 달리 숭배의 대상을 급격히 바꾸지 않았다는 점이다. 해와 달 또는 물과 지하세계에 대한 오랜 믿음만큼이나 재규어에 대한 숭배도 오랫동안 유지되었다. 두 번째 차이는 신에 대한 신세계 사람들의 접근 방식으로, 이것이야말로 구세계와 신세계의 차이를 극명하게 보여주는 부분일 것이다. 앞서 살펴보았지만 주술사의 주요한 특권 중 하나는 신들린 상태(가끔은 환각제를 동원하지 않을 때도 있다)에서 초자연적인 세계로 진입하는 것이었다. 이러한 방식은 동물 제물, 의례, 기도와 같은 구세계의 숭배 형식보다 훨씬 더 생생한 종교적 체험을 안겨주며 더 강한 몰입과 설득력을 부여한다. 더욱이 구세계에 비해 신세계의 사회적 환경이 훨씬 완

거대한 단절

만하게 변화된 점도 하나의 배경이 될 수 있을 것이다. 그러나 우리가 이제 껏 살펴보았고 앞으로도 살펴볼 그 순수한 '선명성'은 아메리카 대륙에서 신앙의 변화를 어렵게 하거나 더디게 만든 주요 원인이었다.

이 장의 주제이기도 하지만, 종교에서 나타난 변화를 면밀히 분석해보면 어떤 원인으로 어떻게 변화되었는지를 파악할 수 있다.

마야인들에게 의식의 변성(신들림)이란 여전히 중요한 종교적 체험이었기 때문에 그 생명력을 잃지 않았다. 그러나 이때에 이용되는 환각제에 관해 서는 다양한 새로운 방식이 모색되었다. 예컨대 무대 형식을 활용하여 좀 더 극적으로 의식이 전이되는 형식은 인구가 많은 도시 문명에서 단체의식 에 적합했다. 그러나 이러한 발전은 고통스럽고 폭력적으로 전개되었다.

'흐르는 피'

폭력과 고통을 떠올리게 하는 관습 중 가장 먼저 제기되는 것은 피 흘 리기 의식이다. 그들은 칼이나 가오리 가시로 신체의 다양한 부위를 찔러 많은 양의 피를 흘러내리게 했는데, 이때 핏물을 신성한 종잇조각 같은 것 에 떨어뜨린 뒤 그것을 불에 태웠다. 이 의식에서 가장 많이 이용되었던 신체 부위는 귀·혀·성기였다.

피 흘리기의 장면은 고대 마야 미술에서 자주 볼 수 있다.[4] 또한 고고학 연구에서도 유골의 골반 부위에서 가오리 가시가 많이 발견되었는데, 원래 는 허리띠에 부착되어 있던 것이 오랜 시간이 경과함에 따라 허리띠는 사 라지고 가시만 남은 것으로 보인다.

린다 셸레와 메리 엘런 밀러가 피 흘리기 의식을 '제의 생활의 모르타르'

라고 묘사했듯이 이는 마야인들의 근본적인 통치 방식을 보여준다. 실제로 이 의식은 아이의 탄생, 장례, 건축물의 봉헌식, 곡식을 심는 등의 행사 때마다 시행되었고, 특히 왕위 계승식의 필수 의식이었다. 이 관습에서 주목해야 할 부분은 아마 고통이라는 개념일 것이다. 그림에 묘사된 사람들은 의식에 익숙해 보일 뿐만 아니라 마치 아무 고통도 느끼지 못하는 것처럼 보이기도 한다. 이 부분에 대해서는 그들 곁에 놓인 담배나 마약 환각제가 충분한 설명을 해준다. 때로는 무아지경의 상태에서 환상에 빠져들 수 있도록 관장하는 식으로 환각제를 주입하거나, 피가 너무 많이 빠져나간 나머지 몽롱한 의식 상태에 빠지거나, 피에 젖은 신성한 종이를 태울 때 피어오르는 연기를 보면서 신성한 생명체인 '상상의 뱀'이 꿈틀거리면서 하늘로 올라가는 환각을 체험했을 것이다. 그러한 내용을 보여주는 그림들은 초기에 주술사만의 능력, 즉 초자연적 세계를 여행하거나 신 또는 조상들과 접촉할 수 있었던 능력을 통치자도 지니게 되었음을 암시한다.

피가 나오지 않을 경우를 위한 여러 방법도 마련되어 있었다. 천 조각이나 울퉁불퉁한 활로 팔과 다리를 묶고 귓불을 뚫어 머리카락이나 옷을 따라 피가 흘러내리도록 하는 방식도 있었다. 신성한 종이는 무화과나무 껍질로 만들었는데, 처음에는 옷감을 잘라 길게 엮어서 이용했다. 이 옷감이나 종이가 피에 완전히 젖어버리기 직전에 불에 태워서 신에게 공물로 바쳤다.

마야인들은 피를 지하세계와 지상세계인 하늘을 연결하는 중간세계의 주요한 요소라 생각했고, 불에 태우는 방식으로 인간의 피를 원하는 신에게 올려 보낸다고 믿었다. 이때의 연기와 피는 구별될 수 없을 만큼 똑같이 성스러운 물질이었다. 마야인들은 신이 자신의 일부를 떼어 땅과 생명체를 창조했기 때문에 자신들 역시 신체의 중요한 부분인 피로 보답해야 한다고 믿었다.

셸레와 밀러의 조사에 따르면 피 흘리기 의식을 가장 극적으로 보여주는 그림은 오늘날 과테말라와 멕시코 국경 근처의 약스칠란Yaxchilan(페텐 Peten 남쪽 끝자락에 있는 유적지)에 있다. 이곳의 건축물 입구 상단에 설치된 상인방돌lintel(건축물에서 입구 위에 수평으로 가로질러 놓인 석재를 뜻한다—옮긴이)에는 두 장면이 새겨져 있는데, 이는 기원후 681년 실드 재규어와 그의 부인 레이디 속의 즉위식과 관계된 듯하다. 첫 번째 그림에서 실드 재규어의 머리 위에는 희생 제물의 수축된 머리가 장식처럼 얹혀 있다. 그의 부인은 무릎을 꿇은 자세로 구멍이 뚫린 혀에다 가시 박힌 줄을 걸고 있다. 피에 젖은 줄은 그녀의 발치에 놓인 바구니에 드리워져 있고, 이미 바구니 안에는 피에 흠뻑 젖은 종잇조각들이 가득 차 있다.

두 번째 그림은 '의식의 결과이자 목적'을 나타내고 있다. 부인은 꿇어앉은 채 상상의 뱀의 벌어진 입에서 튀어나온 틀랄록 전사를 바라보고 있다.(틀랄록은 휘둥그런 눈을 지닌 비의 신이자 풍요와 물의 신이고 우박, 천둥, 번개의 신으로서 숭배와 공포의 대상이었다. 또한 어린아이를 제물로 요구하는 달력의 수호신이었다.)

이 그림 속의 레이디 속은 피로 가득 찬 그릇을 왼손에 들고 오른손으로는 해골과 뱀의 상징을 꽉 잡고 있다. 주목할 부분은 피로부터 형성된 뱀이 소용돌이치듯 꿈틀거리며 위로 올라가는 모습으로, "피로부터 어떤 환영이 뿜어지는 듯 보인다." 의식과정에서 왕의 부인은 고통을 겪지만 드디어 조상인 전사와 소통하게 되고 그에게 어떤 지침을 요청하는 듯하다.[5]

셸레와 밀러는 최근의 정신의학 연구 결과를 통해 엔도르핀(피를 많이 흘릴 경우 뇌에서 생산되는 호르몬으로, 아편과 관계가 있다)이 환각 체험을 유발한다는 사실을 확인했다. 마야인들도 환각성 제재를 사용했으나 피 흘리

그림 13 약스칠란의 상인방돌 24의 장면. 왼쪽에 있는 실드 재규어는 그의 아내 레이디 속의 머리 위쪽으로 커다란 횃불을 들고 있으며, 그녀는 혀에 구멍을 뚫고 가시 박힌 줄을 당기고 있다. 오른쪽 그림에서 레이디 속은 두 개의 머리를 가진 상상의 뱀을 바라보고 있으며, 그녀 앞에는 전사가 나타나 있다.

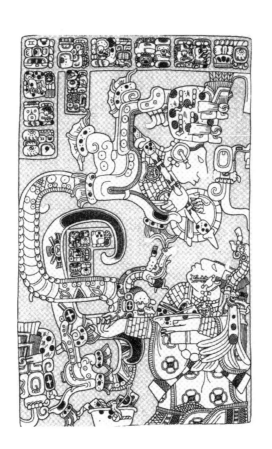

그림 14 멕시코 베라크루스의 엘타힌티 Tajin 유적지에서 남쪽 구기장의 동북쪽 벽에 새겨진 석조 부조(기원후 850~1100). 구기 경기를 마친 후 제물을 바치는 장면.

기 관습(또는 그림 문헌에 그려진 상상의 뱀)을 볼 때 약에 의존하지 않고서도 환각을 경험했음을 짐작할 수 있다. 그렇다면 그들은 어떻게 이런 현상을 고안해낸 것일까?

피 흘리기와 고통이 마야인들의 제의에 나타난 유일한 고안물은 아니었다. 그들은 웅장한 건축물을 배경으로 하여 정성스러운 의식을 거행했으며 여기에는 음악, 춤, 화려한 의상들이 동원되었다. 수많은 참가자는 '피에 젖은 종이를 쓰거나 세 가닥으로 매듭지은 옷'을 차려입고 테라스에서 의식을 지켜보았다. 정복 이후 스페인 선교사들의 설명에 따르면, 당시 의식에 참관한 사람들은 금식과 금욕을 했으며 수증기로 목욕을 하는 등 철저한 사전의식을 실행했다. 의식이 절정에 다다르면 왕과 부인은 웅장한 건물 안에서 나와 군중이 올려다보는 위치에 서서 왕은 성기를 찢고 부인은 혀를 찢었다. 기다란 줄이 그 상처를 통과하여 드리워지면 그 줄을 타고 흘러내린 피가 길쭉한 종잇조각으로 떨어진다. 그리고 피에 젖은 종이는 화로로 옮겨져 불태워지고 검은 연기가 커다란 기둥을 만들어낸다. "참가자들은 집단적 히스테리, 과다 출혈, 금식 때문에 몽롱한 상태에 빠져들었는데, 이는 환각의 체험에 진입하기 위한 조건이었다. 소용돌이치는 연기의 형태는 상상의 뱀을 볼 수 있는 완벽한 현장이었다."[6]

약스칠란의 그림 중 마지막 장면은 실드 재규어가 면으로 된 옷으로 무장하고 칼을 쥐고 있는 장면이다. 그의 옆에는 상처 난 입에서 여전히 피를 흘리고 있는 부인이 남편의 재규어 모자와 방패를 잡고 있는데, 전쟁터에 나갈 준비를 하는 남편을 돕고 있는 듯한 모습이다. 그녀는 남편이 전쟁터에 나가서 제물로 바칠 포로를 잡아와 왕권을 강화해주기를 기원하는 듯하다.

이런 제례 장면은 이전으로 거슬러 올라가 기원후 199년의 기념 석주에서도 볼 수 있다. 이 비문은 제례 의식의 마지막 과정이 거행되는 날로부터 52일 전에 첫 과정이 치러졌음을 제시한다. 석주에 새겨진 그림은 박툴 왕의 어깨에 상상의 뱀이 걸쳐진 모습을 묘사하는데, 뱀의 꼬리는 돌날에 의해 잘려 있다. 제물로 바쳐진 시체는 두 동강으로 분리되어 있고 왕에게서 자라난 세계수가 쓰러지고 있다. 이 장면은 왕이 주술사처럼 초자연적인 존재와 접촉하고 있는 장면이다.[7]

　피 흘리기 의식에 연관된 도구들은 성스럽게 다뤄졌다. 피부를 절개할 때 이용되는 가오리 가시와 돌날의 표면에는 '천공穿孔의 신'의 형상이 새겨져 있다. 조각이나 점토상에는 왕 또는 곧 왕이 될 사람이 목에 줄을 두른 채 성기를 째는 모습이 많다. 또한 가장 낮은 계급의 포로가 참회하고 있는 모습이나 의식의 마지막 과정에서 희생될 제물의 모습도 형상화되어 있다. 어떤 경우에는 피를 흘리며 고통스러운 모습인가 하면 어떤 경우에는 평온한 모습을 보여주기도 한다. 고통을 덜어주는 데 쓰였을 약 그릇이 보이는 것으로 미루어 아마도 고통을 담담히 감내하는 미덕이 강요되었음을 알 수 있다. 성기에 피 묻은 종잇조각을 두르거나 재규어 가죽으로 된 치마를 입고 춤을 추는 형상도 볼 수 있다.[8] 이 의식에는 옥수수 신도 등장한다. 이것은 앞서 언급했듯이 사람의 살과 피가 옥수수로 만들어졌다는 마야인들의 믿음과 관계가 있다. 다른 곳에서 발견된 작은 입상은 얼굴에 해골 문양의 선이 그어져 있고 피를 흘리고 있다. 이는 의례 중에 특수한 역할을 하게 될 사제 또는 주술사를 형상화한 것으로 보인다.(앞서, 열대 우림 지역에서는 아편 등에 의해 환각에 빠져들면 해골의 환영을 보게 된다는 사실을 살펴본 바 있다.) 기원후 350~500년의 것으로 추정되는 한 저장용 그릇의 덮개로 발견되었다. 이 덮개에 맞는 용기는 오목한 접시이거나 그릇으로 추정되는데, 새로 지은 건축물의 헌납식이 진행되는 동안 마루 밑에 두고

거대한 단절

목이 잘린 머리, 돌날, 가오리 가시, 식물의 가시를 담는 용도로 쓰였을 것으로 보인다. 덮개에 새겨진 그림의 배경에는 독특하게도 액체로 짐작되는 문양이 있는데 셸레와 밀러는 이것이 '혈액의 흐름'을 묘사한 것이라 설명했다.[9]

고문, 고통, 포로 제물

메소아메리카에서 전쟁에 관한 기록은 4세기 초반부터 확인되며, 8세기 즈음에는 전쟁이 극심했음을 알 수 있다. 주로 정복자의 발밑에 깔려 있는 포로들을 묘사한 그림들은 중요한 사실을 암시한다. 모체나 미스텍과 마찬가지로 마야인들은 다른 도시의 전사를 제물로 바치기 위해 전쟁을 벌였다는 사실이다. 따라서 그들은 전쟁 포로를 그 자리에서 죽이지 않았고, 뛰어난 전사를 사로잡은 통치자의 존재는 훗날 '아무개를 잡은 자'라고 불렸다.[10]

또한 기록을 보면 포로를 잡기 위해 그들이 적극적인 육박전을 벌였음을 알 수 있다. 싸움에 패한 자는 전투복과 장식이 벗겨진 채 승리자의 도시로 끌려가 한동안 갇혀 있다가 피 흘리기 의식에서 제물로 바쳐지거나 고문을 당했다. 결과적으로 포로들은 죽음으로부터 벗어날 수 없었다.

그림 문헌 속의 포로들을 보면 구별을 위해 허벅지에 이름이 새겨져 있으며, 옷도 제대로 입지 못한 채 질질 끌려 다니거나 땅에 누워 있거나 밧줄에 머리가 묶인 상태로 묘사되어 있다. 반면 승리자는 면으로 된 화려한 전투복을 차려입고 재규어 머리 장식과 장화 그리고 재규어 망토에 각반까지 차고 있으며, 앞서 희생된 포로의 쪼그라든 머리가 정수리에 얹혀 있다.

기원후 100~700년까지 승리자는 재규어 가죽뿐만 아니라 깃털을 비롯한 다양한 소재가 동원된 의복을 선보이고 있다. 그러나 8세기 이후에는 메소아메리카의 그림에서도 확인되듯이 '새의 복장을 한 전사가 고양이 복장을 한 전사의 포로가 되어 있는' 형상을 볼 수 있다. 셸레와 밀러의 해석에 따르면, 이러한 상징은 아즈텍 문명에서 비롯된 것으로 새의 복장을 한 전사는 패배를 의미한다. 그리고 테스카틀리포카Tezcatlipoca(재규어 신)가 케찰코아틀(날개 달린 뱀)을 패배시킨 후 세상이 시작되었다는 아즈텍인들의 믿음이 반영되어 있다. 즉 아즈텍에서 전쟁이 마무리되던 9세기 무렵에 우주적 격변이 발생했다는 그들의 믿음은 8세기에 전쟁이 빈번했던 역사적 사실과 관련되어 있지 않을까? 더욱이 이러한 변화는 청동기시대에서 철기시대로 넘어가는 시기에 구세계에서 일어난 현상과도 흡사하다.[11]

기원후 200~1000년 시기에 마야의 왕들은 금성의 위치에 따라 전쟁의 승리가 결정된다고 믿었으며, 금성이 승리의 기운을 보내주기를 기원했다. 또한 그들은 금성이 태양 뒤로 넘어가 지구와 태양과 금성이 일직선에 놓이는 '외합superior conjunction' 현상 직후 밤하늘에 처음 그 모습을 드러내는 시기가 전쟁을 개시할 때라고 믿었다.

마야의 제례에서 왕의 즉위식과 피 흘리기 의식을 빼놓을 수 없듯이 포로를 제물로 바치는 의식 또한 필수적인 과정이었다. 과테말라의 페텐 유적지에 있는 피에다스 네그라스Piedas Negras의 석조 기둥에 묘사된 그림을 보면, 바닥이 격자무늬로 된 나무 단상 위에 한 포로가 묶여 있다. 이 포로의 심장은 이내 떼어지고 그 몸은 바닥에 던져져 옷이나 재규어 가죽으로 덮였을 것이다. 왕위에 오르는 인물은 이 포로를 밟고 지나가 천으로 감싼 계단에 피를 묻히고 옥좌까지 올라감으로써 공식적인 승인을 얻었을 것이다. 말하자면 즉위식의 마지막 절차는 포로를 제물로 바치는 과정이었

다.[12]

다른 그림에는 피 흘리기 의식과 고문이 오랫동안 진행된 뒤에 제물로 희생되는 장면이 묘사되어 있다. 또 다른 그림에는 금성이 태양의 앞을 지나 며칠 뒤 아침에 그 모습을 나타내는 '내합inferior conjunction' 현상이 나타났을 때의 전쟁 승리를 기념한다. 이 그림에는 찬무안 왕이 아홉 명의 포로 앞에서 한 명의 목을 베는 장면이 묘사되어 있는데, 특징적인 것은 포로의 손톱이 뽑혔거나 손가락 끝이 잘렸는지 피를 흘리고 있다는 점이다. 치아까지 뽑혔는지 포로의 뺨은 홀쭉하고 입에서는 피가 흐르고 있다. 다른 포로들 또한 자신의 손을 바라보며 고통스럽게 울부짖고 있다. 다른 그림에는 포로가 이미 죽은 상태를 묘사한 듯 신체 일부가 잘려 있다. 셀레와 밀러는 이를 죽음 직전에 치러진 '최후의 끈질긴 고문cat and mouse torture'이라 표현하고 있다. 그런가 하면 어떤 포로는 두피가 벗겨지고 내장이 꺼내진 듯 보이며, 등에 불쏘시개가 묶여 있는 것으로 보아 불에 태워지기 직전인 듯하다. 또 다른 기둥에는 여덟 명의 포로가 함께 묶여 있고 그 포로들을 잡은 지배자는 완전히 쪼그라든 포로의 육체를 자신의 가슴 부위에 동여매고 있다.●

이처럼 충격적으로 보이는 장면들에 대해 셀레와 밀러는 다음과 같이 결론짓고 있다. "전쟁을 표현하는 이 모든 그림은 물질적 수확을 목표로 하지 않았음을 시사하고 있다. 대신 왕권을 유지하기 위한 의식의 일환으로 전쟁과 제물을 선택했다." 그들이 영토 확장에 전혀 관심이 없었던 것은 아니었겠지만 그보다는 신에게 바칠 포로의 피가 우선이었다.[13]

● 어쩌면 포로의 육체는 실물이 아니라 조각상일 가능성도 있다.

삶과 죽음을 가르는 경기

마야의 구기 시합은 강한 체력이 요구되는 거친 경기로서 승패의 결과는 치명적이었다. 참가자들은 무거운 고무공을 다루는 기술이 필요했고, 드물지만 패배한 선수들은 제물로 바쳐지기도 했기 때문이다. 기원전 2000년대부터 시작된 이 경기는 스페인이 멕시코를 정복할 무렵 메소아메리카 전역에 널리 전파되어 있었고 경기장도 1500개가 넘었다. 이 경기에 매료된 코르테스(쿠바와 멕시코 정복에 참여했던 스페인의 정복자—옮긴이)는 1528년 마야의 선수들을 유럽으로 보내어 순회 경기를 시키기도 했다.[14]

경기의 규칙과 시간은 지역에 따라 달랐다. 대문자 I자 모양의 경기장은 평균 가로 36미터에 세로 9미터의 규모였다. 경기장 주변은 흙이나 돌을 둘러쌓았고 양 끝은 수직 형태나 비스듬한 형태로 담을 쌓았다. 외벽에는 흰색이나 원색의 도료를 발랐고 재규어나 뱀 등의 파충류 형상으로 조각된 돌을 구멍에 끼워 장식했다. 선수들을 묘사한 몇몇 조각 장식을 보면 모두들 눈을 감고 있는데, 민족학자들은 이를 선수들이 이미 죽었으며 지하세계에서 벌어지는 경기를 표현한 것으로 해석했다. 또한 경기장 근처에는 경기 결과를 광고하기 위한 장치로, 시합에서 진 선수들의 머리를 잘라 그 해골들을 선반에 진열한 '트솜판틀리tzompantli'가 있었다.

구기 시합은 종교나 오락 차원에서 시행되거나 전쟁 전후 또는 왕권의 정통성이나 동맹을 다지기 위한 의례로 시행되었다. 마이클 휘팅턴에 따르면 멕시코 푸에블로 지역의 도시 칸토나Cantona에는 24개의 경기장이 갖추어져 있었다고 한다. 이 유적지는 기원후 600~1000년에 번성했던 도시로 보인다.[15]

메소아메리카에 형성된 다른 문화들과 마찬가지로 구기 시합 역시 올메카 문명에서 비롯되었다. 초기의 그림에는 선수들의 가슴이 불룩하고 성적 특징을 드러내는 젖꼭지에 빨간 칠이 되어 있어 여성으로 구성되었음을 알 수 있고, 신분을 나타내는 특별한 표시가 없는 것으로 보아 일반인이었음을 알 수 있다. 그러나 기원전 1300년 즈음 이후 여성 선수들은 기록에서 사라지며 경기는 종교적 색채가 짙어져 지배층에 의해 진행되기 시작했다.(미스텍의 경우 지배층이 자신의 목적을 위해 종교를 이용했다.)[16]

인원은 1~4명까지 구성되며 공에 손대지 않는 것을 규칙으로 진행되었다. 공이 두 번 이상 튀거나 경기장 바깥으로 나가면 득점하는 방식이며, 가장 고조되는 장면이자 최종 목표는 담장에 설치된 3.7미터 높이의 돌 테두리 안에 공을 통과시키는 것이다. 그러나 테두리의 크기는 공보다 약간 넓은 정도여서 득점하기가 쉽지 않기 때문에 패스한 경우에는 거의 우승이었다. 대체로 단단한 고무로 만들어지는 공의 지름은 30~40센티미터이며 검은색으로 칠을 했다. 무게는 대략 230그램 정도로, 오늘날 속이 비어 있는 농구공보다는 근력용 공에 가깝다. 치첸이트사Chichen Itza(유카탄의 바야돌리드Valladolid와 메리다Merida의 중간지역)와 엘 타힌El Tajin(베라크루스에서 가까운 연안)에서는 공 안에 사람의 두개골을 넣는 형태로 만들었다. 그로 인해 공이 튈 때마다 요란한 소리를 냈는데, 이는 재미를 더하기 위한 것이다.(부조에 새겨진 생동감 넘치는 꾸불꾸불한 선들은 공의 소리와 움직임을 나타낸 것이다.) 이러한 경기장은 오늘날 미국의 서남쪽 지역과 그 위의 북쪽 지역에서도 발견되었는데, 경기장은 주로 고대 도시의 성지에 자리하고 있어 중요한 신전 구역으로 통합되었다.[17]

신세계에는 진득진득한 송진이나 선인장opuntia 류의 여러 식물이 자생했는데, 때때로 이 식물들은 신의 형상 또는 제례용 향료를 만드는 데 이용되었다. 그러나 메소아메리카 전역과 안데스 북부에서 자라는 파나마 고무나무Castilla elastica가 제례 의식에 사용되기 시작한 것은 기원전 1600년부터였다.[18] 이 나무에서 추출된 고무 성분은 그 용도가 광범하여 나무 손잡이가 달린 돌도끼의 충격 흡수용으로 이용되었을 뿐만 아니라, 악기를 두들기는 막대 끝, 갑옷, 신발, 그릇 마개, 촛불의 심지(열대나무 수지로 만든 병 속에 초를 담았다), 조각상을 만드는 데에도 이용되었다. 한편으로는 감기 등으로 인한 입술 발진, 귀 통증 등의 치료에도 이용되었으며 임신이나 비뇨기 질병에는 좌약이나 연고제로도 쓰였다.

이러한 고무의 쓰임새는 종교 또는 마술과도 관련이 깊다. 예컨대 나무 껍질로 만든 종이책 위에 녹인 고무를 튕겨 마치 빗방울처럼 보이게 만들기도 했는데, 이는 틀랄록Tlaloquestls(비의 신을 돕는 초자연적 존재)이 대지 위로 비를 보내주는 상징으로 이해된다.[19] 그러한 정황으로 볼 때 고무는 물의 신과 관계가 깊다. 치첸이트사에 있는 성스러운 우물Cenote of Sacrifice에서도 다양한 고무 재질의 유물이 발굴되었는데, 기원후 850~1550년의 것으로 추정된다. 그들은 제의가 정점에 다다랐을 때 고무 재질의 사물을 태움으로써 '진하고 달콤한 냄새가 나는 검은 연기'를 만들어냈다.[20]

신세계를 발견하기 전까지 유럽인들은 탄력이 거의 없는 재질(나무나 가죽 또는 천으로 만든)로 만든 공만을 사용해왔다. 그런 유럽인들의 눈에 (디에고 듀란의 표현에 따르면) '잘 튀고 잘 뜨는' 메소아메리카의 공은 무척 신기한 물건이었다.

파나마 고무나무는 다른 나무와 섞여서도 20~24미터까지 잘 자라며 습한 기후를 선호한다. 회갈색의 나무 껍질에 사선으로 금을 그은 뒤 안에서 흘러나오는 하얀 진액을 채취하여 고무를 얻었는데, 그 모양이 마치 '피를 흘리는 것'과 유사하다고 해서 고무나무는 신성시되었다. 점성이 강한 고무액은 처음에는 흰색이지만 공기에 노출되면 노란색에서 회색으로 변하고 마지막에는 검은색이 된다. 화학적으로 이 액체는 탄소와 수소의 중합체로, 채집된 고무액은 나팔꽃의 일종인 이포모에아Ipomoea 식물의 즙 또는 뿌리와 함께 끓이면서 소량의 유황을 첨가하여 고무의 유연성과 내구성 및 탄력성을 높여주었다. 스페인의 탐험가 멘도사의 기록을 참고하면, 토치테펙Tochtepec 지방에서는 일 년에 1만6000개의 공을 만들어 테노치티틀란으로 2회에 걸쳐 보내야 했다.[21] 이 공은 고무를 작은 덩어리 또는 실처럼 가닥을 지어 둥글게 이어 붙였으며, 때로는 리본 형태의 고무 조각들을 둥글게 말아 붙이는 식으로 만들기도 했다.

고무공의 생동적인 움직임은 종교와도 연결된다. 나와틀어로 고무를 뜻하는 '오이olli'는 움직임 또는 운동이라는 뜻의 '오인ollin'●과 발음이 유사하다. 또한 유카테크Yucatec 족의 마야어 중에서 '키크k'ik'라는 단어는 '피'를 뜻하기도 하지만 '고무'를 뜻하기도 하며, 마야의 창조 신화가 담긴『포폴부』에서는 공을 '퀴크quic'로 표기하고 있는데 이것은 키체Quiche어로 '피'를 뜻한다.[22] 그런가 하면 여러 그림 문헌에서 공의 둥근 형태는 천체天體와 연결되어 있다. 고대 그림에는 모든 공에 태양을 상징하는 신적 존재가 묘사되어 있으며, 이때의 태양은 지하세계로 저물어가는 모습이지만 곧 다시 솟아날 것을 암시하고 있다. 또 다른 상징으로, 구기 시합에서 패한 선수의 잘린 머리 또는 두개골에 공이 포개진 경우도 있다.

무거운 공으로부터 몸을 보호하기 위해 경기 참가자들은 팔·손목·무릎에 특별한 보호 도구를 감쌌다. 또한 그들은 나무 또는 돌로 만든 허리 보호대에 돌기를 부착하여 공을 받아치는 데 이용했다. 경기에 참가한 선수들을 나타낸 조각 중에는 눈이 퉁퉁 부었거나 부상을 당해 불구가 된 모

● 이 용어는 고무를 뜻하는 스페인어 'hule'의 유래이기도 하다.

습도 있었는데, 이러한 위험성은 말할 나위 없이 경기의 재미를 더하는 요소였다.

무엇보다 이 경기를 가장 극적으로 만들어주는 것은 포로가 된 검투사의 본능, 즉 포로의 강인한 체력과 죽지 않으려 안간힘을 다하는 욕망일 것이다. 아즈텍에서도 오랜 굶주림으로 쇠약해진 전쟁 포로들은 마지막 한 명만이 살아남을 때까지 싸우게 했던 사례가 있다. 이 결투에서 패한 선수들의 심장은 신에게 제물로 바쳐졌다. 소름끼치는 일이지만, 때때로 해골을 공으로 이용했다는 사실이 그러한 사실을 분명히 말해주고 있다.[23]

아즈텍의 귀족들은 양 팀의 실력이 대등할 경우 재미를 돋우기 위해 자기 팀에 큰돈을 걸었다. 계급이 낮은 사람들은 자식을 팔아 얻은 재산을 내기에 걸었으며, 졌을 때는 간혹 스스로 제물로 희생되기를 자청하기도 했다. 스페인의 연대기 기록자에 따르면 실력이 우수한 선수는 존경을 받았을 뿐만 아니라 왕의 친구가 되기도 했다.[24]

그러나 대체로 경기는 종교적인 의미를 지니고 있었다. 이것은 마야의 신화에서 구기 시합을 어떻게 묘사하고 있는지를 살펴보면 알 수 있다. 『포폴 부』에서는 쌍둥이 영웅의 경기 장면을 묘사하고 있다. 세상에서 가장 뛰어난 선수인 '1 우나브푸Hunahpu'와 '7 우나브푸' 형제가 살았는데, 그들이 경기를 할 때마다 무거운 공이 바닥에 튀는 소리 때문에 마야의 지하세계인 시발바에 사는 신들은 화가 났다. 심술이 난 신들은 형제를 유혹해 지하세계로 와서 자신들과 시합을 하자고 청했고, 신들은 시합에서 이겼다. 결국 형제는 목숨을 잃었는데, 신들은 한 명은 땅에 묻고 다른 한 명은 그 머리를 나무에 매달아 승리의 증표로 삼았다. 어느 날 그 나무 밑을 지나던 지하세계 귀족의 딸이 말을 걸자 나무에 걸린 머리는 딸의 손에 침을 뱉어 그녀를 임신케 했다. 화가 난 그녀의 아버지는 딸을 중간세계로 보내 쌍둥이 영웅이 살던 집에 숨어 살도록 했다. 그녀는 쌍둥이 자식을 낳았고, 성장한 두 아들은 집 안에 있던 구기 장비를 이용하여 경기 방식을 익혔다. 그리고 일부러 요란한 소음을 일으켜 지하세계 신들을 화나게 한 뒤 다시금 시합을 제안하도록 유도했다. 이번에는 쌍둥이가 신들을 이겼다. 쌍둥이는 신들의 사지를 자른 뒤 '위의 세계'인 하늘로 올려 보내 태양과 달(또는 태양과 금성)로 만들었다.[25]

이 신화는 지하세계로 갈 수 있는 새로운 방법으로서 구기 시합의 종교적 의미를 강조하고 있다. 또한 경기에 참가한 포로들이 시합에 졌을 때는 목이 잘리지만 희생 의식을 통해 하늘로 보내진다는 내용을 설명해주고 있다. 또한 계속해서 공이 앞뒤로 왔다 갔다 하는 움직임은 천체 활동에 대한 마야인들의 은유이며, 경기의 시작을 알리는 통치자는 천체 활동의 중재자임을 상징한다.

다른 무대에서 치러지는 다른 형태의 경기도 있었다. 경기장의 구기 시합과 구별되는 이 경기는 계단이나 계단식 구조물에서 진행되었으며, 경기에서 진 선수들은 몸이 묶인 채 공처럼 계단 밑으로 굴려졌다. 그들은 매우 큰 고통을 겪었으며 때로는 생명을 잃기도 했을 것이다. 어쩌면 그 자체로 제례 의식의 마지막 과정이 되는 경우도 있었을 것이다.[26]

이에 대하여 셸레와 밀러는 '경기는 제례 의식의 불가피한 과정'으로서 경기장에서 진행되는 속편의 희생 제의였다고 주장했다.[27] 계단이나 계단 난간에는 이러한 경기를 연상케 하는 상형문자가 새겨져 있다. 어떤 그림 문헌에는 경기에 패한 포로들의 목에서 피가 뿜어지는 장면이 묘사되어 있고, 떨어져 나간 그들의 머리는 땅을 적시어 뱀으로 변화되었다(〈그림 15〉 참조).

어떤 경우에는 전사처럼 재규어 복장을 한 선수들이 새의 복장을 한 포

그림 15 축구 경기 때 참수된 선수로부터 뿜어져 나온 피는 뱀으로 변화된다.

로들을 굴복시키는 장면이 묘사되어 있기도 하다.

어떤 문헌에서는 경기와 연관하여 의식의 변성을 겪는 장면을 보여준다. 치첸이트사의 어느 그림 문헌 중 하나는 경기에서 승리한 선수의 손에 패배한 선수의 머리가 들려 있고 나머지 육체는 승리자의 앞에 무릎을 꿇고 있다. 무릎을 꿇은 선수의 목에서는 일곱 마리의 뱀이 뻗어나 있으며 그 주위를 어떤 식물들이 둘러싸고 있는데, 아마도 환각성 식물인 다투라 Datura 종으로 보인다. 구기 시합과 관련하여 수련Water lilies 또한 자주 나타나는 소재다. 수련은 물과 풍요를 상징하는 것으로, 수련의 뿌리줄기가 향정신성 물질이라는 사실에 주목한 마이클 휘팅턴은 의식의 변성을 초래하는 이러한 물질의 도움을 받아 다른 세계로 이탈할 수 있었다고 밝혔다. 그러나 수련은 제의적 순수성과 연관하여 그들에게 격렬한 구토를 유발했을 것이다. 테오티우아칸의 테판티틀라 궁전 경기장에도 구원을 상징하는 수련과 함께 환각성 식물인 나팔꽃의 일종을 입에 물고 있는 틀랄록이 묘사되어 있다. 휘팅턴은 치첸이트사 경기장의 거대한 벽화 속의 다투라는 확실히 구원을 상징한다고 주장했다.[28]

경기할 때 선수들이 몸에 걸치는 보호대에는 두꺼비 형상이 그려져 있다. 이 두꺼비는 향정신성 독을 지닌 멕시코의 부포 마리너스Bufo marinus로, 후기 고전시대로 넘어서면서 보호대에 장식된 두꺼비와 고양이 문양은 지하세계와 동일시되었다.[29]

구기 시합에 담긴 모든 의미를 완전히 이해하는 것은 불가능할지도 모른다. 선수들은 경기 중에도 환각제를 사용했을까, 아니면 경기 후 또는 제의 과정에서만 사용했을까? 그들은 경기 그 자체를 다른 세계로 들어가는 관문의 은유 또는 은유적 장식으로 삼았던 건 아닐까?

구기 시합은 경기장이 지어진 당대보다 후기 고전시대에 더 폭넓은 인기를 구가했다. 원래 개방된 형태였던 경기장은 점점 폐쇄된 형태로 변화되었다.[30] 그 후로는 쇠퇴하다가 훨씬 나중에 북쪽 아즈텍에서 다시 유행을 일으키지만 치첸이트사의 붕괴 이후 유카탄에서는 잊혔다.

암흑의 주술사, 고통의 의미

피 흘리기, 희생적 관습(살아 있는 상태에서 심장을 꺼내는 행위 등), 구기 시합 등은 신세계에서 나타난 조직적인 폭력과 고통에 관한 연구 결과였다. 오랫동안 이러한 관습은 비교적 늦은 시기(기원후 800~1000년까지의 톨텍 문명과 기원후 1427~1519년까지의 아즈텍 문명)에 발생한 것으로 인식되어왔다. 학자들은 유럽의 종교에 열중했던 초기 스페인 학자들의 주장을 그대로 받아들여 다른 지역에서도 이와 같은 사례가 있을 가능성을 염두에 두지 않았다. 그러나 지난 30년간의 연구와 발견으로 이러한 시각은 전체적으로 전복되었다. 그들의 조직적인 폭력은 일찍이 메소아메리카 전체에서 이루어지고 있었다. 코스타리카, 파나마, 중부 멕시코, 몬테 알반(오악사카, 남부 멕시코)뿐만 아니라 남아메리카의 북쪽 지역인 콜롬비아, 아스페로, 나스카 및 잉카 제국의 차빈, 치무, 모체, 우아리, 티아우아나코 그리고 다른 여러 지역까지 광범위하게 퍼져 있었다. 존 베라노에 따르면 해마다 새로운 지역에서 의미 있는 발견이 나타나고 있다고 한다.[31]

연구자들의 관심을 이끈 것은 폭력의 정도가 아니라 조직화된 폭력의 본질이 무엇이며, 잔인성은 어떤 형태로 존재했으며, 수반되는 고통에 대한 태도와 관습은 어땠느냐에 대한 것이었다.

어린아이를 제물로 바치는 행위는 여러 명을 한꺼번에 희생하거나 목이 잘린 포로의 머리를 전리품으로 삼았던 것만큼이나 널리 전파되어 있었다. 또한 심장이나 내장을 꺼내고 교살하거나 피부를 벗기거나 산채로 매장하는 관습 또한 마찬가지였다. 심지어 치아를 뽑거나 요람 속 아기들의 귀를 자르는가 하면, 스스로 자신의 목을 베는 그림 문헌도 확인되었으나 이것이 실제 시행된 방식인지 종교 의식의 한 장면을 상징하는 것인지는 확실치 않다(〈그림 16〉 참조).

최근에 밝혀진 바에 따르면 패배한 선수들을 죽이는 경기는 구기 시합 외에 또 있었다.(더욱이 어떤 경우, 예를 들어 베라크루스의 엘타힌에서는 신이 승자의 청원을 더 잘 수용한다고 믿었다.) 그것은 극단적으로 잔혹한 권투 경기로, 선수들은 머리 보호대(재규어 가면을 애용했다)와 보호복을 착용했으나, 주먹 안에 작고 둥근 돌을 쥐거나 손가락 관절에 끼우는 마노플라스mano-plas라는 금속 재료를 이용하여 상대방에게 치명적인 상처를 안겼다.[32] 그

그림 16 멕시코 베라크루스 엘타힌 유적지의 그림. 남쪽 축구장 동북쪽 벽에 새겨진 이 그림은 경기 후 스스로 목을 베는 장면을 묘사한 부조다.

림 문헌들은 선수들의 몸에 생긴 심한 타박상이나 불구가 되어버린 모습을 나타낸다. 때로는 재규어가 주먹 안에 둥근 돌을 쥐고 휘두르는 장면도 묘사되어 있다. 술에 취한 듯한 모습도 보이는데 경기에 참가한 선수들은 술을 마셨던 것으로 짐작된다(〈그림 17〉 참조).

고고학자와 인류학자들은 구기 시합이나 권투 경기가 여러 지역에서 자주 벌어졌다는 사실로부터 조직적인 폭력에 수반되는 고통에 대해 어떤 결론을 얻을 수 있었다. 고대 아메리카 대륙에서 고통은 오늘날의 의학적 관점에서 벗어나 상징적이고도 이념적인 의미를 지녔다는 것이다. 사실 고통은 생활 가운데 발생하는 부정적인 일들과 연관하여 철학적으로 수용되었던 것 같다. 스티브 부르제는 (최소한 네 지역의) 희생 의식과 페루 북부 해안에 발생하는 폭우(엘니뇨)의 관계를 집중적으로 살펴보았다.(고고학적으로 남아메리카 해변의 많은 고대 도시는 물 피해로 붕괴되었다.)[33] 우선 파차막 Pachamac인들에게 비와 희생 의식은 깊은 관련성을 지니고 있지만 그 의식의 목적이 비를 기원하는 것인지 막고자 하는 것인지는 확실치 않다. 부르제는 바다표범의 형상이 자주 등장하는 데 주목하여, 엘니뇨의 우세풍이 부는 동안 해안가 절벽에 자라던 식물 로마스lomas와 희생 의식과의 연관성에 대해서도 연구했다. 그 결과 로마스가 엘니뇨의 임박을 예고해주는 역할을 했다고 주장했다. 그리고 엘니뇨가 발생하는 동안에는 수온이 상승하여 먹이가 줄어들기 때문에 주민들은 바다표범과 직접적인 식량 경쟁을 하게 되었고, 결국 식량을 뺏기지 않기 위해 바다표범을 닥치는 대로 죽였다는 것이다.

엘니뇨는 그것이 어떠한 현상으로 나타났든 제물 의식의 변화에 영향을 끼쳤다. 사람들은 엘니뇨의 영향을 피해 어린아이를 희생 제물(카팍 우차 capac hucha)로 바칠 때 산꼭대기에서 의식을 진행했다. 터무니없게도 때로

거대한 단절

그림 17 권투 선수들이 싸우는 장면. 보호복 차림인 그들의 손에는 돌이 들려 있다.

는 아이들의 몸에 지그재그로 칠을 했는데, 아마도 번개를 향해 제물을 바치는 의식의 일환으로 보인다. 때로는 권투 경기도 산꼭대기에서 열렸다.[34]

역시 최근의 연구에 따른 바지만 메소아메리카 사람들은 기후의 변화를 아픈 상태로 보았고(이에 따라서 고통이 수반되는 것이라 여겼다) 자연재해는 큰 병이 든 상태로 여겼다. 예컨대 홍수는 설사병이며 가뭄은 피부가 건조한 병이라 보았다. 주술사는 이런 관계를 잘 헤아리는 사람이었다.(홍수는 물과 관계된 질병을 몰고 온다는 설명은 다소 일리 있는 분석으로, 이는 별도로 볼 수도 있겠다.) 그리고 그들의 조직적인 폭력은 질병인 자연재해에 대한 처방 같은 것이었다.(예컨대 피 흘리기에서의 피는 비와 관계된다.)[35]

'어둠의 주술사'(카나이마kanaima) 현상에 대해서는 최근에서야 그 정체가 밝혀졌다. 이는 재규어나 다른 동물로 변신 가능한 사악한 주술사가 '적대자를 벌하고 공격하는 마법을 구현'하여 지역 공동체에 공포 분위기를 조성하고 조종하는 것이다.[36] 사람들은 이 어둠의 주술사가 병을 일으키는 천둥·번개·바람·홍수·가뭄·지진과 같은 나쁜 기후를 만들어낸다고 믿었다. 그들은 제물로 사로잡은 포로들을 공포와 불안에 떨게 만들거나 독을 먹이기도 하고(가이아나의 외딴 마을 지역에서는 지금까지도 독을 먹는 관습이 남아 있다) 뾰족한 막대기를 제물의 항문에 집어넣었다가 강제로 당겨서 직장의 일부를 끄집어내어 자르는 등 '극심한 고통을 안겨주고는 결국 죽음에 이르게' 만들었다. 이렇듯 '제물의 영혼까지 파괴하는 방식'에 의한 공격은 어둠의 주술사가 목표 대상의 무덤을 찾아가 그 썩은 시체의 일부를 먹을 때까지 계속되었다. 결국 많은 지역사회에서 재규어 주술사는 병을 일으키는 존재로 간주되어 사람들에게 붙잡힌 주술사는 참수되고 말았다. 남아메리카에서 참수 행위는 그 자체로 사악한 힘을 물리치는 의미가 있

지만 다른 한편으로는 생산력 또는 우주의 기원과도 연관된다.[37]

어둠의 주술성은 메소아메리카의 전통적인 샤머니즘과는 대조되는 새로운 면모를 보여준다. 예컨대 마야의 남성들은 때때로 피 흘리기 의식에서 여성의 옷을 입었다. 칠레에도 이와 비슷한 현상이 전해져 관습적으로 남성 공예가들은 여성의 옷을 입었다. 이와 마찬가지로 오늘날 페루에서 생산되는 직물이나 나스카의 도자기에는 주술사가 환각성 음료를 마시거나 재규어나 콘도르 또는 다른 동물로 변신하는 모습이 묘사되는 등 아직까지도 주술적 전통이 강하게 남아 있다.[38]

폭력, 고통과 관련하여 메소아메리카에서 일어난 전쟁의 성격에 대해서는 좀 더 살펴볼 필요가 있다. 이들의 전쟁은 '서쪽'에서처럼 정복이 목적이었을까, 아니면 단지 제물로 바칠 포로들이 필요했기 때문일까? 메소아메리카의 상형문자들은 다양한 종류의 전투를 제시하고 있다. 첫째는 소수의 포로를 잡거나 적의 힘을 시험하기 위한 소규모의 '꽃의 전쟁flowery war'이다. 그 밖에 '파괴의 전쟁destruction event'과 '껍질별 전쟁shell-star event'도 있는데, 후자는 전면적인 영토 분쟁을 의미한다. 그러나 말, 수레, 금속 무기가 없는 상황에서 전쟁에서 확보한 영토를 끝까지 지켜내기는 쉽지 않았으며 제물용 포로를 확보하기 위한 전쟁의 경우에는 더욱 그러했다.(잉카와 아즈텍은 예외적이었다.) 그리고 8세기 무렵 전역에 걸쳐 발생한 전쟁은 기후 변화와 관계가 깊은 것으로 보인다.[39]

오늘날 우리가 속한 세계와 비교할 때 고대 신세계에 거주하는 이들에게 고통, 폭력, 희생 제물 등은 남다른 의미를 지닌다. 그 증거로, 아이를 제물로 바친 가정은 그 대가로 더 높은 지위를 보장받았고, 구기 시합에서 승리한 팀의 선수들이 제물로 바쳐질 때에도 현저한 대우를 받을 수 있었다. 또 다른 증거로, 아즈텍에서는 구기 시합에 도박이 연결되어 시합 결과에 자신의 목숨을 거는 사람도 있었다. 아즈텍 인근의 도시국가 틀락스칼라Tlaxcala에서는 고위층 사제들이 자신의 혀에 막대기를 여러 차례 통과시키는 경쟁이 벌어지기도 했다.(기록에 따르면 횟수가 많은 경우에는 405번, 적은 경우라도 200번이었다.)⁴⁰ 어떤 지역에서는 전리품인 머리를 '튕기거나 굴리고 던지는' 등 공처럼 사용하기도 했다. 안드레아 쿠시나와 베라 티슬러는 저지대의 중심부에 살던 마야인들이 "어렵지 않게 노예나 고아의 자식을 살 수 있었다. (…) 어린아이를 사지 못한 경우에는 토착 신앙에 근거하여 자신의 자식이나 조카들을 바쳐야 했다"고 기록하고 있다. 오늘날 자살은 불행한 개념이지만, 고대의 그림 문헌에서도 볼 수 있듯이 당시 스스로 목을 베는 행위는 믿음에 기초한 행위일 뿐이었다. 이 또한 고통에 대한 다른 사고방식을 보여주는 증거라 할 것이다. 마지막으로, 베라크루스 사람들은 모두 걸어서 한 시간 이내에 구기장에 닿을 수 있는 거리에 살았다는 사실(아드리아나 아게로와 아닉 다닐스가 제시한 증거)로부터 유추할 수 있는 것은 무엇일까? 사람들은 목숨이 걸린 고통스러운 혈투를 즐겼다고 봐야 할 것이다.⁴¹ ●

그림 문헌에서 경기 참가자나 제물이 된 자들의 표정에서 고통을 느낄 수 없는 이유는 아마도 마비 상태에 빠졌기 때문인 듯하다. 그러나 찡그린 표정을 짓거나 뺨 위로 굵은 눈물이 흘러내리거나 비명을 지르는 사람이 묘사된 경우도 있다(〈그림 18〉 참조).

이 부분에 대해 연구해온 제인 스티븐슨 데이는 다음과 같은 결론을 제시했다. "사실 이러한 폭력은 공동체의 파괴라기보다는 피의 의식 안에서

● 고대 로마에서도 행해졌다.

그림 18 부상을 당한 한 축구 선수가 경기장 밖에 누워 신음 소리(길게 뻗은 선)를 내면서 눈물 흘리며 울고 있다.

전체 구성원들을 하나로 묶어주는 행위였다. 유혈, 고통, 죽음은 동전의 한 면이고 다른 한 면은 지속, 부흥, 생명이라 할 수 있다. (…) 극적인 참수 의식이 되풀이됨으로써 사람들은 공포에 무감해지고 나아가 숙명으로 받아들이게 되었다. (…) 조직적인 폭력 그리고 집단 전체의 이익을 위한 희생 제의는 콜럼버스의 대륙 발견 이전까지 신세계 모든 문명의 세계관에 기초한 것이었다."[42]

위대한 별과 평범한 별

메소아메리카 전 지역에는 올메카와 사포텍 문명으로부터 전수된 것으로 보이는 정밀한 달력 체계가 있었다. 지금하고는 많이 달랐다. 앞선 장에서 이에 대한 논의가 있었으나 '긴 계산법'에 대한 소개는 생략되었다. 한 비문의 앞부분에서 제시한 계산 단위는 대개 다섯 가지로 나뉘는데, 바로 박툰baktun, 카툰katun, 툰tun, 우이날uinal 그리고 킨kin이다. 킨은 마야인들이 생각하는 1을 뜻하며(또한 킨은 태양을 뜻한다), 하루 또는 특정일을 시작 연도부터 세는 단위다. 우이날은 20개의 킨으로 이루어진 1개월, 툰은 18개월의 기간(즉 360킨)이고, 카툰은 20개의 툰, 박툰은 20개의 카툰(14만4000킨)을 가리킨다. 킨과 함께 기본 단위인 카툰(7200킨)은 오늘날의 약 20년에 해당한다. 이것은 한 세대의 기간과 비슷하고 개인의 기억력 한계와도 유사하며 지진·엘니뇨·화산 폭발 등의 자연재해가 발생하는 평균 주기와도 거의 일치한다.

마야의 달력 체계에서 '시작'은 기원전 3114년 8월 2일이다. 왜 하필 이 날인지에는 아직도 풀리지 않은 비밀로 남아 있지만, 마야의 지도자들이

거대한 단절

매우 먼 과거로부터 자신들의 혈통이 비롯되었다는 사실을 강조하는 한편 권위의 과시 효과를 노린 것만은 분명하다. 이 달력 덕택에 오늘날 우리는 신화의 시대로부터 실재하는 인간의 시대, 즉 역사의 시대를 확인할 수 있게 되었다. 마야의 수학에서는 다른 계산 단위를 고안함으로써(예를 들어 픽툰pictun이라는 단위는 20개의 박툰을 의미한다), 수백만 년 전까지 소급하여 헤아릴 수 있었다. 이러한 체계를 바탕으로 고대 마야인들은 자신의 지배자들을 아주 머나먼 신화 시대의 신들과 연계시킬 수 있었고, 다시금 권위를 강화할 수 있었다.

또 다른 관점에서 마야의 시간 개념은 금성의 운행이나 역할과도 관계된다. 20장에서 살펴본바, 마야인들은 은하수를 중요하게 생각했다. 그들은 은하수가 밤하늘에 경로를 따라 순환하는 세계수라 여겼으며 배로 변하여 최초의 인류를 데려왔다고 믿었다. 메소아메리카 사람들은 주술사의 의식의 변성에 익숙했기 때문에 이러한 변화에 매료되었을 것으로 보인다.

금성은 밤하늘에서 가장 밝게 빛날 뿐만 아니라 달처럼 일정한 주기로 나타났다가 사라지는 현상 때문에 마야인들의 주목을 받게 되었을 것이다. 금성은 마야 사람들에게 노아 에크Noh Ek('위대한 별'이란 뜻) 또는 숙 에크Xuc Ek('벌 모양의 별'이라는 뜻)라고 불리며, 584일(현재의 기준으로 정확히 583.92일) 주기로 금성이 나타났다가 사라진다는 사실을 알아냈다. 이 주기는 4개의 기간으로 나뉘는데, 첫 번째 기간(240일)에는 아침에 금성을 볼 수 있고 두 번째 기간은 외합(금성-태양-지구의 순으로 배열)의 기간으로 약 3개월간 금성을 볼 수 없다. 세 번째 기간(240일)에는 금성을 다시 볼 수 있으며, 마지막 기간은 내합(태양-금성-지구의 순으로 배열) 기간으로 2주간 금성을 볼 수 없다. 마야인들은 금성의 5년이 태양의 8년과 일치함을 알아내고는, 자신들의 달력 체계에 수정이 필요하다는 사실을 깨달았다.

마야인에게 금성은 전쟁과 관련하여 중요한 의미를 지닌다. 예컨대 전쟁에 관한 상형문자를 보면 정복하고자 하는 도시의 이름에 금성을 상징하는 기호가 항상 있었다. 아마도 '패배'(사라짐)의 기간이 지난 뒤에 다시 나타나는 현상이 규칙적으로 유지되는 사실이 그들의 호전성을 설명해주는 듯하다. 멕시코 치아파스 유적지의 보남파크Bonampak와 다른 곳의 벽화에는 전쟁에서 승리한 전사가 금성의 상징이 장식된 옷을 입은 채 포로의 목을 베어 신에게 바치는 형상이 그려져 있다.[43] 온두라스 서북쪽의 코판Copan 유적지에는 금성 신전이 세워져 있는데, 관측인들은 이 신전의 가늘고 긴 창문을 통해 밤하늘의 금성을 관찰할 수 있었다. 마야의 왕은 태양이 뜨기 전, 금성이 나타날 때 몸을 씻고 희생 의식을 집행했다. 여기에는 하늘의 질서에 따라 의식을 시행함으로써 권력을 강화하고 새롭게 재정비하는 의미가 담겨 있다.

금성이 나타났다가 사라지는 주기를 예측한다는 것은 매우 어려운 일로, 태양이나 달의 움직임보다 훨씬 더 복잡해서 문외한들에게는 거의 마술과 같은 일이었을 것이다.(기록에 따르면 금성 관측술은 매우 뛰어난 작업으로 평가되고 있다.) 관측자(그리고 그들의 지배자)가 금성의 주기를 정확히 예견해냄으로써 주술사의 예지력도 인상적으로 표출되었을 것이다. 메소아메리카는 전통적으로 날개 달린 뱀의 모습을 지닌 케찰코아틀(톨텍인들과 아즈텍인들의 신으로, 마야인들에게는 쿠쿨칸Kukulkan이라는 이름으로 불렸다)이 지상에서 쫓겨난 후 하늘로 올라가 샛별이 되었다고 믿었다. 그리하여 태양이 뜨기 직전 마치 그 사실을 예고하듯이 샛별이 나타나는 기간도 관찰에서 빠트리지 않았다.

사실 메소아메리카의 모든 도시는 천문학을 중시했다. 춘분과 추분에 떠오르는 태양이 주요 구축물의 두 꼭대기 사이의 한 점을 정확히 비추도록 건축된 테노치티틀란의 위대한 신전, 템플로 마요르_{Templo Mayor}가 이 점을 가장 잘 보여주고 있다. 한 해를 구성하는 18개월의 첫날마다 태양이 떠오르면 제물 의식의 거행을 알리는 포고와 함께 1개월의 시작을 알렸다. 유적지의 동-서쪽 방향에 위치한 지점을 조사한 결과 우리에 가두어둔 동물과 인간 제물의 잔해가 발견되었다. 인간 제물은 묶여 있거나, 폭풍의 신과 관련된 듯한 안경 같은 가면이 씌워져 있었다.[44] 이곳의 희생 의식에 대해서는 고고학자들도 아직 완전히 이해하지 못했을 정도로 복잡하고 다양하지만 성스러운 자연환경(메소아메리카에서 도시는 자연의 일부로 간주되었다) 안에서 생명, 옥수수 상징, 전쟁, 제물이 연계되었다. 달력은 이러한 의식에서 핵심적인 요소였다.

선전 선동으로서의 문자

신세계의 문자 체계를 조사한 결과 일정한 기록 문헌이 발견된 곳은 사포텍, 미스텍, 마야 그리고 아즈텍 문명 지역이었다. 이 지역의 문자 체계는 모두 상형문자로, 신세계 그 어디에서도 설형문자 또는 그러한 발전에 상응하는 흔적은 찾아볼 수 없었다. 물론 콜럼버스의 대륙 발견으로 도입된 알파벳과도 전혀 다르다. 그 원인은 이 문자의 이용 목적 자체가 전혀 달랐기 때문이다.

마야의 문자가 올메카나 사포텍의 문자에서 발전되었다고 확신할 수는 없지만 부분적으로 기호가 일치하며, 신세계의 다른 지역에서는 발견되지 않았다는 점에서 기원 가능성을 부정하기 어렵다.

대체로 메소아메리카의 기록들은 세로줄로 표기되어 있으므로 위에서 아래로 읽어 내려가며, 왼쪽에서 오른쪽으로 읽는다. 그리스어 'gliphein'에서 유래한 '상형문자glyph'라는 표현은 그 자체로 새김 또는 조각을 상징한다. 반면 마야의 상형문자는 각각 중심 요소가 있고 수식어들이 따라붙는 구조로, 이러한 체제는 인도-유럽어 판독에 익숙한 금석학자나 언어학자들에게 매우 어려운 작업일 수밖에 없다. 예컨대 어떤 기호는 완전한 세계를 나타내는 표의 문자이지만 어떤 기호는 생각이나 물건을 나타내는 표음문자로, 하나의 문헌 안에서 서로 혼합되어 사용되고 있기 때문에 해독하기가 복잡하고 어렵다. 게다가 메소아메리카인들은 한 단어를 한 개 이상의 뜻으로 표현하는 방식을 선호했다.

마리아 롱헤나의 연구에 따르면, 재규어(마야어로는 발람balam)를 뜻하는 상형문자는 재규어의 머리 형상을 본뜨거나 재규어 전체를 본뜬 것도 있지만 'ba-la-ma'(마지막 a는 묵음)라는 세 음절을 표기한 사례도 있다.[45] 이 경우 외에도 'ba'와 'ma'의 기호 사이에 재규어의 머리 그림을 그려넣어 표현하거나 또 다른 조합들도 가능했을 것이다. 그런가 하면 같은 단어라도 놓인 위치에 따라 의미가 달라지는 경우도 있다. 예컨대 'chan'이라는 기호는 뱀, 하늘, 숫자 4의 뜻을 지니고 있다.

최근 연구에서는 표의 문자가 표음 문자보다 더 보편적이었음을 제시하고 있다. 마야의 언어는 배열 순서도 오늘날과 다르다. 예컨대 "그는 두개골 장식의 새 재규어를 포획했다He captured-Jeweled Skull-Bird Jaguar"라는 영어식 문장을 마야 문자로 나열한다면 "새 재규어는 두개골 장식을 포획했다Bird Jaguar captured Jeweled Skull"의 순서가 된다. 이렇듯 메소아메리카의 상형문자는 이집트의 상형문자와 크게 달랐다. 메소포타미아의 설형문자가 경제·상업적 목적으로 사용되었다면 신세계에서는 전혀 다른 목적으로 이용되었음을 짐작할 수 있다.

거대한 단절

메소아메리카 네 지역의 문자 체계를 조사한 조이스 마커스는 그림 문헌에 대한 해석과정에 여러 단계가 있음을 제시했다.[46] 초기 연구자들은 달력에 있는 많은 숫자에 강렬한 인상을 받았으며 메소아메리카인들이 시간을 숭배한다고 생각했다. 그리고 1949년 무렵 문자와 관련된 유력 인물들이 거론되면서 그들이 신이 아니라 실존했던 통치자라는 사실이 밝혀지자 메소아메리카의 역사를 정확히 밝힐 수 있으리라 기대했다. 그러나 마커스는 그 작업이 '그다지 빨리' 이루어질 수 없을 것이라 진단했다. 왜냐하면 당시 메소아메리카 사회에서 실제 사용되었던 문자는 오늘날 서구 세계의 것과 전혀 다른 방식이었기 때문이다. 마커스가 조사한 네 곳의 메소아메리카 문화에서 진실은 지배층이 독점하고 있었으며, '귀족 언어'와 '평민 언어'가 구별되어 있었을 뿐만 아니라, 글을 읽고 쓰는 능력 또한 신분에 따른 차이가 있었다.

마커스는 이때부터 사회 또는 종족의 계급화가 발생했다고 보았다. 이미 "권력층 내 경쟁도 심해졌다. (…) 원래부터 높은 신분과 낮은 신분이 나뉘어 있었다는 신화까지 형성되어 마을 간 심지어는 고위층에서 가족 간의 경쟁이 극심해졌다. (…) 이렇듯 메소아메리카의 상형문자는 권위와 지배력 경쟁의 토대에서 싹텄으며 그러한 경쟁을 확산시키는 매개로 활용되었다. (…) 메소아메리카의 문자는 불평등한 권력 세습의 사회가 되어서야 비로소 가치를 지니게 되었다."[47] 더불어 마커스는 초기 문헌에서 적을 죽인 사실만을 기록하고 실제 장소를 표기하지 않은 것은 메소아메리카의 문자가 사실의 기록보다는 선전의 목적으로 이용되었기 때문이라고 설명했다. 즉 메소아메리카의 문자는 사실상 신화나 역사의 선전 수단으로서 고안된 것이었다. 그런 차원에서 볼 때 이는 고대 이집트와 유사하며 메소포타미아와는 전혀 다른 것을 알 수 있다.

그녀는 이러한 '선전'을 수직적인 것과 수평적인 것으로 나누었다. 수직적인 선전은 주로 지배층이 자신들의 지배 행위에 대한 정당성을 널리 인식시키기 위한 것으로, 주요 공공 건축물에 많이 보존되어 있다. 예컨대 전쟁에 승리하여 많은 포로를 사로잡은 내용을 자세히 묘사한 것, 그리고 지배층의 정통성을 인정하지 않는 경우에 치러야 할 대가를 인식시키기 위해 전시해놓은 두개골 선반들이 그러한 경우에 해당한다. 이와 반대로 혈통에 관한 고문헌 등의 수평적인 선전은 지배층 내에서 알려야 할 내용, 예컨대 어느 집안의 승계권에 대한 내용을 다른 이들에게 알리기 위한 것이었다. 그 밖에도 마커스는 여러 사례를 제시했는데, 기록을 담당하던 자가 더 높은 지위를 얻기 위해 사실을 변조한 사례도 있었다.

더불어 한편으로는 당대의 권력을 약화시키기 위해 동요를 조장하는 내용도 볼 수 있고, 그에 맞서 체제의 안정을 도모하려는 통합의 내용도 있다.

마커스는 네 곳의 문명에서 확인된 문헌의 주제를 여덟 가지로 분류하여 정리했다. 그 종류는 상대방에 대한 정복, 지배자의 통치 범위, 공물을 받아야 하는 정복지, 지배자의 권력 승계, 지배자의 취임 시기, 지배자의 결혼, 지배자의 후계자 출생, 지배층이 요청할 수 있는 직분 등이다. 무엇보다도 마커스는 문헌에서 위조된 특성을 발견해냈다. 예컨대 팔렝케의 어느 통치자는 800세 나이의 여성으로부터 승계를 받았다고 주장하고 있다. 이는 즉 그녀가 무려 700세 이후에 자식을 낳았다는 말이다. 또 아즈텍의 어떤 문헌에는 솔로틀의 통치 기간이 무려 117년이며, 테소소목의 경우 180년이나 된다고 나온다.[48] 미스텍의 고위층 남성 1661명의 이름을 조사해본 결과 원래 출생일에 따라 이름을 지었던 관습으로부터 벗어나 있었는데, 이로써 추측할 수 있는 것은 그들이 진짜 생일 대신 상서로운 날짜를 기록했을 것이라는 점이다.[49]

마커스는 당시 사람들의 목적이 지식은 아니었으므로 메소아메리카 사회는 문자사회로 볼 수 없다고 결론지었다. 또 다른 중요한 특징은 신화와 역사 그리고 선전의 관계와는 별도로 귀족과 일반인의 언어가 달랐다는 사실이다. "귀족의 말은 이집트 파라오의 마트Maat(법과 정의의 신―옮긴이)와 같고 일반인들의 말은 알아듣기 어려울 만큼 무식하며 허황된 것으로 간주되었다. 결과적으로 상형문자는 귀족의 언어를 시각화한 것이었다." 어찌 보면 문자는 지배자와 피지배자의 차이를 유지하는 방편이었고, 이로써 신분 분리의 신화가 완성될 수 있었다. 이것은 왕궁에서 발전시켜 왕정의 무기가 된 이집트의 '위대한 문명'의 개념과 유사하다. 물론 여기에는 전쟁과 종교를 연계시킨 미스텍 지배층의 역할도 영향을 끼쳤을 것이다.[50]

메소아메리카의 달력에서도 비슷한 내용을 확인할 수 있다. 마커스는 메소아메리카의 달력과 관련하여, 기나긴 계산법에 따른 정밀한 날짜에 담긴 '잠재성'을 학자들이 인정해야 한다고 주장했다. 그들에게 정밀성 그 자체는 달력의 목적이 아니었다.● 예컨대 기록 속의 한 여성은 754세에 출산을 하고 815세에 왕권을 물려주지 않았는가. 또한 마커스는 골 해부학적으로 어느 통치자의 실제 나이가 문헌상의 나이와 큰 차이를 보이는 사례를 언급하기도 했다. 하물며 인류가 아직 신세계로 이주하기 전 시대에 이미 통치자가 된 인물에 대한 기록에 대해서도 소개했다.

마커스의 조사는 신세계 금석학 연구에 새로운 분야가 남아 있음을 시사한다. 그리고 그녀의 연구는 메소아메리카의 문자 문화가 알파벳의 발명

● 그리스의 안티키테라 체계Antikythera Mechanism(기원후 87년 난파선에서 발견됨)를 보면 톱니가 있는 기어와 바퀴의 19개 회전축이 서로 맞물려 정확히 235회의 회전운동을 하고 있다. 이는 19년마다 235개월에 달하는 음력의 개월 수가 규칙적으로 맞아떨어지는 사례를 보여준다. 즉 마야 달력 체계를 수학적으로 제시한 사례라고 할 수 있다.[51]

으로 귀결된 메소포타미아 문자 문화와 다소간 차이가 있다는 점을 보여 주었다. '문자'라는 관점에서 볼 때 그 자체는 크게 다를 것이 없으나 규명해야 할 숨겨진 차이는 확실히 존재한다.

식량 전쟁

메소아메리카의 외부, 즉 오늘날 북아메리카 대륙에만 존재했던 독특한 관습인 '포틀래치Potlatch'에 대해 살펴봐야 한다. 특히 알아야 할 것은 이와 동일한 풍습이 오세아니아에도 나타난 적이 있으며, 더욱이 유럽과 접촉하기 전에 북서 태평양 연안의 좁은 지역에서 형성된 이 관습이 가까운 지역으로 급속히 퍼졌다는 사실이다.

포틀래치란 '주다'라는 뜻을 지닌 치누크Chinook 족의 은어로 알려져 있다. 이 관습은 정식으로 초대한 손님에게 주인이 많은 양의 재물을 선물하는 것으로, 이 광경을 처음 본 유럽 선교사나 연구자들은 이것이 낭비 문화이며 비경제적이라고 보았다. 그 시작은 기원전 1500년 밴쿠버 섬과 캐나다 본토 사이의 조지아 해협으로, 서북 해안을 따라 위쪽으로 알래스카의 코퍼 강 가까운 이약Eyak, 오리건의 컬럼비아 강 가까운 치누크, 북극과 그 근처 지역이나 고원에 사는 많은 부족에게 전파되었다.[52]

20세기의 유명한 인류학자인 프란츠 보애스는 크와키우틀Kwakiutl과 함께 브리티시 컬럼비아의 밴쿠버 섬에 대해 연구한 결과를 발표하면서 이 선물 풍습을 설명했다. 이 문화는 사회적 신분을 얻는 방법이자, 선물을 받은 사람이 나중에 더 큰 환대와 더 많은 선물을 돌려줄 것을 기대하는 일종의 투자라는 것이다. 그러나 이 해석은 두 가지 과정을 혼동한 결론이었다. 선물을 준비할 때 주인은 다른 이에게서 선물을 빌리고 이자를 갚아야 할 부담을 지는 반면, 선물을 받는 사람은 이자는커녕 선물을 갚아줄 의무도 없었다. 보애스의 주장에 반대하는 사람들은 이 풍습이 물욕이라기보다는 자부심의 발로이며, 선물의 양을 늘림으로써 경쟁자들보다 우월해지고자 하는 욕망의 표현일 것이라 해석했다.[53]

마르셀 모스는 『증여: 고대사회에서의 형태와 기능The Gift: Forms and Functions of Exchange in Archaic Societies』(1967)을 통해 포틀래치 풍습은 사회가 진화하는 과정에서 발생한 일탈적 단계로서, 요컨대 '선물 관습이 낳은 괴물'이라고 표현했다. 나아가 루스 베니딕트는 서로 더 많은 선물을 주려 애쓰다보니 결국 과도한 양을 감당할 수 없어 파산에 이르는 집단적 과대망상증에 빠져버렸다고 분석했다. 달리 말해 이것은 과시적 소비의 특이한 형태라고 할 수 있다.[54]

대체로 인류학자들은 포틀래치 풍습이 개인의 신분과 자부심을 표현하는 방식과 관계된 것이라고 이해하고 있다. 즉 개인의 사회적·경제적 계급을 강화하는 동시에 부의 분배(재분배)를 돕는 방식이라고 수용했다. 또한 어떤 사례들은 포틀래치가 육체적 분쟁으로서의 전쟁을 대체하는, 일종의 '재산을 무기로 한 싸움'이라는 주장을 뒷받침한다. 최근 가장 지지받는 견해는 (부족마다 내용이 다른) 이 풍습을 통해 자신이 어떤 부족의 일원임을 공개적으로 밝히고 그 부족에서 중요한 존재임을 과시하는 행위였다는 내용이다. 그리고 '선물 경쟁'의 경우 특정한 사회적 신분을 놓고 두 명의 친족이 서로 경쟁할 때 나타났던 현상으로 보았다. 최근 들어 이 풍습이 태평양 서북 해안을 넘어 모든 태평양 연안 지역으로 전파되었다는 사실이 밝혀졌으나 스페인 정복 시기 이후까지도 지속되었는지에 대해서는 확실치 않다.[55]

충분치는 않지만 지금까지 지위나 신분과 관련하여 포틀래치 풍습이 다른 어떤 관습과 연계되었는지를 살펴보았다. 이처럼 초기 국가에서 우두머리라는 지위가 생겨나면서부터 신분은 신세계에서는 중요한 관심사가 되었다. 전쟁이 확산되었으나 말과 수레가 없었으므로 좁은 범위 안에서 싸움이 벌어졌고, 오직 인간의 다리에 의지하여 수송과 이동이 이루어졌으므로 점령지를 지켜내기란 힘들었다. 정치 체제도 작은 규모로 유지되었고 신에 대한 인식도 광범위하게 교류될 수 없었다.(늘 그래왔듯이 당시는 조직된 군대가 없었다.) 그러므로 도시들은 작은 규모를 유지했으며, 인구도 크게 증가하지 않았고, 각기 숭배하는 신에 대한 인식에도 변화가 없었다. 자기들의 것을 유지할 수 있었으므로, 넓은 지역에 걸친 대규모의 분쟁은 일어나지 않았다. 반면 말을 타고 유목생활을 해야 하는 구세계에서는 환경의 변화가 있었고 광범위한 지역에서 일어난 분쟁의 과정을 거쳐야 했다. 신세계에는 아랍어나 라틴어와 같이 인간의 자유로운 이동을 촉진할 만한 국제적 언어도 없었다.

포틀래치 풍습에 대해 살펴보아야 할 또 다른 이유가 있다. 앞서 14장에서 살펴보았듯이 서북 태평양 해안의 새먼 강(회기하는 연어가 많다는 데서 유래했다) 유역은 식량자원이 풍부했던 반면, 메소아메리카에서는 음식도 신분에 따른 차별이 있었으며 잉여 식량은 계급사회의 핵심 요소이자 문제였다. 이것은 '문명'이 언제나 '진보'를 형성하는 것은 아니라는 사실을 떠올리게 한다. 더욱이 메소아메리카의 고통스러운 제례 의식은 지배자나 귀족들이 사회적 분할을 유지하고 자신의 신분과 특권을 강화하려는 배경에서 탄생된 것이었다. 이러한 조건 아래 고통은 의도된 선전의 도구였다.

앞으로 남은 두 장에서는 종교, 전쟁과 함께 지배계층을 가장 중점적으

거대한 단절

로 살펴볼 예정이다. 신세계의 권력층이 특권을 유지하기 위해 고안했던 행위 그리고 전쟁을 통해 공포의 수위까지 조절했던 것은 매우 이례적이고도 뚜렷한 특징이다. 이것은, 앞선 장에서도 소개했지만, 신세계 종교의 기본적 특성과 연관된 것으로 보인다. 전역에 걸쳐 지진, 화산 폭발, 태풍과 같은 통제 불가능한 초자연적 힘의 위협에 직면한 상황에서 전쟁은 점점 더 확산되었다. 이 비극에 대해서는 23장에서 다루기로 하겠다.

수도원과 중국 관료, 이슬람교도와 몽골인

18장에서 우리는 유일신 사상이 구세계에서 어떻게 발전했으며, 그로 인한 중대한 영향(콜럼버스 이전의 아메리카에서 일어나지 않았던 새로운 현상)이 무엇인지를 살펴보았다. 초기의 유일신 사상은 이스라엘 사람들(유목생활을 하는 히브리인)의 경험과 생각에 기초한 것이었다. 그러나 많은 역사가의 견해에 따르면 기독교 신앙(예수의 출생, 죽음 그리고 부활)의 탄생은 긴 안목으로 볼 때 지성사적으로 중요한 역사적 의미를 지닌다. 비록 기독교라는 종교관은 유대인이 유대인으로서 살아가기 위한 방법으로 형성되었을지언정 세월이 흐르면서 과거의 종교와는 확연히 달라졌다는 데 근거한 것이다. 성 아우구스티누스, 성 토마스 아퀴나스, A. N. 화이트헤드, 헨리 피레네, 어니스트 겔너, 존 길크라이스트, 데이비드 린드버그, 그리고 로드니 스타크와 같은 여러 인물은 콜럼버스가 신세계를 발견하기 전까지 약 1500년 동안 유럽이 빠르게 발전하는 과정에 기독교가 어떤 역할을 했는지를 설명하고 있다.

오늘날의 신학에서는 인간 세상에는 단 하나의 신만이 존재하며, 그 신은 그리스인들이 믿었던 것처럼 이성적 존재라는 관점만을 수용하고 있다. 그러한 관점에서 볼 때 현대세계(아메리카 대륙을 발견했던 세계)는 고대 그리스의 합리주의를 흡수한 기독교적 인식(이성적 신)에 의해 형성되었다고 할 수 있다.

최근 로드니 스타크는 『이성의 승리: 기독교는 어떻게 자유, 자본주의 그리고 서양의 성공을 이끌었는가The Victory of Reason: How Christianity Led to Freedom, Capitalism and Western Success』(2005)에서 이 주제를 다루었다. 그는 다신교의 신은 "너무 비이성적이므로 신학이 성립될 수 없다"고 했다. 실제로 신학이란 신이 합리적 의식을 지닌 존재이며 '인간을 보살피고 인간에게 도덕적 규범과 책임을 부과하는' 무한한 힘과 넓은 시야를 가진 초자연적인 존재라는 점을 받아들이지 않으면 성립할 수 없다. 그러한 전제 없이는 왜 여전히 죄가 존재하는지, 아기들은 언제 영혼을 얻게 되는지 등에 대한 질문을 제기할 수 없다.[1] 따라서 동양에는 신학자가 존재하지 않았다고 스타크는 주장한다. 예컨대 도교, 유교 그리고 불교는 '도道' 혹은 '열반'을 추구하며 '영원히' 본질에 대한 명상을 할 뿐 이성적으로는 불충분한 사상이라는 것이다. 반면 서양에서의 신은 데이비드 린드버그가 제시했듯이 이성의 전형이었다. 어니스트 겔너는 '초월주의'는 인간이 보여준 새로운 단계의 사고로서, 더 나아가 예수와 같은 신성한 존재가 역사에 개입해주기를 원했다고 했다. "인간은 높은 신을 두려워하지만 높은 관념을 두려워하지는 않는다. (…) 추상은 경외심을 고취하지 않는다."[2] 이것은 기독교가 다른 종교보다도 자유 의지와 더불어 기적의 역할을 중요하게 여기게 된 배경일 것이다.

5세기 무렵 성 아우구스티누스와 함께 시작된 기독교는 신이 인간에게 자유 의지를 주었다는 사상을 전파했다. 천문학과 운명론의 인식에 큰 타격을 주었던 이 사상은 굉장한 혁신이었다. 그 결과 이성을 기본으로 한 새로운 교리가 부상하게 되었다. 알렉산드리아의 클레멘스가 3세기 무렵 경고한바 "모든 일을 믿음으로 받아들여야 한다고 생각하지 말라. 대신 이성에 의거하여 주장하라. 분명한 진리는 이성 없이 존재할 수 없으므로 이성에 근거하지 않은 맹목적인 믿음은 위험한 짓이다."[3]

기독교는 "성스러운 말씀이 『성경』으로 수용되었으며, 그 결과 문자 그대로 말씀의 기운을 받게 되었다"는 점에서 이슬람교나 모세의 그것과 확연히 다르다. 예수가 직접 기록한 것이 없었으므로 성직자들은 그의 말씀을 떠올려 그 의미를 이성적으로 해석해야 했다. 신약성서는 이슬람의 『코란』처럼 통일된 경전이 아니라 말씀의 선집 형태였기 때문에 파울 틸리히에 의해 '추론 신학'이 시작되었다. "우리의 지식과 해석은 모두 불완전하다"는 그의 말은 '의심할 여지가 없는 경전'이라고 공표한 『코란』의 두 번째 판본과는 대조적이다.[4]

이러한 흐름에는 기독교 신학자들이 이성적인 시선을 지닐 때 비로소 신의 의지를 정확히 이해할 수 있다는 인식이 담겨 있다. 이것은 다른 종교와의 결정적인 차이로, 이에 대해 겔너는 '팽배한 사회적 불안'의 영향을 언급했다.[5] 성 아우구스티누스는 "무언가 구원의 교리와 관련된 일들이 분명히 있었고 지금으로서는 알 수는 없으나 언젠가 이해하게 될 것"이라고 했다. 이것은 13세기 무렵의 일반적인 시각으로, 토네이Tournai의 성 질베르토는 "우리가 이미 알고 있는 것만으로는 결코 진리를 찾을 수 없다"고 했다. 이렇듯 기독교인들은 다른 어떤 종교보다 진보적인 이성으로써 교리에 접근했고, 13세기 후기 파리에서 출판된 토마스 아퀴나스의 『신학 대전

Summa Theologica』은 그러한 시각의 정점을 찍고 있다. 이것은 이성의 전형인 신과 교리에 대해 '논리적 증명'을 시도한 것으로, 『성경』을 '언제나 문자 그대로 해석해서는 안 된다'는 부작용을 낳기도 했다.[6]

사람들의 이해력이 깊어짐에 따라 중세 시대에는 이성적인 신(질서 있고 통합된 자연을 선호했던 신)에 대한 관념이 점차적으로 확산되었다. 사실 우주는 신에 의해 창조되었기 때문에 '당연히' 이성적이고 규칙적이며 안정된 질서 구조를 지니므로 인간으로서 그 세계를 완벽히 이해하려면 시간이 필요하다. 이것은 기독교 세계에서 발생한 모든 현상의 핵심인데, 화이트헤드, 네이선 시빈(펜실베이니아대) 그리고 조지프 니덤(케임브리지대)과 같은 학자들은 이러한 이성을 강조하는 분위기가 형성된 덕분에 오직 유럽에서만 진정한 과학이 탄생할 수 있었다고 믿었다. "유럽에서만 연금술이 화학으로 발전했으며, 유럽에서만 점성술이 천문학으로 발전했다"는 것이다. 화이트헤드는 "과학의 가능성은 중세 신학으로부터 파생된 것이었다. (…) 비밀은 존재하나 그것은 반드시 밝혀질 수 있다고 여겼으며 (…) 그것은 이성적인 신에 관한 중세 신학으로부터 비롯된 산물이 확실하다"고 주장했다. 화이트헤드는 또한 아시아의 다른 신들은 "너무 비인격적이거나 비이성적이어서 과학이 성립될 여지가 없었다"고 했다. 이와 같은 배경으로, 과학은 신학의 시녀로서 발생했다.●

중국에서는 대조적인 현상을 보였다. 중국의 고위층은 '신이 부재하는' 종교에 자부심을 지니고 있었으며 초자연적인 '본질'로서의 '도'를 삶의 '근

● 이것은 흥미로운 논의를 과장한 면이 있다. 예컨대 기독교인들은 12세기에 가장 추앙받았던 성모 마리아의 처녀성을 계속 믿어왔다. 또한 코페르니쿠스의 발견을 부정했던 사람들과 같이 이성의 업적에 반대한 사람도 적지 않다.

본 원칙'으로 삼았다. 조지프 니덤은 케임브리지대의 후원 아래 중국의 과학을 연구했고, 그 결과 중국의 지식인들은 지식보다는 '깨우침'에 집중했다는 결론을 내렸다. 중국에서는 "신성한 하늘의 주관자가 자연을 질서 있게 만들었다는 개념 자체가 형성되지 않았다.[7] 이에 동의한 모트 그린은 그들에게 "진정한 깨달음이란 글로 표현할 수 없는 특성을 지닌다"고 설명했다.[8]

더욱이 역사학자인 A. R. 브리드버리는 그리스의 철학자 파르메니데스의 사상에 동조하여 우주를 '완전함'의 정적인 상태로 인식했다. 특히 플라톤의 이상주의는 변화나 혁신의 관념을 거부했고, 마찬가지로 이슬람교에서도 자연법을 개정하려는 모든 시도는 알라를 거역하는 불경스러운 것으로 보았다. 그런가 하면 시저 파라(미네소타대 역사학 교수—옮긴이)는 아랍의 지식인들이 그리스의 학문을 거의 성서처럼 받아들이기만 했을 뿐 의문을 갖거나 조사하지 않았다고 주장했다. 이 역시 기독교의 지식인들과 대조되는 면으로, 네이선 시빈과 제프리 로이드와 같은 학자는 아리스토텔레스나 다른 그리스 철학자들의 이론을 접촉하고 그들의 논쟁 방식을 수용했다.[9]

정치적으로나 도덕적으로(심리학적으로) 기독교는 개인에 초점을 맞추었다. 이에 따라 '죄'라는 개념을 개인의 문제로 바라봄으로써 개인주의를 강조한 동시에 행동이 결과를 만든다는 인과관계로 도덕적 자유를 역설했다. "무엇보다도 중요한 것은 신의 자유 의지라는 교리로, 인간의 잘못된 행동에 관심을 갖지 않았던 그리스와 로마의 신(그들은 인간을 달래거나 이해하려 하지 않았다)과는 달리 기독교의 신은 미덕에는 보상을 하고 죄에는 벌을 주는 재판관이었다. (…) 기독교의 신은 근본적으로 모든 인간을 평등하게 대하며 모두를 구원하고자 했다." 예컨대 교황 칼리스투스는 노예 출신이었다.

자유 의지의 교리와 관련한 다른 중요한 결과는, 신학자들이 이단의 혐의에 대해 비난하지 않으며 새로운 교리를 제안할 수 있었다는 것이다. 그러나 기독교가 늘 관용적이었던 것은 아니다. "과거의 현자나 성자들이 종교적 진리를 제대로 이해하지 못했거나 한계가 있었다는 불교주의자, 유교주의자, 힌두교인 및 무슬림의 주장에 대해서는 수용하지 못했다."[10]

종교 자본주의

기독교가 초래한 두 번째 영향은 9세기 초반에 시작된 자본주의의 발전이다. 그 흐름은 의외로 세속으로부터 비껴 있었던 수도원의 가톨릭 수도사들의 혁신으로부터 시작되었다. 수도원이 방대한 사유지를 안정적으로 유지하고자 하는 노력이 바로 그 계기였다.

성 아우구스티누스는 상업이 원래부터 사악한 것은 아니라고 가르쳤으며, 교회의 가르침 안에서라면 상인으로서의 삶을 유지할 수 있다고 했다. 그러나 9세기쯤 다양한 기술이 발달하면서 수도원의 토지는 더 이상 자급 농업의 수준에 머무르지 않았다. 본격적으로 농사를 지음으로써 농산물을 팔고 이윤을 남길 수 있게 되었으며, 그 결과 많은 자본을 축적하게 되었다. 그들은 귀족들과 더불어 투자할 곳을 찾기 시작했고 오늘날의 은행과 유사한 기관을 만들어냈다. 미국의 사회학자 랜들 콜린스가 '종교적 자본주의'라고 말한 것은 바로 이러한 수도원의 창조적 경제활동을 지적한 것으로, 이들은 중세 경제의 중추적인 역할을 수행했다.

이로써 교회는 중세 시대 내내 유럽에서 가장 많은 영토를 소유하게 되었고, 그에 따라 교회의 유동 자산과 연간 수입은 당대에 가장 부유한 왕의 재력을 추월했을 뿐만 아니라 유럽 귀족들의 자산을 합친 것보다도 많았다. 뿐만 아니라 기부라는 명목으로 많은 땅이 헌납되었으며 척박한 땅을 차례차례 개간하여 배수 시설까지 설비한 결과 광대한 사유지를 확보하게 되었다. 한 예로 11세기에 클루니Cluny 수도원은 1000개 정도의 수도 분원을 거느렸는데, 보통 한 수도원이 50개 이상의 수도 분원을 소유하지 않았던 것에 비하면 엄청난 규모였다. 폴 존슨이 지적했듯이 많은 시토회(가톨릭 베네딕토 원시회칙파原始會則派의 주축을 이루는 개혁 수도회)의 수도원은 405제곱킬로미터를 넘는 농지를 보유하고 있었다.[11]

어느 수도원에서는 와인을 전문적으로 특화 생산했고 또 어느 수도원에서는 우수한 품종의 말을 사육했는가 하면, 양과 소 또는 곡물을 생산하기도 했다. 이러한 상황에 세 가지 중요한 발전이 접목되었다. 첫째, 유능한 관리자가 경영하게 함으로써 미래의 계획을 설계할 수 있게 되었다. 둘째, 9세기의 물물 교환 경제로부터 화폐 경제로 변화되기 시작했다.[12] 셋째, 신용거래가 형성되었다. 역사가인 레스터 리틀은 화폐와 이자를 이해하거나 계산하는 부분이 어렵지 않았다는 사실과 연관 지어 11~12세기에 클루니 같은 수도원이 어떻게 큰돈을 부르고뉴 귀족들에게 빌려줄 수 있었는지를 설명하고 있다. 이어서 13세기쯤에 이르면 모기지 방식이 도입되었다. 돈을 빌리는 사람이 땅을 담보로 제공하고 대출자(수도원)가 약정한 기간 동안 그 땅에서 나오는 모든 수입을 징수하는 체제였다. 이러한 합의에서 빚을 갚지 못한 경우 수도원은 담보로 맡은 땅을 획득할 수 있었다.

이것이 전부가 아니었다. 수도사들은 예배 의식의 진행에 대한 별도의 대가를 자신의 수입에 보탬으로써 '극도의 사치'를 누렸다고 루츠 켈바는 밝혔다.(한 예로, 영국의 헨리 7세는 정신의 안정을 위해 최소한 만 번의 미사를 거행할 수 있는 돈을 지불했다.) 부를 축적한 수도원은 소유지에서 대신 일할 노동자들을 고용하기 시작하여 13세기쯤 "많은 수도원은 오늘날의 기업과 닮은꼴이 되었다." 그들은 면밀하게 관리했고 시장이나 기술의 변화에도 신속히 대응했다. 이것은 그 자체로 뚜렷한 이데올로기의 발전이었다.

이처럼 수도원에서 비롯된 기독교의 노동관이 얼마나 큰 변화였는지를 느끼게 해주는 비교 대상은 아마도 중국 관료들일 것이다. 그들은 "육체 노동에 참여하지 않음을 강조하기 위해 자신의 손톱을 길게 길렀다." 한편 교리의 진보에 힘입어 기독교인들의 사고방식도 발전하여, 아퀴나스는 이자에 대해 '도덕적으로 합법적'이라고 선언하면서 정당한 이자율을 요구할 수 있는 경우를 제시했다. 또한 스타크는 교회가 자본주의와 평화를 구축했다고 보았으며, 교회 자체가 자본주의를 잘 실천하는 기관이라고 주장했다.

사실 최전성기의 로마시대에 통화주의가 성공적으로 이루어졌기에 교회는 자본주의의 재혁신이 가능했을 것이다. 기원후 400~900년 무렵에 생활 경제가 저하된 적은 있었으나 많은 학자는 더 이상 중세를 '암흑의 시대'라고 표현하지 않게 되었다.(영국령 서퍽Suffolk의 혹슨Hoxne에서는 후기 로마 제국의 주화 1만4000개를 확보하고 있었던 반면, 2세기 후 몇 킬로미터 떨어진 서턴 후Sutton Hoo에서는 겨우 40개의 주화를 소유하고 있었다.)[13]

교회는 경제적으로 크게 기여한 만큼이나 민주주의의 도덕적 기초를 제공하는 데 중요한 역할을 했다. 이것은 확실히 고전 철학자들의 예상을 넘어서는 정도로, 저명한 유럽의 이슬람교 연구자인 버나드 루이스의 말에 따르면 교회와 국가의 분리는 기독교만의 특징으로서 이슬람 세계에서는 나타나지 않은 현상이었다. "대부분 다른 문명에서 종교는 정치의 일부로서 통치자는 신성한 존재로 간주되었다." 반면 신약성서에서 예수는 교회와 국가의 분리에 대해 이렇게 규정했다. "카이사르의 것은 카이사르에게, 하나님의 것은 하나님에게 바쳐라." 더 나아가 폴은 기독교인은 율법을 어기는 일이 아니라면 늘 세속의 통치자에게 복종해야 했다고 했다. 아우구스티누스는 국가가 질서 있는 사회를 유지하기 위해 필수적이지만 전반적으로 합법성이 결여되어 있는 '강도 떼와 같은 왕국'이라고 표현했다.[14] 사실상 교회의 지위 강화로 당시에는 왕의 세속적 권위가 지지받지 못했으나 오늘날에는 '현실 정치realpolitik'라는 이름으로 세속적 권력이 빛을 발하게 되었다.

마지막으로, 교회는 유럽의 자연환경과 근본적인 상호관계를 이루고 있다. 경제사학자인 에릭 존스가 지적했듯이, 많은 산·강·반도·섬·내륙바다 등의 지형 조건 때문에 유럽에서는 작은 규모의 국가들이 대거 출현했다. 14세기 무렵에는 1000여 개의 독립적인 작은 국가들이 존재했는데 당시 상황에서 주목할 세 가지 특징은, 첫째 중앙에 강력한 교황 정치가 있고 주변에 힘이 약한 다수의 통치자들이 존재했다는 것, 둘째 다수의 통치자들이 지닌 고질적인 취약성으로 상호 경쟁이 촉발되었다는 것, 셋째 국가들이 많았기 때문에 사람들은 작정하면 언제든 다른 나라로 떠날 수 있었다는 것이다. 이러한 정세로 인해 어떤 면에서 정부는 매우 민감하게 반응하기도 했다. 또한 제국이나 교황, 비잔틴의 야망과 대적하여 통치하는 작은 국가들은 교역이 증대되자 관료를 거느린 중앙 집권적 절대 군주보다는 귀족·성직자·군인·무역상·은행원·제조업자와 노동조합의 역할이 점점 더 강화되었고, 이러한 독자적 발전에 따라 권력이 분산되기 시작했다. 이에 따라 종교자본주의와 초기 형태의 민주주의는 활발히 발전했다. 특히 베네치아, 밀란, 피렌체, 루카, 피사 그리고 제노바 등의 이탈리아 공화국들이 두드러진 약진을 보였다.[15]

초국가적인 존재

이처럼 다채로운 유럽의 상황 속에서 기독교 교회는 대륙적 통합에 큰 기여를 하게 되었다. 실제 당시에는 '유럽Europe'(라틴어로는 유로파Europa)이라는 용어가 거의 사용되지 않았다. 이 고대 용어의 기원은 헤로도토스 시대까지 거슬러 올라가는데, 샤를마뉴 대제(프랑크 왕국을 통일한 왕으로, 사라센 족을 토벌하고 게르만 족을 통합한 공을 인정받아 800년 서로마 황제의 지위에 오른 인물—옮긴이)는 자신을 '유럽의 아버지pater europea'라고 칭했다. 그러나 11세기까지 널리 사용되었던 명칭은 오히려 '기독교국Christianitas'이었다.

교회의 초기 목표는 영토 확장이었고, 두 번째 목표는 개종자들을 막기 위한 기독교국 전역에 걸친 수도원 개혁으로, 세습 사제들은 인도나 신세계 사회에서와 같은 금욕적 수행 생활을 하지 않았다. 그 결과, 중앙 집권적인 교황 체제로써 분산적 지역주의가 통합되는 교회사의 제3막이 시작되었다. 기원후 1000~1100년쯤 새로운 단계로 접어든 기독교는 계시적인 측면에서 극적인 종교성을 나타내지 못한 과거 1000년의 결핍을 만회하고자 했다. 이는 부분적으로는 유럽이 힘을 합쳐 이슬람과 대적한 십자군 전쟁의 결과이기도 하다. 그러한 상황에서 교황과 왕의 최고 권력에 대한 힘겨루기가 계속되었고, 급기야 교황이 군주를 파면하는 극적인 사건이 벌어지기도 했다.

그러나 저변에는 특정한 문화가 발달하고 있었다. 당시 전 지역에 걸쳐 산재하는 교회 조직에서는 교회와 군주 또는 교회와 국가 간의 교리적 문제나 법적 문제가 부각되었다. 여기에는 당시 수도원과 학교에서 제반 문제에 대해 토론하거나 논쟁하는 분위기가 발달하여 학문적 수준에까지 이르렀던 것도 계기로 작용했다. 이에 대해 영국의 사학자인 R. 서던은 '초국가인 존재'로 활동했던 천주교 학자들이 어떻게 유럽 통합에 기여했는지를 제시했다.

학자들이 어떤 기여를 했는지는 그들이 사용한 라틴어에서 엿볼 수 있다. 당시 유럽 전역의 수도원과 학교, 대학과 주교의 공관, 교황 특사 그리고 로마 교황 대사 등의 모든 식자층은 라틴어로 견해와 정보를 주고받고 있었다. 이때 피에르 아벨라르(당시 뛰어난 논쟁가로 명성을 쌓았으나 이단으로 비판받았던 스콜라 학자―옮긴이)를 비판하는 사람들은 그의 저술이 매우 위험할 뿐만 아니라 "그의 책이 여러 민족, 여러 왕국으로 전파되고 있으며 (…) 바다를 건너 알프스 산을 넘어서 여러 지역과 왕국으로 확산"되고 있음을 감지했다. 피에르 아벨라르의 명성은 1218~1230년에 프랑스로부터 스페인으로 전파되었고, 독일로부터 베네치아로, 이탈리아로부터 그리스와 영국으로, 크로아티아 및 헝가리까지 널리 전해졌다. 이 과정을 거치면서 1000~1300년 무렵 유럽 전역에서는 사고와 토론의 규칙이 통합되었고, 그러한 가운데 일치된 입장을 공유할 수 있게 되었다. 지구 어느 곳에서도 없었던 이러한 현상은 신학 분야뿐만 아니라 건축학·법학·교양 분야로까지 확산되었다.[16]

서던은 12~13세기의 신학, 법학 그리고 교양은 유럽의 질서와 문명 건설의 도구였으며 "이때부터 19세기 전까지 유럽에서는 인구, 자산 그리고 전 세계적 포부가 빠르게 확산되기 시작했다"고 피력했다. 세 가지 사고 영역, 즉 신학과 법학과 교양은 각각의 논리적 일관성과 효력을 갖춤으로써 세계 곳곳의 학문적 발전에 영향을 끼쳤다. 세계 각지의 선생과 학생 들이 유럽의 학교를 방문했으며 그곳에서 배운 과학을 고향으로 가져갔다. 이들은 라틴어라는 단일어를 사용하고 균일한 교재를 사용하는 식의 체계 아래서 강의와 논쟁 등의 학문 활동에 쉽게 접근할 수 있었고, 기독교 역시

거대한 단절

체계적이고도 신뢰할 만한 수준으로 설명되고 개선될 수 있었다.[17]

한편 고대로부터 전수되었던 정신적 유산은 정리되지 않은 채 뒤죽박죽이었다. 당시 학자들의 목표는 '창조 당시에 인류가 지녔던 지식 체계를 가능한 한 완벽하게 인류에게 되돌려주는 것'이었다. 완벽했던 인류의 지식체계는 타락과 대홍수로 훼손되었으나 그리스 로마의 학자들과 구약성서에 등장하는 예언자들의 노력으로 서서히 재건될 수 있다고 믿었다. 그러나 이런 성과는 초기 중세 기독교국을 압박하던 야만족의 침입으로 다시금 많은 자료가 부분적 훼손을 당했다. 그럼에도 불구하고 중요한 고대 학문 자료들, 특히 아리스토텔레스가 남긴 문헌 등은 아랍어로 번역되어 보존될 수 있었다. 결국 인류 타락과 함께 잃어버린 지식을 재건하는 책임은 1050년 이후 나타난 새로운 학자들에게 떠맡겨졌다. 자연과 인간의 행동에 대한 신의 관점을 제시하는 데 필요한 지식을 합법적으로 추구하기 시작했다. 그것은 인류의 구원을 돕는 것으로, 두 갈래로 나뉘어 구성된 이 세계를 복구함으로써 가능한 한 멀지 않은 장래에 인류 타락 이전에 최초의 어버이가 성취했던 재능을 되찾는 작업이 가능할 것으로 믿었다.[18]

시간이 흐르면 권위를 갖춘 교리를 바탕으로 학문적 체계로서의 지식이론이 구축(인류 타락 이전의 인류가 활용했던 모든 지식의 재정복)될 것으로 학자들은 기대했다. 1175년까지 학자들은 통합적인 지식 체계의 완성을 위해 고대 학문의 전달자 이상의 노력을 경주했으며, 신학과 법학 연구를 통해 질서 있고 미래 지향적인 사회를 만드는 데 기여했다. 그리고 이러한 노력의 수혜 대상은 유럽 전역이었다.[19]

기독교가 유럽의 형성에 기여할 수 있었던 또 다른 요인은 바로 십자군 전쟁이었다. 이 전쟁은 무력을 동원해서라도 기독교인들의 성지를 탈환하고 이슬람교도들을 개종하기 위한 목적에서 비롯되었다. 맨 처음 시도한 성전聖戰은 1095년에 전개되었으며, 1250년 무렵에는 몽골이라는 새로운 세계를 발견했다. 이곳은 방대한 영토와 많은 인구는 말할 것도 없고, 사람들은 말을 다루는 특출한 기술을 지니고 있었으며, 중앙아시아의 초원과 사막을 무대로 활발한 교역활동을 펼치고 있었다. 그러나 그들은 대부분 신앙생활을 하지 않는다는 사실이 확인되었다.[20] 이로써 서유럽 기독교인들은 몽골을 배제한 채 아랍 세계를 연구하기 시작했고, 그리스 철학과 과학을 아랍어로 번역했다. 그 무렵 무어Moor인(아프리카 서북부에 살았던 이슬람 종족—옮긴이)이 스페인 지역을 점령하고 있었으며 훗날 그들은 신세계 정복에 큰 역할을 담당했다.

승패와 상관없이 십자군 전쟁은 확실히 종교나 사상적 측면에 주의를 기울이게 만들었으며, 무역의 형태를 변화시키기도 했다. 특히 유럽의 질 좋은 양모는 아시아의 향신료나 실크와 교환되었고, 북유럽의 농업이나 광업 그리고 제조업 발전에 기회를 부여했다. 이로써 빠른 도시화가 전개되었고 혁신적인 무역 박람회가 개최되는가 하면, 여러 지역에서 섬유 산업과 은행업이 함께 성장하기 시작했다. 수요가 증대되자 깨지기 쉬운 물건을 배로 수송할 때 그 배가 침몰하면 수장된 물건을 다른 물건으로 교체해주는 보험까지 등장했다.[21] 한편 십자군 전쟁은 아이러니하게도 유럽의 무게 중심을 서쪽과 북쪽으로 이동시켰다.

오늘날 벨기에의 플랑드르 지역은 양을 키우기에 알맞은 땅으로, 11세기의 기술 발전으로 직조 산업이 크게 발달했다. 수평 베틀 방식에서 수직 베틀 방식으로 교체한 후 노동자들의 생산성은 3~5배나 증가했다.[22] 그 결과 제한적이었던 교역 범위도 더 넓은 지역으로 확대되어, 중세 말기에 브뤼주Bruges나 겐트Ghent 같은 지역은 프랑스·이탈리아·포르투갈·영국·스코틀랜드·독일에서 온 외국인 무역가와 은행가 들로 가득 찼다.

십자군 전쟁의 또 다른 연쇄 효과는 선박 건조의 열풍을 일으켰다는 점이다. 1104년부터 베네치아에 조선소가 건립되자, 이전까지는 개인적인 관심사였던 선박 분야에 각 국가의 관심이 쏠리기 시작했다. 돛과 노를 갖춘 배가 개발됨으로써 디자인이나 크기 면에서도 큰 진전이 있었다. 심지어 어떤 배는 1000명의 승객이나 순례자 들을 수송할 수 있었다. 뿐만 아니라 해도海圖, 나침반 그리고 천문 관측기, 호위선이 도입되어 손실 부담을 낮출 수 있었다. 그리고 위험을 분산하기 위해 가족 단위로 사업을 운영하고 형제들끼리 공동 투자하는 '프라테르나fraterna'라는 새로운 형태의 자본주의가 형성되었다.[23]

이제 중세가 결코 '암흑의 시대'가 아니었음은 확실해졌다. 이 시기에 기독교의 기술과 과학이 다른 세계의 수준을 능가했던 사실을 제시함으로써 마이클 매코믹, 카를로 치폴라, 로버트 로페즈 그리고 다른 학자들은 '암흑의 시대'라는 명칭이 잘못된 것임을 주장했다. 더불어 중세의 기록을 자세히 살펴보면 이 시기에 특정한 혁신이 빠르게 진행되었다는 사실을 알 수 있다고 주장했다. 예컨대 6세기부터 물레방아가 이용되었고, 7세기에는 쟁기, 8세기에는 윤작법, 9세기에는 말굽의 편자와 목 부위의 마구馬具가 처음으로 활용되기 시작했다. 또한 카를로 치폴라의 조사에 따르면, 제분기의 활용으로 861년의 맥주 주조, 1138년의 가죽 무두질, 1276년의 제지 공장, 1384년의 용광로 등의 용도가 형성되었다. 실제로 1086년의 『둠즈데이북Domesday Book』(영국의 왕 윌리엄 1세가 작성한 토지조사 대장—옮긴이)에는 영국의 3000개 마을에 5624개의 제분소가 있었다는 내용이 기록되어 있다. 물론 이를 근거로 영국의 기술이 다른 유럽 지역보다 더 발전했다고는 말할 수는 없다. 영국은 작은 지역에 많은 강이 있었고 물레방아도 집중적으로 배치되었기 때문이다. 그럼에도 불구하고 제분소와 직물 제조는 영국과 플랑드르 지역의 주요 산업이었다. 로버트 로페즈의 관찰에 따르면 대부분의 물레방아는 수도원의 소유였으나, 댐들이 많이 건설되기 시작하면서 수력을 활용하여 목재와 돌을 자르고 선반을 회전시키고 부엌칼과 검을 갈고 옷감을 가공하고 철사를 늘리고 종이를 제조할 수 있었다. "종이라는 아이디어는 유럽 밖에서 도입된 것이었지만 유럽의 새로운 학문적 분위기 속에서 급속히 확산되었다.[24]

한편 편자와 못의 발명 덕분에 말과 바람의 힘을 활용할 수 있게 되었다. 말의 가슴 걸이가 발명되었으며, 말들을 2열로 몰 수 있는 마구가 만들어졌다. 바퀴 브레이크가 도입되었고, 회전식 액셀러레이터 방식은 수송을 훨씬 수월하게 해주었다. 쇠종을 주조하던 기술은 1325년부터 대포 제작에 응용되었다. 교회에서 낚시를 권장하여 사람들은 금요일뿐만 아니라 축제날에도 낚시를 즐기게 되었는데, 잦을 때는 그 횟수가 1년에 150일이나 되었다. 그 결과 인공 호수와 연못이 조성되었으며 수도사들도 그곳을 자주 찾았다. 그 과정에서 수도사들은 연못의 바닥이 매우 비옥해진다는 사실을 알게 되어 가끔씩 배수를 하기 시작했다.[25]

이 밖에도 교회가 유럽의 발전에 기여한 바는 셀 수 없이 많다. 이탈리아의 경제사학자인 카를로 치폴라는 당시 유럽의 미혼 인구 비율이 동양보다 더 높았다는 사실을 지적했다. 이는 재산의 분산을 줄이고 대가족의 형성을 줄이는 효과를 낳아 빈곤 개선에 도움을 주었음을 뜻한다.

농경 방식이 삼포식three field system(경작지를 3등분하여 3분의 1을 휴경지로 순환하는 방식—옮긴이)으로 전환된 것도 바로 이 시기였다. 『서구세계의 성장The Rise of the Western World』이라는 책을 통해 더글러스 노스와 로버트 토머스는 1000~1300년 중세 전성기의 유럽 지역이 '넓은 황무지에서 살기 좋은 지역'으로 변화되었다고 주장했다. 이에 따라 인구도 눈에 띄게 증가하여 유럽은 세계 최초의 인구 밀집 지역이 되었다. 이런 현상에는 유럽의 각 도심부 안으로 흐르는 주요 강, 예컨대 다뉴브 강, 라인 강, 론 강, 손 강이 배경으로 작용되었다. 총체적으로 이와 같은 변화들은 유럽의 오랜 봉건 구조를 서서히 변천시켰으며 더 많은 사람으로 하여금 토지 소유에 관심을 기울이게 만들었다. 땅에 대한 관심이 확산되자 곧이어 전문화 현상이 발생했고(처음에는 특정 농작물을 재배하는 형태의 전문화였다가 이후 관련 서비스 분야로 넘어갔다), 뒤따라 교역의 확대와 시장의 확산 그리고 잉여 재산의 증가에 따른 화폐 경제의 발달이 전개되었으며, 이러한 환경 속에서 수도원을 벗어난 자본주의가 발전하게 되었다.[26]

이포식two field으로 농사를 지을 때는 일단 전체 경작지를 일궈놓은 뒤 절반의 땅에만 작물을 심고 나머지 절반은 지력을 회복하기 위해 휴경 상태로 남겨두어야 했다. 그러나 삼포식 경작은 토지의 3분의 1 정도를 일구고 가을 동안 밀을 심는다. 봄에는 다른 3분의 1의 땅에 귀리, 보리, 콩류를 심고, 남은 땅은 갈아둔 채 휴경한다. 이듬해가 되면 이러한 방식으로 순환 경작하는데, 그 결과 수확량을 50퍼센트 이상 증대시킨 동시에 1년 내내 노동력을 활용함으로써 흉작으로 인한 기근을 줄일 수 있었다. 그 덕분에 또 다른 효과도 거둘 수 있었다. 휴경지에 저절로 자라는 풀을 양이나 소 등의 가축에게 먹일 수 있게 되었고 그 땅에 떨어진 동물의 배설물은 휴경지를 기름지게 만들어주었다. 이와 같은 방목 사육은 중세 시대의 경제에 극적인 영향을 끼치게 되었다. 동물의 거름도 값진 것이었지만 그보다 더 고마운 것은 양이 제공하는 젖, 버터, 치즈, 고기, 양모였다. 무엇보다도 양의 가죽은 옷이나 양피지로 이용할 수 있었고 양털은 중세 초기 자본주의의 주력 산업인 모직 산업의 주요한 원자재였다. 이와 관련한 베틀, 소면기(양털을 잣기 전 손을 가지런히 다듬는 기계) 그리고 축융기가 발명되거나 개선되었다.[27] 한편 마차를 끄는 동물이 황소에서 말로 바뀌었는데, 생물학적으로 50~90퍼센트의 능률이 향상되었다.

노스와 토머스의 연구에 따르면 땅의 소유가 현저하게 증가했다가 정체되는 순간 사람들은 두 가지 심리적 특성을 보였다. 우선 개인적 성향이 더욱 짙어지기 시작했다. 정도의 차이는 있으나 누구든 자기 재산을 갖게됨으로써 그들은 더 이상 집단의 일원이나 영주의 농노로 살아가기를 거부하게 된 것이다. 또한 풍부한 유럽의 자원도 언젠가 한계에 도달할 것이라는 생각으로 인해 사람들은 효율성이라는 개념을 인식하게 되었다. 이러한 효율성에 대한 인식은 사회적·심리적 혁명으로, 전문화를 발전시키고 시장을 급성장케 하여 르네상스 시대를 유도했다.[28]

신학자들과 더불어 '서구the West'라는 개념 형성에 기여한 두 명의 학자가있다. 한 명은 파리에서 신학을 공부했으며 옥스퍼드대 졸업생인 로버트 그로스테스트로서, 옥스퍼드대 초대 총장으로 유명하다. 그는 고전 번역가이자 성서학자였고 링컨 지역의 주교였으나 정밀성에 관심을 갖기 시작하여 측정 분야를 탐구함으로써 13~14세기 서구 사회에 사회적·심리적 변화를 일으킨 경험적 연구법의 창안자로 더 유명해졌다. 1284년 등장한 안경으로 정밀성은 더욱 주목받기 시작했을 뿐만 아니라 생산성에도 적지 않은 영향을 끼쳤다. 이로써 40세 이후부터 시력이 약화되는 많은 사람은 안경 덕분에 시력의 회복을 꾀할 수 있게 되었다. 시계가 발명된 시기도 바로 이때(1270년대)였다. 그때까지 시간은 '흐름'(물시계)으로 측정되었으며 계절에 따라 시계가 다시 조정되곤 했다. 그러니 여름 낮의 열두 시간은 겨울 낮의 열두 시간보다 더 길 수밖에 없었다. 하지만 시계를 사용하면서부터 사람들은 자신의 활동을 다소 정확하게 관리할 수 있게 되었다.(중국인과 이슬람교도 들은 시간이 종교로부터 분리되는 것을 꺼렸기 때문에, 중국 관료와 이슬람교 지도자 들은 시계의 사용 자체를 거부했다.)[29] 도시와 마을에는 시계탑이 등장하기 시작했으며, 들판에서 일하던 사람들은 시계 종소리에 맞추어 시간을 가늠했다. 이 과정에서 정밀성과 효율성이 동시에 추구되었다.

서구의 근본 원리를 제공한 두 번째 학자는 토마스 아퀴나스였다. 기독교를 아리스토텔레스 또는 고전과 조화시키려 한 그의 시도는 매우 창의적이고 혁신적인 업적이었다. 아퀴나스 이전의 세계는 신과 관련된 것을 제외하면 아무 의미도 양식도 존재하지 않았다고 볼 수 있다. 따라서 '토마스 방식'의 혁명은 창의적인 것이었다. 적어도 그는 원리적으로 자연적 관점과 세속적 관점의 구별 가능성을 제시했다. 이에 대해 콜린 모리스는 아퀴나스가 "자연과 초자연, 자연과 은총, 이성과 계시의 영역을 구분함으로써 세속적 국가의 개념이 성립된 것과 마찬가지로 자연 질서에 대한 객관적 연구가 가능해졌다"고 내보였다. 아퀴나스는 신의 간섭을 거부하는 것처럼 보이는 질서가 근본적으로 자연에 존재한다고 주장했다. 그리고 인간은 이성으로서 이러한 '자연 법칙'을 충분히 이해할 수 있다고 했다.[30]

신이 자연을 제공했다는 믿음을 전제로 하여 비로소 고전학은 부흥할 수 있었다. 캔터베리의 안셀무스는 이성을 강조하는 변화에 대해 "우리의 믿음이 확고해진 뒤에 그 믿음을 더 잘 이해하려 노력하지 않는 태도는 태만으로 보인다"라고 말했다. 이 무렵 교황은 지식 추구의 독립성을 보장해 주겠다는 칙서를 파리대에 보냈고(1215), 이 시기는 종교와 정치 체제 간의 오랜 싸움이 절정에 달한 때였다. 신학적 지식을 과학의 지식과 명확히 구분한 최초의 중세 사상가는 아퀴나스의 스승으로서 파리대에 있는 알베르투스 마그누스(독일의 스콜라 철학자로 아리스토텔레스의 철학을 그리스도교 신학에 적용했다―옮긴이)였다. 그는 세속적 학습의 가치와 경험적 관찰의 필요성을 주장함으로써 변화의 도화선에 불을 붙였으며, 그 변화의 기세는 그가 상상조차 할 수 없는 방향으로 나아갔다.

아퀴나스는 이러한 스승의 인식을 수용했을 뿐만 아니라, 아리스토텔레스의 철학이 기독교에 의지하지 않은 인간 이성의 가장 큰 업적이라는 스승의 주장에도 동의하면서 거기에 자신의 생각을 덧붙였다. 그것은 바로 아리스토텔레스가 부분적으로 설명한 것과 같이 자연은 신이 존재를 부여했기 때문에 가치를 지닌다는 견해였다. 여기에는 철학이 더 이상 단순히 신학의 시녀가 아니라는 의미가 포함되어 있다. "인간의 지성과 자유는 신으로부터 부여받은 것"이라는 그의 말은 인간이 자유롭게 지식을 추구함으로써 스스로 깨달음을 얻는 존재라는 사실을 뜻한다. 그러나 아퀴나스는 신이 모든 것을 설계해놓았다고 해서 지식 추구를 두려워하거나 그 자체를 비난해서는 안 된다고 했다. 더불어 세속적인 지식으로써 태초 신의 계획을 밝혀낼 수 있으며 이는 신을 더 친밀하게 느끼도록 한다고 주장했다.[31]

반면 동시대 인물인 파리대 시제 드 브라방은 철학과 신앙은 서로 모순되어 조화를 이룰 수 없고, "이성과 과학의 영역은 어떤 의미에서는 신학의 외부에 있는 게 분명하다"고 주장하여 철학과 종교를 완전히 구별했다.

최근 이에 대하여 스타크는 화이트헤드, 로페즈, 치폴라, 라인버그 등의 견해를 참고하여 앞에서 논의한 세 가지 요인(기독교적 이상과 사상의 축적, 수많은 작은 정치 집단, 그 내부에 존재하는 다양하고 단합된 이익 집단)은 "세상 어디에서도 볼 수 없었던 현상으로, 근대사회 발전에 꼭 필요한 정치적 지적 자유의 분위기를 조성했다"고 주장했다.[32]

격동의 지역

이것이 전부가 아니다. 많은 학자는 11세기는 물론 12세기까지도 구세계가 이질적인 지역 간의 교역을 통해 많은 혜택을 누렸다고 판단했다. 당시 유라시아 전역은 문화와 예술의 개화기를 맞았다. 중국 송나라의 청자기, 페르시아 터키의 옻칠 그릇, 이집트 맘루크 왕조의 금·은 세공 가구, 서유럽의 성당 건축 그리고 인도의 웅장한 힌두 사원 등을 예로 들 수 있다. 그런 관점에서 볼 때 당시의 유럽은 구세계에서 가장 덜 발달된 지역으로서 교역의 수혜를 가장 크게 받은 곳이었을 것이다.[33]

더군다나 1250~1350년에는 국제 교역 경제가 발달하면서 서유럽에서부터 중국에까지 그 파급 효과가 나타났다. 교역의 주된 품목은 천(비단, 모직, 리넨 그리고 면)과 인도 동부에서 주로 재배되는 향신료였는데, 특히 향신료는 당시의 서구 세계에서 육류 음식의 맛을 내는 데 주로 사용되었다. 이슬람의 종교 정복 이후 7세기부터는 아라비아어가 통용되고 있었으므로 다양한 언어를 사용하는 사람들 사이에서도 교역은 쉽게 진행될 수 있었다. 이는 그리스 사람들이 라틴어를 사용하고 중국인들이 만다린어를 사용했던 것과 같다.(아라비아어는 이슬람권 바깥, 예컨대 인도네시아까지 통용되지는 못했다.) 환율 역시 통일되어 있지 않았으나 유럽에서는 은, 중동에서는 금, 중국에서는 동이 더 높은 가치를 지녔으므로 결정적인 문제가 되지 않았다.

재닛 아부루고드의 분석에 따르면, 16세기 유럽의 야금술은 12세기 중국의 기술을 앞지르지 못했으며, 제지와 인쇄 기술도 중국이 몇 세기나 진보해 있었다. 더 중요한 것은 지폐와 신용 거래를 처음 선보인 곳 또한 유럽 수도원이 아닌 중국이었다는 사실이다. 9세기에 중국에서 처음으로 어음이 도입되었고, 신용 거래, 자본 축적, 위험 분산 개념까지 형성되어 아랍권과 지중해 그리고 서유럽까지 퍼져나갔다고 주장했다.[34]

앞서 스타크는 메커니즘 면에서 유럽이 크게 앞서 있었다고 주장했으나 재닛 아부루고드를 비롯한 여러 학자는 세 가지 원인으로 인해 동쪽 지역이 뒤처졌다고 보는 게 정확하다고 주장했다. 우선 유라시아 평원을 횡단하는 육로 교역 루트가 점차적으로 단절된 사실이 첫 번째 이유로 제시된다. 기원후 1000년까지 평원의 유목민들은 조상들이 해왔던 대로 대초원 주변에 정착한 민족들을 약탈하고 공격했다. 5세기 무렵 훈 족의 아틸라Attila 왕은 로마 제국이 패망할 무렵 육로를 통해 독일까지 쳐들어왔다. 그 이후로 튀르크 부족에 속하는 셀주크 족이 서쪽으로 진격하여 12세기 무렵에는 이라크 전 지역과 비옥한 초승달 지역 그리고 이집트를 지배했다. 12세기 이후에는 화레즘Khwarzim 지역의 튀르크 족이 트란스옥시아나Transoxiana(시르다랴 강과 아무다리야 강 사이에 위치한 지역으로 현재 우즈베키스탄 영토의 대부분—옮긴이)를 지배했다. 재닛 아부루고드는 다른 학자들의 견해를 인용하여 이렇게 정리했다. "지형적으로 열악한 환경에 거주해온 집단은 더 비옥한 땅을 약탈하기 위해서 그곳을 떠났다. 초창기부터 유목민은 이 지역을 떠나 '원초적'으로 잉여물 축적이 가능한 더 좋은 목초지와 더 많은 땅 또는 비옥한 오아시스와 교역 도시를 찾아 나섰다."[35]

적어도 이론적으로는, 유럽이 아시아와 연결되는 세 가지 경로가 9세기부터 형성되었다. 그 육로는 모두 근동 지역을 통과하고 있으며, 14세기 후반에는 우리가 알고 있듯이 완전히 파괴되어 버렸다. 북쪽 경로는 콘스탄티노플에서부터 중앙아시아 대륙을 가로지르는 노선이고, 중앙 경로는 지중해로부터 바그다드와 바스라 그리고 페르시아 만을 거쳐 인도양과 연결되며, 남쪽 경로는 알렉산드리아, 카이로, 홍해 지역을 거쳐 아라비아 해와 인도양으로 연결된다.

　그러나 사실상 이 경로들은 13세기 '세계의 정복자'를 자임하는 칭기즈 칸('힘이 센 군주')의 지휘 아래 몽골이 진군한 이후 더욱 단단해졌다. 당시 육로 수송에는 해로 수송보다 20배나 많은 비용이 들었지만 칭기즈칸과 그의 유목민은 북쪽 육로를 지나는 여행객들의 안전을 보장해주었다.●

　16장에서 이미 살펴보았듯이, 건조한 스텝 지역이 완전히 메마르자 유랑 목축을 선택했던 유목민들의 삶은 한계에 봉착했고, 당시 몽골 제국으로서는 동서를 가로지르는 카라반을 보호한다는 명분으로 통행료를 징수하는 게 최선책이었다(《지도 2》 참조). 육로 여행이 더 비싸긴 해도 상인들은 안전을 제공받는 최소한의 비용을 감수했고, 대체로 그 보수는 정확히 계산되었다. 더욱이 육로는 계절풍의 영향으로부터 자유로웠다. 바닷길을 택하는 경우 자칫 계절풍을 만나기라도 하면 배가 6개월 동안 항구에 묶여 있어야 했으므로 시간과 비용의 크나큰 손실을 감수해야 했기 때문이다. 추가적으로, 육로의 북쪽 경로는 중국 내륙까지 훨씬 단축될 수 있었다.

　이렇게 13세기의 몽골인은 일정 기간 동안 중국의 중앙아시아 횡단 경로를 열어 남부의 경로를 대신했다. 황량한 불모지인 초원을 지나는 동안 여행자들은 적어도 25일치 식량을 준비해야 했고, 흑해 지역의 북쪽에 위치한 타나에서 일곱 군데의 장거리 구간을 통과하여 북경에 도착하는 전체 여행 기간은 275일 정도가 소요되었다. 이러한 문제점들에도 불구하고 이슬람교도들과 유대 상인들이 광활한 평원지대를 선택한 이유는 물품을

● 존 라너의 주장에 따르면, 바레인에서 중국까지 가는 데 바닷길로는 70일이 걸렸고, 아조브해의 타나Tana에서 캐세이Cathay까지는 육로로 274일이 걸렸다.

약탈하는 강도떼로부터 몽골 족의 보호를 받을 수 있었기 때문이다.[36]

이 경로가 이용되기 시작했을 때 서유럽에는 이 사실이 전혀 전달되지 않았을 뿐만 아니라 중국인에 대해서도 알려진 바가 없었다. 중국에서 나는 면綿은 전설에 나오는 '물 양water sheep'의 털을 다듬어 만든 것이라는 등의 소문만을 한족으로부터 듣거나, 중국에는 입이 없거나 어깨 사이에 얼굴이 있는 기이한 사람들이 있다는 이야기만이 나돌 뿐이었다. 그러나 몽골의 개종자를 찾아 나섰던 교황 사절단이나 통행권을 지참하고 몽골 내륙을 통과했던 유명한 마르코 폴로 덕택으로 이런 소문들은 잦아들었다. 지중해–몽골 간의 교역이 활발해지자 소위 '팍스 몽골리카Pax Mongolica'가 형성되어 교역의 주요 품목인 비단은 제노바를 거쳐 프랑스 상파뉴에서도 수입되었다. 몽골이 중앙아시아의 수많은 지역을 통합한 이후 유럽은 비로소 1000년 만에 중국과 본격적인 교류를 할 수 있게 되었지만, 곧 유럽 전역으로 확산된 전염병 때문에 세계의 발전은 적어도 150년 이상 퇴보했다.[37]

1227년 칭기즈칸의 사망 이후 영토는 몇 명의 후계자들에 의해 분할되었고, 예상대로 파벌 싸움이 벌어졌다. 13세기 후기에 쿠빌라이 칸에 의해 평온해졌으나(이 무렵에 마르코 폴로는 통행권을 얻어 동아시아를 횡단했다) 전쟁을 끝내지는 못했다. 아랍권은 십자군 전쟁에서도 살아남았고, 1258년 몽골의 바그다드 점령 때도 버텨냈지만 결국 1400년 무렵 티무르에게 함락되었으며, 초원길은 다시 단절되었다. 이 북쪽의 초원길은 동서양 사이에서 번영과 쇠락을 반복하다 분열되었으며, 그렇게 상황이 변할 때마다 교역은 오락가락했다.

동양의 발전을 약화시킨 두 번째 요인은 중국이 다른 세계와의 관계를 단절했기 때문이었다. 아메리카 정복 이전까지 중국의 역사는 역설적이다.

중국은 전통적으로 서쪽으로 가는 내륙 아시아 경로를 선호했으나 유목민의 위협이 시작되자(만리장성이 건설된 이유였다) 바닷길을 선택했다. 15세기 초기에는 62척의 배로 꾸려진 상선이 인도양의 항구로 출발했으며, 1408년에는 48척의 배로 이뤄진 두 번째의 선단이 참파Champa, 믈라카Melaka 그리고 실론Ceylon을 방문했다. 1412~1430년에는 사절단이 다섯 번에 걸쳐 보르네오, 아프리카 해안, 페르시아 만을 찾았으며, 소수의 주장에 따르면 1421년에는 아메리카까지 당도했다. 하지만 명 왕조에 들어서자 함대를 철수시키고 외세와의 관계를 중단했다. 그 당시의 중국인들은 유럽인들보다 기술적으로 훨씬 앞서 있었으나, 돌연한 통상 단절은 오늘날 동양의 발달이 서양보다 뒤처지는 데 결정적인 영향을 끼쳤다고 해석하는 학자들도 있다.

이 갑작스럽고 극적인 반전에는 두 가지 배경이 있었다. 하나는 세속적 경쟁과 상업 및 산업적 이득을 폄하한 유교 이데올로기였고, 다른 하나는 중국의 지배층으로 자리 잡은 관료 계급이 국가 기관만을 관리했을 뿐 교역이나 사업에는 관여하지 않았던(사실상 무시했던) 점이다. 이러한 분할로 상인 계급은 권력에 접근조차 할 수 없었다.

양털과 역병

세 번째 요인은 1348~1351년에 유럽보다 아시아에 더 큰 영향을 끼쳤던 전염병으로, 이때의 "막대한 인구 손실은 교역의 조건마저 변하게 만들었다.[38] 윌리엄 맥닐의 연구에 따르면, 기독교가 그 영역을 넓혀나가는 시기 구세계는 네 지역(중국, 인도, 중동, 지중해)에서 문명이 발현한 상태였고, 각각 5000~6000만 명의 인구가 풍토병 등의 자연환경에 잘 적응하며 존속해왔다. 또 어느 한 곳에서 질병이 발생해도 계절풍 때문에 전염되는 데는 시간이 많이 지연되었기 때문에 다른 곳으로 퍼지는 일은 거의 없었다. 그러나 기원후 200~800년에 홍역, 수두 그리고 림프절 페스트가 창궐했을 때 중국과 유럽은 크나큰 피해를 입었다. 교역 경로의 양 끝에 위치한 두 지역에서는 이러한 경험이 없었기 때문에 면역력도 없었다.(몇몇 역사학자에 따르면 야만인이 로마를 공격했을 때 로마 시내에는 이미 전염병이 번져 있었다.)[39] 그러나 구세계는 점차적으로 이런 환경에 적응해나갔다고 맥닐은 결론지었다.

당시 몽골인은 초원지대에 교역과 여행의 경로를 개척하는 업적을 거두었으나 한편으로는 전염병의 새로운 경로를 제공하기도 했다. 비싼 경비가 지출되는 이 육로 여행에서는 낮 동안 말을 타고 초원지대를 달려 하루에 160킬로미터씩 나아갈 수 있었는데, 맥닐에 따르면 이 길이 '십중팔구' 초원 설치류의 병균을 볼가 강과 크림 반도까지 옮겨온 경로라는 점에서 림프절 페스트와 같은 질병의 매개체는 바로 인간이었다. 즉 "이 병균의 항체를 지니고 있는 몽골인 그리고 그들이 탔던 말과 낙타, 당나귀가 벼룩에게 안전한 피난처를 제공함으로써 북쪽 초원에 서식하는 설치류의 굴까지 감염된 벼룩을 이동시켰다. 그리고 바실루스 균은 겨울의 추위에도 살아남았다." 1331년 무렵 전염병은 중국에서부터 크림 반도까지 확산된 것으로 보이며, 1346년 교역 도시인 카파를 포위 공격하던 몽골 왕자의 군대 내에서는 흑사병이 나돌기 시작했다. 이로 인해 몽골군은 카파로 진격할 때와는 다른 모습으로 퇴각할 수밖에 없었고, 선박을 통해 흑사병은 지중해와 흑해 전역으로 퍼져나갔다.[40]

지도에서 확인되듯이 동—서 경로는 홍해의 북쪽 끝과 페르시아 만과 흑해의 좁은 지역, 즉 이라크, 이집트, 팔레스타인, 시리아를 반드시 경유하게 되어 있다. 이 주변 도시들이 전염병의 피해를 특히 많이 입었던 이유는 주변이 사막으로 둘러싸여서 주민들이 벗어날 곳이 없었기 때문이다. 가령 카이로에서는 1348~1349년 하루에 약 1만 명이 사망한 것으로 추정되고 있다. 초기에 이슬람 지역에서는 이를 낙타의 피부병 때문이라고 생각했다. 그리고 전염병을 물리치기 위해서는 신에게 제사를 올리기보다는 동물을 격리해야 한다는 사실을 깨달았다.**41**

전염병의 피해는 이것으로 끝나지 않았다. 동양에서 서양으로 향하는 오래된 길 주변지역은 모두 전염병에 시달렸는데 특히 유럽의 큰 강(다뉴브 강, 라인 강, 론 강) 유역에서는 오염된 물 때문에 거의 몰살 수준이었다. 그리하여 지중해의 서쪽 항구들은 동양으로 가는 다른 경로를 찾아야 했다. 그리고 전염병의 확산(아시아와 중동에선 더 심했다)으로 인해 북유럽이 부상하기 시작했다.

더러 전염병이 가축으로부터 비롯되었다고 주장하는 이론도 있다. 산림 개간으로 사슴이 줄어들자 사람들은 사슴 고기를 확보하기 위한 사육 목장을 점점 늘리기 시작했고, 이때 동물들이 탄저균에 감염되기 시작했다는 것이다. 그렇다면 열 마리 내외의 가축을 키우던 중세 영국의 수도원이나 수도분원은 흑사병이 퍼지기 10년 전부터 이미 탄저병에 오염되어 있었던 것이다.**42**

흑사병이 인간에게 끼친 파장은 가혹했다. 1347년 유럽에 역병이 퍼진 이후 3년 동안 인구의 3분의 1 규모에 해당하는 300만 명이 희생되었다. 하지만 경제적·사회적 분야는 복합적이어서 예상보다는 타격이 덜했다. 가장 먼저 나타난 현상은 노동력 부족과 임금의 인상이었다. 노동력이 몹시 귀해진 나머지, 농노들은 주인의 농사를 도와주는 대가로 소작인이 될 수 있었다. 이 조건은 그들의 자발적 의지를 부추겼으나 정작 소작인이 되자 그들은 부지런히 일하지 않았고, 그 결과 식량 생산량은 수요를 충족시키지 못했다. 이것이 불황을 부추겼고, 농사로 생활 유지가 어려운 사람들은 전염병의 위험에도 불구하고 도시로 이동했다. 이러한 새로운 환경은 다른 분야의 급격한 발전을 불러왔는데, 특히 양모 산업의 발달이 현저했다.

모직물은 북유럽에 자본주의를 몰고 왔다. 양모는 동지중해에서 인도에 이르는 모든 지역(심한 전염병 피해를 입은 지역)에서 재배되었던 아마보다 질기고 저렴한 반면, 품질은 더 좋았다. 게다가 양은 자연환경에 잘 적응했으며 수명도 길 뿐만 아니라 홍수나 가뭄, 추위에도 잘 견뎠다. 이로써 플랑드르와 영국은 유럽에서 세계 최고의 양모 생산지로 유명해졌고 그 어떤 물품보다 더 큰 수입을 올려주었다. 특히 곡식을 재배하기에 부적합한 저지대의 침수지역에서 직물 제조업에 대한 관심이 나타나기 시작했으며, 이는 질 좋은 영국 양모가 풍부하게 생산될 수 있도록 뒷받침이 돼주었다. 이 산업은 곧 벨기에의 브뤼셀, 겐트, 앤트워프 그리고 네덜란드 암스테르담의 발전을 불러왔고, 이곳에서 생산된 양모는 지중해의 와인, 향신료 그리고 비단과 교환되었다.[43]

지중해 항구와 저지대 지역은 대서양을 오가는 선박을 통해 교역했는데, 이는 십자군 전쟁의 영향으로 항해 기술이 크게 발전한 덕택이었다.

전염병과 르네상스의 관련성에 대해 제기된 가설들이 있다. 흑사병은 북이탈리아의 여러 대도시를 강타했으며 이것은 세련된 피렌체 사람이 화려한 생활을 계속하기 위해서 안전한 시골로 도망가는 내용을 담은 조반니 보카치오의 『데카메론Decameron』의 배경이 되었다. 전염병이 보카치오의 세속적인 이야기보다는 자기 탐구의 계기로 작용했을 것이라는 예상과는 달리 노먼 캔터의 말대로, 만연한 죽음은 전통적인 믿음을 약화시키고 자연을 더욱 탐구하도록 했을 것이다.[44]

거대한 단절

지금까지 살펴보았지만 예수 탄생 이후 1000년 반 동안 기독교 사상은 모든 방면에서 유럽의 사고와 경제, 혁신 등의 부흥에 기여했으며, 다른 곳에서도 유사한 사례는 있었지만 14~15세기에 유라시아 전역에서 형성된 말과 양의 사육이 구세계 역사에서 중요한 역할(유익성과 유해성 면에서 모두)을 수행한 사실만큼은 분명하다.

날개 달린 뱀, 다섯 번째 태양, 그리고 네 개의 지역

스페인 사람들이 카리브 해의 섬들이 아닌 아메리카 대륙에 처음 도착했을 때 신세계에는 두 개의 문명이 존재하고 있었다. 바로 지금의 멕시코 지역에서 형성된 아즈텍 문명과 페루 지역에서 형성된 잉카 문명이다. 당시 전성기였던 두 문명지에는 발달된 수도가 건설되어 있었고, 의례용 달력을 구비한 조직화된 종교 그리고 관련 예술품들이 있었다. 두 사회 모두 엄격한 계급사회였으며 뛰어난 식량 생산 기술을 터득하고 있었을 뿐만 아니라 눈에 띄지 않는 수많은 업적을 달성한 상태였다.

1519년 스페인 사람들은 처음으로 아즈텍에 도착한 지 13년이 지나서 잉카를 방문했다. 테노치티틀란(아스테카 왕국의 수도)을 둘러싼 산을 넘어 멕시코 계곡으로 내려온 그들은 화산 분출로 형성된 얕은 호수들 가운데 건설된 아스테카 제국의 도시를 목격하고는 제 눈을 의심했다. 도시가 너무도 정교하게 건설되어 있어 코르테스의 군사들은 눈앞에 보이는 것이 실

거대한 단절

재하는 것인지 환각인지 분간할 수 없을 정도였다. 그러나 '콘키스타도레스 Conquistadores'(16세기 멕시코와 페루를 정복한 스페인 모험자들을 이르는 호칭. 화포와 말을 이용하여 아메리카 문명을 파괴하고 원주민을 노예로 삼았다─옮긴이)는 곧 아즈텍이 '인간 제물의 피로 물든 피라미드와 신전 들에 의해 지배되는 도시'임을 알게 되었고, 멕시카Mexica(아즈텍인들이 자신을 부르는 호칭)의 실용적이고도 타산적인 잔인성을 확인했다. 그들은 그곳에서 늘 실천되었던 장면을 보았던 것이다. 코르테스에게 불만을 품었던 부하들 중 한 명인 베르날 디아스 델 카스티요는 『새로운 스페인 정복에 대한 진정한 역사 A True History of the Conquest of New Spain』에서 그 장면을 이렇게 묘사했다. "다시 침울한 북소리가 들렸다. 소라고둥, 뿔, 트럼펫 모양의 악기가 동원되어 무서운 소리를 냈고, 우리는 제물이 될 사람들이 계단 위로 질질 끌려가는 모습을 보았다. 저주스러운 우상을 보관한 신전 앞 작은 제단으로 끌려온 그들은 머리에 깃털을 꽂은 채 부채 같은 것을 들고 춤을 추었다. 춤이 끝나자 사제들은 좁은 돌 위에 그들을 눕힌 후, 가슴을 갈라 펄떡이며 뛰는 심장을 꺼내 우상에게 바쳤다. 그 후 시체는 계단 밑으로 차여 굴러 떨어졌고, 아래서 기다리던 인디언들은 그들의 팔과 다리를 자르고 피부를 벗겼다."[1]

이후 1529년 멕시코 만에 도착한 젊은 프란체스코 선교사인 베르나르디노 데 사아군(멕시코에서 활동한 스페인 출신의 프란체스코 수도사. 살라망카대에서 공부한 후, 1529년에 누에바 에스파냐(멕시코)로 건너가, 원주민 선교와 교육에 헌신했다─옮긴이)은 아즈텍 언어인 나와틀어를 배우기 시작했고, 알려지지 않은 이들의 역사를 모으기 위해 장로들에게 자문을 구했다. 장로들은 숨겨두었던 많은 고문서(자작나무 껍질로 된 책)를 사아군에게 보여주었고, 그 결과 그는 20~30년에 걸쳐 12권 분량의 유명한 개요서 『새로운 스페인의 사물총기事物總記General History of the Things of New Spain』를 편찬했다. 아메리카의 토착 자료가 상당수 파괴되어버린 점을 감안할 때 그의 책을 읽을 수 있다는 건 그나마 다행스런 일이다.

사아군이 초기에 관찰을 통해 확인한 것 중 하나는 대부분의 아즈텍 사람들은 정치나 인종이나 문화 체제로서 사라져버린 지 오래된 톨텍의 혈통임을 주장한다는 점이다. 그들의 조상인 톨텍인은 위대한 전사이자 영웅으로 간주되었고, 그들이 추구했던 이상적 사회는 멕시카 국가들의 청사진이 되어 있었다. 사아군이 서술한 대로 "톨텍인은 현명했다. 그들의 업적은 훌륭하고 완벽하고 경이로웠다. (…) 놀랍고 소중하고 경이로운 이 모든 물건은 모두 그들이 개발한 것이었다.[2] 아즈텍인들의 설명(거의 구술에 기대고 있으나 진실이다)에 따르면 톨텍인들은 키가 크고 외모가 훌륭하며, '꽤 정의로운 성향'을 지녔을 뿐만 아니라 예술적이고 달력을 발명할 만큼 재능이 많은 사람들이었다.

모든 사람이 자신의 혈통을 자랑하고 싶은 것처럼 아즈텍인들도 마찬가지였다. 그러나 현대 고고학계에서는 톨텍에 대한 이러한 찬사에 과장된 면이 있음을 신중하게 가늠하고 있다. 제2차 세계대전 이후의 발굴에 따르면, 멕시코시티에서 북쪽으로 80킬로미터 떨어진 이달고Hidalgo 지역의 툴라Tula가 톨텍의 수도인 톨란Tollan이었음이 밝혀졌으며, 이곳은 메소아메리카의 기준으로 봤을 때 다른 국가의 수도에 비하면 초라한 편이었다. 톨란은 최전성기에도 인구 6만 명의 규모였고, 도시도 테오티우아칸과 테노치티틀란에 비해 왜소했다.

기원후 650년 이후의 톨란은 작은 마을들로만 구성되었던 것으로 보이며 900년 이후부터는 꽤 번성하기 시작한 듯하다. 여기에는 테오티우아칸에서만 볼 수 있는 귀한 녹색 흑요석을 쉽게 구할 수 있는 지역적 배경이

거대한 단절

작용한 것 같다. 톨란에서는 날개 달린 뱀의 형상을 지닌 케찰코아틀이 오랫동안 숭배돼왔다. 이 신은 강력한 종교적 정치적 힘을 지닌 존재로 간주되어 아마도 메소아메리카에서 가장 긴 세월 동안 영향력을 발휘했을 것이다.●

제프리 콘래드와 아서 데마레스트는 "메소아메리카의 종교는 복잡하기 그지없다"고 했는데, 그 말 그대로다. 콘래드와 데마레스트는 서양의 관점에서 보면 메소아메리카의 신은 "신이라기보다 오히려 시간과 장소에 따라 수많은 양상으로 변화하는 신성한 복합체 정도로 보는 것이 맞다"고 주장했고, 무엇보다도 메소아메리카의 신들은 사람들에게 '끊임없는 공포'의 대상이었다는 점을 강조했다.[3]

케찰코아틀은 몇 가지 이유로 메소아메리카 역사에서 주목을 받았다. 그의 이름에 담긴 뜻은 '날개 달린 뱀'이다(〈그림 19〉 참조).

'케찰'이란 열대 우림에서 가장 아름다운 새를 뜻하며 '코아틀'이란 뱀을 뜻한다. 니컬러스 손더스 같은 학자들은 처음에는 그 형상이 세 가지 동물(재규어, 뱀 그리고 새)이 합쳐진 모습이었다고 설명한다. 그것은 메소아메리카에서 생각하는 우주의 세 영역, 즉 하늘이 있는 상위세계(케찰), 중간세계(재규어), 물이 있는 지하세계(뱀)에 거주하는 동물을 표현한 것이었다. 그런데 어떤 이유에서인지 언젠가부터 재규어 상징이 자취를 감추었다. 다른 곳에서 더 크게 숭배되었기 때문일 수도 있고, 옥수수가 주요 작물로 자리 잡게 되면서 옥수수 잎을 상징하는 케찰의 녹색 깃털이 중간세계를 대표하게 되었을 가능성도 있다. 케찰코아틀은 금성과도 관련이 있는 대상이었다. 이는 아마도 옥수수 파종 후 싹을 틔우는 시기의 8일 동안 금성이

● '아마도'라고 한 것은 정복자들에 의해 많은 고문헌이 소실된 탓이다.

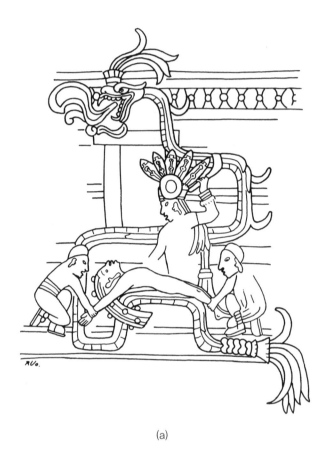

(a)

그림 19 케찰코아틀의 이미지 (a) 깃털 달린 뱀의 표상 아래 제물 의식을 치르는 장면. (b) 자신의 피를 제물로 바치고 있는 케찰코아틀. (c) 인간의 피를 제물로 바치는 것을 최초로 고안한 케찰코아틀.

(b)

(c)

어느 지점에서 나타났다가 사라지는 현상이 반복되기 때문일 것이다.

프린스턴대 종교역사학자인 데이비드 카라스코는 메소아메리카의 6개 도시(테오티우아칸, 촐롤란Cholollan, 툴라, 소치칼코Xochicalco, 치첸이트사Chichen Itza, 테노치티틀란)의 신전들을 관찰한 결과 도시에서 케찰코아틀 신이 숭배되고 있었는데, 그 신은 마야인에게 쿠쿨칸Cuculcan이라 불렸으며 과테말라 사람들에게는 구쿠마츠Gucumatz(Gux는 초록 깃털, Cumatz는 뱀)라 불렸음을 확인했다. 잘 알려진 바와 같이 이 지역에서 옥수수가 식량으로 재배되기 시작한 시기는 생각보다 훨씬 나중이었으며, 고전기(기원후 200~900)에 오랫동안 마야인들이 케찰코아틀을 신으로 모셨던 사실로부터 그들의 문화가 옥수수 재배와 더불어 번성할 수 있었음을 유추할 수 있다.[4]

케찰코아틀에 대한 다른 논의도 있다. 우선 이 신에게서 발견되는 뱀의 특성은 마야의 사제왕이 피 흘리기 의식을 통해 환각 속에서 접하는 상상의 뱀과 관련이 있는 것으로 보인다. 이때 알 수 있는 것은 옥수수 숭배 문화가 출현하면서 주술사가 아닌 사제의 형식으로 변화되었다는 점이다. 케찰코아틀을 향한 제의에서 사제들은 직접 다른 세계로 초월하는 의식을 거행하지 않은 채 단지 참관할 뿐이며, 풍작의 여부로 사람들에게 능력을 평가받기 시작했다. 자연재해가 계속되면 주술사가 사악한 주술 행위를 한 것으로 간주되었다. 결국 샤머니즘은 줄곧 이어졌으나 이제 주술사보다는 사제들의 역할이 더 중요해졌다.

이 무렵 툴라가 형성되었다. 앞에서 언급한 대로 8~9세기의 메소아메리카에서는 때로는 격심하고 때로는 완만한 기후 변화 때문에 전투가 끊이지 않았고, 이로 인해 사람들은 대체로 궁핍한 시기를 겪어야 했다. 그리고 고대 마야 문명의 붕괴에 이어 기원후 750년 이후 테오티우아칸이 붕괴

거대한 단절

되었을 때 툴라가 부상했다. 이렇듯 후기 고전시대가 전개되는 시점(기원후 900~1000)에 메소아메리카에서 위대한 인물이 나타났다. 기골이 장대하고 케찰코아틀의 이름과 정체성을 이어받은 그는 동시대인들에게 세 아카틀 토필트신 케찰코아틀이라는 이름으로 알려진 지도자로, 메소아메리카에서 전설적인 인물이다. 그는 강력한 입법자이자 우주의 창조자였으며, 이상적인 왕국의 건립자이자 지혜와 문명의 화신으로 칭송되는 존재였다.

시기적으로 이 인물은 주목을 받을 수밖에 없다. 편리를 위해 그의 이름을 토필트신 케찰코아틀로 줄여 부르기로 하자. 그는 기원후 약 968년부터 신과 구별되는 존재로서 통치를 시작했다. 이 시기는 참혹한 8~9세기 직후로, 신의 분노에 의해 자연의 재앙이 연속되고 있었으며 빈번한 전쟁으로 인위적인 파괴 행위가 지나간 뒤였다. 즉 토필트신 케찰코아틀은 대변동 이후에 새로운 문명을 일으킬 강력한 지도자로 나타난 것이다. 실제로 그러한 개혁이 발생했다면(이에 관한 사실들은 알려져 있지만 아직은 신중한 추론 중에 있다) 아마도 그 이후에는 대단히 눈부신 발전이 있었을 것이다.

소치칼코에는 달력의 한 점과 다른 점을 잇는 줄을 한 손으로 잡고 있는 형상의 상형문자가 새겨져 있다. 마치 어느 자리에 있는 것을 뽑아서 다른 자리에 넣으려는 듯한 이 모습은 달력의 날짜를 재조정하려는 것처럼 보인다.[5] 아마도 그들은 자연재해 혹은 일련의 재난 현상이 자신들이 관찰해온 자연 주기와 다르다고 판단했을 것이다. 더욱이 메소아메리카 고대 역사에는 아즈텍의 중요한 문화적 영웅으로 널리 추앙받았던 토필트신 케찰코아틀의 전설이 소개되어 있는데, 일종의 실패담으로 대략 서사는 다음과 같다. 토필트신 케찰코아틀이 통치하던 시절 희생 제물에 관한 종교적 논쟁이 벌어졌다. 케찰코아틀은 더 이상 인간을 제물로 바치는 것을 금지하고 대신 메추라기, 나비, 뱀 그리고 큰 메뚜기를 바칠 것을 제안했다. 그러나 잔인한 전쟁의 신 테스카틀리포카Tezcatlipoca('연기를 내뿜는 거울의 주인')를 숭배하는 전사계급은 그의 주장에 반대했다. 테스카틀리포카는 토필트신을 술에 취하게 한 뒤 자신의 여동생과 잠자리를 하게 만들었고, 그로 인해 토필트신은 추종자들과 함께 불명예스럽게 툴라를 떠날 수밖에 없었다.

다른 전설에 따르면, 운명적 결과를 되돌려놓겠다고 맹세하고 떠났던 토필트신 케찰코아틀은 뱀으로 만든 뗏목을 타고 멕시코 만에 도착했다. 또 다른 전설에 따르면 그는 칸쿤의 치첸이트사로 떠났으며 그곳에서 "날개 깃털을 단 뱀의 보호 아래 인간을 제물로 바치는 놀라운 광경"을 보게 되었다.[6] 또 어떤 전설에서는, 툴라를 떠난 토필트신 케찰코아틀이 아예 마음을 바꾸어 전쟁을 일으킨 후 톨텍 문명을 건설하기도 했다. 그로 인해 아즈텍 문명이 톨텍 문명을 그대로 전수받게 되었다.

피상적이고 극단적일 수는 있겠으나, 이와 관련하여 두 가지 사실을 짚어볼 필요가 있다. 우선 토필트신 케찰코아틀이 실재했던 역사적 인물이라면 이러한 일련의 사건은 청동기시대 후반 구세계에서 벌어진 사건과 유사하게 맞물려야 할 것이다. 토필트신은 8~9세기에 메소아메리카에 만연했던 전투와 잔인하고 끔찍한 살해가 더 이상 벌어져서는 안 된다고 생각한 것일까? 그는 왜 인간 제물을 동물로 바꾸자고 제안했을까? 하물며 그의 제안은 당시 신세계의 전통적인 관행과 상반되는 것으로서, 구세계의 경우 전통 폐지론이 '축의 시대'를 낳는 계기가 된 반면, 메소아메리카에서는 토필트신이 논쟁에서 패하여 지위마저 잃음으로써 실패로 돌아갔다.

두 번째로 확인할 점은 이러한 일련의 사건이 아즈텍인의 선망을 받던 톨텍 문명에서도 발생했으며, 자연 및 사람에 의해 야기된 대참사를 극복

거대한 단절

하는 과정에서 형성된 것으로 보인다. 이 지점에서 일련의 반복되는 재앙의 역사는 무시무시한 종말로 귀결된다는 아즈텍의 세계관을 엿볼 수 있다. 종교적 논쟁으로 인한 파장은 툴라의 주요한 사건으로 기억되어 아마도 아즈텍의 세계관으로 자리를 잡았을 것이다. 그리고 톨텍 문명이 8~9세기의 재난 이후에 새롭게 탄생한 문명이라는 관점에서 아즈텍인에게는 이상적인 세계로 인식되었을 것이다.

케찰코아틀은 아즈텍의 유일한 신이 아니며 가장 중요한 신도 아니었지만 언제든 일시적으로 변신할 수 있는 그의 능력은 오랫동안 숭배되었다. 그리고 그 일면은 메소아메리카의 세계관과 역사(농업, 금성, 사람, 제물과 그 의미 등)에 통합되어 시간이 지날수록 영향력을 발휘했으며, 케찰코아틀을 모시는 사제들은 그에 따른 특권을 누렸다. 케찰코아틀은 워낙 많은 특징을 지니고 있어서 사제들은 의식을 제대로 수행하기 위해 먼저 길고 엄격한 훈련을 통과해야 했다. 그러나 이들 사제들은 케찰코아틀로 인해 고전시대로부터 후기 고전시대에 이르기까지 사회적으로 비중 있는 지위를 누릴 수 있었다. 앞서 미스텍 문명(멕시코의 아메리카 인디언)에서 확인했듯이, 권력 계층은 신에게 접근할 수 있는 독점적 권리를 지니고 있었다.

토필트신 케찰코아틀이 떠난 후 툴라는 전사 계층의 지배 아래 북쪽 영토를 확장하기 위한 군사 활동을 전개했다. 그들은 확대된 교역망을 유지했으며 새 땅에 관개 시설을 구축하여 주둔지에 사람들을 거주하게 하고 그들로부터 조공을 받았다.

메소아메리카 사회를 전문적으로 연구한 고고학자들은 무자비한 군사적 측면을 내세워 톨텍 문명을 냉혹한 문명으로 규정했다. 예컨대 그들이 세운 신전 건축물에는 "험악한 톨텍 전사의 모습이 기둥에 새겨져 있는

데, 오른손에는 깃털로 장식된 활이 들려 있고 왼손에는 한 묶음의 화살이 들려 있다. 그들은 누빈 형태의 갑옷을 입었고, 등에는 둥근 방패를 둘렀으며 머리에는 케찰의 깃털 장식이 달린 모자를 쓰고 있다. 여섯 층으로 구성된 피라미드 꼭대기에는 거대한 전사의 석상이 세워져 있다." 몇몇 장소에서는 비스듬히 누워 있는 석상인 착물chacmool이 신전을 장식하고 있다. 이 석상의 배 부분에는 전쟁 포로(인간 제물)의 가슴에서 꺼낸 심장을 받치는 둥근 형태의 그릇이 있다. 툴라의 피라미드 북쪽에 위치한 40미터 높이의 '뱀의 벽'에 그려진 그림은 더 끔찍하다. 사람들을 잡아먹고 있는 듯한 뱀은 "기이하고 섬뜩한 춤을 추고 있으며 사람들의 머리는 두개골만 남아 있고 몸은 부분적으로 살점이 떨어져 나간 상태였다." 그 밖의 다른 곳에는 재규어와 코요테의 조각이 새겨져 있으며, 인간의 심장을 뜯어먹고 있는 독수리상, 금성과 관련이 있는 또 다른 신 틀라우이스칼판테쿠틀리Tlahuizcalpantecuhtli의 조각상이 있다. 후자는 '깃털 장식에 송곳니와 갈라진 뱀의 혀를 지닌 재규어가 웅크린' 형상이다. 브라이언 페이건은 툴라에서 발견된 이러한 '호전적인' 그림 문헌이 다른 곳에서는 볼 수 없는 새로운 것으로서, 잦은 가뭄이나 흉작으로 새로운 땅과 자원에 대한 약탈이 극심했으며 사람들은 결국 정치적 불안에 시달렸을 것으로 추정했다.[7]

이러한 추정은 12세기 후반에 우에막이라는 통치자가 지배하는 동안 잔인한 전쟁과 폭력이 발생한 사실을 뒷받침해준다. 케찰코아틀을 기리기 위한 피라미드는 해체되었고 도시는 불에 탔으며, 거주민들은 외곽 마을로 쫓겨났다. 그리고 톨텍의 유산은 멕시코 계곡의 비옥한 호숫가를 차지하고 있던 유목민 치치멕Chichimec에게 넘겨졌다. 아즈텍 문명은 이 계곡을 배회하던 작은 유목민 무리로부터 시작되었다. 일대에서 가장 좋은 땅을 차지하고 있던 그들은 툴라의 패망 이후 한 세기 이상이 흐른 뒤인 1325년 즈음 텍스코코Texcoco 호수의 습지대에 작은 촌락을 형성하기 시작했고, 150년 후 그 지역을 완전히 바꿔놓았다.

불의 비, 재규어, 폭우 그리고 허리케인

톨텍 문명이 야만적이었다면 아즈텍 문명은 그 이상이었다. 멕시코를 정복한 코르테스의 수비대원으로서 119번의 전투에 참여했던 베르날 디아스는 『스페인에 의한 정복의 진정한 역사』를 통해 침략의 과정을 소개하고 있는데, 거기에는 그와 동료들이 아즈텍에서 소름끼치는 희생 제의를 목격하는 대목이 나온다. 그리고 아즈텍 사제들이 제물을 죽이는 여러 방법을 설명해놓기도 했다. 그들은 화살을 쏘아 제물을 죽이거나 불에 태우거나 목을 베거나 물에 빠뜨리거나 높은 곳에서 바닥으로 굴러 떨어뜨리거나 산 채로 피부를 벗기거나 머리를 부수는 등의 다양한 방법을 동원했다. 그 중에서 살아 있는 제물의 가슴에서 심장을 꺼내는 방식이 가장 자주 사용되었다. 그들이 숭배하는 전쟁과 태양의 신 우이칠로포치틀리Huitzilopochtli와 파종의 신인 시페 토텍Xipe Totec은 탐욕적이었던 듯하다. "시페 토텍을 기리기 위해 젊은 남성들은 인간 제물로부터 벗겨낸 가죽이 부패할 때까지 몸에 걸치고 다녔다. 이것은 참신하고 순수한 젊은이들을 통해 낡은 옥수수 껍질을 뚫고 새싹이 돋아나는 모습을 상징하는 것이었다."

의식을 집전하는 사제들은 제물들의 몸에 붉은색과 흰색의 줄무늬를 그려 넣고 입에는 붉은색을 칠하고 머리에는 흰색 깃털을 붙였다. 이렇게 치장된 희생자들은 피라미드 계단 아래쪽에 일렬로 서 있다가 한 명씩 차례대로 끌려 올라감으로써 해가 떠오르는 모습을 연출했다. 네 명의 사제는 제단 위에 희생자를 누이고 다섯 번째 사제가 희생자의 목을 꾹 눌러서 가슴이 불룩해지도록 만들었다. 그러면 사제장이 나타나 흑요석 칼을 제물의 갈비뼈 사이로 찔러 넣어 펄떡이는 심장을 꺼냈다. 13만6000개의 두개골이 내걸린 선반을 보았다는 두 스페인 정복자의 증언이 있었으나 이에 대해 학자들은 지나친 과장이라고 판단했다.[8]

오늘날 이런 관습은 극히 혐오스러운 형태로 여겨지지만 당시의 아즈텍인들에게는 뿌리 깊은 전통 신앙의 행위로, 태양의 신이 매일 하늘을 통과할 때 인간의 심장을 자양분으로 섭취한다는 아즈텍인들의 인식을 반영하고 있다.(그들은 과거 화산이 분출했을 때 태양이 가려진 후 많은 사람이 죽었던 현상을 목격했기 때문에 태양이 다시 그 모습을 드러내기 시작했을 때 어떻게 해서든 자신들의 믿음을 보여주려 했을 것이다.)

유럽인들이 아즈텍을 발견했을 당시 제국의 영토는 멕시코 만에서 태평양까지 그리고 북멕시코에서 과테말라까지 뻗어 있었으며, 목테수마Mocte-zuma 2세의 통치 아래 500~1500만의 인구가 형성되어 있었다(콜럼버스 발견 이전의 인구 규모에 대해서는 〈부록 1〉 참조). 정복 시대 초기, 유럽 기독교인들은 아즈텍인들을 야만적 이교도로 간주하여 아즈텍의 고문헌을 대부분 불태워버렸다. 그 이후 숨겨두었던 몇몇 고문서가 발견되자 뒤늦게야 비로소 아즈텍 문명에 대한 체계적인 연구가 전개되었다. 사실 이 고문헌들은 오늘날의 관점으로는 도무지 이해할 수 없는 기록으로 가득하다. 그 내용은 대체로 아즈텍 사회의 권력층에 의해 오랫동안 입에서 입으로 전해지던 이야기로, 베르나르디노 데 사아군과 수사들의 편집에 의해 전설과 역사적 사실이 뒤섞여버렸다. 다시 말해 "공식적인 계보와 노골적인 정치적 선전물이 뒤범벅되어 오늘날 학자들을 혼란에 빠뜨려버리는" 자료집이 되어버리고 말았다.[9]

아즈텍인의 기원은 아마도 톨텍의 지배를 받았던 아스틀란Aztlan이라는 호수의 어느 섬일 것으로 파악된다. 당시 그들은 어느 정도 문명화된 농부들이었을 것이며 12세기쯤 어떤 계기로 남서쪽으로 이동하여 멕시코 계곡에 정착했을 것이다. 정착 초기에는 적어도 일곱 단체의 씨족 구성원들이 고원과 숲을 오가며 생활했으며 부족 간의 소규모 전투가 거듭되는 과정에서 강력한 톨텍 연합군에 의해 어떤 지점들에 정착했을 것으로 보인다.[10]

전설에 따르면 아즈텍인들은 '남쪽의 벌새'라고도 알려진 전쟁의 신 우이칠로포치틀리의 인도 아래 소수 세력으로부터 벗어날 수 있었다. 이 전쟁의 신이 어느 사제 앞에 나타나 큰 독수리가 선인장 위에 앉아 있는 장소를 찾아 그 지점에 도시를 세우라고 지시했다는 것이다. 사제는 마침내 그 신성한 장소를 찾아냈고 선인장과 독수리의 모습을 통해 신이 제시한 상징을 이해했다. 선인장의 과일은 붉었고 그 모양은 마치 우이칠로포치틀리가 먹어치우는 인간의 심장과 유사했으며, 독수리는 태양을 상징하는 동시에 우이칠로포치틀리 신을 상징하는 것이었다. 그리고 "한 세기 반이 지났을 때 아메리카 대륙에서 가장 큰 도시가 그 지점에 형성되었다.[11]

테노치티틀란이란 '선인장들 사이에서 자라는 바위'라는 뜻으로, 당시 멕시코 계곡의 텍스코코 호수 남쪽에 위치한 습지대 섬이었다. 운하를 만들고 호수였던 자리를 비옥한 치남파스chinampas로 개간하고 이웃 국가와 군사적 외교 동맹을 맺음으로써 아즈텍 문명은 힘과 영향력을 키웠다. 1426~1428년 이트스코아틀과 그의 조카 목테수마 1세 그리고 틀라카엘렐의 통치를 거치며 세력을 키운 아즈텍인은 이전의 지배국이었던 테파넥Tepanec을 공격했다. 이 전쟁 이후 그들은 테노치티틀란, 텍스코코 그리고 틀라코판Tlacopan과 동맹하여 입지를 강화함으로써 멕시코 계곡 전역에서 가장 호전적인 세력이 되었다. 아즈텍인은 경쟁국을 공격한 후 모든 경전을 불태워 그들의 역사를 지워버림으로써 존경과 두려움의 대상인 톨텍족의 진정한 상속자로서의 지위를 공식화했다. 또한 용맹한 전사들은 우이칠로포치틀리 신의 대리자를 자처하며 속국에 제물을 요구했다. 이러한 과정에서 전사 계층은 아즈텍 사회의 가장 위협적인 존재가 되어 그 어느 때보다 막강한 특권을 누렸다.

아즈텍은 철저한 계급사회로, 가장 높은 계급은 일정한 장소에서 땅을 공동 소유하며 거주하던 칼푸이Calpulli 집단이었다. 14세기 중반 테노치티틀란에는 15개의 칼푸이 집단이 존재했는데, 구역마다 자체적으로 학교와 신전을 소유하고 있었으며 각각의 전사 부대가 조직되어 있어 때때로 칼푸이 집단 간에 전투가 벌어지기도 했다.[12] 시간이 흐르자 칼푸이의 지배권은 세습되는 경향을 드러냈다. 그러나 각각의 지위는 의복 양식으로 차별화되었고 교육 또는 소유권까지 차등을 두어 아즈텍은 앞선 미스텍이나 톨텍 문명처럼 전쟁을 조종하는 계층 중심의 사회로 진화했다. 이러한 지배를 유지할 수 있게 하는 원동력은 '끊임없는 세력 투쟁'을 통한 계시적 전망이었다. 말하자면 태양에게 피의 생명을 공급할 수 있는 능력을 지닌 자신들만이 파국적인 재앙을 막을 수 있다는 것이었다.

이러한 방식은 종전의 소박한 샤머니즘과는 차이가 있다. 사제들의 능력은 매일 하늘에 태양이 떠오르도록 만드는 것으로 판단되었는데, 사실 그것은 전쟁 포로를 얼마나 많이 잡아오느냐에 달려 있었다. 따라서 사제는 언제 전쟁을 개시해야 하는가를 판단해야 했고, 그 결과 사람들은 사제의 수행능력을 확인할 수 있었다. 물론 재난이나 재앙이 닥칠 때는 여전히 어둠의 주술이 발휘되곤 했지만 대체로 사제들은 힘과 권위를 지닌 귀족층으로 대우받았다.[13]

아즈텍의 무력 정복은 귀족과 전사들의 열성적인 지지를 받았으며, 전쟁

거대한 단절

의 신이자 태양의 신인 우이칠로포치틀리의 이름 아래 통치자의 주도로 전개되었다. 목테수마 일우이카미나(화난 신, 하늘의 궁수)가 권력을 잡았을 때(1440~1468), 그는 영토를 확장하고 탐욕스러운 위칠로포치틀리에게 바칠 포로를 확보하려면 전쟁이야말로 아즈텍의 소명이라고 주장했다.[14] 이러한 새로운 방침 아래 매년 수백 수천의 포로가 희생되었다.

목테수마의 뒤를 이어 나약하거나 강력한 지배자들이 권력을 승계하는 과정에서 과테말라와 살바도르의 일부분이 아즈텍의 영토로 병합되었고, 정복에 따른 희생 제물도 늘어났다. 1487년 아우이트소틀(1486~1501)의 군대가 멕시코 만의 해안에 위치한 우악스텍스Huaxtecs 족의 반란을 진압하고 합병했을 당시 테노치티틀란에 위대한 신전이 완공되었다. 이를 기념하여 아즈텍 주민들에게는 후한 선물이 내려졌다. 또 2만 명이나 되는 포로들의 코에 줄을 꿰어 네 줄로 사원 계단을 내려오게 한 다음, 섬을 둘러싼 네 개의 제방길을 한 바퀴 돌게 했다. 그리고 나흘에 걸쳐 그들의 몸에서 심장을 도려냈다.(아즈텍 문명에서 희생 의식은 20일간 지속되곤 했다.)[15]

목격자들의 말에 따르면, 포로를 잡아온 전사들은 흔히 친구와 가족을 위해 잔치를 베풀면서 "희생된 제물들의 팔다리 살로 국을 끓여 대접했다." 이 잔치에는 메소아메리카 전역의 지도자들이 초대되었는데, 당시 선물로 받은 이국적인 열대종 새의 깃털이 3만3000개나 되었다고 한다. 포로 중 더러는 죽음에 저항하기도 했으나 코르테스와 함께 왔던 어느 사제의 증언에 따르면 대부분 말 한마디 내뱉지 못하고 희생되었다.[16]

아즈텍인들은 매우 종교적인 사람들로, 일상생활의 사소한 행동에도 상징적 의미를 부여했다.(이것이 종교적 공예품이 대량생산된 배경이다.) 새해 첫날에는 톨텍으로부터 '계승'된 비의 신 틀랄록Tlaloc에게 제례를 올렸다.(오늘날에도 틀랄록 산에는 비구름이 모여든다.) 이후 몇 달 동안은 봄의 신인 시페 토텍을 모셨고, 9월부터 이듬해 3월까지는 전쟁의 신, 사냥의 신, 불의 신 등과 같은 건기의 신들을 모셨다. 20장에서 이중 체계의 달력을 소개했는데, 각각의 날들은 신의 이름을 지니고 있으며 그에 따른 특별한 의미를 담고 있다. 이를테면 술의 신인 마야우엘Mayahuel은 토끼가 표기된 날의 운용자로서, 술꾼들로 하여금 토끼처럼 괴상하게 걷거나 춤을 추게 만든다고 믿었다.[17] 또한 상서로운 날도 있고 운이 좋지 않은 날도 있었다. 앞서 주지했듯이 옥수수 씨를 뿌리는 날 또는 전투 개시의 날을 정하는 것은 사제들의 몫이었다.

포치테카pochteca라고 불리는 상인들은 간척된 호수 지역에서 재배된 농작물을 시장(국가의 입구)으로 실어갔다. 공예가들은 외국의 원자재를 수입하는 상인들의 활동에 의지하고 있었다. 카카오는 고가의 사치품이어서 귀족들에게만 공급되었으며(적당한 양의 카카오는 기분을 즐겁게 하지만 너무 많은 양은 정신을 어지럽게 했다), 면과 구리처럼 화폐 대용으로 쓰이기도 했다.

가장 큰 시장은 테노치티틀란이 아니라 위성 도시인 틀라텔롤코Tlatelolco에 있었다. 이곳을 찾는 2만 명가량의 농부와 상인과 방문객 들은 작은 보트에 물건을 싣고 운하를 통과하여 당시 신세계에서 가장 규모가 큰 화물 집산지로 모여들었다. 베르날 디아스는 금과 은, 보석 그리고 이국적인 깃털, 자수용품 등을 가져온 상인들을 보았다고 했다. 줄, 샌들, 수달, 자칼, 사슴, 산고양이 그리고 다른 야생동물과 남녀 노예들도 거래되었다.[18] 스페인인들은 마치 시합이라도 벌어진 것처럼 시끄러운 가운데도 질서 정연한 시장 풍경에 경탄을 금치 못했다. 그곳에는 분쟁을 해결하는 장소까지 마련되어 있었다.

진취적인 상인들은 먼 지역까지 나아가 아즈텍의 눈과 귀 역할을 했다. 상인들은 전시 중에만 귀족의 지위를 얻을 수 있었으나 때로는 큰 잔치를

거대한 단절

베풀거나 우이칠로포치틀리를 위한 제물로 자기의 노예를 바침으로써 신분 상승을 이루기도 했다. 잔치가 열릴 때 그들은 포틀래치potlatch(북아메리카 북서안의 인디언 사이에서 이루어진 선물 관습)처럼 초콜릿이나 환각성 버섯을 사람들에게 나누어주었다. 사아군의 버섯을 섭취한 사람들은 공포에 사로잡히거나 쾌활해지는 태도를 보였다.[19]

아즈텍인은 52년의 주기를 지닌 이중 체계의 달력을 사용했으며, 한 주기가 새로 시작되는 때를 위험한 시기로 받아들였다. 이 기간에 그들은 모든 불씨를 제거하고 소유물들을 파기한 채 테노치티틀란 근처의 신성한 산에 은거하는 사제가 '인간 제물의 가슴 구멍'에 불을 붙일 때까지 불안 속에서 숨을 죽이고 있어야 했다. 그 과정을 거친 뒤에야 새로운 주기를 맞을 수 있었다.[20]

이러한 관점은 아즈텍 창조에 관한 전설에서도 볼 수 있다. 전설에 따르면 2028년(39×52) 동안 네 개의 태양이 유지된 후 다섯 번째 태양의 시대가 열리게 되는데, 신들은 어둠 속 어딘가에 모여 있다가 태양이 밖으로 모습을 드러낼 때 모두 죽게 된다.[21] 첫 번째 태양의 시대에는 676년에 접어들어 세상에 살고 있던 거인들이 재규어에게 잡아먹혔다. 두 번째 태양의 시대에는 엄청난 허리케인에 휩쓸린 사람들이 원숭이로 변했다. 세 번째 태양의 시대에는 하늘에서 불비가 쏟아져 내리고 사람들은 나비, 개 혹은 칠면조로 변했다. 네 번째 태양의 시대에는 대홍수에 휩쓸린 사람들이 개구리로 변했다. 데이비드 카라스코의 해석에 따르면, 각각의 태양 또는 시대는 52의 배수로 연결되며, 아즈텍 체제 안에서 각 시대의 이름과 특성은 창조의 방식이라기보다 파괴의 방식으로 지어졌다. 말하자면 "각 시대는 각기 다른 재앙, 예를 들면 신들의 반목, 불비, 재규어, 폭우 그리고 허리케인 등을 낳았다. 자연의 힘은 일부 국민을 완전히 폭력적으로 무너뜨렸다." 네 번째 태양의 시대 이후 세계는 52년 동안 '햇살도 새벽도 볼 수 없는' 어둠 속에 잠겨 있었다.[22]

아즈텍인들은 자신들이 살고 있는 '다섯 번째 태양'의 시대 역시 폭력적 파국을 맞을 것이라 믿었다. 그 두려운 상황을 벗어나거나 유보하기 위해서는 신에게 제물을 올려야 한다고 믿었고, 결국 태양을 향해 '소중한 음료'인 찰치우우아틀chalchiuhuatl, 즉 인간의 피를 매일 바치는 행위를 신성한 의무로 여겼다. 특히 전사들의 책임을 막중하게 여겨 아즈텍의 시인들은 면 갑옷을 차려입은 전사를 '봄에 핀 꽃봉오리'에 비유했다.[23] 아즈텍의 모든 문화(교육, 예술, 시)는 신성한 의무로서의 활동, 즉 신에게 바칠 충분한 포로 확보를 위한 것이었다.

이러한 숭배의 핵심 공간은 1980년대에 테노치티틀란에서 발굴된 유명한 신전이다. 초기의 건축 형식은 소박했으나 여섯 번의 재건축을 거치면서 웅장한 형태를 갖추었다. 86개나 되는 '숨겨진' 신전 공간에서 약 6000개의 유물이 발견되었는데, 대부분 제국으로부터 멀리 떨어진 곳에서 받은 조공품이나 전리품 들이었다. 위대한 신전의 디자인과 배열은 지구가 우주의 중심에 있으며 물로 둘러싸여 있다는 아즈텍 사람들의 믿음을 그대로 보여주고 있으며, 테노치티틀란은 우주의 중심 그 자체였다. 위의 세계인 하늘과 아래의 지하세계 그리고 중간세계인 육지 사이의 한복판에 위대한 신전이 있으며, 이 신전에 수직으로 뚫린 관은 위의 세계와 지하세계를 연결하는 '관문'이었다. 최고 통치자가 신에게 호소하는 곳이 바로 이 수직의 관문으로, 위대한 신전 피라미드 정상에는 최고의 신들인 우이칠로포치틀리와 틀랄록을 기리는 두 개의 사당이 있다. 전쟁의 신인 위칠로포치틀리는 인간의 심장을 제물로 요구했으며, 비의 신이자 지하세계의 신인 틀랄록은 어린아이를 요구했는데, 이 제단 아래 숨겨진 가장 은밀한 장

거대한 단절

소에서 온전한 형태로 남은 재규어 두개골이 발견되었다.[24] 이러한 증거들은 고대 메소아메리카의 주요 신들이 '파괴, 타락 그리고 죽음을 관리하고 다시 태어나는 기적'을 가능케 하는 지하세계의 신들이라는 멕시코의 저명한 역사가(멕시코대 학장) 엔리케 플로레스카노의 견해를 뒷받침하고 있다.[25]

반역의 혐의가 있는 귀족들은 매일 법정에 출석해야 했고, 그들에게는 전사와 군사용 식품을 공급할 책임이 부과되었다. 한편 귀족들은 왕실의 여성과 혼인함으로써 지배층의 혈연관계를 강화해나갔다.

브라이언 페이건의 견해에 따르면 아즈텍 국가는 로마처럼 단일국가의 형태가 아니라 조공 제도로써 여러 도시가 단결된 동맹의 형태였다. 또한 "단일 군대는 없었지만 세금 징수원은 있었다. 예컨대 26개 도시는 왕궁들 가운데 한 곳에 장작을 공급해야 했다. 조공 품목에는 금가루, 새의 깃털, 재규어 가죽, 유칼립투스 나무가 포함되었다." 전사 계층은 두 갈래로 나뉘는데, 재규어 기사는 동물 가죽을 입었고 독수리 기사는 희귀한 포식동물인 하피Harpy 독수리의 깃털 장식을 달았다. 이들은 서로 경쟁을 통해 자신의 지위를 확고히 해나갔다.[26]

성스러운 잔인성

그러나 아즈텍 문명에 관한 이러한 묘사들은 어쩌면 실제보다 더 잔혹하게 보일 수 있다. 프린스턴의 종교역사학과 교수인 데이비드 카라스코는 "학계가 아즈텍 멕시코에서 벌어지는 대규모의 살인의식에 대한 증거와 특성에 대한 탐구를 주저했다"고 주장했다. 이 발언은 약 500년 동안 아즈텍의 '충격적인 관습'이 알려져 있었음에도 불구하고 희생 제의에 대한 학문

적 연구가 무시되었다는 사실을 지적한 것이다.²⁷

그는 자신의 책 『제물의 도시: 아즈텍 제국과 문명에서 폭력의 역할City of Sacrifice: The Aztec Empire and the Role of Violence in Civilization』(1999)을 통해 종교적 폭력이라는 주제에 학자들과 일반인들이 매료되었던 사실을 인정하면서, 고대 멕시코의 제의적 폭력에 나타난 극단적인 측면에서 간과되었던 네 가지 사실을 제시했다. 그것은 바로 1440~1521년에 희생 의식이 늘어난 점, 아즈텍 신앙의 저변에 깔린 불안과 피해망상, 가죽을 벗기는 관행, 여성과 유아 제물에 관한 것이다.

희생 의식이 잦아진 원인에 대해 카라스코는 세계의 질서(끊임없는 전쟁에 의한 질서)가 무너지지 않을까 하는 아즈텍인들의 불안감 때문이라고 판단했다.²⁸ 반란이 진압될 때마다 신전은 재건축되거나 확장되었으며, 잠재적 반란자들을 억누르기 위해 희생 제의의 규모도 점점 확대되었을 것이다. 이에 따라 조공 품목 또한 깃털, 금이나 옥수수에서 희생 포로로 바뀌어, 테노치티틀란까지 끌려온 희생자들은 신에게 바쳐진 뒤 살해되었다. 뿐만 아니라 중심지의 신전을 비롯한 도시 전역에서 희생 의식이 광범위하게 시행되었다. 실제로 도시의 모든 성벽에는 희생자들의 피를 바른 흔적을 볼 수 있는데, 이는 증대된 지배력의 표식인 듯하다. 의식은 때로는 몇 달 동안 지속되었고, 희생자들에게 여러 명의 여성이 허락되기도 했다. 이 모든 현상이 지시하는 것은 아즈텍 사람들에게 내재된 근원적인 불안이라고 카라스코는 결론지었다. 이러한 결론은 20장과 21장에서 일별했던 미스텍의 궤적에서 콘래드와 디마레스트가 제시한 견해와 맞아떨어진다.

카라스코는 희생 의식을 치른 후 제물을 나눠먹기 전 시체에서 벗겨낸 가죽을 걸친 남성들이 이웃 도시로 가서 모의 전투를 벌인 의식에 주목했다.²⁹ 이러한 행위는 본질적으로 주술적 관행 또는 주술사의 변신으로부터 파생된 것이 분명해 보이는데, 이렇게 쓰인 가죽은 다른 전사에게 넘겨졌으며 너덜너덜한 지경이 되었을 때 비로소 땅에 묻었다. 가죽을 갖지 못한 자들은 다른 사람의 가죽을 한두 조각 훔치기도 했다. 이러한 행위는 인간의 가죽에 마술적 요소가 깃들어 있다는 믿음에서 비롯된 것으로, 희생 의식의 마지막 단계에서 가죽을 벗기는 행위는 부활을 상징하는 것이었다. 이러한 과정에서도 불안과 두려움을 읽을 수 있다. 그리고 시페 토텍 신은 인간에게 음식을 주기 위해 자신의 피부 가죽을 벗긴 존재로, 그의 이름에 포함된 '토텍'이라는 단어는 '두려움과 잔인한 죽음의 신'을 의미한다.

때로는 희생 의식이 3분의 1쯤 진행되었을 때 여성 제물의 피부를 벗기는 경우도 있었다. 카라스코는 학자들이 이 부분을 회피했다고 밝히면서 이와 같이 자문하고 있다. "아즈텍의 잔인성을 잔인성 그 자체로 받아들여야 할까? 아니면 거기엔 납득하기도 어렵고 설명하기도 어려운 종교 역사적 차원의 복잡한 서사가 담긴 것일까? 혹시 상식의 범주를 넘어서는 테노치티틀란의 잔인성에는 어떤 성스러운 요소가 있지 않을까?" 그는 여성과 유아 희생 의식에 대해 자세히 해석하는 데 오랜 시간이 걸렸음을 고백했다. 유아 희생 의식은 주로 아즈텍 시대의 전반기에 벌어졌다. 분명 의식의 과정에는 많은 눈물과 노래가 수반되었겠지만 그들로서는 비가 절실했기 때문에 희생 의식을 중단할 수 없었을 것이다. 어린 소녀들은 어린 옥수수의 씨앗 또는 세계의 여성적인 부분을 상징했고, 그들의 벗겨진 살가죽은 전쟁에 참가할 남성들에게 주어졌다.[30]

이런 관습은 분명히 소름끼치는 일임에 틀림없다. 데이비드 카라스코는 1440~1521년 무렵 많은 사람이 제물로 희생된 원인을 사회 전반의 불안감이라고 규정하는 한편, 그러한 불안감의 배경에는 통치자에게 바칠 조공을 계속 마련해야 한다는 압박이 작용했을 것으로 분석했다. 이 주장도 일리는 있지만 근본적인 설명이 될 수는 없을 것 같다. 결국은 왜 조공의 양이 늘어났으며, 아즈텍 사회의 불안이 증폭된 이유는 무엇인지를 설명하지 못하기 때문이다.

이에 대한 설명은 크게 세 영역으로 구별할 수 있다. 첫째는 미스텍 사회를 연구했던 아서 조이스와 마커스 윈터에 따른 것으로, 메소아메리카 사회에서 불안의 정도가 높았던 이유를 제시하고 있다. 우리는 20장에서 미스텍 사회에서 나타난 종교와 전쟁의 긴밀한 연관성을 확인했다. 조이스와 윈터는 시간이 흐를수록 미스텍 사회는 더욱 더 계층화되었으며, 지배층은 희생 의식을 독점적으로 통제하면서 전쟁 독려를 자신들의 사명으로 삼았다고 분석했다. 세계 역사에서 이러한 사례가 유일한 것은 아니겠지만 그렇더라도 이는 분명 특별한 일이다. 그렇다면 이런 현상을 무엇으로 설명할 수 있을까? 조이스와 윈터의 해답은 오악사카 종교의 주요한 요소였던 자연과 초자연적 힘의 '위협'이었다. 초자연적인 힘이란 그 누구도 이해할 수 없었던 자연현상의 위력을 의미하는 것이다. 현실적으로 종교 권력층에게는 화산 분출, 엘니뇨, 쓰나미, 재규어 그리고 그 밖의 초자연적인 힘을 통제할 능력이 없었다. 그 대신 그들은 다른 위협의 형태로서 갈등이나 전쟁에 대한 통제권을 행사함으로써 일반인들을 기만할 수 있는 이데올로기를 만들어냈다. 이는 그들의 힘과 특권적 지위를 강화하기에는 충분했지만 완전한 통제는 될 수 없었다. 즉 종교적 명분을 내세워 특정한 날을 골라 전쟁을 벌임으로써 승리를 거둘 수는 있었겠지만 결코 화산 분출이나 허리케인과 같은 자연적 위협을 이겨낼 수는 없었다. 더욱이 도시 안에서 포로들을 보여줌으로써 위협의 존재를 직접 확인케 할 수 있었으며, 그런 존재를 제물로 바치는 행위는 백성을 보호하는 지배층의 능력을 증명하는 데 효과적이었을 것이다. 이렇듯 지배층은 달력, 천문학, 기록 등과 같은 성스러운 지식을 독점하여 자신들의 배타적 지위를 유지할 수 있었다.[31]

물론 이런 전략에는 적지 않은 위험이 있었다. 다른 도시의 지배층도 이와 같은 시도를 했으나 몬테 알반, 세로 데 로스 미나스Cerro de los Minas, 유쿠뉴yucuñu, 치첸이트사 등의 여러 도시국가는 이 과정에서 갑작스런 종말을 맞았다.

두 번째 요인은 제프리 콘래드와 아서 디마레스트가 지적했듯이, 태양의 영양이 부족할 것에 대한 아즈텍 사람들의 두려움으로 인해 전보다 더 많은 피를 요구하게 된 것이다.[32] 이것은 무엇을 의미할까? 어쩌면 화산 분출과 관련된 것은 아닐까? 화산 분출로 시야에서 산의 형태가 사라지고 화산재로 태양까지 보이지 않게 되자 사람들은 태양의 영양 상태가 악화되었다고 판단했을지도 모른다. 태양이 쇠약해져서 아침에 떠오르지 않는다는 사실은 아즈텍 사람들의 불안을 부추겼을 것이며, 이에 대하여 카라스코는 '보편적 편집증'이라고 표현했다.

화산은 이러한 가능성을 뒷받침하고 있다. 아즈텍은 1519년 스페인인들에 의해 발견되었는데, 5장에서 살펴보았듯이 그해에 테노치티틀란의 포포카테페틀 화산이 폭발했고 다음 해와 그다음 해, 그리고 1522년과 1523년에도 화산 폭발이 발생했다. 스미스소니언협회에서는 같은 시기에 엘살바도르, 과테말라 그리고 니카라과에서도 화산 분출이 있었음을 확인했다. 먼 과거의 일이므로 정확한 날짜까지는 알아낼 수 없지만 포포카테페틀과 다른 화산이 15세기 후반과 16세기 초반에 분출되었다는 결과에 대한 스미스소니언 연대학자의 입장은 확고하며, 이 시기는 아즈텍 사회에서 폭력성이 강화된 시기와 맞물려 있어, 아즈텍 사회에서 잔인성과 편집증의 악화가 화산 폭발과 연계되어 있음을 유추할 수 있다. 어찌되었든 화산 분출로 태양빛이 많이 가려졌거나(그래서 영양 결핍 상태가 되었다) 많은 사람이 죽었을 것이고, 용암이 들판까지 흘러내렸거나 볕이 좋지 않아 농사에 큰 피해를 주었을 것이다. 이러한 일련의 여파로 그들은 이제까지의 숭배 효과를 의심하고, 신들을 달래기에는 제물이 부족하므로 배전의 노력을 기울이기로 했을 것이다. 카라스코가 제기한 화산활동과의 연관성은 아즈텍 사회 기저에 깔린 불안에 대해 명확히 설명해준다.

지금까지 살펴본 바와 같이 아즈텍의 통치자는 메소아메리카에서 가장 강력한(가장 두렵게 여겨지는) 존재였으며, 아즈텍 문명은 그 통치력의 정점에 있었다. 그러나 그 이면에는 그림자가 도사리고 있었다. 아즈텍의 신념 체계에서는 더 많은 조공과 희생 제물을 획득하기 위해 영토 전쟁을 강행할 수밖에 없었다. "아즈텍 제국은 점점 폭동과 반란에 취약해졌다. 아즈텍의 격언과 시를 살펴보면 호전적인 군대와 인간 제물을 중시하는 한편 선행, 겸손 그리고 자비의 관념이 강조되었음을 알 수 있으며, 이는 아즈텍이 양면적 가치관이 혼재된 사회였음을 말해준다.[33] 그러나 앞선 톨텍 문명과 마찬가지로 아즈텍에서도 무력적 군사주의가 지배적이었다.

결과적으로 이러한 체제에서는 불안의 심리가 깊이 드리워질 수밖에 없다. 어느 발표에 따르면 당시 멕시코에서 매년 1만5000명의 사람이 제물로 희생된 것으로 밝혀졌다. 이 수치가 다소 과장된 것이라 할지라도 그들이 포로를 얻기 위해 점점 더 멀리 원정을 나가야 했을 것이라는 사실은 충분히 헤아릴 수 있다. 말도 마차도 없었던 그들로서는 전투의 효율을 증대시키고 그에 대한 열의를 지속시키는 것 외에는 달리 기댈 곳이 없었을 것이다. 그러나 계속된 전쟁으로 멀리 떨어진 지역까지 점령하기는 쉽지 않았을 것이다. 우선 냉장 시설이 없었으므로 먼 지역까지 군량을 조달하기 어려웠다. 지배층이 즐기는 사치재는 공급될 수 있었지만 식량 부족을 해결할 수는 없었으며, 이미 많은 농부가 제물로 희생되었기 때문에 상황은 더 악화되었다.

아즈텍의 영토 확장이 곤란해지자 제물로 바칠 포로가 부족해졌을 테고, 그에 따라 신들의 불만도 고조되었을 것이다. 아즈텍 사람들에게는 지금까지보다 갑절의 노력이 요구되었다. 반면 아즈텍에서 멀리 떨어져 있는 지역의 경쟁자들은 전투의 승리 또는 저항의 성공에 고무되어 있었다. 따라서 조공을 늘리라는 아즈텍의 요구를 거부했을 것이다.

결과적으로 아즈텍인에 의해 시작된 정복 전쟁은 수천 명의 식량 생산자들을 죽이는 아이러니한 상황을 빚어냈고, 생계의 체제 자체를 파괴시키고 말았다. 희생 의식도 처음에는 성공적이었으나 점차 효력을 잃기 시작했다. 그러나 제의용 달력을 통해 희생 의식에 적합한 날을 선정하는 작업은 사제와 전사 들의 사회적 지위를 상승시켰다. 이제 희생 의식과 생계 문제는 갈등관계에 놓였다.

영토 확장이 느리게 진행되거나 역전되는 현상이 발생하자 제물을 확보할 만한 다른 방법이 필요해졌다. 이에 따라 노예 상인들이 나타났으나 원칙적으로 아즈텍에서는 전쟁 포로만이 제물로 허용되었으므로 노예는 제물로 대체될 수 없었다. 마침내 국가들은 제의용 전사를 '생포'하기 위한 목적으로 주기적인 전투를 벌일 것을 고안했다. 이른바 '꽃의 전쟁'이라 불리는 이러한 현상은 체제 깊숙이 뿌리내린 불안을 여실히 보여준다.

아즈텍이 스페인에 정복되지 않았다면 과연 그곳에서는 무슨 일이 벌어졌을까? 목테수마 2세는 자신의 국가가 처한 곤경에 대해 잘 알고 있었지만 토필트신 케찰코아틀과 톨텍 문명의 운명이 그러했듯이, 사람들은 더 이상 그에게 복종하지 않았고 개혁은 거부당했다. 세 도시의 동맹은 스페인의 정복이 아니었더라도 분명 종말을 맞았을 것이다.

한때나마 신으로 숭배되었던 케찰코아틀이 언젠가 바다를 건너서 돌아오리라는 고대의 전설과는 달리 스페인이 정복하기도 전에 케찰코아틀은 아즈텍을 붕괴로 이끌었다.

불멸성과 근친상간

잉카 족은 그들의 제국을 타완틴수유Tawantinsuyu, 즉 '네 개의 지역'이라고 불렀다. 그 이유는 수도인 쿠스코Cuzco의 중앙 광장으로부터 뻗어난 네 개의 넓은 도로가 왕국을 네 개의 지역으로 분리하고 있기 때문이며, 이러한 형태는 처음부터 잉카 천국의 네 지역을 본뜬 것이었다.[34] 가장 융성했던 시기의 잉카 제국은 오늘날 콜롬비아 그리고 에콰도르의 해안지역과 국경을 이루는 페루 지역까지 확장되어 있었으며, 아래쪽으로는 볼리비아 고지대를 지나 서북 아르헨티나와 칠레의 중남부에 이르는 지역을 포괄했는데, 그 거리만 해도 멀게는 약 4300~4350킬로미터에 달했다. 잉카는 적도 남부에서 부상한 여러 국가 중에서 가장 큰 규모를 자랑하는 인구 1000만 명의 고대 제국이었다.

길고 좁고 구부러진 띠 모양으로 형성된 이 제국에는 높은 산과 해안과 사막과 열대 우림지역이 고루 분포되어 있었다.[35] 가장 비옥한 두 지역은 길고 좁은 영토의 양끝에 자리하고 있었으며, 중앙 안데스 지역에는 알티플라노altiplano로 잘 알려진 티티카카 호수의 평평한 서북 유역에 형성된 수도 쿠스코가 있었다. 낮에는 덥고 밤에는 추운 기후 덕분에 이 지역에서는 감자가 많이 생산되었으며 식량의 자연 동결과 건조가 가능했다. 광활하게 펼쳐진 목초지에서는 야마를 가축으로 키워 털을 공급받았으며 짐을 운반하는 데 이용하기도 했다.(포유동물이 인류 역사에 끼친 영향은 이 책의 또 다른 주제로서, 2011년 집필이 완료되었을 때 새로운 연구 결과가 발표되었다. 그것은 약 2700년 전부터 야마 배설물이 비료로 사용되었으며, 그로 인해 잉카인들이 퀴노아quinoa라는 곡물보다 영양가 높고 저장도 손쉬운 옥수수를 대량으로 재배했음을 제시한 것이다. 이와 같이 효율적인 농사 기술은 잉카제국 영토 확장의 도화선이 되었다.)

북쪽 먼 곳의 해안 사막에 흐르는 강들은 길이가 비교적 짧고 물살이 빨라서 관개 시설을 설치하기에 용이했고, 이에 따라 많은 사람이 모여들었을 것이다. 이러한 분석은 대다수의 인구가 타완틴수유의 양 끝 지역에 거주했음을 뜻한다. 잉카는 이질적인 두 지역을 하나의 문명으로 묶어내는 데 성공했으며, 이로써 청동과 구리 그리고 석기 기술을 보유했던 문명들 중 가장 방대한 제국이 될 수 있었다.

고고학적으로 검증된 사실은 아니지만 후대의 잉카인들은 자신들의 유구한 역사에 대한 자부심을 지니고 있었다.(그들에겐 문자가 없었으므로 참고할 만한 고유의 연대기를 남기지 못했다.) 사실 그들은 비옥한 알티플라노 지대를 두고 경쟁했던 티와나쿠가 패망한 뒤에 형성된(20장 참고) 콜라Colla, 루파카Lupaca 그리고 케추아Quechua 부족과 같이 작은 집단 중의 하나였다. 톨텍의 후손임을 주장했던 아즈텍 사람들과 마찬가지로 잉카인들은 티와나쿠의 후계자를 자처하면서 그 정통성을 모색했으나, 사실상 그들은 당시의 여러 농경 집단 가운데 하나였을 뿐이다.

당시 역사에 대한 고고학적 자료는 없으나 초기 스페인의 연대기에 따르면 1200~1438년에 많게는 8명의 통치자가 등장했음을 알 수 있다. 쿠스코 마을이 발전하기 시작했을 때 나타난 가장 유명한 통치자는 여덟 번째 인물인 비라코차 잉카로, 정복한 땅의 실질적인 최초의 통치자였을 것으로 짐작된다. 그러나 비라코차 잉카의 통치과정은 간단치 않았다. 1438년 무렵 북쪽에 위치한 경쟁국인 찬카Chanca의 공격을 받았을 때 이 노쇠한 군주는 산으로 탈출하고 그의 아들인 유판키가 도시의 방어를 맡았다. 유판키는 젊고 경험이 적었지만 찬카의 공격을 물리침으로써 그 공적을 인정받아 최고의 지위에 올랐다. 이후 그는 '파차쿠티Pachakuti'(토필트신 케찰코아틀에게만 붙일 수 있는 호칭으로, '세상을 다시 세운 사람'이라는 뜻)라는 이름을 얻었다. 파차쿠티는 강한 통치력을 발휘하여 쿠스코를 퓨마의 형태로 재건하는 데 성공했다. 머리에 해당하는 지역에는 커다란 요새를 지었고 꼬리에 해당하는 동쪽 지역에는 삼각형 형태의 좁은 길을 만들었다.[36] 이 건설에 앞서 외곽 지역에서 채석한 돌을 대마로 된 밧줄과 가죽 벨트로 옮기는 데 최소한 2만 명의 인력이 동원되었다.

쿠스코의 가옥 형태는 뾰족한 볏짚 지붕의 단층 구조였고, 도로를 포장했으며, 돌로 만든 중앙의 수로를 통해 빠른 물살이 배설물을 흘려보내는 식의 효율적인 위생 시설을 갖추었다. 도시의 중앙 광장을 관통하는 강에 의해 쿠스코는 두 지역으로 나뉘는데, 서쪽 지역은 쿠시파타Cusipata 동쪽 지역은 아우카이파타Aucaypata로 불렸다. 잉카의 궁전과 의례용 건축물은 좀더 넓은 동쪽 지역에 지어져 있는데 4000명까지 수용 가능한 궁전은 다양한 색조의 돌과 넓은 홀을 갖추고 있으며 출입구가 인상적이다.

중앙 광장의 남쪽에는 태양의 신전인 코리칸차Coricancha가 세워져 있고, 신전의 안마당을 둘러싼 담장에는 금으로 된 줄이 장식되어 있다. 4.5미터 높이의 벽으로 감싸인 이 신전 마당에 들어선 스페인 정복자들은 온통 금으로 제작된 야마와 여성의 형상 그리고 주전자와 단지 등의 물건들을 목격했다. 또한 정원에도 금으로 만든 농작물(은색 줄기와 금색 열매가 달린 옥수수 모형)이 장식되어 있었고, 신전 중앙의 방에는 금과 온갖 아름다운 보석들로 치장된 거대한 태양이 자리하고 있었다.

궁과 대저택의 벽면을 장식한 석재들은 칼날조차 끼울 수 없을 만큼 치밀하게 축조되었다. 돌을 그만큼 정교하게 깎으려면 많은 시간이 필요했겠지만 "풍부한 노동력을 지녔으며 서양의 시간 개념이 없었던 통치자에게 시간과 노동은 고민거리가 아니었다."[37]

무엇보다도 쿠스코는 거대한 창고였다. 화폐가 사용되지 않았던 당시의 잉카 사회에서는 동일한 형태의 창고에 망토, 양모, 무기, 금속, 천 그리고 농작물 등의 소비재 또는 공물을 보관했다. 이 창고 안에는 무기를 비롯하여 귀족들의 옷을 장식하는 데 사용되는 다채로운 빛깔의 벌새 깃털들도 수북했다. 스페인 정복자들의 눈에 특히 이색적으로 비쳤던 것은 금은 장식으로 수놓인 외투들을 보관한 의류 창고였다.[38]

잉카 사회에서 가족 단위 다음으로는 아이유ayllu라는 친족 조직이 형성되어 있었다. 지역 경계를 뛰어넘는 이 친족 그룹에서 남성 조직은 부계 중심으로 여성 조직은 모계 중심으로 운영되었고, 주로 동족 혼인을 하되 가까운 친척과의 혼인은 금지되었다. 아이유는 공동으로 땅을 소유했으며 지배권은 세습되었다.[39]

잉카의 영토는 크게 확장되었으며 고도의 차이도 커서 3만 킬로미터가 넘는 대규모의 도로망이 구축되었다. 스페인의 연대기에 따르면 산의 바위를 깨뜨려 만든 벼랑길을 따라 강을 오르내릴 수 있으며 길은 청결하게 관리되었다. 길 위에는 여행자들을 위한 숙소와 신전 그리고 창고까지 갖춰져 있어 유럽보다 훨씬 여행하기 편했다. 제국의 관리자들에게 고용된 파발꾼들이 주로 이 도로를 사용했는데, 2.4킬로미터마다 정거장이 있어서 하루에 200~240미터씩 소식이 전달됐다. 그리하여 쿠스코에서 키토Quito까지는 왕복 10~12일 정도가 걸렸다. 대규모의 야마 떼나 군대가 이동할 때도 이 도로가 이용됐다.

잉카인들이 태평양 해안의 지역과 교역할 때는 발사balsa 나무로 만든 큰 뗏목을 이용했으며 직사각형의 돛으로 바람을 조종했다. 잉카에서 생산된 금과 은을 비롯한 다른 값비싼 물품들은 뗏목에 실려 북쪽으로 멀리 떨어진 해안 마을까지 운반되었다. 유럽인이 잉카 문명을 처음 접한 것은 프란시스코 피사로(잉카 제국을 정복하고 현재 페루의 수도인 리마를 건설한 스페인의 정복자─옮긴이)가 면직물 돛을 단 잉카의 뗏목을 만났을 때였다. "그들은 금과 은으로 만든 다양한 개인 장식품을 가져왔으며 (…) 머리띠, 벨트 그리고 팔찌 등을 교환하면서 진홍색과 흰색의 조개로 계산했다."[40]

황금 벽의 신전과 뛰어난 위생 시설 그리고 효율적인 도로망을 자랑하는 쿠스코와는 달리 파차쿠티 같은 도시는 획기적인 국가 이념을 세우는 위업을 달성했다. 콘래드와 데마레스트는 잉카인들의 문맥에서 신세계의 신이 독립체에 가까운 서양의 신과는 달리 시간과 장소에 따라 다른 속성과 권능을 지닌 '복합체'였던 것이다. 잉카의 경우 하늘 신은 세 가지 특성을 지니고 있다. 그 신은 우주의 창조신 비라코차Viracocha, 태양신인 인티Inti이며, 천둥이나 기후를 다스리는 신 이야파Illapa이기도 했다.[41] 또한 두 연구자는 우주의 창조자이자 하늘의 신이며 기후의 신이 합쳐진 형태인 이 신의 기원이 티와나쿠의 '문의 신'(20장 참조)이라고 추정했다. 우이칠로포치틀리가 아즈텍인들의 숭배를 받았던 것처럼 파차쿠티에서는 잉카의 후원자이자 태양신인 인티를 숭배했다. 사람들은 인티의 보호를 받고 살아가며 자신들의 통치자는 인티의 후손이라고 믿었다.

잉카의 종교에는 가장 주목할 만한 두 가지 특징이 있다. 첫 번째 특징은 매우 높은 안데스 산에서 치르는 아동 희생 의식으로, 이 관습은 '엄숙한 희생'이라는 뜻의 카팍 우차capac hucha 또는 카파코차capacocha라 불렸다. 이러한 의식은 빈번하지는 않지만 여러 번 거행된 것으로 확인되었다. 어떤 경우에는 각 부족으로부터 남녀 아동을 최대 1000명까지 모집했는데, 특히 족장의 가족 중에서 잘생긴 5~6세의 아이들이 선발되어 '잉카를 위해' 쿠스코로 보내졌다.[42] 수도에서 명예로운 의식을 치른 아이들은 자신의 고향으로 돌려보내지거나 제국 전역에 있는 신전 우아카스huacas로 보내져 제물로 희생되었다. 또 다른 경우에는 매년 각 수유suyu(지역)에서 한 명씩 뽑은 아이들, 즉 네 명의 아이를 쿠스코로 보냈다. 의식에 동원된 아이들은 왔던 곳으로 돌아가기도 했지만 태양신의 이름으로 희생(교살)되었다. 아이들을 바친 가족의 신분은 상승되었으며, 자식의 죽음에 대해 흡족함 또는 기쁨을 표하지 않는 것은 커다란 범죄 행위로 간주되었다.

최근의 연구를 통해 아동 희생 의식을 포함한 많은 제의식이 해발 5200미터 혹은 그보다 더 높은 지대에서 치러졌다는 사실이 밝혀졌다. 그리고 잉카를 비롯한 다른 모든 안데스 문명에서는 산을 숭배했으며, 정상의 높이에 따라 산신의 등급에도 차등이 있었다. 그들에게 산은 물의 근원으로, 바다 또는 다른 화산의 정령들은 모두 산에서 비롯된 것이었다. 결과적으로 높은 산에서 치르는 희생 의식은 확실히 비 또는 기후와 연관된 것이었다.(가끔 희생자들은 고의에 의해 동사凍死했다.)[43] 이때 직물, 낙타과 동물, 치치 맥주 그리고 코코아 잎도 함께 바쳐졌다. 이러한 산제山祭는 습한 계절이 시작되는 시점에 이루어졌을 것이라고 스티브 부르제는 주장했다.[44]

어떤 스페인 정복자들은 당시 잉카에서 해마다 수백 명이 제물로 희생되었다고 증언한 바 있는데, 이는 고고학적으로 볼 때 과장된 수치이지만 가뭄, 지진, 기근, 전쟁, 천둥과 눈사태가 닥쳤을 때 잉카에서 아이들이 희생된 것만은 확실하다. 1954년 칠레 세로 엘 플로모Cerro El Plomo(해발 5400미터 고도)에서 카팍 우차capac hucha라는 제의 장소에서 얼어 죽은 희생자의 유해가 발굴되었는데, 얼굴에 붉은 황토칠이 되어 있고 네 줄의 들쭉날쭉한 노란 선이 그어져 있었다. 이것은 번개를 상징하는 문양으로, 다른 지역의 카팍 우차에서 발굴된 조각상의 옷가지에서도 이와 같은 무늬가 발견되었다.[45] ●

페루의 희생 의식이 기후와 관련된 것만은 분명하나, 아이를 제물로 바친 이유는 명확치 않다. 아이들이 어른보다 덜 살았기 때문에 다른 존재로 대체될 수 있다고 생각한 것인지, 아니면 어렵게 결정한 만큼 신의 주목을 더 끌 것이라 기대했는지는 알 수 없다.

잉카의 두 번째 종교적 특징은 성스러운 지도자는 죽지 않는다는 믿음에 따라 지도자의 영혼이 영원히 살아 있도록 미라로 매장한 후 숭배했다는 것이다. 이것은 원래 치무Chimu 족(트루히요Trujillo의 모체 계곡에 거주하던 부족으로, 15세기 초 유판키에 의해 정복됨—옮긴이)의 관습이었으나 잉카인들에게 전해져 더욱 정교해졌다.[47]

앞서 15장에서 조상 숭배 사상이 어떻게 시작되었는지를 살펴보면서 그중 한 가지 유형을 검토했다. 즉 서남부 아메리카 대륙의 건조한 사막지역

● 패트릭 티어니는 『가장 높은 제단: 인간 제물의 이야기』The highest Altar: The Story of Human Sacrifice』(1989)에서 인간 제물 의식이 페루와 칠레 안데스의 외딴곳에서 여전히 시행되고 있다는 주장과 함께 설득력 있는 두 가지 증거를 제시했다. 또한 그는 바다 근처 세로 메사 Cerro Mesa에서 남자아이를 제물로 바친 후에 부른 노래를 소개했다. "이제 이 아이를 데려가소서 / 우리는 당신을 돕기 위하여 / 당신에게 이 아이를 바치나이다 / 우리는 모두 고아입니다 / 신이시여, 어찌하여 우리에게 벌을 내리시나요 / 당신에게 이 아이를 제물로 바치오니 / 당신에게 이 아이를 선물로 드리오니 / 바다를 고요하게 하시고 / 더 이상 어떤 재앙도 생기지 않게 하소서." 또 다른 사례를 제공한 『디스커버리Discovery』지의 취재 기자 티어니는 "이곳 사람들은 기상이 악화되었을 때 누군가를 제물로 바치는 데 익숙했다"고 언급했다.[46]

에서는 사람의 몸이 썩지 않는 현상을 '당연'한 것으로 여겼을 뿐만 아니라 미라의 형태로 묻히면 삶과 죽음의 (신성한) 중간지대에 머무른다고 믿었다. 그 대신 지진 등의 재난을 통해 한 명이 선택되며, 그는 신과 같은 차원의 조상으로 지정된다고 믿었다. 어떤 이유에서였든 잉카인들 사이에서는 왕족의 조상을 숭배하는 풍조가 짙었다. 또 다른 기이한 특징은 '분할 상속'의 개념이다. 이 또한 치무 족으로부터 기원한 것으로, 지배자가 죽으면 그의 아들 중 한 명에게 지위가 상속되었다. 그러나 그는 전쟁을 일으키거나 세금을 거둘 수 있는 권력만 물려받았고 물질적 재산은 인계되지 않았다. 죽은 왕의 땅, 건물, 가축, 하인 등은 아버지의 또 다른 남자 후손인 파나카panaqa에게 승계되었다. "파나카는 죽은 왕을 위해 일하는 자로서, 왕의 미라를 보존하는 임무의 대가로 후한 대접을 받았다."[48] 이러한 신앙 체제, 즉 파나카의 손길을 통해 잉카의 지배자는 결코 죽지 않고 호화스런 공간을 유지할 수 있었다. 1571년 기록에는 "일반적으로 죽은 지배자들은 그들끼리 서로 방문했으며 흥청대며 춤을 추었다. 때로는 죽은 자들이 산 자들의 집을 방문했고 때로는 산 자들이 죽은 자들을 찾았다"고 적혀 있다. 사람들은 왕족의 미라 앞에 불을 밝히고 그들에게 음식을 태워 바쳤다. 그들은 옥수수 맥주를 바쳤으며 때로는 오목한 배 모양의 조각상 위에 잉카 왕의 심장으로부터 채취한 재와 금가루의 반죽을 올려두기도 했다. 그들은 이 특별한 미라가 천둥, 비, 해일, 서리와 같은 기상 현상을 다스린다고 믿었다.[49]

더욱이 중요한 의식을 치르는 동안에 왕족 미라들은 연장자 순으로 태양신을 상징하는 물건과 함께 쿠스코의 코리칸차 신전 벽감 안에 모셔졌다. 이때 역시 그들을 위한 음식이 차려졌고 모든 사람은 경배를 드렸다.

이러한 제도 때문에 재산을 상속받지 못한 새로운 통치자는 새로운 재산을 창출하기 위해 의무 노역을 강제할 수밖에 없었다. 이에 따라 잉카 제국은 시민들에게 매년 일정량의 노동력을 국가에 바치도록 법으로 규정했고, 그 대가로 농산물을 제공했다. 새로운 통치자는 자신의 책임을 완수하기 위해서라도 새로운 땅의 확보가 절실한 입장이었다. 그러나 죽은 왕을 위한 분할 상속제로 인하여 시간이 흐를수록 비옥한 땅은 모두 죽은 왕들의 차지가 되어 당대의 통치자가 이용할 땅은 턱없이 부족해졌다. 게다가 파나카 소유의 땅에서 일하는 사람까지 점점 늘어나 새로운 통치자가 차지한 땅을 경작할 노동력 또한 줄어들었다.

조상 숭배와 밀접하게 관련된 것은 '잉카 종교와 접목된 주요한 개념'인 우아카huaca라 할 수 있다.[50] 우아카란 신성하거나 일상에서 흔히 접할 수 없는 기이한 대상을 뜻하는 개념으로, 초자연적인 사람이나 장소 혹은 물건을 일컬었다. 어느 통계에 따르면 쿠스코 지역에만도 328개의 우아카가 있었으며 사람들은 이 대상에게 1년에 한 번씩 음식을 바쳤다.[51]

잉카인들은 왕의 분할 상속, 미라 보존, 우아카와 같은 제도를 통해 무엇을 얻고자 했을까? 아마도 지배층의 권력을 유지하기 위한 고안물일 것으로 보인다. 지배계층 또한 잉카의 확장주의에 충성을 바치는 대가로 영토와 노예 그리고 고위층의 상징인 머리끈과 귀마개 등의 특권을 얻었다.(평민들에게는 필요 이상의 사치품 소유가 금지되었다.) 왕실 혈통을 포함한 고위층에서 그 무엇보다 중요한 것은, 아즈텍이나 다른 사회에서도 마찬가지였듯이 전투에서의 용맹성이었다. 그러한 용맹함을 대가로 그들은 군대, 종교, 관청의 요직을 얻어냈다. 잉카 사회는 아즈텍 사회와 마찬가지로 그들을 국가의 든든한 후원자로 여겼으며, 국가의 정체성을 강화하고 이웃 국가를 압도하는 데 기여한다는 믿음 아래 특별한 지위를 허용했다.[52]

어느 지역을 정복하면 쿠스코에서는 그곳에 숙련된 관리들을 파견했다.

그들은 결승結繩 문자, 즉 키푸스quipus를 이용하여 필요한 목록을 작성하거나 정확한 정보를 수집했다. 새 정복지의 인구가 100명가량 되는 경우에는 그 지역 출신의 관리자를 세습 족장 쿠라카curaca로 임명했고, 인구가 더 많은 경우에는 잉카의 고위층을 파견했다.

스페인 정복 당시 길쭉한 영토의 잉카 제국 전역에는 마을이 산재해 있었고 도심지마다 많은 인구가 거주하고 있었다. 이러한 인구 분포로 평가할 때 잉카는 성공적인 제국으로 보이지만 아즈텍 문명이 그러했듯이 잉카의 체제에도 근본적인 불안정성이 자리하고 있었다. 파나카가 죽은 왕의 땅을 유지하는 제도는 새로운 통치자로 하여금 끊임없이 정복 전투를 일으키게 하는데, 정복할 땅이 남아 있을 때까지는 이 제도가 잘 운영되었다. 그러나 시간이 흐르면서 죽은 왕들의 땅이 점점 더 확장되자, 남은 땅이라고는 척박한 변두리 지역뿐이었다. 동쪽 지역의 상황은 더욱 안 좋았다. 안데스 산의 경사면으로부터 멀리 떨어진 아마존 강 유역은 점점 열대우림으로 변화되어 잉카인들의 체질에 적합하지 않았다. 그들은 습기, 곤충, 식물(숲 자체) 그리고 아마존 인디언들의 게릴라 전술을 당해낼 수 없었다. 매복했다가 기습적으로 공격하고 사라지는 전략 때문에 정복전은 번번이 실패했다. 이런 위기에 닥치자 일부에서는 파나카 제도를 수정하자는 의견이 형성되기도 했다. 그러나 그것은 전사 고위층의 이해와 정면으로 충돌하는 것이었다.

1525년 에콰도르의 땅을 차지했던 파차쿠티의 손자 우아이나 카팍이 사망한 뒤, 그의 배다른 두 아들 우아스카르와 아타우알파의 치열한 권력 다툼이 있었다. 여기서 당시 잉카 사회의 독특한 특성을 엿볼 수 있다. 잉카의 왕위는 무조건적인 장자 계승이 아니라 정식 왕비로부터 태어난 자식 중에서 가장 유능한 자를 왕이 유언으로 정하는 방식으로 계승됐다.

그리고 엄격한 위계질서사회에서 가능한 한 강한 권력을 갖기 위해 통치자는 자신의 누이 중 한 명을 아내로 삼는 관행이 있었다. 이러한 근친상간의 관습은 아이유의 동족 혼인의 관습이 확장된 것으로, 미스텍 문명(20장)에서도 비슷한 사례를 볼 수 있다. 그러나 우아스카르와 아타우알파의 경우에는 결함이 있는 유전자의 위험한 결과가 나타나지 않았다.

우아이나 카팍과 누이와의 사이에서 태어난 아들 우아스카르는 법적인 상속인이었던 반면, 아타우알파는 두 번째 혼인을 통해 태어난 서자였다. 우아스카르가 국가의 과도한 팽창을 이유로 미라 숭배의 관습을 중단하려 하자 이에 격분한 전사 귀족들은 아타우알파와 손을 잡고 3년 동안(1529~1532) 반란을 주동했다. 반란은 결국 아타우알파의 승리로 끝이 났다.

톨텍 문명이나 아즈텍 문명처럼 전사 귀족들은 잉카 문명에서도 주도권을 쥐게 되었다. 이는 불안정하고 궁극적으로 지속 불가능한 환경에서 특권을 유지하기 위해 안간힘을 다한 권력층의 모습을 보여준다. 그러나 아스테카 제국과 마찬가지로 잉카 제국은 아타우알파가 자신의 대관식을 위해 쿠스코로 가는 길에서 프란시스코 피사로와 그가 이끄는 168명의 스페인 대원들(기마병이 포함되어 있었다)에게 처참한 패배를 당함으로써 종말을 맞게 되었다.

주술사와 양치기: 거대한 단절

이베리아 반도의 역사

15세기 후반 유럽에서는 다양한 역사적 세력이 형성되기 시작했는데, 특히 이베리아 반도에는 해외로 진출하려는 탐험가와 정복자 들이 나타났다. 물적 욕구와 종교적 열망이라는 두 가지 배경을 바탕으로 한 여러 동기가 그들을 움직이게 만들었다. 동쪽의 향신료를 구할 수 있는 새로운 경로를 확보하는 것이 그중 하나였다면, 또 다른 동기는 베르날 디아스가 서술했듯이, "신과 그의 왕을 위해서, 어둠 속에 있는 이들에게 빛을 전하는 동시에 만인이 바라 마지않는 부자가 되기 위해" 인도로 향했다.[1]

이러한 경향을 사상 또는 이념이라는 용어로 부를 수 있다면, 스페인 귀족들은 특히 이 사상에 친숙한 입장이었다. 그들은 스페인 지역에 있는 이슬람 국가들에 대항하여 오랜 전쟁을 겪었으며, 그 승리의 경험은 그들에게 일종의 '기회이자 구실'이 되었다. 그 무렵 유럽의 다른 국가들, 즉 기독교 국가들은 칭기즈칸의 급진적 정벌 덕분에 일시적으로나마 이슬람 세력의 압박에서 해방될 수 있었다. 칭기즈칸의 효율적인 기마 부대가 방대한 지역을 순식간에 점령한 이후, 놀랍게도 사람들은 종교에 구애받지 않고 안전하게 동쪽으로 장거리 여행을 할 수 있게 되었고, 이 결과 교역은 활기를 얻었다. 더불어 북유럽의 위대한 군주들은 십자군에 대한 관심을 거둬들임으로써 발칸과 비잔티움 그리고 이베리아 반도에 이웃한 이슬람 세력과의 싸움을 포기했다.

1453년 콘스탄티노플(터키 이스탄불의 옛 이름. 동로마 제국의 수도—옮긴이)을 점령하며 등장한 오스만 튀르크 족은 꽤 위협적인 발전을 거듭하고 있었다. 곧이어 기마 민족에서 해양 민족으로 전환한 이 새로운 이슬람 세력은 강한 자부심을 드러내며 중동에서 가장 강력한 국가로 부상했다.(1480년 그들은 이탈리아를 침략했다.) 이들은 유럽에서 살아남은 유일한 이슬람 국가로, 고대부터 매우 문명화된 그라나다 왕국을 건설한, 다소 멀리 떨어진 스페인에게도 두려운 대상이었다.

이베리아 반도 내에서 기독교와 이슬람교 세력은 때때로 동맹관계를 맺으면서 수 세기 동안 공존해왔다. 더욱이 이베리아 반도에서 두 문화 교류의 주요한 거점지역인 톨레도Toledo는 유대인과 아랍인 그리고 기독교 학자들의 중대한 공동 작업, 즉 그리스 사상의 진수를 보존하기 위한 번역이 이루어진 곳이기도 했다. 이 작업은 12세기부터 나타난 새로운 대학의 언어에 윤활유가 되었고, 이로써 철학과 천문학 그리고 의학의 전통을 세우는 데 큰 기여를 했다.

사실 그라나다 왕국은 생각만큼 강력한 존재는 아니었다. 당시만 해도 카스티야Castile(스페인 중부의 옛 왕국—옮긴이)에 조공을 바치고 있었으며,

거대한 단절

기독교 국가의 통치자들은 그라나다가 카스티야에 흡수되는 것이 시간문제라고 전망하고 있었다. 그리고 1474년 이사벨라가 왕위에 오르는 역사적 순간이 도래했다. 이사벨라는 금욕적 신앙심을 기반으로 하여 동쪽의 잠재적 위험을 제거하기 위해 1482년부터 무어 족이 거주하는 이웃 도시들을 차례로 정복하기 시작했다. 10년에 걸친 정벌의 결과 1492년 그는 마침내 수도를 함락하는 데 성공했다.

J. H. 패리는 동쪽의 오스만 튀르크 족과 스페인의 카스티야인을 비교해 그들 사이의 흥미로운 유사성을 찾아냈다. "카스티야인들의 말을 다루는 기술은 튀르크 족과 대등한 수준은 아니었지만, 안달루시아나 그 밖의 지역을 이동할 때는 기마 집단에 대적할 만한 기동력을 발휘했다. 카스티야의 건조한 고지대에서는 곡식 농업보다 목축업에 종사하는 사람들이 더 많았으며 그들은 방목지를 찾아 가축 떼를 몰고 다니는 반 유목생활을 하고 있었다. (…) 이러한 조건에서 가축 떼를 관리하기에는 기마 방식이 가장 효율적이었다. (…) 계속된 정복 전쟁에서 카스티야인이나 상류층 그리고 그들 중 전사계급은 목축인들과의 이해관계를 유지함으로써 기동력과 군사적 성과를 끌어올릴 수 있었고, 말을 부리는 자들을 존중했다."[2]

이들이 바로 신세계에 정착했던 사람들로, 소수의 기마 집단을 보유했던 스페인이 어떤 방식으로 말을 활용하여 정복에 성공했는지, 또한 준봉건적 지배자로서 신세계에 정착한 이후 어떻게 유목적 이해관계를 유지하며 농부들이 농사를 짓게 할 수 있었는지를 잘 설명해준다.(스페인인들은 가축을 전혀 소유하지 않았기 때문이다.)

이러한 설명은 이 책의 주제와 관련이 깊다. 즉 가축이 구세계에서 얼마나 중요한 역할을 했으며 인류사의 흐름에 어떤 중요한 영향을 끼쳤는지를 확인해주기 때문이다. 물론 이것은 일부일 뿐, 엄연히 다른 요인들이 존재한다. 유럽의 중심부에서 서쪽과 북쪽으로 확산되었던 전염병, 네덜란드와 영국의 양모 산업에 힘입은 북유럽의 발전, 지중해와 영국의 항로를 통한 대서양 항로의 개척, 십자군 전쟁으로 급격히 발전한 항해술과 선박 제조 기술, 십자군 전쟁에 따른 선교단 파견, 프톨레마이오스와 과소평가되었던 지구 크기에 대한 재발견, 불확실하고 구태의연한 시각에서 벗어나지 못한 여행문학, 회귀선을 통과하는 항해가 예상보다 어렵지 않다는 사실의 발견, 익숙해진 대서양 항해와 심해 낚시의 개발, 이용 가능한 땅을 찾아 나선 개척자들에 의한 섬의 발견 등이 그 예다.

이 모든 심리적·기술적 성과들이 결합되어 일명 '이베리아의 시기'가 형성되었으며, 이로써 스페인과 포르투갈 사람들은 아메리카 대륙으로 향하기 위해 길을 돌아가지 않고 최초로 대서양을 횡단한 사람들이 되었다. 그런가 하면 목테수마의 제독들은 아프리카 혹은 유럽(또는 일본)으로 진출하기도 했다.

오래 지속되는 유형

이 책의 흐름이 직선적으로 전개되는 방식은 아니지만 그렇다고 해서 '그저 그런' 이야기로 이해되어서도 안 될 것이다. 앞서 서론에서 이 책을 통해 자연적 실험을 한다는 점을 밝혀두긴 했지만, 모든 것을 구체적으로 낱낱이 입증하기란 불가능하다. 그렇다 해도 이제 지구상의 두 세계가 서로 어떤 방식으로 갈라졌는지에 대한 개략적인 가설을 수립할 수는 있다. 간과해선 안 되는 것은 이 책의 주제가 궁극적으로 인간 존재의 의미에 대한 관점을 제시한다는 사실이다. 달리 말하자면 폭넓은 관점에서 인류 역

거대한 단절

사에 영향을 끼친 부분에 대한 새로운 견해를 가져다준다.

어떤 기준으로 보면 인간사회는 어디에서든 비슷한 방식으로 발전했다. 여러 조사에서 확인된 바와 같이, 인구수가 150~300명이 되기 전까지는 대체로 평등한 사회로, 공격에 대비한 방어 개념도 없었으며 의식을 위한 건축물도 세워지지 않았다. 그러나 주민의 수가 300명을 넘어서면서부터는 계급의식이 형성되고 지위가 상속되며 제례 의식과 전쟁이 발생하기 시작했다. 남성의 약 25퍼센트는 싸움터에서 죽었는데, 그러한 전쟁으로 남성의 '우월성'이 부각되었으며, 지배층의 생활은 일반 서민들과 차별되었다. 이와 같은 현상들이 전 세계에 걸쳐 나타났다는 것은 인간 행동 양식의 단일성을 보여주는 명확한 단서일 것이다.[3]

지구 전역에 존재하는 다양한 인류사회의 유사성을 강조하거나 부정하는 작업은 이 책의 목적이 아니다. 대신 그 '차별성'에 초점을 둔 채 유사성들을 차례로 제시함으로써 유익한 대조를 보여주고자 했다. 조이스 마커스의 연구는 이러한 관점에서 의미가 있다. 그녀는 네 곳의 메소아메리카 문명지에서 발견된 상형문자 원본을 조사한 결과, 그 문자들이 의사전달의 목적으로 사용되지 않았다고 주장했다. 여기에는 미스텍 족, 사포텍 족, 마야 족, 아즈텍 족 그리고 모든 상형문자 문명이 포함된다. 그들의 상형문자는 사회의 자부심을 고양하고 통치 계보를 재확인하며 사회의 계급성을 강화하기 위한 용도로 이용되었다. 이는 문자를 보유한 모든 사회가 필연적으로 지성을 발달시키게 되는 것은 아님을 뜻한다. 마커스의 이러한 발견은 주요한 주석이자 진전이었다.

이제까지 두 반구에서 살아온 인류 사이에 형성된 차이들을 검토했다면, 마지막으로 그 차이들이 발생한 지점의 맥락을 살펴볼 차례다.

'인간이 된다'는 표현은 관찰자로서 원만해지고, 융화되고, 신중해지는 과정을 담고 있다고 말할 수 있다. 이러한 세 단계를 거치는 과정에서 사람이 가장 먼저 부딪히는 것은 자연환경이다. 인간은 산비탈이나 계곡, 정글, 강변 또는 바닷가에 살았고 건조한 사막, 추운 툰드라 숲 또는 광활한 초원에서도 거주해왔다. 그런가 하면 어떤 이들은 다른 환경으로 이동하기도 했다. 인간은 새, 물고기, 맹수 등의 동물들에 둘러싸였으며 풀, 관목, 나무 그리고 꽃 등의 식물을 공유했다. 그중 어떤 것은 영양이 풍부하고 어떤 것은 유용한 약으로 쓰이며, 또 어떤 것은 환각 성분을 지니고 있다. 그리고 인간은 다양한 기후의 영향 아래 생활했다. 햇볕, 비, 바람, 우박, 번개와 같은 다양한 기후 환경에서 지진, 화산 분출, 허리케인, 해일 등의 자연재해를 겪게 되었다. 그리고 태양, 달, 은하수를 포함한 별들이 운행하는 하늘 아래에서 생활해왔다. 사람들은 둥근 지구의 여러 대륙에 흩어져 살면서 거대한 바다와 저마다의 관계를 형성해왔다. 지구는 북과 남 또는 동과 서로 나뉘며, 위치에 따라 상대적으로 날씨와 기후가 다를 뿐 아니라 그에 따른 환경의 역사도 다르다. 종합하자면, 이 모든 요소가 모여서 두 개의 독립적인 세계를 만들어냈고, 상대적 배치에 따른 두 세계의 유사성과 차별성은 두 반구에서 형성된 인류의 발전을 설명하는 데 도움을 준다.

분명한 것은 이러한 결합 요인들(환경적 요인)이 인류에게 영향을 끼쳤으며, 그로 인해 '인간이 되는' 세 단계 중 두 번째 과정인 '사상'이 형성되었다는 사실이다. 사상이란 인류가 존재하는 모든 곳에서 나타나는 지구적 현상들을 통해 세상을 관찰하고 해석하는 방식이다. 이에 대해서는 다시 살펴보겠지만, 사상은 확실히 신세계보다는 구세계에서 훨씬 더 다양하게 발현되었다.

'인간이 되는' 과정의 세 번째 단계는, 인간이 주변 환경에 적응하면서 형성된 사상과 그것이 발전시킨 기술의 상호작용으로 환경을 구축하는 것이다. 물론 이러한 기술은 부분적으로 지구, 천문, 지질의 변화에 따른 발전이면서 다른 한편으로는 인류 스스로 앞선 두 단계를 거치며 변화한 결과이기도 하다.[4]

환경·기후·인간의 상호작용으로 인한 사상의 형성 이후, 흥미롭게도 환경과 기술의 상호작용이라는 일반화과정이 이어졌다. 이것은 페르낭 브로델을 비롯한 프랑스 역사학자들의 표현대로 '장기지속성la longue durée'을 부여하는 결정적인 요인이었다. 사실 역사란, 인류의 변화하는 사상과 경제적·생태적·기술적 환경 간의 지속적인 상호작용이 만들어내는 이야기다.[5]

이러한 분석은 아마도 두 반구의 상반된 궤적을 이해하는 데 도움이 될 것이다. 앞서 5장에서 설명한 바와 같이 아메리카는 아프리카를 제외한 유라시아보다 작은 대륙이다. 헤겔, 재러드 다이아몬드와 다른 연구가들도 지적했지만, 신세계는 유라시아와 달리 동-서 방향보다는 남-북 방향으로 발전했다. 이 방향성은 그 자체로 발전을 지연시켰다. 우선 상대적으로 식물(이에 따라 동물과 문명까지)이 확산되는 속도를 더디게 했다. 그러나 특정 지역에서 많은 종의 진화가 발생했다는 점에서 그 흐름이 완전히 잘못되었다고 말할 수는 없다.(예컨대 열대 우림지대는 지구 육지 전체의 7퍼센트만을 차지하지만 모든 동식물의 50퍼센트 이상을 먹여 살렸다. 우림지역에는 수없이 다양한 곤충과 작은 포유동물 들이 서식하기 때문에 식량이 부족한 시기에는 연쇄적으로 덩치 큰 포유동물까지도 희귀해졌다.(몸집이 큰 포유동물은 이 책에서 매우 중요한 존재로 논의된다.))[6] 그러나 신세계의 남-북 방향성은 다른 요인들과 결부되어 아메리카에서 인류의 발전을 확실히 더디게 만들었다. 무엇보다 기술적 제약이 너무 컸으며 앞서 살펴보았듯이 이에 따른 연쇄 효과 역시

적지 않았다.

대체로 일직선 형태를 이루는 대륙의 지형은 기후의 다양성과 관련되어 있다. 그중 가장 중요한 현상은 계절풍, 엘니뇨 남방 진동, 화산, 지진, 바람 그리고 폭풍으로 인한 격렬한 변화이다. 계절풍의 경우, 앞서 2장에서 다루었던 대홍수의 시기 이후 8000년 동안 점차 약해져왔다는 사실이 중요하다. 계절풍의 다양한 강도와 관계된 구세계의 문명 출현은 이미 5장에서 설명했으나 보충할 내용이 있다. 알다시피 구세계에서는 약 1만 년 전부터 곡물을 재배하기 시작했고, 당시 유라시아 전역의 환경적·사상적 쟁점은 땅의 '비옥함'이었다. 그때부터 대륙은 이미 조금씩 건조해지고 있었다.

반면 신세계의 날씨에 영향을 끼치는 주요한 요인은 엘니뇨였다. 약 6000년 전까지 엘니뇨의 발생 빈도는 한 세기 동안 몇 차례였으나 지금은 몇 년에 몇 차례로 대폭 증가했다. 엘니뇨 외에도 태평양의 지각 구조(비교적 얇은 지각 위에 많은 양의 바닷물이 고여 있는)를 고려할 때 화산활동이 기후에 영향을 끼쳤을 것으로 보인다. 앞서 5장에서 확인했듯이, 세계 주요 문명 중 화산활동이 가장 심한 곳은 메소아메리카와 남아메리카였다. 이 모든 점을 종합할 때 환경은 지난 수천 년 동안 아메리카의 가장 중대한 문제였으며, 빈번한 파괴성은 거주민들의 정신세계에도 많은 영향을 끼쳤다는 결론에 도달하게 된다.

그러나 이러한 차이를 최종적인 것이라고 단언할 수는 없으며, 궁극적으로 그러한 과정에서 앞으로 살펴볼 이념의 차이가 나타났다고 확신할 수도 없다. 이미 이야기했듯이 우리의 자연적 실험에는 순수주의자들을 만족시키기에는 꽤 많은 변수가 존재한다. 다만 말할 수 있는 것은 두 세계에 나타난 체계적인 기후 차이가 각각의 역사적 유형과 그럴듯하게 맞아떨어진다는 사실이며, 그러한 설명은 두 세계의 다른 궤적을 이해하는 데 어느 정도 도움이 될 것이다.

신은 왜, 그리고 어떻게 구세계를 향해 미소지었는가

지리 및 기후적 요소 다음으로 오랜 기간에 걸쳐 두 반구의 근본적 차이를 형성한 주요인, 바로 동물과 식물이라는 생물 분야에 바탕을 두고 있다. 식물의 경우, 두 반구 간에 두 가지 큰 차이를 보인다. 첫째는 곡물과 관련하여, 유라시아에서는 밀·보리·호밀·기장·수수·쌀 등의 다양한 자생종이 재배되기 시작했으며 재배 기술 또한 동-서 방향의 대륙 지형에 따라 빠르게 확산되었다. 잉여 생산 또한 비교적 단기간에 이루어졌고, 이 과정에서 문명이 형성되었다. 반면 신세계에서는 야생종 테오신트teosinte의 개량종으로 보이는 옥수수가 황무지에서 재배되었는데, 그것은 형태상으로 구세계의 곡류와 전혀 달랐다. 더욱이 옥수수는 당도가 높아(당도는 온대식물보다는 열대식물이 더 높은 편이다) 초기에는 식량으로 이용되기보다는 향정신성 물질을 만드는 데 이용되었다. 무엇보다 옥수수는 남-북 형태인 신세계 지형의 특성상 식량으로 재배되던 시기에도 널리 보급되는 데에는 많은 곤란이 뒤따랐다. 이렇듯 신세계는 지역별로 기후, 강우량, 일조량 등이 큰 변수로 작용하여 유라시아보다 변화가 훨씬 많은 환경이었다. 따라서 옥수수의 잉여 수확량을 늘리기란 쉽지 않았으며 그 속도도 느렸다. 주지한 바와 같이 오직 카호키아 족만이 구세계와 유사한 궤적을 보였다. 이렇듯 신세계의 곡물 재배 양상은 구세계에서 나타났던 것과 크게 달랐다.

구세계와 신세계 간의 식물 차이를 나타내는 두 번째 요소는 환각제라고 할 수 있다. 환각성 식물이 인간의 역사에 끼친 영향에 대하여 이 책만큼 넓은 범주로 평가한 사례는 지금까지 없었다. 그러나 환각성 식물이 전역에 걸쳐 파격적으로 재배되었다는 사실만큼은 분명하다. 12장에서 확인했듯이, 구세계에서 자생한 환각성 식물은 8~10여 종이었으나 신세계에서는 80~100여 종이나 되며, 이 식물들은 신세계에서 대단히 중요한 기능을 발휘했다. 특히 문명이 가장 발달했던 중앙 및 남아메리카의 종교 분야에서 두각을 드러냈다.

환각성 식물이 보여준 기능과 여파는 두 가지로 요약할 수 있다. 첫째, 이 식물들은 아메리카인들에게 구세계 사람들이 경험하는 것보다 훨씬 더 생생한 종교적 체험을 안겨주었다. 둘째, 12장에서 환각성 식물이 인간의 정신에 어떠한 영향을 끼치는지를 클라우디오 나란호의 실험으로 확인했듯이, 환각성 식물은 '의식의 변성transformation'에 관한 인식을 확산시켰다. 그것은 인간과 다른 형태의 생명체 간의 전도顚倒 현상 그리고 우주(중간세계와 하늘과 지하세계)를 여행(영혼 비행)하는 것을 말한다. 당시 그들은 바퀴 달린 수송 수단이나 탈것이 거의 없는 북—남 배치의 환경에서 멀리 여행하기가 어렵다는 사실을 깨달았을 것이고, 대륙의 위쪽이나 아래쪽으로 건넌다는 것은 더욱더 불가능한 일이었다. 그런 가운데 환각제의 힘을 빌린 의식의 변성과정에서 체험하는 강렬한 황홀경은 신세계 사람들로 하여금 종교적 체험에 깊이 빠져들게 했을 것이다. 이로써 구세계에서 발생한 종교적 변화는 이곳에서 일어나지 않았다. 이 책에서 빈번하게 다루고 있는 주제이지만, 구세계에서는 말타기와 바퀴 달린 수레, 그리고 마차로 인해 각기 다른 집단의 신앙이 자주 접촉할 수 있게 되었다.

그렇다고 해서 구세계에서 환각제가 이용되지 않았다거나 그것이 중요하지 않음을 의미하는 것은 아니다. 10장에서 언급했듯이 아편, 대마, 소마 등이 유라시아의 다양한 종교 의식의 재료로 널리 사용되었다. 그러나 어떠한 계기들로 인해 강한 향정신성 물질은 순한 알코올성 음료로 대체되었다. 그 이유는 가축을 관리해야 하기 때문이기도 했고(말타기, 가축몰이, 쟁기질, 젖짜기 등은 집중을 요하는 일이었다), 목축생활 방식이 확산되자 주술 의식을 치르기 위해 자주 모일 수 없었기 때문이기도 했지만, 그보다는 사회적 유대의 강화가 주된 요인이었다. 특히 외부의 침략에 대비하여 함께 협력해야 할 때는 강한 환각성 물질보다는 도취성이 약한 쪽이 적합했다. 결과적으로 구세계에서는 맥주와 와인이 애용되기 시작한 반면 아메리카에서는 환각제가 보편화되었다. 유라시아의 변화는 사상의 변천으로 연결되었으며 상대적으로 샤머니즘의 종말을 앞당겼다.

구세계에서 숭배된 존재는 생산성을 상징하는 여성 신과 황소였다. 황소의 생식기관보다는 특징적인 두개골(머리와 뿔)이 더 강조되었다는 사실을 앞서 확인한 바 있다. 많은 학자는 이것이 황소의 뿔과 초승달의 형태적 유사성에서 기인한 것으로 추정했으며, 덧붙여 주기적으로 변화하는 달의 형태와 월경 주기의 관계, 특히 월경의 중단에 대해서도 주목했다. 당시 구세계의 사료에서 여성 신의 자궁으로부터 황소의 두개골이 빠져 나오는 이미지는 여성 신이 황소를 낳는 존재임을 묘사한다. 여기에서 흥미로운 사실이 연상되는 것을 감지할 수 있다. 우선 여성이 황소를 출산하는 장면을 실제로는 아무도 볼 수 없다는 사실을 감안할 때 당시 사람들은 인간의 번식과정을 이해하지 못했다는 것을 알 수 있다. 그리고 황소가 생산성뿐만 아니라 자연의 강력한 힘을 상징한다고 가정할 때, 일부 학자들이 주장했듯이 두개골로 상징되는 자연의 어떤 힘이 여성에게 임신을 하게 만든다고 믿었을 것이다. 그들의 숭배 대상은 여성 신과 황소뿐만 아니라 암소, 강, 하천 등 다양했지만, 숭배의 대상보다 중요한 것은 신석기시대에 구세계의 주된 관심사가 생산성, 특히 인간의 번식이었다는 사실이다.

이제는 다 알고 있지만 예전 학자들은 몰랐거나 관심을 갖지 않았던 점이 있다. 그것은 신석기시대의 구세계에 생산성을 위협하는 두 가지 문제가 있었다는 것이다. 첫째는 시간이 흐를수록 강도가 약해져 모든 생명체의 번식에 영향을 끼친 몬순이고, 둘째는 정착과 곡물에 의지하는 생활로 변화하면서 수렵—채집생활을 할 때보다 인간의 골반이 더 좁아졌다는 점이다.

무엇보다 인간의 사고방식과 경제에 지대한 영향을 끼쳤던 것은 사람과 가축 간의 상호작용이었다. 그 내용을 간략하게 순차적으로 정리하자면 다음과 같다.

1. 그들은 소, 양, 염소 등의 가축을 사육하기 시작하면서 척박한 땅을 개척할 수 있게 되었다. 그 결과 정착생활을 하던 일부 농부들이 마을을 벗어나 여기저기 흩어져 목축생활을 하기 시작했다. 이런 변화는 종교관에도 영향을 끼쳐 샤머니즘에서 벗어나는 현상을 낳았다. 목축인들 사이에서는 달력이 그다지 중요하지 않았다. 식물은(특히 온대지역의 식물들) 계절의 순환에 직접적인 영향을 받지만, 가축은 시기에 관계없이 언제든 새끼를 낳기 때문이다.(소는 일 년 내내 출산이 가능하며, 염소는 겨울과 봄, 양은 적도로부터 얼마나 더 가까이 있느냐에 달려 있다. 예컨대 온대지역의 양은 봄에 새끼를 낳지만 좀더 따뜻한 기후에서는 연중 새끼를 낳을 수 있다. 말의 번식기는 5에서 8월까지다.)

더 나아가 사육 가축의 모든 생명활동은 땅 위에서 이루어진다. 예컨대 땅에 뿌려지고 다시 땅 위에 싹을 드러내기까지 일정 기간 사람의 시야에서 벗어나는 식물에 비해, 동물은 덜 신비로웠다. 유목사회에서 지하세계는 별로 중요하지도 않고 필요하지도 않은, 실재하지 않는 세계였다. 여기에는 환각제의 결여라는 점도 연관되어 있지만, 어쨌든 신세계와는 달리 구세계에서 지하세계는 관심 밖이었다.

이것은 또한 다른 결과를 불러왔다. 신세계 사람들은 여러 원인으로 인해 바퀴를 개발하지 못했지만 원형에 대한 개념을 인지하고 있었다. 그들은 축구 경기에 사용하기 위한 고무공을 만들었고, 때로는 인간의 머리나 포로들의 신체를 공으로 삼아 피라미드 계단에서 굴리기도 했으며, 권투 시합을 하는 전사들은 둥글게 만든 돌을 손에 쥐고 싸웠다. 또한 신세계 사람들은 지구 자체가 구의 형태라는 사실은 몰랐지만 낮과 밤마다 태양과 달을 관찰했으며 일식과 월식을 관찰했다. 해와 달이 사라졌다가 나타나는 주기를 중시했던 그들은 지하세계(환각제를 통해서만 접근이 가능했던 다른 '영역')를 믿었고, 이에 따라 둥근 개념보다는 '평평함'과 층위에 대한 개념이 더 강했다. 그들은 바람의 도움으로 바다를 건널 수도 없었기 때문에 먼 곳으로 떠나지 못했고, 세계가 둥글다는 사실을 경험할 기회도 거의 없었으며, 그러한 인식을 수용할 준비도 되어 있지 않았다.

2. 말의 사육은 다양한 결과를 가져왔다. 우선 바퀴와 마차의 발전을 불러왔고 말타기를 고안케 했다. 그로 인해 말과 수레는 사람들을 쉽게 이동할 수 있게 해주었을 뿐만 아니라 더 넓은 땅을 차지하고 유지하도록 도움으로써 신세계보다 훨씬 더 큰 규모의 왕조가 유라시아에서 탄생할 수 있었다. 또한 더 먼 곳까지 다양한 물건들을 수송할 수 있게 되면서 교역이 발달했을 뿐만 아니라 사상의 교류도 가능해졌다. 때로는 이 모든 요소와 더불어 대규모의 전쟁이 촉발되었으며, 전쟁을 통해 사람·언어·사상은 더 넓게 확산되었다. 그런 의미에서 구세계는 신세계와

달리 매우 광범위한 이동성을 드러냈다.

3. 말과 소는 덩치가 크고 힘이 센 편이어서 특히 귀한 대우를 받았다. 이 동물들의 힘은 유용하게 이용되었지만 위험성도 지니고 있었다. 이와 같은 선상에서 수시로 향정신성 물질을 이용하는 관습 또한 모험이었다. 환각 상태에 빠진 주술사는 황소는 물론, 말이나 암소를 통제할 수 없었다. 다른 무엇보다도 배우자를 선택하거나 혼례를 치를 때 또는 외부로부터의 공격 위험이 있을 때, 흩어져 살던 이들이 한곳에 모였을 때, 강력하고 생생한(가끔은 위협적인) 경험을 제공하는 환각제보다는 도취성이 약한 알코올 음료를 선호하게 되었다.(토지와 달리 가축은 도둑맞을 위험이 높다는 이유도 작용했다.) 이를 통해 그들은 사회적 유대를 강화하면서 종전의 샤머니즘으로부터 탈피하기 시작했다.

4. 이런 흐름 속에서 유목식 목축생활은 구세계 역사의 한 '동력'으로 발현되었다. 이러한 생활 방식은 세력이 약화된 몬순의 영향으로 시작되었으며 고유의 불안정성을 지닌다. 즉 유목민들의 터전인 초원지대가 가뭄에 시달리면서부터 더 이상 전통적인 생활 방식을 유지할 수 없게 되자 그들은 사방으로 흩어지게 되었고, 초원의 경계지역에 형성된 정착촌을 침해하기 시작했다. 중앙아시아 평원은 동서로 넓게 펼쳐져 있어 사람과 문화가 유라시아를 가로질러 이동하는 데 별문제가 없었다. 기후는 작물을 재배하는 생활에도 중요한 요소였지만 유목인에게는 더욱 중요했다. 따라서 동물의 젖, 피 그리고 고기로 생활을 영위하는 그들의 숭배 대상은 하늘의 신(폭풍과 바람)과 말이었다. 결국 그들의 종교적 관념은 정착사회와 많이 달랐으며, 유목민과 정착민 간의 고질적인 갈등은 서

거대한 단절

로에게 파괴적이었으나 거시적으로 볼 때는 창조적이었다.

5. 기원전 1200년부터 기원후 1500년까지 2700년 동안 유라시아의 역사는 갈등과 분열의 연속이었다. 그리고 약화된 몬순으로 메말라가는 초원의 위협에 대처하여 이동생활을 이어간 유목민들에 의해 청동기시대는 종말을 맞았다. 마차의 등장과 동시에 왕정 국가들은 무너져갔으며, 곧 정신의 변혁을 수반한 '축의 시대'가 도래했다. 이 시기를 맞아 인류의 역사는 (인간에 의한) 폭력에서 선회하여 새로운 사상과 도덕성의 정점에 도달했고, 동시에 유목생활을 하는 히브리인들로부터 비롯된 유일신 사상이 출현했다. 다니엘 힐렐의 주장에 따르면, 히브리인들은 거처할 곳을 찾아 여러 지역을 배회하는 동안 세상의 모든 환경을 주관하는 단 하나의 위대한 신을 찾아냈다.

6. 그리스의 합리주의와 과학, 그리고 특히 자연관은 가축을 사육하기 위해 동물과 인간의 성향을 면밀히 비교하는 과정(동물에게 영혼이 있는지, 도덕을 소유했는지, 그들만의 언어가 있는지, 고통을 어떻게 느끼는지)에서 이루어지기도 했다. 추상적이고도 유일한 신을 믿는 히브리인들의 세계관에 이러한 사고가 적용됨으로써 합리적인 신의 개념이 탄생되었다. 히브리인들은, 신이 질서를 선호하기 때문에 시간이 지나면 그가 창조한 이 세상의 본질이 밝혀질 것으로 믿었다. 22장에서 밝혔듯이 점차 하나님이 자신의 정체를 드러내리라는 이러한 단선적인 관점은 인류로 하여금 수많은 혁신을 가능케 했고 바다 너머에 있는 넓은 세상을 개척하게 했다.

7. 유목민들의 수가 더 많아지고 종족도 다양해진 이후 중앙아시아 스텝 지대를 벗어나려는 움직임이 생겨났고 이러한 움직임은 예수 탄생 후 1500년 동안 계속되었다. 이 흐름은 물품과 이념의 동서 교류에 도움이 나 방해가 되기도 했으나, 유라시아는 광대한 대륙을 가로지르는 급속한 교류의 중심에 있었다. 한편 이 대륙의 경로를 통해 말은 질병(전염병)이 퍼뜨려졌고, 그 결과는 장기적으로 두 가지 측면에 영향을 끼쳤다. 한 가지는 북유럽에서 세계 최초로 양모 산업이 발달하는 계기가 된 것이고, 다른 한 가지는 지중해 서부에서 향료와 실크 등의 사치재들을 구하기 위해 동쪽으로 향하는 새로운 경로(대서양)가 개척됐다는 것이다.

다시 한번 강조하지만 이러한 발전들의 시기나 위치 그리고 영향력은 많은 차이가 있었고, 모든 과정이 필연적인 것도 아니었다. 물론 공통적으로 가축 사육이 관련돼 있기는 하지만 개별적으로는 많은 차이를 드러냈다. 지금까지 언급한 발전들은 단선적으로 발생한 것이 아니며 다만 가축 사육과 관계된 개별적인 사건들을 관련지어 구성해본 것으로, 어떤 면에서는 확장된 역사 진술이라 할 수 있다.

덧붙일 것은 구세계의 이러한 활동이 대부분 계절의 구분이 명확하고 식물의 파종 기간과 성장 기간이 일정한 온대지대(북위 7~50도 사이)에서 나타났다는 사실이다. 기본적으로 자연의 계절적 특성에 따른 숭배는 초기에 작동된 종교생활에 기여했을 뿐만 아니라 자연의 생명 작용 그 자체로 인간의 사상에 지대한 영향을 끼쳤다. 때가 되면 식물이 다시 무르익는 온대지역에서, 생명 작용에 기초한 풍성한 수확은 중요한 종교적 주제였다. 물론 가뭄이 닥치거나 홍수를 일으키는 비 또는 다른 요인들에 의해 파종 시기나 성장 주기에 문제가 생기기도 했지만 그런 재해가 발생하는 날은 많지 않았고, 풍요를 기원하는 숭배도 곧잘 이루어졌다. 그러나 몬순의 영향이 미약해짐에 따라 문자 이전 시대에 사람들은 제례 의식에 더욱 공을 들이기 시작했을 것이고, 사제들은 때때로 신망을 잃기도 했겠지만 계절과 무관한 유일신과 다른 추상적인 신들이 등장하기 전까지 온대지역에서는 생산성에 관한 예언의 임무를 담당했다. 더 나아가 동식물의 재배와 사육은 기근과 같은 생존의 두려움에서 벗어나려는 발로였다. 물론 몇 종류의 식물에 의존하여 살아간다는 것은 그 자체로 위험한 일이었다.[7] 이로써 사람들은 동물의 새로운 탄생을 기리고 식물이 잘 자라기를 기원했으며, 바라는 일이 이루어지기를 소망했다. 그리고 결국 신은 인류에게 화답했다.

신세계의 '지각 변동의 종교'

아메리카에서의 정신적 삶은 매우 달랐다. 처음부터 남아메리카에서는 야마, 비쿠냐(털이 부드러운 야생 야마의 일종—옮긴이) 그리고 과나코(남아메리카 안데스 산맥에 서식하는 야생 야마—옮긴이)를 제외한 어떠한 가축도 사육되지 않았다. 이러한 가축의 부재 때문에 아메리카의 식생활은 대체로 채식 위주였고, 이와 관련하여 특정한 사고 체계가 나타났다.

단순하지만 가장 분명하고 강력한 것은, 식물은 땅 밑에 심어야 하며 씨앗이 싹을 틔우기까지의 변화도 땅속에서 일어난다는 인식이었다. 이것은 고대 아메리카인이 환각의 체험에서 우주를 세 영역으로 나눈 배경을 설명해준다. 또한 주술사가 신이나 조상들을 만나기 위해 향정신성 식물을 이용하여 황홀경에 빠져들고 영혼 비행을 하는 의식이 강조된 이유를 납득할 수 있다. 풍요는 신세계에서도 중요한 관심사였으나 열대 우림지역은 연중 내내 동식물이 풍부했으며 계절의 변화도 거의 없었기 때문에 구세계의 온대지역에서 만큼 절대적 의미를 지니지는 않았다.

신세계에서 더 부각되었던 것은 재규어에 대한 두려움과 숭배의 감정과 기후의 신이었다. 그 신들은 주로 번개의 신, 비와 우박의 신, 그리고 페레그린 호든과 니컬러스 퍼셀이 '위험한 기후'라고 표현한 강력한 바람을 몰아오는 뇌우, 화산 분출, 지진, 쓰나미와 관련된 신이다.[8] 더욱이 두 연구자가 '지각 변동의 종교'라고 표현한 화산활동은 당시 사람들의 '지하세계에 대한 친밀성'과 그에 관한 특별한 힘을 암시한다.[9] 빈번히 발생했던 엘니뇨를 감안할 때 지난 5800년 동안 신은 신세계 인류에게 미소를 지었다기보다는 분노했다고 봐야 할 것이다.

신세계인들의 세 번째 중요한 사고 체계는 고대 메소아메리카와 남아메리카 종교에 보편적으로 내재된 폭력성이다. 12장에서 환각제를 복용한 카시나우아인들이 환각 속에서 뱀, 쓰러지는 나무, 잔혹한 재규어, 아나콘다, 악어를 목격했음을 확인했다. 또한 마야인들은 지하세계의 버섯을 두려워했으며 때로는 폭풍의 신을 숭배했다는 사실도 살펴보았고, 그것이 카카오가 화산과 관련되어 있다는 사실과 화산재로 빚어진 신성한 그릇에 대해서도 살펴보았다. 14장에서는 재규어가 송곳니 또는 발톱을 드러낸 채 으르렁거리는 형상, 인간을 강간하거나 공격하고 심장을 먹고 있는 다양한 형상을 통해 그것이 번개나 천둥과 관련이 있음 확인했다. 그리고 몇몇 메소아메리카 도시에서 제물의 심장을 도려내는 데 사용된 흑요석 돌칼이 재규어의 이빨을 상징한다는 점도 알 수 있었다. 17장에서는 올메카인들이 물의 범람에 당면하여 폭풍의 제왕 또는 번개의 주인을 향하여 '홍수 제의'를 올렸으며 주술사를 '우박의 인간'으로 여겼음을 살펴보았다. 그런가 하면 차빈 족은 열대 우림지역에 살지는 않았지만 리처드 버거가 주장한바, 으르렁거리는 재규어 형상을 건축물에 새겨 넣음으로써 '위험한 초자연적인 힘'에 비중을 두었음을 알 수 있다. 20장에서는 화산이 어떻게 신으로 숭배되었으며 지진은 차빈 족에게 어떤 영향을 끼쳤는지, 엘니뇨는 모체인들을 어떻게 파괴시켰는지를 확인했다. 더불어 마야인에게 산은 신적 존재였으며, 사포텍 족과 미스텍 족은 각각 비와 번개를 숭배했다는 사실도 확인했다. 그리고 21장에서는 부정한 사건으로써 위협을 조작하는 '어둠의 주술'을 통해 나쁜 일들을 막는 것이야말로 신세계에서 가장 중요한 일이었음을 알 수 있었다.

21장에서는 스티브 부르제의 연구가 논의되었는데, 그는 엘니뇨로 인한 페루 북동 해안의 폭풍우와 제물 의식의 직접적인 관계를 밝혔다. 예컨대 산의 꼭대기 근처에서 발견된 어린아이들의 얼굴에 나타난 지그재그 문양으로부터 그들이 번개를 향한 희생 제물이었음을 알 수 있었다. 또한 날씨에 관계된 주술사의 존재를 통해 그들에게 날씨가 얼마나 중요한 부분이었는지를 보았으며, 악천후가 인간에게 질병을 안겨준다는 인식이 퍼져 있었던 사실도 확인했다. 또한 톨텍 족에게 테스카틀리포카는 '질병, 가뭄, 서리, 식중독, 기아, 괴물의 출현 그리고 집단 학살'을 가져오는 사악한 신이었다.[10] 엔리케 플로레스카노는 23장에서 도상 분석을 통해 "고대 메소아메리카에서 중요한 신들은 지하세계에 존재하는 신들이었다. 이들은 파괴, 타락 그리고 죽음의 힘을 관리하는 능력을 지닌 존재였다"고 설명했다. 21장에서 아서 데마레스트와 제프리 콘래드는 아즈텍 신들을 '끊임없는 위협'으로 묘사하고 있다.[11](목테수마는 '하늘의 궁수로서 분노의 군주'를 의미한다.) 23장에서는 아즈텍의 우주관을 분석하면서 각각의 시대는 창조적 특성이 아닌 파괴적 요소에 의거하여 그 이름이 지어졌음을 확인했다. "모든 것은 분명 재앙으로부터 시작되었고, 이러한 신성한 길항작용, 불바다, 무자비한 재규어, 유성우 그리고 허리케인은 영원히 종식되지 않을 것처럼 보였다. 모든 존재는 변화, 희생, 죽음, 파괴라는 주제에서 벗어날 수 없었다."[12] 그리고 같은 장에서 신으로 추앙된 시페 토텍의 '토텍'이라는 이름이 두려움을 의미한다는 사실을 확인했다. 마지막으로, 아즈텍과 다른 문명들에서 재규어 전사 또는 재규어 가면을 쓴 권투 선수들을 볼 수 있었으며, 아즈텍 신화에서는, 독수리 숭배보다 재규어 숭배가 우월했던 것을 토대로 하여 당시 재규어에 대한 경외심이 보편적인 정서였음을 알아보았다.

이 모든 것을 종합해볼 때, 신세계와 구세계가 숭배한 신들 사이에는 중요한 차이가 있다. 분노의 신을 숭배하는 경우, 그 대상이 쓰나미든 지진이든 화산이든 재규어든 기본적으로는 달래기의 방식, 말하자면 어떤 것을 거두어달라는 청원의 성격을 지닌다. 예컨대 그 대상이 화산이라면 분출하지 말아줄 것을, 비라면 폭우를 내리지 말아줄 것을, 엘니뇨라면 파괴적인 쓰나미와 폭풍을 일으키지 않기를, 재규어라면 인간을 공격하지 않기를 요청하는 형식인 것이다. 신세계에서 숭배의 목적은 분명히 불행한 사건을 막기 위한 것이었다.

결정적인 사실은 숭배의 효과가 없었다는 점이다. 모든 경우에 숭배는 효험이 없었으며, 있었다 해도 풍요를 기원하는 범위 안에서 작동되는 정도였다. 확실히 일정 기간 동안은 효험이 있었다. 예컨대 몇 주간은 마을에서 아무도 재규어에게 잡아먹히지 않았으며, 몇 년 또는 몇십 년 동안은 쓰나미가 일어나지 않았고, 2010~2011년 아이슬란드의 화산 분출과 같은 현상도 나타나지 않았다. 하지만 분노한 신을 완전히 달랠 수는 없었다. 신들은 이내 분노를 터뜨렸다.(기원후 1300년경 시르카circa라는 지진이 나타나 마야 문명지에 큰 타격을 안겼다는 증거가 발견되었다.)

시간이 흐를수록 엘니뇨가 점점 잦아지면서 어느 순간부터는 그런 현상이 흔한 일로 여겨졌다. 올멕이나 마야 혹은 톨텍이나 아즈텍 주술사의 시각으로 볼 때 그들이 가진 정확한 달력도 무용지물이었고, 과거에 전통적 제의가 어떤 수준으로 시행되었든 그 숭배는 충분치 않은 것으로 비쳤을 터이다. 결국 미스텍에서 제의를 담당했던 계층은 효력 없는 의식 대신 그들이 통제할 수 있는 다른 위협을 만들어냈다. 바로 전쟁의 획책이었다.

이렇듯 종교 계층은 현재의 숭배가 제대로 작동되지 않을 경우 전쟁이라는 위협을 제기할지 말지를 자신들이 통제할 수 있는 범위 내에서 결정해야 했다. 여기에서 바로 인간 제물을 둘러싼 구세계와 신세계의 현격한 차이가 나타난다. 구세계에서는 점차적으로 쉽게 구할 수 있는 가축으로 인간 제물을 대신했으며, 기원후 70년 이후부터는 동물을 인간과 유사한 존재로 받아들이면서 피를 바치는 제의 자체가 폐지되기에 이르렀다. 반면 신세계의 경우 이러한 의식은 폐지되기는커녕 점점 더 강화되었고, 15세기 무렵에는 매년 수만 명의 아즈텍인들이 희생되었다. 아즈텍보다는 덜했지만 잉카의 산에서는 제물 의식이 치러진 장소인 우아카가 수백 곳이나 발견되었으며, 어떤 보고에 따르면 당시 수백 명의 어린이들이 희생되었던 것으로 밝혀졌다. 이제 이와 같이 이례적인 사건이 이 책의 주제와 어떻게 관련되는지 알아보기로 한다.

더 분노한 신들

어떤 이들은 남아메리카에서 죽음이란 종말을 의미하는 게 아니었다고 생각한다. 그들에게는 삶과 죽음 사이를 연결하는 중간 지대가 있었기 때문이다. 예컨대 자연적으로 형성된 미라 유물은 초기 정착민들의 제의적 생활을 제시하며, 잉카 사회의 분할 상속과 파나카 관습이 형성된 목적이나 그 내용은 죽은 왕이 여전히 살아 있다는 믿음에서 비롯된 것이었다.

그러한 환경을 고려할 때 당시의 죽음이란 오늘날 우리가 인식하는 '최후'의 개념은 아니었으며, 따라서 희생 의식도 그다지 잔인한 관습이 아니었을 것이다. 그 과정에 아픔이나 고통이 없었다기보다 희생이 오늘날 우리가 생각하는 것만큼 끔찍한 개념이 아니었을 것이란 의미다. 앞서 21장의 내용을 살펴보면 신세계에서는 죽음에 대하여 색다른 태도를 나타내고 있다. 당시의 부모들은 자신의 아이를 제물로 바쳤으며, 구기 시합에 참가한 자들은 승패 결과에 따라 제물로 희생되었을 뿐만 아니라 때로는 승리한 자들이 제물로 바쳐지기도 했다.(오늘날 이런 식이라면 그 누가 경기에서 이기려 하겠는가?) 자식을 제물로 바친 잉카의 부모들은 그 어떠한 부정적인 감정도 내비쳐서는 안 되었다. 그러나 그림 문헌 중에 사람들이 눈물을 머금고 있는 모습이 담긴 사료도 포함된 것으로 보아 환각성 식물이 희생 제물의 고통을 덜어주었음에도 실제로는 고통스러웠음을 알 수 있다. 그러나 그들의 자기 희생에는 심오한 의미가 담겨 있다는 점에서 희생 제물의 고통이 의식의 집행자인 지배자나 전사 들의 고통과 다르다고 볼 수는 없을 듯하다. 고통 자체에 종교적 의미가 담겨 있기 때문이다.

여기서 지적해둘 점은 오늘날 서양의 후기 기독교가 저버린 정신, 말하자면 금욕, 극기, 불굴의 용기가 당시 신세계 문명에서는 가치 있는 이념으로 추앙되었다는 것이다. 저자 입장에서 좀더 효율적이고도 적절하게 설명하자면, 여기에는 미묘하지만 현저한 이념의 변화가 반영되어 있다. 피는 신세계의 의식에서 중요한 것으로, 21장에서 논의했듯이 피 흘리기 의식은 주술적 체계의 발전된 형태였다. 환각제를 이용하여 무아지경에 빠져들었던 전통적 주술사들은 기껏해야 수십 명이나 수백 명 정도의 작은 사회를 지배했다. 그러나 수천, 수만의 인구가 조성된 후기사회의 큰 도시에서는 더 큰 무대 의식이 필요했으며, 통치자들은 전통에 어긋나지 않되 좀더 확대 개선된 제도를 수용함으로써 사람들에게 공포감을 부여하고 신과 제사왕의 관계성을 강조해야 했다. 이에 따라 통치자는 스스로 상처를 내어 많은 피를 흘리고 고통을 자초함으로써, 전통적 주술사들의 몫이었던 의식 변성의 단계를 넘어야 했다. 이렇듯 그들은 고통과 그에 수반하는 두려움으로 권위를 다졌다. 고통이 클수록, 더 많은 피를 흘릴수록 더 강력한 권위를 얻었다. 결국 제물, 자기 희생, 죽음 등은 궁극적으로 권력을 강화하는 필수적인 요소였으며, 이는 아즈텍에서뿐 아니라 잉카에서도 마찬가지였다. 의식의 변성과정에서 다른 차원의 세계와 만나는 생생한 체험은 구세계의 그 어떤 의식보다 강한 믿음을 이끌었다. 결국 이러한 신앙 체계 안에서 희생 제의란 전혀 다른 개념일 수밖에 없었다. 즉 다른 세계가 존재한다는 믿음이 굳건한 사람들에게 현재란 포기하기 어려운 게 아니었다.

이런 제도가 정확히 어떻게 비롯되었는지는 알 수 없으며 아마 앞으로도 그러할 것이다. 그러나 신세계에서 영토를 확장하려는 목적보다는 포로를 확보하기 위해 전쟁이 벌어졌고, 포로가 된 통치자와 귀족 들은 때로 희생 의식의 제물로 바쳐질 때까지 꽤 오랫동안(몇 달 또는 몇 년) 고통에 시달렸다는 사실을 종합해볼 때, 때로는 포로가 된 귀족 전사를 고문하고 많은 피를 흘리게 하여 무의식에 빠지게 한 뒤 목숨만은 살려주었을 가능성도 고려할 수 있다. 자신의 마을로 돌아간 그들은 자신이 체험한 내용을 그 마을의 의식에 적용했을 것이다.

그렇다면 이러한 제물 의식이 유독 메소아메리카와 안데스 두 지역에서 강력하게 나타난 이유는 무엇일까 하는 질문에 답변해야 한다. 앞서 두 지역에서는 사고방식이나 풍속들의 원활한 교류가 이루어지지 않았음(문헌과 라마의 예)을 확인한 바 있다. 이것은 제물 의식이 각 지역의 재앙과 관련되어 있음을 뒷받침한다. 메소아메리카와 안데스 두 지역에 활화산이 존재했으며 현재까지도 활동 중이라는 사실이 확인된바, 지형적으로 두 지역은 같은 구조판의 가장자리, 엘니뇨 지형의 동쪽 끝에 위치해 있다. 결국 제물 의식의 풍속은 구세계에서처럼 각각 독립적으로 발달한 것이다.

구세계에서는 기원후 70년에 제물(동물)을 바치는 것이 실질적으로 종결된 반면, 아메리카에서는 빈번하게 희생 의식을 비롯한 다른 고통스런 폭력들이 이어졌다는 사실은 인간의 행위 또는 인간성이 환경과 이념의 상호작용에 의해 큰 차이를 나타낸다는 것을 암시한다.

역사의 흐름에서 우연 발생적인 사건이 차지하는 역할을 간과해서는 안 된다. 이 책의 목적은 구세계와 신세계 간의 분리된 궤적을 설명할 수 있는 체계적 차이를 규명하는 것이지만, 부분적으로는 우연 발생적인 현상에 주목하지 않을 수 없다. 그 대표적인 사례를 보여주는 것은 아즈텍과 잉카 문명의 차이, 그리고 유목민의 역사라 할 것이다. 23장에서 설명한 것처럼 아즈텍과 잉카 사회는 내부적으로 불안했고, 시간이 흐를수록 제물로 바칠 포로를 확보하기 어려워졌으며, 죽은 왕의 소유지를 보장해주는 관습도 계속 유지하기 어려워졌다. 스페인의 정복이 없었더라면 적응력 부족한 이런 전략들이 사회를 어떤 방향으로 이끌었을지 알 수는 없으나, 확실히 전망은 부정적이다.

구세계의 유목민은 변화된 환경에서 기존의 생활 방식을 유지할 수 없게 되자 초원을 벗어나기 시작했다. 주변에는 그들이 흡수될 만한 정착사회가 있었으며, 그들은 침략 또는 교역이라는 방식을 최대한 이용했다. 다

거대한 단절

만 그러한 방식으로는 장기적인 생산성을 담보할 수 없다는 결함이 드러났고, 그 상황을 피할 수 있는 길은 없었다.

전적이라고 말할 수는 없지만, 이 책은 거의 문명에 관한 내용을 다루고 있다. 두 반구에는 많은 집단이 있었고 문명을 발전시키지 못한 경우도 있으나 그것으로 실패한 사회라고 판단할 수는 없다. 1000년 동안 바이슨과 공존하면서 살았던 북아메리카 평원의 인디언, 연어가 풍부한 강가에 정착했던 북서태평양 해안의 원주민들은 식량이 풍성했으므로 성공한 공동체로 간주되어 마땅하다. '높은' 문명의 단계로 발전시키지 못한 오스트레일리아, 멜라네시아, 미크로네시아, 아프리카 거주자들의 경우도 이와 비슷할 것이다. 예를 들어 17세기에 유럽인들이 처음 도착했던 오스트레일리아에는 석기시대의 문화(그들 자신의 샤머니즘 형식)를 지닌 원주민들이 있었다.[13] 오스트레일리아의 고고학자인 피터 벨우드는 『인간의 태평양 정복 Man's Conquest of the Pacific』(1979)을 통해 인도와 중국의 영향이 집중되던 시기에 동남아시아 대륙은 도시화된 문명을 이룰 수 없었고, 예수 탄생기에 뉴기니에는 이렇다 할 동물(포유동물이나 다른 종의 동물조차)도 없었으며, 폴리네시아에서는 '절반의 문명'이 이루어졌을 뿐이지만, "선사시대의 동남아시아 촌락의 생활 수준은 중국, 수메르 혹은 이집트의 도시화된 마을보다 수준이 떨어지지 않았으며, 어떤 면에서는 더 높았다"고 주장했다.[14] 다만 중국, 수메르, 이집트 사람들은 '개조'를 실천했을 뿐이다. 이 책에서 분명히 명시하고 있듯이, 문명은 환경 적응의 산물이다.

이제 구세계와 신세계 문명의 주요한 차이(좀더 작은 규모의 정치 분야는 별도로 하고)는 서로 다른 환경적 조건에 따른 적응 양식의 결과이며, 구세계의 사상이 아메리카보다 더 급변했음을 알게 되었다. 그러한 차이에는 기후와 지리적 차이(구세계에서는 약해지는 몬순, 신세계에서는 빈번해진 엘니뇨)가 어느 정도 영향을 끼쳤으며, 구세계의 가축 사육과 신세계의 환각성 식물도 영향을 준 요소로 볼 수 있다. 좀 과장하자면, 구세계의 역사가 주로 양치기의 역할에 의해 규정되었다면, 신세계의 역사는 주술사에 의해 좌우되었다고 할 수 있다. 1972년까지도 페루의 트루히요 지역에는 전통적인 민간요법이 거래되는 야외 주술 시장이 있었다.[15] 이렇듯 양치기와 주술사는 구세계와 신세계를 요약해주는 사례다.

구세계에서 가축을 사육하는 것은 인간이 한정된 지역을 벗어날 수 있게 해준 동시에 몬순이 쇠약해지는 즈음에 풍요를 안겨주었다. 또한 몇 가지 사상적 발전의 토대를 제공하면서, 마침내 추상적이면서도 이성적인 신을 추구한 기독교적 그리스 사고 체계를 꽃피울 수 있었다. 이러한 사상들은 단선적인 시대 흐름 속에서 나타났으며, 그 성격은 진보적이었다. 반면 신세계, 특히 라틴아메리카에서는 기후의 폭력성과 파괴성이 부각되었으며, 점점 더 거세지는 파괴성은 의식의 전이를 유발하는 샤머니즘적 특징과 결합되면서 이성적 방식으로 대처하기가 더욱 어려워졌다. 신세계의 신은 다루기 쉽지 않았고, 우호적이거나 협력적이지도 않았으며, 불가해한 존재였다. 이 모든 요인이 합쳐져 신세계에서 환경에 적응하기란 구세계에서보다 어려웠을 것이다.

이 책에 제시된 많은 증거는 자연적 실험, 즉 초기 인류가 곤경에 처했을 때 반응한 자연 발생적 결과로 종교 및 숭배가 나타났음을 알려준다. 주술, 동물 제물, 인간 제물, 피 흘리기, 환각제 사용과 같은 관습들과 신앙은 분명 초기 인류가 처했던 자연환경과 암시적 연관이 있다. 기독교와 이슬람교는 다른 어떤 종교보다 더 '발달된' 형태이긴 하지만 이와 같은 일반적 흐름에서 벗어나지는 않는다. 따라서 종교(더 적합한 용어로는 '사상')는 인류학적 관점으로 바라보아야 제대로 이해할 수 있다. 그러지 않고서는 그/그녀(인류)의 세계를 이해하거나 인류 역사를 형성케 한 거대하고 신비스러운 힘이 무엇인지 알 수 없으며, 구세계와 신세계의 분할을 제대로 설명할 수 없다.

신세계에 대한 끝없는 논쟁

서문에서 콜럼버스가 아메리카 대륙을 발견하기 전, 구세계와 신세계의 가치에 대한 논쟁이 여전히 진행되고 있음을 지적한 바 있다. 예를 들자면 어느 쪽에 더 큰 도시가 있었고, 어느 문명이 가장 '사악'했으며, 어느 문명이 가장 안정적이었는지에 관한 논의가 이어지고 있다. 이 책의 목표는 입증되지 않은, 임시적 관찰과 비교 내용을 의미 있는 맥락으로 끌어오는 것이므로 부록의 지면을 통해 신세계에 대한 '논쟁'의 역사를 살펴보기로 한다. 주제와 직접적인 연관은 없겠지만 논쟁의 연대기를 살펴보면 수 세기 동안 신세계를 바라보는 시각이 어떻게 발전했는지를 감지할 수 있고, 간혹 매우 강력한 시각을 제시한 경우에는 문명 그 자체보다는 문명을 비교하는 사람들에 대해 더 많은 사실을 알려주기도 한다.

　신세계를 처음 만났을 때부터 구세계는 전혀 다른 역사, 심리, 의미를 이해해야만 했다. 과나하니 섬에 도착했을 때 그랬듯이 구세계 사람들은 신세계 제국을 처음 조우했을 때 크게 실망했다. 그러나 콜럼버스의 항해는 기독교, 언어, 스페인 문명을 파급시켰으며 변형된 동식물과 아직 효능이 분석되지 않은 미생물의 교류를 전개시켰다.[1] 그러나 잘 알려진 바와 같이 개척자들에 의해 수두와 감기 같은 유라시아의 질병이 전파되었고, 구세계에서 천 년에 걸쳐 형성된 면역 체계를 전혀 갖추지 못했던 아메리카에서는 많은 사람이 생명을 잃었다. 매독의 경우 신세계에서 구세계로 옮겨간 것으로 보이나 최근의 증거는 이 주장을 반박하고 있다.

당시 콜럼버스의 신세계 발견이 일으킨 파장이 어땠을지는, 그의 첫 편지가 1493년에 9회나 인쇄되었으며 세기 말엽에는 20회나 인쇄됐다는 사실로부터 충분히 짐작할 수 있다. 프랑스의 루이 르로이는 "인쇄 기술의 발명과 신세계 발견보다 더 훌륭한 것은 없다. 이 두 가지는 고대와도 비교되겠지만 앞으로도 영구히 비교될 것이다"라고 평가했다.[2] 한편 존 엘리엇은 16세기의 많은 작가가 콜럼버스의 업적을 올바른 역사적 관점에서 평가하지 못했다고 지적했다. 예를 들어 콜럼버스가 바야돌리드Valladolid에서 사망했을 때 도시 편년사에서는 그의 사망이 언급되지 않았으며, 콜럼버스가 영웅적 지위에 올라서는 것은 매우 서서히 이루어졌다. 이탈리아의 많은 시인은 그를 찬미하는 작품을 발표했지만 그의 사후 100년까지 유명세가 지속되지는 않았다. 그리고 1614년이 되어서야 비로소 그는 스페인의 영웅으로 희곡에 등장했는데, 그 작품은 로페 데 베가의 『콜럼버스의 신세계 발견El Nuevo Mundo descubierto por Cristobal Colon』이었다.[3]

신세계가 주목되기 시작한 것은 황금의 발견과 기독교로 개종시킬 인구가 존재한다는 배경 때문이었다. 1912년 스페인 저널리스트인 훌리안 후데리아스는 『어두운 전설La Leyenda Negra』에서 유럽 국가들이 스페인을 "무지하고 미신적이며 광신주의적인 후진 국가"라고 '너무 쉽게 규정'한 것을 지적했다.[4] 그는 스페인 개척자들이 잔인하지 않았다고 주장하면서(그들의 잔혹성을 뒷받침하는 증거가 훨씬 압도적이다), 오히려 스페인만이 유일하게 잔혹하지 않았던 국가이며, 다른 유럽 국가들은 신세계에서 스페인이 거둔 성공을 부러워한 나머지 고의적으로 '어두운 전설'이라는 표현을 써서 이를 폄하했다고 밝혔다.

그러나 스페인의 신세계 정복에 관한 최초의 비난은 자국 시민인 선교사들에게서 나왔다. 그들 중 잘 알려진 사람은 도미니카의 성직자이자 치아파스 주교(멕시코)인 바르톨로메 데 라스 카사스였다. 그는 노예 노동에 관한 엥코미엔다encomienda(위탁) 제도에 반대하는 주장을 제소했으나, 패소한 후 『인디언 파괴에 대한 짧은 보고서A Very Short Account of the Destruction of the Indies』(1552)를 출판하기로 결심했다. "스페인과 유럽의 경쟁자들 또는 미국의 다른 개척자들 간에 갈등과 경쟁이 생겨날 것이고, 이 책은 곧 어두운 전설에 관한 일종의 고전이 되어 오랫동안 번역되고 출판될 것이다."[5]

그에 대한 사례들은 너무나 잘 알려져 있어 더 이상 구체적으로 설명할 필요가 없다. 예컨대 히스파니올라Hispaniola(서인도 제도 중에서 두 번째로 큰 섬—옮긴이)의 교수대 위에서 서서히 불에 구워지는 사람, 먹을 것이 풀밖에 없어서 아기에게 젖도 줄 수 없는 이구에이Higüey(도미니카 공화국 라알타그라시아 주의 주도—옮긴이)의 여성들, 플로리다의 원주민들에게 복종을 얻어내기 위해 그들의 코, 입술, 턱을 차례로 베어낸 사례들이 기록되어 있다.

많은 현대 역사학자는 '어두운 전설'이란 표현이 르네상스 시대에 전면적으로 부상한 인종주의에서 비롯되었다고 말하면서, 이러한 인식은 개척의 시대, 스페인의 아랍 재정복, 다른 모든 종교는 열등하며 자신들의 신앙만이 진정하다는 관점을 지닌 기독교인들의 공격적 태도로 발견된 새로운 영토 및 그곳의 거주자들과 관련이 있다고 했다.

인디언의 윤리적 역사

아메리카의 발견은 유럽인들에게 지적 영향을 끼쳤다. 새로운 땅과 사람들 그 자체가 지리, 역사, 신학, 심지어 인간의 본성에 대한 유럽의 전통적 사고 체계에 대한 도전이었다. 다른 한편으로 아메리카는 유럽이 필요로 했던 물질을 제공했다는 점에서, 경제적으로 그리고 정치적으로 중요한 의미를 지니게 되었다. 이에 대해 파리의 변호사인 에티엔 파스키르는 1560년대 초반 "우리가 신대륙이라고 부르는 이 아메리카에 대해 고전 작가들이 전혀 모르고 있었다"는 건 충격적인 사실이라고 서술했다.[6] 이것은 아메리카가 유럽의 경험 범주를 넘어서는 곳에 존재한다는 사실을 모르고 있었을뿐더러 상상조차 하지 못했음에 대한 고백이었다. 대부분의 사람들에게 아프리카와 아시아는 멀고 낯선 곳이었지만 잘 알려져 있었던 반면, 아메리카는 예상 밖의 발견이었기에 유럽은 아메리카에 관한 소식들에 적응하는 데 시간이 걸릴 수밖에 없었다. 앤서니 패그덴에 따르면, 18세기 초반까지도 유럽인들은 신세계라는 존재의 의미를 이해하지 못했으며, 아메리카 인디언을 여성과 어린이처럼 덜 발달된 존재로 바라보았다.[7] 그때부터 유럽에서는 서너 단계 또는 그 이상의 단계로 '미개인'을 구별할 수 있는지, 다양한 인디언 사회들이 각기 어느 단계에 속하는지에 대한 논쟁이 벌어지기 시작했다.

에르난 데 산티얀은 잉카의 행정 체제는 모방 사례가 될 수 있을 만큼 탁월하다고 주장했고,[8] 프란시스코 데 비토리아는 신이 쓸모없는 것을 창

조했을 리가 없으므로 인디언의 삶의 방식을 이해하기 위해 많은 노력을 들일 필요가 있다고 했다.[9]

16세기가 지나면서 라스 카사스와 호세 데 아코스타는 인디언을 이해하려면 경험적 지식이 필요하다고 주장했다. 전자는 자신만의 독자적인 견해와 시선으로 관찰하는 방식을 강조했고, 후자는 자신의 책 『역사Historia』를 통해 '자연이 창조한 것'과 '자유 의지가 만든 것'으로 나누어 인간의 규범적 행동과 신앙의 양식을 서술하면서 아메리카 인디언의 과거 역사에 관해 언급했다.[10] 그는 신세계인들이 재규어, 퓨마같이 사나운 동물과 함께 바다를 건너 아메리카로 건너갈 수는 없었을 테니 틀림없이 베링 해협을 경유했을 것이라고 결론지었다. 그리고 인디언들이 신을 두려워하는 삶을 영위했다는 사실을 확인한 뒤, 그것이 그들과 기독교인의 중요한 차이라고 말했다.[11]

신세계의 언어에 관한 많은 논쟁도 있었다. 논쟁은 그들이 보유한 수많은 언어가 과연 구세계의 언어만큼이나 풍부한 어휘를 지니고 있는지, 기독교의 철학적이고 신학적인 개념을 설명할 수 있을 만큼 추상적 표현이 가능한지를 주로 다루었다. 존 로크의 말에 따르면, 인디언들의 언어에는 '반역죄' '법' '믿음' 등의 단어가 아예 필요치 않았으며, 무역이나 수학이 생소한 환경에서 그저 단순하고 빈한한 생활에 필요한 숫자만이 요구되었으므로 1000 이상의 수는 셀 수 없다고 한다.[12] 앤서니 패그덴은 인디언의 친척 호칭과 매장 관습에 최초로 관심을 가졌던 조제프프랑수아 라피토의 저서에 주목했다. 오늘날의 관점에서 볼 때 이 책은 인디언에 대한 심리적 접근 대신 사회학적 관찰을 시도했으며, 획기적이진 않지만 타당한 인식론상의 변화를 드러내고 있다.[13]

가장 다루기 힘든 문제는 신세계를 성서적 방식으로 역사의 틀 속에 끼워넣는 것으로, 토착인들을 개종시키기 위해서는 탐험가와 선교사들도 그들의 전통과 관습에 대한 이해가 어느 정도 필요함을 느꼈다. 따라서 그들은 인디언의 역사, 토지 소유 방식, 상속 제도에 대해 자세히 조사하기 시작했는데, 어떤 의미에서 이 방식은 인류학을 응용한 최초의 연구였다.[14]

　이러한 요구가 낳은 결과는 광범위한 파괴였다. 원주민에 대한 자료의 출처가 될 만한 모든 곳이 스페인 사람들에 의해 훼손되어버렸다. 메소아메리카 문화를 연구한 프린스턴대 종교역사학자 데이비드 카라스코에 따르면, 그 시기의 역사에 관한 고증 자료는 무자비한 파괴로부터 살아남은 단 16편의 기록물(그림 포함)뿐이었다. 선교사들은 '이교 사상'을 근절하기 위해 기록물들을 파기했고, 자신들이 저지른 행위의 심각성을 뒤늦게 깨달은 후에야 기록물들을 구하려 애썼다. 물론 콜럼버스 정복 이전의 아메리카 역사를 재구성하기 위해 단 16편의 자료에만 의존해야 했던 것은 아니며, 카라스코는 또 다른 여섯 종류의 유용한 자료를 발견하기도 했다. 그 자료들은 스페인 후원자의 지원으로 만들어졌거나 인디언들이 독자적으로 기술한 이야기책(그림이 있는)에 스페인어 주석을 붙인 것, 나와틀어와 스페인어로 구성된 초기의 산문, 인디언 지배층의 후손이 쓴 산문, 정복 당시와 그 이후의 시기를 목격한 스페인 사람들의 증언이 담긴 편지와 역사, 사아군이 쓴 것과 같은 성직자들의 저술과 고고학적 증거들이다. 민족역사학적 자료를 제공하는 『메소아메리카 인디언에 관한 안내서The Hand-book of Middle American Indian』는 총 4집(12~15권, 1972~1975) 분량으로 구성되었는데, 산문과 그림으로 된 인구 조사, 성직자들의 글과 그림, 수집된 지도들이 담겨 있다.[15] 고든 브러더스턴은 콜럼버스 이전의 역사를 재구성한 『제4세계의 책: 그들의 문학을 통해 아메리카 인디언 읽기Book of the Fourth World: Reading the Native Americas Through Their Literature』를 통해 이와 같

은 종류의 163개에 달하는 자료를 소개했다.[16]

카라스코가 지적한 바 있듯이 이 자료들은 번역의 오류, 유럽 저자와 편집자 들의 편견과 신념 그리고 자신의 목적에 부합하는 주석 작업 등의 문제를 담고 있으므로 사실 그대로를 수용하기는 어렵다. 어떤 자료들은 인디언 집단 혹은 다른 곳에 오랫동안 간직되어 있었던 탓에 공식적으로 정밀한 검증을 받지 못했다. 1792~1797년 무렵 그 존재가 밝혀지지 않았던 『보르히아 사본Codex Borgia』 또는 1829년에야 발견된 페헤르바리 『마이에르 사본Codex Fejervary-Mayer』이 바로 이런 경우다. 이처럼 콜럼버스 이전의 인디언 세계를 재구성하려는 계획에는 많은 어려움이 따랐다.

순진하게도 초기 선교사들은 인간의 본성이 기본적으로 선하다고 믿었기 때문에 원주민의 심성이 '소박하고, 온순하며, 상처받기 쉽고 도덕적'이라고 여겼다. 라스 카사스는 "진실한 믿음이 쉽게 스며들 수 있는" 백지와도 같다고 표현했다. 그러나 시간이 흐르면서 선교사들은 실망하기 시작했다. 『새로운 스페인의 인디언 역사History of the Indies of the New Spain』(1581)에서 도미니카의 프레이 디에고 듀란은 "그들의 수많은 종교 관습을 제대로 이해하지 않는다면" 인디언의 마음을 바꿀 수도 교정할 수도 없다면서, "열성적이었으나 신중하지 못한 자들이 그들을 제대로 알 수 있는 고대 자료를 불태우고 없애버리는 엄청난 실수를 초기에 저질렀다. 이로써 우리는 우상 숭배라는 관습만을 볼 수 있을 뿐 나머지는 어둠 속에 가려지고 말았다"고 주장했다. 이러한 견해는 신세계에 관한 정복 이전의 역사·종교·사회를 조사하던 16세기 후반의 성직자들에게 영향을 끼쳤다.[17]

스페인 왕국은 인디언을 다스리는 새로운 관리 체제의 일환으로 공직자들을 동원하여 설문 조사를 도입하는 등 적극 개입했다. 이때의 설문 조사 중에서 가장 유명한 것은 1570년 인디언 의회의 대표인 후안 데 오반도의 지시로 설계된 것이었다. 이후로 아메리카에 관한 모든 지식을 모아 분류하는 작업이 유행처럼 전개되기 시작했다. 1565년 세비야 출신의 의사 니콜라스 모나데스는 아메리카의 약용식물에 관한 유명한 책『새로 발견된 세계로부터의 기쁜 소식Joyfull News out of the New Founded World』을 저술했으며,[18] 1577년 존 프램프턴에 의해 영어판이 출간되었다. 1571년 필립 2세는 체계적인 방식으로 식물 종을 수집하기 위해서(그리고 인디언의 개종이 가능한지를 판단하기 위해) 스페인의 동식물학자이자 내과의사인 프란시스코 에르난데스 박사를 필두로 한 원정대를 아메리카로 파견했다. 같은 해에 스페인 정부는 과학적 목적뿐만 아니라 정치적인 목적으로 '우주지리학자이자 인디언에 관한 공식적인 연대기 기록자'를 선출했다. 정치적 목적이란 외국의 비판에 대응하는 차원에서 스페인이 신세계에서 거둔 업적을 세부적으로 설명하는 것이었고, 과학적 목적이란 인디언 의회에서 근무하는 이들이 책임지고 있는 영토에 대한 무지를 줄이는 것이었다.[19]

하지만 콜럼버스의 발견 이후 한 세기가 지난 1590년 스페인에서 호세 데 아코스타가 『인디언의 천성과 윤리의 역사Natural and Moral History of the Indies』를 출간한 이후에야 비로소 신세계를 구세계의 사상 체계 안으로 통합시키는 작업이 이루어졌다. 이 통합은 한 세기에 걸친 지적 작업의 결실로서 세 가지 특징이 유럽인들에게 부각되었다. 첫째는 예상치 못하게 인식 속에 추가된 자연세계로서의 거대한 아메리카 대륙이었다. 둘째는 유럽의 기독교도들의 인류 개념에 아메리카 인디언이 포함되었다는 것이고, 마지막으로는 역사적 흐름에 대한 유럽인들의 사고방식을 변화시킨 독립체로서의 아메리카였다.[20] 이 모든 것은 이전의 고전적인 지식에 대한 최초의 도전이었다. 우선 『성경』이나 경험에 의거하여 세계에는 세 대륙(유럽, 아시아, 아프리카)만이 존재하며 남반구에는 열대지역이 없다는 인식 자체가 깨졌다. 게다가 1728년 베링 해협이 발견되기 전까지는 아메리카가 아시아의 일부인지 아닌지도 분명치 않았다. 1535년 자크 카르티에(16세기 프랑스의 항해 탐험가. 뉴펀들랜드에 상륙 후 마그달렌, 프린스에드워드 섬을 발견했으며 캐나다 해안을 프랑스 왕령으로 선언함—옮긴이)는 지금의 몬트리올 지역 위쪽으로 흐르는 세인트로렌스 강을 처음 만났을 때 이 강의 이름을 '중국의 급류'라고 지었다. 한 세기가 지난 1634년 프랑스 모험가인 장 니콜레는 아시아까지 뻗은 내해內海에 대한 소문을 조사하기 위해 서쪽으로 파견되었다. 미시건 호수에 도착하여 눈앞에 펼쳐진 그린 베이 절벽을 보았을 때 그는 자신이 중국에 도착했다고 믿었으며, 그 기념으로 중국 비단 옷을 입을 생각이었다.[21]

아메리카 발견 당시의 세계에서는 종교(유대 기독교와 이교도)와 문명화(또는 야만성)의 정도에 따라 인류를 이분법적으로 분류하는 관념이 지배적이었다.[22] 그러나 인디언들이 얼마나 이성적이었는지에 대해서는 의심스러운 점이 있다. 페르난데스 데 오비에도는 인디언들이 "천성적으로 게으르고 사악한 성향을 지닌" 열등한 존재라고 확신했다. 그는 열등성의 증거를 확보하기 위해 그들의 두개골 크기와 두께를 조사했으며 육체의 일부에 나타난 기형성을 이성적 능력의 부족과 연결 지었다.[23] 1560년대의 토마스 데 메르카도는 "그들은 이성적으로 행동하지 않고 감정에 따라 행동한다"고 주장하면서 흑인과 인디언을 '야만인'으로 분류했다. 이것은 '천성적 노예 근성'이라는 악명 높은 주장과 다르지 않다. 이러한 주장 또한 당시의 주요 쟁점이었다. 16세기의 이교도는 둘로 나뉘었는데 하나는 '극복될 수 있는 무지'(하나님의 말을 듣고도 그것을 외면한 유대교도와 이슬람교도), 다른 하나는 하나님 말을 들을 수조차 없으므로 비난할 수도 없는 인디언처럼 '극복될 수 없는 무지'였다. 하지만 스코틀랜드의 신학자인 존 메이어가 어떤

거대한 단절

사람은 노예로 태어나며 어떤 사람은 자유로운 존재로 태어난다는 주장을 제기함으로써 이러한 주장은 부정되었다.[24] 1512년 페르디난드는 인디언을 노예로 사용하는 문제의 적법성을 논의하기 위해 군사 정부를 소집했다. 전해진 기록을 보면 대체로 인디언은 야만인이며 '타고난 노예'로 간주되었음을 알 수 있다. 그러나 1530년경 프란시스코 비토리아와 루이스 데 몰리나가 몸담은 신학 단체인 '살라만카 학파'에 의해서 이러한 인식은 수정되었다. 그들은 인디언이 타고난 노예라기보다는 '천성적인 어린아이'처럼 다소 덜 발달된 존재라고 주장했다. 비토리아는 자신의 논문 「인디언들De Indis」에서 아메리카 인디언들은 '신이 인간을 위해 창조한' 인간과 원숭이 사이의 제3의 동물이라고 언급했다.[25]

그렇지만 모두가 이러한 견해에 동의한 것은 아니다. 인디언에 동조적인 이들은 다른 근거를 찾아 나섰다. 로널드 라이트에 따르면 1550년대 프란치스코 수도회의 베르나르디노 데 사하군을 위해 몇몇 아즈텍인들에 의해 기록되어 현재는 『플로렌스 사본Florentine Codex』 12권으로 널리 알려진 책에 이러한 양측의 의견 충돌이 잘 나타나 있다. 저자들이 익명으로 되어 있는 것은 이교도 탄압을 피하기 위해서인 듯하다. 하지만 존 엘리엇의 견해에 따르면, 이 같은 인디언의 도덕성과 재능에 관한 증거의 탐색은 문명화된 인간의 구성 요건에 관한 16세기의 사고 체계에 적지 않은 영향을 끼쳤다. 예컨대 바르톨로메 데 라스 카사스는 자연을 창조한 신의 관점에서 볼 때 인디언도 '우리와 같은 인간'이며 신의 창조물이라고 주장했으며, 교화를 받을 자격이 있다고 했다. 그는 매우 오래된 둥근 천장과 원시적인 모양을 한 멕시코 건축물에 주목하면서 "그들의 현명함과 훌륭한 정치 체제를 잘 보여주는 작은 사례"라고 설명했다. 이러한 견해는 벌과 거미도 사람이 모방할 수 없는 작품을 만들어낸다는 세풀베다의 주장에 의해 전

면적인 비판을 받았다.[26] 그럼에도 불구하고 인디언들의 사회적·정치적 생활의 여러 분야는 유럽 관찰자들에게 깊은 인상을 주었다. 1530년경 프란시스코 데 비토리아는 "그들의 일에는 그들만의 방식이 있었다. 질서 있는 정치 체제, 분명한 결혼 제도, 치안 판사 그리고 권력자, 법, 작업장과 교환 체계를 가지고 있었으며, 그 모두는 이성적인 판단능력을 요하는 일이었고 나름대로의 종교도 지니고 있었다"고 했다.[27]

이 점은 생각보다 중요하다. 특히 사회를 이루고 그 안에서 살아가는 데 필요한 합리성이야말로 문명을 판단하는 기준일 것이다. 그리하여 합리성의 여부로 기독교인과 야만인을 구분해왔는데, 기독교 영역의 내부가 아닌 외부에 합리성을 갖춘 사회가 존재한다는 사실이 인정되자 "더 이상 그러한 구분 기준은 의미가 없어졌다."[28]

세상을 놀라게 할 만한 새로운 사상이 수반되지는 않았으나, 아메리카를 발견함으로써 유럽인들은 스스로를 돌아보게 됐으며, 자기 문화 내부에 존재하는 개념과 전통 그리고 문제 들을 재검토하게 됐다. 예컨대 오래된 골동품에 대한 존경이란 사실 색다른 가치와 인식을 지닌 타문명에 대한 경외이며 그들의 우월성을 인정한다는 의미다. 조제프프랑수아 라피토와 같은 이들은 심지어 '새로운' 아메리카의 '미개인들'이 고전의 세계에 대해 통찰력을 부여할 것으로 기대하기도 했다. 실제로 이교도의 생존과 성공을 주제로 한 16세기의 가장 유명한 두 논문은 아메리카를 일관된 역사체계 안으로 수용하려고 시도했다.

두 편의 논문 중 하나는 바르톨로메 데 라스 카사스의 「역사 변호Apologetica Historia」로, 1550년대에 저술되었으나 당대에 출판되지 못하다가 20세기에 비로소 재발견되었다. 이 논문은 세풀베다가 『제2의 민주주의

Democrates Secundus』에서 아메리카 인디언을 원숭이에 비교한 내용에 대한 분노와 대응으로 구성되었다. 라스 카사스는 인디언이 매우 이성적인 존재이며 스스로를 다스릴 줄 알고 복음을 받아들이기에 충분한 사람들이라고 주장했다. 또한 그는 아즈텍, 잉카 그리고 마야의 예술작품에 적절한 대가를 지불했으며, 자신들에게 유용할 것으로 인정되는 유럽의 사고와 관습을 받아들이는 인디언의 능력을 발견했다.[29]

호세 데 아코스타의『인디아스에서의 복음전도론De procuranda indorum salute』은 라스 카사스의 논문보다 뒤늦은 1576년에 저술되었다. 인류학의 발전에 그가 기여한 최초의 공헌은 미개인을 세 범주로 나눈 뒤 '원주민'을 세 등급으로 구분한 것이다. 그의 분석에 따르면, 가장 높은 등급의 원주민은 법과 법정, 도시, 책을 소유하고 있으며 안정적인 공화국 체제를 갖춘 중국인과 일본인이고, 그다음 등급은 기록 문화와 '생활 및 철학적 지식'은 부족하지만 정부의 형태를 갖춘 멕시코인과 페루인 등이고, 가장 낮은 등급은 "왕도 없고, 협약도 없고, 치안 판사 혹은 공화국도 없이 살아갈 뿐만 아니라 주거지를 바꿔가며 살아가는 이들로, 정착했다 하더라도 야생동물의 동굴과 유사한 거주지에서 살아가는 사람들"이라고 정의했다.[30] 아코스타는 제국을 형성하여 정착생활을 했으며 '야수처럼 어슬렁거리지' 않았던 멕시코 아즈텍 족과 잉카 족 그리고 유목생활을 하면서 문명적인 조직을 전혀 갖추지 않았던 춘코스Chuncos 족, 치리과니Chiriguanes 족, 이스카잉고Yscayingos 족, 브라질 지역의 사람들을 실제 사례로 관찰했고, 그 내용들에 의거하여 책을 저술했다. 이 책을 통해 그는 인디언들이 어느 정도의 법과 관습을 지녔으나 완전한 형태는 아니었고, 기독교의 관습과 상충된 것이 많은 것으로 보아 사탄이 콜럼버스로 하여금 신대륙을 발견케 한 것이라고 결론짓고 있다.

다시금 강조하지만, 이러한 주장들은 생각보다 더 중요하다. 지리와 기후가 문명의 차이를 좌우한다는 오래된 이론은 다른 것으로 대체되었다. 그 새로운 주장의 핵심은 이주였다. "정통파가 확신에 차서 주장하는 대로 아메리카의 주민들이 진짜 노아의 후손들이라면 그들이 이주하는 동안 원래 지니고 있던 사회적 가치들을 잃어버린 게 틀림없다. 아코스타는 그들이 아시아로부터 신세계 육지로 건너왔고 이 과정에서 사냥꾼으로 바뀌었다고 주장했다. 이후 서서히 아메리카의 어느 지역에 함께 모여 살면서 사회를 이루기 시작했고 정치 체제를 형성했다."

아주 오래된 원한

기독교를 모르고 살아온 수백만 명의 사람들을 발견했다는 것은, 교회가 교세를 확장할 수 있는 기회인 셈이었다. 하지만 현실에서 그 결과는 매우 복잡했다. 로마 교황청에서는 항상 신이 세상 전체를 주관한다고 주장해왔지만, 사실상 성서는 신세계의 존재를 몰랐으며 아무런 언급도 담고 있지 않았다.[31] 어떤 회의론자는 아메리카가 너무 야만적이어서 역사의 주류에 편입될 수 없었고 기독교로 개종하거나 문명화될 준비도 되어 있지 않았다고 주장했다. 그리고 스페인인들은 '너무 빨리' 아메리카의 잔혹함을 발견한 대가로 매독에 시달리게 된 것이라고 주장했다.[32] 한편 버펄로와 코뿔소 또는 소나 염소와의 이종 교배는 무의미한 도전이었다. 아베 코르네유 데 포는 『백과사전Encyclopedie』에서 "케이프에서 허드슨 만에 이르기까지 아메리카 전역에서 철학자, 예술가, 지식인을 결코 볼 수 없었다"고 기술했다.[33]

거대한 단절

아메리카가 『성경』에서 언급되지 않았다는 것은 어쩌면 『성경』에서 말하는 대홍수 이후 신에 의해 특별히 아메리카가 창조되었거나, 아니면 아메리카에서도 구세계보다 나중에 완전히 다른 형태의 대홍수가 발생했다가 다시 회복되었음을 의미하는 것일까? 왜 신세계의 기후는 유럽의 기후와 달랐을까? 예컨대 오대호(미국과 캐나다 사이에 있는 다섯 개의 호수—옮긴이)는 유럽과 같은 위도에 있지만 일 년 중 절반은 물이 얼어 있다. 신세계의 동물은 왜 그렇게 형태가 다를까? 그곳의 주민들은 왜 그렇게 원시적이며 인구가 적었을까? 특히 피부빛은 왜 희거나 검지 않고 구릿빛이었을까? 무엇보다 이런 '야만인들'이 어디로부터 왔을까? 과연 그들은 이스라엘의 잃어버린 부족의 후손일까? 암스테르담의 랍비인 마나세 이스라엘은 페루 사원이 유대 교회당과 유사하다는 점에서 이와 관련한 '결정적인 증거'를 찾았다고 믿었다. 또한 할례라는 보편적 관습도 이러한 해석에 힘을 실어주었다. 어쩌면 그들은 태평양을 표류하다 아메리카에 도착한 실종된 중국인은 아닐까? 또는 위대한 항해사였던 노아의 후손들일까? 아메리카 역사가인 헨리 코메이저는, 그들이 러시아의 캄차카 반도에서 바다 건너 알래스카를 거쳐 신대륙의 서쪽 해안 아래까지 배를 타고 내려왔다가 나중에 넓은 지역으로 퍼져나간 타타르 족이라는 주장이 가장 폭넓은 지지를 받으며 상식에 부합한다고 밝혔다.[34]

어떤 이들은 아메리카의 후진적 특성이 잘못 이해되었다고 주장했다. 예컨대 프랜시스 베이컨은 "아메리카의 인구가 적다는 사실은 놀랄 만한 게 아닐" 뿐만 아니라 "그 민족의 무례함과 무지 또한 놀랄 일이 아니다. 여러분은 아메리카의 주민을 세계의 다른 사람들보다 1000년 정도 어린, 미성숙한 사람들로 인정해야 한다"고 기술했다.[35] 프랑스의 저명한 자연사학자인 콩트 드 뷔퐁은 아메리카가 토양의 습기, 울창한 식물 그리고 숲의 밀도로 볼 때 다른 대륙보다 좀 나중에 대홍수로부터 살아남았을 것이라 추정했다. 그곳에서 아무것도 번창하지 않았고 동물도 육체적으로나 정신적으로 '미발육' 상태를 보이는 것은 "자연이 어머니라기보다 계모처럼 아메리카를 다룸으로써 (인디언들의) 사랑의 감정이나 번식의 욕망을 억제했기 때문이다. 야만인은 약하고 작은 장기를 소유하고 있으며 (…) 유럽인보다 신체적으로 허약했다. 또한 그들은 덜 민감한 반면 두려움과 겁이 많았다"고 주장했다. 심지어 이마누엘 칸트 또한 인디언들은 문명을 이룰 수 없다고 간주했다.[36]

뷔퐁 이후, 아메리카에 대한 비방은 1768년 『인류 역사상 흥미로운 아메리카 기억에 대한 철학적 고찰Recherches philosophiques sur les Americains ou Memories intedressants pour server a l'histoire de l'espece humaine』의 출판으로 인해 '최종의 절정'에 도달했다. '까다로운 프러시아 부목사'인 코르넬리우스 드 포가 저술한 이 책은 프랑스어 제목에도 불구하고 베를린에서 출판되었는데, 전형적인 백과사전 편집자 유형이었던 그는 냉소적이고 거만한 태도로 자신의 지식을 과시했다. 그의 주장에 따르면 아메리카는 구세계보다 감수성, 인간성, 취향 그리고 본능적인 면에서 낮은 수준으로 '퇴화된' 지역이었다. 또한 아메리카의 기후에선 많은 동물이 꼬리를 잃게 되며 개들은 짖는 능력을 상실하고 어떤 동물의 생식기는 기능이 중단된다고 주장했다. 그는 아메리카 대륙에(존재하지도 않는) 철iron조차도 지진, 홍수, 화재로 그 성질을 잃어버렸다고 주장했다.[37]

한편 조제프 페르네티 신부는, 소위 '저주받고 불행한 땅'으로부터 유럽인들이 설탕, 코코아, 커피, 코치닐 그리고 소중한 목재를 제공받았으며, 아메리카 남성들이 '유럽인보다 더 균형 잡힌 육체'를 지니고 있으며, 브라질이나 파라과이의 숲에 사는 '맹수들'이 아프리카 숲의 동물들보다 더 사

납다는 주장을 펼침으로써 포의 의견을 일축했다.[38]

사실 꽤 많은 유명 인사가 관심거리인 이 논쟁에 개입하고 싶어했다. 볼테르는 아메리카의 '축축한 공기'가 건강에 매우 좋지 않으며 '엄청난 양의 독'을 만들어낸 탓에 식량 부족을 초래했다고 생각했다.[39] 또한 올리버 골드스미스의 시 「버려진 마을The Deserted Village」(1769)이나 소설 『웨이크필드의 목사The Vicar of Wakefield』의 내용을 보면 조지아 지역을 전갈이나 소리를 내지 않는 박쥐, 방울뱀이 득실거리며 "달려들 것 같은 사나운 호랑이와 포악한 인디언들"이 존재하는 메마르고 암울한 땅으로 묘사하고 있다. 그런가 하면 "새들이 노래를 할 수 없을 정도로 빽빽한 숲"을 이루는 식생 환경으로 표현하기도 했다. 그의 책 『지구와 생물계의 역사History of the Earth and Animate Nature』(1774)는 수많은 오류에도 불구하고, 혹은 그 덕분에 '믿을 수 없는 성공'을 누렸다.[40]

이에 대해 아메리카인들은 맞받아쳤다. 토머스 제퍼슨은 신세계의 자연환경이 건조하고 빈약하다는 공격에 대해 "물고기로 가득 찬 강과 새들이 지저귀는 초원이 펼쳐진 에덴 같은 정원"인 펜실베이니아를 예로 들면서 이렇게 반박했다. "모든 유럽인이 옥수수와 담배 그리고 쌀을 얻기 위해 우리를 찾아올 때 모든 아메리카인이 유럽의 가장 높은 귀족보다 더 훌륭한 식사를 하고 있었다." 당시 통계 자료를 보면 보스턴과 필라델피아에 비해 런던과 파리의 강우량이 더 높았는데, 어떻게 아메리카의 날씨가 무기력하다고 할 수 있을까?[41] 1780년에 프랑스 외교관인 마르퀴 드 바르베마르부아가 아메리카 주의 몇몇 주지사를 대상으로 각 연방의 조직과 자원에 대한 견해를 듣기 위해 질문서를 보냈을 때, 제퍼슨의 상세하고 세련된 대답은 가장 유명했다. 그 답변이 바로 『버지니아에 관한 노트Notes on Virginia』로, 다소 비현실적인 부분도 있지만 공격의 주제는 시의적절했다. 제퍼슨은 뷔퐁이나 유럽의 오만한 자들을 직접 만나기도 했다. 그는 실제 통계 자료에 의거하여 유럽과 아메리카 사람들의 작업량을 비교함으로써 아메리카인들의 우월성을 증명했다. 뷔퐁이 신세계에는 '위풍당당한 코끼리'나 '힘이 센 하마' 혹은 사자와 호랑이에 비교할 만한 어떤 동물도 없다고 주장하자, 제퍼슨은 말도 안 되는 소리라고 일갈하면서 거대한 발톱을 가진 메갈로닉스Megalonyx('거대한 갈고리발톱'이라는 뜻의 곰과 비슷한 덩치를 지닌 초식 공룡. 홍적세 때 북아메리카 전역에 서식했다—옮긴이)를 내세웠다. "사자의 발톱이 4센티미터도 안 되는데, 발톱이 20센티미터나 되는 동물을 어떻게 생각하는가?" 심지어 1776년 즈음 아메리카에서는 수많은 매머드 화석이 발견되었는데, 이는 코끼리보다 '다섯 배에서 여섯 배'나 더 큰 토종 동물이었음이 밝혀졌다.[42]

뷔퐁을 비롯한 프랑스 철학자들은 (5600킬로미터 떨어진 곳에 있는) 인디언들에 대해 퇴화된 인종이라고 했다. 그러자 제퍼슨은 "생각이 바뀌게 될 것"이라 대꾸했다.[43] 그는 추장들의 대표인 로건의 설득력 있는 발언을 인용하면서, 유럽인들이 그러했던 것과 같이 그들의 정신세계가 신체 못지않게 환경에 잘 적응되었음을 강조했다.

토머스 페인은 유럽인들이 '황야'라고 느낀 아메리카의 환경에서 "전반적으로 역사적 갈등 없이 인류애와 형제애를 갖춘 사회가 발전"되었다고 말했다.[44] 이와 대조적으로 구세계는 불완전하고 퇴보하는 사회였다. 칠레 출신의 경제학자인 마누엘 데 살라스는 스페인이 정복한 아메리카에 대하여 "야생동물, 곤충, 독을 지닌 파충류가 없는 영광스런 땅"이라고 반박했다. 그는 천문학(페드로 페랄타), 전기(벤저민 프랭클린), 역사(후안 이그나시오 몰리나) 분야에서 발전을 이뤄낸 것을 내세우면서 아메리카인들이 과학적 수준을 성취할 수 없다는 견해에 반박했다.

마찬가지로 멕시코 예수교회의 학구적인 프란시스코 하비에르 클레비헤로는 자신의 저서 『멕시코의 옛 역사Historia antigua de México』에서 아즈텍의 빛나는 역사에 대해 회의적인 의견에 맹공격을 퍼부었다. 그는 톨텍, 텍스코칸 그리고 아즈텍의 역사를 보면 그리스 로마 문화에서와 마찬가지로 용기, 애국심, 지혜 그리고 미덕을 확인할 수 있다고 했다. 그는 아즈텍의 종교가 '유치하고 잔인하며 미신적'이라는 견해에는 동의한 반면 건축 기술이 유럽보다 더 열등하다는 시각에 대해서는 "아시아와 아프리카 민족들의 것보다 더 우수했다"고 주장했다.[45]

헤르더는 그 누구보다도 아메리카에 대해 친화적이었다. 그는 문화적 평등주의를 토대로 그들의 활동과 이국적 요소에 정서적 공감을 표함으로써 아즈텍 문명을 널리 알리는 데 기여했다. 그는 『인류 역사의 철학을 위한 사고Ideas for a Philosophy of the History of Mankind』(1784~1791) 6권 6장에서 아메리카에 대해 다루면서 인류의 본질적인 단일성에 주목했다. 그리고 스페인이 정복한 아메리카 지역보다 북아메리카가 더 발달했음을 주장하면서 평균적으로 아메리카인은 '어린아이의 선량함과 순진성'을 지니고 있다고 역설했다. 그러나 헤르더는 비판적인 사람들보다 더 많은 정보를 갖추지 못한 채 동정적이었을 뿐이다. 그가 가장 우려했던 것은, 프랑스의 철학자인 디드로도 공감한 바 있지만, 스페인의 잔인한 정책이 결국 모든 문명을 하나로 축소시켜 세계의 다양성 수준을 떨어뜨리고, 그로 인해 역사가 성취한 내용과 그 의미가 지워지는 것이었다.[46]

괴테는 아메리카에 대하여 봉건 제도의 잔재도 없고 '오래된 원한'도 없는 축복받은 땅이라고 생각했다. 그는 아메리카인이 '그 어떤 내부적인 것에도 방해를 받지 않은 채' 과거에 구속되지 않고 현재를 살고 있다는 데 감동을 받았다.[47] 그의 동료인 독일의 철학자 알렉산더 폰 훔볼트, 게오르크 헤겔, 프리드리히 폰 슐레겔, 그리고 아르투르 쇼펜하우어도 솔직한 견해로 동의했다. 심지어 훔볼트는 아메리카 북쪽과 남쪽 지역을 모두 방문하여 위대한 자연의 다양성을 직접 확인한 뒤 아낌없는 찬사를 보냈다. 그는 이곳에서 '요란했던 고대의 갈등'을 직접적으로 느낄 수 있었을 뿐만 아니라 독특한 식물 분포, 더 큰 동물, 더 넓고 깊은 강을 발견했다. 그는 산을 오르고 강을 탐사하면서 알려지지 않은 동식물들을 수집했고, 자신이 관찰한 식물이 다른 어떤 지역에서도 자라지 않는다는 사실을 확인했다.

안토넬로 게르비는 큰 의견차를 나타낸 훔볼트와 헤겔의 논쟁이 신세계에 관한 논쟁사의 절정이었다고 보았다.[48] 인류 역사상 가장 뛰어난 역사와 철학 이론을 제시했던 헤겔은 자신의 사상 체계 속에 아메리카를 포함시키는 것에 대해 주저했다. 그는 그렇듯 거대한 대륙을 무시할 수 없었고, 그에 따라 지구가 신세계와 구세계로 분리되었다는 것은 곧 철학적 분리를 의미한다는 사실을 깨달았다. 그는 두 세계가 모든 면에서 다르다고 말했다. 구세계는 (말굽의) 편자처럼 지중해 주변에 동그랗게 말려 있는 반면 신세계는 남-북 방향으로 길게 뻗어 있고, 구세계는 완벽하게 분리된 세 영역이 '잘 연결되어' 통합된(헤겔은 종종 유럽, 아시아, 아프리카를 하나로 인식했다) 반면, 신세계는 분리된 두 영역이 '보잘것없는 경첩'에 의해 연결되어 있다고 보았다.[49] 그리고 거대한 산맥과 큰 강은 서로 다른 방향으로 흐른다는 사실을 확인했다.(구세계의 산은 동-서 방향이고 신세계의 산은 남-북 방향이며, 구세계의 강은 남-북 방향이고 신세계의 강은 동-서 방향이다.) 이러한 관찰은 많은 부분에서 정확하지 않다. 그러나 무엇보다도 신세계의 모든 것은 칭찬할 만큼 새롭지만 덜 성숙한 형태라고 헤겔은 주장했다. 이때 그가 말한 새로움이란 '미숙하고 연약하다'는 뜻으로, 신세계의 동물군은 약하고 식물군은 괴상하다고 평가했다. 그곳에는 문명의 두 가지 '발전

도구'인 철과 말이 없었으며, 구세계에서는 어떤 대륙도 전적으로 예속된 적이 없었던 반면 "아메리카는 그 전체로 유럽의 먹이가 되었다"고 했다.[50]

동시대의 프리드리히 슐레겔 또한 생물학적인 측면에서 아메리카와 구세계는 판이하다는 입장을 표명했다. 그는 아메리카인이 아시아로부터 이주해온 사람들과 '아메리카 원주민'인 식인종으로 나뉜다고 판단했다.[51] 또한 북반구와 남반구 사이에서 지구상의 거대한 단절이 발생했으며, 그 결과 구세계와 신세계 모두에서 북쪽이 남쪽보다 더 발전했다고 보았다. 하지만 나폴레옹의 정복 이후, 슐레겔은 아메리카 대륙에서 지배층에 의한 유럽의 재건 가능성을 타진했다.

독일 지식인들 가운데 마지막으로 언급할 수 있는 인물은 쇼펜하우어로, 그는 "아메리카의 포유동물이 열등한 편이지만 조류와 파충류가 우수한 종을 확보하고 있다"고 주장했으며 아메리카에는 단 세 종류의 원시(최초의) 인종 즉 코카소이드인, 에티오피아인, 몽골인이 존재하며, 모두 구세계에서 기원한 것으로 판단했다. 따라서 아메리카인들은 "기후적으로 변형된 몽골인들로서, 요약하자면 그들은 삶의 의지(그의 핵심 개념)를 지닌 주체로서의 인간이나 포유동물이 아닌 뱀이나 조류와 같이 살았을 것"이라고 결론지었다.[52]

쇼펜하우어는 찰스 다윈이 『종의 기원The Origin of Species』을 출판한 1859년에 자신의 주요 저술인 『의지와 표상으로서의 세계The World as Will and Representation』에서 주석 형태로 이 문제를 다루었다. 다윈은 젊은 시절부터 훔볼트의 책을 읽었고 아메리카에 다양하게 존재하던 희귀동물들이 멸종되었다는 사실을 알고 있었다. 그에게 이 사실은 신비한 수수께끼였다. 아메리카에서 대규모의 지질학적 재해가 발생했다면 분명히 큰 동물보다 먼저 작은 동물의 죽은 흔적이 남아 있어야 하는데 암석 기록에서는 아무것도 확인되지 않았기 때문이다. 다윈도 훔볼트와 같이 관찰력을 이용하여 아메리카 몇몇 지역에서 풍부한 동물들을 조사했으나, 이는 인류에 대한 부정확한 단순화의 오류를 범한 헤겔처럼 일반화한 것이었다. 또한 유럽으로부터 공수된 가축들은 이곳의 환경에서 야생의 모습으로 돌아갔다. 다윈은 뷔퐁의 편견을 수용했지만, 비글호를 타고 항해하는 동안 특히 에콰도르 갈라파고스 제도와 파타고니아에서 진화에 대한 견해를 발전시켰다. 바로 이곳에서 적응에 대한 개념과 생존을 위한 투쟁 그리고 자연도태의 개념이 탄생했다.[53]

아메리카의 원주민, 인디언을 어떻게 볼 것인가는 늘 커다란 관심사였다. 19세기까지 사람들은 아메리카에서 인디언을 직접 만나 체험할 수 있었으며, 그러한 경험으로써 그들은 자신의 관점을 열정적으로 펼치는 흐름을 형성했다. 초기 인류학자인 루이스 모건은 '인종 시대'라는 제목의 강의를 바탕으로 1875년에 『고대사회Ancient Society』를 출간하면서 초기 스페인 연대기에서 발견된 새로운 의혹을 제기했다. 그리고 아즈텍 문화는 미개 문화의 중간 단계(그가 제시한 문명의 3단계는 야만성-미개-문명이었다)에 있다고 결론지었다. 또한 그런 연유로 아즈텍인들은 진정한 의미의 제국을 수립하지 못했으며 정복의 시기에도 부족의 연맹 상태에 머물렀다고 판단했다. 아돌프 반델리어는 스페인의 정복 당시 아즈텍이 이웃 국가 간의 끊임없는 전쟁으로 꽤 현실적이고 규모가 작았던 반면 스페인의 업적이 훨씬 인상적이었다고 조사하고 있다.[54]

거대한 단절

다리 달린 물고기, 지느러미 달린 사자

동물과 식물의 서식지도 철학적·신학적 관심 대상으로서 특히 식물은 상업적 측면에서 접근되었다. 동물에 대해서는 초반기에 부정확한 기록과 '괴물'(다리 달린 물고기, 날개 달린 이구아나, 지느러미가 있는 사자 또는 퓨마, 배꼽이 등에 붙은 돼지)에 대한 소문 때문에 제대로 이해되는 데 어려움이 있었다. 어떤 여행자들은 멕시코에서 코끼리를 보았다고 하거나 아르헨티나에서 유니콘을 보았다고 주장했다. 초기에는 잡아먹을 수 없는 아르마딜로(공격을 받으면 몸을 공 모양으로 움츠리는 가죽이 딱딱한 동물—옮긴이)가 시선을 끌었고, 페루의 야마 떼와 야생 야마인 과나코 또는 비쿠냐가 주목받기도 했다. 특히 비쿠냐의 털은 스페인의 메리노 양보다 질이 더 좋은 것으로 평가되었다.[55]

동물을 이용한 치료는 또 다른 흥밋거리였다. 최음제로 이용되는 뱀 껍질, 기침약이나 설사약 또는 분만을 돕기 위한 주머니쥐의 꼬리, 신장결석 치료제로 쓰이는 고슴도치의 등뼈 가루 등이 있었다. 몇몇 작가들은 '신세계의 플리니(로마의 정치가이자 박물학자이며 백과사전 편집자—옮긴이)'를 자처하며 새로운 동물들을 기존의 분류 안에 끼워 넣었다.(그들은 매너티manatee를 '바다소'라고 불렀다.) 신세계에 사는 큰 동물들이 카리브의 외딴섬에는 없다는 사실을 확인한 이들은, 인류의 이주과정에서 이 동물들이 함께한 것이 아니라 별도로 형성되었을 것으로 추측했다.[56]

초기에 신세계를 방문한 지식인들은 주로 성직자였으므로 그들의 주요 관심사가 그곳의 자연세계에 담긴 종교적 의미였다. 독일계 스페인 사람인 후안 에우제비오 니렘베르크는 동물과 식물의 중간 형태를 갖춘 생명체가 존재했을지도 모른다고 생각했다. 예수교회 대학자인 아타나니우스 키르

허는 이 새롭게 발견된 동물들이 노아의 방주에 포함되었을 가능성을 완전히 배제했다. 그의 대답은 동물은 다른 형태로 변형될 수 있으며, 생명체들이 유럽으로부터 건너왔지만 모두 퇴화되었기 때문에 그 '출처'를 알기 어렵다는 것이었다. 또 다른 이들은 아메리카의 기후가 다른 종을 만들었다고 주장했다.[57]

시간이 지나갈수록 많은 과학자는 좀더 나은 그림과 설명들을 얻을 수 있었고, 아메리카 토종의 표본과 다른 지역에서 채집한 표본을 해부하여 비교할 수도 있게 되었다. 그 결과 처음의 생각과는 달리 두 대륙 간의 동물들은 별 차이가 없다는 사실을 깨달았다. 성직자들을 비롯한 몇몇 사람들은 신세계의 동물을 '존재의 거대한 고리the Great Chain of Being(다윈 이전에 형성되었던 주요 분류. 세상의 모든 생명체를 고등과 하등으로 서열화하는 이론으로, 가장 높은 단계의 신 아래에 천사, 인간, 동물, 식물이 배치되었다—옮긴이)'에 끼워 넣으려 했으며, 몇 종류는 보기 좋게 분류에 성공하여 원숭이와 다른 종 사이의 간극을 메우기도 했다. 점차적으로 신세계의 동물은 특별히 경이롭거나 신비하지 않다는 사실이 드러나면서 미겔 데 아수아는 "새로운 것은 아무것도 없었다"고 했다.[58] 이는 꽤 분별력 있는 결론으로, 이후 많은 영향을 끼쳤다. 과학적으로 폰 훔볼트의 견해는 대륙을 더 잘 이해할 수 있게 해주었으며, 다윈의 견해는 일반적인 사고 유형에 더욱 근접했다. 그리고 제1차 세계대전 당시 아메리카가 유럽을 구하기 위해 나섰을 때 이와 같은 격렬한 논쟁들은 한순간에 종식되었다.

'인디언은 쉽게 죽는다'

혹은 그렇지 않다. 20세기에 접어들자 위대한 이론가들은 과학을 받아들이기 시작했다. 이러한 접근을 가장 먼저 시도한 사람은 독일의 에드아르트 젤러로, 인디언 고문헌에 대한 신중하고도 사려 깊은 주해를 통해 '그 이상을 능가할 수 없는 세심한 연구의 표준'을 만들었다.[59] 그는 대륙의 양식과 구세계/신세계의 많은 유사성을 찾아냈으면서도, 신중을 기하기 위해 메소아메리카에 관한 종합적인 정리를 하지 않았다. 특히 그는 아즈텍인들이 복잡한 천문학과 수학, 조각에 뛰어났으며 자기표현이 가능한 시적 상상력을 지니고 있었음을 밝히면서 구세계가 신세계에 영향을 끼쳤다는 견해를 비판했다.

1910~1917년의 멕시코 혁명을 계기로, 멕시코가 민족주의적 과정을 거치면서 수많은 발굴 작업이 이루어졌고, 이로 인해 고대 아메리카 문명에 대한 관심이 집중되었다. 1911년의 마추픽추Machu Picchu(잉카), 1919년의 차빈 데 우안타르Chavin de Huantar(차빈), 1925년의 라 벤타La Venta(올메카), 1945년 산 로렌소San Lorenzo(올메카) 등이 대표적인 예라 할 수 있다.

신세계의 특질에 대하여 과학적 접근이 늘어났다는 사실은 견해가 분분한 새로운 영역이 존재함을 의미하는 것이었다. 제2차 세계대전 후 콜럼버스 이전 시대의 문명이 더욱 널리 알려지자, 학자들은 어느 문명을 더 탁월한 것으로 보느냐에 따라 마야 학자와 올메카 학자로 갈리기 시작했다. 때로는 스페인 정복 당시 신세계의 인구가 얼마였는가 하는 주제로 치열한 논쟁이 벌어지기도 했다. 윌리엄 데네반의 주장에 따르면, 사실 이것은 '역사상 가장 격렬한 논쟁 중 하나'였다.[60] 인구수가 중요했던 이유는 (적어도) 두 가지로 요약된다. 우선 인구의 규모는 문명을 어떻게 일구었는지를 판단할 수 있는 날것 그대로의 기준이다. 말하자면 인구는 그 문명이 어떻게 잉여 생산물을 만들어냈는지, 사람이 많이 늘어난 사회는 어떻게 유지되었는지, '고등'한 활동 분야의 사람들은 어떠한 방식으로 문명을 구축했는지를 반영한다. 또한 16~17세기 아메리카의 인구는 상당히 정확하게 파악될 수 있기 때문에 1492년 당시의 수치를 알게 된다면 전쟁이나 질병으로 또는 식민주의자들에 의해 죽임을 당한 인디언들이 어느 정도인지를 파악할 수가 있다.

오랫동안 의견이 엇갈렸던 주제는 인구뿐만이 아니었다. 그와 더불어 풍토병이 넓고 빠르게 확산되었는지, 그렇지 않았는지에 대해서도 열띤 논쟁이 벌어졌다. 이 주제는 인구를 정확히 알아낼 수만 있다면 재해로부터 살아남은 사람들이 얼마나 되는지, 그러한 재앙이 얼마나 쉽게 재발되었는지를 판단할 수 있다는 점에서 논쟁의 타당성이 인정된다.

정복 이전의 아메리카 인구에 대하여 낮은 수치를 주장한 쪽과 좀더 높은 수치를 주장한 쪽의 의견 차이는 극심했으나, 최근에는 좀더 높은 수치를 수용하는 추세다. 이러한 논쟁에 관심을 지니고 있던 어떤 독자는 『1492년 아메리카의 인디언 인구The Native of the Americas in 1492』를 언급했다. 이 책은 윌리엄 데네반의 편집으로 1976년에 처음 출판되었다가 1992년 무렵 500년을 기념하여 개정판으로 재출간된 책이었다. 물론 이 자료만이 최근의 유일한 추정은 아닐뿐더러 데네반이 명확히 밝히고 있듯이 어떤 통계치는 1억 명을 초과하기도 한다. 하지만 대부분의 학자가 인정하는 인구는 1992년에 발표한 539만 명이다. 마찬가지로 중요하지만 다소 어둡고 덜 논쟁적인 주제로는 유럽과의 접촉에 의한 전쟁·기아·질병 등으로 아메리카 원주민이 얼마나 감소했는가에 관한 것이다. 그 수치는 조금씩 다르지만 분명한 것은 대규모라는 사실이다. 데네반은 이 갑작스런 인구 감소

거대한 단절

에 관한 '수백' 건의 보고서가 발견되었는데, 단일 질병이 수십 년 사이에 마을 인구의 절반 또는 그 이상을 '완벽히 쓸어냈다'고 했다. 윌리엄 맥닐은 천연두와 같은 질병이 유럽인들에게 쉽게 정복당하게 만든 요인이었다고까지 주장했다. 그로 인해 스페인 사람들은 '인디언이 쉽게 죽는다'고 생각했다.[61] 사실 천연두 외에 홍역·백일해·수두·페스트·발진티푸스·말라리아·디프테리아·아메바성 이질은 물론, 유행성 감기와 다양한 기생충 감염도 있었다. 1492년 이전에 신세계에 존재했던 질병은 간염·뇌염·소아마비·매독·샤가스병·황열병 등이었다.

질병 외의 17세기까지 피해를 끼친 여러 요인, 예컨대 군사적 활동, 영양 실조, 기아 그리고 일부 부족은 배우자를 구할 수 없을 만큼 인구가 줄어들어 번식 생산이 중단된 원인들에 대한 다른 견해들이 꾸준히 제기되었다.[62] 아프리카로부터 온 노예선 또한 말라리아라는 또 다른 타격을 가했다.[63] 이에 대하여 데네반은 아메리카 발견 이후 "세계 역사에서 가장 큰 규모의 인구적 재난"이었으며, 인디언들의 인구는 매우 서서히 회복되었다고 했다. 인구통계학자 헨리 도빈스는 1966년 연구 발표를 통해 신세계 황폐화의 규모를 밝혔다. 1492년 당시 미국 남부 지역의 인구는 8000만~1억 800만 명 사이였는데, 정복 이후 150년 이상 지난 1650년에는 95~97.3퍼센트나 감소되어 생존 인구가 단 400만 명에 불과했다고 밝혔다. 이 통계 수치에 대한 자세한 설명은 불필요할 것 같다.

『아메리카 인디언의 학살과 생존: 1492년 이후의 인구 역사American Indian Holocaust and Survival: A Population History Since 1492』에서 러셀 손턴은, 1492년 인디언의 인구(그의 계산으로 7200만 명을 웃도는 수치)를 1500년 당시 구세계 여러 지역의 인구 수치와 비교했는데, 이탈리아는 약 1000만 명, 포르투갈은 125만 명, 스페인은 650만~1000만 명, 영국은 500만 명, 프랑스는 1500만 명, 네덜란드는 100만 명 이하였다. 다 합쳐도 1500년 당시 '인디언'의 수가 비非아메리카인들보다 7배나 더 많았다.

손턴은 그러나 이 수치는 전부가 아니라고 주장했다. 특정한 신세계와 특정한 비아메리카의 기대 수명을 비교하면 두 세계가 별 차이를 보이지 않지만, 손턴은 유럽을 괴롭혔던 심각한 질병으로부터 서반구 사람들은 자유로웠다는 주장과 더불어 그 근거를 제시했다. 신세계를 찾았던 초기 유럽인들은 인디언들이 '건장하고 건강한 신체'의 소유자였으며, "열, 흉막염, 학질, 폐결핵, 뇌출혈, 수종, 통풍, 매독, 홍역 또는 그와 비슷한 증상"을 보이지 않았을 뿐만 아니라 수명도 길어서 60세, 80세, 100세'까지 살았다고 했다.[64] 윌리엄 맥닐 또한 『민족과 역병Peoples and Plagues』을 통해 이 견해에 동의했다. 그의 주장에 따르면, 많은 인간의 감염이 가축으로부터 (소는 50가지, 염소는 46가지, 말은 35가지 질병을 인간과 공유) 비롯되었으며, 아메리카에도 야마와 알파카를 사육 가축으로 키웠으나 전염병이 없는 추운 안데스 고지대에서 적은 무리를 이루어 살았기 때문에 병이 전염되지 않았다. 또한 1492년 이전까지 아메리카에서는 생소했던 쌀을 제외할 때 옥수수와 감자는 구세계의 곡류들보다 열량이 더 높았다.[65]

곧이어 모든 질병이 나타났다. 아메리카인들은 세균성 및 아베마성 이질, 바이러스성 독감과 폐렴, 트리파노소마증, 비성병매독, 펠라그라와 살모넬라 그리고 다른 유형의 식중독에 시달렸다. 그러나 손턴은 질병에 대하여 유럽인들보다 더 강인하다는 사실만큼은 확실하며 그렇게 된 이유 또한 흥미롭다고 했다.

어쩌면 맨 처음 인류가 베링 육교를 건너는 과정에서 겪었던 혹독한 기후가 그들에게는 전염병의 '세균 필터' 역할을 했는지도 모른다. 한 예로, 갈고리충의 유충은 15도 이하의 토양에서는 생존할 수 없다. 게다가 이주민들이 적은 무리로 생활했기 때문에 질병이 연쇄 반응을 일으킬 만큼 인구의 규모나 밀도가 높지 않았다.[66]

아메리카에서 모든 질병이 동시에 나타나지는 않았다. 도빈스의 분석에 따르면 천연두는 1520~1524년, 홍역은 1531~1533년, 독감은 1559년, 발진티푸스는 1586년에 발생했으며 디프테리아는 1601년이나 1602년 이후에 발생했다. 그러나 그 효력이 파괴적이어서, 한때는 인디언 인구를 97퍼센트까지 감소시켰으며 40년 넘게 지속되었던 '인디언 전쟁' 당시의 사망자 수보다 훨씬 더 많았다.[67]

손턴이 제시한 마지막 수치는 유럽인의 도래로 인하여 인디언들의 생활 양식이 어떻게 바뀌었는가에 관한 것이다. 1492년 6000만 마리였던 버펄로는 1800년에 4000만 마리로 줄었으며, 1870년에는 1400만 마리, 다시 5년 후 대초원을 개발할 당시에는 100만 마리까지 줄어들었다.[68]

커크패트릭 세일은 『파라다이스의 정복The Conquest of Paradise』을 통해 유럽 침략자들을 신랄하게 비난했다.[69] 그에게 콜럼버스라는 인물은 부정직한(자기기만적인) 기회주의자였으며, 유럽은 '척박해지는 토양, 기근, 풍토병과 질병에 시달리는 문명'이었다. 인문주의는 기독교 교회를 위기로 몰고 갔으며, 국가주의가 발생하면서 친밀감, 희생, 존경에 대한 개념은 자취를 감추었다. 실제로 콜럼버스가 아메리카의 유일한 발견자는 아니었다. 15세기 당시 신세계를 목격하거나 해안에 상륙한 경우가 최소 20여 차례 있었기 때문이다. 콜럼버스는 자연에 대해서 관심조차 없었다. "그가 원했던 것은 보물이었다." 타이노Tainos 족(서인도 제도의 아라와크 인디언 부족—옮긴이)은 뒤떨어져 있기는커녕 그의 예상보다 멋진 의복을 입고 있었으며, 그들의 가옥은 유럽 남부의 비좁고 지저분한 가축우리 같은 농가보다 더 넓고 깨끗했으며, 그들의 작물과 식단은 당시 유럽에 알려진 어떤 음식들보

다 더 우수했다. 사납고 야만적인 카리브 사람들이라는 생각은 '근거 없는 두려움'일 뿐이었다.[70]

본격적인 주제를 다루면서 세일은 아메리카 발견 이후 유럽에서는 실질적인 지적 폭발이 전혀 없었다고 주장했다. 또한 인디언들은 유럽인의 '감정적 냉대'에 당혹스러워했으며, 스페인의 야비한 잔학성은 북쪽 지역에 대규모 농장을 강요하여 구세계 사회의 축소판을 만든 영국인의 잔악성과 맞먹는다고 했다.[71]

세일의 관찰에 따르면 인디언의 농업 기술이 유럽의 농업 기술보다는 덜 '진보'했으나 아메리카 환경에 더 적합할 뿐 아니라 생태학적으로도 건전했다. 그러나 정복 후 수십 년간 140종의 동물과 새들 그리고 200종의 식물이 멸종되었는데, 그중에는 17종의 회색 곰, 7종의 박쥐, 퓨마, 바다쇠오리 그리고 늑대도 포함되었다. 이러한 수치는 인디언들이 과잉 살육의 위험을 알고서 동물 사냥에 신중을 기했던 것을 고려할 때 이해할 수 없는 결과였다. 세일의 관점에서 콜럼버스 이전의 북아메리카는 '인류 타락 이전의 눈부시게 풍요로운 에덴'이었다.[72]

다른 학자들도 인디언들이 보여준 호의에 관한 많은 자료를 수집하는 동시에 침략 및 정복과 관련된 만행을 증명할 만한 자료들을 수집했다. 그중에는 인디언들이 사냥에 관한 협정을 갱신하려 할 때 상대 부족에게 동물 가죽을 제공하던 관습이 훼손됨으로써 존경을 표하는 그들의 문화가 폐기되었다는 사실을 담고 있는 것도 있었다.[73] 모든 지역에서 사슴이 부족해졌고, 인디언이 모임을 열려고 하면 침략자들은 그 의미도 이해하지 못하면서 그들의 모닥불을 꺼뜨렸고, 이에 인디언들은 좌절했다. 스페인 침입 이후 메소아메리카의 책과 마찬가지로 결승문자는 사용이 금지되었으며, 이교도의 의식과 교리로 치부되어 소각되었다.[74] 페루에 주둔하던 스페인인들은 인디언 조상들의 미라를 찾아내어 파괴하는 데 몇 년을 소비했다. 디에고 데 란다 수사는 다른 사람들과 함께 '많은' 마야 서적을 발견했으며 "미신과 악마의 기만을 담고 있는 그것들을 모두 소각했다. 그 행동은 마야인들에게 커다란 고통을 안겨주었으며 깊은 좌절에 빠지게 만들었음"을 인정했다.[75]

침략자들은 소와 돼지고기를 먹는 등의 만행에 가까운 책략을 펼침으로써 인디언들에게 고통을 안겨주었다. 아즈텍인은 어떤 동물을 먹은 사람은 그 동물로 변하게 된다는 믿음을 지니고 있었기 때문이다. 여러 인종 사이에서 태어난 아이들에 대한 견해도 제각각이었다. 어떤 이는 그것을 비밀로 했고 어떤 이는 자랑스러워했다. 인디언들은 침입자들을 자신들의 언어로 '긴 칼'이라고 부르며 경멸했다. 북아메리카 인디언은 스스로를 붉은 진흙으로 만들어졌으며 백인은 흰 모래로 만들어졌다고 여겼다.[76]

학자들은 아메리카 원주민들의 문화가 지닌 생명력을 간과하지 않았다. 예컨대 1992년까지도 잉카어를 사용하고 있는 인구는 안데스만 해도 1200만 명이나 되었으며, 마야어를 사용하는 인구는 캐나다에서 프랑스어를 사용하는 인구와 비슷한 6만 명이다.[77]

논쟁은 비발전적인 이야기일 뿐일지도 모르며 편 가르기라는 인상을 줄 수도 있다. 이 책에서 밝힌 희생 의식의 관습(희생되기를 자처한 경우까지)에 담긴 폭력성은 가히 충격적이지만 두 세계 간의 차이에 관한 역사를 살펴보는 가운데 이러한 관행이 나타난 배경을 이해할 수 있었다. 콜럼버스 이전의 아메리카는 몇몇 작가가 묘사한 천국이 아니었다. 그러나 그곳은 전적으로 다른 심리적 토대에서 전적으로 다른 사회가 형성되었던 곳으로, 전대미문의 비극이 있었다.

10만 혈연 집단에서 190개 주권국에 이르기까지: 문화적 발전의 몇 가지 유형

다음의 관찰을 생각해보자. 아프리카의 여러 부족이나 유럽 집시들은 그들의 영토가 시작되고 끝나는 지점을 알리기 위한 경계 표시물로 잡동사니를 사용한다. 서쪽 열대 아프리카에 사는 요루바Yoruba 사람들이나 발달한 서부에 사는 많은 사람들도 도시 사람들이 시골 사람들보다 '우월'하다고 생각한다. 쳄바가Tsembaga와 같은 뉴기니 부족들 또는 아마존 우림지역의 야노마노Yanomano 족에서 전쟁으로 죽거나 동족에 의해 살해된 성인 남성의 숫자는 똑같이 25퍼센트 정도다. 이것은 우연의 일치일까, 아니면 인간의 본성은 환경이나 장소를 불문하고 근본적으로 같다는, 더 근본적이고도 심오한 무언가를 드러내는 징표일까?

이 책은 인간 본성의 다양성을 살펴보고, 그 다양성 중에서 중요한 것이 무엇이며, 행동의 다양성을 일으키는 원인이 무엇인지, 그것이 역사에 어떠한 영향은 끼치는지에 관한 내용을 다루고 있다. 그러나 과거 신세계와 구세계에서 발생한 중요한 유사성, 특히 완전히 분리된 두 세계를 연계시키는 뚜렷한 증거를 확보하는 데 초점을 두고 있다.

평등주의와 위계질서의 출현

인류학자와 고고학자 들은, 시간이 흐를수록 인간사회가 단순한 형태에서 복잡한 형태로 발전해왔고, 인구 밀도가 더 높아지는 경향으로 사회가 발달해왔다고 인식하고 있다. 그러한 발달과정에 따라 대개의 사회는 비슷한 양식과 구조로 확산되었다고 본다. 예를 들면 인류 공동체의 발전에 대하여 세부적인 연구를 진행한 앨런 존슨과 티머시 얼은 유라시아의 4개 사회, 신세계의 4개 사회, 태평양 섬의 4개 사회와 아프리카의 2개 사회, 총 14개의 사회를 관찰한 뒤, 가족(지역 집단), 빅맨(중요 인물) 집단, 족장, 고대 국가, 민족 국가 순으로 문명의 진화 순서를 나열했다. 또한 신석기시대에 10만 이상의 '가족 혹은 지역 집단 규모의 독자적인 정치 단체'가 있었으며, 결과적으로 그 단체들이 약 190개의 연합 주권국가로 존재하는 현재의 모습으로 나타나게 되었다고 추정했다.

이런 변화들은 조직의 크기 또는 믿음/행동 방식의 변화를 수반한다. 처음에는 5~8명으로 구성된 한 가족이 소집단을 형성하고, 그다음에는 약 30명 규모를 갖춘 작은 촌락을 이루었을 것이다. 그리고 지역 집단(부족)은 150~300명 정도로 구성되었다. 이 단계까지 집단의 구성원들은 평등했으며 마을을 방어할 필요도 없었다. 위계질서가 도입된 것은 그다음 단계로, 존슨과 얼이 '빅맨Big Man'이라 명명한 이 집단은 350~800명 정도의 인구 규모를 이룬다. 일반적으로 이 단계에서 영토를 확장하기 위한 전투가 시작되었으며, 방어(공격)를 준비하고 긴급한 영토 문제를 협상하기 위한 지도자가 요구되면서 지배층이 부상했다. 족장은 여러 빅맨 집단을 총괄함으로써 많게는 수만 명을 통솔하는 특권을 지니게 되었고, 그 지위의 승계과정을 거치면서 지위의 정당성을 얻기 위해 신에게 위임받은 권력임을 주장하기 시작했다. 이 무렵부터 지배 이데올로기가 고착되었고, 주술사들은 빅맨이나 족장 또는 왕에게 '권력을 부여한' 신을 숭배하는 행위로서 주술 의식을 행했다. 전체 고대 국가들의 인구는 수백만 명으로 추산되며, 300~400명으로 구성된 큰 마을이나 도시에는 각각 왕의 의지와 계획을 수행할 관료가 있었다. 수도의 인구 규모는 3000~10만 명이었다.[1]

실물 자산과 화폐 자산도 조직의 변수에 포함된다. 실물 자산은 식량과 다른 물품으로 구별되어 잉여분으로 저장했다가 지도자의 결정에 따라 재분배되었으나, 불편한 점은 그 부피 때문에 먼 곳까지 옮기기 어렵다는 것이었다. 화폐 자산의 잉여분은 돈이나 귀중품의 이용가치를 지녔다. 족장의 출현과 더불어 귀중품은 별도로 교환되었을 뿐 물품을 구입하는 데는 거의 이용되지 않았다. 그로 인해 일반인들이 사치품에 접근하는 경우는 제한된 반면 지배층은 고가의 상품 경제를 관리할 수 있게 되었다. 존슨과 얼의 표현대로 "귀중품의 교환은 유동적이고 포괄적인 동맹을 발전케한 매개체였다."[2] 화폐 자산은 중앙집권화에 기여했으며, 그에 따라 실질적으로 규모 있는 국가들은 수입과 지출의 통화 체제를 활용함으로써 발전할 수 있었다. 결국 신세계에서 주권국가의 규모로 성장하지 못한 이유는 화폐 경제가 발달하지 못했기 때문이며, 화폐 경제가 발달하지 못한 이유는 사육 가축의 부재로 수레가 도입되지 못했기 때문이라 할 수 있다.(잉카는 이 논쟁에서 예외적인 경우다.)

더 나아가 존슨과 얼은 문명화되는 여러 발전과정을 수렵-채집, 농업,

거대한 단절

유목으로 분석했다. 수렵-채집인은 농경인들과 마찬가지로 거대한 신전 건축을 하지 않았고, 유목인들은 중심부에서 멀리 떨어진 외곽(농업주의자들과의 경계)에 살면서 휴경지를 활용했다. 신세계에서는 가축을 사육하지 않았기 때문에 휴경지가 유라시아에서만큼 활발히 이용되지 않았으며, 이것이 바로 두 세계의 두드러진 차이였다. 구세계에서는 농업사회 근처에 유목사회가 형성되어 두 지역 간의 교환 체제가 활성화되었고, 서로 대조적인 민족성과 생활 양식을 지닌 이들이 융합되는 계기가 마련되었다.[3] 그러나 나름의 장점과 단점을 보유한 채 두 정착 사회가 근접해 있다는 사실은 시간과 장소에 따라 언제든 충돌할 수 있는 불안정성을 의미하기도 한다. 물론 이 충돌에는 파괴적 속성뿐만 아니라 새로운 것을 창출하는 창의적인 속성도 포함되어 있었다.

이와 관련된 다른 요인들도 있다. 수렵-채집 활동은 신체적 소모가 많기에 여성의 출산력을 저하시켰으며, 규칙적이거나 제도화되지는 않았으나 소규모의 제례 의식이 거행되었고, 온대지역에 비해 덜 비옥한 열대 토양에서는 생존을 위해 매일 작물을 수확해야 했으며 동물 사냥은 연중행사로 치러졌다.

가족 수준을 넘어선 지역 집단 사회에서는 극적으로 변화된 분야가 있다. 리더십의 출현과 의식주의의 등장 그리고 잦아진 전쟁으로 성인 남성의 4분의 1이 폭력에 의해 죽는 일들이 벌어진 것이다. 성별관계에도 변화가 나타났는데 "남성의 용기와 공격성이 강조되고 우월한 남성적 이미지에 기여하는 신분 과시적 문화가 두드러진 반면 여성들의 활동과 속성은 평가 절하"되었다.[4] 또한 조상의 중요성이 강조되었다. 빅맨 집단과 의식주의의 등장으로 의식에 필요한 물품이 제작되었고, 그에 따라 의식은 갈수록 신성해졌다.

경제 통합의 발전과정은 방어, 위험 회피, 기술에 대한 투자, 교역(대체로 음식 공유나 배우자 교환의 형태이기 때문에 '교환'이란 단어가 더 적합하겠지만)의 순서로 구분된다.[5]

어느 단계에 이르자 가치의 표준이 등장했다. 아프리카와 오스트레일리아 그리고 중국에서는 조가비, 메소아메리카에서는 카카오 콩, 북아메리카의 태평양 해안가에서는 담요 등이 표준의 단위였다.

이러한 설명들은 문명의 발전을 온전히 이해하는 데 중요하고 필요한 요소이긴 하지만, 매우 개괄적이기에 구체적인 비교를 통해 상관관계를 확인할 필요가 있다. 따라서 도시화, 정치·종교·사회적 조직화, 철학·문학·예술의 정신 영역이라는 세 분야의 주제에 관한 네 가지 연구를 살펴볼 것이다.

1600년의 두 번의 주기

로버트 맥 애덤스는 그의 연구 『도시사회의 진화: 초기 메소포타미아와 스페인 정복 이전의 멕시코The Evolution of Urban Society: Early Mesopotamia and Prehispanic Mexico』(1996)에서 초기 도시사회의 기록이 독립적으로 잘 보존되어 있는 두 지역의 전형을 조사하여 그 규칙성을 확인했다.[6] 이 책은 과거를 연구하는 두 가지 방식에 관한 루이스 모건의 주장을 인용하면서 시작하고 있는데, 한 가지 방식은 발명과 발견 내용을 조사한 것이고, 다른 방식은 인류 발달의 주요 단계까지 이끌어준 제도들을 조사한 것이다. 모건은 조사에서 발명과 발견은 축적되고 있는 반면, 제도는 '전개'되기 시작한 상태라고 밝혔다.[7]

애덤스는 메소포타미아의 퇴적지대와 중앙 멕시코 지역이 동일한 시기에 세 번의 단계를 거쳐 발달했다고 주장했다. 그 단계는 신정 국가, 군국주의 국가, 정복 국가의 순서로 이어지며, 시기는 메소포타미아의 경우 기원전 3900년~기원전 2300년, 중앙 멕시코의 경우 기원전 100년~기원후 1500년이라고 판단했다.[8]

그는 이러한 내용이 수많은 우연적 발견에 의존하고 있음을 인정하면서, 1966년까지만 해도 신세계에서 그러한 발견은 흔치 않았으나 이후부터는 구세계보다 더 많이 이루어졌다고 보고했다.[9] 도시화가 형성될 즈음 구세계에는 문자 문화가 존재했던 반면 메소아메리카에서는 발생하지 않았다는 사실은, 수많은 편견의 바탕이 되었으며 비교 자체를 무의미하게 만들었다고 그는 주장한다. 또한 신세계 작물을 대표하는 옥수수·콩·호박이 다양한 수렵–채집의 산물을 완전히 대체하기까지 작물 야생종이 육종으로 채택되는 데는 오랜 기간이 요구되었다. 이에 따라 완전한 정착생활이 이루어진 것은 구세계보다 꽤 늦은 시기였다.[10] 특히 가축의 제한된 기능이 이러한 지체를 부추겼다.(단, 페루 외곽지역의 경우 개와 칠면조는 중요한 경제 요소였다.) 대략적으로 소개했지만 이러한 내용에 대해서는 최근 학계의 수정 및 보강 작업이 이루어지고 있다.

애덤스는 작업 시간과 여가 시간의 비율에 관한 비교를 통해 두 세계의 두드러진 차이를 확인했다. 예컨대 메소아메리카에서는 화전 방식의 농업 방식이 전통적으로 수행되었는데, 멕시코 쿠에르나바카 남쪽의 테포스틀란Tepoztlán에서는 생계를 넘어 판매할 수 있는 잉여분을 생산하기 위해서 143~161일 정도 일해야 했다. 반면 메소포타미아에서는 생계를 유지하기 위해 125일이 소요되었으며, 매년 가구당 249명의 농업 노동력이 동원되었다.[11] 두 경우 모두 들판 노동과 농작물 수송에 포함되는 남성 노동력만을 계산한 것이다.

메소아메리카에서 최저생활에 필요한 땅의 규모는 지역에 따라 크게 달랐다. 전통적으로 화전 농사를 지었던 열대 우림 저지대에서는 가구당 7.5~15헥타르 또는 그 이상의 면적이 필요한 반면, 고지대에서는 화전 농사 외에도 영구적인 텃밭 관리가 필요했으므로 가구당 6.5헥타르가 필요했다. 관개 시설이 있는 곳에서는 그 면적이 더 작았는데, 강수량에 따라 매년 두 작물을 수확할 수 있도록 물이 공급되는 곳은 1헥타르 미만이었다. 특히 멕시코 계곡 호수 주변의 치남파 경작지에서는 반 헥타르 이하까지 줄어들었다.(치남파 지역은 면적이 매우 작았지만 진흙과 부식토를 3미터씩 계속 쌓아올려 호수 주변의 표면을 약 30미터까지 높였다.)[12] 한편 메소포타미아의 관개 시설을 갖춘 지역에 땅을 소유한 가족 집단은 평균 6헥타르 정도를 보유했다.

메소포타미아 남부에서 식생활에 공급되는 주요 단백질은 생선이었다. 후대 판본을 참고하면 초기 라가시Lagash 왕조의 바우 집단의 경우 1200명의 인구 중 100명 이상이 어부로 기록되어 있었다.(노 젓는 사람, 도선사, 부두 노동자들, 선원은 125명 이상이었다.) 그런가 하면 당시의 조각 작품에 신성한 가축 무리가 많이 묘사되어 있고 왕조의 고문헌에도 가축을 보유했던 신전과 궁전에 관한 기록이 담긴 것으로 보아 단백질원으로서 가축이 중요했음이 확인된다. 또한 라가시 왕조 초기의 바우 집단의 문헌에는 거의 100명의 구성원들이 전문적인 양치기로 일했다고 나와 있다. 그리고 수메르의 방목지를 끼고 있는 도시에는 양치기의 신인 두무지Dumuzi의 숭배지가 있었다.[13]

메소아메리카의 생활 양식은 대부분 비슷했지만 독특한 점이 있었다. 우선 "주거환경이 열악한 척박한 지역으로부터 떨어진 고립 지역에 집중적이고도 지속적으로 토종 작물을 재배할 수 있는 기술력을 지닌 밀집 주거지가 있었다." 이곳의 고도는 토양과 강수량에 영향을 끼쳤으며, 그로 인해 작물 구성 또한 변화를 줌으로써 그들 식량의 생산량이 좌우되었다. 특정 지역에만 자라던 여러 종류의 옥수수는 거의 모든 주거지역으로 전파되어 재배되었고, 고추와 단백질이 낮은 식생활에 아미노산 공급의 원천이었던 용설란agave(혹은 Century Plant)은 고지대에서 재배되었다. 반면 목화와 카카오 콩은 좀더 낮은 지대에서 경작되었고, 해안가에서 조달되었던 소금은 중요한 교역 물품이었다.[14]

메소포타미아의 아카드 시대(기원전 2350~기원전 2100)까지 또는 그 이후까지 내려오면 국가기관은 생산물을 배급 형태로 재분배하기 시작했다. 아직 시장은 형성되지 않은 상태였다. 이와는 반대로, 메소아메리카의 아즈텍에서는 권력층의 주도로 외부와의 교역이 촉진되고 있었다. 이에 대해 애덤스는 "결국 스페인인들이 중앙 멕시코에 도착했을 때 매우 발전된 형식의 시장 제도를 발견한 사실은 놀랄 만한 일이 아니었다. 예를 들면 틀라텔롤코Tlatelolco의 시장에는 매일 6만 명의 사람들이 나와 있었으며, 틀락스칼라Tlaxcala와 같이 작은 지역에서도 3만 명 정도가 시장을 이용했다."[15] 테오티우아칸에서는 서기 1000년 중반쯤 (시장의 규정을 유지하기 위한 재판소가 포함된) 건물들이 정교하게 배열된 거대한 시장이 등장했다. 메소포타미아에서는 그러한 시장을 볼 수 없었다.

메소포타미아와 달리 중앙 멕시코 전역에는 물을 관리하기 위한 시설들이 '분산 포진'되어 있었다. 그러나 메소포타미아에서는 자연적 특성에 적응하기 위한 작업이 거의 요구되지 않았을 뿐만 아니라 신전 관료들에 의해 그러한 작업은 무시되었다. "요약하자면 남쪽 메소포타미아에서 왕권의 부상과 수로 시설에 관한 제반 행정의 관계성을 보여주는 증거는 전혀 없다."[16]

메소포타미아에서 가장 큰 도시들, 예컨대 450헥타르의 땅을 차지한 우루크(이라크 남부 유프라테스 강 부근에 있었던 고대 수메르의 도시—옮긴이)는 성벽 내에서만 발전한 것이 아니었다. 성벽 바깥의 넓은 지역과 경작지까지 소유하고 있었다. 이 지역에서 발굴된 유물의 규모로 보아 소수 수메르인의 정주지로서 대략 5만 명 규모의 인구를 추측할 수 있다. 이것은 기원전 3000년 초반 충적지대의 총 인구 규모를 5000~100만 명으로 추산케 한다.

스페인 정복 당시 메소아메리카에 대한 통계는 매우 다양하다. 애덤스는 중앙 멕시코의 전체 인구가 약 2000만 명이었으며, 그중 500만 명 정도는 아즈텍의 중심부에 살았을 것으로 추정했다. 지방의 인구 밀도 또한 높아서 멕시코 계곡의 경우 1평방킬로미터당 800명이었으며, 테노치티틀란-틀라텔롤코 단지의 경우는 36만 명이나 되어 꽤 밀집해 있었을 것으로 추정했다. 그렇다면 멕시코의 인구 밀도가 초기 메소포타미아보다 훨씬 높았다는 결론이지만 그는 "이러한 수치는 광범위한 차이를 암시하기 때문에 전적으로 수용하기는 어렵다"고 밝혔다.[17]

아즈텍의 관개 시설은 메소포타미아의 시설과 많이 달랐을까? 조사된 자료를 보면 상당히 오래된 400개의 시설이 곳곳에 산재해 있었으며 도시 중심부에 인접해 있어 지역 자체적으로 관리되었음을 알 수 있다. 하지만 애덤스는 아즈텍의 체제로 구세계와 페루를 비교할 수 없으며, 인구 밀도나 군사주의는 관개 시설과 아무런 연관성이 없다고 결론 내렸다. 그렇다면 관개 시설의 요구가 국가의 성장 촉진제로 작용된 것은 메소포타미아만의 경우였을까? "두 지역에서 관개 시설은 자급자족 기술, 정치적 위계질서, 경제적 관계라는 상호의존적 네트워크의 부차적인 형태였다." 애덤스에게 메소포타미아와 중앙 멕시코의 도시 정착 유형은 그들의 생태학적

거대한 단절

배경에 비해 중요성이 떨어지는 것으로 인식되고 있다.[18]

그는 두 사회에서 친족 집단과 계급사회의 두드러진 유사성을 관찰했다. 그리고 두 사회 모두에서 부·교육·식단·복식 등의 양식 면에서 일반 서민층과 구별되는 동족 혼인에 의한 귀족층이 존재했음을 확인했다. 또한 두 사회의 왕은 자기 마음대로 처분할 수 있는 넓은 토지를 소유했다.(목테수마는 32개의 도시와 자신의 사유지 26개를, 3국 동맹의 세 왕은 정복 영토의 3분의 1에 해당되는 많은 땅을 개인 용도로 보유했다.)[19] 차이가 있다면 노예와 관련된 부분이었다. 메소포타미아에는 노예가 그리 많지 않았지만 멕시코에는 노예들이 거주하는 별도의 두 지역이 배정되어 있었으며, 노예들은 짐수레를 끄는 가축을 대신했다. 그들의 거주지 중 한 지역은 물품 수송을 위한 장소로 배정된 곳이었다.

초기 메소포타미아와 중앙 멕시코는 친족 집단이 땅을 관리하던 기초적인 발전과정으로부터 도시 귀족층이 사유지로 소유하는 '약간 변형된 형태'로 서서히 발전되었다고 애덤스는 주장했다.

또 다른 비슷한 점은 두 사회에서 가뭄과 홍수 등의 재난이 거듭되는 불안정한 생태 환경을 겪었다는 사실이다. 따라서 초기의 신들이 풍요를 보장하거나 작물 및 가축의 재생산과 관련된 존재였다. 메소포타미아에서 "아슈난Ashnan 여신의 이름은 '곡물'을 의미하고, 라하르Lahar 신은 양을 의미하며, 수무간Sumugan 신은 야생 가젤 떼를 의미한다." 선사시대 신전 정면에 묘사되어 있는 꽃은 일반적으로 식물 생명을 상징하며, 인장印章에는 신성한 가축 떼들의 먹이로 보이는 음식이 묘사되어 있다.

애덤스는 중앙 멕시코의 기나긴 '고전'의 시기(기원후 300~900)에 종교가 중시되었다는 데서 그 유사성을 확인했다. 예컨대 테오티우아칸의 벽화에서 확인되는 신 틀랄록Tlaloc(이 명칭은 훗날 아즈텍 시대에 붙여진 것이다)은 재규어, 뱀, 깃털 달린 뱀, 나비, 올빼미 그리고 조가비의 속성을 복합적으로 지닌 형상이다. 이로써 그는 비의 신인 동시에 생명체의 신이자 생명을 부여하는 신으로 간주되었음을 알 수 있다. "두 사회 모두에서 생명력은 다양한 관련성을 지닌다."

좀더 흥미로운 것은 아마도 두 지역에서 숭배된 신의 차이일 것이다. 메소포타미아의 경우 초기의 인나나Innana 여신은 성교와 생명 그리고 전쟁의 표상이었으나 곧 그녀와 다른 신들은 인간 존재로 묘사되었다. 이러한 초기의 신들은 초자연적인 힘을 지녔으면서도 평범한 인간처럼 욕망하고 실패하는 존재였다. 반면 테오티우아칸의 신들은 인간과는 전혀 다른 존재로, 두려운 힘을 지녔으며 "그들이 착용한 가면과 복장을 보면 악마적이고 동물적인 속성에 더 가까우며, 인간들과의 교섭은 거의 없는 듯하다."[20]

애덤스는 사회 계층화가 신의 인격화와 관련되었을 가능성을 제시했다. 계층화가 나타나면서 권력층은 그림의 인물 묘사 방식에 관심을 보였고, 신의 형상을 묘사하고자 하는 욕망을 지니게 되었으며, 그 과정에서 신이 인간화되었다는 것이다. 신세계에서 이러한 움직임은 훨씬 더 나중에 나타났다.

이와 연관하여 메소포타미아의 신전은 성소와 배급소 그리고 제반 관리 활동의 중심지로 발전하기 시작했다. 반대로 메소아메리카의 관심은 외부로 향했다. 권력층은 종교적 목적을 위한 전쟁과 조공에 더욱 큰 관심을 기울였고, 그로 인해 화폐 없는 경제에서 중요한 기능을 하는 교역이 활성화되었다. 그들은 긴 수로 또는 가축을 활용한 수송력의 부재라는 커다란 차이를 극복함으로써, 애덤스가 표현했듯이 "지역 간 교환 또는 교역의 눈부신 발전"을 일구었다.[21]

테오티우아칸은 메소포타미아에서 건설된 그 어떤 도시보다 '질적으로

거대한 단절

다른 규모'의 중심지로, 당시 고대 이라크 지역에는 30평방킬로미터에 달하는 방대한 도시가 없었다. 우루크에 있는 엔나Enna 구역처럼 테오티우아칸 안에는 제의용 건축물과 주거용 건축물이 모두 세워졌다. 한편 테오티우아칸에서 제의에 사용된 물품들은 수준 높은 장인의 기술을 보여주지만 '기술적으로 꾸준한 발전을 나타내지 않았으며', 수공예 기술의 향상을 위한 그 어떤 관리활동의 증거가 나타나지 않은 것으로 보아 다른 재료로 바꾸려는 도전을 하지 않은 것으로 보인다. 특별한 표기법은 행정적 용도라기보다는 제의적 목적에만 사용되었다. 이런 차이에도 불구하고 정치와 종교의 권위적인 체계는 메소포타미아와 테오티우아칸 양쪽 모두에서 별 차이가 없었음이 확실해 보인다.[22]

두 지역 모두에서는 군사주의 집단의 영향력이 강해졌고 위계질서가 뚜렷한 독재사회로 치닫는 모습을 보였다. 이러한 현상은 종교적 색채의 변화를 동반했다. 성스러운 성직자 또는 물과 식물을 관장하는 신적 존재를 중시하던 경향에서 벗어나 하늘에 존재하는 전사戰士의 신을 강조하게 된 것이다. 멕시코에서 독수리와 재규어 전사사회들의 상징은 이러한 전사의 신들과 관계되며, 신들의 사나운 성격과 욕구를 진정시키기 위해 제물로 바칠 포로를 확보하려 했다. 그런 반면 메소포타미아에서 왕을 뜻하는 용어 '루갈lugal'에는 '위대한 인간'이라는 의미가 담겨 있어 그 어원에서조차 현세적인 내용을 엿볼 수 있다. 신성의 인간적 속성이 처음 제기된 것은 아가데Agade 왕조의 나람-신Naram-Sin(남 메소포타미아 아가데 왕조의 제4대 왕—옮긴이)이었으며, 이후에도 이와 비슷한 주장이 간간이 이루어졌다. 두 지역에서는 장로 회의가 똑같이 큰 권력을 가졌다.[23]

왕의 신분도 두 지역에서 비슷하게 나타났으며 궁전생활은 호사스러웠다. 에리두Eridu와 키시Kish에 있는 사방 100미터 이상의 크기를 자랑하는 궁들은 단단한 벽으로 둘러쳐져 있으며 주거용 공간뿐만 아니라 예능인과 하인들을 위한 꽤 많은 숙박 시설, 경제 및 행정 관련의 사무실까지 별도로 구획되어 있었다. 매일 5400명이 사르곤 왕(기원후 722~705, 아시리아의 왕) 앞에서 식사했다는 기록이 있다. 텍스코코Texcoco(15세기 초반 번성했던 아즈텍 도시국가로, 멕시코 시의 동북쪽에 위치—옮긴이)에 있는 네사왈코요틀 궁은 80헥타르 면적에 행정 사무실, 정원, 개인 소유의 동물원까지 구비하고 있었으며, 지속적으로 3000명이 왕의 시중을 든 것으로 전해진다.(중심 단지에서는 하루에 500마리의 칠면조가 소비되었는데, 코르테스는 황제에게 보내는 서신에 "이는 스페인에서 있을 수 없는 일"이라고 적고 있다.)[24] 그리고 두 지역 모두에서 사치품에 대한 수요가 늘어나자 공예 기술자를 위한 숙소가 별도로 제공되었다.

인간 제물 의식은 두 지역 모두 왕실 장례의 두드러진 특성이었다. 메소포타미아에서는 왕이나 왕의 배우자가 죽었을 때 70~80명 정도의 왕실 수행자들이 순장되었다. 아즈텍 왕의 유적에서는 이러한 흔적이 발견되지 않았으나 목테수마의 장례식에 관한 설명에 따르면 "사람들은 왕의 사후에도 많은 노예와 수행자가 모셔야 한다고 믿었기 때문에 관습에 따라 그들을 죽였다"고 한다.[25]

두 지역에서 정복 사업은 정치적 이득을 가져왔으나 그 효과가 사회 전역에 고루 전달되지는 않았다. 전반적으로는 공동체를 풍요롭게 해주었지만, 특히 권력층에 유리하게 함으로써 파벌 세력 내의 계층화를 부추겨 결국은 '공동 운영'의 출현을 낳았다.[26]

애덤스는 메소포타미아와 메소아메리카의 유사성을 찾으려 노력했고 마침내 찾아내기도 했는데, 흥미롭게도 결정적인 차이를 발견했다.(시간이 지날수록 이에 대한 논쟁은 잦아들었다. 마치 아스페로와 카랄의 발견이 멕시코를 신

거대한 단절

세계 최초의 복합 도시로 복위시킨 경우와 흡사하다.)

　가장 중요한 차이점 중 하나는, 언뜻 보면 수긍하기 어렵지만, 멕시코의 주요 정착지 간의 교류가 쉽지 않았다는 사실이다. 도시 사이마다 험난한 지대가 펼쳐져서 뚝뚝 떨어져 있는 데다 배로 이동할 만한 수로도 없었기 때문이다. 또한 큰 가축이 없었으므로 전투는 기습적인 특징을 띨 수밖에 없었다. 이것은 전투 위치를 선정하거나 오랫동안 포위하는 데 따르는 제약 때문에 요새화될 수 없었음을 의미한다. 더욱이 청동 무기가 없어서 고급 기술이 발달할 수 있는 토대가 약했다. 결국 군사적 우위를 결정하는 것은 오직 더 나은 전투력, 조직력, 군사들의 숫자와 높은 사기였다. 23장에서 살펴보았듯이, 전사들의 광신적인 신앙심을 부추기는 식의 정신적 발전으로 나타났다.[27]

　이와는 대조적으로, 중동의 도시에 세워진 성벽은 포위에 저항할 수 있도록 개발되었다. 포위 기간을 늘리거나 포위를 피하려는 양측의 필요에 따라 군대 전술은 더욱 숙련되었다. 이러한 전술은 금속 무기를 이용하면서부터 더욱 진전되어, 방패를 이용한 밀집 공격이 수행되었다.(이에 대한 주요 결과는 19장에서 이미 살펴보았다.) 한편 멕시코에서는 도시국가 간의 거리가 멀고, 척박한 지형이 중간에 놓여 있고, 수송에 이용할 가축이 없어 포로들은 제물로 희생되기 전까지 짐을 나르는 노역에 동원되었다. 이처럼 멕시코는 금속은 물론, 금속을 다룰 수 있는 기술도 모자란 탓에 기술적으로 메소포타미아보다 뒤처질 수밖에 없었다.[28]

　또 다른 중요한 차이점은 아즈텍의 귀족들이 일부다처제를 통해 빠른 속도로 인구를 증가시켰고, 이러한 현상이 세대를 이어 거듭되면서 일반 서민들의 조공 부담이 확대되었다는 사실이다. 이런 흐름은 중앙 권력으로부터 유리된 지배층을 확대시킴으로써 필연적으로 정치적 분리 현상을 낳았을 것이다.[29] 이 또한 23장에서 논의했다.

　종합적으로 애덤스는 다음과 같이 정리했다. "메소아메리카 중심지들 간의 거리 그리고 인력 수송에 따른 교류의 어려움으로 인해 아즈텍의 세계관은 보편적 질서와 안정에 도달하지 못하고 종말론적으로 흘렀다. 정복 과정에서 우이칠로포치틀리는 다른 도시의 신을 단 한 번 조우했다. 비록 그 결과는 예견된 것이었으나 당시까지도 그 대상은 미지의 존재였다."(아즈텍인들은 잔혹한 전쟁의 신 우이칠로포치틀리에 의해 추방된 케찰코아틀 신이 언젠가 귀환할 것으로 믿고 있었다. 스페인 정복자가 도착했을 때 피부가 희고 수염을 기른 그들의 외모를 본 그들은 케찰코아틀 신이 돌아왔다고 생각했다.—옮긴이)

　반면 메소포타미아에서는 선사시대로부터 이미 신의 위계가 성문화되기 시작했으며, 주요 도시국가들과 정치적 라이벌 관계가 되기 전까지 신전의 필경사에 의해서 끊임없이 기록이 재생산되었다. 당시의 세계관은 의심스러운 미지의 영역이라기보다 폐쇄적이고 안정적이었으며, 이미 신의 존재를 수용한 사회에서 정치적 문제들은 알 수 없는 무서운 존재에 의해 좌우되기보다는 집단적으로 결정되었다.[30]

　여러 측면에서 이것은 가장 중요한 차이를 드러낸 것이었다.

도시국가와 영토국가

　애덤스의 관찰은 예리하고 가치 있는 것이지만 아마도 가장 포괄적인 비교 연구는 캐나다 고고학자이자 민속사학자이며 휴런 인디언Huron Indian 전문가인 브루스 트리거가 집대성한 『초기 문명의 이해Understanding Early Civilization』(2003)일 것이다.

그는 고고학자와 고생물학자들이 대체로 사람들의 차이점보다 유사점에 더 주력해왔다고 주장했다.[31] 그는 초기의 일곱 문명(고대 이집트, 메소포타미아, 중국의 상 왕조, 아즈텍과 멕시코 계곡의 민족들, 고대 마야, 잉카 그리고 요루바)에 관한 연구 결과를 가장 기본적이고 일반적인 수준으로 정리했다. 우선 모든 사회는 가족이나 혈연 집단을 넘어서는 복합사회 단계에서 계급 구조가 발달했고, 특정한 신앙을 만들어냈으며, 사회적·정치적 조직으로서 상반된 두 형태 중 하나를 채택했다. 즉 도시국가(메소포타미아, 중국의 상나라, 아즈텍, 마야 그리고 요루바)로 발전하거나 영토국가(이집트와 잉카)로 발전한 경우였다.

트리거에 따르면 초기 문명의 사회와 정치 조직을 살펴보면 지형의 차이를 초월한 유사성이 많으며, 더 많은 마야 기록이 독해되면서 다른 초기 문명과의 유사성이 더욱 크다는 사실을 확인했다. 즉 더 많은 내용을 확인할수록 더 많은 유사성이 밝혀진 것이다.

또 다른 결론은 사하라 사막 이남의 아프리카와 아메리카에서는 "그 어떠한 토착사회도 유럽과 처음 접촉하기 전까지 초기 문명 이상의 수준으로 발전하지 못했다"는 점이다. 그러나 후기 고전기의 마야에서는 예외적 가능성을 보였다. 마야의 왕은 그다지 존경받지 못했고, 궁과 신전은 고대 마야 때보다 소박하게 건설되었으며, 중심지 중 하나였던 치첸이트사에는 물테팔multepal이라는 귀족들의 공동 정부가 성립되어 있었다. 그럼에도 불구하고 그들의 신앙에 변화가 일어나거나 사회조직에 다른 변화가 나타난 흔적은 찾아볼 수 없다.[32]

트리거의 조사에 따르면, 두 반구의 초기 문명은 인접한 자치 도시국가들 간의 네트워크로 인해 고립 현상이 거의 발생하지 않았으며, 인구 규모는 대체로 5000~2만 명 정도로 유지되었다. 메소포타미아의 경우 도시국

가의 영역은 평균적으로 40킬로미터 반경으로, 아즈텍 문명보다 작았고 마야 문명과는 비슷했다.[33]

도시국가의 경우 군주에게 부여된 신성한 권력은 영토국가보다 '제한적' 이었는데, 그러한 배경은 쉽게 파악되었다. 즉 분산된 정치 형태를 띠는 영토국가의 경우 평민들이 군주를 볼 기회가 적었기 때문에 군주는 충성심을 조성하고 저항을 억제하기 위해 신의 응징에 대한 두려움을 조장할 필요가 있었다.[34] 같은 이유로, 영토국가는 행정과 관련된 위계를 중앙에서 통제함으로써 더욱 강고한 사회적 계급성을 나타냈다. 영토국가는 도시국가보다 영토가 더 넓고 인구 밀도는 낮았기 때문에 잉여 식량을 더 많이 확보할 수 있었으며, 그에 따라 "많은 예술작품과 대규모의 건축물을 세울 수 있었다." 또한 면적이 넓은 만큼 경제와 교역을 중앙에서 통제했다. 잉여 식량은 사치품과 교환하기 위해 비축되었는데, 이것은 군주가 상류층 행정 관료들에게 사치품을 하사하여 그들의 충성을 다지기 위한 것이었다. 그로 인해 국민은 토지로부터 가장 많은 수확을 얻기 위해 여러 지역을 전전해야만 했다. 이러한 정책은 영토국가의 상류층과 농부들 사이에 큰 경제적 간극이 있었음을 시사한다. 상류층은 이국적인 재료로 뛰어난 장인이 만든 사치품을 누릴 수 있었으나 농부는 지역 시장에서 구입할 수 있는 전통적 재료로 만든 물건에 만족해야 했다. 영토국가의 큰 도시에서는 상류층의 화려한 생활이 계속된 반면, 도시국가의 농부들은 도시에 거주하며 매일 들판으로 나가 작업했다.[35] 통상적으로 도로와 오솔길을 만들거나 유지하는 데는 별로 공들이지 않았다.[36]

대부분 도시는 같은 구조를 띠었다. 중심부에는 주요 신전과 궁 그리고 시장이 자리하고, 그 주변으로 주거지가 밀집했으며 권력층들이 거주했다.[37] 트리거가 지적한 바와 같이 홍역, 풍진, 수두, 감기와 독감 같은 많은

거대한 단절

질병은 인구가 30만~50만 명 사이일 때 가장 강한 전염성을 나타낸 것으로 보이는데, 이는 농경사회보다 도시사회에서 더 크게 확산되었음을 뜻한다. 게다가 구세계 도시에서 사육되었던 가축은 전염병의 주요 매개체였다. 리베카 스토리가 테오티우아칸으로부터 알아낸 증거에 따르면, 두 반구 모두에서 사람들의 수명이 길지 않았다.(부록 1에서 소개한 커크패트릭 세일의 주장과는 상반된다.)[38] 당시까지도 도시 인구는 자급 생산이 불가능했을 것이며, 지방으로부터 계속 유입된 인력에 의해 생계가 유지되었을 것으로 보인다.

전투는 도시국가 간의 고질적인 문제였음에도 불구하고 신세계에서 성벽 도시의 형태는 거의 볼 수 없다. 테노치티틀란은 특별한 경우로, 다리만 제거하면 둑길로 접근이 가능했다. 하지만 멕시코 계곡의 다른 도시들은 대부분 공격을 지연시키기 위해 늪지대 사이에 자리를 잡고 있을 뿐 다른 외형적 장애물은 없었다. 한편 두 반구의 도시국가에서는 도시 내부에 텃밭과 과수원을 보유하고 있었다.[39]

면적이 더 넓은 영토국가의 경우에는 각 지역의 관료들을 시찰하기 위해 왕이 여러 지역을 순회하는 데 많은 시간이 소요되었다. '지방'의 권력층은 주로 특별 공간에 거주했는데, 벽을 둘러 일반인들이 들여다볼 수 없도록 했다. 이것은 되도록 일반인들과 거리를 둠으로써 지배층에 대하여 신 또는 신의 후손이라는 이미지를 부각시키고 신비감을 조성하려는 영토국가의 전략이었다. 그 결과 일반인들이 더 수월하게 순종할 것을 기대하게 됐고, 같은 목적으로 여러 지역에 신전을 배치하여 숭배하도록 했다. 이런 전략은 더 나아가 사람들의 감정을 완화하는 데 도움을 주었다.(그리고 왕의 '존재'를 퍼뜨리는 데 기여했다.)[40]

모든 초기 문명에서 권력층은 자신들만의 독특한 생활 양식을 나타냈는데, 특히 군사·행정·종교 분야의 권력층은 상인들보다 우월한 신분이었다.[41] 사치를 금하는 법은 지역을 막론하고 시행되었다. 군사와 성직의 고위직은 군주의 혈족이 차지하고 있었기 때문에 다른 신분층의 사회적 상승에는 제약이 있었다. 영토를 확장한 자에게는 최고의 군사적 명예가 주어졌으며, 이것은 사회적 성공의 가장 흔한 경로였다. 트리거는 "복합사회에 나타난 불평등 현상을 보면 인간의 사고방식은 장소를 불문하고 같다"고 기술했다.[42] 이러한 불평등은 영토국가에서 더 확연했다. 도시국가의 경우 작은 권력층은 서로 잘 아는 사이였으므로 형식적으로 구별할 필요가 별로 없었다.[43]

귀족층은 인구의 작은 부분을 차지했으나 그 지위는 세습되었다.(메소포타미아와 요루바는 예외였다.)[44] 노예는 모든 곳에 존재했지만 그리스와 로마와 같은 고전 문명 사회와 동등한 수준은 아니었으며, 대개는 빚 때문에 노예로 전락했으나 노동으로 탕감할 수 있었다. 잉카의 페루 또는 중국의 은나라에서는 노예에 대한 흔적이 거의 없어 영토국가보다는 도시국가에 노예가 더 많았을 것으로 여겨진다.[45]

남성들은 모든 초기 문명을 지배했으나 그렇다고 부계사회는 아니었다. 모든 사회에서 남성과 여성은 다른 복장을 갖췄으며 행동 양식도 달랐다. 더욱이 여성은 존경받는 여성과 그렇지 못한 여성으로 구별되었다. 예컨대 여관 주인, 창녀, 마녀는 모든 곳에서 도덕적 질서를 위협하는 존재로 간주되었다.[46] 갈수록 도시는 전문화(여성은 집에 머물러 가족을 돌보는 역할)되었고 신분 이동의 주요한 원천이자 대부분의 남성에게 유리한 '전쟁'이 찬미되면서 여성의 지위는 격하된 것으로 보인다. 그리고 시민 회의와 같은 기구에 의해 '민주적'으로 통치되는 도시국가는 찾아볼 수 없었으나 법률적 문제를 해결하기 위한 법적 체계가 갖춰져 있었다. 그러나 증거가 불충

거대한 단절

분할 때 판관들은 신성 재판(가혹한 고통을 견뎌낸 피의자에게는 무죄 판결을 내렸던 고대 게르만 족의 재판 형식─옮긴이) 또는 신탁에 의존했다. 법전은 존재했지만 "어떤 곳에서도 법 앞의 평등이라는 개념은 없었다. 대신 사회적 불평등은 법으로 보호받기도 했다."[47] 사실 모든 초기 문명사회는 대다수의 농부들에게서 걷은 세금으로 소수의 권력층을 부양하는 불평등사회였다. 당시 70~90퍼센트에 해당하는 노동력은 식량 생산에 투입되었다.[48]

인구 밀도 측면에서는 신세계가 더 높은 편이었다. 메소포타미아에서는 평방킬로미터당 26명부터 그 이상의 다양한 밀도를 보였고(우르에서는 66명), 중국 은나라 때의 중앙 평야에서는 40~60명이었으며, 요루바에서는 30~60명 정도였다.[49] 이집트의 중앙 왕국에서는 108~165명 정도였고, 페루에서는 12~122명, 마야에서는 120~282명, 아즈텍에서는 평방킬로미터당 200~500명이 거주했다. 트리거의 추정에 따르면 신세계의 인구 밀도가 더 높았던 원인은 가축으로부터 전염된 질병이 없었기 때문이며, 또한 다른 포유류와 식량 경쟁을 할 필요가 없었기 때문이다.[50]

지료에 따르면 모든 곳에서 어린아이들은 2~4년 정도나 젖을 먹었다. "가족의 규모를 제한하는 행위는 수렵─채집의 특성인 동시에 초기 문명의 특성이었던 것으로 보인다."[51]

토지는 대개 집단 소유의 형태를 나타냈다. 토지를 구입하거나 팔지 않는 대신 혈족이나 동족 결혼 공동체의 공동 소유로 양도할 수 없는 자산이었다.[52] 신전과 왕실의 토지는 주로 곡류 재배지로 이용되었던 반면 개인 시민들은 과수원을 선호했다. 모든 곳의 고고학적 기록을 토대로 할 때 신전은 궁전 앞에 세워졌고 많은 관료가 종사했다.[53]

모든 곳에서 직물 직조는 주요한 활동으로, 농사가 주로 남성들의 생활 영역이었다면 직물 직조는 여성들 담당이었다. 품질 좋은 직물은 사회적

지위를 드러내는 방편이었으며 의식에서도 중요한 기능을 지녔다.[54]

초기 문명은 기본적인(유일한) 에너지원으로서 인간의 노동력에만 의존했던 저에너지 사회였고 연중 내내 따뜻한 기후가 유지되었기 때문에 거주지를 짓는 데 많은 노력을 들이지 않았으며 난방이나 따뜻한 옷도 필요 없었기 때문에 잉여 생산이 용이했다. 사치품은 에너지 보존의 원칙에 대한 '고의적 위반'으로 간주되었기 때문에 저에너지 사회에서의 사치품은 가장 강력한 상징물이었다.[55]

숭배라는 기본적 행위

모든 초기 문명에서는 신적 존재가 자연의 절차를 통제한다고 인식했다. 신들은 강력한 인간과 유사한 특성을 지닌다고 생각되었으나 그렇다고 해서 인격화될 필요는 없었다. (아마도) 요루바인들만이 세계에는 어떤 도덕적 질서가 있다고 믿었다. 대신 초기 문명의 신들은 서로 싸우기도 했고, 태어나거나 창조되었고, 어떤 신은 죽거나 살해당하기도 했으며, 어떤 신은 늙어서 다른 신에게 권력을 빼앗기기도 했다.[56] 그들은 결코 전지전능하지 않았으며, 우유부단하거나 겁이 많았고, 서로 속이거나 기만했으며, 때로는 인간보다 약아빠졌다. 달리 말해 당시 인간과 신의 관계는 오늘날 유일신을 따르는 사람들보다 더 친밀했다. 트리거는 사회가 확장되어 친족이 사회생활을 통합하는 요소로서의 기능을 수행하지 못하게 되면서 종교적 의미가 강조되었다고 주장했다. 결국 오늘날 종교는 사회질서를 이해하는 중요한 뼈대가 되었다.[57]

모든 초기 문명이 바다와 해안가 근처에서 형성되었으므로 당시 사람들은 지구 전체가 소금물에 둘러싸여 있다고 믿었을 것이다. 또한 하늘 공간에는 움직이는 물체가 가득하기 때문에 하늘 자체가 살아 있는 존재로 간주되었고, 세계는 대체로 하늘과 그 아래에 있는 땅의 대응관계로 해석되었다. 그리고 우월한 힘과 질서가 출현하면서 이 세상이 창조되었다는 믿음 아래 인간은 가능한 한 최선을 다해 신을 모방하려 했다.[58] 그들에게 우주란 기본적으로 질서라는 개념으로 이해되었다. 즉 신이 우주를 창조했으며 자신들의 생존과 안녕을 위해 우주를 작동시킨다는 인식이었다.[59]

이런 일반적인 생각과는 별도로, 사람들은 신앙심의 가장 월등한 표현 방식인 제의를 통해 초자연적인 존재와의 우월한 연대를 꾀했다. 제의의 핵심 요소는 신을 위한 음식인 희생 제물로서, 트리거의 해석에 따르면 제물은 기도와 함께 '숭배의 두 가지 기본적인 행위'였다. 대개 사람들은 의식이 거행되는 장소에 참석할 수 없었지만, 곳에 따라 많은 사람의 참여가 요구되기도 했다. 이것은 사회의 주요한 '접착제'라 볼 수 있다. 폴 휘틀리의 주장대로 모든 도시는 코스모그램cosmogram(만다라 또는 중세 유럽의 스키마schema와 같이 우주론을 묘사하는 평면의 기하학 도형—옮긴이)에 따라 설계되었다.[60]

많은 양의 재물이 신전, 제물, 종교적 축제에 쓰였으며 성직자들에 의해 소비되었다. 하지만 초기 문명은 신정 국가가 아니었고 성직자들은 뚜렷한 사회적 지위를 확보하지 못했다. 그들은 다양한 사회계층으로부터 선출되었으며, 우주적 질서에 기여하는 일반인들의 역할을 강조함으로써 어느 정도 권력층에 의한 평민 착취를 막아주었다.[61]

대체로 신이 최초의 인간을 창조했으며 신의 일부가 재료로 이용되었다는 믿음이 지배적이었다. 그러나 상류층은 자신들이 초자연적인 실체와 똑같은 물질로 만들어졌기 때문에 어떠한 제약도 받지 않는다고 주장했다. 무엇보다 인간의 육체는 여러 초자연적인 힘에 의해 생명을 부여받은 것으로 이해되었으며, 살아 있는 동안의 행적이 사후의 운명과 연관될 것이라는 인식은 극히 희박했다. 특히 경쟁적인 도시국가에서 상류층은 세계를 위험한 곳으로 인식했을 뿐만 아니라 평민들은 신을 만족시킬 수 없다고 믿었다.[62]

초기의 어떤 문명에서도 예술을 위한 예술이라는 관념은 형성되지 않았다. 특히 영토국가의 예술가들은 대부분 정부나 왕을 위해 일하는 익명의 존재였기 때문에 오늘날의 예술가 개념보다는 숙련된 장인에 가까웠다. 대개 그림 속의 왕은 신하들보다 더 크게 묘사되었으며, "가장 멋진 작품은 가장 오래 존속했던 두 곳의 영토국가에서 제작되었다."[63]

신전들은 지상에 세워졌다. 도시국가에서 궁전은 신전보다 나중에 나타난 반면 영토국가의 건축 유적들은 신을 찬양하는 것만큼이나 왕과 중앙정부의 권력을 기념했다.[64]

언어 측면에서, 상류층은 정제된 국가 언어를 사용하거나 일반인들의 언어와는 전혀 다른 언어를 구사했다.[65] 필경사들이 높은 지위를 부여받기 시작하면서 많은 장소에서 문자능력이 발달하기도 했지만 전반적으로는 유창한 웅변 솜씨가 더 높게 평가되었으며, 기록을 위해 고안된 물질들에는 운문 또는 시로 남겨졌다.[66] 모든 초기 문명은 대체로 시간을 측정하기 위한 단위로, 달의 주기와 비슷한 '달月'과 4~10일 단위의 '주週'로 구분했다. 도시국가에서는 의료 종사자들이 보수를 받고서 모든 계층을 치료했지만, 이집트와 페루 같은 영토국가의 권력층은 자신들만의 주치의를 두었다.[67]

트리거가 내린 확실한 결론 중 하나는 "초기 문명에서 상류층의 지적 활동

가운데 가장 중요한 것은 생기 넘치는 우주의 초자연적인 힘과의 관계를 향상하는 데 관여"했다는 것이다. 하지만 미겔 레온포르티야는 이 주장을 반박했다.

그의 저서 『아즈텍 사고와 문화: 고대 나와틀 정신에 대한 연구Aztec Thought and Culture: A Study of the Ancient Náhuatl Mind』는 원래 『나와틀의 철학La Filosofia Náhuatl』이라는 제목으로 1956년 멕시코에서 출간되었다가 1963년에 영어 번역판으로 재출간되었다. 그는 90개의 나와틀 문헌을 조사한 결과 아즈텍인들이 그리스인이나 로마인, 중국인들과 마찬가지로 철학이나 시 그리고 과학 분야에서 충분히 지적인 생활을 구가했으며, 여러 면에서 구세계의 사상가들만큼의 진전을 보였을 뿐만 아니라 구세계의 그 어떤 사상보다 더 정교하고 복합적이었다고 주장했다.[68]

그가 처음으로 살펴본 것이자 가장 중요한 개념으로 제시한 것은 아즈텍인들이 자신의 사회에서 지배적인 신화들을 회의적으로 바라보았다는 사실로, 그들은 "인간과 세상에 대해 추상적이며 보편적인 의문들을 논리적으로 정리하고자 했다.[69] 그의 분석에 따르면 나와틀어는 '다양한 어원, 접두사, 접미사 그리고 삽입사'를 풍부하게 복합 배열할 수 있다는 점에서 그리스어나 독일어와 비슷하다고 했다. 그는 다음의 번역한 시를 인용하면서 세 가지의 철학적 태도를 제시했다.

당신의 마음은 어디에 있나요?
당신의 마음을 모든 것에 두게 된다면,
당신은 아무 곳에도 끌리지 않아 마음을 다칠 겁니다.
지상에서 그 무엇을 찾을 수 있을까요?

나와틀어의 '마음yóllotl'이라는 단어는 '움직임ollin'과 같은 어원에서 유래한다는 점을 고려할 때, 이 시가 '인간에게 내재된 역동성'을 표현했다고 레온포르티야는 해석했다. 두 번째로 그는 3, 4행에 담긴 의미를 강조했다. 즉 마음을 모든 곳에 주려는 사람은 어느 곳에도 가 닿을 수 없으므로 마음을 잃어버린 것과 같다는 내용은 삶의 목표를 상실한 감정을 표현한 것이라고 해석했다. 세 번째로, 그는 마지막 행에서 화자가 흡족할 만한 무언가를 지상에서 찾을 수 있을까를 자문하는 대목에 주의했다. 바로 이 부분에서 사후세계와 우주의 여러 층에 대해 확고한 믿음을 지녔던 아즈텍인들의 의구심을 엿볼 수 있다는 것이다.

다른 시에도 이와 같은 심오한 질문이 담겨 있다.

꽃들은 사자死者들이 있는 곳으로 가는가?
저 너머의 세상에서 우리는 죽은 것인가, 살아 있는 것인가?
빛을 발하여 스스로를 숨기는 빛의 근원은 어디인가?

이러한 신화들은 분명히 내세와 연관된 신화에 대해 '불신'을 암시하며, 레온포르티야는 아즈텍의 시에는 그러한 의문을 제시한 경우가 많다고 했다. 그러한 내용의 질문은 주로 틀라마티니tlamatini에 의해 자주 제기되었는데, '알다'를 의미하는 나와틀어의 동사 'mati'와 '사물 혹은 무엇'을 의미하는 'tla'가 합쳐진 'tla-mati-ni'는 사물을 아는 사람, 즉 현자나 철학자를 의미했다. 틀라마티니의 구술로 전해 내려온 다른 시들은 오늘날 우리가 공동체의 지혜 또는 전통이라 부르는 부분을 묘사하고 있으며, 현자를 '연기 나지 않는 빛'인 횃불로 묘사했다. 또한 현자는 사람들을 분별력 있고 신중하게 만들어주기 위해 '그들 앞에 거울을 건네주는' 존재였다. 말하

거대한 단절

자면 도덕주의자이기도 한 철학자는 사람들로 하여금 자신을 돌아보게 하는 역할을 했다. 이러한 현자들의 유형은 다양하여 역법을 익힌 자, 계보를 담당한 자, 도시의 범위와 경계를 담당한 자, 노래와 시를 가르치는 자 등이 있었다.

레온포르티야는 또 다른 시를 통해 나와틀인들이 관찰이나 경험에서 비롯된 개념을 마술이나 미신에 근거한 개념으로부터 명확히 구분할 수 있었다고 주장했다.[70]

진정한 의사는……

약초, 돌, 나무 그리고 뿌리를 사용했으며,

그의 시술은 검증된 것이며……

거짓된 의사는……

어둠의 비법을 노출하지 않을 것이다……

레온포르티야는 나와틀 천문학자들이 별의 움직임을 측정하기 위해 손을 육분의六分儀(각도와 거리를 정확하게 재는 데 쓰이는 광학 기계—옮긴이)의 방식으로 사용했으며, 매우 정확한 달력을 가지고 있었다고 했다. 앞서 이 점에 대해 살펴보았듯이 달력에는 두 종류가 있다. 그들의 달력은 매우 정확했으며 실제로 그들은 정밀성을 갈망했다. 이것은 레온포르티야의 말에 따르면 업적만큼이나 철학적으로 중요한 부분이었다.(앨프리드 크로즈비가 보여주었듯이, 구세계에서 이러한 정확성은 중세의 전성기 전까지 추구되지 못했다.(22장 참조) 조이스 마커스는 21장에서 신세계의 정확성에 관해 논의하고 있다.)

더 나아가 그는 세계가 순환을 통해 발전한다는 아즈텍인의 사상을 확인했다. 즉, 현재는 4개 태양의 역사를 지나 다섯 번째 태양의 시대에 속하며 진화가 잠복기에 이르렀다는 이러한 사상에서 우리는 지구가 흙, 바람, 불, 물이라는 네 가지 요소로 구성되었다는 그리스 철학자 엠페도클레스의 사상을 엿볼 수 있다. 더군다나 아즈텍의 종교는 초기 구세계 문명에서와 마찬가지로 두 가지 형태로 존재했는데, 하나는 보편적인 관점의 종교였고 다른 하나는 심오하고 논리적인 관점의 종교로서 일반 농부들에게는 별다른 흥미를 주지 못했다.

스스로를 창조한 오메테오틀은 이원적 신이었다. 레온–폴티야의 해석에 따르면, 이 이원성이란 20세기 신학자(카를 바르트와 같은)가 '타자'라고 한 개념을 구체화한 것으로, 천국과 신들은 인간이 거주하는 곳과는 매우 다른 세계에 존재한다는 의미를 내포한다. 오메테오틀은 주술사들이 무어라 표현하든 불가해한 존재로서 매우 낯설고 먼 초자연적 세계에 거주하며, 요우이이–에에카틀Yohualli-ehecatl, 즉 눈으로 볼 수 없으며 만질 수도 없는 신이었다. 이 신은 추상적인 개념의 존재였으나 유일신은 아니었다. 아즈텍인들은 관찰과 경험을 통해 깨닫는 취향의 '아리스토텔레스적 속성'을 지니고 있었으며, 그들의 시적 용어를 노인의 지혜가 담긴 '꽃과 같은 노래'로 인식하는 '플라톤적 속성'도 지니고 있었다.

교육에 대한 아즈텍의 관념과 관행을 보면 인간이 된다는 것이 무엇인지에 대한 그들의 견해를 짐작할 수 있고, 어린아이들에 대해서는 '비워져' 있으므로 배움이 필요하며 하늘이 정한 운명을 극복하기 위해서는 훈련과 자기 통제를 익혀야 한다고 믿었다.[71] 교육에 관련된 두 개의 단어가 있는데, 하나는 도덕적으로 사람을 '강하게 만드는 것'을 의미하며 다른 하나는 지혜를 제공하는 일을 의미했다. 레온포르티야에 따르면, 공동체에 대한 의무를 강조하는 도덕 수업이 많았다. 그들은 또한 오늘날 수사학이라 부르는 내용과 그림 등의 기술 교육(예술가는 만들어지는 것이 아니라 타고나는 것으로 믿었을지라도)을 받았으며, 역사와 전통에 관한 교육을 받았고, '논쟁에서 이기는 방법'도 배웠다.[72] 결론적으로 레온포르티야는 아즈텍 시의 폭넓은 은유에 그들의 정교한 사고가 담겨 있음을 강조하면서, 은유의 사용은 그들로 하여금 '아름다움이 유일한 현실임을 느끼도록' 했을 것이라고 주장했다. 이것은 시대는 달라도 세계 전역의 많은 사람이 동의한 결론이었다.[73]

이와 연관하여 고든 브러더스턴은 『제4세계의 책: 그들의 문학을 통해 아메리카 인디언 읽기Book of the Fourth World: Reading the Native Americas Through Their Literature』를 통해 자신의 연구를 밝히고 있다.[74] 1992년 무렵 메소아메리카의 많은 문헌이 해석되었다. 그는 오랫동안 번역되지 못했던 마야의 상형문자를 철저하게 판독하여 내용을 읽을 수 있게 했다. 문헌의 문장들은 음절, 자음 또는 모음 군으로 구성되었고 대부분의 명사와 동사는 자음-모음-자음으로 이루어진 단음절어였다. 수학적으로 메소아메리카에서는 구세계에서와 마찬가지로 수의 표시법이 개발되었는데, 페루에서 사용되었던 결승 문자가 바로 그것이다. 이 결승 문자의 주된 목적은 야마 무리를 세는 것이었지만 여기서 더 나아가 달력 계산, 제의식, 천문도에도 이용되었으며 심지어 이야기를 전달하는 용도로도 사용되었다.[75] 판독 결과 이러한 '책들'이 종교·달력·행정 분야별로 일정하게 배정되었다는 사실이 확인되었다. 또한 브러더스턴은 고대 마야 시대에는 '화가나 필경사의 서명을 요구'하는 개인적 숭배도 있었다고 주장했다.[76] 메소아메리카인들은 오토미Otomi(멕시코 알티플라노의 토착 거주민)를 '화려한 옷을 입은 멍청이'로 여긴 반면 오래전에 사라진 톨텍의 기술을 찬양하는 고정관념을 지니고 있었다. 심지어 톨텍의 군주인 토필트신을 속여 근친상간을 유도한

테스카틀리포카에 관한 이야기(23장 참조)는 마치 테베의 오이디푸스 서사를 떠올리게 한다.[77]

한편 브러더스턴은 '유목주의가 존재하지 않았던' 신세계에는, 농민 사회와 사냥꾼−전사 사회 사이에 '유형적 반목'이 존재했다고 주장했다.[78] 이미 살펴보았듯이 구세계에서 유목민의 저항은 매우 중요한 사건이었다. 사실 브러더스턴은 잉카 페루에서 야마 떼를 사육하면서 유목적 생활 양식이 나타났으며 그 후에 유일 신앙과 유사한 종교가 발전했다는 데 주의를 기울였다. 이때의 신은 다른 생명이나 사람들을 이끄는 '양치기'와 같은 존재였다. 이와 관련하여 브러더스턴은 한 편의 시를 인용했는데, 비라코차 Viracocha(잉카의 창조의 신)에게 바치는 이 시에는 「시편」 23절의 "주는 나의 목자시니"와 흡사한 내용이 담겨 있다. 그의 주장에 따르면, 많은 사람이 숭배를 드리는 신전은 여러 지역에 있었지만 그들이 섬기는 신은 한 존재였으며, 그 존재가 세습 군주의 권력을 보호하고 '목자와 같이 길을 인도'할 것으로 인식되었다. 이와 마찬가지로 잉카 제국으로 알려진 타완틴수유에서는 야마가 인간을 대신한 희생 제물이 되었다. 이것은 신세계의 어떤 곳에서도 나타나지 않았던 중요한 변화지만 구세계에서는 여러 지역에서 발견되었다. 야마가 교환가치의 기준이 된 것도 마찬가지였다.[79]

브러더스턴은 또한 『포폴 부』(마야의 위대한 성서)에서 다양한 '탄생'의 형태를 표현한 상형문자에는 유전적 개념이 나타나 있으며, 그 형태는 다르지만 옥수수와 인간의 성장과정을 같은 것으로 이해했음을 설명했다. 또한 계절이 순환하는 태양년synodic year(365.24일)과 항성년sidereal year(365.56일)을 정확히 알고 있었고, 일찍이 세차 운동(자전 운동을 하고 있는 회전축이 어떤 부동축의 둘레를 회전하고 있는 현상—옮긴이)을 이해하고 있었다.[80] 브러더스턴은 우주생성론에 관한 두 반구 간의 유사성에도 주목했다. 예컨대 진흙으로 만들어진 인간, 금단의 열매를 따먹은 여성, 홍수 그리고 지구의 오랜 세월 동안 다양한 지형학적 재해로 인해 종말을 고했던 세상에 대한 신세계의 시간에 대한 인식은 『성경』에 담긴 어떤 설명보다 정확했다.

마지막으로, 두 반구 간의 유사성에 관한 이러한 간단한 관찰과 관련하여 데니스 테들록은 자신의 최근 연구 결과인 『2000년의 마야 문학2000 Years of Mayan Literature』(2010)에서 마야 언어가 완전히 이해된 후에야 기록 문헌들이 초기 연구자들이 믿었던 것과는 달리 구어의 형태를 기록한 것이라는 사실을 알게 되었다고 지적했다.(이 문헌들은 부분적으로 마야인 자신들에 의해서 발견되었고, 식민지화된 이후 유럽 언어와 마야 언어로 기록된 것도 있으며, 알파벳과 마야 언어로 표기된 것도 있다.)[81] 그는 또한 마야 문자는 유럽 중세 시대의 라틴어와 마찬가지로 지적 경험을 부여했을 뿐만 아니라 유럽의 수도원에서 『성경』의 글자를 채색한 것과 같이 시각적으로 훌륭한 모양을 갖추고 있었다고 설명했다.[82] 마야인들의 낙서도 많이 볼 수 있었는데, 이것은 한때 문자능력이 보편화되었음을 암시한다.[83] 한편 내구성이 강한 표면 위에 새겨진 글씨들은 분실된 문헌에 대한 단서를 제공한다고 테들록은 말한다. 이 글씨들은 목성의 주기성, 여러 왕조의 후손, 조공의 납입과 관련된 장부, 기나긴 마야 과거사에 관한 세부적인 내용들로, 마야인들이 지나온 역사를 정확한 시점과 연관지어 인식했음을 알 수 있다. 게다가 마야의 책들은 유럽식의 책과 달리 병풍처럼 접혀 있어서 그림을 그린 것처럼 서술된 내용을 언제든 쭉 펼쳐서 볼 수 있었다.

지금까지의 내용을 통해 유사성에 대해 점검하는 것은 물론 완벽치 않다. 이 부록은 지금까지의 결과를 폭넓게 개관한 것으로, 고대 문명에 대한 고고학계와 금석학계의 연구들에 따라 더 많은 유사성이 발견될 것이다. 브루스 트리거는 『초기 문명의 이해』에서 자신의 연구 분야인 고고학은 차별성보다는 유사성에 더 많은 관심을 보였다고 말했다. 이는 차별성에 관한 문헌 연구 사례가 드물었음을 말해준다. 지금까지는 오독에 따른 견해의 차이가 너무 많았으며 때로는 허위이거나 사소한 것이기도 했다. 그러나 그러한 분야는 이 책의 목적이 아니었다. 유사성을 찾으려 한다면 대개 많은 경우에 찾아낼 수 있을 것이다. 이 책에서는 체계적이고 주요한 차이점들을 찾아내어 우리 자신에 대해 들려주는 바를 알아보고자 했다. 사람들 간의 차별성에 대한 조사가 유사성에 관한 연구만큼이나 흥미롭고도 유익할 수 있음을 보여주었다고 생각하고 싶다.

인류 역사에 관한 독창적인 작품

고대인들이 아메리카에 도달한 시기로부터 콜럼버스가 도착한 그날에 이르기까지, 지구의 두 반구에는 전적으로 다른 형태로 분리된 인구들이 존재했다. 저널리스트이자 문화역사가 왓슨은 1만 6000년이라는 세월에 걸쳐 그들이 각기 다른 생존 전략, 관습, 언어, 종교 그리고 궁극적으로 다른 문명을 발전시켰음을 조사했다. 아프리카를 떠난 이후 현생 인류가 동시베리아에 도착하기까지 5만 년이라는 시간이 걸렸으며, 마지막 빙하시대에 해수면이 더 낮아져서 알래스카의 대륙붕이 노출됨에 따라 사람들은 그곳에 도착했다. 그리고 1만 5000년 전, 많은 것이 대륙붕을 건너기 시작했다. 이렇게 그들은, 구세계 영토보다 더 많은 지진과 화산활동이 있을 뿐만 아니라, 파괴적인 허리케인, 극한 기후와 강수량의 변화, 그리고 전 세계 토네이도의 90퍼센트가 발생하는 격동의 반구로 들어가게 되었다. 신세계에서 자생하는 희귀한 환각성 식물과 자극성 식물 때문에 종교와 이데올로기는 생동감이 넘치고 종말론적이었다. 왓슨은 이주민들이 만들어낸 특정한 홍수 신화와 창조 신화, 유전적인 표시, 언어적 요소와 개에 대하여 살펴보았다. 이후 신세계에서는, 농업과 도시가 발전했지만 식용 가능한 덩치 큰 가축, 쟁기, 수레바퀴가 없었으며, 야마(멕시코에서는 볼 수 없었다) 이외의 말이나 짐을 운반할 다른 동물이 부재했다. 왓슨은 자신의 저술 주제를 너무나 잘 알고 있으며, 모든 문제에 대한 의견을 열정적으로 피력하고 있다.

왓슨은 인간 본성이 동일하다 하더라도, 오랫동안 다른 환경과 음식, 다른 동물이나 기후에 노출된다면 본성이 변화되므로, 두 가지의 독특한 접근 방식으로 살펴보아야 한다고 주장하고 있다.

_『커커스 리뷰Kirkus Reviews』 서평(2012년 5월 15일)

주

출간일이 두 번 나오는 경우, 첫 번째 것은 양장본 출간일을, 두 번째 것은 반양장본 출간일을 의미한다. 별도의 표기가 없는 경우, 반양장본의 출간일이다.

서문:
기원전 1만5000년에서 기원후 1500년까지, 인류 역사의 특별한 시기

1 B.W. Ife, editor and translator, *Christopher Columbus: Journal of the First Voyage: 1492*, Warminster: Arts & Phillips, 1990, p.13.

2 Ife, Op. cit., p.15.

3 Ibid, p.25

4 Ibid, p.27.

5 Ibid, p.246 n.

6 Ibid, p.xxi.

7 Ibid, p.xxiv.

1장
아프리카에서 알래스카까지: 유전자, 언어, 석기에 나타난 위대한 여정

1 S.J. Armitage et al., 'The Southern Route "Out of Africa": Evidence for an Early Expansion of Modern Humans in Arabia', *Science*, Vol. 331, pp.453-456, 28 January 2011; Michaeol D. Petraglia, 'Archaeology: Trailblazers across Africa', *Nature*, Vol 470, pp.50-51, 3 February, 2011; Brenna M. Henn et al., 'Characterizing the Time Dependency of Human Mitochondrial DNA Mutation Rate Estimate', *Molecular *Biology and Evolution*, Vol. 26, Issue 1, pp.217-230, 2008; Geoff Bailey, 'World Prehistory from the Margins: The Role of Coastlines in Human Evolution', *Journal of Interdisciplinary Studies in History and Archaology*, Vol. 1, No. 1 (Summer 2004), pp.39-50. P.M. Masters and N.C. Flemming (editors), *Quaternary Coastlines and Marine Archaeology: Towards the Prehistory of Landbridges and Continental Shelves*, Lond nd New York: Academic Press, 1983, *passim*.

2 Brian M. Fagan, *The Journey from Eden: The Peopling of Our World*, London and New York: Thames & Hudson, 1990, pp.234-235. Spencer Wells, *Deep Ancestry: Inside the Genographic Project*, Washington D.C.: National Geographic Society, 2007, p.93. Ted Goebel, 'The "Microblade Adaptation" and Recolonisation of Siberia during the Late Upper Pleistocene,' Archaeological Papers of the American Anthropological Association, Vol. 12, Issue 1, pp.117-131, January 2002.

3 Wells, Op. cit., p.96.

4 Ibid, p.100.

5 Ibid, p.99.

6 Sijia Wang et al., 'Genetic variation and the population structure of Native Americans', Also: personal communication. Ugo A. Perego et al., 'Theninitial peopling of the Americas: A growing number of founding mitochondrial genomes from Beringia,' *Genome Research*, Vol. 20., pp.1174-1179, 2010. Brenna M. Henn et al., Op. cit.

7 Douglas Wallace, James Neel et al, 'Mitochondrial DNA "clock" for the Amerinds and its implications for timing their entry into North America,' *Proceedings of the National Academy of Sciences*, 1994; 91 (3), pp.1158-1162.

8 Brian Fagan, *The Journey from Eden*, London and New York: Thames & Hudson, 1990, p.198.

9 Fagan, Op. cit., p.205.

10 John Hemming, *Tree of Rivers: the story of the Amazon*, London and New York: Thames & Hudson, 2008, p.278.

11 Tim Flannery, *The Eternal Frontier: An ecological history of North America and its peoples*, London: William Heinemann, 2001, pp.231-232. James Kari and Ben A.

Potter (editors), *The Dene-Yeniseian Connection*, Anthropological Papers of the University of Alaska, New Series, Vol. 5, Nos. 1-2, 2010.

12 Nicholas Wade, *Before the Dawn: Recovering the Lost History of Our Ancestors*, London: Duckworth, 2007, p.99.

13 Wade, Op. cit., pp.151-152. On the circumstances of men without wives siring children: Peter Bellwood, personal communication.

14 Brian Fagan, *The Great Journey: The Peopling of Ancient America*, London and New York: Thames & Hudson, 1987, p.122.

15 Fagan, *The Great Journey*, Op. cit., p.127.

16 Ibid, p.125.

17 Merritt Ruhlen, *The Origins of Language: Tracing the Evolution of the Mother Tongue*, New York: John Wiley, 1994, p.295.

18 Ruhlen, Op. cit., map 7, p.90, and map 8, p.108.

19 Ibid, pp.134-137.

20 Joanna Nichols, *Linguistic Diversity in Space and Time*, Chicago and London: University of Chicago Press, pp.9-10.

21 Nichols, Op. cit., p.298.

22 Ibid, p.330.

2장
아프리카에서 알래스카까지:
신화, 종교, 암석으로 밝혀진 유구한 시대의 재난

1 John Savino and Marie D. Jones, *Supervolcano: The Catastrophic Event that Changed the Course of Human History*, Franklin Lakes, N.J.: New Page, 2007, p.123.

2 Savino and Jones, Op. cit., p.123.

3 Ibid, p.125.

4 Jelle Zeilinga de Boer and Donald Theodor Sanders, *Volcanoes in Human His-*

tory: The Far-reaching Effects of Major Eruptions, Princeton, NJ and Oxford: Princeton University Press, 2003, pp.155-156.

5 Savino and Jones, Op. cit., p.125.

6 Ibid, pp.132 and 144. See also: Michael D. Petraglian et al., 'Middle Paleolithic Assemblages from the Indian Subcontinent Before and After the Toba super-eruption,' *Science*, Vol. 317, 6 July 2007, pp.114-116.

7 Michael Petraglia et al., Op. cit. See also: Kate Ravilious, 'Exodus on the Exploding Earth,' *New Scientist*, 17 April 2010, pp.28-33.

8 Savino and Jones, Op. cit., p.47.

9 Stephen Oppenheimer, *Eden in the East: The Drowned Continent of South East Asia*, London: Weidenfeld & Nicolson, 1998, p.17.

10 Oppenheimer, Op. cit., p.18

11 Ibid, p.19.

12 Ibid, p.20.

13 Ibid, p.21.

14 Ibid, p.24.

15 Ibid, p.32.

16 Ibid, p.33.

17 Ibid, p.35.

18 Ibid, p.39.

19 Ibid, p.62.

20 Ibid, p.63.

21 Ibid. p.64.

22 Ibid, p.76.

23 Ibid, p.77. For criicisms of Oppenheimer, see: Peter Bellwood, 'Some Thoughts on Understanding the Human Colonisation of the Pacific,' *People and Culture in Oceania*, Vol. 16, pp.5-17, 2000, especially note 5.

24 Oppenheimer, Op. cit., p.77. Geoff Bailey, 'WoRLd Prehistory from the Margin', Op. cit., p.43.

25 Ibid, p.83.

26 David Frawley and Navaratna Rajaram, *Hidden Horizons: Unearthing 10,000 Years of Indian Culture*, Shahibaug, Amdavad-4, Swaminarayan Aksharpith, 2006, p.61.

27 Frawley and Rajaram, Op. cit., p.65.

28 Georg Feuerstein et al., *In Search of the Cradle of Civilization*, Wheaton, Illinois and Chennai, India: Quest Books, 2001, p.91.

29 Oppenheimer, Op. cit., 317.

30 Ibid.

31 Ibid.

32 Ibid, plate 1, facing p.208.

33 Paul Radin, *The Trickster: A Study in American Indian Mythology*, London and New York: Routledge Kegan Paul, 1956, p.167.

34 Oppenheimer, Op. cit., p.359.

35 Ibid, p.373.

36 Stephen Belcher, *African Myths of Origin*, London: Penguin Books, 2005, especially part 1.

3장
시베리아와 샤머니즘의 근원

1 Ronald Hutton, *Shamans: Siberian Spirituality and the Western Imagination*, Hambledon, UK and New York, 2001.

2 Piers Vitebsky, *The Shaman: Voyages of the Soul: Trance, Ecstasy and Healing from Siberia to the Amazon*, London: Duncan Blair, 2001, p.86.

3 Vitebsky, Op. cit., p.11.

4 Hutton, Op. cit., p.59.

5 Ibid, p.61.

6 Ibid, p.74.

7 Hutton, p.51.

8 Vitebsky, Op. cit., p.11.

9 Hutton, Op. cit., pp.11-12.

10 Ibid, p.13.

11 Ibid, p.26.

12 Mircea Eliade, *Shamanism: Archaic Techniques of Ecstasy*, Princeton, N.J.: Princeotn University Press, 1970, pp, 24 and 29.

13 Vitebsky, Op. cit., p.30.

14 Ibid, p.32.

15 Hutton, Op. cit., p.107. See also: Tim Ingold, *The Perception of the Environment: Essays in livelihood, dwelling and skill*, London: Routledge, 2000, pp.61ff.

16 Vitebsky, Op. cit., p.42.

17 Ibid, p.45.

18 Peter Furst, *Hallucinogens and Culture*, San Francisco: Chandler & Sharp, 1988, p.90.

19 Furst, Op. cit., p.91.

4장
사람 없는 땅으로

1 Dan O'Neill, *The Last Giant of Beringia: The Mystery of the Bering Land Bridge*, New York: Westview, 2004, p.6.

2 Commager, *Empire of Reason*, Op. cit., p.106.

3 O'Neill, Op. cit., p.8.

4 Ibid.

5 Ibid.

6 Ibid.

7 Ibid, p.11.

8 Ibid, p.12.

9 Ibid.

10 Ibid, p.13.

11 Ibid, p.14.

12 Ibid, p.15.

13 Ibid, p.17.

14 Ibid, p.64.

15 Ibid, p.65.

16 J. Louis Giddings, *Ancient Men of the Arctic*, London: Secker & Warburg, 1968.

17 O'Neill, Op. cit., p.112.

18 Ibid, p.114.

19 Ibid, pp.121-122.

20 Jeff Hecht, 'Out of Asia', *New Scientist*, 23 March, 2002, p.12.

21 Ibid, p.122.

22 Ibid, p.123.

23 Ibid, p.139.

24 O'Neill, Op. cit., p.141.

25 Ibid, pp.145-147.

26 Ibid, p.161. Renée Hetherington et al., 'Climate, African and Beringian subaerial continental shelves, and migration of early peoples,' *Quaternary International* (2007), doi:10.1016/j.quaint.2007.06.033

27 Gary Haynes, *The Early Settlement of North America: the Clovis Era*, Cambridge, UK: Cambridge University Press, 2002, p.253.

28 Steven Mithen, *After the Ice: A Global Human History, 20,000-5000 BC*, London: WEidenfeld & Nicolson, 2003, p.242.

29 Valerius Geist, 'Did large predators keep humans out of North America?'. In Julia Clutton-Brock (editor), *The Walking Larder: Patterns of Domestication, Pastoralism and Predation*, London: Unwin Hyman, 1989, pp.282-294.

30 Calvin Luther Martin, Op. cit., p.88.

31 Jake Page, *In the Hands of the Great Spirit: the 20,000 year history of American Indians*, New York: Free Press, 2004, p.37.

32 Anthony Sutcliffe, *On the Track of Ice Age Mammals*, London: British Museum Publications, 1986, p.167.

33 Sutcliffe, Op. cit., p.176.

34 Thomas Dillehay, *The Settlement of the Americas: A New Prehistory*, New York: Basic Books, 2000, p.112.

35 Timothy Flannery, *The Eternal Frontier: an ecological history of North America*, London: William Heinemann, 2001, p.117. Tom D. Dillehay, 'Probing Deeper into First American Studies', *Proc. Nat. Acad. Sciences*, 27 January 2009, pp.971–978.

36 Flannery, Op. cit., pp.192–205.

37 Dillehay, Op. cit., pp.164–165.

38 Haynes, Op. cit., p.91.

39 Dillehay, Op. cit., p.110.

40 Haynes, Op. cit., p.32.

41 Ibid., p.91. Michael R. Walters et al., 'Redefining the age of Clovis: Implications of the peopling of America', *Science*, Vol. 315, No. 5815, pp.1122–1126, 23 February 2007; Michael R. Waters et al., 'The Buttermilk Creek Complex and the Origins of Clovis at the Debra L. Friedkin Site, Texas', *Science*, Vol. 331, No. 6024, pp.1599–1603, 25 March, 2011; Jon M. Erlandson et al., 'Paleoindian Seafaring, Maritime Technologies and Coastal Foraging on California's Channel Islands', *Science*, Vol. 331, No. 6021, p.1122, 4 March 2011.

42 Flannery, Op. cit., p.92.

43 Dillehay, Op. cit., p.267.

44 Haynes, Op. cit., pp.249–250.

45 Ibid, pp.113 and 115.

46 Ibid, p.112.

47 Ibid, p.269.

48 Haynes, Op. cit., p.183.

49 Ibid, p.198.

50 Ibid, p.161.

51 Ibid, p.163. Waters et al., 'Redefining the Age of Clovis', Op. cit., p.1125.

52 Ibid, p.166.

53 Paul S. Martin, *Twilight of the Mammoths: Ice Age Extinctions and the Rewilding of America (organisms and environments)*, Los Angeles and Berkeley: University of California Press, 2005 (re-issue).

54 Haynes, Op. cit., p.166. R. Dale Guthrie, 'New carbon dates link climatic change with human colonization and Pleistoene extinctions,' *Nature*, Vol. 441, pp.207-209, 11 May 2006, doi:10.1038/nature04604.

55 Ibid.

56 Jared Diamond, *Guns, Germs and Steel: the Fates of Human Societies*, New York and London: W. W. Norton, 2005, p.47.

57 *New Scientist*, 26 May 2007, pp.8-9. Briggs Buchanan et al., 'Peleoindian demography and the extraterrestrial impact hypothesis,' *Proc. Natl. Acad. Sci.* Vol, 105, pp.11651-11654, 2008; James Kennett and Allen West, 'Biostratigraphic evidence supports Paeloindian disruption at ~12.9 ka'

58 Haynes, Op. cit., p.161.

59 Ibid., p.163.

60 Ibid., p.166.

61 Kate Ravilious, 'Messages from the Stone Age', *New Scientist*, 20 February 2010, pp.30-34.

62 Diamond, Op. cit., p.67.

5장
화산대와 트럼펫 서멀

1 David Landes, *The Wealth and Poverty of Nations*, London: Abacus, 1998, p.7.

2 Landes, Op. cit., p.17.

3 Ibid, p.19.

4 Ibid.

5 Peter D. Clift and R. Alan Plumb, *The Asians Monsoon: causes, history, and effects*, Cambridge, UK: Cambridge University Press, 2008, p.136.

6 Brian Fagan, *The Long Summer: How Climate Changed Civilization*, London: Granta, 2004, p.170.

7 Fagan, *The Long Summer*, Op. cit., p.171.

8 Clift and Plumb, Op. cit., p.203.

9 Ibid, p.204. T. J. Wilkinson, *Archaeological Landscapes of the Near East*, Tucson, University of Arizna Press, 2003, p.210.

10 Fagan, *Black Lands*, Op. cit., p.278.

11 Clift and Plumb, Op. cit., p.207.

12 Ibid.

13 Ibid, p.204.

14 Ibid, p.212.

15 Ibid, p.214.

16 Ibid, pp.214-215.

17 Ibid, p.215.

18 Tom Simkin et al., *Volcanoes of the World*, Stroudsberg, PA: Hutchinson Ross Publishing for the Smithsonian Institution, Washington D.C., 1981, passim.

19 David K. Keefer et al., 'Early Maritime Economy and El Niño events at Quebrada Tacahuay, Peru', *Science*, 18 September 1998, vol. 281, no. 5384, pp.1833-1835.

20 Paul Wheatley, *The Pivot of the Four Corners*, Edinburgh: Edinburgh University Press, 1971, pp.478 and 481.

21 Wheatley, Op. cit., p.228.

22 Boer and Sanders, *Earthquakes and Human History*, Op. cit., p.16.

23 Kerry Sieh and Simon LeVay, *The earth in Turmoil: Earthquakes, Volcanoes and their Impact on Humankind*, New York: W.H. Freeman, 1998, pp.146-151.

24 Jelle Zeitlinga de Boer and Donald Theodor Sanders, *Volcanoes in Human History*, Princeton and Oxford: Princeton University Press, 2003, p.4. For details about the Planchón-Peteroa landslide, see: *Global and Planetary Change*, DOI: 10.1016/j.gloplacha.2010.08.003, quoted in: Kate Ravilious, 'How climate change could flatten cities', *New Scientist*, 16 October, 2010, p.14.

25 De Boer and Sanders, *Volcanoes in Human History*, Op. cit., pp.6-7.

26 Kerry Emanuel, *Divine Wind: The history and science of hurricanes*, Oxford and New York: Oxford University Press, 2005, pp.187-189.

27 Emanuel, Op. cit., p.32.

28 Art Wolf and Ghillean Prance, *Rainforests of the World: Water, Fire, Earth and Air*, London: Harvill, 1998, p.245.

29 Timothy Flannery, *The Eternal Frontier*, London: William Heinemann, 2001, pp.83-118.

30 Clift and Plumb, Op. cit., p.223.

31 Ibid.

32 Ibid, p.225. T. J. Wilkinson, personal communication, May, 2011.

33 Ibid, p.226.

34 Ibid, p.227.

35 Jared Diamond, *Guns, Germs and Steel: The Fates of Human Societies*, London: Jonathan Cape, 1997, p.177.

36 Diamond, Op. cit., p.367.

37 Jared Diamond, *The Third Chimpanzee: The Evolution and Future of the Human Animal*, New York: Harper Perennial, 1992, pp.222-223.

38 Richard Keatinge, *Peruvian Prehistory: An Overview of Pre-Inca and Inca Society*, Cambridge, UK: Cambridge University Press, 1988, p.38.

39 Diamond, *Guns, Germs and Steel*, Op. cit., p.581.

40 Ibid, pp.190 and 370

41 Peregrine Horden and Nicholas Purcell, *The Corrupting Sea: A Study of Mediterranean History*, Oxford: Blackwell, 2000, p.346.

42 Horden and Purcell, Op. cit., p.381.

43 Ibid, p.141.

44 Ibid, pp.185-215 passim.

45 Oppenheimer, *Eden in the East*, Op. cit., p.32.

6장
뿌리, 종자, 가축의 이례적인 분포

1 Diamond, *Guns, Germs and Steel*, Op. cit., p.128.

2 Ibid, p.149.

3 Ibid, p.101.

4 Carl O. Sauer, *Agricultural Origins and Dispersals*, Cambridge, MA: MIT Press, 1952/1969, p.73.

5 Diamond, *Guns, Germs and Steel*, Op. cit., p.125.

6 Ibid, p.142.

7 Ibid, pp.150-151.

8 Ibid, p.418.

9 Jeff Hecht, 'Out of Asia', *New Scientist*, 23 March, 2002, p.12.

10 Diamond, *Guns, Germs and Steel*, Op. cit., p.173.

11 Graeme Barker, Op. cit., p.145.

12 Diamond, *Guns, Germs and Steel*, Op. cit., p.400.

7장
부권, 번식, 농경: '몰락'

1 David Lewis-Williams, *The Mind in the Cave*, London and New York: Thames & Hudson, 2002, pp.199-200 and 216-217.

2 Lewis-Williams, Op. cit., pp.224-225.

3 Ibid., pp.285-286.

4 Ibid.

5 Mircea Elidae, *A History of Religious Ideas*, Volume 1, London: Collins, 1979, p.20.

6 Anne Baring and Jules Cashford, *The Myth of the Goddess: Evolution of an Image*, Arkana/Penguin Books, 1991/1993, pp.9-14.

7 Enrique Florescano, *The Myth of Quetzalcoatl*, trs. Lysa Hochroth, Baltimore and London: Johns Hopkins University Press, 1999, p.199.

8 Elizabeth Wayland Barber and Paul T. Barber, *When They Severed Earth from Sky: How the Human Mind Shapes Myth*, Princeton, NJ and Oxford: Princeton University Press, 2004.

9 *Nature*, DOI:10.1038/nature07995.

10 *Nature*, 2010; DOI:10.1038/nature08837.

11 Malcolm Potts and Roger Short, *Ever Since Adam and Eve: The Evolution of Human Sexuality*, Cambridge, UK: Cambridge University Press, 1999, p.85.

12 Baring and Cashford, Op. cit., p.6.

13 Ibid, p.30.

14 David R. Harris (editor), *The Origin and Spread of Agriculture and Pastoralism in Eurasia*, London: University College London Press, 1996, p.135.

15 Harris (editor), Op. cit., p.166.

16 Chris Scarre, 'Climate change and faunal extinction at the end of the Pleistocene', chapter 5 of *The Human Past*, edited by Chris Scarre, London: Thames & Hudson, 2006, p.13.

17 Peter Watson, *Ideas: A History from Fire to Freud*, London: Phoenix/Weidenfeld

거대한 단절

& Nicolson, 2006, p.77.

18 See also: Jared Diamond, *Guns, Germs and Steel*, Op. cit., p.105.

19 Mark Nathan Cohen, *The Food Crisis in Prehistory*, New Haven, CT: Yale University Press, 1977.

20 Groube, 'The impact of diseases upon the emergence of agriculture', in Harris (editor), Op. cit., p.101-129.

21 Jacques Cauvin, *The Birth of the Gods and the Origins of Agriculture*, Cambridge, UK: Cambridge University Press, 2000 (French publication, 1994, translation: Trevor Watkins), p.15.

22 Cauvin, Op. cit., pp.16 and 22.

23 Ibid, pp.39-48.

24 Ibid, p.128.

25 Fagan, *The Long Summer*, Op. cit., p.103.

26 Michael Balter, *The Goddess and the Bull: Catalhöyük: An archaeological journey to the dawn of civilization*, New York: Free Press, 2005, pp.176ff.

27 http://wholehealthsource.blogspot.com/2008/08/life-expectancy-and-growth-of.html. Posted 5 August, 2008.

28 Pagels, Op. cit., p.29.

29 Elaine Pagels, *Adam and Eve and the Serpent*, London: Weidenfeld & Nicolson, 1988, p.27.

30 Potts and Short, Op. cit., p.46.

31 Pagels, Op. cit., p.xiv.

32 Jean Delumeau, *The History of Paradise: The Garden of Eden in Myth and Tradition*, trs. Matthew O'Connell, New York: Continuum, 1995, p.196.

33 Delumeau, Op. cit., p.197.

34 Delumeau, Op. cit., p.7. Potts and Short, Op. cit., p.152.

35 Timothy Taylor, *The Prehistory of Sex*, London: Fourth Estate, 1997, p.144.

36 Taylor, Op. cit., p.132.

37 Cauvin, Op. cit., p.69.

8장
신세계에서는 없었던 네 가지 현상: 쟁기질, 가축몰이, 젖짜기, 말타기

1 Andrew Sherratt, *Economy and Society in Prehistoric Europe: Changing Perspectives*, Edinburgh: Edinburgh University Press, 1998, p.158.

2 Diamond, *Guns, Germs and Steel*, Op. cit., pp.132 and 162.

3 Sherratt, Op. cit., p.161.

4 Ibid, p.165.

5 Ibid, p.170.

6 Ibid, p.171.

7 Robert Drews, *The End of the Bronze Age: changes in warfare and the catastrophe ca. 1200 BC*, Princeton, N.J.: Princeton University Press, 1993.

8 Sherratt, Op. cit., p.173.

9 Ibid.

10 Ibid, p.178.

11 Ibid, p.180.

12 Ibid, p.181.

13 Ibid, p.184.

14 *PLos Computational Biology*, DOI:10.1371/journal.pcbi.1000491; http://www.livescience.com/2751-love-milk-dated-6000.html.

15 Sherratt, Op. cit., p.188.

16 Ibid, p.191. S.K. McIntosh (editor), *Beyond Chiefdoms*, Cambridge: Cambridge University Press, 1999, pp.73-75; Susan Keech McIntosh, 'Floodplains and the Development of Complex Society: Comparative Perspectives from the West African Semi-arid Tropics', in Elisabeth Benson & Lisa Lucero (editors), *Complex Polities in the Ancient tropical World*, Archaeological Papers of the American Anthropological Association, Number 9, 1999, pp.151-165.

17 Ibid, p.192.

18 Ibid.

19 Ibid, p.194.

20 Ibid, p.195.

21 Ibid.

22 Ibid, p.198.

9장
재난과 희생의 기원

1 Sherratt, Op. cit., p.336.

2 Ibid, p.337.

3 Ibid, p.334.

4 Ibid, p.351.

5 Ibid, p.353.

6 Chris Scarre, 'Shrines of the Land: religion and the transition to farming in Western Europe'; paper delivered at the conference, 'Faith in the past: Theorising an archaeology of religion', in Kelley Hays Gilpin and David S. Whitley (editors), *Belief in the Past: theoretical approaches to the archaeology of religion*, Walnut Creek, CA: Left Coast Press, 2008, p.6.

7 Sherratt, Op. cit. p.355.

8 Ibid, p.356.

9 Colin Renfrew, *Before Civilization*, London: Cape, 1973, pp.162-163.

10 Eliade, Op. cit., p.117.

11 Immanuel Velikovsky, *Ages in Chaos*, London: Sidgwick & Jackson, 1853; *Earth in Upheaval*, Garden City, NY: Doubleday, 1955; *World in Collision: terror and the future of global order*, Basingstoke (UK): Palgrave, 2002, edited by Kim Booth and Tim Dunne.

12 Benny J. Paiser, et al., (editors), Op. cit., p.28.

13 Paiser, Op. cit., p.23.

14 Ibid.

15 Ibid, p.55.

16 Ibid, pp.60-61.

17 Ibid, p.64.

18 Ibid, p.42.

19 Ibid, p.46.

20 Ibid, p.174.

21 Robert G. Hamerton Kelly (editor), Op. cit., passim, but especially p.204.

22 Hamerton Kelly, Op. cit., p.179.

23 Fagan, *From Black Lands to Fifth Sun*, Op. cit., p.93-4.

24 Ibid, p.245.

25 Jan N. Bremner (editor), *The Strange World of Human Sacrifice*, Leuven, Paris, Dudley MA: Peeters, 2007, p.230.

26 Marija Gimbutas, *The Gods and Goddesses of Old Europe: 6500 to 3500 B.C.*, London: Thames & Hudson, 1982, p.236.

27 Ibid.

28 Ibid.

10장
마약에서 알코올로

1 Sherratt, Op. cit., p.406.

2 Mark David Merlin, *On the Trail of the Ancient Poppy*, London and Toronto: Fairleigh University Press and Associated Universities Press, 1984, passim.

3 Sherratt, Op. cit., p.408.

4 Ibid, p.409.

5 Ibid, p.410.

6 Ibid, p.411.

7 Ibid.

8 Ibid, pp.414-416.

9 Ibid, p.417.

10 Ibid, pp.419-421.

11 Ibid, p.423.

12 Ibid, p.422.

13 Ibid. p.424.

14 Ibid.

15 Ibid. p.380

16 Ibid, pp.386-387.

17 Ibid, p.391.

18 Ibid, p.392.

19 Ibid, p.393.

20 Ibid, p.396.

21 Andrew Sherratt, 'Alcohol and its alternatives,' in Jordan Goodman et al (editors), *Consuming Habits: Drugs in History and Anthropology*, London and New York: Routledge, 1995, pp.16-17.

22 Sherratt, 'Alcohol and Its Alternatives', Op. cit., pp.17-18.

23 Ibid, pp.18-19.

24 Ibid, p.20.

25 Merlin, Op. cit., p.269.

26 Ibid, pp.212 and 220-221.

27 Sherratt, 'Alcohol and Its Alternatives', Op. cit., p.30.

28 Ibid.

29 Ibid. p.31.

30 Mott T. Greene, *Natural Knowledge in Pre-Classical Antiquity*, Baltimore and London: Johns Hopkins University Press, 1992, chapter 6.

11장
옥수수, 신세계 인류를 만들다

1 John Reader, *Propitious Esculent: The Potato in World History*, London: William Heinemann, 2008, p.32.

2 Redcliffe Salaman, *The History and Social Influence of the Potato*, Cambridge, UK: Cambridge University Press, 1949, p.2.

3 Reader, Op. cit., p.26.

4 Ibid, p.11.

5 Salaman, Op. cit., p.38.

6 Reader, Op. cit., p.16.

7 Ibid, pp.27-28.

8 Ibid, p.32.

9 Diamond, *Guns, Germs and Steel*, Op. cit., p.137.

10 John Staller et al., (editors), *Histories of Maize: Multidisciplinary Approaches to the Prehistory, Linguistics, Biogeography and Evolution of Maize*, Amsterdam: Elsevier/Academic Press, 2006, p.55.

11 Bruce F. Benz et al, 'El Riego and Early Maize Agricultural Evolution', in Staller et al., (editors), Op. cit., pp.74-75.

12 Michael Blake, 'Dating the Initial Spread of Zea Mays', in Staller et al., (editors), Op. cit., p.60.

13 Bruce Benz et al, 'The Antiquity, Biogeography and Culture History of Maize in the Americas', in Staller et al., (editors), Op. cit., p.667.

14 Benz et al, 'El Riego and Early Maize…', Op. cit., pp.68-69.

15 Ibid.

16 Benz et al, 'The Antiquity, Biogeography and Culture History of Maize…', Op. cit., p.671.

17 Sergio J. Chávez et al., 'Early maize on the Copocabana Peninsula: Implications for the archaeology of the Lake Titicaca Basin', in Staller et al., (editors), Op. cit., p.426.

18 Christine H. Hastorf et al, 'The movements of maize into middle horizon Tiwanaku, Bolivia', in Staller et al., (editors), Op. cit., p.431.

19 Henry p.Schwarcz, 'Stable Carbon Isotope Analysis and Human Diet: A Synthesis', in Staller et al., (editors), Op. cit., p.319.

20 John E. Staller, 'The social, symbolic and economic significance of *Zea mays* L. in the Late Horizon period', in Staller et al., (editors), Op. cit., p.449.

21 Ibid, p.452; and see p.454 for elaborate *chichi* rituals.

22 Nicholas A. Hopkins, 'The place of maize in indigenous Mesoamerican Folk taxonomies', chapter 44 of Staller et al., (editors), Op. cit.; and Jane H. Hill, 'The historical linguistics of Maize cultivation in Mesoamerica and North America', chapter 46 of Staller et al (editors) Op. cit.

23 Robert L. Rankin, 'Siouan tribal contacts and dispersions evidenced in the terminology for maize and other cultigens', chapter 41 of Staller et al., (editors), Op. cit.

24 William E. Doolittle et al, 'Environmental mosaics, agricultural diversity, and the evolutionary adoption of maize in the American Southwest', in Staller et al., (editors), Op. cit., pp.109ff.

25 Thomas p.Myers, 'Hominy Technology and the emergence of Mississippian societies', in Staller et al., (editors), Op. cit., p.515.

26 Brian Stross, 'Maize in word and image in Southeastern Mesoamerica', in Staller et al., (editors), Op. cit., p.584.

27 Stross, Op. cit., p.585.

28 Ibid, p.587.

29 Gordon Brotherston, *Book of the Fourth World*, Op. cit., p.139.

12장
향정신성 열대 우림, 그리고 환각제의 독특한 분포

1 Peter T. Furst, *Hallucinogens and Culture*, Novato, CA: Chandler & Sharp, 1976/1988, p.2.

2 Furst, Op. cit., p.3.

3 Ibid, p.6.

4 Ibid.

5 Ibid, p.8.

6 Ibid.

7 Ibid, p.9. See also the paintings and drawings in: Thomas Donaldson, *The George Catlin Indian Gallery in the U.S. Museum*, Annual Report of the Smithsonian Museum for 1885. Washington D.C.: U.S. Government Printing Office, 1886.

8 Furst, Op. cit., pp.10-11.

9 Ibid, p.11.

10 Ibid, p.44.

11 Ibid, pp.45-46.

12 Gerardo Reichel-Dolmatoff, 'The cultural contexts of an Aboriginal Hallucinogen: *Banisteriopsis Caapi*, in Peter T. Furst (editor), *Flesh of the Gods: The Ritual Use of Hallucinogens*, New York: Prager, 1972. pp.84-113.

13 Furst, *Hallucinogens and Culture*, Op. cit., p.55.

14 Ibid, p.62.

15 Ibid, p.65.

16 Mott T. Greene, *Natural Knowledge in Pre-Classical Antiquity*, Op. cit., chapter 6.

17 Furst, *Hallucinogens and Culture*, Op. cit., p.67.

18 Ibid, p.81.

19 Ibid, pp.77-78.

20 Ibid, pp.79-80.

21 See also: Gordon R. Wasson, 'Ololiuhqui and other Hallucinogens of Mexico',

거대한 단절

In *Summa Anthropológica en homenaje a Roberto J. Weitlaner*, Mexico, D.F.: Instituto Nacional de Antropoligia e Historia, 1967, pp.328-348.

22 Furst, *Hallucinogens and Culture*, Op. cit., p.87.

23 Ibid, p.109.

24 Ibid, p.110.

25 Ibid, p.111.

26 Ibid, p.113.

27 For first-hand accounts, see: Barbara G. Myerhoff, *The Peyote Hunt: The sacred journey of the Huichol Indians*, Victor Turner (editor), Ithaca, N.Y.: Cornell University Press, 1974; and: Fernando Benítez, *In the Magic Land of Peyote*, trs. John Upton, Austin, TX: The University of Texas Press, 1975.

28 Furst, *Hallucinogens and Culture*, Op. cit., pp.131-132.

29 Ibid, p.134.

30 Ibid, p.138.

31 Ibid, p.139.

32 Lowell J. Bean and Katherine Siva Saubel, *Temalpakh: Cahuilla Indian Knowledge and Usage of Plants*, Banning, CA: Malki Museum Press, 1972.

33 Richard Evans Schultes, 'Ilex Guyana from 500 a.d. to the Present', Gothenburg Ethnographic Museum, *Etnologiska Studier*, No. 32, 1972, pp.115-138.

34 Furst, *Hallucinogens and Culture*, Op. cit., p.152.

35 Ibid, p.156.

36 Ibid, p.158.

37 Ibid, p.160.

38 Michael D. Coe, 'The shadow of the Olmecs,' *Horizon*, Vol, 13, No. 4, pp.970-973, 1971.

39 Julian H. Steward (editor), *Handbook of South American Indians*, 6 vols, Washington D.C.: Smithsonian Institution, Bureau of American Ethnology, Bulletin 143, 1963; Reprint: New York, Cooper Square. See especially vol 1, pp.265, 275, 424 and vol 3, pp.102, 414.

40 Furst, *Hallucinogens and Culture*, Op. cit., pp.166-169.

41 Michael J. Harner, *Hallucinogens and Shamanism*, Oxford and New York: Oxford University Press, 1973, p.xv.

42 Harner, Op. cit., p.12.

43 Ibid, pp.16-17.

44 Ibid, pp.23-25.

45 Ibid, pp.30-31.

46 Ibid, p.38.

47 Ibid, p.46.

48 Claudio Naranjo, *The Healing Journey: New Approaches to Consciousness*, New York: Pantheon, 1973, p.122.

49 Harner, Op. cit., p.129.

13장
담배와 코카, 초콜릿이 있는 집

1 W. Golden Mortimer, *History of Coca: 'The Divine Plant'of the Incas*, San Francsico: And/Or Press, 1974, p.22.

2 Dominic Steatfeild, *Cocaine: An Unauthorized Biography*, London: Virgin, 2001, p. 3.

3 Steatfeild, Op. cit., p.6.

4 Ibid, p.8.

5 Ibid, p.10.

6 Mortimer, Op. cit., p.155.

7 Steatfeild, Op. cit., p.27.

8 Ibid, pp.28-29.

9 Ibid, p.31.

10 Francis Robicsek, *The Smoking Gods: Tobacco in Mayan Art, History and Religion*, Norman, OK, Oklahoma University Press:, 1978, pp.1-4.

11 Robicsek, Op. cit., p.23.

12 Ibid, pp.27-29.

13 Ibid, pp.31-35.

14 Ibid, pp.37-38.

15 Ibid, p.43.

16 Johannes Wilbert, *Tobacco and Shamanism in South America*, New Haven, CT: Yale University Press, 1993, pp.16-17.

17 Diego Durán, *Book of the Gods and Rights*, Oxford and New York: Oxford University Press, 1975 (originally published 1574-1576.)

18 Robicsek, Op. cit., pp.104-106.

19 Ibid, pp.120-121.

20 Ibid, p.157.

21 Cameron L. McNeil, *Chocolate in Mesoamerica: A Cultural History of Cacao*, Gainesville, FL: University Press of Florida, 2006, p.1.

22 McNeil, Op. cit., p.8.

23 Ibid, p.12.

24 Ibid, p.14.

25 Ibid, p.17.

26 Robicsek, Op. cit., p.118.

27 Ibid, p.141.

28 Ibid, p.154.

29 Ibid, p.163.

30 Sophie Coe and Michael D. Coe, *The True History of Chocolate*, London and New York: Thames & Hudson, 1996, pp.98-99.

31 Furst, *Hallucinogens and Culture*, Op. cit., p.156.

32 Ibid, p.158.

33 Ibid, p.160.

34 Michael D. Coe, 'The shadow of the Olmecs,' *Horizon*, Vol. 13. No. 4, pp.970-973, 1971.

14장
야생: 재규어, 바이슨, 연어

1 Wolf and Prance, *Rainforest of the World*, Op. cit., p.214.

2 Nicholas J. Saunders, *People of the Jaguar: The Living Spirit of Ancient America*, New York and London: Souvenir Press, 1989, p.94.

3 Elizabeth P. Benson (editor), *The Cult of the Feline*, Washington D.C., Dumbarton Oaks Research Library, 1972, p.2.

4 Saunders, Op. cit., p.31.

5 Benson (editor), *The Cult of the Feline*, Op. cit., p.51.

6 Ibid, p.52.

7 Ibid, pp.54-56.

8 Ibid, p.57.

9 Gerardo Reichel-Dolmatoff, *Desana: Simbolism de los Indios Tukano del Vaupés*, Bogotá, 1968, p.99.

10 Gerardo Reichel-Domatoff, 'La cultura material de los Indios Guahibo,' *Revista de Instituto Etnológico Nacional* (Bogotá), vol 1, no. 2., 1944, pp.437-506.

11 Benson (editor), Op. cit., p.69.

12 Ibid, p.158.

13 Saunders, Op. cit., pp.80-82.

14 Benson (editor), *The Cult of the Feline*, Op. cit., p.139.

15 Saunders, Op. cit., p.135.

16 Benson, *The Cult of the Feline*, Op. cit., p.137.

17 Ibid, p.138.

18 Ibid, p.140.

19 Saunders, Op. cit., p.144.

20 Ibid.

21 Ibid, p.147.

22 Ibid, p.148.

23 Ibid, p.150.

24 Brotherston, *Book of the Fourth World*, Op. cit., p.242.

25 Saunders, Op. cit., p.151.

26 Ibid, p.152.

27 Ibid, p.154.

28 Robert Wrangham, *Catching Fire: How Cooking Made Us Human*, London: Profile Books, 2009, p.101.

29 Brian Fagan, *Ancient North America*, Op. cit., p.91.

30 Ibid, p.93.

31 Ibid, pp.116-120.

32 Dennis Stanford, 'The Jones Miller site: An example of Hell Gap Bison Procurement Strategy', in L. Davis and M. Wilson (editors), 'Bison Procurement and Utilization: A Symposium', *Plains Anthropological Memoir*, vol 16, 1978, pp.90-97.

33 Fagan, *Ancient North America*, Op. cit., p.130.

34 Ibid.

35 G.C. Frison, Op. cit., pp.77-91.

36 Fagan, *Ancient North America*, Op. cit., p.298.

37 Ibid.

38 Ibid, p.300.

39 Jake Page, *In the Hands of the Great Spirit*, Op. cit., p.51.

40 Fagan, *Ancient North America*, Op. cit., p.368.

41 Ibid, pp.369-370.

42 Ibid, p.372.

43 Ibid, p.373.

44 S. Struever and F. Holton, Op. cit.

45 Fagan, *Ancient North America*, Op. cit., p.375.

46 Melvin Fowler, 'Cahokia and the American Bottom: Settlement Archaeology', in Bruce D. Smith (editor), *Mississippian Settlement Patterns*, New York: Academic Press, 1978, pp.455-478.

15장

에리두와 아스페로: 1만2000킬로미터 떨어진 최초의 도시

1 Bernardo T. Arriaza, *Beyond Death: The Chinchorro Mummies of Ancient Chile*, Washington D.C.: Smithsonian Institution Press, 1995. pp.12ff.

2 Bernardo T. Arriaza, 'Arsenias as an environmental hypothetical explanation for the origin of the oldest mummification practice in the world,' *Chungara Revista de Antropologia Chilene*, December 2005, vol 37, no. 2, pp.255-260.

3 Ibid.

4 Arriaza, *Beyond Death*, Op. cit., pp.61-62.

5 Ibid, p.144.

6 Juan P. Ogalde et al., 'Prehistoric psychotropic consumption in Andean Chilean mummies,' *Nature Proceedings*: hdl:10101/npre.2007.1368.1: Posted 29 November, 2007.

7 Michael Moseley, *The Maritime Foundations of Andean Civilization*, Menlo Park, CA: Cummings, 1975.

8 Ruth Shady Solis et al., 'Dating Caral: a pre-ceramic site in the Supe Valley on the central coast of Peru,' *Science*, 27 April 2001, vol 292, no. 5517, pp.723-726.

9 Ibid.

10 Roger Atwood, 'A monumental feud,'*Archaeology*, vol 58, no. 4, July/August 2005.

11 Discovermagazine.com/2005/sep/showdown-at-caral. By Kenneth Miller, p.5 of 19.

12 Ruth Shady Solis et al., Op. cit.

13 Hans J. Nissen, *The Early History of the Ancient Near East*, Chicago: University of Chicago Press, 1988, pages 5 and 71; Petr Charvát, *Mesopotamia Before History*, London: Routledge, 2002, p.134. Douglas H. Kennett et al., 'Early State Formation in Southern Mesopotamia: Sea Levels, Shorelines, and Climate Change,' *Journal of Island & Coastal Archaelogy*, Vol. 1, Issue 1, pp.67-99, 2005; DOI

10:1080/15564890600586283. T.J. Wilkinson, Archaeological Landscapes of the Near East, Op. cit., especially pp.17-31 and 152-210.

14 Nissen, Op. cit., p.69.

15 Ibid.

16 Gwendolyn Leick, *Mesopotamia*, London: Penguin, 2002, p.2.

17 Charvát, Op. cit., p.93.

18 Ibid. See also: 'Oldest image of god in Americas found', *New Scientist*, 19 April 2003, p.13.

19 Nissen, Op. cit., p.72.

20 Charvát, Op. cit., p.134.

21 Ruth Shady Solis et al., Op. cit.

22 Mason Hammond, *The City in the Ancient World*, Cambridge, MA.: Harvard University Press, 1972, p.39.

23 Kenneth Miller (*Discover magazine*), Op. cit., 4 of 19.

24 Brian Fagan, *From Black Lands to Fifth Sun*, Op. cit., p.63.

25 Kenneth Miller (*Discover magazine*), Op. cit., 4 of 19.

26 Miller, Op. cit., 5 of 19. See also: Jeffrey Quilter et al., *El Niño, Catastrophism and Culture Change in Ancient America*, Dumbarton Oaks Precolumbian Studies, Cambridge, MA: Harvard University Press, 2009.

27 Michael E. Moseley, 'Punctuated Equilibrium: Searching the ancient record for El Niño', *Quaterly Review of Archaeology*, vol 8, no. 3, 1987, pp.7-10. See also: David K. Keefer et al., 'Early maritime economy and El Niño events at Quebrada Tacahuay, Peru,'Science, vol 281, no. 5384, pp.1833-35, 18 September 1998.

28 Moseley, *Punctuated Equilibrium*, Op. cit., and Keefer et al., Op. cit.

16장
대초원, 전쟁 그리고 '새로운 인류'

1 Hans J. Nissen, *The Early History of the Ancient Near East*, Op. cit., pp.132-133.

2 H. W. F. Saggs, *Before Greece and Rome*, London: B.T. Batsford, 1989, p.62.

3 D. Schmandt-Besserat, *Before Writing, volume 1: From Counting to Cuneiform*, Austin, TX: University of Texas Press, 1992.

4 Richard Rudgley, *Lost Civilizations of the Stone Age*, London: Orion, 1998, p.50.

5 Ibid.

6 Ibid, p.54. The French scholar who has cast doubt on this reconstruction is: Jean-Jacques Glassner, in *The Invention of the Cuneiform: Writing in Sumer*, Baltimore and London: Johns Hopkins University Press, 2003.

7 Leick, Op. cit., p.75.

8 Nissen, Op. cit., p.136.

9 Saggs, Op. cit., p.105.

10 Ibid, p.111.

11 Lionel Casson, *Libraries in the Ancient World*, New Haven, CT and London: Yale University Press, 2001, p.4.

12 Ibid, p.13.

13 Saggs, Op. cit., pp.156-158.

14 Fredrick R. Matson (editor), *Ceramics and Man*, London: Methuen 1966, pp.141-143.

15 Leslie Aitchison, *A History of Metals*, London: Macdonald, 1960, p.37.

16 Ibid, p.40.

17 Ibid, p.41.

18 Theodore Wertime et al., (editors), *The Coming of the Age of Iron*, New Haven, CT: Yale University Press, 1980, p.36.

19 Aitchison (editor), Op. cit., p.78.

20 Ibid, p.82.

21 Ibid.

22 Ibid.

23 Ibid, p.98.

24 Stuart Piggott, *Wagon, Chariot and Carriage*, London and New York: Thames & Hudson, 1992, p.16.

25 Ibid, p.21.

26 Robert Drews, *The End of the Bronze Age: Changed in Warfare and the Catastrophe Ca. 1200 b.c.*, Princeton, NJ: Princeton University Press, 1994, p.104.

27 Drews, Op. cit., p.106.

28 Ibid, p.112.

29 Ibid, p.119.

30 Ibid, p.125.

31 Anne Baring and Jules Cashford, *The Myth of the Goddess*, Op. cit., pp, 115-116.

32 Ibid, p.140.

33 Ibid.

34 Ibid, p.190.

35 Ibid, p.209.

36 Ibid, p.234.

37 Ibid, p.277.

38 Ibid, p.278.

39 Elena Efimovna Kuzmina, *The Prehistory of the Silk Road*, editor by Victor H. Mair, Philadelphia, PA: University of Pennsylvania Press, 2008, p.10.

40 Gerard Chaliand, *Nomadic Empires: From Mongolia to the Danube*, trs. A.M Berrett, Rutgers, NJ: Transaction, 2005, pp.8-10.

41 Kuzmina, Op. cit., pp.88 and 100.

42 Ibid, p.4.

43 Braudel, Op. cit., p.110-111.

44 A.M. Khazanov, *Nomads and the Outside World*, trs. Julia Crookenden, Cam-

bridge, UK: Cambridge University Press, 1984, p.92.

45 John Larner, *Marco Polo and the Discovery of the World*, New Haven, CT: Yale University Press, 1999, p.25.

46 Chaliand, Op. cit., p.7.

47 Khazanov, Op. cit., p.96.

48 Ibid, p.43.

49 Ibid, p.32.

50 Ibid, p.51.

51 Ibid, p.69.

52 M. L. Ryder, *Sheep and Man*, London: Duckworth, 1983, p.10.

53 Ryder, Op. cit., p.80.

54 Ibid, pp.652-655.

55 Hannah Velten, *Cow*, London: Reaktion Books, 2007, p.13.

56 Venten, Op. cit., p.34.

57 Ibid, p.77.

58 Ibid, p.106.

59 Nicola di Cosmo, *Ancient China and Its Enemies: the rise of nomadic power in East Asian history*, Cambridge, UK: Cambridge University Press, 2004, p.32.

60 Khazanov, Op. cit., p.71.

61 Kuzmina, Op. cit., p.62.

62 Khazanov, Op. cit., p.82.

63 Chaliand, Op. cit., p.xii.

64 Ernest Gellner, *Plough, Sword and Book: the structure of human history*, London: Collins Harvill, 1988, p.154.

65 Chaliand, Op. cit., p.11.

66 Kuzmina, Op. cit., p.161.

67 Di Cosmo, Op. cit., p.31.

68 Ibid, p.32.

69 Kuzmina, Op. cit., p.65.

70 Baring and Cashford, Op. cit., p.156.

71 Ibid.

72 Chaliand, Op. cit., p.12.

73 Baring and Cashford, Op. cit., pp.156-158.

74 Ibid.

75 Joseph Campbell, *The Masks of God: Occidental Mythology*, London: Secker & Warburg, 4 vols, 1960-68, vol 1, pp.21-22.

17장
재규어의 날

1 Fagan, *Kingdoms of Gold, Kingdoms of Jade*, Op. cit., p. 96.

2 Ibid, p.97.

3 Ibid, p.98.

4 Ibid, p.99.

5 John E. Clark and Pary E. Pye (editors), *Olmec Art and Archaeology in Meso-america*, Washington, D.C.: National Gallery of Art/Yale University Press, 2000, p.219.

6 Fagan, Op. cit., p.103.

7 David Grove, *Chalcatzingo: Excavations on the Olmec Frontier*, London and New York: Thames & Hudson, 1984, pp.104-105.

8 Clark and Pye (editors), Op. cit., p.23.

9 Ibid, p.164.

10 Ibid, p.88.

11 Ibid, p.89.

12 Grove, Op. cit., p.126.

13 Ibid, p.116.

14 Ibid, p.208.

15 Ibid, p.209.

16 Ibid, p.186.

17 Ibid, p.165.

18 Ibid, p.164.

19 William J. Conklin and Jeffrey Quilter (editors), *Chavin Art, Architecture and Culture*, Los Angeles and Berkeley: University of California Press/Cotsen Institute of Archaeology, 2008, p.119.

20 Ibid, pp.158–159.

21 Ibid, p.154.

22 Ibid, pp.275–277.

23 Ibid.

24 Clark and Pye (editors), Op. cit., p.167.

25 Richard L. Burger, *Chavin and the Origin of Andean Civilization*, London and New York: Thames & Hudson, 1995, p.128.

26 Conklin and Quilter (editors), Op. cit., p.152.

27 Burger, Op. cit., p.167.

28 Conklin and Quilter (editors), Op. cit., p.210.

29 Burger, Op. cit., p.170.

30 Conklin and Quilter (editors), Op. cit., p.80.

31 Ibid, p.135.

32 Ibid, p.170.

33 Burger, Op. cit., p.171.

34 Ibid, p.216.

35 Ibid, p.157.

36 Conklin and Quilter (editors), p.259.

37 Burger, Op. cit., p.157.

38 Ibid.

39 Conklin and Quilter (editors), Op. cit., pp.259–260.

40 Burger, Op. cit., p.159.

41 Ibid.

42 Ibid, p.189.

43 Conklin and Quilter (editors), Op. cit., p.112.

44 Ibid, p.26.

45 Ibid, p.30.

46 Ibid, p.195.

47 Ibid, p.196.

48 Ibid, p.198.

49 Burger, Op. cit., p.202.

50 Ibid.

18장
구세계에서 유일신의 출현과 희생 의식의 폐지

1 Karen Armstrong, *The Great Transformation: The World in the Time of the Buddha, Socrates, Confucius and Jeremiah*, London: Atlantic/Knopf, 2006, p.xii.

2 V. Gordon Chile, *Prehistoric Migrations in Europe*, Cambridge, MA: Harvard University Press, 1950, p.180.

3 Drews, Op. cit., p.97.

4 Armstrong, Op. cit., pp.xiii-xiv.

5 Ibid.

6 Ibid, pp.3-4.

7 Ibid, pp.5-7.

8 Ibid, pp.8-10.

9 Ibid, p.11.

10 Edward Bryant, *The Quest for the Origins of Vedic Culture*, Oxford: Oxford University Press, 2001.

11 Armstrong, Op. cit., p.p.24-25.

12 Ibid, p.79.

13 Ibid, p.84.

14 Paul Dundas, *The Jains*, London and New York, 2002, p.17.

15 Patrick Olivelle, *Upanisads*, Oxford and New York: Oxford University Press, 1996, pp. xxxiv-xxxv.

16 Armstrong, Op. cit., p.133.

17 Ibid, pp.196-199.

18 Ibid, p.234.

19 Ibid, p.239.

20 Ibid, p.274.

21 Joseph Campbell, *The Masks of God, Oriental Mythology*, Op. cit., p.236.

22 Armstrong, Op. cit., p.284.

23 Edward Conze, *Buddhism: Its Essence and Development*, Oxford: Oxford University Press, 1951, p.125.

24 Armstrong, Op. cit., p.361.

25 Ibid, p.366.

26 Jacques Gernet, *Ancient China: From the beginning to the Empire*, trs. Raymond Rudorff, London: Faber, 1968, pp.37-65.

27 Armstrong, Op. cit., p.35.

28 Ibid, p.73.

29 Ibid, pp.77 and 114.

30 Ibid, p.119.

31 Ibid, p.154.

32 Ibid.

33 Gernet, Op. cit., pp.83-84.

34 A.C. Graham, *Disputers of the Tao: Philosophical Arguments in Ancient China*, La Salle, Illinois: Illinois University Press, 1989, pp.9ff.

35 Armstrong, Op. cit., p.205.

36 Ibid, pp.207-211.

37 Sima Qian, *Records of the Grand Historian* 124, in Fung Yu-Lan, *A Short His-*

tory of Chinese Philosophy, ed. and trs. Derk Bodde, New York, 1976, p.50.

38 Armstrong, Op. cit., pp.272-274.

39 Ibid, p.292.

40 Graham, Op. cit., pp.111-130.

41 Mencius 7A 1, taken from D.C. Lau, trs., *Mencius*, Hong Kong: Chinese University Press, 1970.

42 Armstrong, Op. cit., pp.340-347.

43 Ibid, p.372.

44 Ibid, p.43.

45 Ibid, p.63.

46 S. David Sperling, 'Israel's religion in the Near East', in Arthur Green (editor), *Jewish Spirituality*, 2 vols, London and New York, 1986, 1988, 1, pp.27-28.

47 Armstrong, Op. cit., p.80.

48 Ibid, p.93.

49 Ibid, p.94.

50 Ibid, p.99.

51 R.E. Clements, *God and Temple*, Oxford: Oxford University Press, 1965, pp.90-95.

52 Ezekiel 2: 12-15.

53 Armstrong, Op. cit., p.182.

54 Ibid, p.382.

55 Guy G. Stroumsa, trs. Susan Emanuel, *The End of Sacrifice: Religious Transformation in Late Antiquity*, Chicago: University of Chicago Press, 2009, p.5.

56 Polyminia Athanassiadi and Michael Frede, *Pagan Monotheism in Late Antiquity*, Oxford: Oxford University Press/Clarendon Press, 1999.

57 Athanassiadi and Frede, Op. cit., pp.8-9.

58 Ibid, pp.17-20.

59 Ibid, pp.24-25.

60 Ibid, pp.31-38.

61 Ibid, pp.41-43.

62 Ibid, p.55.

63 Ibid, pp.69-70.

64 Ibid, p.110.

65 Daniel Hillel, *The Natural History of the Bible: An Environmental Exploration of the Hebrew Scriptures*, New York: Columbia University Press, 2006, pp.16-18.

66 Hillel, Op. cit., pp.56-62.

67 Ibid, p.67.

68 Ibid, pp.244-245.

69 Ibid, pp.103-104.

70 Ibid, p.133.

71 Ibid, pp.173-179.

72 Ibid, pp.181 and 208.

73 Stroumsa, Op. cit., p.71.

74 Bremner, Op. cit., p.252, note 63.

75 Walter Burkert, *The Orientalizing Revolution: Near Eastern Influences on Greek Culture in the Early Archaic Age*, trs. Margaret E. Pindar, Cambridge, MA: Harvard University Press, 1992, pp.73-75.

76 Stroumsa, Op. cit., p.33.

77 Ibid, pp.57-60.

78 Ingvild Saelid Gilhus, *Animals, Gods and Humans: changing attitudes to animals in Greek, Roman and early Christian ideas*, London: Routledge, 2006, p.2.

79 Gilhus, Op. cit., p.152.

80 Ibid, pp.38-40.

81 Ibid, p.61.

82 Ibid, pp.97-98.

83 Ibid, p.126.

84 Ibid, pp.144-148.

85 Ibid, p.171.

86 Ibid, p.263-267.

87 Stroumsa, Op. cit., pp.67-69.

88 Ibid, p.30.

89 Ibid, p.39.

90 Ibid, pp.53-54.

91 RenéGirard, *Violence and the Sacred*, trs. Patrick Gregory, Baltimore and London: Johns Hopkins University Press, 1977. Quoted in Stroumsa, Op. cit., p.81.

92 Stroumsa, Op. cit., p.91.

93 Ibid, pp.101-102.

94 Ibid, p.124.

19장
민주주의, 알파벳, 화폐의 발견과 인간성에 대한 그리스 개념의 발전

1 Karen Armstrong, Op. cit., p.168.

2 Ibid, p.169.

3 Ibid, p.144.

4 Ibid, p.139.

5 Ibid, p.145.

6 Walter Burkert, *Greek Religion*, trs. John Raffar, Cambridge, MA: Harvard University Press, 1983, pp.44-49.

7 Oswyn Murray, *Early Greece*, Brighton: Harvester Press 1999 (reprint 1990), pp.173-185.

8 Armstrong, Op. cit., p.184.

9 Ibid, p.183.

10 Ibid, p.223.

11 Ibid, p.224.

12 Murray, Op. cit., pp.236-246.

13 John Keane, *The Life and Death of Democracy*, London: Simon & Schuster, 2009, p.10.

14 Keane, Op. cit., pp.15-18.

15 Ibid, pp.45-50.

16 Ibid, p.52.

17 Ibid, p.60.

18 Leonard Shlain, *The Alphabet and the Goddess*, London: Penguin, 1998, p.65.

19 Diamond, *Guns, Germans and Steel*, Op. cit., p.226.

20 Shlain, Op. cit., p.66.

21 Ibid, p.68.

22 Ernest Gellner, *Plough, Sword and Book: The Structure of Human History*, London: Collins Harvill, 1988, p.72.

23 Gellner, Op. cit., p.77.

24 Diamond, *Guns, Germs and Steel*, Op. cit., p.231.

25 Shlain, Op. cit., p.70.

26 Robert K. Logan, *The Alphabet Effect*, Boston: William Morrow, 1986, pp.34-35.

27 Logan, Op. cit., p.40.

28 Ibid, p.97.

29 Ibid, pp.104 and 114-115.

30 Tim Ingold, *The Perception of the Environment: Essays in livelihood, dwelling and skill*, London: Routledge, 2000, chapter four, 'From trust to domination: an alternative history of human-animal relations', pp.61-76.

31 Erwin Schrödinger, *Nature and the Greeks and Science and Humanism*, Cambridge, UK: Cambridge University Press, 1954/1996, pp.55-58.

32 Geoffrey Lloyd and Nathan Sivin, *The Way and the Word: Science and Medicine in Early China and Greece*, New Haven, CT and London: Yale University Press, 2002, pp.242-248.

33 Greene, Op. cit., pp.78ff.

34 Gerard Naddaf, *The Greek Concept of Nature*, Albany, NY: State University of

New York Press, 2005, p.15.

35 H. D. F. Kitto, *The Greeks*, London: Penguin, 1961, p.177.

36 A.R. Burn, *The Penguin History of Greece*, London: Penguin, 1966, p.131.

37 Ibid, p.138.

38 David C. Lindberg, *The Beginnings of Western Science*, Chicago: University of Chicago Press, 1992, p.34.

39 Burn, Op. cit., p.248.

40 Lindberg, Op. cit., p.31.

41 E. R. Dodds, *The Greeks and the Irrational*, Los Angeles and Berkeley: University of California Press, 1951.

42 Lloyd and Sivin, Op. cit., p.241.

43 Michael Grant, *The Classical Greeks*, London: Wiedenfeld & Nicolson, 1989, p.70.

44 Ibid, p.72.

45 Armstrong, Op. cit., p.108.

46 Jack Weatherford, *The History of Money*, New York: Three Rivers Press (Crown), 1997, p.27.

47 Ibid, p.30.

48 Ibid, pp.34-35.

20장
주술사로서의 왕, 세계수 그리고 상상의 뱀

1 Lido Valdez, 'Walled settlements, Buffer Zones and Human decapitation in the Acari Valley, Peru', *Journal of Anthropological Research*, 1969, vol 65, no. 3, pp.386-416.

2 Fagan, *Kingdoms of Gold*, Op. cit., p.188.

3 Ibid.

4 Ibid, p.189.

5 Helaine Silverman and Donald A. Proulx, *The Nasca (Peoples of America)*, London and New York: Blackwell-Wiley, 2002.

6 Andy Coghlan, 'Chop-happy Nazca learned hard lesson,' *New Scientist*, 17 November 2009, p.16.

7 Fagan, Op. cit., p.189.

8 Ibid, p.192.

9 Ibid.

10 Ibid, p.194.

11 Ibid, p.172.

12 Ibid, p.173.

13 Steve Bourget and Kimerly L. Jones, *The Art and Archaeology of the Moche: An ancient Andean Society of the Peruvian North Coast*, Austin, TX: University of Texas Press, 2008, pp.202-203.

14 Bourget and Jones, Op. cit., p.56.

15 Fagan, Op. cit., p.180.

16 Bourget and Jones, Op. cit., p.35. Fagan, Op. cit., p.196.

17 Bourget and Jones, Op. cit., p.260.

18 Moseley et al., Op. cit., p.89.

19 Bourget and Jones, Op. cit., p.210.

20 Linda Schele and David Freidel, *A Forest of Kings: The Untold Story of the Ancient Maya*, New York: Quil/William Morrow, 1990, p.112.

21 Schele and Freidel, Op. cit., pp.46 and 61. Roderich J. McIntosh et al., (editors), *The Way the Wind Blows: CVlimate, History and Human Action*, New York: Columbia University Press, 2000, p.244.

22 David Frediel, Linda Schele and Joy Parker, *Maya Cosmos: Three Thousand Years on the Shaman's Path*, New York: Quil/William Morrow, 1993, pp.81-95. See also: Anthony Aveni, *People and the Sky*, Op. cit., p.49.

23 Schele and Freidel, Op. cit., p.117.

24 Ibid, p.207.

거대한 단절

25 Aveni, Op. cit., p.208.

26 Peter S. Rudman, *How Mathematics Happened: The First 5,000 Years*, Amherst, MA: Prometheus, 2007, pp.129-130.

27 Schele and Freidel, Op. cit., p.87. Roderick J. McIntosh et al (editors), Op. cit., pp.275-277.

28 Ibid, p.121.

29 Ibid, pp.85 and 380.

30 Ibid, pp.123-126.

31 Fagan, *Kingdoms of Gold*, Op. cit., p.126.

32 DOI: 10.1016/j/jas.2009.01.020.

33 Freidel, Schele and Parker, Op. cit., pp.123 and 131.

34 Ibid, p.145.

35 Kent Flannery and Joyce Marcus (editors), *The Cloud People: Divergent Evolution of the Zapotec and Mixtec Civilizations*, New York and London: Academic Press, 1983, pp.218, 340, 357-359.

36 Flannery and Marcus (editors), Op. cit., pp.38-39.

37 Ibid, pp.347-350.

38 Arthur Joyce and Marcus Winter, 'Agency, Ideology and Power in Oaxaca,' *Current Anthropology*, Feburary 1996, vol 37, no. 1, pp.33-47.

39 Flannery and Marcus (editors), Op. cit., p.152.

40 Aveni, Op. cit., p.134.

41 Fagan, *Kingdoms of Gold*, Op. cit., p.195. Roderick J. McIntosh et al., (editors), Op. cit., p.273.

42 Aveni, Op. cit., p.136.

43 Ibid, p.153.

44 Jake Page, *In the Hands of the Great Spirit: the 20,000-year history of the American Indians*, New York: Free Press, 2003, p.2.

45 Fagan, *Kingdoms of Gold*, Op. cit., p.203.

46 Ibid, pp.204-205.

47 Fagan, *From Black Lands to Fifth Sun*, Op. cit., pp.169 and 215.

48 Fagan, *Kingdoms of Gold*, Op. cit., pp.204-211.

49 Ibid, p.209.

50 Ibid.

51 Ibid, p.212.

52 Ibid, p.213.

53 Ibid, pp.213-214.

54 Ibid, p.216.

55 Ibid.

56 Ibid, p.217.

57 Ibid, p.220.

.

21장
피 흘리기, 인간 제물, 고통, 축하연

1 Linda Schele and Mary Ellen Miller, *The Blood of Kings: dynasty and ritual in Mayan art*, Fort Worth, Texas: Kimbell Art Museum, 1986, p.42.

2 Maria Longhen, *Maya Script*, trs. Rosanna M. Giammanco Frongia, New York: Abbeville, 2000, p.65.

3 Schele and Miller, Op. cit., p.45.

4 Ibid, p.175.

5 Ibid, p.177.

6 Ibid, p.178.

7 Ibid, p.179.

8 Ibid, p.180.

9 Ibid, p.193.

10 Ibid, p.210.

11 Ibid, p.214.

12 Ibid, p.216.

13 Ibid, pp.215-218.

14 Ibid, p.241.

15 E. Michael Whittington, *The Sport of Life and Death: The Mesoamerican Ball-game*, London and New York: Thames & Hudson, 2001, pp.71-75.

16 Whittington, Op. cit., p.39.

17 Ibid, p.81. See also: Schele and Miller, Op. cit., p.243.

18 Whittington, Op. cit., p.21.

19 Ibid.

20 Ibid, p.120.

21 Ibid, p.29.

22 Ibid, p.30.

23 Schele and Miller, Op. cit., p.243.

24 Whittington, Op. cit., p.76.

25 Schele and Miller, Op. cit., p.245.

26 Ibid, p.248.

27 Ibid, p.249.

28 Whittington, Op. cit., pp.42-48.

29 Ibid, pp.55-63.

30 Ibid, p.110.

31 Elizabeth Benson and Anita G. Cook (editors), *Ritual Sacrifice in Ancient Peru*, Austin, TX: University of Texas Press, 2001, p.183.

32 Heather Orr and Rex Koontz (editors), *Blood and Beauty: Organized Violence in the Art and Archaeology of Mesoamerica and Central America*, Los Angeles: The Cotsen Institute of Archaeology at UCLA, 2009, p.128.

33 Benson and Cook (editors), Op. cit., pp.12-13.

34 Orr and Koontz (editors), Op. cit., p.115.

35 Ibid, p.297.

36 Ibid, p.305.

37 Ibid.

38 Orr and Koontz, Op. cit., pp.47 and 53.

39 Benson and Cook (editors), Op. cit., pp.8 and 41.

40 Orr and Koontz (editors), Op. cit., p.287.

41 Ibid, p.258.

42 Ibid, p.243.

43 Aveni, Op. cit., p.169.

44 Aveni, Op. cit., p.136.

45 Longhena, Op. cit., p.23-24.

46 Joyce Marcus, *Mesoamerican Writing Systems: Propaganda, Myth and History in Four Ancient Civilizations*, Princeton, N.J. and Oxford: Princeton University Press, 1992.

47 Marcus, Op. cit., p.435.

48 Ibid, p.7.

49 Ibid, p.441.

50 Fagan, *From Black Lands to Fifth Sun*, Op. cit., p.293.

51 William C. Sturtevant (General editor), Wayne Suttle, volume editor, *Handbook of North American Indians: Volume 7, Northwest Coast*, Washington D.C.: Smithsonian Institution Press, 1990, p.84.

52 Aveni, Op. cit., p.223.

53 Sturtevant (General Editor), Op. cit., p.85.

54 Marcel Mauss, *The Gift: forms and functions of exchange in archaic societies*, trs. Ian Cunninson, London: Coehn & West, 1954.

55 *Handbook of North American Indians*, Op. cit., pp.85-86.

22장
수도원과 중국 관료, 이슬람교도와 몽골인

1 Rodney Stark, *The Victory of Reason: How Christianity Led to Freedom, Capitalism and Western Success*, New York: Random House, 2005, p.5.

2 Gellner, *Plough, Sword and Book*, Op. cit., p.89.

3 Stark, Op. cit., pp.6-7.

4 Stark, Op. cit., p.9.

5 Gellner, Op. cit., p.84.

6 Stark, Op. cit., p.11.

7 Ibid, pp.15-17. But see: Charles Freeman's untitled and undated review of Stark's book on Amazon.com. And also: Mott T. Greene, *Natural Knowledge in Pre-classical antiquity*, Op. cit., p.143.

8 Stark, Op. cit.,, p.17.

9 Ibid, p.22.

10 Ibid, pp.28-29.

11 Ibid, p.59.

12 Ibid, p.64.

13 Freeman, Op. cit.

14 Stark, Op. cit., p.81.

15 Ibid, pp.83-84.

16 Anthony Pagden (editor), *The Idea of Europe*, Cambridge, UK and Washington D.C.: Cambridge University Press/Woodrow Wilson Center Press, 2002, p.81.

17 R. W. Southern, *Scholastic Humanism and the Unification of Europe*, volume 1, *Foundations*, Oxford: Basil Blackwell, 1995, p.1.

18 Ibid, p.5.

19 Herbert Musurillo SJ, *Symbolism and the Christian Imagination*, Dublin: Helicon, 1962, p.152.

20 Southern, Op. cit., p.22.

21 Ibid, p.64.

22 Stark, Op. cit., p.82.

23 Ibid, p.113.

24 Ibid, pp.35-39.

25 Ibid, p.41.

26 Douglas North and Robert Thomas, *The Rise of the Western World*, Cambridge, UK: Cambridge University Press, 1953, p.33.

27 North and Thomas, Op. cit., p.43.

28 Carlo M. Cipolla, *Before the Industrial Revolution: European Society and Economy, 1000-1700*, London and New York: Routledge, 2003, p.141.

29 DA. Callus (editor), *Robert Grosseteste*, Oxford: Oxford University Press, 1955, p.98.

30 Robert Pasnau, *Aquinas on Human Nature*, Cambridge, UK: Cambridge University Press, 2003.

31 Robert Benson and Giles Constable, *Renaissance and Renewal in the Twelfth Century*, Oxford: Oxford University Press, 1982, p.45.

32 Stark, Op. cit., pp.106ff.

33 Janet Abu-Lughod, *Before European Hegemony: The World System AD 1250-1350*, Oxford: Oxford University Press, 1989, pp.3-4.

34 Abu-Lughod, Op. cit., pp.16-17.

35 Ibid, p.155.

36 Ibid, p.158.

37 Ibid, p.170.

38 William McNeill, *Plagues and People*, Op. cit., p.19.

39 Norman Cantor, *In the Wake of the Plague: The Black Death and the World It Made*, London: Simon & Schuster, 2001, p.191.

40 Abu-Lughod, Op. cit., p.174.

41 Ibid, p.237.

42 Cantor, Op. cit., pp.15-16.

43 Stark, Op. cit., p.148ff.

44 Cantor, Op. cit., p.210.

23장
날개 달린 뱀, 다섯 번째 태양 그리고 네 개의 지역

1 Fagan, *Kingdoms of Gold*, Op. cit., p.18.

2 Ibid, p.154.

3 Conrad and Demarest, *Religion and Empire*, Op. cit., pp.26 and 29.

4 David Carrasco, *Quetzalcoatl and the Irony of Empire: Myths and Prophecies in the Aztec Tradition*, Revised Edition, Boulder, CO: University Press of Colorado, 2000, p.104ff.

5 Carrasco, *Quetzalcoatl*, Op. cit., p.132.

6 Ibid, pp.63ff.

7 Ibid, p.156.

8 Ibid, p.18. See also: Fagan, *From Black Land to Fifth Sun*, Op. cit., p.364.

9 Carrasco, Op. cit., p.20.

10 Conrad and Demarest, Op. cit., p.22.

11 Ibid, p.23.

12 Ibid.

13 Ibid, p.38.

14 Ibid, p.23.

15 Aveni, *People and the Sky*, Op. cit., p.141.

16 Conrad and Demarest, Op. cit., pp.17 and 29.

17 Carrasco, Op. cit., p.199.

18 Ibid, pp.44-45.

19 Ibid, p.36.

20 Ibid, pp.160-165.

21 Carrasco, *City of Sacrifice*, Op. cit., p.78.

22 Carrasco, *Quetzalcoatl*, Op. cit., pp.93-94.

23 Carrasco, *City of Sacrifice*, Op. cit., p.79.

24 Ibid, p.32.

25 Florescano, *Quetzalcoatl*, Op. cit., pp.73-74.

26 Fagan, *Kingdoms of Gold*, Op. cit., p.33.

27 Carrasco, *City of Sacrifice* Op. cit., p.56.

28 Ibid, p.74.

29 Ibid, p.141.

30 Ibid, pp.193 and 198.

31 Arthur Joyce and Marcus Winter, 'Ideology, Power and Urban Society in Pre-hispanic Oaxaca,' *Current Anthropology*, Vol. 37, No. 1 (February 1996), p.37.

32 Conrad and Demmarest, Op. cit., pp.185-186.

33 Fagan, *Kingdoms of Gold*, Op. cit., p.25.

34 Ibid, p.41.

35 Ibid.

36 Ibid, p.44. *The (London) Times*, 23 May 2011, p.12.

37 Ibid, p.46.

38 Ibid, p.48.

39 Conrad and Demarest, Op. cit., p.97.

40 Fagan, *Kingdoms of Gold*, Op. cit. p.53.

41 Conrad and Demarest, Op. cit., p.100.

42 Benson and Cook (editors), *Ritual Sacrifice in Ancient Peru*, Op. cit., p.17.

43 Tierney, *The Highest Altar*, Op. cit., p.28.

44 Tierney, Op. cit., p.117.

45 Benson and Cook (editors), Op. cit., p.17.

46 Fagan, Op. cit., p.48.

47 Conrad and Demarest, Op. cit., p.91.

48 Tierney, Op. cit., pp.178 and 203.

49 Conrad and Demarest, Op. cit., p.115.

50 Ibid, p.102.

51 Tierney, Op. cit., p.30.

52 Conrad and Demarest, Op. cit., 110.

발문
주술사와 양치기: 거대한 단절

1 J. H. Parry, *The Age of Reconnaissance: Discovery, Exploration And Settlement, 1450-1650*, London: Cardinal/Sphere, 1973, p.35.

2 Parry, Op. cit., p.46.

3 Appendic 2, available online, discusses the literature on the similar development of complex societies.

4 Conrad and Demarest, *Religion and Empire*, Op. cit., p.196.

5 Ibid, p.206.

6 Art Wolf and Ghillean Prance, *Rainforest of the World: Water, Fire, earth and Air*, Op. cit., p.281.

7 Calvin Luther Martin, *In the Spirit of the Earth*, Op. cit., p.58.

8 Peregrine Horden and Nicholas Purcell, *The Corrupting Sea*, Op. cit., p.417.

9 Ibid, p.419.

10 Florescano, *Quetzalcoatl*, Op. cit., p.42.

11 Conrad and Demarest, Op. cit., pp.72-74.

12 Florescano, Op. cit., pp.93-94 and 98.

13 Aveni, Op. cit., p.191.

14 Peter Bellwood, *Man's Conquest of the Pacific*, New York and London: Oxford University Press, 1979, p.198.

15 Bourget and Jones, *The Art and Archaeology of the Moche*, Op. cit., pp.43-44.

부록 1
신세계에 대한 끝없는 논쟁

1 Geoffrey Simcox and Blair Sullivan, *Christopher Columbus and the Enterprise of the Indies: A Brief History with Documents*, Boston and New York: Bedford/St Martin's Press, 2005, p.31.

2 J. H. Elliott, *The Old World and the New*, Cambridge, England: Cambridge University Press/Canto, 1970/1992, pp.9-10.

3 Elliott, Op. cit., p.11.

4 Margaret R. Greer, et al., *Rereading the Black Legend: The Discourse of Religion and Racial Difference in the Renaissance Empires*, Chicago and London: Chicago University Press, 2007, p.1.

5 Greer et al., Op. cit., p.5.

6 Anthony Pagden, *European Encounters with the New World: from the Renaissance to Romanticism*, New Haven CT and London: Yale University Press, 1993, p.6.

7 Anthony Pagden, *The Fall of Natural Man: The American Indian and the origins of comparative ethnology*, Cambridge, UK: Cambridge University Press, 1982, p.99 and 104.

8 Ibid, p.84.

9 Ibid, p.151 and Pagden, *European Encounters*, Op. cit., p.167.

10 Pagden, *The Fall of Natural Man*, Op. cit., pp.174 and 195.

11 Pagden, *European Encounters*, Op. cit., p.127.

12 Ibid, p.5.

13 Elliott, Op. cit., p.25.

14 Robert Wauchope (general editor), *Handbook of Middle American Indians*, 16 vols., Austin, TX: University of Texas Press, 1964-76.

15 Gordon Brotherston, *Book of the Fourth World: reading the native Americans through their literature*, Cambridge, UK: Cambridge University Press, 1992.

16 Elliott, Op. cit., p.34.

17 Leithäuser, Op. cit., pages 165-166 for Indian drawings of these activities.

18 Elliott, Op. cit., p.38.

19 Acosta had a theory that minerals 'grew' in the New World, like plants. Bodmer, Op. cit., pp.144-145.

20 Evgenii G. Kushnarev (edited and translated by E.A.p.Crownhart-Vaughan), *Bering's Search for the Strait*, Portland: Oregon Historical Society Press, 1990 (first published in Leningrad [now St Petersburg], 1968).

21 Bodmer, Op. cit., p.67.

22 Elliott, Op. cit., p.43.

23 Pagden, *The Fall of Natural Man*, Op. cit., p.39.

24 This view envisaged the Indian as one day becoming a free man but until that time arrived he must remain 'in just tutelage under the king of Spain'. Pagden, *The fall of Natural Man*, Op. cit., p.104.

25 Wright, Op. cit., p.23. Also: Bodmer, Op. cit., pp.143-144.

26 Pagden, *The Fall of Natural Man*, Op. cit., p.45.

27 Ibid, p.46.

28 Pagden, *The Fall of Natural Man*, Op. cit., p.119.

29 Elliott, Op. cit., p.49.

30 Elliott, Op. cit., pp.81 and 86.

31 Ibid, p.95.

32 Benjamin Keen, *The Aztec Image in Western Thought*, New Brunswick, N.J. 1971/1990, p.261.

33 Henry Steele Commager, *The Empire of Reason: how Europe imagined and America realized the enlightenment*, London: Weidenfeld & Nicolson, 1978, p.83.

34 Jack P. Greene, *The Intellectual Construction of America: exceptionalism and identity from 1492 to 1800*, Chapel Hill, NC: University of North Carolina Press, 1993, p.128.

35 Antonello Gerbi, *The Dispute of the New World: The History of a Polemic, 1750-1900*, trs. by Jeremy Moyle, Pittsburgh, PA: University of Pittsburgh Press,

1973, pp.52ff

36 Keen, Op. cit., pp.58-60.

37 Ibid, p.88.

38 Gerbi, Op. cit., p.42.

39 Ibid, p.163.

40 Merrill D. Peterson, *Thomas Jefferson and the New Nation*, Oxford: Oxford University Press, 1970, pp.159-160.

41 Commager, Op. cit., p.98.

42 Ibid, p.99.

43 Commager, Op. cit., p.246.

44 Keen, Op. cit., p.297.

45 Pagden, *European Encounters*, Op. cit., p.167.

46 Keen, Op. cit., p.359.

47 Ibid, p.417.

48 Ibid, p.425.

49 Ibid.

50 Ibid, p.445.

51 Ibid, p.458.

52 Ibid, p.456.

53 Commager, Op. cit., p.394.

54 Miguel Asúa and Roger French, *A New World of Animals: Early Modern Europeans on the Creatures of Iberian America*, Aldershot: Ashgate, 2005, pp.36-7.

55 Ibid, p.82.

56 Ibid, p.188.

57 Ibid, p.229.

58 Keen, Op. cit., p.448.

59 William M. Denevan (editor), *The Native Population of the Americas in 1492*, Madison, WI: University of Wisconsin Press, 1976/1992.

60 William H. McNeill, *Plagues and Peoples*, Oxford: Blackwell. 1977, p.211.

61 Denevan, Op. cit., p.7.

62 McNeill, Op. cit., pp.211-212.

63 Russell Thornton, *American Indian Holocaust and Survival: A Population History Since 1492*, Norman, OK and London: Oklahoma University Press, 1987.

64 Thornton, Op. cit., p.39.

65 McNeill, Op. cit., pp.50 and 201-202.

66 Thornton, Op. cit., pp.40-41.

67 Ibid, p.48.

68 Ibid, p.52.

69 Kirkpatrick Sale, *The Conquest of Paradise*, New York: Knopf, 1991.

70 Sale, Op. cit., pp.97-99.

71 Ibid, 248.

72 Ibid, p.316.

73 Ronald Wright, *Stolen Continents: The 'New World' Through Indian Eyes*, Boston: Houghton Mifflin, 1992, p.128.

74 Brotherston, Op. cit., p.77.

75 Wright, Op. cit., p.168.

76 Ibid, p.210.

77 Brotherston, Op. cit., p.4.

부록 2
10만 혈연 집단에서 190개 주권국에 이르기까지: 문화적 발전의 몇 가지 유형

1 Allan W. Johnson and Timothy Earle, *The Evolution of Human Societies: From foraging group to agrarian state*, Stanford: Stanford University Press, 2000, pp.245-246.

2 Johnson and Earle, Op. cit., p.257.

3 Ibid, p.263.

4 Ibid, p.126.

5 Ibid, pp.174-6.

6 Robert McC. Adam, *The Evolution of Urban Society: Early Mesopotamia and Prehispanic Mexico*, London: Weidenfeld & Nicolson, 1966, p.1.

7 Adam, Op. cit., p.6.

8 See the table on Adam, Op. cit., p.25.

9 Adam, Op. cit., p.28.

10 Ibid, p.39.

11 Ibid, p.42.

12 Ibid, p.43.

13 Ibid, pp.48-49.

14 Ibid, pp.51 and 62.

15 Ibid, p.53.

16 Ibid, pp.67-68.

17 Ibid, pp.71-72.

18 Ibid, pp.74-77.

19 Ibid, p.112.

20 Ibid, pp.122-124.

21 Ibid, p.125.

22 Ibid, pp.130-132.

23 Ibid, pp.135-139.

24 Ibid, pp.143-144.

25 Ibid, p.145.

26 Ibid, p.152.

27 Ibid, p.166.

28 Ibid, p.167.

29 Ibid, p.162.

30 Ibid, p.150.

31 Bruce G. Trigger, *Understanding Early Civilizations*, Cambridge, UK: Cambridge University Press, 2003, p.650.

32 Trigger, Op. cit., p.51.

33 Ibid, p.100.

34 Ibid, p.103.

35 Chen Shen, 'Early Urbanization in the Eastern Zhou in China (770-221 b.c.): An archaeological view,' *Antiquity*, 1994, vol 68, pp.724-44.

36 Trigger, Op. cit., p.355.

37 Ibid, p.122.

38 See McNeill, *Plagues and People*, Op. cit. p.45; and Rebecca Storey, 'An estimate of mortality in a pre-Columbian Urban Population,' *American Anthropologist*, 1985, vol 87, pp.519-535.

39 Trigger, Op. cit., p.125.

40 Ibid, p.133.

41 Ibid, p.142.

42 Ibid, p.166.

43 C.K. Maisels, *The Emergence of Civilization: From Hunting and Gathering to Agriculture, Cities and the State in the Near East*, London: Routledge, 1990.

44 Trigger, Op. cit., p.152.

45 See, for example, J. A. Offner, 'On the inapplicability of "Oriental Despotism" and "The Asiatic mode of production" to the Aztecs of Texcoco', *American Antiquity*, 1981, vol 46, pp.43-61.

46 Trigger, Op. cit., pp.186-188.

47 Ibid, pp.229-233.

48 Ibid, p.264.

49 Léon Vandermeersch, *Wangdao, our La voie royale: Recherches sur l'esprit des institutions de la Chine archaïque. Vol 1. Structures culturelle et structures familiales.* Publication de l'Ecole française d'Extrême-Orient 113.

50 Trigger, Op. cit., pp.303-308.

51 Ibid, p.311.

52 Ibid, pp.316-320.

53 Ibid, p.329.

54 Ibid, pp.359-360.

55 G. K. Zipf, *Human Behaviour and the Principle of Least Effort*, Cambridge, MA: Addison-Wesley, 1949.

56 J. P. Allen, *Genesis in Egypt: The Philosophy of Ancient Egyptian Creation Accounts*, New Haven, CT: Yale Egyptian Studies 2, 1988.

57 Trigger, Op. cit., p.443.

58 Ibid, p.463.

59 Ibid, p.474.

60 Ibid, p.469.

61 Ibid, p.521.

62 Aubrey Cannon, 'The historical dimension in Mortuary Expressions of status and sentiment', *Current Anthropology*, 1989, vol 30, pp.437-58.

63 Discussed, for instance, in: Cyril Aldred, *Jewels of the Pharaohs: Egyptian Jewellery of the Dynatsic Period*, London and New York: Thames & Hudson, 1971.

64 Trigger, Op. cit., p.577.

65 Ibid, p.584.

66 Ibid, p.603.

67 Ibid, pp.617-620.

68 Miguel León-Portilla, *Aztec Thought and Culture: A Study of the Ancient Náhuatl Mind*, trs. Jack Emory Davis, Norman, OK: Oklahoma University Press, 1963.

69 León-Portilla, Op. cit., p.4.

70 Ibid, p.26.

71 Ibid, p.120.

72 Ibid, p.156.

73 Ibid, p.183.

74 Gordon Brotherston, *Book of the Fourth World*, Op. cit.

75 Ibid, p.77.

76 Ibid, p.135.

77 Ibid, p.156.

78 Ibid, p.140.

79 Ibid, pp.200-202.

80 Ibid, p.296.

81 Dennis Tedlock, *2000 Years of Mayan Literature*, Los Angeles, Berkeley and London: University of California Press, 2010, p.5.

82 Tedlock, Op. cit., p.117.

83 Ibid, p.122.

그림 출처

그림 1 Anne Baring and Jules Cashford, *The Myth of the Goddess: Evolution of an Image*, Viking Arkana, 1991, p.33.

그림 2 Juliet Clutton-Brock (editor), *The Walking Larder: Patterns of Domestication, Pastoralism, and Predation*, Unwin Hyman, 1989, p.285.

그림 3 Anne Baring and Jules Cashford, *The Myth of the Goddess: Evolution of an Image*, Viking Arkana, 1991, p.34.

그림 4 Benny J. Peiser et al. (editors), 'Natural Catastrophes during Bronze Age Civilizations: Archaeological, Geological, Astronomical and Cultural Perspectives', *British Archaeological Reports, International Series*, 1998, p.51.

그림 5 Benny J. Peiser et al. (editors), *Natural Catastrophes During Bronze Age Civilizations: Archaeological, Geological, Astronomical and Cultural Perspectives*, British Archaeological Reports, 728, 1998, p.61.

그림 6 Benny J. Peiser et al. (editors), *Natural Catastrophes During Bronze Age Civilizations: Archaeological, Geological, Astronomical and Cultural Perspectives*, British Archaeological Reports, 728, 1998, p.61.

그림 7 Andrew Sherratt, 'Alcohol and Its Alternatives', in Jordan Goodman et al. (editors), *Consuming Habits: Drugs in History and Anthropology*, Routledge, 1995, p.414.

그림 8 Mark David Merlin, *On the Trail of the Ancient Opium Poppy*, Associated Universities Press, 1984, p.233.

그림 9 Peter T. Furst, *Hallucinogens and Culture*, Chandler & Sharp, 1976, p.71.

그림 10 Nicholas J. Saunders, *The People of the Jaguar, The Living Spirit of Ancient America*, Souvenir Press, 1989, p.74.

그림 11 Nicholas J. Saunders, *The People of the Jaguar, The Living Spirit of Ancient America*, Souvenir Press, 1989, p.72.

그림 12 Richard L. Burger, *Chavin and the Origins of Andean Civilization*, 1990, p.267.

그림 13 Brian Fagan, *Kingdoms of Gold, Kingdoms of Jade*, 1991, p.119: and/or Linda Schele and David Freidel, *A Forest of Kings: The Untold Story of the Ancient Maya*, 1990, p.267.

그림 14 Heather Orr and Rex Koontz (editors), *Blood and Beauty: Organized Violence in the Art and Archaeology of Mesoamerica and Central America*, The Cotsen Institute of Archaeology at the University of California at Los Angeles, 2009, p.108.

그림 15 Heather Orr and Rex Koontz (editors), *Blood and Beauty: Organized Violence in the Art and Archaeology of Mesoamerica and Central America*, The Cotsen Institute of Archaeology at the University of California at Los Angeles, 2009, p.129.

그림 16 Heather Orr and Rex Koontz (editors), *Blood and Beauty: Organized Violence in the Art and Archaeology of Mesoamerica and Central America*, The Cotsen Institute of Archaeology at the University of California at Los Angeles, 2009, p.271.

그림 17 Heather Orr and Rex Koontz (editors), *Blood and Beauty: Organized Violence in the Art and Archaeology of Mesoamerica and Central America*, The Cotsen Institute of Archaeology at the University of California at Los Angeles, 2009, p.199.

그림 18 Heather Orr and Rex Koontz (editors), *Blood and Beauty: Organized Violence in the Art and Archaeology of Mesoamerica and Central America*, The Cotsen Institute of Archaeology at the University of California at Los Angeles, 2009, p.274.

그림 19 Enrique Florescano, *The Myth of Quetzalcoatl*, 1999, pp.166, 169~170 respectively.

거대한 단절 그 이후, 거기, 그곳에는

박소영(스페인어권 통번역사 연구자)

한반도의 지정학적 위치와 그로 인한 역사 때문에, 어쩌면 한국인의 DNA에
는 제1세계를 향한 선망이 각인된 것 같다. 그렇기에 우리의 시선은 언제
나 제1세계, 혹은 서구를 향해 단단히 고정되어 있어 좀처럼 '기타' 지역에
는 관심을 기울이지 않는다. 여기서 기타 지역은 우리가 선 이 자리에서
땅을 파내려가 지구를 통과하면 나온다는 라틴아메리카 대륙을 말한다.
언젠가부터 우리는 언론이 부추기는 야만성과 잔인성, 후진성과 낙후성으
로 점철된 관련 보도에 중독되어, 라틴아메리카에 대하여 지리적 거리감
이상의 심리적 거리감을 느끼고 있는 듯하다. 거기, 그곳에 사는 이들은
대체 왜 이렇게 여기, 이곳에 사는 우리와 다른 걸까?

　이 책, 800쪽이 넘는 피터 왓슨의 역작도 바로 이 지점에서 출발한다.
피터 왓슨은 런던과 로마에서 수학하고, 『선데이타임스』『타임스』『뉴욕타
임스』『옵서버』『펀치』『스펙테이터』 등에서 열성적으로 활동한 언론인이자,

1997년부터는 케임브리지대 맥도널드고고학연구소 연구원으로 있는 역사학자이다. 언론인이자 역사학자라는 저자의 이력은 이목을 끌기에 충분하다. 진실을 파헤쳐 널리 알린다는 점에서 언론인과 역사가의 일은 닮은 점이 많다. 그렇기 때문에 명화나 도굴된 유물 경매 등에 대한 공시적共時的 보도를 위해 전 세계를 종횡무진 누비던 언론인이었던 그가, 인류의 역사에 대한 통시적通時的 연구에 눈을 돌리게 된 것은 당연한 수순인지도 모른다.

이러한 경험은 피터 왓슨만이 가능한 저술로 이어졌다. 그는 1978년 이래 언론인으로서의 경험을 바탕으로 『소더비』나 『메디치의 음모』와 같은 르포를 출간했고, 역사학자의 경험을 바탕으로 『생각의 역사 I: 불에서 프로이트까지』 『생각의 역사 II: 20세기 지성사』 『저먼 지니어스』와 같은 대중 교양서를 펴냈다. 즉 저자는 역사를 연구하는 데 그치지 않고, 전문 지식이라는 테두리를 넘어 방대한 연구 결과를 일반 교양독자들에게 전달하는 데 전념하고 있다. 특히 1997년 역사학 연구에 몰두한 이래 자신의 연구 결과를 방대한 분량으로 여러 저서에 풀어내면서 최근까지 넘치는 필력을 발휘하며 연이어 책을 출간하고 있다. 말하자면, 저자는 흔히 언론의 폐해로 불리는 얕은 지식의 문제를 상아탑 속에서 해결했고, 상아탑의 폐해로 불리는 지적 폐쇄성을 언론의 방식, 즉 대중 교양서 출간으로 해결한 것이다. 그렇기 때문에 그의 저서는 무겁지만은 않고, 그 바탕이 된 수많은 참고문헌도 전문 지식의 테두리에 갇혀 있지만은 않다. 오히려 가벼운 매체를 통해서만 역사를 접해온 독자들에게는 학문적 깊이를 경험할 수 있다는 점에서, 또 학술 연구로 역사를 공부해온 전문 연구자들에게 학제간學際間 연구의 너비를 경험할 수 있다는 점에서, 이 책은 더욱 빼어난 가치를 지닌다 하겠다.

더욱이 지리적 광활함에 비견할 만한 라틴아메리카 역사의 방대함에 주
눅 들어 있는 새내기 연구자에게, 『거대한 단절』이 제시하는 연구 방법론
은 대단히 고무적이다. 서두에 언급했듯이 이 책의 시작은 아주 단순한 질
문에서 비롯되었다. "신세계와 구세계의 차이점은 무엇인가?" 저자는 이
매우 간단한 질문에 대한 답을 구하기 위해, 유전학·고고학·언어학·우주
학·지질학·고생물학·신화학 등 인류가 이룩한 거의 모든 학문 업적의 통
섭을 꾀한다.

　우리가 살고 있는 이 지구를 '신세계'와 '구세계'로 구분할 수 있다는 점
은 주지의 사실이다. 이러한 구분은 북반구, 남반구와 같은 지리적 구분이
아니라, 동양, 서양과 같은 가치 판단이 개입된 문명적 구분이다. 이는 기
원전 1만5000년경 고대인들이 처음으로 아메리카 땅을 밟은 이래 기원후
1492년 콜럼버스가 산 살바도르 섬에 상륙했을 때까지, 약 1만6000년에
걸쳐 이루어진 구분이다. 이후 고고학자와 인류학자 들은 이 두 세계의 유
사성을 연구해왔고, 이러한 연구 결과를 바탕으로 사람들은 신세계를 같
은 '인간'이 사는 곳으로 인정했으나, 자신들이 속한 구세계와의 비교를 통
해 그 열등함을 비난했다. 실제로 신대륙 발견 이후 '원주민들이 인간이냐
동물이냐' 하는 논쟁은 스페인을 비롯한 유럽에서 꾸준히 있어왔다. 아메
리카 원주민들이 "변형된 몽골인으로서, 요약하자면 그들의 삶의 의지를
지닌 주체로서의 인간이나 포유동물이 아닌 뱀이나 조류와 같이 살았을
것"이라고 결론지은 쇼펜하우어처럼, 칸트나 헤겔과 같은 구세계 지식인들
도 19세기까지 신대륙의 가치를 인정하지 않았다. 즉 신세계의 다름은 '틀
림'이었고 '나쁨'이었다. 20세기 들어 과학의 발전과 신대륙 국가들의 독립
그리고 세계대전 참전 등으로 인해 이러한 다름의 긍정적인 가치가 조금씩
확산되었다. 그러나 저자가 머리말에서 「나치스만큼 사악한 아즈텍인」이라

　　　　　　　　　　　　　　　　　　　　　　　거대한 단절

는 제하에 도발적으로 예증하고 있는 것처럼, 2009년 대영박물관의 '목테수마: 아즈텍 통치자' 전시를 비롯한 '신세계' 문명에 관한 우리 시대 지성인들의 반응에서 볼 수 있듯이, 신세계의 '다름'은 여전히 '틀림'으로 간주된다.

관용의 미덕인 세계화 시대를 선도하고 세련된 다문화 사회를 표방하는 우리 사회지만, IS 참수 영상만큼이나 빈번하게 라틴아메리카 국가에서 '나날이' 벌어지고 있는 '참수' '대량 학살' '마약' 보도를 접할 때면 우리가 얼마나 이 지역의 틀림과 나쁨에 주목하고 있는지를 확인할 수 있다. 그렇기 때문에 피터 왓슨이 거대한 단절의 결과, 즉 신세계와 구세계의 '다름' 자체에 주목한다는 점은 신선하게 다가온다. 이 책은 신세계와 구세계는 무엇이 다르며 왜 다른지에 대한 탐구서다. 그리고 그 중심에는 "문명은 환경 적응의 산물"이라는 의식이 자리한다. 따라서 "구세계의 역사가 주로 양치기의 역할에 의해 규정되었다면, 신세계의 역사는 주술사에 의해 좌우되었다"는 왓슨의 말은, 몬순이 완화된 구세계와 엘니뇨가 빈번해진 신세계의 서로 다른 환경적 조건에 적응하는 방식의 차이를 드러낼 뿐이며, 그 시작은 바로 거대한 단절에 있다는 뜻이다.

이를 설명하기 위해 『거대한 단절』은 신세계와 구세계 문명의 분기점이 되는 기후 변화와 초기 인류의 이동을 설명하고, 이로 인해 각기 다른 지역에서 살게 된 두 문명의 차이를 더욱 도드라지게 만든 환경을 관찰하며, 그 속에서 사람들이 환경에 적응한 결과를 기술하는 방식을 채택한다. 제1부에서는 최초의 인류가 신세계에 도착하기까지의 과정을 설명한다. 이 책이 기존 서구의 시각과 유의미한 차이를 보이는 것은, 두 반구의 발전 양상을 비교하는 작업을 '처음에는 얼마나 비슷했는지'에서 시작하는 것이다. 즉 15만 년 전 아프리카에서 진화한 현생 인류의 일부가 12만5000년 전 아프리카를 떠나, 7만 년 전 오스트레일리아로, 5만 년 전 이란과 아프가니스탄을 거쳐 유럽으로, 4만 년 전 파키스탄과 북인도로, 3만 년 전 시베리아와 중국 내륙을 거쳐, 2만 년 전 '거대한 단절'이 발생한 베링 육교에 당도하게 된 긴 여정을 설명한다. 신세계에 해당하는 알래스카에는 약 1만 5000년 전쯤 사람이 살기 시작한다. 이제 곧 거대한 단절이 시작되는 것이다. 제1부는 이 책에서 무척 적은 분량에 해당하지만 가장 긴 호흡으로 읽어야 하는 부분이므로, 두 반구가 얼마나 다른지 빨리 확인하고자 하는 독자들은 제2부로 넘어가도 좋다.

제2부에서는 구세계와 신세계 자연의 차이를 설명한다. 세계가 신/구로 나뉘게 된 데에는 몬순과 엘니뇨라는 기후적 요인이 주요했으며, 평야와 산맥이라는 지리적 요인, 그로부터 파생된 생물학적 결과로 인해 각각 '유목과 농경' '채집과 수렵' 문명이 달리 발전하게 되었다. 저자는 신세계의 차이를 설명하기 위해 제2부의 상당 부분을 구세계 초기 인류의 정착, 생산 혁명, 종교 혁명 등을 설명하는 데 할애한다. 구세계에서는 몬순의 약화로 초기 인류가 집단을 형성하고 관개 기술을 개발하여 도시국가를 형성하게 되는데, 이 과정에서 인류는 농경 정착사회에 진입하고, 가축 사육을 통해 생산 혁명을 이뤄낸다. 비로소 성교와 출산의 신비를 이해하게 된 초기 인류는 여신 숭배나 황소 숭배 등과 같은 초기 신앙에서 벗어나게 되고, 쟁기나 수레 등의 도구 사용을 통해 '제2의 생산 혁명'을 이룩함과 더불어 전쟁을 경험하게 된다. 사회적인 차원에서는 모권에서 부권으로 성 권력이 이동했으며, 종교적인 차원에서는 항정신성 물질보다 알코올 음료를 사용하게 되었고, 인신 공양에서 가축 공양으로 바뀌었다.

그러나 신대륙에서는 엘니뇨가 더욱 빈번해졌고, 화산 분출이나 재규어

거대한 단절

의 습격은 예측할 수 있는 성격의 것이 아니었다. 신세계의 풍요로운 환경 덕분에 수렵-채집 방식만으로도 생존이 충분했으므로, 구세계와 달리 곡식 재배를 통해 농경 사회로 진입해야 할 필요조건이 갖춰지지 않았다. 한편 예측할 수 없는 자연의 공격과 더불어, 신세계에는 구세계보다 열 배 이상 많은 종류의 항정신성 물질이 있었기에 샤머니즘이 폭발적으로 발전했다. 하루 다섯 시간 미만의 노동만으로도 충분했던 신세계의 풍요로운 자연환경으로, 주술사들은 영혼 여행이나 제의와 같은 '잉여적' 활동을 확산하여 이어갈 수 있었다. 이에 반해, 생의 대부분 시간을 곡물 재배나 목축에 바쳐야 했던 구세계에서는 도자기 제작, 야금술과 관개 시설, 건축술의 발전, 교역 발달 등 차근차근 단계를 밟아 문명이 발전했다. 자연의 풍요가 (현대적인 관점의) 문명의 빈곤을, 자연의 빈곤은 문명의 풍요를 가져왔다는 사실이 매우 흥미롭다.

제3부는 이렇듯 신세계와는 다른 문명화의 길을 걸어온 구세계의 사람들의 차이를 기술한다. 청동기시대(기원전 3500~기원전 1250)에 구세계는 인류가 공동생활을 하는 데 필요한 모든 혁신을 이루었다. 잉여 생산물을 교류하기 위해 문자가 발전했고, 이는 기록 문화를 발달시켜 도서관과 학교가 세워졌으며, 법전과 정치 체제가 수립되었다. 한편 청동기시대 이륜 전차의 출현으로 여신 숭배는 끝이 났으며, 이제 남성 신과 영웅이 숭배의 대상이 되었다. 농경과 목축, 그리고 전쟁을 겪으며 자연이 가진 신성성은 제거되기 시작했다. 즉 자연재해로 인한 죽음뿐 아니라 인간에 의한 죽음을 경험한 구세계 인류는, 죽음을 생명의 순환이 아닌 끝으로 인식하기 시작했다. 이러한 극심한 전쟁의 혼란 속에서 기원전 900년~기원전 200년 '축의 시대Axial Age'가 도래했다. 무한한 욕망으로 초래되는 전쟁에서 벗어나 비폭력을 중심으로 하는 종교와 철학이 발전한 축의 시대가 중요한 이

유는 개인의 부상에 있다. 유일신·알파벳·화폐 등과 같은 새로운 창안물로 인해 개인화 현상이 가속되었다. 연이어 등장한 민주주의의 발전, 정교 政教 분리, 합리성을 중시하는 이성과 논리, 즉 과학과 철학의 발전, 혁신성은 신세계에서는 나타나지 않은 구세계만의 발전 공식이었다.

그렇다고 해서 신세계에서 이러한 변화가 전혀 없었던 것은 아니다. 속도 차는 있겠지만 기원후 1000년 무렵 신세계에서도 많은 문화가 번창했고 또 스러졌다. 그러나 그 발전 동력은 달랐다. 가장 근본적인 원인은 엘니뇨로 인한 지진·해일·허리케인·화산 등 자연현상과, 재규어를 비롯한 동물의 습격 등으로, 신세계의 자연은 인간이 어느 정도 조절할 수 있는 구세계의 자연과 달랐다. 구세계에서는 농사의 풍요를 비는 것이 전부였지만, 신세계에서는 성난 자연을 달래야만 했다. 천문학의 발달, 정교한 달력 체계, 강력한 계급 구조, 그리고 환각제를 사용하며 더욱 생생해진 종교적 체험 등은 성난 자연을 달래기 위한 방식으로 발전을 거듭했고, 이 과정에서 거대한 자연의 분노에 맞서기 위해서 개인화보다는 집단화가 답일 수밖에 없었다. 화산과 닮은 피라미드, 용암을 닮은 피 흘리기 의식, 어린아이의 희생 제의 등은 집단을 파괴하는 것이 아니라 오히려 수호하기 위해 필수 불가결한 요소일 따름이었다. 신세계에서 나타난 피 흘리기, 희생적 관습, 구기 시합과 같은 조직적인 폭력, 고통의 관습은 매우 오래전부터 존재했으며, 톨텍·아즈텍·잉카·마야 문명이 발전하면서 자연재해뿐만 아니라 전쟁으로 이어져 이러한 관습은 더욱 증폭되었다. 그리고 공양물의 유한성을 경험한 신세계 사람들에게 다른 집단과의 전쟁은, 아무리 달래도 누그러지지 않는 신세계 신을 달랠 수 있는 마지막 수단이었다. 안타까운 점은, 구세계에서 나타난 축의 시대가 도래하기도 전에 신세계는 고삐 풀린 스페인 정복자들의 야만성이라는 또 다른 '피의 신'을 맞이하게

거대한 단절

되었다는 역사적 우연이다.

그토록 기다렸던 서쪽에서 온 신은 엘니뇨나 화산 폭발 이상으로 잔인했다. 이들은 공양물의 피 말고도 원주민들의 황금을 요구했다. 불에 구운 어린아이의 손과 발을 서로 먹겠다고 싸울 만큼 게걸스러웠던 정복자들의 야만적 폭력성과 끝없는 탐욕, 그리고 이들이 몰고 온 전염병으로, 신세계 원주민 인구는 10분의 1로 급격히 감소되어 거의 절멸할 지경에 이르렀다. 이후 오늘날에 이르기까지 구세계가 신세계에 '개종과 발전의 이름으로' 가하는 폭력은 자연과는 비교할 수 없을 정도로 파괴적이다. 그러나 아래와 같은 저자의 말처럼 어느 시대 어느 장소이건 판단은 무의미할 것이다.

두 반구에는 많은 집단이 있었고 문명으로 발전시키지 못한 경우도 있었으나 그것을 실패한 사회로 판단할 수는 없다.

오늘날 여전히 콜럼버스의 발견 이전 문명과 그 이후 문명에 대해 그 어떤 가치 판단을 내리는 것은 여전히 섣부르게 다가온다. 바로 그렇기 때문에 이 책은 힘이 있다. 신세계는 왜 그리 "'극단의 흉물스러움'을 안겨주는 잔인한 문화"이고 "비열한 사회"였을까 하는 질문에, 지난 30년간의 연구를 총망라하여 그것은 "환경 적응의 산물"이라는 아주 명확한 답을 주기 때문이다.

찾아보기

인명

ㄱ

거대한 단절

1판 1쇄	2016년 4월 4일
1판 3쇄	2016년 12월 16일
2판 1쇄	2025년 4월 11일

지은이	피터 왓슨
옮긴이	조재희
펴낸이	강성민
편집장	이은혜
마케팅	정민호 박치우 한민아 이민경 박진희 황승현 김경언
브랜딩	함유지 박민재 이송이 김희숙 박다솔 조다현 김하연 이준희
제작	강신은 김동욱 이순호
독자모니터링	황치영

펴낸곳	㈜글항아리 | 출판등록 2009년 1월 19일 제406-2009-000002호
주소	10881 경기도 파주시 문발로 214-12, 4층
전자우편	bookpot@hanmail.net
전화번호	031-955-2689(마케팅) 031-941-5161(편집부)
팩스	031-941-5163

ISBN	979-11-6909-379-8 03900

잘못된 책은 구입하신 서점에서 교환해드립니다.
기타 교환 문의 031-955-2689, 3580

www.geulhangari.com